太太乐
原味鲜
新上市
美味背后 备足用心
美味背后
再小的细节都是你为家人准备的心思
「太太乐原味鲜」只萃取你熟悉的食材
让你用心成就丰富鲜美
太太乐
原味鲜
鸡鲜调味料
扫一扫 手机淘宝下单
扫一扫 手机京东

中华老字号
喝兰陵美酒
交天下朋友
蘭陵美酒
LAN LING RICE WINE
特型黄酒
六年陈
酒精度:12%vol
净含量:500mL
山东兰陵美酒股份有限公司
山东兰陵美酒股份有限公司
地址：山东省兰陵县兰陵镇 电话：0539-5588998

中华老字号
蘭陵王酒
王者归来
蘭陵王
中华老字号
China Time-honored Brand
山东兰陵美酒股份有限公司
地址：山东省兰陵县兰陵镇 电话：0539-5588998

酒鬼酒股份有限公司
JIUGUI LIQUOR COMPANY LIMITED
酒鬼酒
馥郁香
— 高端会议晚宴用酒 —
G20 | 金砖国家 | 上合组织 | 博鳌论坛
无上妙品
全国统一客户服务热线 /400-990-0799

中国食品工业年鉴

CHINA FOOD INDUSTRY YEARBOOK

2018

（总第30部）

主编　刘治

《中国食品工业年鉴》编辑委员会 编

图书在版编目（CIP）数据

中国食品工业年鉴. 2018 /《中国食品工业年鉴》编辑委员会编. —北京：中华书局，2019.5

ISBN 978-7-101-13858-0

Ⅰ. ①中… Ⅱ. ①中… Ⅲ. ①食品工业 - 中国 - 2018 - 年鉴 Ⅳ. ① F426.82-54

中国版本图书馆 CIP 数据核字 (2019) 第 071934 号

中国食品工业年鉴

CHINA FOOD INDUSTRY YEARBOOK

2018

（总第 30 部）

《中国食品工业年鉴》编辑委员会编

*

中 华 书 局 出 版

（北京市丰台区太平桥西里 38 号 100073）

http: // www. zhbc. com. cn

E-mail: zhbc@zhbc. com. cn

北京富泰印刷有限责任公司

北京鹏润盛辉印刷设计有限公司

*

787 * 1092 1/16 34 印张 10 插页 2260 千字

2019 年 6 月第 1 版 2019 年 6 月第 1 次印刷

印数：1-5000 册 定价：680.00 元（人民币）

ISBN 978-7-101-13858-0

编委

（排名以姓氏汉语拼音为序）

黄华星	海南省经信委消费品工业处处长
黄建雄	回头客食品集团股份有限公司副总裁
黄文静	瑞控机械（南京）有限公司总经理
黄　宣	广东燕塘乳业股份有限公司董事长兼总经理
何晓柯	施耐德电气(中国)有限公司食品饮料行业总监
黄铣铭	广东嘉士利食品集团有限公司董事局主席
黄永燕	广西食品工业协会秘书长
蒋国宾	江西省食品工业协会名誉会长
季　敏	安徽省经信委消费品工业处处长
姜卫东	上海普丽盛包装股份有限公司董事长
贾文豪	新疆自治区轻工业行业办公室处长
金翔宇	四川高金实业集团有限公司董事长
贾先德	康师傅控股有限公司中国区董事长
刘宝青	龙大食品集团有限公司总经理
林炳生	永和食品(中国)有限公司董事长
李国权	江苏恒顺集团有限公司总经理
李秋喜	山西杏花村汾酒集团董事长
刘全平	山东景芝酒业股份有限公司 董事长
刘　然	宁夏经信委食药工业处处长
刘送保	湖南省食品行业联合会会长
林晓平	陕西省食品工业协会常务副会长
林玉明	福建省食品工业协会副会长兼秘书长
李玉林	烟台双塔食品股份有限公司总经理

刘中国	五粮液集团有限公司总经理
潘　刚	内蒙古伊利实业集团股份有限公司董事长
潘　虹	浙江省食品工业协会秘书长
庞　康	佛山市海天调味食品股份有限公司总裁
谭卫东	湖北省食品工业协会秘书长
荣耀中	上海太太乐食品有限公司董事长
孙志刚	青岛瑞可莱餐饮配料有限公司董事长
沈志勇	中国食品工业协会企业发展部副主任
陶华碧	贵阳南明老干妈风味食品有限责任公司董事长
唐建泽	江苏省食品工业协会副秘书长
魏存成	陕西石羊（集团）股份有限公司董事长
王丛笑	中国食品工业协会办公室主任
王　轰	蓬莱京鲁渔业有限公司董事长
汪俊林	四川郎酒集团有限责任公司董事长
魏立华	石家庄君乐宝乳业有限公司董事长
吴龙妹	河北省食品工业协会常务副会长
温鹏程	广东温氏食品集团股份有限公司董事长
汪启超	黑龙江省龙江家园就业有限公司总经理
王　睿	红牛维他命饮料有限公司总经理
王岳成	浙江小王子食品股份有限公司总经理
王宇骅	河南科迪乳业股份有限公司总经理
吴祖梁	金冠中国食品有限公司总经理
王　遵	贵州省食品工业协会常务副会长兼秘书长

席　刚	新希望乳业控股有限公司总裁
许世辉	达利食品集团总裁
杨林广	四川米老头工业集团股份有限公司总裁
杨　强	中国食品工业协会科技质量部主任
张崇建	光明乳业股份有限公司董事长
张京玉	中国食品工业协会行业信息部主任
张俊修	广东省食品行业协会负责人
张　良	泸州老窖集团有限责任公司董事长
曾　黔	中国食品工业协会技术培训中心主任
张　崎	上海市食品协会副秘书长
宗庆后	杭州娃哈哈集团有限公司董事长
赵双连	中粮集团有限公司董事长
邹世云	重庆市食品工业协会主任
赵晓东	北京燕京啤酒集团有限公司总经理
朱新礼	北京汇源饮料食品集团有限公司董事长
张雪明	常熟市屠宰成套设备厂有限公司董事长
张迎新	吉林省食品工业协会副秘书长
周以秋	原北京市食品协会常务副会长
庄　艳	四川省经信委农产品加工处主任科员
张玉东	湖南省玉峰食品实业有限公司董事长

特约撰稿人

（按姓氏音序排列）

白　燕	中国调味品协会副会长兼秘书长
曹会军	中国食品工业协会啤酒专业委员会秘书长
张京玉	中国食品工业协会糖果专业委员会秘书长
高　观	中国肉类协会副秘书长
高宏泉	中国水产学会处长
姜燕京	中国食品工业协会冷冻冷藏食品专委会副会长兼秘书长
李建军	中国生物发酵产业协会淀粉糖分会常务副理事长兼秘书长
刘美菊	中国乳制品工业协会副理事长
宋占京	中国盐业协会秘书长
吴　丹	中国生物发酵产业协会副秘书长
王　晋	中国生物发酵产业协会酶制剂分会秘书长
莫小曼	中国生物发酵产业协会酵母协会秘书长
卢　涛	中国生物发酵产业协会有机协会秘书长
徐华峰	中国保健协会副理事长兼秘书长
王　庆	中国茶叶流通协会常务副会长
王瑞元	中国粮食行业协会专家委员会主任委员
王延才	中国酒业协会理事长
吴月芳	中国食品工业协会豆制品专业委员会秘书长
薛　毅	中国食品添加剂生产应用工业协会秘书长
闫卫民	中国糖业协会副理事长
查长全	中国罐头工业协会理事长
朱念琳	中国焙烤食品糖制品工业协会理事长
赵　奕	中国粮食行业协会处长
赵亚利	中国饮料工业协会理事长
陈黎红	中国养蜂学会副理事长兼秘书长

编辑说明

一、《中国食品工业年鉴》（以下简称《年鉴》）是中国食品工业协会主管和主办的，是中国食品工业纪年性、资料性、权威性大型工具书，《中国食品工业年鉴（2018）》为总第30部。

二、为保持《年鉴》的连续性，《中国食品工业年鉴（2018）》的结构体例和以前《年鉴》的结构体例一致。行业篇按照《国民经济行业分类》（GB/T4754—2017）所规定的分类名称和顺序进行排列记述，原则上按中类名称记述，少数特殊类有所合并或以小类名称来记述；地方篇按照东部、中部、西部、东北部顺序进行排列记述。

三、本部《年鉴》部分篇幅进行了更新，为了感谢多年以来，所有给过《年鉴》编辑工作大力支持和厚爱的老师，本部《年鉴》继续刊录行业知名人士介绍（第二集），本集偏重地方知名人士。

四、《年鉴》中的统计数字，以国家统计局提供的数据为准；《年鉴》中“同比”表示“与上（去、2016）年同期相比”，统计数据中未包括香港、澳门及台湾地区数据；《年鉴》中所汇集知名人士的专论等，基本原文照登，不再做技术处理。

五、本部《年鉴》的组稿、编纂、出版等工作，得到了中央政府及有关部门、中国食品行业各专业协会、地方经信委、地方食品工业协会、食品办、国家统计局中国经济景气监测中心、国家统计局中国统计出版社等单位的大力支持和帮助，谨此表示衷心的谢意！

《中国食品工业年鉴》编辑部

目录

第一部分 综合篇

第二部分 行业篇

按照《国民经济行业分类》（GB/T4754—2017）所规定的分类名称和顺序排列

目录

目录

第三部分　地方篇

按照东部、中部、西部、东北部顺序排列

目录

第四部分　统计篇

数据来源于国家统计局中国经济景气监测中心，中国食品工业协会

第五部分　附录

第一部分

综合篇

1.1 新时代 新使命 新作为

中国食品工业年鉴编辑部

（一）中国特色社会主义进入新时代

中国特色社会主义犹如一座宏伟建筑，是由食品工业包括在内的一个个支柱与一块块砖瓦构建而成。食品工业是与国家同呼吸、共命运的同一个生命体，当国家进入发展的新时代、有了历史新方位之时，食品工业理当拥抱新时代、确定新方位、整装再出发。

在近40多年改革开放时代中，国运昌盛，食业兴旺，中国食品工业获得了史无前例的蓬勃发展，取得了举世公认的发展成就，以发展生产、保障供给、满足人民群众匮乏的食品需求为起点，励精图治、拼搏进取，从吃得饱到吃得好，从吃得安全到吃得营养健康，中国食品工业从弱小走向了强大，从单一工业产业发展成为三次产业融合发展的“大食品”产业，中国食品工业为国家发展、人民幸福做出了巨大的贡献。

当下中国特色社会主义进入了新时代，中国特色社会主义食品工业体系也将迎来新春天、新时代、新方位、新思想、新目标、新征程，全面引领着中国食品工业走向新未来。

（二）新时代肩负着新使命

新时代意味着我们要对新旧发展、新旧矛盾、新旧方位、新旧思想、新旧目标等都有新的思考与新的行动，过去的积淀、以往的成就都是新时代的坚实基础，而不是包袱，超越过去，才能面向未来。

新方位就是要从“站起来、富起来”到“强起来”，以“强”为坐标，是中国食品工业的新方位。改革开放以来，食品工业实现了“做大”，在数量、规模上取得了巨大成就，但“大”不等于“强”，数量不能代替质量，食品工业全面转型升级的新坐标就是要从追求数量、规模发展转变为提升质量、创新价值发展。

新矛盾替代旧矛盾，就是社会主要矛盾已经从“人民日益增长的物质文化需求同落后的社会生产力之间的矛盾”转换成“人民日益增长的美好生活需求和不平衡不充分的发展之间的矛盾”。历经30多年的高速发展，食品工业的生产力不仅得到大幅提升，而且全面扭转了落后局面，行业中坚力量的规模以上骨干企业，工艺和装备普遍达到了世界先进水平。然而生产力的提升虽然稳定的解决了人民群众的温饱问题，但是对美好生活的追求和不平衡不充分的发展已经日益成为主要矛盾，食品工业均衡、充足，满足人民群众的美好生活追求，是食品工业的问题导向。

新发展就要践行新思想、遵循新方略、更换新理念。习近平新时代中国特色社会主义思想就是新时代的新思想，新思想明确回答了新时代的总任务、总体布局、总体目标等一系列问题，并进而明确了新时代坚持和发展中国特色社会主义的新方略。发展中国特色食品工业体系是食品产业人投身中国特色社会主义建设的具体行动和工作实践，只有准确把握新思想的丰富内涵，切实践行新方略，更换新理念，中国特色食品工业体系才能够在新时代取得新发展。

食品工业的新目标就是要从“食品工业大国”变成“食品工业强国”。国家的“大目标”是由方方面面的“小目标”共同叠加而成的，而行业目标又要分解成众多的企业目标，不同层面的食品产业目标构成食品工业大目标。新时代的食品产业人，就是要以建设“中国特色社会主义食品工业强国”为食品工业发展的行业目标和历史使命，立足企业和行业实际，肩负新时代的新使命，才能无愧于新时代。

（三）新时代成就着新作为

十九大会议之后，习近平新时代中国特色社会主义思想成为当今社会的指导思想，也宣告了中国已经跨入一个新时代。一时间，许许多多抽象名词被加上“新”字被媒体广为传播，高官名嘴在读解这一庄严的指导思想时，“新”字成为使用频次最多的形容词。那么，对中国的食品工业，如何迎接和应对新时代的到来，便是业内人士应该积极思考的大问题。

从理论出发，迎接和应对，其实就是作为，既然迎接和应对的是新时代，就必须要有新作为，否则就会落后于时代发展潮流。从实践出发，万变不离其宗，企业是以营利为目的的组织机构，如何建立迎合新时代的营利模式，便是企业应有的“新作为”，即便不是什么新时代，企业也必须在市场经济活动中随机应变，根据外部环境的变化修订企业的发展方略。

中国特色社会主义新时代的基本内涵广阔而深远。对于企业而言，毫无疑问必须一如既往拥护党和政府制定的一系列政策、制度、法规等，积极响应党和政府的各项号召，将企业自身的发展自觉融入实现中华民族伟大复兴的大潮流中。

十九大报告明确指出：新时代中国社会主要矛盾是人民日益增长的美好生活需要和不平衡不充分的发展之间的矛盾。在工业领域，可以通俗易懂地举例说明这一主要矛盾——不少中国游客从日本背回马桶盖、电饭锅，而众多中国品牌的电饭锅或马桶盖却处于产能过剩状态；国内品牌的奶粉得不到国内消费者的信任导致大陆“水客”到香港抢购洋品牌奶粉最终被限购；中国大部分地区环保问题严重，居民很是不满，而政府环保督查并下达停产整顿令之后，另一种来自经济产业界的不满声音甚至高过居民的声音；……。

聚焦新时代的社会主要矛盾是工业企业调整新作为的主要依据。对于食品加工企业而言，确保食品安全是永恒的主题，不断适应新时期日益严苛的环保政策是基本前提，创新加工技术生产迎合新生代需求的工业食品是进一步发展的必然途径。换言之，在食品安全、环境保护、技术创新这三大领域的所有积极探索和应对措施都是企业在新时代下的“新作为”。

民以食为天，食品企业的经营者和从业者无疑是在从事着人类至高无上的事业，食品产业担负着人类生存发展的基本保障，无论是兵荒马乱的战争时代，还是歌舞升平的太平盛世，食品产业永远是朝阳产业，在一个永不破产的朝阳产业里从事着人类崇高的事业，食品人完全有能力有自信带着满满的新作为跨入发展的新时代！

中国特色社会主义新时代，食品工业大有作为！

1.2 2017年食品工业经济运行综述

中国食品工业协会常务副会长　刘 治

2017年，伴随着供给侧结构性改革的深入推进，去产能、去杠杆、降成本等政策措施有效落实，我国食品工业加快了结构调整、从追求高速度向追求高质量转变，随着转型升级步伐逐步的实现，产业由低端生产向中高端生产迈进。食品工业以占全国工业6.9%的资产，创造了全国工业9.8%的主营业务收入，完成了全国工业10.6%利润总额。食品工业总体呈现出增速稳步增长、质量效益持续改善，在保障民生，拉动内需，带动相关产业发展，促进社会和谐稳定等方面做出了巨大贡献。

一、生产增长加快

2017年，规模以上食品工业增加值按可比价格计算同比增长6.8%，比全国工业增速高0.2个百分点，同比增加3.5个百分点。若不计烟草制品业，食品工业增加值同比增长7.9%。分行业看，农副食品加工业增长6.8%，食品制造业增长9.1%，酒、饮料和精制茶制造业增长9.1%，烟草制品业增加3.5%，增幅分别同比增加0.7、0.3、1.1、11.8个百分点。

据测算，2017年，食品工业完成工业增加值占全国工业增加值的比重11.2%，对全国工业增长贡献率12.0%，拉动全国工业增长0.8个百分点。

二、食品消费市场平稳较快增长，价格低位运行

2017年，我国居民收入增长加快，消费转型升级态势明显，消费品市场规模进一步扩大。从增速看，社会消费品零售总额同比增长10.2%，粮油食品类、饮料类也都保持了10%以上的增长。

食品工业产销衔接稳定。全年食品工业产销率97.9%，农副食品加工业，食品制造业，酒、饮料和精制茶制造业，烟草制品业的产销率分别是98.0%，97.6%，96.8%，100.0%，分别同比增加0，-0.6，0.1，-2.3个百分点。主要食品产量供应稳定充足，食品种类不断推陈出新，满足了基本需求和丰富了人民生活。

食品工业与互联网技术的融合，改变了传统单一的销售渠道，食品销售向线上市场和线下市场相结合转变。

2017年，全国居民消费价格同比上涨1.6%，涨幅同比下降0.4个百分点。其中，食品价格下降1.4%，影响CPI下降约0.29个百分点。全年食品价格下降是CPI涨幅回落的主要原因，也是2003年以来首次出现下降。食品价格较低既有鲜活食品价格周期性波动的原因，也有天气等自然因素的影响，2016年对比基数相对较高也是原因之一。

从出厂价格来看，全年作为生活资料的食品出厂价格同比增长0.6%。主要行业的出厂价格同比分别是，农副食品加工业增长0.6%，食品制造业下降1.2%，酒、饮料和精制茶制造业下降0.3%，烟草制品业增长0.0%。

三、固定资产投资增速明显降低

2017年，食品工业完成固定资产投资额21848.0亿元，同比增长1.2%，明显同比增速低，也比制造业4.8%的增速低。食品工业投资额占全国固定资产投资额3.4%，占比同比下降0.3个百分点。

自“十二五”以来，食品工业投资增速逐渐放缓，2011年至2017年，投资增速分别是37.5%、30.7%、

25.9%、18.6%、8.4%、8.5%、1.2%。食品工业逐步进入发展的新常态，产业规模快速扩张已经成为历史。

四、食品行业经济效益情况

2017 年，全国食品工业经济效益整体保持了平稳较快增长。42962 家规模以上食品工业企业实现主营业务收入 11.41 万亿元，同比增长 6.3%，增幅同比增加近 1 个百分点，全部工业增速是 11.1%；食品工业实现利润总额 7987.624 亿元，同比增长 6.5%，2016 年增速是 2.5%，全部工业增速是 21.0%。

从农副食品加工业，食品制造业，酒、饮料和精制茶制造业，烟草制品业 4 大行业来看，利润同比增长分别是 4.5%、6.7%、17.5% 和 –6.3%。

从 56 个小类行业来看，39 个行业利润总额同比增长，17 个行业同比下降，利润下降的行业同比增加 1 个。利润同比增长较快的行业的有：酒精制造，增长 83.3%，鱼油提取及制品制造，增长 54.9%，碳酸饮料制造 46.6%，白酒制造 35.8%，制糖业 33.1%。利润同比下降较大的是盐加工和非食用植物油加工，利润下降分别为 21.1% 和 15.3%。

从行业盈利能力来看，食品工业主营业务收入利润率为 7.0%，比全部工业高 0.5 个百分点，成本费用利润率 7.9%，比全部工业平均水平高近 1 个百分点。食品工业的盈利能力高于整个工业平均水平。酒、饮料和精制茶制造业与烟草制品业两个行业的盈利能力在全部工业行业中名列前茅。

从成本和杠杆率来看，食品工业每百元主营业务收入中的成本为 80.6 元，比全部工业低 4.3 元；2017 年末，规模以上食品工业企业资产负债率为 43.9%，同比下降 0.4 个百分点，杠杆率有所下降。

五、当下食品行业“四大并存”

生产集中度提升与小、弱、散并存；

绿色高新精加工与粗放生产方式并存；

品牌价值凸显与自主品牌培育不足并存；

食品安全稳定向好与风险隐患严峻并存。

六、行业存在主要问题

1. 成本逐年增长，企业生存压力加大

企业的用工成本、运输成本、技改成本、经营成本等持续攀升，原料成本随着国际市场化加快，进口冲击和价格波动加剧，原料购进成本不确定性增大，对于中小企业，价格和品牌不占优势，经营状况比较艰难，生存压力加大。

2. 节能减排要求提高，企业绿色发展压力加大

推动生态文明发展，建设和谐美丽国家，在新修订的宪法中得到体现，《中华人民共和国环境保护法》《中华人民共和国大气污染防治法》的全面实施，水耗、能耗、污染物排放与资源综合利用标准不断提高，环保督查与监察力度持续加大，以中小企业为主体的食品工业发展面临越来越严峻的生态环境挑战。在生物发酵、酿酒、饮料、玉米深加工等传统食品行业，绿色化发展推进压力重重，技术改造投入不足，食品工业的规模扩张受到制约。

3. 当下的矛盾是产业布局的不平衡和不充分

食品工业基础仍然薄弱，有些核心技术依然受制于人，品质的缺失造成了后劲不足，再加上产业链条缺乏有效延伸，产品附加值较低，部分产品结构不适应消费需求。例如；肉制品工业中猪肉比重偏大，冷鲜肉和小包装分割肉发展缓慢，安全、健康、营养的肉制品供应不足，与城乡居民的消费需求不相适应。在一些行业内，产品形态单一，同质化的问题还比较突出，产品创新能力不足。

4. 不当的社会舆论给行业带来一定的困扰和损失

消费者对健康的关注不断上升，一些不负责任的媒体利用消费者的心理，缺乏科学依据的片面夸大某些食品对健康带来的影响，不实言论造成消费者误解，给企业造成不必要的负担，影响了行业声誉，给行业发展带来困扰。一方面要加强舆论监管，对恶意炒作行为追究法律责任，另一方面要加大科普宣传力度，不断提高公众素养，为整个食品市场创造一个健康清新的环境。

1.3 中国食品工业改革开放四十年发展报告

中国食品工业协会常务副会长　刘 治

1978年，中国共产党十一届三中全会开启了我国改革开放的伟大征程。1984年10月，党的十二届三中全会通过《中共中央关于经济体制改革的决定》，确定社会主义经济是“公有制基础上的有计划的商品经济”。十四届三中全会确立了社会主义市场经济的改革方向，十五大确立了“公有制为主体，多种所有制经济共同发展的基本经济制度”。十六大提出到2020年建立完善的社会主义市场经济体制的改革目标。十八届三中全会明确经济体制改革的核心问题是如何处理好政府和市场的关系，使市场在资源配置中起决定性作用和更好地发挥政府作用。十九大提出了我国社会的主要矛盾由人民日益增长的物质文化需要同社会生产之间的矛盾转化为人民日益增长的美好生活需要和不平衡不充分发展的矛盾，并确立了以习近平新时代中国特色社会主义思想作为我国经济社会发展的指导思想。

中国食品工业正是在改革开放四十年的重大决策和一系列重要思想的指引下，砥砺前行，奋发有为，取得了举世瞩目的伟大成就：

一、快速发展，总量扩大，食品工业成为国民经济发展的重要支柱产业

1978年，中国食品工业总产值472亿元，2017年，规模以上的食品工业企业主营业务收入为11.4万亿元，相当于1978年工业总产值的240多倍。

改革开放初期，我国消费品市场供应普遍严重短缺，为解决供需矛盾，满足市场需求，国家决定对轻纺工业发展实施“六个优先”政策，即原材料、燃料、电力供应优先，挖潜、革新、改造措施优先，基本建设优先，银行贷款优先，外汇和引进技术优先，交通运输优先。同时，率先推行了投资体制和商品流通体制的改革，将固定资产投资从拨款改为贷款，实现了投资渠道多元化；将生产的指令性计划变为指导性计划，逐步放开了产品的经销权，企业可以根据市场需求自主组织产品的生产和销售，促进企业从生产型向生产经营型转变；开展了以经营承包责任制为主要内容的企业改革，改革用人和分配制度；落实集体经济政策，恢复了集体企业的经营自主权。1990，年食品工业总产值达到1360亿元(1980年不变价格)。12年间生产持续增长，平均每年递增9%，

进入20世纪90年代，中国食品工业发展开始全面提速，2000年总产值达到8165亿元，1990–2000年的10年间年均增速13.3%,。2000年，中国食用植物油产量835.3万吨，味精产量70万吨，柠檬酸产量37万吨，均居世界第一位；制盐产量3128万吨，啤酒产量2231.3万吨，均居世界第二位；食糖产量700万吨，居世界第3位。食品工业已发展成为门类比较齐全，既能基本满足国内市场需求，又具有一定出口竞争能力的现代产业。

跨入新世纪，改革开放的红利进一步释放，中国食品工业呈现高速增长态势，龙头企业市场地位不断突出；2002年，中国食品工业产值超过1万亿元，2005年，超过2万亿元，2010年，超过6万亿元。这一时期，食品行业细分品类不断壮大，龙头企业加速发展。

进入中国特色社会主义新时代的食品工业，增速逐渐放缓，结构调整和产业升级成为发展的主题。2013，年规模以上食品工业企业主营业务收入突破10

万亿之后，中国食品工业开始从高速增长阶段进入中高速增长阶段，2014 年，规模以上食品工业企业主营业务收入 11.27 万亿元，同比增速降低到个位数。2015 年和 2016 年，中国食品工业增加值同比增长分别达到 6.5%、7.2%, 与当年 GDP 增速基本持平。这一时期，受互联网经济、电子商务和生产经营成本上涨影响，食品企业的发展模式开始多元化，国际化视野不断增强。

40 年改革开放，食品工业已经成为我国国民经济发展的重要支柱产业。

二、适应市场，促进消费，食品工业成为重要民生产业

伴随改革开始 40 年的发展历程，在产值规模持续扩大的同时，中国食品工业适应消费者需求变化，不断调整优化产业结构，产品结构向多元化、优质化方向发展，新兴产品、创新品类不断涌现，中国食品的产品家族日益丰富和壮大。根据 2017 年 10 月 1 日实施的《国民经济行业分类》（GB/T4754–2017），我国食品工业涵盖农副食品加工业、食品制造业、酒、饮料和精制茶制造业及烟草制品业 4 个大类、21 个中类和 64 个小类，共计数万种品种，众多细分产业和丰富的产品供应，有效保证了13 亿人口对安全、营养、方便食品的消费需求。

为满足我国人民实现温饱生活的需要，80 年代，食品工业首先着力发展有关人民基本生活需要的食品。其中粮油工业经过技术改造，装备水平明显提高，生产能力扩大。1985–1990 年，大米增加年生产能力 846 万吨，面粉年生产能力增加 1,351 万吨，植物油油料年处理能力增加 598 万吨。粮油生产增加，精米、精面、精炼油的比重提高。1984 年起，京、津、沪富强粉敞开供应，受到人民群众欢迎。屠宰和肉类加工业也有较大发展。屠宰猪、牛、羊的能力，1990 年比 1980 年增加 5, 692 万头，并增加了分割肉、肉制品、副产品加工的能力，冷藏库容量，1990 年比 1980 年增加 130 万吨，扩大了生产。国家对制糖工业的发展予以充分关注。80 年代初，调整经济政策，包括增加进口粮食来鼓励糖料集中产区发展生产，使糖料生产迅速恢复和发展。同时，重点支持对制糖工业进行技术改造和新建、扩建。

为了适应人民消费水平提高的需要，加快发展市场需求旺盛的产品的生产，1984 年，国家对 10 家名优白酒厂拨出专款 2 亿元，同时银行对其中 6 家酒厂贷款 1.34 亿元，支持扩建厂房，更新设备，使生产能力倍增。1988 年 7 月，国家决定放开名酒价格，实行市场调节，以增强企业活力。

通过政策调整，奶类产量及乳制品产量也迅速增加，使城市居民“喝奶难”的问题逐步得到解决。饮料工业通过制订发展规划，扩大生产能力。饮料品种和产量连年增加，1990 年达到 330.3 万吨，比 1978 年增加 15.5 倍。儿童食品的生产也受到重视。80 年代，先后建立了 29 家儿童食品厂和 9 个婴儿主食品车间，断奶食品、儿童食品罐头、儿童用果汁、婴幼儿辅助食品、婴儿奶粉和婴儿配方奶粉等，相继问世和发展。食品的包装装潢造型丰富多彩，面目焕然一新。广泛采用新材料、新技术，使用多种塑料、铝合金、纸和复合材料，推广真空包装、充气包装、吸塑复膜包装、托盘包装等；玻璃瓶包装向薄壁轻型方向发展，特别是易拉罐包装，以使用方便而备受消费者欢迎。

《人民日报》在 1989 年国庆前夕报道说：“建国 40 年，我国食品工业发生了翻天覆地的变化，市场食品供应充足，丰富多彩，连续二、三十年凭票证限量供应的各种食品基本敞开供应，我国食物供给基本满足了人民温饱型生活的的需求。”

三、技术引进，消化吸收，提高工艺技术和装备水平

1981–1988 年，引进国外粮油加工生产线 256 条，用外汇 1. 45 亿美元。全国大中型肉类企业，先后投资数十亿元，从德国、丹麦、荷兰、法国、意大利、瑞士、日本、美国等许多国家，引进了一大批加工分割肉和小包装为主的单机和生产线、西式灌肠生产线 100 多条、火腿生产线 600 条。同时，还引进了罐头制罐线、午餐肉生产线、动物血液综合利用生产线、人造蛋白质肠衣生产线，从而将我国肉类屠宰加工技术水平推上了一个新的台阶，其生产能力、生产规模、技术装备水平，在许多方面已逐步接近当时的国际先进水平。

据1995年的统计，碾米、制粉、榨油、糖果、饼干、方便面、乳制品、酒精、啤酒、软饮料、茶叶、卷烟等行业都拥有一批国外90年代出厂的先进技术装备。大中型食品企业通过成套技术装备的引进、消化、吸收和再创新，一批高新技术如生物工程、超高温杀菌、冷冻速冻、超临界萃取等得到了推广应用，有力地促进了食品工业生产技术水平、产品的更新换代和产业集中度的提高，增强了企业的竞争力。据统计，2000年排行前10位的乳品企业液体乳产量占全国销售总量的49%，啤酒行业拥有43个10万吨/年以上的企业，约占行业总数的8%，其产量占全国啤酒总产量的59%。国内有一部分企业产值已达到100亿元以上规摸。

四、引进外资，合资合作，促进经济体制改革和经营机制转变

1979年7月，我国《中外合资经营企业法》出台，1980年5月1日，我国第一家中外合资企业中港合资北京航空食品有限公司宣告成立。

同年12月13日，可口可乐公司与中国粮油食品进出口总公司（中粮集团的前身）签订协议，可口可乐成为港澳之外第一家进入中国内地的外国企业。

1992年，旺旺公司正式投资大陆市场，是台湾第一个在大陆注册商标的台资企业。旺旺品牌有着广泛的知名度和美誉度。其在大陆的研发中心主要负责公司核心技术的研发，开展功能性、生物技术等多个领域前沿技术的基础研究，重点研究高技术含量、能够形成规模的新的经济增长点项目。有效提升新品研发的成功率及产品的差异化优势。

近年来，食品工业领域的国外资本投入不断扩大，外商资本金增速一直高于全国工业。2015年，食品工业企业外商资本金达到1717.52亿元，是2012年的112.7%，在全国工业占比7.7%。

2012—2015年全国规模以上工业外商资本金投入情况

	2012年	2013年	2014年	2015年
食品工业（亿元）	1524.38	1695.65	1629.62	1717.52
农副食品加工业（亿元）	545.28	576.82	580.07	599.58
食品制造业（亿元）	489.40	489.90	511.12	542.06
酒、饮料和精制茶制造业（亿元）	489.28	591.87	538.01	573.21

五、民营崛起，发展壮大，支撑中国食品工业快速发展

1979年以后，单一的国有经济格局被打破，多元化的所有制形式，为食品业注入了蓬勃生机和活力。

统计资料表明，2002年国有企业销售收人占全部食品工业比重为26.4%；民营企业占41.5%；三资企业占32.1%。中国加人世贸组织以后，中国食品市场的发展空间扩大，食品行业涌现出一批初具规模、管理规范、产品市场极具竞争力的大型民营企业和上市公司。如乳品行业的三元、蒙牛、三鹿。饮料行业的娃哈哈、方便面的今麦郎、白象等，肉类加工的双汇、金锣和得力斯等。遍及全国的农业龙头食品企业发展壮大，已成为中国食品工业重要组成部分。

食品工业是我国最早开放的竞争性行业之一，经过多年发展，投资渠道日益多元化，固定资产投资额的90%左右是企业自筹资金解决，民间资本主体拉动成为食品工业投资的显著特征。

2012—2016年食品工业固定资产投资资金来源结构

年份	自筹资金%	国家预算金%	利用外资等其他来源%
2012	91.8	0.4	7.8
2013	88.1	0.4	11.5
2014	89.4	0.4	10.2
2015	89.6	0.3	10.1

六、艰苦创业，创新升级，中国食品工业诞生众多龙头企业和知名品牌

改革开放40年间，食品行业涌现出一批龙头企业、知名品牌，以及勇立潮头的企业家。我国知名食品企业与品牌的产生主要有两大渠道：一是国有企业的振兴发展，如中粮集团、光明食品、伊利、茅台、五粮液等，通过杰出经理人的掌舵管理和体制机制改革，让国有企业焕发活力；二是民营企业的突飞猛进。依靠顽强的生命力和对市场机遇的准确把握，成为食品行业的成功者。肉制品行业形成了双汇、金锣、雨润、温氏、周黑鸭、绝味、众品、煌上煌、伊赛、科尔沁、

唐人神等众多知名企业，粮油有福临门、鲁花、西王、五得利、克明、长寿花等领导品牌，调味品和休闲烘焙食品涌现出太太乐、海天、加加、梅花、达利、桃李、丹夫等知名品牌。

改革开放之后，外资食品企业和品牌不断进入我国市场。如可口可乐、达能、卡夫、雀巢，玛氏等等。它们或开展品牌营销，或投资建厂，或兼并整合，成为中国食品产业建设的积极参与者和推进者。

七、完善监管，质量提高，食品安全水平稳定向好

党中央、国务院高度重视食品安全工作，国务院成立了食品安全委员会及其办公室，加强了对食品安全的组织领导。在各地区、各有关部门和全社会的共同努力下，食品安全监管力度不断加大，法律法规与标准体系进一步健全。先后共修订食品安全法等10部法律法规，制订20余部食品安全部门规章，多个省、(区、市)出台了食品生产加工小作坊和食品摊贩管理性法规。清理食品标准5000项，整合400项，发布新的食品安全国家标准926项。完善2500余项行业标准和7000余项地方标准及企业标准，公布新的食品安全国家标准176项，加强了诚信体系建设，为保障食品安全奠定了良好基础。

我国食品生产企业强化了食品安全自律能力，建立和完善了产品可追溯体系，食品安全保障能力不断提升，食品安全形势保持了稳中向好的态势，2012—2016年，食品质量国家抽查合格始终保持在95%以上，国家食药监总局组织抽检食品合格率为96.8%，其中，备受民众注的婴幼儿配方乳粉的抽检合格率达到99.1%。

八、扩大出口，投资海外，开始布局全球市场

在全球化浪潮中，我国食品工业企业正在不断融入国际市场，食品企业通过产品出口、文化输出、海外建厂或并购等方式，实施“走出去”的发展战略。

2014年中粮集团收购全球农产品及大宗商品贸易集团Nidera51%的股权，打通了从海外产地到国内销售地的国际通道，加快了发展为全球粮油市场骨干力量的步伐。目前，中粮集团的粮油食品产业链条已经辐射全球140多个国家。

光明食品集团自2008年开始启动海外并购战略，2010年收购新西兰新莱特乳业51%股权，并成功在新西兰上市；2012年，以12亿英镑的价格收购维他麦60%的股份。近几年光明食品集团的国际化步伐不断加快，沿着“一带一路”的海外业务规模不断扩大。国际化的能力进一步加强，光明食品集团正在向具有世界一流水平的国际化产业集团大步迈近。

伊利在大洋洲、欧洲、美洲等乳业发达地区搭建了全球的资源体系、创新体系和市场体系。不仅整合优质物质资源，还整合技术、人才等智慧资源。

茅台为打入海外主流市场，制定了新的文化传播路径：借国家形象提升和中华文化走出去的契机，引导海外消费者在感知、感受中华文化的基础上，接受中国白酒，爱上中国茅台。目前，茅台共有分布于五大洲68个国家和地区的115家海外经销商，海外市场的销售网络布局日趋完善。

五粮液2008年布局欧美市场，目前五粮液已进入英国、美国、法国等60多个国家和地区，并在60余个“一带一路”沿线国家和地区建立了经销网络。

张裕通过并购以及战略合作，已拥有5个海外酒庄，产品生产已延伸至亚洲、欧洲、美洲、大洋洲4大洲，成功转型为全球知名的葡萄酒品牌运营商。

2013年，双汇以71亿美元全资收购美国最大的猪肉食品企业“Smithfield”；2014年整合全球100多家企业成功上市；2016年跨入世界500强；2017年成功收购4家波兰肉制品公司、两家罗马尼亚肉制品公司。

以上几家企业只是食品行业走出国门，走向世界的典型，这也充分表明有实力的食品企业正在按照中央的决策部署，采取扩大出口和并购、重组、投资建厂等形式，积极主动参与国际市场的竞争，开始全球市场的布局。

展望未来，食品工业已跨过了高投入、高增长的历史阶段，今后相当长的一段历史时期，必须转变发展思路和发展方式，主要以调整结构和产业升级为重点，以技术进步和科技创新为动力，以保障食品安全和满足全面建成小康社会后市场消费需求为目标，完成从高速发展向高质量发展的历史转变过程。

1.4 全面剖析与食品安全相关的20个问题

中国科信食品与营养信息交流中心 陈君石

一、所有食品企业的问题都是食品安全问题吗？

答：有时候不是。食品安全一般不讨论与“健康危害”无关的事。世界卫生组织将食品安全界定为“对食品按其原定用途进行制作、食用时不会使消费者健康受到损害的一种担保”，它的核心是“健康”，它和产品的质量或营养是有一定区别的，虽说质量不好或营养不好的食品也可能造成健康问题，但营养不好的食品也可能没健康问题，这之间不能划等号；它也不讨论商家的经营方式和诚信问题，比如去年的味千拉面，它是个好话题，但其产品本身没有健康危害，属于诚信问题。

二、食品安全是能做到零风险的吗？

答：不可能，食品安全没有零风险。我们做任何一件事，甚至是坐在家里什么也不做，都可能面临风险，何况是“吃”。且不说人类自身、人类的食物无时不在面对着复杂的客观环境（空气、土壤、微生物等等），有已知的，还有未知的，即使是属于主观能动方面，也有偶发事件、人力不可及的范围及操作成本问题。零风险只是个美好的愿望——无论你是自己种植还是大规模种植，无论是初级农产品还是深加工，无论谁来生产谁来监管，都没有零风险。没有零风险，我们还是要种植，要生产，要消费，道理很简单，我们都是吃货，不能不吃。

所以食品生产不是要承诺零风险，而是要将风险降得越低越好，降到风险可控的范围。对于食品安全“事件”要进行具体分析，因为具体情况很复杂，有些是人为的、主观恶意的，但也有其它原因——这个道理我想大家都会认同，但在实际中，大家往往就没这么冷静了，只要一有报道哪个企业的产品出了问题，经常是事件还没查明，大家就开始表态，开始批判，开始给企业定性了，为什么会这样？因为你潜意识里还是认为企业是完全不应该发生任何事件的，所以尽管骂，骂错了没事！

三、不合格的食品就是有危害的食品吧？

答：不一定。一个产品被判为不合格原因很多，标签问题、超过保质期、产品质量不符合国家标准等等。超过保质期的食品有可能只是风味不佳了，未必就有害；至于产品质量不符合国家标准，因为标准的制定一般都会留“安全余地”，所以只能说不符合国家标准的产品会有引发健康问题的“风险”，但并不绝对致病。举个例子，去年闹得很凶的含菌水饺，它是不符合当时的国标，属于不合格食品，但考虑到当时国标规定得太严，而且水饺煮着吃就可以杀灭那些病菌，所以这样的“不合格产品”基本是没事的。对于媒体报道的不合格食品，不要直接下定论有危害，也用不着马上恐慌。

四、含有危害物质的食品就是“毒食品”吗？

答：不一定。科学松鼠会的作者们常说“离开剂量谈危害就是要流氓”，就是说，是否产生危害要看该种物质的剂量。所谓的致病物质（包括“致癌物质”）在自然界中广泛存在，并不是说一种食物中含有某种物质就有一定致病，致病还要考虑其剂量、致病条件，这是最基本的常识。你可能会说，也许一两次不会致病，但长期食用谁能保证不致病呢?（长期食用可能致病是媒体最常用句子）——确实是这样，所以我们要制定标准，标准的制定一般都会考虑“长期食用”的问题（包括照顾到特殊人群如老人小孩），所以不超过标准规定的限量值一般是不用担忧的，也不用盖上毒食品的帽子。

五、超过标准限量的产品一定是有危害的对吗?

答：应该说，大部分时候都是这样，但不能将其绝对化。这需要对标准的制定有一些基本了解。标准制定的初衷当然是为了对食品中的危害进行合理、有效控制，对健康进行保障，但这种控制，当它表现成文本以后，它唯一能够被所有人接受的就是：它是执法依据。国家食品安全标准的地位和法律是等同的，所以违反国标的产品肯定是不合格产品，企业也应该承担相应的责任，包括可能召回、对消费者赔偿、接受监管部门的处罚。

再看我开头说的，既然是“对食品中的危害进行合理、有效控制”，那么标准的制定就涉及到危害性的评估，包括对“合理、有效”是怎么理解的。目前来说，科学界对很多物质的危害性也许有大体上的共识，但绝不是所有的组织、国家和区域对所有物质在量值上都有完全步调一致的判断——也就是说，人类对健康的判断本身就有差异性；对“合理、有效”的理解就更为宽泛、复杂了，它可能需要考虑国情、居民饮食习惯、行业企业发展状况、生产实际、监管可行性等因素。举个例子，粮食霉变会产生黄曲霉毒素，而黄曲霉毒素是强致癌物，那么理想中是把黄曲霉毒素的标准定得越严越好，最好不要检出——但是，标准提高一点可能就意味着几千万斤粮食废弃，对于一个粮食短缺的国家，是选择饿死人还是选择提高十几万分之一的致癌机率?答案不言而喻。所以说，标准值是各种要素的平衡，虽然健康是其中占比最大的一块，但不是唯一（好比两人结婚，两情相悦肯定是最重要的因素，但不是唯一的因素）。基于这些观点，对标准的态度应该这样：

产品超标，肯定是更趋于有健康危害的，但对于具体事件仍要具体分析。如前所述，标准一般是留了“安全余地”的，所以有些情况即使超标了也不会有即刻的健康危害（除了安全余地，还有很多因素支持这一点），但有些情况则必须极为严苛，比如婴幼儿食品中的重金属绝不允许检出。

2. 对于国标国内标准的差异，只要不是相差很大，一般也不用特别大惊小怪，因为有时候这些差异跟健康关系不大，而是考虑到其它因素。比如茶叶，欧盟制定严苛的农残标准，其中有一点就是制造贸易壁垒——如果中国也执行这么严格的标准，大部分茶企根本就不用生产，连检测都做不起。

3. 要承认，受限于科研或其它原因，标准中也可能出现不合理的规定。换个思维，我们国家的法律中有没有不合理的（甚至是大家说的“恶法”）? 标准虽然是偏理性的东西，但还是会出现这种情况。

4. 正因为有各种环境、要素、认识的变化，产业的发展，所以标准处于不断的制修订过程中。标准需要不断修订，也反证了各项标准值和健康危害并是绝对框死了的关系。（也反证了另一种极端情况，就是合乎标准的也可能还是有危害的）

那么，从消费者的角度来说，当看到各种所谓的超标报道时，真不用急着恐慌，先看看具体危害的分析吧！某某专家说吃这个没事，从情感上你可能难以接受，但也不用特别反感，他说的很可能就是对的啊！

六、可能致癌物会不会致癌? 长期食用可能致癌?

答：可能致癌物就是“可能”致癌物。根据国际癌症研究机构致癌物质分类标准，1类是致癌，2A类可能致癌（在动物实验中发现充分的致癌性证据，对人体虽有理论上的致癌性，实验性证据有限），2B类可能致癌（对人体致癌性的证据有限，在动物实验中发现的致癌性证据尚不够充分；对人体致癌性的证据不充分，但是对动物致癌性证据充分；在有些情况下，不管是对人还是对动物致癌性的证据都很有限，但是有相关的机理分析可以提供证明）。显然，可能致癌与致癌肯定是有区别的，但不知为什么，前次黄酒中氨基甲酸乙酯在香港的原报道中还是“可能致癌”，到了某些媒体和网络上，就变成了“致癌物质”；苏丹红也是可能致癌，现在大部分人的印象都是“致癌物质”吧？如果“可能致癌物质”能简称为“致癌物质”，那干脆就不用分级了。摘个微博：国际癌症研究所对800多种化合物进行了分析，绝大多数都或大或小有致癌的可能性，若不分剂量地把含有这些化合物的食品都排除掉，你还能吃到什么？您不喝咖啡、不喝葡萄酒白兰地和清酒、不吃泡菜，甚至不晒太阳？

不管是致癌或者可能致癌，都一样跟剂量有关，因为得出这个致癌或者可能致癌的结论，本来就是根据一定条件下的一定剂量试验出来的。比如大家都听说过的“手机可能致癌”（属于2B级），其中一项研究对象即是平均使用手机10年以上、且每天通话超过30分钟的人群。吸烟增加患癌的风险，那也得是吸了很长一段时间啊，对于食品同样如此。

媒体报道中，最常见的就是“长期食用可能致癌”，这句跟“长期在路上走可能被车撞”有点类似。这样的句式它有可能指的是“每天大剂量的吃上几十年会有十万分之一患上某种癌症的可能”，所以最好的办法就是自己查证一下靠谱的资料，然后看看自己到底值不值得冒险吃一点这个东西。

七、还有什么是能吃的？

答：现实中大家都吃得挺欢的。我这么理解大家的担忧：似乎每个食品行业、每种食品都出过问题，于是给我们造成一种感觉，吃任何食品都可能中招。但如果纯粹从“担忧”这点来说，任何食品不管媒体有没有报道都存在风险（事实上媒体报道的占问题产品数量的比例一定是很少的，媒体报道只能作为一个参考，而不能成为标准），因此如果我们想吃得安全的话，除了寄望于食品安全总体状况的改善，更需要提高自身的甄别能力，不要买三无产品，尽量选用至少中等价位的食品等等。

八、是不是以前的食品就更安全？

答：这个问题跟问“是不是以前的交通更安全”有异曲同工之处。现代食品更丰富了、流通更广泛了，在这个庞大的基数上，无论以什么概率来算，食品安全事件都是“剧增”了，再加上我们的食品安全意识提高、媒体曝光增多，能看见的食品安全事件当然是更多了。不过，就算从绝对的角度来看，以前的食品也未必就更安全。网易曾经做过一个专题叫“谁说改革开放前的食品就靠谱”，从我们最日常食用的大米、蔬菜、茶叶、酱油来说，“以前的”都不见得更安全，那时候的陈化米比现在的多，发霉的粮食都不舍得扔。很多人以为那时候农村的蔬菜就更“绿色”，有一部分当然是这样的，因为那时候的工业污染、生活垃圾污染还很少，但那时候使用高毒农药（敌敌畏、66粉之类现在已经禁了）。

在物质匮乏的年代，其实是不太顾得上食品安全的。以前的冰棍里多放点糖精色素，那叫有滋有味，现在多放点色素，叫做乱添加。冰棍外面用层薄纸片包着，管它什么食品安全。大家也不会想回到那个贫乏的年代了，好比大家都说路上太堵，也没听谁说想回到那个一上午只见到两辆东风货车的年代。

九、能不能别放添加剂？

答：如果从绝对安全的角度来说，当然是不吃任何添加剂为好，但为什么还是要放添加剂呢，理由也很简单，因为有好处：可以吃到更丰富、更便利的食品。就像坐飞机，每年都有飞机失事的情况，但大家还是要坐，因为觉得好处大于风险。所以，食品添加剂的关键就在于评估其风险，制定出一个“限量值”，让人在按照规定食用的情况下，好处能远远超出风险。

如果你觉得这些风险评估是不可信的，或者你没兴趣去了解它是防腐还是增香增色，那么你也可以别买，现在食品添加剂都在标签上写着（不能说所有食品都如实标注了，但大部分食品都标注了），那么只要有三分之一的消费者不选择含有添加剂的食品，不仅生产添加剂的厂要倒一大半，连食品企业也要关门一半。但是，如果你说你不想看标签，只希望厂家“自觉”地不要添加，同时你还想获取丰富、便利的食品，那么真做不到！世界上没有纯粹只有好处而没有任何风险的事。我真心觉得，如果你想获得你想象中的“安全食品”，你那自己就是“第一责任人”，因为你有最为重要的消费权、选择权。比如，你觉得增香增色是多余的，那么你可以选择没有这些添加剂的食品，当像你这样的人多了，那么这类添加剂自然就会被淘汰。

十、为什么食品安全事件越来越多？

答：上面已经回答了这个问题，再归纳一下：食品的基数在增长，必然事件越来越多（指在一定时期内，过了某个时期，也许基数在增长或不变，但事件越来越少）；因为对食品安全的认识在提高，很多原本没有意识到、不列入食品安全问题的现在都算了；从主观上来说，媒体报道的越来越多，你也会“感觉”到这类事件越来越多。

特别要指出一点，即使列出一百条食品安全事件增多的原因，我也不认为道德越来越败坏、商人越来越无德是其中一条。我们的社会道德并没有越来越坏。

十一、为什么总是这些大企业出事？

答：这是一个完全错误的认识，在食品领域，大企业出事的概率远远低于小企业。原因很简单，你可以去看任何一级工商部门任何一个季度发布的不合格产品信息，里面几十条信息，99.9%都是小企业的产品，假设某天某地工商部门突出曝出一条大企业产品不合格的信息，那么媒体就会像饿狼一样扑上去，等得太久了啊！从媒体的性质来说，每个季度都会发布的不合格食品信息，小企业他们根本就无动于衷，因为不轰动，没新闻价值，大鱼才刺激。所以你认为媒体报道食品安全事件首先是为了公众的健康……

大企业出事的概率远远低于小企业，这是一个不用太费神的常识，大企业技术设备更好、人员素质更高、经验更丰富、更注重品牌保护，无论怎么说食品安全的保障能力都更强。

我们更关注大企业当然也有道理的，因为他们的产品影响的人更多，但也别认为大企业就是更大的“敌人”。

十二、为什么企业可以参与国家标准制定？

答：这个问题的潜台词是让企业参与国标制定，那么他们不是肯定会照顾自己的利益？这种担忧当然不是多余的。在《食品安全国家标准管理办法》中，规定“择优选择具备相应技术能力的单位承担食品安全国家标准起草工作”，又规定“提倡由研究机构、教育机构、学术团体、行业协会等单位组成标准起草协作组共同起草标准”。也就是说，企业具有起草的资格，但不“提倡”。不过，在很多行业里，行业龙头企业的科研能力、行业经验都是不容忽视的，甚至领先于教育机构、科研机构，有一些国标本身就是随着行业企业发展而诞生，或是从企业标准、行业标准发展而来的，所以将企业排除出去不现实，也不合理。另外，标准制定出来是需要企业执行的，而企业应该是对行业现状、生产情况最熟悉的，没有企业的参与很可能偏离现实可操作性。

总之，企业是标准制修订的“生力军”，难以忽视。至于防范企业“挟带私利”，最好的办法就是让标准的起草和审订过程最大限度的公开和透明。对于企业可能“绑架国标”也不用特别担心，因为在大部分情况下，如果我是行业龙头企业，我肯定倾向于把标准制定得更严一点，我的技术、生产条件在行业是领先的，标准严了就是一道门槛，有利于我竞争啊。

十三、为什么总是媒体先曝光监管再介入？

答：这也是一个完全错误的认识，而且也是一个简单的常识。因为你总关注那些媒体先曝光的新闻，而媒体的曝光又是带有选择性的。媒体没有曝光的，比如监管部门每季度例行抽检的结果，你都看了吗？看一组数据：“去年6月到今年1月，8个月中，我们监测到各类媒体报道的有效新闻总数为13071条，其中59%是政府主动发布的新闻，12%是消费者投诉举报的信息，7%是评论杂谈提到的，5%是记者暗访披露报道，还有2%是企业自己发布的。所以从这几个数字我们也能看到，政府在发现食品安全事件或者查处食品安全事件这方面，还是占绝大多数。”（国务院食品安全办监督检查司副司长于军2012年3月谈

话）这里面提到，记者暗访披露的报道为5%。（不知道为什么加起来不是100%）

十四、现在的“砖家”还能信吗？

答：大家很不满意，在食品安全事件出来后，似乎总有专家出来辟谣，这专家的动机很值得怀疑。我也承认，确实会有一些专家为企业、利益集团说话。不过，我觉得这种现象更常见：某篇食品安全报道出来，如果里面有专家说这东西有什么危害，大家一般是不会怀疑这个专家说错了的（有些报道甚至用“据专家称”这样的表达，连专家名字都没有），但如果过几天，有专家胆敢说这东西危害不大，那肯定是“伪专家”。但如果这个伪专家某天在另一件事上说了某东西有危害，这时候他的言论又是可信了的。所以，我觉得不是专家可不可信的问题，而是你只想听你愿意听的东西，其实你自己就是专家。

对于专家的观点可不可信，要看具体情况，我的方法是，任何一件事出来，都尽可能听听两方面的声音，自己找一些可靠的资料，然后自己判断。

对于专家本身，我总体的态度是尊重，哪怕这个专家曾经发表过一些我并不认可的观点。我看见一些食品安全事件中，如果有专家为政府、为企业说了辩护的话，很多的人就极尽恶毒之言，我觉得对于一个不尊重专业、不尊重知识分子的民族，吃点不安全的食品只是最轻的惩罚。

十五、我们国家的食品安全监管是不是最差的（或最好的）？

答：陈君石院士说“在食品安全方面，我们是全世界监管力度最强的国家。”结果被骂了，微博上很多人骂得极其难听。我对其它国家监管制度、监管现状了解不多，只从个人感受来说，我不同意我国是监管最强的，也肯定不认为是监管最差的。监管的好坏，涉及到很多方面，陈院士说的也许是我们的监管制度是最严的，这一点或者是对的，但在制度之外，要考虑的还包括人力、检测技术、配套的财政支持等因素。我想说两个让我国的监管效能大打折扣的地方，一是地方保护主义。地方政府因为顾及到税收和就业，对于一些生产假冒伪劣产品的企业睁一只眼闭一眼，比如蜂蜜行业，广西某市某个企业，近五六年来曾被全国各地工商局不下十次抽检到不合格（蜂蜜掺假或造假），但这个企业居然一直没事（类似还有其它省的多个企业），这种奇怪的现象除了地方保护主义没有其它的解释了。二是基层监管人员的专业素质不行，因为中国的工商和质监部门，在2000年以前进了大量的退伍军人，这些人都是非专业，还有他们的检测设备也是这几年才慢慢配起来，基础太弱。

十六、食品安全问题的根源都在政府，都是监管不力？

答：放在很宽泛的角度来说，也许是这样的，因为我们的政府不仅有监管责任，还要承担制定产业政策、经济调控、市场培育、维护治安、风俗教化等责任，所以你说一切问题的根源都在政府也错不了。但是，我们也知道，当教科书和新闻说近三十年经济发展的成就都是党和国家领导有方的时候，我们也知道这是不对的，我们还得益于世界经济发展大潮、技术进步以及人民的创新、努力，所以问题来了，既然我们不认为“功劳和成绩”都是政府的，为什么又会认为“问题和责任”都是政府的呢？

具体到食品安全，政府监管当然是要负主要责任的，但也强调企业是第一责任人，我认为这不是说比较哪个的责任更大，而是不同的主体在不同的层面发挥作用。任何一种力量都是有边界的，监管也不可能深入到每个细节中，同时监管还是要考虑成本的，而监管的成本大部分都会转嫁给消费者。此外，在讨论企业的第一责任人时，我们还可以把概念扩大一些，即食品产业发展状况和市场经济发展程度，这两者也在极大的程度上影响了食品安全。一个中小企业众多的行业、一个无序竞争的市场都导致食品安全发生的概率增加。

十七、我国的食品安全状况到底处于什么状况？

答：在官方的评价中，最常见的词语包括：总体可控、稳定向好、形势严峻、任务艰巨、时有发生。

总体可控是局面，一般不会频繁发生恶性食品安全事件，稳定向好是指趋势，形势严峻是指仍然面临诸多风险，任务艰巨是指还有大量的工作要做，时有发生是指事件发生的频率。我认为这些概括还是可信的，我的判断源于两点：食品产业总体在向着整合、变强、有序的方向发展（我认为食品产业的发展状况是比监管更深层的制约力量），另外就是社会的法制和道德状况并没有变得更坏。

尽管大家对食品安全担忧最多，意见最大，总是骂企业没有良心，但我坚持这样的观点：一个社会不可能某一个领域单独变坏，不可能某一群人的道德水平就明显更低。如果有一个横向的打分体系，我甚至认为食品安全可能评分不低，因为从“假冒伪劣”这个角度评判，食品安全毕竟有一个底线在那里，而其它领域是看不见底线的，比如劣质教育、劣质工程、劣质医疗、劣质媒体……我不知道你在从事哪个行业，但当你骂食品安全的时候，你可以想想你的行业是否为社会提供了优质的产品。

十八、如何看待媒体的食品安全报道？（或如何分析食品安全事件）

答：公众对食品安全事件的认识基本源于媒体的报道，而不可否认的是，媒体报道是在对素材进行人为选择、人为加工并很可能是按照特定立场而制作出来的，而且受制于编辑记者自身的专业水平，所以，我认为对于媒体报道首先要破除迷信：即媒体报道就是可信的，媒体说的就是“真”的。我们不能说媒体报道就是造假，但媒体报道不准确、不客观、不理性的情况比比皆是。媒体界的朋友应该很清楚，在没有新闻立法的情况下，政府对媒体的管控是涉及政治和意识形态的就滴水不漏，而对其它领域则处于放羊的状态。

媒体报道可能在食品安全事件的任何一个环节失真（包括造谣），最常见的失真点就是危害性，因为一般无害的东西媒体是不会报道的，所以也存在把无害的东西说成有害的冲动；其次就是原因分析，媒体会急于给事件定性，并很快将问题上升到企业无良和监管不力，因为这两个结论是最利于进行即刻的道德批判，并煽动公众的情绪的，从而达到多卖报纸或吸引点击的目的。

要想说出一套可以分析任何食品安全事件的理论是很困难，但我认为，一个好的食品安全报道应该对危害性、事件过程、事件原因都有诚实的呈现。下面我简要分析一下去年10月份的“含金葡菌水饺”事件，因为这起事件集齐了上面提到的各种要素。

1. 扩大危害性

“XX水饺被检出金黄色葡萄球菌可引起肺炎”——这是北京工商局发布XX水饺被检出金葡菌的公告后，第二天《XX晚报》的报道标题，“可引起肺炎”的说法随后被各网站和媒体广泛引用。真相：科学松鼠会、果壳网均有文章介绍，通过饮食方式吃进去的金葡菌并不会导致肺炎，金葡菌广泛存在，其危害也并没有那么严重。通过对报道原文的搜索可知，记者写的这段话原原本本的摘自某个网页，但是这个网页上的内容既非学术论文，也没有索引，甚至没有一个可以佐证的其它网页，最关键的是，它没有搞清楚金葡菌引发肺炎是在什么条件下，跟食品安全有没有关系。同时，作者也没有去采访医学专业人士。

2. 突出龙头企业

媒体报道：三大品牌全部沦陷了！真相：在广州市工商局公布的抽检结果中，除了知名的六七种品牌，其他检出金葡菌了，但由于其它的是二三线品牌，所以被无视了。

3. “国标倒退”

速冻面米新国标（征求意见稿）在这时候很不巧的发布。新国标中金葡菌由原来的不得检出变成了可以检出，也就是说，原来不合格的饺子，现在有可能是合格的了。于是被媒体认定为国标倒退。真相：金葡菌的致病不是细菌本身，而是细菌大量繁殖后所产生的肠毒素所致，国标规定只要能控制不产生肠毒素，则无所谓倒退不倒退；新标准中对沙门氏菌指标加大了采样和检验量，要求比旧标准更严格。此外，在国际上，类似产品中的金葡菌均是允许检出的。

4. 大企业绑架国标

因为，新国标被指为倒退了，所以媒体紧接着的指责是大企业绑架国标。真相：在几大饺子品牌曝光之前，新国标（征求意见稿）已经发布（其中 XX 水饺被检出不合格是在 7 月份，但曝光是在 10 月，征求意见稿是在 9 月发布）。此外，一个国标的修订往往要历时一两年以上，新国标的修订跟此次事件没有必然关系。

5. 对事件的错误定性

为什么水饺里会检出金葡菌？因为猪肉中大概有 17% 的比例会携带少量的金葡菌，要求完全不得检出是非常困难的，即便是企业没有主观恶意、没有生产管理上的疏忽，还是可能出现这种情况，看历年的各地抽检公告就知道，速冻面米制品中被检出金葡菌是常有的事。

6. 不严谨的知识

“加热 80℃，30 分钟可被杀灭……”于是大家惊呼，水饺煮 30 分钟还怎么吃啊！真相：肉制品中的金黄色葡萄球菌在 60℃时加热 6 分钟被杀灭，牛奶中的金黄色葡萄球菌在 75℃时加热 1.2 秒被杀灭（ICMSF 数据），食品达到 165 华氏度（即 73.89℃），即刻就可以杀灭食品中包括金黄色葡萄球菌在内的致病菌，确保食用安全（FDA 数据）。

7 奇怪的建议

媒体：要保障自己的健康，就回家自己包饺子！真相：自己买的肉里面同样可能携带少量金葡菌（鲜肉国标《GB9959.1-2001 鲜、冻片猪肉》并不要求检测金葡菌），你买的肉和食品企业买的肉其实是一样的，而且，企业在低温环境下包饺子也不会比你在常温下包饺子产生毒素的可能性更大。

最后特别提一点：我从未见过一家媒体为其对食品安全的失真报道致歉并承担相应责任的。

十九、“我才不需要了解这么多，只要企业生产出安全的食品就行！”

答：在我们进行的问卷调查活动中，发现有不少持这种观点的人。他们认为，自己不需要了解食品安全相关知识，关键在于企业。了解一些食品安全知识的好处其实不用多说，那么，消费者增长食品安全知识跟促进企业食品安全有没有关系呢？当然有，因为消费者有最重要的选择权。企业生产食品，本质上是一种市场行为，而“安全的食品”跟成本有直接的关系，好的原料、设备、人力、检测等都关乎成本。事实上，有很多微利行业，就是因为低价恶性竞争导致一些企业偷工减料，最后生产出不安全的食品。消费者了解相应的食品安全知识后，其消费就会变得更理性，包括有意地回避食品安全风险更高的食品、愿意为安全食品提供相应的购买力。同时，具备相应的食品安全知识后，消费者还可以成为更好的“监督者”。

二十、我们该关注什么样的食品安全？

答：事实上，我们的媒体、舆论把太多的注意力放在了一些根本算不上事的事了。从业内来看，食源性疾病才是当今食品安全的头号敌人，其次是化学性污染（包括重金属污染、农残药残、天然毒素），排到后面的才是非法添加和滥用食品添加剂。根据世界卫生组织的定义，食源性疾病是指病原物质通过食物进入人体引发的中毒性或感染性疾病，常见的包括食物中毒、肠道传染病、人畜共患病、寄生虫病等。其中，食源性疾病中 98.5% 是致病微生物污染引起的，其发病率居各类疾病总发病率的前列，是全世界公认的头号难题。卫生部每年收到的食物中毒报告在 600–800 起，死亡上百例，而事实上还有一大半的没有报上来（漏报）。最近的一起食物中毒事件是温州的因食用织纹螺而引起的（死亡 1 人）。可以说，食物中毒的杀伤力不是其它的食品安全问题所能比的，这才是食品安全风险最高的区域，不管是媒体，还是公众，都应该多传播这方面的知识，了解这方面的信息，增强自我防范意识。

1.5 2017年的中国制造业

中国食品工业年鉴编辑部

2017年是不平凡的一年。从政治上讲，圆满成功召开了党的十九大，确立了以习近平新时代中国特色社会主义思想为党的指导思想，指明了党和国家事业前进的方向，为中国号巨轮前行立起了新航标，为实现中国梦吹响了新的集结号，2017年是中国改革开放即将步入四十不惑之年，是“十三五规划”承上启下之年。

目前，中国已经成为了世界第二大经济体，全球最大的制造业市场，2017年2月份公布的中国制造业采购经理指数为51.6%，连续15个月保持在51%以上较高水平,表示制造业保持着稳步增长的发展态势。中国制造业已经没有什么不能造,更没有什么造不好，中国制造正在走向中国智造加中国创造，中国代工正在走向中国品牌发展，国产航母如蛟龙入海，CA919已展翅翱翔，复兴号高铁也呼啸而至代工中国制造有力地助推了中国经济。

我们当下的矛盾就是产业布局的不平衡和不充分，例如：工业基础仍然薄弱，有些核心技术依然受制于人，品质的缺失造成了后劲不足，所以，出现了有制造没创造，有速度没质量，有产品没品牌，总是习惯于跟随与模仿，缺乏自信。

新时代的中国制造业需要协调发展，更需要企业家精神，“让世界爱上中国造”的董明珠讲过，企业家精神就是一种付出、创造、坚守和共享，她说：中国企业家应该更多地聚焦实业，没有实体经济，就不会有中国经济的未来，没有中国制造，就不会有国家的全球尊严。

中国制造是国家的力量！中国制造是企业家的历史使命！

1.6 再论食品安全

中国食品工业年鉴编辑部

中共“十八大”以来，中央十分重视食品安全，把食品安全战略上升成为国家战略；十二届全国人大常委会第十四次会议表决又通过了新修订的《食品安全法》，这部被称为“史上最严”的食品法典。以上这些都凸显出了食品安全的重要性。

当前，全国上下正在深入学习、贯彻党的“十九大”会议精神，习近平总书记关于“人民日益增长的美好生活需要和不平衡、不充分的发展之间的矛盾”的重要论述，标志着中国特色社会主义发展进入新时代，同时，这也是对食品工业战线提出了新的、更高的要求。食品工业是我国国民经济的重要支柱产业，也是最重要的民生产业，在促进经济增长、满足城乡居民食品消费需求、拉动相关产业发展等方面发挥了重要作用。

民以食为天，食以安为先，食品安全事关人民切身利益，是广大人民群众追求，向往美好生活的重要组成部分，让人民吃得安心、吃得放心，是食品行业同仁的共同责任，可以说，做好了这件事，就是立足行业实际，对“十九大”精神的最好理解、最好贯彻和最好落实。

2017 年初，国务院发布的《“十三五”国家食品安全规划》和国家发改委、工信部联合发布的《关于促进食品工业健康发展指导意见》中，明确提出了“十三五”时期我国食品工业发展和食品安全工作的任务与目标。

食品安全重于泰山，是永远不可触碰的底线，作为第一责任人的食品企业，要时刻牢记习总书记的嘱托，深刻理解广大人民群众对食品安全的关切和期待，要践行习总书记在“十九大”报告中提出的“实施食品安全战略，让人民吃的放心”的要求，继续加快推进供给侧结构性改革，坚持以提升安全水平，提质增效为中心，优化产业结构，加快创新驱动和转型升级，推动食品工业增品种、提品质、创品牌，促进行业持续健康发展。

1.7 中国罐头

中国罐头本来是很流行的一种食物，但现在已经渐渐从我们的视线里消失了，很多人总觉得罐头能保存一年半载，一定加东西了，而且还有人认为罐头里有股防腐剂味，不能多吃，是真的吗？

一、中国罐头是很好的食物保存方法

罐头是人类食品工业史上最重要的发明之一，也是军事科技转民用的典范。当年，法皇拿破仑在欧洲开疆拓土，战线拉得太长，为了解决军队后勤供给问题，他悬赏12000法郎求解。一个叫做尼古拉·阿佩尔的法国人想出了将食物放在广口玻璃瓶中，先蒸煮、再密封的食物保存方法，这就是最早的罐头。

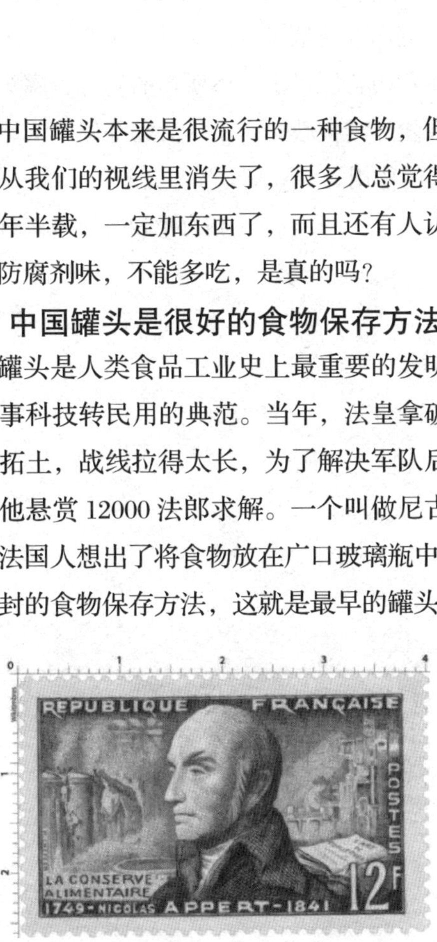

在这之后，英国人彼得·杜伦又发明了马口铁罐头，使罐头的耐储存性和便携性进一步提高。虽然，拿破仑败了，但罐头发明流传至今，依然是军队、探险队的重要后勤物资。后来，罐头的便捷性、耐储存和营养美味的特点得到社会广泛认可，并逐渐成为大众美食。几十年前，走亲访友的时候，如果送上几罐水果罐头，主人一定非常高兴。如果有午餐肉罐头，那可算得上豪礼了。但随着食品储运和加工工艺的发展，新鲜食材触手可及，人们开始嫌弃这个昔日的伙伴，其中最重要的一点就是，觉得它"充满了防腐剂的味道"。

二、商业无菌 才是罐头保存时间长的原因

罐头是用水果、蔬菜、食用菌、肉或水产品等为原料，经过加工、罐装、密封、杀菌等工序做成的。无论马口铁装的肉罐头还是玻璃瓶装的水果罐头，虽然，制作工艺略有不同，但核心都是灭菌。早期的灭菌方式是煮水（100℃），后来，改为氯化钙溶液煮（115℃），再后来，又发展为高压蒸汽灭菌（121℃）。按照目前国家标准的要求，罐头食品需要满足"商业无菌"。

罐头出厂前要做商业无菌检验，通过模拟室温储存，看罐头是否会出现涨听、鼓包等变质现象。通过微生物培养实验，看是否存在微生物繁殖的可能。"商业无菌"不等于绝对没有细菌，而是说不含有致病微生物。某些罐头可能含有少量不致病的微生物，但在通常温度下也不会繁殖。例如：番茄酱罐头中可能存在少量的霉菌孢子，由于番茄酱的酸性比较强，这些孢子不容易繁殖起来，因此，可以不用防腐剂。

三、中国罐头里到底有没有防腐剂？

绝大多数的罐头是不需要添加防腐剂的，但个别品种例外。例如：杨梅罐头需要添加丙酸，蘑菇罐头、杂粮罐头可以用乳酸链球菌素。除了传统的罐头，现在工业界更受欢迎的是软罐头，它的生产流程和普通罐头基本类似，只是包装材料发生了变化，常见的包括尼龙膜、聚乙烯膜、铝箔等，有一些根据工艺需要也会加入防腐剂。需要强调的是，这些罐头即使有防腐剂也没问题，一方面是有工艺需要，另一方面按国

家标准的规定添加并不会影响健康。而且，添加防腐剂是有利于保持食物口感和营养的，因为不用高温长时间加热。肉罐头（比如午餐肉）里面通常会有亚硝酸盐，虽然，它可以作为防腐剂使用，但在这里是发挥另一种功能。亚硝酸盐可以和肌红蛋白结合，形成漂亮的红色，因此能起到护色的作用。

四、中国罐头有营养

罐头食品被人诟病的另一个原因是说营养破坏了，那你有没有想过，罐头里面装的东西不是营养物质是什么呢？罐头食品经过高温处理，营养当然会比新鲜的食材差一些，但并不等于没有营养。蛋白质、脂肪、矿物质、膳食纤维等营养素并不会因为杀菌过程发生实质性变化，罐头加工主要损失的是维生素，例如：维生素 C、维生素 B 和叶酸等。不过蒸煮烹炸都会或多或少破坏维生素，也没见你不吃啊？

长期以来，国人对罐头食品的偏见影响了它在国内的发展，但中国罐头在国际市场上却十分畅销，远销美国、俄罗斯、德国、日本等发达国家。据统计，美国人一年要吃 90 公斤罐头食品，欧洲是 50 公斤，日本是 23 公斤，而中国仅有 1 公斤，此现象被行业人士戏说为：墙内开花墙外香。此外，安全、卫生、耐储存、方便食用且能提供人体所需的营养，罐头食品在旅行、探险、灾害救援、军队后勤等领域依然发挥着极为重要的作用。

摘自中国食协罐藏科技群

第二部分

行业篇

2.1 油　料

【a. 概况】

2017年，全国的油料生产取得了好收成。以油菜籽、花生、大豆为代表的8大油料总产量首次突破了6000万吨。全国油菜籽、花生、大豆、棉籽、葵花籽、芝麻、亚麻籽、油茶籽等8大油料的预测总产量为6142.5万吨，同比增长4.5%。油茶籽产量为220万吨，同比增长1.7%。

在油料油脂进口方面，为满足全国食用油市场供应和饲养业发展的需要，进口数量不断增长，屡创历史新高。据海关统计，2017年，进口各类油料合计达10200万吨，同比增加了1247.1万吨，同比增长13.9%。其中，进口大豆9552.6万吨，同比增加1161.3万吨，同比增长13.8%；进口油菜籽474.8万吨，同比增加了118.2万吨，同比增长33.1%；进口各类食用植物油合计为742.8万吨，同比增加了54.4万吨，同比增长7.9%。其中，进口大豆油65.3万吨、棕榈油507.9万吨、菜籽油75.7万吨、葵花籽油74.5万吨、橄榄油4.3万吨。在油料油脂的进口中，一些消费者喜爱的其他油料油脂的进口势头看好，值得我们关注，如芝麻、亚麻籽、葵花籽油、橄榄油、椰子油等进口数量。

根据国家粮油信息中心提供的“中国食用油市场综合平衡分析”可以看到：2016/2017年度，全国食用油市场的总供给量为3659.8万吨，其中，包括国产油料和进口油料合计生产的食用油产量2930.7万吨及直接进口的各类食用油合计729.1万吨；还可以看到：2016/2017年度，全国食用油的食用消费量为3365万吨，工业及其他消费为370万吨，出口量为16.5万吨，合计年度需求总量为3751.5万吨（即年度消费总量），年度挖库存91.7万吨。这样可以计算出，2016/2017年度，全国食用油的自给率为31.1%（即2017年国产油料榨油量1168万吨，与年度需求总量3751.5万吨之比），同比下降1.2个百分点。

根据2016/2017年度全国食用油需求总量（即消费量）为3751.5万吨，按联合国网站提供的中国人口为14.1亿计算，2017年全国人均年食用油的消费量为26.6千克。根据美国农业部提供的世界主要植物油产量消费及库存情况，2016/2017年度，全球消费植物油总量为18388万吨，其中，欧盟消费总量为2603万吨、美国消费量为1473万吨、印度消费量为2249万吨、泰国消费量为272万吨；另据联合国网站提供的2017年全球人口数为75.5亿、欧盟为7.42亿、美国为3.24亿、中国为14.1亿、印度为13.39亿、泰国为0.69亿。

由此，可以计算出2017年全球及各国人均年食用油的消费量，即全球人均年消费量为24.4千克、欧盟为35.1千克、美国为45.5千克，充分表明，我国食用油的人均消费量已超过世界人均水平，并有继续增加趋势。

【b. 统计表格】

表1　全国油料产量(单位：千吨)

年份	油籽总产量	其中：棉籽	大豆	油料	其中：菜籽	花生果	葵花籽	芝麻	胡麻籽	油茶籽
1993	40, 076	6, 730	15, 307	18, 039	6, 936	8, 421	1, 282	563	496	488
1994	43, 710	7, 814	16, 000	19, 896	7, 492	9, 682	1, 367	548	511	631

续表1

年份	油籽总产量	其中：棉籽	大豆	油料	其中：菜籽	花生果	葵花籽	芝麻	胡麻籽	油茶籽
1995	44, 585	8, 582	13, 500	22, 503	9, 777	10, 235	1, 269	583	364	623
1996	42, 891	7, 565	13, 220	22, 106	9, 201	10, 138	1, 323	575	553	697
1997	44, 587	8, 285	14, 728	21, 574	9, 578	9, 648	1, 176	566	393	857
1998	46, 393	8, 102	15, 152	23, 139	8, 301	11, 886	1, 465	656	523	723
1999	47, 155	6, 892	14, 251	26, 012	10, 132	12, 639	1, 765	743	404	793
2000	52, 910	7, 951	15, 411	29, 548	11, 381	14, 437	1, 954	811	344	823
2001	53, 638	9, 582	15, 407	28, 649	11, 331	14, 416	1, 478	804	243	825
2002	53, 788	8, 309	16, 507	28, 972	10, 552	14, 818	1, 946	895	409	855
2003	52, 251	8, 747	15, 394	28, 110	11, 420	13, 420	1, 743	593	450	780
2004	59, 445	11, 382	17, 404	30, 659	13, 182	14, 342	1, 552	704	426	875
2005	57, 407	10, 286	16, 350	30, 771	13, 052	14, 342	1, 928	625	362	875
2006	55, 044	13, 559	15, 082	26, 403	10, 966	12, 738	1, 440	662	374	920
2007	52, 135	13, 723	12, 725	25, 687	10, 573	13, 027	1, 187	557	268	939
2008	58, 559	13, 486	15, 545	29, 528	12, 102	14, 286	1, 792	586	350	990
2009	58, 003	11, 479	14, 981	31, 543	13, 657	14, 708	1, 956	622	318	1169
2010	58, 114	10, 730	15, 083	32, 301	13, 082	15, 644	2, 298	587	324	1092
2011	59, 413	11, 860	14, 485	33, 068	13, 426	16, 046	2, 313	606	359	1480
2012	59, 723	12, 305	13, 050	34, 368	14, 007	16, 692	2, 323	639	391	1728
2013	58, 459	11, 338	11, 951	35, 170	14, 458	16, 972	2, 423	624	399	1777
2014	60, 029	11, 090	12, 154	36, 785	14, 772	16, 482	2, 492	629	387	2023
2015	57, 244	10, 089	11, 785	35, 370	14, 931	16, 440	2, 520	640	380	2163
2016	58, 770	9, 538	12, 937	36, 295	14, 546	17, 290	2, 990	631	403	2, 164
2017预测	61, 425	9, 875	14, 550	37, 000	14, 430	18, 000	3, 175	700	445	2, 200

注：资料来源国家粮油信息中心。

表2 2017年全球及有关国家人口数量食用油消费量及人均年消费量

项目	全球	欧盟	美国	泰国	印度	中国
人口数（亿）	75.5	7.42	3.24	0.69	13.39	14.1
食用油消费（万吨）	18388	2603	1473	272	2249	3751
人均年消费量（千克）	24.4	35.1	45.5	39.4	16.8	26.6

注：人口数来自联合国网站、食用油消费量来自美国农业部。

表3 1996-2017年我国人均年食用油消费情况

年份	食用油消费量（万吨）	人均年消费占有量（千克）
1996	1, 002.5	7.7
1998	1, 090.7	8.4
2000	1, 245.7	9.6
2001	1, 330	10.2
2002	1, 410	10.8
2003	1, 500	11.5
2004	1, 750	13.5
2005	1, 850～1, 900	14.2～14.6
2006	2, 271.7	17.5
2007	2, 509.7	19.3
2008	2, 684.7	20.7
2011	2, 777.4	20.6
2012	2, 894.6	21.4
2013	3040.8	22.5
2014	3167.4	23.2
2015	3294.6	24.1
2016	3426.5	24.8
2017	3751.5	26.6

注：1. 2006至2008年食用油消费量按国产油料扣去食用部分后的总折油量加上净进口前折油之和。

2. 1996-2008年的全国人均年消费按13亿人口计算；2011-2013年按13.5亿人口计算；2014年按13.6782亿人口计算；2015年按13.68亿人口计算；2016年按13.8271亿人口计算；2017年按联合国网络发布的中国人口数为14.1亿人口计算。

赵 奕

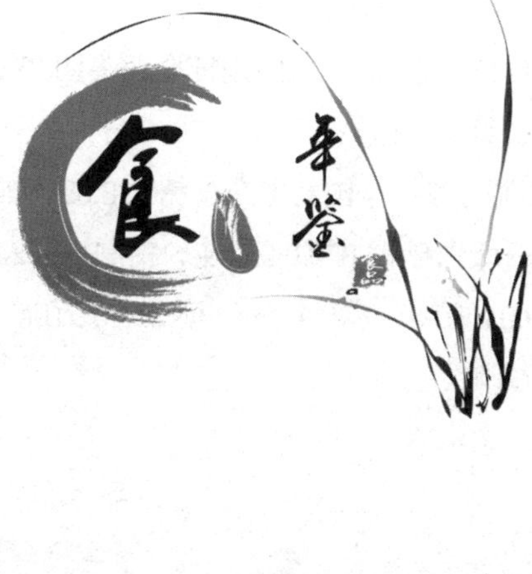

2.2 制糖行业

【a. 概况】

全国有 14 个省区产糖，沿边境地区分布，主产糖区集中在我国北部、西北部和西南部。甘蔗糖产区主要分布在广西、云南、广东、海南及邻近省区；甜菜糖产区主要分布在新疆、黑龙江、内蒙古及邻近省区。糖料种植相关的人员近 4000 万。2016/17 年制糖期全国食糖总产量中甘蔗糖占 88.73%，甜菜糖占 11.27%。

全国的食糖生产销售年度为 10 月 1 日至翌年的 9 月 30 日，开榨时间由北向南各不相同。甜菜糖厂一般在 9 月底或 10 月初开机生产；甘蔗糖厂中，广西、广东、海南等省区 11 月中或 12 月初开榨，云南省 12 月底或次年 1 月初开榨。

2016/17 年制糖期于 2016 年 9 月 19 日新疆恒丰糖业公司正式开机生产，至 2017 年 6 月 4 日南华孟定糖厂最后一个停机，历时 259 天，同比制糖期减少生产 21 天。本制糖期，全国共有开工制糖生产企业（集团）46 家，开工糖厂 221 间，同比制糖期减少开工 7 间，其中：甜菜糖生产企业（集团）4 家，糖厂 26 间；甘蔗糖生产企业（集团）42 家，糖厂 195 间；另有炼糖企业 16 家。

本制糖期食糖产量前 10 位的制糖企业集团产糖量占全国食糖总产量的 72.73%。

2016/17 年制糖期，全国共生产食糖 928.82 万吨。其中，优级和一级白砂糖 872.04 万吨，精制糖 6.24 万吨，绵白糖 19.04 万吨，赤砂糖和红糖 28.95 万吨，原糖及其他 2.55 万吨。

本制糖期，全国糖料种植面积 2093.65 万亩，同比下降 1.93%，其中，甘蔗种植面积 1837.44 万亩，同比下降 5.44%；甜菜种植面积 256.21 万亩，同比增长 33.62%。甘蔗品种目前仍以台糖系列、桂糖系列和粤糖系列为主，三大系列品种占总种植面积的 90.74%；其他品种约占总种植面积的 9.26%。甜菜主要种植品种仍以原种引进为主。甜菜品种以德国 KWS 系列、比利时安地系列、瑞士先正达系列为主，占甜菜总种植面积的 91.51%。

2016/17 年制糖期食糖产量、播种面积、开工糖厂数见表 1。

表1 2016/17年制糖期全国糖料播种面积、食糖产量基本情况

企业名称	糖料播种面积（万亩）	产糖量（万吨）	开工糖厂数(间)
全国累计	2093.65	928.82	221
甘蔗糖合计	1837.44	824.11	195
广东	180.00	77.18	29
其中：湛江	146.00	64.79	20
广西	1120.00	529.50	92
云南	462.39	187.79	58
海南	45.38	16.46	11
其他	26.57	13.18	5

续表1

企业名称	糖料播种面积（万亩）	产糖量（万吨）	开工糖厂数(间)
甜菜糖合计	256.21	104.71	26
黑龙江	9.50	2.54	2
新疆	111.21	48.74	13
内蒙古	118.50	46.33	6
其他	17.00	7.10	5

2016/17 年制糖期全国糖料收购价同比，甘蔗收购价有所上涨，甜菜收购价下降。甘蔗平均收购价格（地头价，不含运输及企业对农民各种补贴费用等，下同）为 497 元/吨，同比每吨增加 49 元，甜菜平均收购价格为 473 元/吨，同比每吨下降 38 元。2016/17 年制糖期全国制糖行业主要技术指标：

甘蔗平均单产 4.12 吨/亩，甜菜平均单产 3.68 吨/亩；甘蔗平均含糖分 13.54%，甜菜平均含糖分 14.13%；甘蔗产糖率 12.06%，甜菜产糖率 10.78%。

【b. 市场概况】

1. 国内食糖市场

2016/17 年制糖期，全国累计产糖 928.82 万吨，同比增加 58.63 万吨，同比增长 6.74%，其中，甘蔗糖产量 824.11 万吨，同比增长 4.95%；甜菜糖产量 104.71 万吨，同比增长 23.22%。

2016/17 年制糖期，全国食糖消费量 1490 万吨；年人均食糖消费量为 10.9 公斤。食糖消费结构略有变化，食糖消费总量中民用消费为 41%，工业消费比例为 59%。

2016/17 年制糖期，中国糖业协会食糖价格指数 6727 元/吨，同比增长 18.5%；工业累计销售平均价格为 6674 元/吨，同比增长 18.99%。本制糖期全国制糖行业销售收入 658.2 亿元；实现利润 32 亿元，财政税收 34.3 亿元，农民种植糖料收入同比增加 38.5 亿元。

2.2016/17 年制糖期行业运行特征

（1）食糖产量恢复性增长

全国糖料种植面积 2093.7 万亩，同比减少 41.2 万亩；加工糖料 7801.6 万吨，同比增加 283.1 万吨；食糖产量 928.8 万吨，同比增加 58.6 万吨。

（2）食糖消费平稳

全国食糖消费量 1490 万吨，同比减少 30 万吨。

（3）国际原糖价格大幅波动，国内食糖市场运行平稳

纽约原糖期货价格从期初 23.9 美分/磅跌至最低 12.5 美分/磅，后期波动区间集中于 13 ~ 15 美分/磅；国内食糖市场运行平稳，全国累计平均工业销售价格 6674 元/吨。

（4）农民增收，企业增效，财税增加

农民增收 38.5 亿元，企业实现利润 32 亿元，财政税收 34.3 亿元。

（5）国家宏观调控力度进一步加强

在行业自律基础上，对关税配额外食糖进口采取自动进口许可管理，并对进口食糖产品采取保障措施等一系列政策措施，食糖进口实现了“按需、有序、平稳、可控”；打击食糖走私工作成效显著；对糖精等高倍化学合成甜味剂实施了有效管理，稳定和扩大了食糖消费空间，保持了国内食糖市场平稳运行。

3. 国际食糖市场综述

2016/17 年制糖期，全球食糖供需形势延续产不足需格局，但是，由于巴西和欧盟等食糖主产国（地区）食糖产量增长，全球食糖产需缺口已从上年制糖期的 893 万吨收窄至 540 万吨。国际食糖市场呈振荡大幅下跌走势，其中，纽约 11 号原糖期货主力合约于制糖期期初见高 24 美分/磅附近，在制糖期后期跌破 13 美分/磅，至制糖期末时，仍在 14 美分/磅左右的低位徘徊。整个制糖期国际原糖价格跌幅超过 45%。

展望 2017/18 年制糖期，市场普遍预期，全球食糖产量继续增长，且高于食糖消费量增幅，全球食糖产需将出现过剩。英国 CZARNIKOW 公司认为，欧盟、印度和泰国等国家（地区）生产形势向好，预计全球食糖产量有望大幅增长至 1.92 亿吨，同比增加 1415

万吨；预计全球食糖消费量将小幅增加至1.85亿吨，同比增加200万吨；预计全球食糖产需过剩量681万吨。

食糖作为大宗农产品，既有大宗农产品易受天气波动影响等特性，又兼有能源和金融属性，其生产形势及价格波动不仅受其自身基本面影响，还被能源价格和美元汇率等诸多因素所左右。欧盟生产配额放开，有利于食糖产量增加，或将成为食糖净出口地区；由于国际原油价格走强，巴西下调制糖用蔗比例，食糖产量或将稳中略降；泰国糖业改革在即，对市场的影响有待观察；美联储加息进程及巴西雷亚尔汇率波动等仍会继续影响国际食糖价格走势。综合判断，国际食糖价格复苏之路充满艰辛。

世界主要产糖国食糖产量和消费量见表2、表3。

表2 世界主要产糖国食糖产量统计表

单位：万吨(原糖值)

	2013/14	2014/15	2015/16	2016/17	2017/18
总产量	18535.5	18899.5	17412.1	17800.8	19215.2
其中：甘蔗糖	14898.9	14793	13807.6	13764.1	14805.4
甜菜糖	3636.6	4106.5	3604.5	4036.7	4409.8
欧洲总量	2805	3181.1	2633.8	3062.6	3383.9
欧盟(28国)	1764	2061.9	1561.9	1771.9	2081.6
俄罗斯	477.1	482.4	562.8	661.2	639.9
乌克兰	131.5	227.2	159.4	218.3	217.7
土耳其	259.8	223.4	217.3	244.6	271.7
美洲总量	7159.6	6959	6666.9	7247.8	7353.3
巴　西	4065.8	3823.5	3636.9	4162.6	4157.3
哥伦比亚	258.8	256	227.3	244.7	254.3
古　巴	171.5	202.4	177.3	193	225
危地马拉	296.4	313.4	303.7	290.5	317.4
墨西哥	654.5	650.5	660.6	658	680
美　国	752.4	772	801.7	795.9	789.3
加拿大	10.3	9.2	9.8	12.4	12
智　利	28.6	30.2	28.3	30	31
非洲总量	1153.9	1202.4	1133.1	1154.8	1180.7
埃　及	207.8	252.2	241.3	245	265

续表2

	2013/14	2014/15	2015/16	2016/17	2017/18
南　非	254.7	227.3	176.4	184.7	194.8
摩洛哥	52.6	52.6	59.1	65.9	70.1
亚洲总量	6929.8	7039.4	6418	5805.7	6749.4
中国(不含港澳台)	1447.5	1147.4	945.9	995.7	1141.2
印　度	2675.7	3105	2845.6	2174	2613.7
巴基斯坦	608.8	550.3	567.7	573.2	676.4
泰　国	1187.8	1205.7	1041.9	1068.8	1267.7
印度尼西亚	278.8	280.4	271.4	239.6	250
菲律宾	267.6	252.6	243.1	260.9	269.7
伊　朗	48	62	63.1	65.2	67
日　本	73.8	79.2	87.5	73.1	79.4
大洋洲总量	484.2	513.6	556.3	526.3	544.2
澳大利亚	461.3	485.8	528.7	507.1	520.7

表3 世界主要食糖消费国食糖消费量统计表

单位：万吨（原糖值）

	2014年	2015年	2016年	2017年	2018年
总消费量	17874.4	18109.7	18305.6	18340.6	18534.2
欧洲总量	3323.9	3305.9	3304.1	3287.9	3256.5
欧盟（28国）	1953.6	1908.7	1900.1	1872.2	1827.6
俄罗斯	597.5	621.8	620.2	622.5	624.8
乌克兰	180.2	170.7	170.7	170.7	171.2
土耳其	238	247.3	252.8	258.4	265
美洲总量	4288.6	4266.4	4240	4184.7	4208.3
巴　西	1327.3	1276.6	1242.5	1225.2	1240.1
哥伦比亚	186.2	189.9	196.6	195.2	196.9
古　巴	76.1	76.2	76.5	76.5	77.5
危地马拉	79.9	82.9	84.6	80.5	82
墨西哥	445.4	479.1	475.3	480	482
美　国	1110.9	1094.1	1112.2	1132.2	1134.2

续表3

	2014年	2015年	2016年	2017年	2018年
非洲总量	2023.2	2084.9	2147.8	2187	2247.3
埃　及	319.6	327.7	337.8	339.4	348.9
南　非	205	205.3	207.7	207.8	208.3
亚洲总量	8086.7	8299	8458.7	8525.3	8663.7
中国(不含港澳台)	1643.5	1689.5	1709.6	1728.4	1739.1
印　度	2647.4	2724.1	2770.4	2758.2	2791.3
巴基斯坦	495.1	508.7	525	538.1	551.7
泰　国	327.5	335.6	352.1	340.3	355.4
印度尼西亚	675	698.7	716.2	734	752.2
菲律宾	265.9	270.7	273.4	274.1	278.2
日　本	225	225.7	226.1	226.5	227
韩　国	143.5	144.6	145.7	146.8	147.8
大洋洲总量	152	153.5	155	155.7	158.4
澳大利亚	118.5	119.6	120.7	120.9	121.1

4. 食糖进出口贸易

2016/17年制糖期截至2017年8月底，我国累计进口食糖211.94万吨，累计出口食糖10.93万吨，进出口量同比均大幅减少。统计数据见下图：

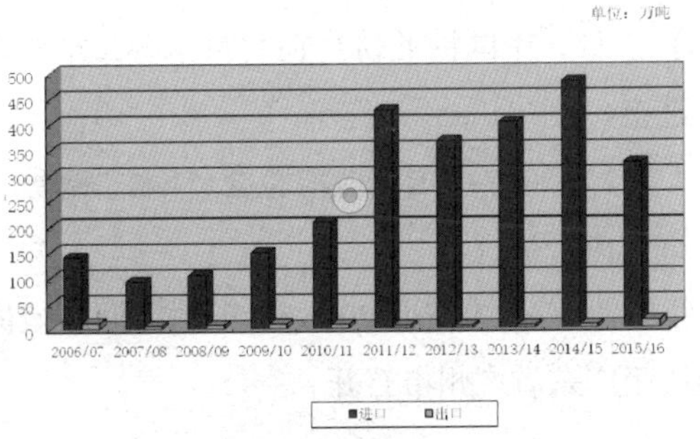

注：2016/17年制糖期进出口量截至2017年8月底。

我国食糖进出口贸易情况分别见表4、表5。

表4 2008—2017年全国食糖进口与贸易方式统计表

单位：万吨

年度	合计	一般贸易	来料加工	进料加工	保税监管场所进出境货物	特殊监管区域物流货物	边贸	其他
2008	77.99	61.91	1.97	8.89	3.67			1.55
2009	106.45	83.02	0.17	9.93	12.77			0.56
2010	176.61	163.91	0.87	10.89	0.04		0.07	0.83
2011	291.94	276.68	0.97	13.27	0.06			0.96
2012	374.72	360.86	0.99	12.55	0.04			0.28
2013	454.59	434.86	1.3	14.77				3.66
2014	348.58	266.33	1.24	13.94	66.93			0.14
2015	484.59	265.71	0.9	13.93	185.14	18.88		0.03
2016	306.19	219.43	1.21	13.67	61.91	9.96		0.01
2017	166.98	91.41	0.96	8.11	59.93	6.56		0.01

注：2017年统计数字截至8月底。

表5 2008—2017年全国食糖出口与贸易方式统计表

年度	合计	一般贸易	来料加工	进料加工	保税监管场所进出境货物	特殊监管区域物流货物	边贸	其他
2008	5.84	1.76	2.15	1.51				0.42
2009	6.39	2.21	0.9	3.15				0.13
2010	9.43	5.65	0.91	1.99			0.25	0.63
2011	5.94	1.79	0.99	2.17	0.002		0.03	0.96
2012	4.71	1.64	0.93	1.87	0.001		0.019	0.25
2013	4.78	1.48	1.06	1.71			0.02	0.51
2014	4.62	1.39	1.09	2				0.14
2015	7.5	1.09	1.09	1.7	0.28	3.32		0.02
2016	14.91	1.17	1.12	2.12	0.16	10.34		
2017	8.8	0.7	0.76	1.23	0.15	5.95	.	0.01

注：2017年度统计数字截至8月底。

【c. 行业大事记】

2016年3月17日，商务部发布《关于延长进口食糖保障措施调查期限的公告》（2017年第15号），决定将食糖保障措施调查期限延长2个月，即在2017年5月22日前结束调查。

4月20–21日，商务部贸易救济调查局在京召开"全国贸易救济工作会议"。

5月22日，商务部发布《关于对进口食糖采取保障措施的公告》（2017年第26号）。

5月24日，中国糖业协会理事长贾志忍等一行13

人，专程前往商务部贸易救济调查局，就糖业现状及发展进行了交流探讨。

5月22日，贾理事长一行约见了食糖保障措施案代理律师——北京博恒律师事务所合伙人郭东平律师。

11月16–18日，农业部贸促中心在浙江杭州组织召开了农业贸易救济及产业安全形势分析会。

12月1日，工信部消费品司在京组织召开了2016年制糖和糖精行业工作座谈会。

12月13日，为促进贸易救济政策工具更好地服务于产业发展、产业转型升级和产业竞争力的提升，商务部贸易救济调查局在京举办“2016年贸易救济与产业发展座谈会”。

12月13–15日原糖进口加工委员会主任（扩大）会议在海南三亚召开。

2017年2月13–17日，受工信部委托，中国糖业协会组织专家组，按照工信部《关于对2016年糖精生产计划执行情况进行检查的通知》要求，对三家国家定点糖精企业的年度生产计划执行情况进行了检查。

2月23日，中国糖业协会在北京组织召开了全国大型用糖食品企业（集团）座谈会议。

3月7日，中国糖业协会在北京召开了原糖进口加工委员会主任工作（扩大）会议。

原糖进口加工委员会副主任委员及特邀代表就食糖进口、食糖贸易救济、打击食糖走私等方面内容进行深入交流。与会代表一致表示，坚决支持国家对糖业采取的各项政策措施，认真贯彻国务院对糖业的宏观调控政策精神，并积极配合国家有关部委做好各项工作。

3月22–23日，为贯彻落实中共中央一号文件的精神，根据党中央、国务院领导批示，海关总署缉私局在广西南宁市召开了2017年打击大米食糖走私工作部署会。

3月23日，农业部市场司在北京召开糖料全产业链农业信息分析预警试点工作启动会暨2016/17年度食糖市场形势研讨会。

3月25–26日，中国糖业协会在上海组织召开了2017年糖精行业发展论坛。

4月8日，中国糖业协会在广西南宁市召开了中国糖业协会五届五次理事长扩大会议。

4月10日，国务院发布《关于建立粮食生产功能区和重要农产品生产保护区的指导意见》（以下简称《意见》），全面部署粮食生产功能区和重要农产品生产保护区（以下简称“两区”）划定和建设工作。

4月28–29日，中国（昆明）糖业高峰论坛及中国糖业协会商业流通会员座谈会在云南昆明召开。

6月8–11日，中国糖业协会五届六次理事长工作（扩大）会议在山东泰安召开。

6月12日，农业部、国家发展和改革委员会、财政部、工业和信息化部等部门联合制定了并发布了《推进广西甘蔗生产全程机械化行动方案（2017—2020年）》。

6月28日，中国糖业第三届专家组2017年工作会议在陕西省延安市召开。

7月19–21日，中国糖业协会信息工作会议在江西省井冈山市召开。

8月17日，根据国家工业和信息化部的工作部署和行业目前面临的情况，中国糖业协会在内蒙古组织召开了糖精行业座谈会。

为打击成品油、香烟、食糖以及涉税商品等走私，遏制走私违法行为，中国海警局8月展开为期一年的海狼2017打击海上走私专项行动，并已取得初步成效。

8月25日，中国糖业协会在北京举办二维码防伪溯源推进会。

9月18日，2017中国糖业博览会（下称“糖博会”）新闻发布会在京举行。

9月27日，全国糖业2016/17年制糖期绩效同业对标会议于广东省广州市召开。

胡志江　王让梅

2.3 屠宰及肉类加工业

2017 年，我国肉类产量稳中有升；肉类进口减少，出口增长，市场供应充裕，结构性变化明显，价格稳中有涨。全国屠宰及肉类加工行业规模以上企业增加，主营业务收入稳中有增，利润基本持平，区域布局优化，供给侧结构性改革力度加大。

【a. 概况】

1. 肉类生产总量

据国家统计局公报，2017 年，全国肉类总产量达 8611 万吨，同比增长 0.83%，猪牛羊禽肉产量 8431 万吨，同比增长 0.8%，其中，猪肉产量 5340 万吨，增长 0.8%；牛肉产量 726 万吨，增长 1.3%；羊肉产量 468 万吨，增长 1.8%；禽肉产量 1897 万吨，增长 0.5%；杂畜肉 180 万吨。

2. 肉类产品结构

2017 年，猪肉、禽肉、牛肉、羊肉、杂畜肉在肉类总产量中占比为：6 ∶ 22 ∶ 8.4 ∶ 5.5 ∶ 2.1。产品大类结构保持基本稳定。

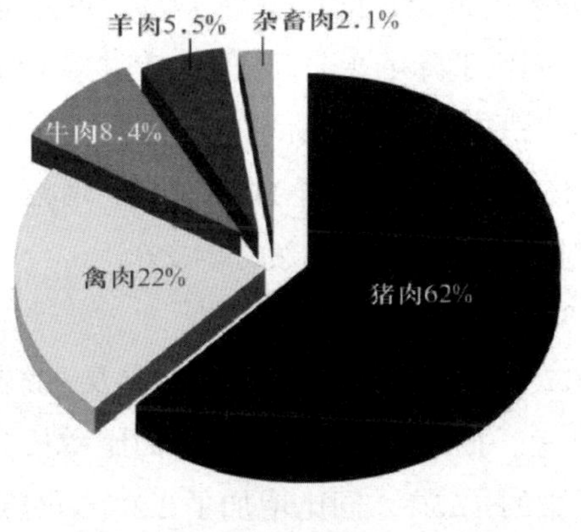

图1 2017年我国肉类行业主要产品结构

3. 肉类市场供应总量

以肉类总产量 + 肉类净进口量（即肉类进口减去肉类出口后的数量）得到肉类的市场供应总量，即表示消费量。2017 年，我国肉类市场供应总量为 8928 万吨，同比减少 7 万吨，同比下降 0.1%。其中，肉类总产量 8611 万吨，占比减少 96.4%；肉类净进口量 317 万吨，占比 3.6%。肉类市场供应总体保持平稳。

4. 肉类市场供应结构

2017 年，全国猪肉市场供应 5557 万吨，同比减少 40 万吨，同比下降 0.7%；牛肉市场供应 795 万吨，同比增加 20 万吨，同比增长 2.5%；羊肉市场供应 492 万吨，同比增加 11 万吨，同比增长 2.3%；禽肉市场供应 1909 万吨，同比增加 4 万吨，同比增长 0.2%。总的来看，2017 年，全国肉类市场供应结构变化的特点是：猪肉供应减少，牛羊禽肉供应增加。

5. 肉类进出口

2017 年，肉类进口总量 409.9 万吨，同比减少 57.26 万吨，同比下降 12.3%。分大类看，进口猪肉 249.9 万吨，同比下降 19.3%，占进口总量的 60.9%；进口禽肉 63.5 万吨，同比增长 7.1%，占进口总量的 15.5%；进口牛肉 71.6 万吨，同比增长 19.3%，占进口总量的 17.5%；进口羊肉 24.9 万吨，同比增长 13.2%，占进口总量的 6.1%。牛羊肉仍然是我国肉类供应的短板。

2017 年，全国肉类出口总量 92.53 万吨，同比增加 20.28 万吨，同比增长 28.1%。其中，猪肉出口 32.22 万吨，占比 34.8%；禽肉出口 50.77 万吨，占比

54.8%；牛肉出口 2.41 万吨，羊肉出口 0.52 万吨，牛羊肉出口占比 3.2%。

6. 肉类市场价格

2017 年，全国肉类市场供应总体平稳，结构性变化明显。受猪肉增产的影响，猪肉进口大幅下降；受牛羊肉需求上升的影响，在牛羊肉增产的同时，牛羊肉进口继续扩大；受流感疫情影响，禽肉供应相对不足。据对 36 个大中城市监测，本年度肉类市场价格稳中略升。

（1）猪肉价格波动下行

2017 年 1–2 月，猪肉价格季节性小幅上涨；3–7 月呈下滑走势，累计下跌 8.1%；8–12 月稳中微幅波动，月环比涨跌幅度均在 0.5% 以内，其中 12 月份猪精瘦肉平均零售价格为 16.09 元 /500 克，环比略涨 0.5%，同比下降 5.2%。

（2）牛羊禽肉价格小幅波动上行

各月价格环比涨跌幅度基本在 2% 以内。12 月份牛肉（牛腩）、羊肉（新鲜带骨）、鸡肉平均零售价格分别为 33.73 元 /500 克、33.94 元 /500 克、11.37 元 /500 克，同比上涨 3.1%、5.9%、5.2%。（见表 1）

表1 主要肉类产品集贸市场12月21日平均成交价格及升降幅度（数据来源：农业部）

主要肉类产品2017年	2016年	2015年	2014年	2013年
鲜猪肉 （元/kg） 31.72 同比% 12.28	28.25 5.5	26.77 16.08	23.06 -8.6	25.22 -0.4
鲜牛肉 （元/ kg） 68.70 同比% 9.17	62.93 -0.8	63.43 -0.76	63.91 1.4	63.01 18.5
鲜羊肉 （元/ kg） 65.26 同比% 17.96	55.32 -5.2	58.35 -10.46	65.16 0.06	65.12 12.5
白条鸡 （元/ kg） 21.50 同比% 13.15	19.00 0.3	18.94 0.2	18.90 7.7	17.54 -0.7

7. 行业主要经济指标

2017 年，全国规模以上屠宰及肉类加工企业 4153 家，同比增加 107 家，同比增长 2.6%。

（1）工业资产

2017 年，全国规模以上屠宰及肉类加工企业资产总计 6733.5 亿元，同比增加 317.4 亿元，同比增长 4.8%。

（2）主营业务收入

2017 年，全国规模以上屠宰及肉类加工企业主营业务收入 13075.9 亿元，同比增长 5.12%。

（3）利润

2017 年，全国肉类加工行业规模以上企业利润同比基本持平。全国规模以上屠宰及肉类加工企业实现利润总额 623.6 亿元，同比增加 0.2 亿元，同比增长 0.03%。

8. 行业结构变化

依据国家标准，屠宰及肉类加工业共分为三个重点行业：

（1）牲畜屠宰业

2017 年，全国有规模以上牲畜屠宰企业 1404 家，同比增加了 4 家，同比增长 0.29%，占企业总数的 33.8%，同比略低。其主营业务即通常所说的"红肉"（猪肉、牛肉、羊肉等）销售收入 5192.7 亿元，同比增加了 298.1 亿元，同比增长 6.1%；占肉类行业主营业务收入 13075.9 亿元的 39.7%。

（2）禽类屠宰业

2017 年，全国有规模以上禽类屠宰企业 778 家，同比减少了 36 家，同比下降 4.4%，占企业总数的 18.7%，同比下降了 3 个百分点。其主营业务即通常所说的"白肉"（鸡肉、鸭肉、鹅肉等）销售收入 3163.2 亿元，同比增加了 112.8 亿元，增幅 3.7%；占肉类行业主营业务收入总额的 24.2%。

（3）肉制品及副产品加工业

2017 年，全国有规模以上肉制品及副产品加工企业 1971 家，同比增加了 139 家，同比增长 7.6%，占企业总数的 47.5%，同比增加了 2.2 个百分点。其主营业务收入 4720.0 亿元，同比增加了 226.2 亿元，同比增长 5.0%；占肉类行业主营业务收入总额 36.1%。

9. 行业投资结构

（1）肉制品加工投资增幅较快

2017 年，全国规模以上牲畜屠宰企业资产 2515.7 亿元，同比增加了 114.1 亿元；禽类屠宰企业资产 1700.6 亿元，同比增加了 77.1 亿元，二者增幅都是 4.75%。肉制品及副产品加工企业资产 2517.2 亿元，同比增加了 126.2 亿元，同比增长 35.28%。

（2）牲畜屠宰资产比重下降

2017 年，牲畜屠宰企业资产在肉类行业的占比，同比下降了 1.6 个百分点；禽类屠宰企业资产占比 25.2%，同比增加了 0.5 个百分点；肉制品及副产品加工企业资产占比同比增加了 1 个百分点。

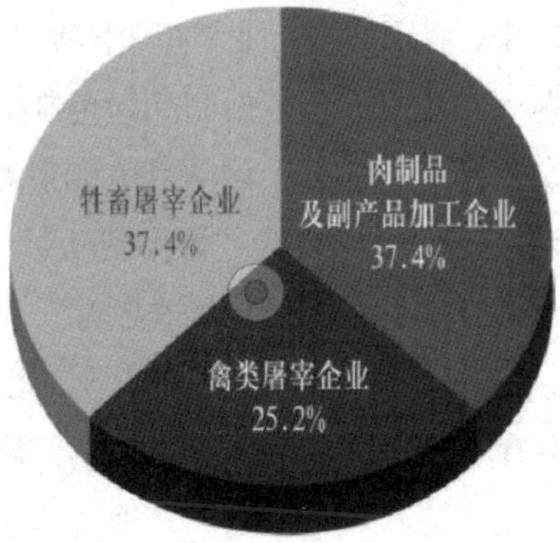

图2 2017年全国肉类重点行业资产分布结构

10. 区域分布及发展态势

根据国家统计局发布的 2017 年 1—4 月全国规模以上企业鲜、冷藏肉产量的数据，全国屠宰及肉类加工业区域分布的主要特点是：

（1）屠宰及肉类加工业主要集中在华东和中南地区

华东地区规模以上企业鲜、冷藏肉产量占全国 38%；中南地区占 25%——两者合计占 63%。东北、华北、西南和西北的占比总计为 37%，分别为 12%、11.6%、10.4% 和 3%。

（2）地区之间发展速度差距很大

全国规模以上企业鲜、冷藏肉产量平均增幅为 11%。发展最快的湖北省，增幅高达 42%；居中上的有江西、青海、云南、陕西等省，增幅分别为 22.9%、22.6%、18.9%、18.2%；居中的有河北、江苏、广西、浙江等省区，增幅分别为 16.9%、16.3%、16%、15%。天津、黑龙江、广东、宁夏、新疆等省区出现了负增长，下降幅度分别为 6.8%、3.7%、2.4%、3.5% 和 20.2%。

（3）屠宰及肉类加工业发达省份增长稳健

山东、河南、四川是屠宰及肉类加工业的发达省份，其规模以上企业鲜、冷藏肉产量占比分别为 27.5%、13% 和 7.5%，合计占 48%，比东北、华北、西南和西北四个区域的总计还多。这 3 个省规模以上企业鲜、冷藏肉产量增幅分别为 9.9%、9.6% 和 9.1%，表现稳健。

（4）新兴产区增势喜人

内蒙、辽宁、吉林、福建等 4 省区规模以上企业鲜、冷藏肉产量在全国占比分别为 4.26%、4.5%、4.7% 和 2.66%，合计达 16%。这四个省区的增幅分别为 14.6%、11.2%、11.4% 和 12.3%，都超过了全国平均水平。

【b. 重点工作】

1. 实施“三品”战略

根据《国务院办公厅关于开展消费品工业“三品”专项行动 营造良好市场环境的若干意见》（国办发〔2016〕40 号）和《工业和信息化部办公厅关于印发 2017 年消费品工业“三品”专项行动计划的通知》（工信厅消费〔2017〕24 号）要求，本年度肉类食品工业增品种、提品质、创品牌工作取得了新进展。

（1）增加肉食品种

①稳定猪肉生产，增加牛羊禽肉供应。2017 年猪肉增产 0.8%，牛肉增产 1.3%，羊肉增产 1.8%，禽肉增产 0.5%。

②完善冷链物流，增加冷鲜肉供应。冷鲜肉的供应水平，是肉食消费层次高低的重要标志。欧美日等发达国家市场上流通的 80% 以上都是冷鲜肉。而我国由于经济水平、消费习惯、生产方式的不同，全国整个市场 70% 都是热鲜肉、冷冻肉；冷鲜肉的消费量，猪肉大概能达到 30%，牛羊肉低于 20%。2017 年，国

家出台了一系列政策措施支持肉类冷链物流体系的建设与完善，为高品质、长货架期保驾护航的冰温保鲜技术得到进一步推广应用,使冷鲜肉的供应有所增加。2017 年冷鲜肉供应量同比增长了 3% 以上。

③发展精深加工，增加肉制品供应。2017 年我国规模以上肉制品加工企业数量增加 139 家，主营业务收入增长 5%。从品种上看，既有以双汇美式工厂生产的美式新产品为代表的经典西式肉制品，又有以江苏骥洋食品有限公司生产的休闲零食为代表的丰富多彩的中式传统肉制品。

（2）提高肉食品质

①加强源头管理，规范畜禽养殖，严格控制病死畜禽进入屠宰流通环节。

②加强防疫证章标志标识管理。按照政府主管部门的有关规定，对动物防疫证章标志标识实行专人负责、专库保存、专账记录，统一发放、统一管理，做好证章标志的领用、保管、发放、使用、回收、销毁等工作。

③提高动物产品质量安全检验检测能力。许多企业新建或改扩建了实验室，新购置高效液相色谱仪、原子吸收分光光度计、原子荧光分光光度计等仪器，扩展农药残留、兽药残留、重金属等定性定量检测项目，对养殖场、屠宰场开展定期抽样检测，提升了肉类产品质量安全的保障水平。

（3）创建肉食品牌

①实施“走出去”战略，创建国际化品牌。以万洲国际、恒阳牛业、新希望六和等公司为代表的一批中国肉食企业，坚持全球化发展战略，整合全球资源，开发全球市场，2017 年为创建国际化品牌、增强中国品牌影响力做出了新成绩。

②坚持企业诚信建设，打造公信力品牌。参加“中国肉类食品安全信用体系建设示范项目”的企业，已从最初的 6 家增至 2017 年的 16 家。通过履行企业对消费者的承诺，在消费者心目中打造了一批具有较强公信力的品牌。

③推进肉类行业整合，培育区域性品牌。中国肉类协会通过帮助地方政府、行业协会和肉类食品企业组织产销区对接，培育区域公用品牌。例如，内蒙古锡盟肉类协会培育的“锡林郭勒羊肉”；浙江金华火腿行业协会培育的“金华火腿”；云南宣威火腿行业协会培育的“宣威火腿”等，都多次组织召开品牌推介会，帮助企业利用区域公用品牌扩大市场销售和影响力。

2. 推进绿色制造

开展肉类绿色制造,提升肉食产业链的整体品质，是贯彻“十三五”绿色发展的重点之一。要从产品设计开发阶段，就系统考虑原料选用、生产、销售、使用、回收、处理等各个环节对人类健康和资源环境造成的影响，实现产品对能源资源消耗最低化、生态环境影响最小化、社会经济生态效益最大化。

2016 年以来，我国肉类行业承担了国家“十三五”重点研发计划——“中式传统肉制品绿色制造关键技术与装备研发及示范”项目。该项目由南京雨润公司牵头，联合 24 家单位，共分为“酱卤制品”、“干腌火腿”“传统腊肉制品”“传统肠类制品”和“熏烧烤肉制品”5 个课题。针对中式传统肉制品生产工艺比较落后、潜存不利健康和环保等方面的问题，以产学研相结合的模式，开展科技攻关，通过绿色制造，增强中式传统肉制品的营养功能、提高品质、减少资源浪费和环境污染。南京雨润公司、烟台喜旺公司、浙江华统公司、江苏长寿公司、湖南唐人神公司、嘉兴艾博公司、北京恒汇通公司、山东惠发公司等 8 家企业参与了该项目的研发。2017 年，这个项目已经取得了阶段性成果：总体任务中，新技术研发的 20 项任务中已经完成了 8 项；创制设备的 12 项任务中已经完成了 6 项；制定技术规程的 40 项任务中已经完成了 18 项；建设 5 条中式生产线已经完成了 4 条；开发 15 种新产品已经完成了 10 种。

与此同时，在 2017 年中国肉类协会制定的《中国肉类可持续发展规划（2018—2020）》中，将绿色制造理论与供应链管理技术相结合，提出供应链节点上企业要加强协调与协作，建立以资源节约、环境友好为导向的采购、生产、营销、回收及物流体系，推动上下游企业共同建立绿色供应链，提升肉食全产业链的整体品质和绩效。

3. 发展智能制造

2017 年以来，我国畜禽屠宰和肉类加工机械与装备的自动化、智能化技术水平有所提高。主要表现在 4 个方面：

（1）畜禽屠宰

国产化家禽屠宰自动掏膛技术成功应用于国内外市场，在自动掏膛等设备中嵌入各种数据采集芯片、新型数字传感元件，增加检测和测试装置，对设备运行、工艺运行、生产运行参数等数据进行实时采集、实时监控、实时分析，通过云存储、云计算、客户端预警报警、中心进行数据分析、故障诊断和维修保养等，实现了自动化生产线远程监控和故障诊断智能化服务，产能达到 1.2 万只 / 小时。机器人生猪劈半机、牛扯皮机等新型设备已开始投入使用，产品质量和性能可靠性显著提高。屠宰场冷库热能回收再利用技术为节能、减排、增效开创了新的生产模式。

（2）肉食加工

肉品智能等重、等厚和纵、横、斜向个性化切割技术设备已实现国产化并替代进口；传统中式酱卤肉制品成套自动化、智能化生产线装备的技术开发取得突破并已广泛应用，生产线可通过系统控制，进行连续腌制、连续汆水（漂汤）、全自动旋拌式节能卤制等工艺，实现自动称重、自动识别产品信息、自动调配相应产品卤制工艺、自动开门进料并自动关门、自动卤煮、自动出料，整个过程智能化自动完成；烟熏炉数据采集分析系统的联合开发，通过对熏制产品各项数据如温度、湿度、流速、气压、水分、重量等的实时采集与分析，自动进行合理的参数调节，实现对烟熏制品质量的保证及工艺的优化；牛排自动生产线技术的成功开发，是“机器换人”进程中的又一突破，能有效减少人工、降低工人劳动强度、保障食品卫生安全。

（3）包装设备

国产化休闲肉制品智能装箱机实现了小袋休闲食品类产品的自动计数分份装箱（或罐、袋），整体自动化运行无需人工看管；火腿机器人包装生产线从自动贴标、视觉贴标检测、喷码检测、产品整理，到自动抓取、自动开箱、自动装箱、自动检重、自动封箱、自动码垛工序，实现了产品包装过程的完全自动化，无需人工干预。

（4）信息化管理

通过 RFID 技术对生产过程进行无线射频识别，从而对生产过程中的数据进行采集，最终为企业实现了制造数据管理、计划排程管理、生产调度管理、库存管理、质量管理、人力资源管理、工作中心 / 设备管理、工具工装管理、采购管理、成本管理、项目看板管理、生产过程控制、底层数据集成分析、上层数据集成分解等管理功能，是集生产企业的大数据、信息化、智能化于一体的生产综合管理平台。特别是许多地区在肉类联合加工厂安装智能化视频监控系统，监控入场查验、宰前检查、同步检疫检验生产线及肉品出场等 4 个环节，使整个屠宰过程在监控室通过智能化监控系统即可详细掌握，利用智能技术加强屠宰环节信息化管理，提高屠宰检疫管理水平，确保人民群众吃上“放心肉”。

4. 继续扩大开放

按照国家“开放发展”理念，2017 年，全国屠宰及肉类加工业奉行互利共赢的开放战略，积极构建内外联动的利益共同体，呈现出 2 个基本特点：

（1）利用进口补齐牛羊肉供应的短板

2017 年，牛肉进口同比增长 19.36%，羊肉进口同比增长 13%，增幅都比较大。同期，我国牛肉出口 2.4 万吨，进口 71.62 万吨，贸易逆差 69.22 万吨；羊肉出口 0.52 万吨，进口 24.87 万吨，贸易逆差 24.35 万吨，贸易逆差均有所扩大。

（2）扩大肉类出口，提高产业经济效益

2017 年，我国规模以上企业出口交货值 247.73 亿元，同比增长 9.69%。其中，牲畜屠宰企业 42.93 亿元，同比下降 5. 7%；禽类屠宰企业 94. 74 亿元，同比增长15.1%；肉制品及副产品加工企业110.06亿元，同比增长15.3%。我国在禽类和肉制品出口方面有拓展空间。

【C. 应对挑战】

2017年，中央一号文件《关于深入推进农业供给侧结构性改革加快培育农业农村发展新动能的若干意见》强调指出："农业的主要矛盾由总量不足转变为结构性矛盾，突出表现为阶段性供过于求和供给不足并存，矛盾的主要方面在供给侧。"从肉类及蛋品加工业发展的情况看，虽然近几年在转方式、调结构、促改革等方面进行积极探索，为进一步推进转型升级打下一定基础，但供求结构失衡、要素配置不合理、资源环境压力大、农民收入持续增长乏力等问题仍很突出，增加产量与提升品质、成本攀升与价格低迷、小生产与大市场、国内外价格倒挂等矛盾亟待破解。

1. 产业结构调整还不适应消费需求结构的变化

2017年，全国肉类及蛋品加工行业销售增加，但利润同比基本持平。全国规模以上屠宰及肉类加工企业利润总额623.6亿元，同比增长0.03%。其中，牲畜屠宰企业239.89亿元，同比下降0.23%；禽类屠宰企业118.67亿元，同比下降5.38%；肉制品及副产品加工企业265.05亿元，同比增长2.9%。

从亏损企业亏损额看，2017年，全国规模以上肉类加工企业亏损32亿元，同比增长40%。其中，牲畜屠宰企业亏损10.77亿元，同比增长43. 4%；禽类屠宰企业亏损12亿元，同比增长50.4%；肉制品及副产品加工企业亏损9.26亿元，同比增长25.5%。

从经济效益看，2017年，除肉制品加工业略有盈利外，畜禽屠宰业整体处于利润下降、亏损大幅增加状态，许多企业无力承担推动产业全环节升级、全链条增值的任务。特别是禽类屠宰行业，2017年减少了36家规模以上企业，这在历史上从未发生过，值得警惕和关注。优化肉类产业结构，提高质量效益，是当前亟待解决的重要问题。

2. 肉食质量安全保障水平还需要进一步提高

2017年，国家进一步加大了对肉禽蛋行业各环节食品安全抽检的工作力度，全国抽检肉禽蛋食品安全合格率低于2016年的98%。抽检不合格的主因包括：微生物超标、药残超标、食品添加剂违规使用等。这一方面与国家深入开展农兽药残留超标特别是养殖业滥用抗生素治理，严厉打击违禁超限量使用农兽药、非法添加和超范围超限量使用食品添加剂等行为有关，另一方面与目前肉类食品安全相关法律法规标准体系不完善、不健全有关。比如，《农产品质量安全法》、《生猪屠宰管理条例》等修订工作至今尚未完成；病害猪无害化处理补贴政策落实不到位。全国肉类行业迫切要求政府抓紧完善相关法律法规，严格依法行政，提升肉禽蛋质量安全保障水平。

3. 调整畜禽养殖区域布局带来肉食供应的新课题

2017年，我国一批肉类食品的龙头企业，按照中央"稳定生猪生产，优化南方水网地区生猪养殖区域布局，引导产能向环境容量大的地区和玉米主产区转移"的指导方针，在发展规模高效养殖业方面采取了战略性的推进措施。其中包括：发展标准化规模养殖；推进农业清洁生产；推行高效生态循环的种养模式，加快畜禽粪便集中处理，推动规模化大型沼气健康发展；推进农业废弃物资源化利用试点；农作物秸秆综合利用；实施耕地、草原休养生息规划；实施土壤污染防治行动；农业面源污染综合治理试点，等等。这些企业的扩张，一方面将加快淘汰畜禽养殖业的落后产能；另一方面，将带来屠宰及肉类加工行业的新变化和新问题。例如，"北猪南运"如果是活体，将增加疫病传播的风险；如果是胴体或分割产品，在冷藏保鲜技术不到位的条件下，将增加冻肉的比重，不容易适应南方鲜销的饮食习惯。

面对产业结构调整、肉品质量安全和资源环境压力的挑战，屠宰及肉类加工业将继续深入推进改革开放，通过加强肉类产业供应链建设，促进各环节的密切协同，增加各方面的要素投入，开拓国内国际市场，加快新旧动能转换，攻坚克难，开创高质量发展的新阶段。

【d.2017 年肉类食品行业强势企业名单】

1. 中国肉类食品行业综合实力 10 强企业

单位名称
新希望六和股份有限公司
河南双汇投资发展股份有限公司
临沂新程金锣肉制品集团有限公司
江苏雨润肉类产业集团有限公司
吉林长春皓月清真肉业有限公司
河南众品食业股份有限公司
诸城外贸有限责任公司
四川高金实业集团有限公司
北京二商大红门肉类食品有限公司
唐人神集团股份有限公司

2. 中国肉类食品行业强势企业

猪屠宰加工企业	河北宏都实业集团有限公司
	潍坊振祥食品有限公司
宜城市襄大农牧有限公司	吉林华正农牧开发股份有限公司
北京顺鑫农业股份有限公司鹏程食品分公司	江苏长寿集团股份有限公司
济南维尔康实业集团有限公司	望奎双汇北大荒食品有限公司
江苏省食品集团有限公司	杭州五丰联合肉类有限公司
雏鹰农牧集团股份有限公司	山东得利斯食品股份有限公司
山东龙大肉食品股份有限公司	中国食品集团公司
青岛万福集团股份有限公司	安徽省西商食品有限公司
厦门银祥集团有限公司	广东壹号食品股份有限公司
山东华宝食品股份有限公司	广州皇上皇集团股份有限公司
临沂凯佳食品有限公司	北京千喜鹤食品有限公司
湖南惠生肉业有限公司	上海元盛食品有限公司
黑龙江宝泉岭双汇北大荒食品有限公司	宁夏夏华肉食品股份有限公司
黑龙江北方恒阳食品有限公司	河南邦杰控股集团股份有限公司
重庆琪金食品集团有限公司	陕西秦宝牧业股份有限公司
广州市番禺食品有限公司	安徽鑫河清真牛羊肉加工有限公司
福建容和盛食品集团有限公司	呼伦贝尔绿祥清真肉食品有限责任公司
成都希望食品有限公司	**羊屠宰加工企业**
河北双鸽食品股份有限公司	
天津二商迎宾肉类食品有限公司	蒙羊牧业股份有限公司
湖北联海食品集团有限公司	贵州省晴隆县海权清真肉羊食品加工有限责任公司
芜湖清水白肉批发市场	
哈尔滨大众肉联食品有限公司	内蒙古宏发食品有限责任公司
上海爱森肉食品有限公司	内蒙古小肥羊肉业有限公司
黑龙江省青冈长林肉类食品有限公司	锡林郭勒盟伊顺清真肉类有限责任公司
无锡天鹏菜篮子工程有限公司	**禽屠宰加工企业**
吉林精气神有机农业股份有限公司	
辽宁双增食品开发(集团)有限公司	江苏益客食品集团股份有限公司
江西国鸿集团股份有限公司	青岛九联集团股份有限公司
牡丹江市鑫鹏肉业有限责任公司	正大食品企业（青岛）有限公司
重庆德佳肉类科技发展有限公司	河南省淇县永达食业有限公司
牛屠宰加工企业	河南华英农业发展股份有限公司
	山东凤祥股份有限公司
黑龙江大庄园肉业有限公司	山东仙坛股份有限公司
重庆恒都食品开发有限公司	煌上煌集团有限公司
内蒙古科尔沁牛业股份有限公司	沈阳耘垦牧业有限公司
黑龙江恒阳牛业有限责任公司	莱阳春雪食品有限公司
山东省阳信广富畜产品有限公司	河北滦平华都食品有限公司
河南伊赛牛肉股份有限公司	湖南湘佳牧业股份有限公司
北京卓宸畜牧有限公司	东港大闰肉禽食品有限公司
北京金星鸭业有限公司	**肉类食品添加剂及调味品生产企业**
广东温氏佳润食品有限公司	
山东德州扒鸡股份有限公司	
黑龙江德昱成实业有限公司	仲景大厨房股份有限公司
肉类加工机械制造及装备生产企业	天津春发生物科技集团有限公司
	山东天博食品配料有限公司
	泰兴市东圣生物科技有限公司
烟台冰轮股份有限公司	北京博邦食品配料有限公司
青岛建华食品机械制造有限公司	济南海乐·西亚泽食品有限公司
济宁兴隆食品机械制造有限公司	**肉类包装物料生产企业**
北京大森长空包装机械有限公司	
查维斯机械制造（北京）有限公司	
河北汉普创制机械有限公司	希悦尔（中国）有限公司
山东华誉机械设备有限公司	梧州神冠蛋白肠衣有限公司
河北晓进机械制造股份有限公司	江阴升辉包装材料有限公司
山东小康机械有限公司	上海创发包装材料有限公司
湖南省兴业肉类机械有限公司	南通环球塑料工程有限公司
浙江瑞邦智能装备股份有限公司	**天然肠衣生产企业**
嘉兴艾博实业有限公司	
常熟市屠宰成套设备厂有限公司	
大江机械设备有限公司	广元市海天实业有限责任公司
衡水鸿昊企业有限责任公司	常州金坛肠衣有限公司
扬州市伟东传送设备有限公司	上海芙德肠衣有限公司
(纯)肉制品加工生产企业	冷库容量万吨以上企业
绝味食品股份有限公司	济南维尔康实业集团有限公司
烟台市喜旺食品有限公司	河南众品食业股份有限公司
上海紫燕食品有限公司	河南双汇投资发展股份有限公司
南通玉兔集团有限公司	中国食品集团公司
黑龙江天顺源清真食品有限公司	杭州五丰联合肉类有限公司

哈尔滨秋林里道斯食品有限责任公司	河北双鸽食品股份有限公司
江苏骥洋食品有限公司	西安方欣食品有限公司
苏州味知香食品有限公司	北京二商东方食品集团有限公司
怀仁县金沙滩羔羊肉业有限公司	宜城市襄大农牧有限公司
哈尔滨裕昌食品有限公司	无锡天鹏菜篮子工程有限公司
江苏双鱼食品有限公司	天津中渔置业有限公司
讷河新恒阳肉类食品有限公司	青岛万福集团股份有限公司
江苏三鸿食品有限公司	江苏省食品集团有限公司
临沂江泉肉制品有限公司	广东省广弘食品集团有限公司
哈尔滨商委肉制品有限公司	广州皇上皇集团股份有限公司
科研院所	石家庄金凤冷链物流园经营开发有限公司
	江苏天缘物流集团有限公司

华商国际工程有限公司	厦门银祥集团有限公司
山东华宝食品股份有限公司	北京二商大红门肉类食品有限公司
安徽鑫河清真牛羊肉加工有限公司	莱阳春雪食品有限公司
宁夏夏华肉食品股份有限公司	

3. 行业优秀服务商

序号	单 位 名 称
1	河南华美万邦清洗技术有限公司
2	北京特固建筑工程有限公司

高 观

2.4 水产品加工业

【a. 概况】

水产品加工业上游关联原料生产，下游关联市场销售，在产业链中不仅处在前延后展的关键位置，而且具有促进产业融合发展的内生动力。2017 年，水产品加工业在产业升级及品牌建设方面颇有成效，全国水产品区域品牌建设和企业品牌建设工作力度加大。持续火热的进口海鲜与不断涌现的新零售业态给加工业带来了更多的机遇与挑战。电商和新零售带动了水产加工品消费，直供餐饮的预制调理水产品继续升温，国内市场开拓效果进一步显现。

在国内外经济形势错综复杂、国内生产成本不断提高、国际贸易壁垒增多、同构竞争加剧等困难下，特别是渔业资源保护力度加大，导致原料供应紧缺，国内日常水产品消费需求日益增长的背景下，我国水产品加工业 2017 年进出口总量、总额均创历史新高，呈现进口量、进口额、出口量、出口额全面增长的良好态势。

1. 主要经济指标

（1）渔业生产稳步增长

据统计，2017 年，我国水产品总产量为 6445.3 万吨，同比增长 1.03%，已经连续 28 年居世界首位。其中，养殖产量 4906.0 万吨，同比增长 2.35%，占总产量的 76. 1%；捕捞产量 1539.3 万吨，同比下降 2. 96%，占总产量的 23.9%。捕捞产量中，近海捕捞 1112. 42 万吨，同比下降 6.78%；远洋捕捞产量 208.62 万吨，同比增长 4.97%。

（2）水产品加工结构进一步优化

2017 年，我国水产品加工业实现总产值 4305.0 亿元，同比增长 5.3%，占全国渔业经济总产值的 17.4%。加工品总量为 2196. 2 万吨，同比增长 1.4%。其中，海水加工产品 1788.1 万吨，同比增长 0. 7%；淡水加工产品为 408.1 万吨，同比增长 4.6%。

2017 年，用于加工的水产品总量为 2680.02 万吨，水产品加工率为 41. 6%。其中，海水产品加工比例 67.4%，淡水产品加工比例为 18.4%。在加工产品中，水产冷冻品为 1487.3 万吨，同比增长 5. 87%；鱼糜制品为 154.1 万吨，同比下降 0.7%；干腌制品为 171.1 万吨，同比增长 1.7%，藻类加工制品为 111.0 万吨，同比增长 3.8%；罐制品为 42.0 万吨，同比下降 6.9%。（见图 1）受国内消费习惯的影响，冷冻品依旧是水产品加工的主要品类，不同于以往初级冷冻产品、便携包装或预制冷冻水产制品在市场上出现，以及主打健康营养安全为宣传主题的，针对老年人和儿童的水产加工产品，被注重品质的中产阶级以及注重服务体验的 80 后、90 后消费群体追捧与采购。2017 年，加工企业在水产品精深加工、副产物资源高值化利用等方面产出明显，三大生物活性物质—活性蛋白、活性糖及活性脂的高值化利用有所进展，丰富了水产精深加工品进入市场的新种类，延伸了水产加工产业链，为水产加工业创新发展带来新的支撑。

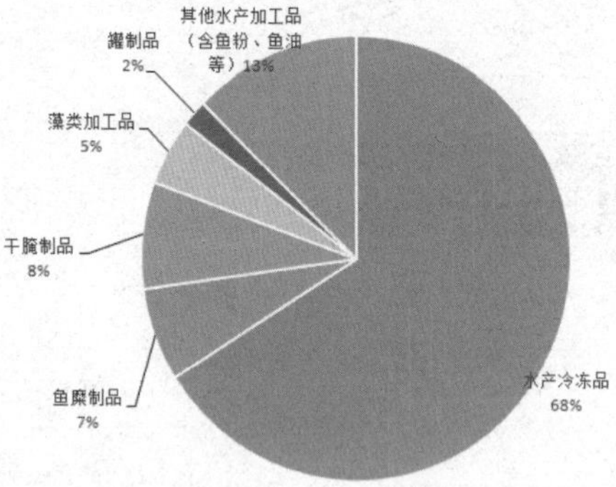

图1 我国水产加工品统计（按类别分）

2. 行业发展分析

（1）价格

全国水产品市场运行稳中向好，市场成交量额双增。对80家农业部定点市场水产品交易情况进行统计发现，水产品综合平均价格稳中有升，同比涨幅1.18%。其中，海水产品综合平均价格同比基本持平，淡水产品价格同比上涨2.66%，成为推动价格总水平上升的主要因素。加工产品价格随原料价格上涨主要受供给减少影响，是渔业供给侧结构改革的效果直接体现。国内环保力度加强，部分不适宜淡水养殖地区退出生产，引起局部地区、短期内市场供给减少，养殖结构变化，由大宗淡水鱼向名优品种养殖品种调整，刺激了淡水产品价格的上涨。2017年，调整完善的休渔期延长制度联合环境治理执法强度的提升，海洋渔业资源状况转好，另外，随着消费能力增强，水产品需求增长，越来越多的远洋捕捞产品运回国内销售，据统计，有超过50%的远洋冻鱼运回国，进入国内市场流通。伴随着自贸区的建立，加上水产品进口税率的不断下调，金枪鱼、北极虾、带鱼、帝王蟹等多种海鲜产品进口税率降低了一半以上，部分高档水产品进口关税甚至低于发达国家水平，随着水产品进口量的增加，国产水产品供应尽管总量稍有下降，水产品供给的基本面没有太大变化。

（2）市场

国际、国内市场需求复苏，有力拉动了我国水产品进出口，特别是进口的增长。2017年，水产品出口日本、美国、欧盟等主要市场均量额齐增，出口其他市场（东盟、中国香港、韩国）出现一定下降。（见表1）

表1 水产品主要出口市场统计

出口市场	数量（万吨）	同比增长%	金额（亿美元）	同比增长%
日本	62.74	2.53	38.47	3.88
美国	55.43	1.72	32.21	5.88
东盟	66.93	6.56	27.32	-2.77
欧盟	55.11	-0.97	23.74	2.30
中国香港	18.69	-13.83	18.56	-7.80
中国台湾	13.80	-0.85	18.02	7.90
韩国	47.92	-9.69	15.88	-3.57

（数据来源：海关数据统计）

各出口企业根据出口目标国的需求，在提升产品品质的前提下，积极应对美国、欧盟、日本等主要市场变化，获得了水产品出口量额齐增的成绩。另一方面，中国已经成为全球公认的最大的水产品消费大国，中国市场的巨大容量和市场的开放态势已经受到国际公司的关注。国内以出口为主，外贸企业也针对国内市场需求主动转型，积极整合资源，开拓新市场，加速推进国内市场的区域布局和模式创新，积极化解国内水产品加工行业竞争激烈、成本不断攀升等不利因素，抓质量拓渠道，不断调整产品市场重心，适时调整销售管理模式，通过产品细分化、标准化、便捷化以及品牌化，为终端消费者提供高品质的品牌水产品。经过近几年的探索，一些加工企业转型升级， 内销市场开拓已经初见成效，2017年回报更加显著。

随着市场渠道多元化发展，大众消费、餐饮连锁、电子商务、新零售、新商超渠道和大客户团购业务等多种市场渠道。企业积极策划产品营销活动，拓展市场渠道，通过博览会、品鉴推广等形式多样的活动，提高消费者对品牌水产品的认知度。

（3）投资

加工企业积极响应国家倡导的“走出去”战略，

通过并购、兼并股权、合资等各种方式在美国、加拿大、中国香港、中国台湾、韩国、日本等主要销售市场实现境外公司的运营，在“全球化”区域布局中斩获丰富，通过投资合作，设立区域办事处等多种方式完善所在地区的供应链体系及营销链条，及产品的持续销售。通过对东南亚、非洲国家基础渔业设施、养殖捕捞的境外投资，兼具开拓国际市场、海外资源整合与双向贸易功能。

（4）区域分布

依托资源禀赋的特点，水产加工区域集中发展的态势依旧。山东、福建、辽宁、浙江、江苏、广东、湖北、广西、海南和江西等 10 省区的加工量之和占全国加工总量的 96.1%，同比基本持平。（见图 2）

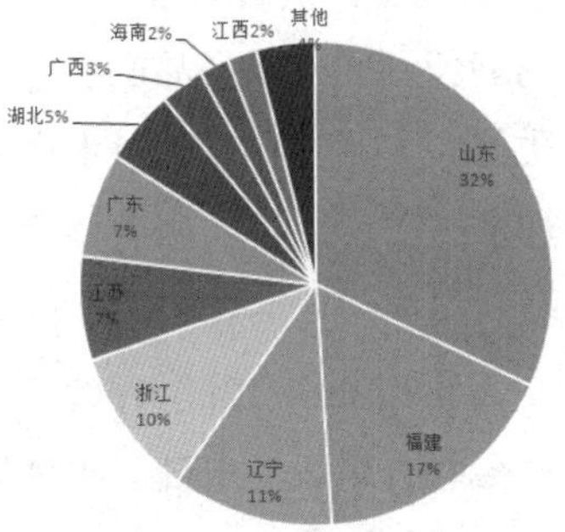

图2 2017年水产品加工产量排名总体情况

出口区域布局基本稳定。福建、山东、广东、辽宁、浙江、海南等沿海省份仍是我国水产品主要出口区，出口总量、总额之和分别占全国水产品出口总量、总额的 97.85% 和 96.26%。福建继续位居我国主要省份水产品出口额排名首位。

（5）行业集中度

2017 年，我国从事水产品加工的企业有 9674 家，同比减少 20 家。规模以上水产品加工企业 2636 家，占水产加工企业总数的 27. 2%。

各地政府坚持市场导向和绿色发展，以区域资源禀赋和产业优势为基础，区域品牌建设工作力度不断加强，产业集约的要求不断提升，打造了一批特色鲜明、优势聚集、产业融合、历史文化厚重、市场竞争力强的特优区。

2017 年，国家发改委、农业部、林业局联合印发的《特色农产品优势区建设规划纲要》发布，进一步优化水产品加工产业布局和行业集中度。通过政策支持等一系列保障措施，已经遴选公示了江苏省盱眙县盱眙小龙虾中国特色农产品优势区、湖北省潜江市潜江小龙虾、广东省珠海市斗门区白蕉海鲈等多家水产品优势区，优势区内水产品的初加工、精深加工、副产品及加工副产物综合循环利用均有所提升。

（6）进出口

据游关数据统计，2017 年，我国水产品进出口总量 923.65 万吨，进出口总额 324.96 亿美元，同比分别增长 11. 56% 和 7.92%，均创历史新高。同时，实现进口量、进口额、出口量、出口额全面增长。全年出口量 433. 94 万吨，出口额 211. 50 亿美元，同比分别增长 2.40% 和 1.99%。主要品种调结构显成效，一般贸易出口呈量额双增。水产品一般贸易出口量 307.02 万吨，出口额 156.42 亿美元，同比分别增加 1. 62% 和 1.32%。分别占水产品出口量和出口额的 70.75% 和 73.96%。

头足类、对虾、罗非鱼、蟹类、鲭鱼等水产品作为一般贸易主要出口品种实现出口量额同比双增。捕捞产品鲭鱼表现抢眼，出口量额同比分别增长 16. 27% 和 16.20%，达 37.72 万吨和 7.20 亿美元。头足类水产品受出口到葡萄牙及日本的量额大增影响，出口量额同比分别增长 5.61% 和 6.17%。罗非鱼出口企业成功开拓了非洲、墨西哥等其他国际市场，出口量额同比分别增长 3.47% 和 1.21% 。(见图 3)

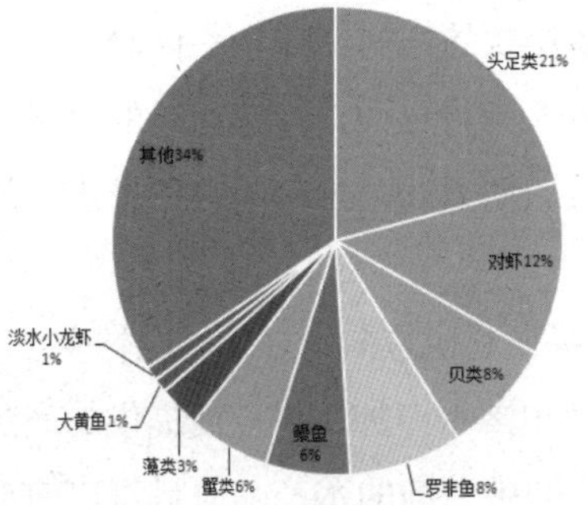

图3 我国水产品一般贸易主要出口品种统计

3. 发展新亮点与新增长点

(1)“全球海产——中国餐桌”，进口水产品引全球关注

2017年，中国进口水产加工品市场持续火热。国内消费需求不断升级，对高档优质进口水产品需求量不断增加，全年食用水产品进口量和进口额均出现较大增幅。挪威、新西兰、澳大利亚等全球各大海产供应国争相通过加强宣传推广、带领商务考察团等方式布局中国。随着在中挪双边关系正常化后，挪威首相索尔伯格、挪威渔业部长桑贝格相继访华，并带来了史上最大访华贸易团及海产团，目的就是为了推广更多的挪威海产品。新西兰、澳大利亚先后与中国开展自贸协定。自中澳自贸协定生效1年多以来，澳大利亚龙虾出口翻了两番。新西兰方面希望在2030年该国90%的水产品可以通过自由贸易协定出口到中国。此外，近年来越南、印度、厄瓜多尔等水产养殖大国也布局中国，以越南为例，2016年越南对欧盟出口水产量已经出现下降，中国市场对越南的各类水产品进口大增，一部分计划出口到美国的产品也逐步转向中国市场。

(2)“新零售”线上线下开启产品消费新模式

2017年，新零售业态发力，产品认知度的提升带动了销售的增长，商业营销模式不断创新。盒马鲜生率先开启了线上线下融合的新零售模式，超级物种单店坪效达到最高，本来生活线下旗舰店以社区店方向抢占西南市场，京东也接连布局7Fresh实体店。消费升级，水产销售回归商业、零售本质，高端品质水产加工品通过电商、新零售模式、跨界零售等线上线下融合的多层次的方式，以用户体验升级、场景的带入等方式进人消费层面，冷链物流的完善让产业的变革更加迅速，最后一公里的配送助推水产品加工品的消费。

(3) 水产品原料供应向食材化供应转变

2017年，中国水产加工供应商提供的产品形式有了明显变化，即由从前的水产品原料供应向食材化供应转变。从餐饮渠道看，以水产品食材为原料的产品进军餐饮市场，肯德基吮指十三鲜小龙虾堡、必胜客鲍鱼匹萨等爆品出现。由原来的原条、原料鱼或虾直接供应转变为提供半成品、预制品甚至是定制化产品供应，一些罗非鱼企业也尝试开发不同的菜式以适应内销餐饮市场。水产品由简单原料包装转变为半成品或者即食产品，这些变化可以有效减少下游客户的劳动力、冷链物流的成本，也可以提升加工企业自身的综合竞争力。

4.“三品”战略实施情况

自从2016年国务院办公厅发布《关于开展消费品工业“三品”专项行动营造良好市场环境的若干意见》以来，水产行业积极落实，2017年在增品种、提品质、创品牌方面更是有了较好的成效。

(1)增品种协会随着消费者对水产品需求的增长、水产品产业布局创新发展，水产品产业结构在原有品种基础上，优质创新，调整存量，对水产品主副产品优化升级，增加产品品种，扩大消费体验，满足日益增加的消费需求。

完成“2017创新加工水产品”评选工作。中国水产流通与加工协会联合市场、电商、媒体等机构，通过申报、推选、组织专家评审、公示等程序从35个加工创新产品候选名单中评选出鱼鳞胶原蛋白系列产品、调味金鲳鱼、调味鲷鱼片、上汤煸辽参、连头熟虾、即食鲜海参等8个“2017创新加工水产品”，进行集中推荐、发布与宣传。

加强预调理食品的研发和推广。根据现代快节奏生活需要，2017年中国水产流通与加工协会不断加强和中国连锁经营协会、中国烹饪协会、中国饭店协会等终端采购协会的沟通和合作，推动罗非鱼、金鲳等预调理产品的研发和市场推广，取得一定成效。此外，经过连续几年的倡议与推动，越来越多企业水产品进入学生营养餐等团体餐饮渠道。

积极开展产销对接。2017年11月，召开“第十四届国际罗非鱼产业发展论坛”，国外权威行业专家与市场研究专家，以及西贝、海底捞、云海肴、新辣道、呷哺呷哺等餐饮集团采购负责人，共同交流探

讨水产品加工产品的需求、消费特点、消费渠道、消费趋势等产业关注问题，帮助企业进一步拓展加工水产品内销市场和渠道。同期公布2016–2017年度中国罗非鱼加工贸易企业Top10评选结果。

(2)提品质　根据2017年原国家食品药品监督管理总局对全年4个季度的食品抽检情况来看(见表2)，2017年水产制品共抽检28547批次，合格率高达97.51%，同比水产品抽检合格率(96.46%)增加一个百分点。2017年，水产行业将重点放在“提质增效”上，在这样的大趋势下，水产品的质量与安全情况更是有了更高层次的质的飞跃，总体呈现稳步增长趋势。

表2 2017年原国家食品药品监督管理总局抽检水产制品合格情况

月份	食品种类	样品抽检	合格样品	不合格样品	样品
		数量/批次	数量/批次	数量/批次	合格率
1–3月		6556	6348	208	96.8%
4–6月		2922	2820	102	96.5%
6–9月	水产制品	7202	7047	155	97.8%
10–12月		11867	11620	247	97.9%
总计		28547	27835	712	97.51%

中国水产流通与加工协会联合中国连锁经营协会、智渔可持续科技发展研究中心等机构完成《负责任水产品采购指南》修订。该指南是2015年版《负责任水产品指导目录》的升级版，由中国连锁经营协会及联合国环境署进行开发管理，汇集国内外相关最新资讯和信息，系统全面地阐释可持续水产品定义、负责任采购关注点和零售商实现的路径，负责任水产品供应链重点信息跟踪，负责任水产品评价维度和参考指标等工具。并在附录中列出国内外认证体系对比，以及详细的优选负责任水产品目录，为零售商水产品采购提供实用的信息参考。通过指南，零售商将加强对可持续水产品、负责任采购与环境保护、食品安全的认知和连接，找到有效应对水产品经营过程中的风险挑战，更好地促进零售业水产品经营的绿色转型升级。

中国水产流通与加工协会还积极推动水产品国际化认证进程，分别与水产国际通行的认证主管机构水产养殖管理委员会(ASC)、海洋管理委员会(MSC)、全球水产养殖联盟(GAA)等机构建立联系，推动我认证水产品国际化进程，增强国际采购商加强对中国优质水产品的了解。组织我国企业参加北美水产品博览会(美国波士顿)、比利时布鲁塞尔举办的全球水产博览会、日本东京水产技术博览会等国际知名展会，并同期举办商务活动和品牌推荐活动，扩大中国水产品的国际影响力。组织企业赴俄罗斯、加拿大、伊朗、西班牙、爱尔兰、阿联酋、越南、韩国等国家及中国香港和台湾等地区小规模参展参观,并与当地供应商、采购商等建立良好的经贸关系。

(3)创品牌　2017年，行业在水产品品牌建设力度高涨，为开展水产品品牌建设、宣传水产行业优质产品，我会在2017年举办中国水产品品牌大会”，通过广泛投票选出了80个“2017最具影响力水产品企业品牌”、8个“2017创新加工水产品”、20家“2017最具影响力水产品批发市场”等，来自政府渔业主管部门、行业协会、科研单位、知名品牌专家、品牌企业代表、采购商代表、相关机构和媒体等，对“实施渔业品牌战略，助推产业转型升级”的理念，以品牌塑造、品牌推广、市场对接、价值提升为主题进行激烈探讨，并推介质量过硬、文化底蕴深厚品牌产品“荆州鱼糕”“洪湖清水蟹”和黄河口大闸蟹”品牌，给予众多采购企业不一样的宣传体验。品牌大会上，以品牌塑造、品牌推广、市场对接、价值提升为主题，通过专家报告、专题对话、品牌故事会，集中展现渔业品牌建设最新成果，推动水产品消费升级，助力农业供给侧结构性改革，打造水产品品牌开放智慧的交流盛会。品牌大会从品牌打造入手,立足消费市场开拓。大会同期对荆州鱼糕等水产品加工品牌进行了推介，这些品牌产品质量过硬、文化底蕴深厚，吸引了众多采购企业的目光。品牌故事宣讲会形式新颖，也使优秀水产品牌的塑造及推广实践经验得到有效分享。

【b.行业面临的问题分析】

1.国际贸易市场形势不明朗，对产业挑战巨大

当前，以食品质量安全为主要内容的技术壁垒 正被越来越多国家作为一种贸易保护手段，增加检测项

目，提高检测标准，在证书格式、食品标签等方面加以限制，使水产品出口要求趋高，对外贸易摩擦风险增大。其中，中美之间的贸易摩擦，对产业挑战巨大。就中国进出口美国水产品较多的省份城市，应多关注美国等贸易措施，关注国内产业态势。

2. 水产品谣言层出，舆情宣传仍是重点

水产品质量安全问题一直是广大消费者关注的焦点，大多数消费者由于对水产品认识不足，易受恶意谣言的蛊惑，影响面由小向大泛滥传播，对水产行业造成严重的经济损失，甚至是品牌创伤，如恶意谣言"塑料紫菜""多宝鱼嗑药""三文鱼寄生虫"等。在农业农村部的领导下，结合我会的影响力，已经采取了建立食品安全专家工作组、与新媒体合作对水产品不实信息或舆情进行第一时间的应对和采取提前科普的预防措施，但为了从源头遏制谣言的恶意传播，还需加大科普和宣传。

3. 产业竞争力下降，进口海产冲击市场

近年来，我国劳动力、用地、用水等成本逐年提高，出口竞争力下降。从产品结构看，我国与越南、印度尼西亚等东南亚国家，以及印度、厄瓜多尔等国家出口品种及产品形态基本相同，我国的先发技术优势没有凸显。各国水产品强势推入国内，如三文鱼、鳕鱼等产品抢占国内消费市场，冲击了国内自产产品、自由品牌的产业发展；如越南巴沙鱼与对虾，以往的出口市场主要是美国，但近几年，越南的主要出口市场转向中国，存在明显的同构竞争。现有水产加工品牌还不能完全满足消费者的消费需求，水产品加工等一些领域还缺少知名品牌，亟须加大对水产品品牌的培育力度，并通过品牌的培育优化供给侧资源配置，引导需求侧消费升级，提高供需上下游对接效率。

4. 加工率与资源利用效率低，科技创新方向有待转变

我国水产品加工率不足20%，与淡水产品以鲜活食用的消费习惯有关。在科研单位和企业的共同努力下，目前，在水产资源高值化加工利用关键技术方面已经取得了一些重大突破，产业技术应用和推广不断加快，加工率仍有较大提高空间。但是，我国水产加工业的发展仍依赖数量扩张型增长，水产品生产及加工副产物数量逐年增加，大多处于初级开发上，在成果转化方面仍未能满足产业需求，未做到循环式充分利用和综合开发。

5. 倡导绿色发展，环保压力逐渐加大

2017年底的环保压力对水产养殖业的影响是前所未有的，大面积网箱养殖拆除，涉及面积之广度和影响的养殖户数量之多创历年之最。由于拆除期限短，全国各地库区均出现了不同程度的水产品滞销情况，对养殖户收入和市场行情造成了不小的影响。接踵而至的就是未来市场的水产品流通空白，短时间内迅速减少的养殖面积和供应量，将会在一定程度上影响我国的水产品流通和市场行情。网箱拆除只是水产养殖业转型升级的一个缩影，这场环保运动势必将会对整个水产业的未来发展起到关键性的作用。

【c. 发展趋势】

在国内外经济形势错综复杂、国内生产成本不断提高、国际贸易壁垒增多、同构竞争加剧等困难背景下，水产行业取得如此成绩实属不易。2018年，水产品加工业的发展仍是机遇与挑战并存。2017年10月中旬，国际货币基金组织发布最新修订的《世界经济展望》，标志着世界经济增长加快，国际、国内市场需求持续复苏，有效拉动了我国水产品进出口，特别是进口的增长。

生产方面，农业部发布《中国农业展望报告(2018—2027)》，对未来10年水产品市场进行预测，水产品产量将由持续减少逐渐转为微幅增长，产量增速将大幅放缓，年均增长0.2%。其中，养殖产量将缓慢增长，捕捞产量不断下降并逐渐趋于稳定；水产品根用消费与加工消费将继续增长，加工消费占总消费比例不断提高，2017年增长到40.7%。

国际市场方面，2018年我国外贸发展面临的不确定、不稳定因素仍然较多。全球经济复苏的基础还不稳固，贸易保护主义升温；从国内看，我国经济基本面坚实，预计全年人民币汇率易涨难跌，国内综合要素成本不断上涨，订单和产业转移较快，出口仍然面

临诸多困难和挑战，保持出口回稳向好势头的任务仍然艰巨。不过，考虑到我国居民消费快速升级，国内消费者对优质、绿色水产品需求明显增加、政府对资源保护不断趋紧趋严、我国继续降低水产品进口关税等因素，预计2018年我国水产品进口将持续保持快速增长的势头，进口增速快于出口增速。

【d. 政策建议】

1. 跟踪研究国际政策，制定进口产品准入制度等促进产业持续稳定发展政策

（1）跟踪其他国家进口政策变化情况，及时向业界发布信息，提出针对性应对措施。（2）了解其他国家针对渔业捕捞、水产养殖和加工的投资政策，随时向业界公布，指导产业走出去。（3）建议借鉴美国水产品贸易管理的经验，多部门积极联合，针对一些地区和品种，加强进口水产品管理的相关措施。（4）制定促进精深加工的若干政策，进一步加大财政扶持力度，认真组织实施好一二三产业融合发展等项目。五是指导企业借鉴进口国家进口商的推广经验，提升国内市场竞争力。

2. 提升品牌形象，培育中国水产知名品牌、自有品牌

坚持以市场为导向，把脉消费市场喜好，在差异化、高值化、终端化等新消费需求下，运营好的产品、配套好的服务，能够提升品牌产品的竞争能力。延续往年思路，指导企业加强品牌文化建设，强化品牌研究、设计、定位和沟通。提高品牌的广告策划和宣传推广能力，鼓励企业充分利用自媒体、社会媒体、终端消费群体等平台，使水产品行业内知名品牌上升到真正的消费者喜爱的品牌，建议参照美国和加拿大等做法，国家主管部门牵头，选择优势产品，分行业制定产品营销计划，吸纳企业参与，同步开展国内外营销宣传，尤其在参加知名国际展会整合优势力量，实现国家组团，以整体形象对外宣传，向主要国家和重要新兴市场推介产品，树立我国水产品的优质形象，推动中国水产品牌走向世界。

3. 强化创新驱动，提升科技创新能力

进一步加强研发体系建设探索水产品加工“产学研推用”新模式，建立企业主导、科研单位参与、政府协助管理的协同创新机制和以企业为主体、市场为导向、产学研推动深度融合的技术创新体系，加强技术集成、成果转化、人才队伍建设，提升产业科技创新能力和企业技术装备水平。

4. 着力探索生态优先、绿色发展道路

树立和积极践行“绿水青山就是金山银山”的理念，引导绿色水产加工发展，建立低碳、低耗、循环、高效的绿色加工体系，推进水产品加工业清洁生产和节能减排。鼓励企业采取先进的提取、分离与制备技术和装备，研究水产品加工副产物等的综合利用新模式，开发新能源、新材料、新产品，不断提高副产物的综合利用水平。

中国水产流通与加工协会

2.5 渔 业

【a. 渔业经济总产值】

按当年价格计算，全社会渔业经济总产值24761.22亿元，其中，渔业产值12313.85亿元；渔业工业和建筑业产值5666.62亿元；渔业流通和服务业产值6780.76亿元。

渔业产值中，海洋捕捞产值1987.65亿元；海水养殖产值3307.40亿元；淡水捕捞产值461.75亿元；淡水养殖产值5876.25亿元；水产苗种产值680.80亿元（渔业产值以国家统计局年报数为准）。

【b. 渔民人均纯收入】

据对全国1万户渔民家庭当年收支情况抽样调查，全国渔民人均纯收入18452.78元，同比增加1548.58元，同比增长9.16%。

【c. 水产品产量及人均占有量】

全国水产品总产量6445.33万吨，同比增长1.03%。其中，养殖产量4905.99万吨，占总产量的76.12%，同比增长2.35%；捕捞产量1539.34万吨，占总产量的23.88，同比降低2.96%。全国水产品人均占有量46.37千克（人口139008万人），同比减少0.23千克，同比下降0.50%。

在国内渔业生产中，鱼类产量3609.71万吨，甲壳类产量691.50万吨，贝类产量1528.09万吨，藻类产量225.54万吨，头足类产量61.66万吨，其它类产量120.22万吨。

总产量中，海水产品产量3321.74万吨，占总产量的51.54%，同比增长0.62%；淡水产品产量3123.59万吨，占总产量的48.46%，同比增长1.47%。

海水养殖：海水养殖产量2000.70万吨，占海水产品产量的60.23%，同比增加85.39万吨，同比增长4.46%。其中，鱼类产量141.94万吨，同比增加11.05万吨，同比增长8.44%；甲壳类产量163.12万吨，同比增加12.70万吨，同比增长8.44%；贝类产量1437.13万吨，同比增加47.76万吨，同比增长3.44%；藻类产量222.78万吨，同比增加12.08万吨，同比增长5.73%。海水养殖鱼类中，大黄鱼产量17.76万吨，位居第1；鲈鱼产量15.66万吨，位居第2；石斑鱼产量13.15万吨，位居第3。

淡水养殖：淡水养殖产量2905.29万吨，占淡水产品产量的93.01%，同比增加27.40万吨，同比增长0.95%。其中，鱼类产量2540.98万吨，同比增加0.88万吨，同比增长0.03%；甲壳类产量291.85万吨，同比增加28.19万吨，同比增长10.69%；贝类产量21.48万吨，同比减少2.33万吨，同比下降9.77%。淡水养殖鱼类产量中，草鱼产量534.56万吨，位居第1；鲢鱼产量385.28万吨，位居第2；鳙鱼产量309.80万吨，位居第3。甲壳类产量中，虾类产量216.76万吨，其中，南美白对虾和青虾养殖产量分别为59.15万吨和24.07万吨；蟹类（专指河蟹）产量75.09万吨，同比增长0.30%。贝类产量中，河蚌产量6.94万吨。其他类产量中，鳖产量32.21万吨，同比减少0.96万吨；珍珠产量0.09万吨，同比减少0.06万吨。

海洋捕捞：海洋捕捞（不含远洋）产量1112.42万吨，占海水产品产量的33.49%，同比减少74.78万吨，同比下降6.30%。其中，鱼类产量765.22万吨，同比减少55.63万吨，同比下降6.78%；甲壳类产量207.60万吨，同比减少10.59万吨，同比下降4.85%；贝类产量44.29万吨，同比减少1.96万吨、同比下降4.24%；藻类产量2.00万吨，同比减少0.32万吨，同比下降13.65%；头足类产量61.66万吨，同比减少3.18万吨，同比下降4.9%。海洋捕捞鱼类产量中，带鱼产量101.23万吨，位居第1，占鱼类产量的13.23%；鳀鱼产量70.37万吨，位居第2，占鱼类产量的9.20%。

淡水捕捞：淡水捕捞产量218.30万吨，占淡水产品产量的6.99%，同比增加17.96万吨，同比增长8.97%。其中，鱼类产量161.58万吨，同比增加16.39万吨，同比增长11.29%；甲壳类产量28.93万吨，同比增加0.27万吨，同比增长0.95%；贝类产量25.18万吨，同比增加1.51万吨，同比增长6.39%；藻类373吨，同比减少4吨，同比下降1.06%。

远洋渔业：远洋渔业产量208.62万吨，占海水产品产量的6.28%，同比增加9.87万吨，同比增长4.97%。

【d. 水产养殖面积】

全国水产养殖面积7449.03千公顷，同比增加3.49千公顷，同比增长0.05%。其中，海水养殖面积2084.08千公顷，占水产养殖总面积的27.98%，同比减少14.03千公顷，同比下降0.67%；淡水养殖面积5364.96千公顷，占水产养殖总面积的72.02%，同比增加17.52千公顷，同比增长0.33%。

海水养殖面积：鱼类养殖面积为89.92千公顷，同比减少11.57千公顷，同比下降11.40%；甲壳类养殖面积299.05千公顷，同比减少6.76千公顷，同比下降2.21%；贝类养殖面积1286.77千公顷，同比减少16.02千公顷，同比下降1.23%；藻类养殖面积145.26千公顷，同比增加11.85千公顷，同比增长8.88%。

淡水养殖面积：池塘养殖面积2527.78千公顷，同比增加80.71千公顷，同比增长3.30%；水库养殖面积1615.41千公顷，同比减少28.73千公顷同比下降1.75%；湖泊养殖面积886.49千公顷，同比减少28.22千公顷，同比下降3.09%；河沟养殖面积213.74千公顷，同比减少6.28千公顷，同比下降2.85%；其他养殖面积121.54千公顷，同比增加0.04千公顷、同比增长0.03%；稻田养成鱼面积1682.69千公顷，同比增加198.69千公顷，同比增长13.39%。池塘、湖泊、水库、河沟和其他养殖方式面积分别占淡水养殖总面积的47.12%、16.52%、30.11%、3.98%、2.27%。

【e. 渔船拥有量】

年末渔船总数94.62万艘、总吨位1082.36万吨。其中，机动渔船59.93万艘、总吨位1038.63万吨、总功率2108.90万千瓦；非机动渔船34.68万艘、总吨位为43.73万吨。

机动渔船中，生产渔船57.53万艘、总吨位927.23万吨、总功率1879.56万千瓦。生产渔船中，捕捞渔船39.14万艘、总吨位854.19万吨、总功率1669.60万千瓦；养殖渔船18.39万艘、总吨位73.04万吨、总功率209.96万千瓦。

机动渔船中，海洋渔业机动渔船24.47万艘、总吨位898.67万吨、总功率1680.66万千瓦。海洋渔业机动渔船中，海洋捕捞渔船16.63万艘、总吨位764.92万吨、总功率1378.26万千瓦，分别同比减少1.33万艘、同比减少3.56万吨、同比减少52.62万千瓦。

【f. 渔业人口和渔业从业人员】

渔业人口1931.85万人，同比减少41.56万人，同比下降2.11%。渔业人口中传统渔民为652.14万人，同比减少8.97万人，同比下降1.36%。渔业从业人员1359.39万人，同比减少22.30万人，同比下降1.61%。

【g. 水产品加工】

水产品加工企业数量9674个，水产加工能力2926.23万吨/年，同比增长2.71%，用于加工的水产品总量为2680.02万吨，同比增长1.68%。水产加工品总量2196.25万吨，同比增长1.42%，其中，海水加工产品1788.06万吨，同比增长0.73%，占水产加工品总量的81.41%，淡水加工产品408.19万吨，同比增长4.57%。水产品加工率为41.58%，海水产品加工率为63.42%，淡水产品加工率为18.36%。

【h. 水产品进出口情况】

据海关数据统计，2017年，我国水产品进出口总量923.65万吨，进出口总额324.96亿美元，同比分别增长11.56%和7.92%，均创历史新高。其中，出口量433.94万吨，出口额211.50亿美元，同比分别增长2.40%和1.99%；进口量489.71万吨，进口额113.46亿美元，同比分别增长21.17%和21.03%。贸易顺差98.04亿美元，同比减少15.6亿美元。

【i.渔业灾情】

2017年，由于渔业灾情造成水产品产量损失95.69万吨，直接经济损失173.56亿元。其中，受灾养殖面积719.60千公顷；沉船164艘，经济损失0.30亿元；死亡、失踪和重伤人数58人。

2017年全国水产加工情况

指标	计量单位	2017年	2016年	同比增减(±)绝对量	幅度(%)	
1.水产加工企业	个	9,674	9,694	-20	-0.21	
水产品加工能力	吨/年	29,262,317	28,491,124	771,193	2.71	0.00
其中：规模以上加工企业	个	2,636	2,714	-78	-2.87	-0.11
2.水产冷库	座	8,237	8,595	-358	-4.17	-0.05
冻结能力	吨/日	937,190	946,875	-9,685	-1.02	0.00
冷藏能力	吨/次	4,657,017	4,583,690	73,327	1.60	0.00
制冰能力	吨/日	234,129	253,993	-19,864	-7.82	0.00
3.水产加工品总量	吨	21,962,522	21,654,407	308,115	1.42	0.00
淡水加工产品	吨	4,081,875	3,903,668	178,207	4.57	0.00
海水加工产品	吨	17,880,647	17,750,739	129,908	0.73	0.00
(1)水产冷冻品	吨	14,873,451	14,049,146	824,305	5.87	0.00
其中：冷冻品	吨	7,300,544	7,033,530	267,014	3.80	0.00
冷冻加工品	吨	7,572,907	7,015,616	557,291	7.94	0.00
(2)鱼糜制品及干腌制品	吨	3,252,542	3,235,165	17,377	0.54	0.00
其中：鱼糜制品	吨	1,541,893	1,553,620	-11,727	-0.75	0.00
干腌制品	吨	1,710,649	1,681,545	29,104	1.73	0.00
(3)藻类加工品	吨	1,100,541	1,060,316	40,225	3.79	0.00
(4)罐制品	吨	419,973	451,198	-31,225	-6.92	0.00
(5)水产饲料(鱼粉)	吨	639,165	705,525	-66,360	-9.41	0.00
(6)鱼油制品	吨	67,564	69,289	-1,725	-2.49	0.00
(7)其他水产加工品	吨	1,609,286	2,083,768	-474,482	-22.77	0.00
其中：助剂和添加剂	吨	105,406	97,070	8,336	8.59	0.01
珍珠	千克	180,829	244,527	-63,698	-26.05	-0.01
4.用于加工的水产品总量	吨	26,800,176	26,357,579	442,597	1.68	0.00
其中：淡水产品	吨	5,734,971	5,693,896	41,075	0.72	0.00
海水产品	吨	21,065,205	20,663,683	401,522	1.94	0.00
5.部分水产品年加工量	吨	1,657,675	1,519,032	138,643	9.13	0.00
其中：对虾	吨	520,100	512,322	7,778	1.52	0.00
克氏原螯虾	吨	309,407	192,132	117,275	61.04	0.03
罗非鱼	吨	667,549	640,317	27,232	4.25	0.00
鳗鱼	吨	118,701	117,410	1,291	1.10	0.00
斑点叉尾鮰	吨	41,918	56,851	-14,933	-26.27	-0.05

高宏泉

2.6 淀粉加工业

【a. 概况】

淀粉加工业包括淀粉、淀粉糖、糖醇及其制品，其用途十分广泛，用于食品、医药、发酵、纺织、造纸、粘胶、冶金、石油等工业中，是上千种产品的中间原料。淀粉加工是农产品加工的重要方面，发展淀粉加工业，对推进农业产业化、发展现代农业、促进粮食增产、拉动内需、带动农民增收、改善城乡居民生活具有重要意义。2017年，在国家推行农业供给侧结构性改革、一二三产融合发展等政策引导下，以玉米淀粉加工为主的淀粉加工业继续得到快速发展，产能与产量得到释放，并保持了较好的开工率和加工利润，在国家玉米去库存中发挥了主力军作用。

1. 总产量

2017年，淀粉加工业在国家政策及生产加工补贴的引导下，全行业快速发展；受原料玉米市场化影响，国内淀粉及深加工产品成本优势明显，生产与消费均呈现大幅增长。据中国淀粉工业协会年报统计，全国各类淀粉总产量为2720. 11万吨，同比增长15. 43%，2016年，淀粉深加工产品总产量为1450. 78万吨，同比增长14. 75%。（见图1）

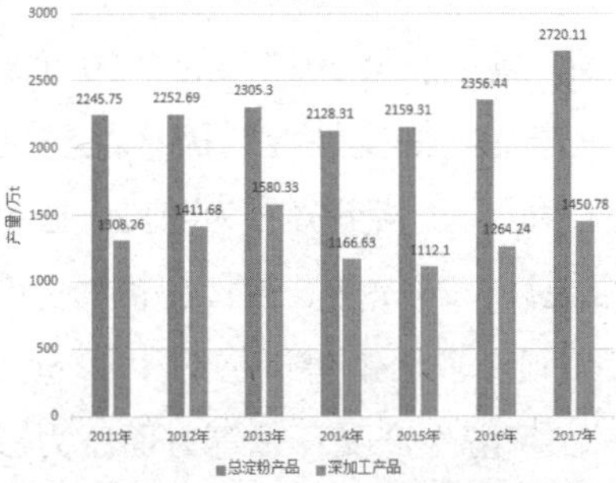

图1 2011-2017年中国淀粉及深加工产品产量示意图

数据来源：中国淀粉工业协会

淀粉产品中，玉米淀粉产量2595. 08吨，同比增长14.90%，产量占淀粉总产量的95.40%；马铃薯淀粉、木薯淀粉、甘薯淀粉及小麦淀粉等产量分别为53.70万吨、32.93万吨、26.30万吨和12.10万吨，其中木薯淀粉产量出现下滑，其他品种均实现快速增长。

深加工产品中，淀粉糖产量1178.17万吨，同比增长15. 28%，产量占深加工产品总产量的81.21%；变性淀粉和糖醇产量分别为170.55万吨和102.06万吨，同比均有所增长。（见表1）

表1 2017年淀粉及深加工主要产品产量

类别		产量/万吨	同比增长/%
玉米淀粉		2595. 08	14. 90
马铃薯淀粉		53. 70	58. 79
木薯淀粉		32. 93	-9. 77
甘薯淀粉		26. 30	31. 40
小麦淀粉及其他		12. 10	61. 00
总淀粉产品合计		2720. 11	15. 43
淀粉糖		1178. 17	15. 28
其中	F42果糖	66. 37	10. 82
	F55果糖	328. 37	72. 89
	麦芽糊精	102. 86	6. 57
	结晶糖	279. 63	-17. 00
变性淀粉		170. 55	15. 19
糖醇		102. 06	8. 93
其中	山梨醇（70%）	70. 23	8. 60
总深加工产品合计		1450. 78	14. 75

数据来源：中国淀粉工业协会

2. 出口量

受益于国内玉米价格与国际市场的接轨以及国家

的鼓励政策，2017 年我国淀粉及深加工产品出口贸易量大幅增加，国内玉米淀粉出口退税率提高到 13%，出口量增加到 25.52 万吨，同比增长 92.14%; 淀粉类产品出口总量约 29.78 万吨，同比增长 68.45%。

玉米原料价格下降，我国淀粉深加工产品在国际市场竞争力进一步增强。2017 年，我国淀粉深加工产品出口量为 187.46 万吨，同比增长 11.93%，淀粉糖、糖醇及变性淀粉出口量增幅分别为 9.65%、30.72% 和 50.72%。

【b. 行业发展分析】

1. 价格

(1) 玉米淀粉

2010–2014 年，全国主要产区玉米淀粉平均销售价格在 2800~3000 元 / 吨波动，销区价格在 3000–3300 元 / 吨 , 但 2015 年以后，随着玉米价格逐渐市场化，玉米淀粉生产成本大幅降低，玉米淀粉价格也随之走低。2017 年，产区玉米淀粉平均价格为 2122 元 / 吨，销区价格在 2307 元 / 吨左右，均是 2010 年以来最低价格水平。

从区域价格来看，华北黄淮地区因区域内玉米淀粉消费量大，且玉米成本相对较高，玉米淀粉价格一般最高，2017 年，平均价格为 2154 元 / 吨 ; 东北地区除了满足本区域原料供应外，还主要供应华东和华南地区，且原料供应充足，淀粉平均价格最低，平均价格为 1957 元 / 吨，从历史上看，西北地区玉米淀粉主要供应西南地区，淀粉价格介于上述两区域之间，但近年由于调减玉米种植面积，促使价格水平略高于华北地区，平均价格为 2256 元 / 吨 。(见图 2)

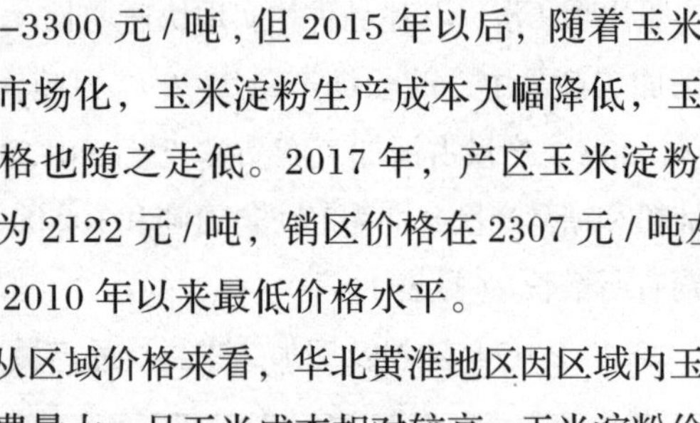

图2 2013–2017年中国主要区域玉米淀粉价格

数据来源：中国淀粉工业协会

(2) 淀粉糖

淀粉糖作为最重要的淀粉加工产品，2017 年，总体价格弱势平稳。果糖价格同比高，走势保持相对平稳，价格稳定在 2300–2500 元 / 吨；糖浆价格略有下滑后回升，在 2200 元 / 吨左右；糊精价格弱势平稳，在 2700 元 / 吨左右。(见图 3)

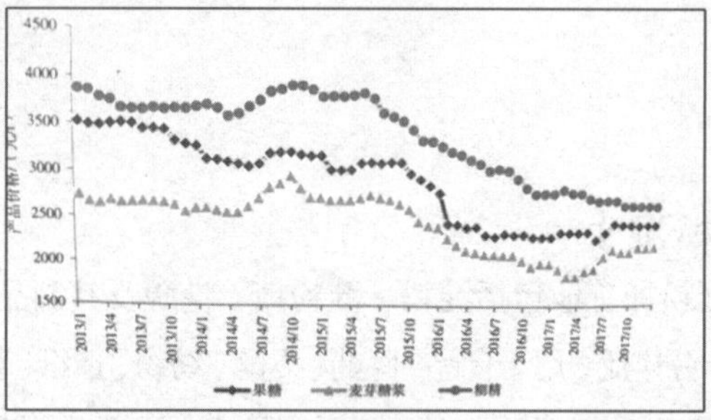

图3 2013–2017年中国淀粉糖主要产品价格走势

数据来源：中国淀粉工业协会

(3) 其他淀粉及深加工产品

其他淀粉品种价格变化特点各异。2017 年，全国马铃薯淀粉产量大幅增加，全年产量 53.70 万吨，同比增长 58. 79%。由于原料供应充足，市场消化能力增加有限，使得淀粉企业收购价格走低，导致 2017 年马铃薯淀粉市场价格偏低，且波动幅度相对往年略小。

木薯淀粉因国内木薯种植面积缩减、原料紧缺而供应紧张，导致 2017 年国产木薯淀粉价格持续上涨，木薯淀粉价格由上半年的 3000 元 / 吨上涨至年底的 4500 元 / 吨左右 ; 进口木薯淀粉价格由 2600 元 / 吨飙升至 4000 元 / 吨。

甘薯淀粉由于原料成本较高、环保压力加大，部分甘薯淀粉加工企业关停并转，甘薯淀粉市场供应略有减少，价格小幅上涨。甘薯淀粉平均销售价格由 2016 年的 7200 元 / 吨上涨至 2017 年的 7900 元 / 吨。

其他深加工产品，如变性淀粉因产品类别、规格、用途及品质不同，价格差异较为明显。据中国淀粉工业协会年报统计，2017 年，变性淀粉销售价格在 3000 – 10000 元 / 吨 , 平均销售价格约 4780 元 / 吨，同比上涨 4.12%。糖醇生产受环保等方面压力影响，导致生产成本上升，2017 年，销售价格同比普遍增长，其中山梨醇企业销售价格在 2800– 3850 元 / 吨，价格上涨 300–1000 元 / 吨；甘露醇价格在 15000 –20000 元 / 吨，价格上涨 5000 元 / 吨左右；木糖醇价格在 25000–30000 元 / 吨，价格上涨 2000 元 / 吨左右。

2. 市场

(1) 玉米淀粉

2017 年，玉米供给侧改革效果明显，玉米价格的下降使得深加工企业效益良好并带动下游消费及出口；东北及华北黄淮主产区淀粉加工企业的平均收益达到 100 元 / 吨，刺激企业保持较高的开工率，玉米淀粉产量在上年恢复性增长的基础上再次明显提高。2017 年，全国玉米淀粉行业平均开工水平在 65% 左右，玉米淀粉产量达到 2595.08 万吨，同比增长 14.90%。消费方面，因下游食品、化工、医药、造纸等行业的需求旺盛，尤其是淀粉糖、造纸等行业的迅速发展、玉米淀粉在诸多新兴领域的开发应用，为玉米淀粉的消费增长带来动力：玉米淀粉价格回归，竞争优势明显，逐步抢占木薯等其他淀粉的市场份额。在国际市场上，因国内生产成本的下降，玉米淀粉出口享受 13% 的退税，玉米市场与国际市场差距逐步缩小，我国玉米淀粉出口竞争力明显增强，玉米淀粉出口量大幅提升。

(2) 淀粉糖

近几年，我国含糖食品产量增速由 2015 年的 1.00% 提升至 2017 年的 4.80%，行业整体向好。同时，受国内食糖价格居高不下、居民对低糖食品的需求增加以及淀粉糖主要生产原料玉米市场化的多重影响，与食糖有补充作用的淀粉糖产能得到释放。据统计，2017 年，食糖与果糖价差保持在 4000 元 / 吨上下 (见图 4)，淀粉糖价格优势明显。据中国淀粉工业协会年报统计，近两年，淀粉糖产量保持 15% 左右的增速，其中以果葡糖浆为代表的液体淀粉糖增速较高，主要因为糖浆类产品在饮料、食品行业中对食糖的补充作用更加明显；另外，随着生产成本的下降，糖浆出口竞争力增强，国际贸易量有较大幅度的提升。虽然淀粉糖产销两旺，但因国家环保力度的不断增强，增加了企业的生产成本，淀粉糖行业加工利润整体保持弱势。

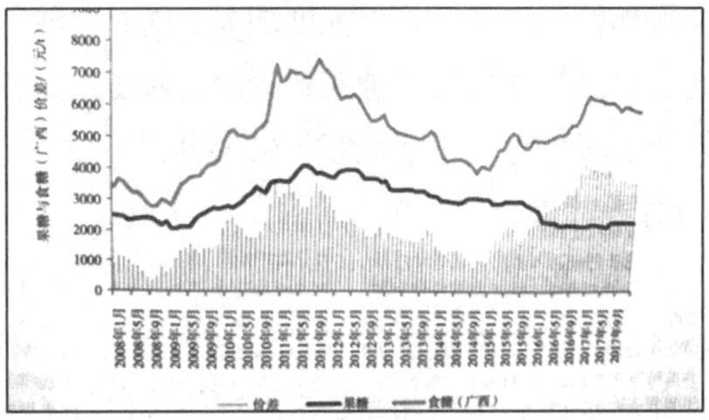

图4 2008–2017年中国果糖与食糖（广西）价差走势

数据来源：中国淀粉工业协会

(3) 其他淀粉及深加工产品

近年来，马铃薯淀粉在国家主粮化战略的引导下得到了快速发展，尤其是在“双反”政策保护下，马铃薯淀粉国内市场逐步趋好。2017 年产季期间，原料集中供应给大中规模生产企业，使得厂家开工率明显提升，产量增长 58.79 % 。同时进口马铃薯淀粉以及木薯淀粉价格起伏明显，市场对国产马铃薯淀粉的关注度较往年有所增加。另外，价格波动幅度偏小，也使得下游需求相对稳定，投机购销活动减弱，整体需求量稳中略有小幅增加。

木薯淀粉因国内原料短缺而产量日益萎缩，但需求量保持波动增长态势。我国木薯淀粉存在巨大的供应缺口，进口量逐年增加，2017 年木薯淀粉对外依存度高达 88%。全国大部分木薯淀粉用于初加工成粉丝和粉条，其次深加工为变性淀粉、淀粉糖和糖醇等，在各个领域都有广泛的应用，但近两年因价格不及玉米淀粉而被抢占部分市场。

甘薯淀粉原料成本较高，玉米淀粉、木薯淀粉、小麦淀粉等替代品凭借价格优势抢占市场，导致甘薯淀粉消费量增长动力偏弱；由于环保压力加大，部分甘薯淀粉加工企业关停并转，甘薯淀粉市场供应略有减少，价格小幅上涨。我国甘薯淀粉多用于初加工成粉丝、粉条，在各个领域均有广泛的应用。

变性淀粉行业经过 30 年的发展，单一的氧化淀粉、阳离子淀粉、磷酸酯淀粉等应用于纺织、造纸等行业的常用品种市场已相对饱和，变性淀粉行业进入微利时代。企业选择将工艺设备转型升级、提高产品的档次和附加值，产品系列化程度加大。同时，随着我国电商、食品等领域发展进入新阶段，对变性淀粉的需求增加了新的要求，为变性淀粉的发展带来机遇。

(4) 糖醇方面

目前，糖醇产品的国内应用仍然是以功能性为主的小产品，还需要更加深入地发掘市场需求；国际市场糖醇消费已趋于饱和与稳定。近两年得益于玉米价格的下降，糖醇产品成本有所降低，糖醇的国内消费及出口量有所提升。糖醇不同品类市场逐渐出现两极分化，山梨醇、麦芽糖醇等产品因应用范围广、市场空间大而得到快速发展，而木糖醇因环保、效益等诸多原因逐渐萎缩。

3. 投资

为加快玉米“去库存”、调整供给结构，我国自2016年取消临储玉米收购政策，实施“市场化收购”加“补贴”的新机制，有效地缓解了玉米价格与国际倒挂的问题。同时在需求端通过补贴等政策增加下游玉米深加工企业生产积极性，对玉米深加工企业是极大的利好。与此同时，国家打破了近十年来对玉米深加工行业的限制政策：2017年4月17日玉米深加工行业的政策门槛大幅降低，未来除新建燃料乙醇以外的玉米深加工项目将不需要事前审批，而是按照属地原则实行备案管理；2017年6月取消了外资进入玉米深加工行业的限制。

在国家一系列鼓励政策的刺激下，玉米深加工行业进入产能扩张期，玉米淀粉及淀粉糖是投资新建的热点项目。据不完全统计、2017年，全国新增玉米深加工产能约1700万吨，其中，玉米淀粉及淀粉糖新增玉米产能总计约845万吨，约占新增产能的50%。

从地域上来看，淀粉及深加工产业有向玉米主产区和成本更低的东北区域集中的趋势，其中，山东省新增产能约占总量的40%，东北地区（黑龙江、吉林、内蒙古）新增产能约占总量的33%，河北、河南和安徽分别占17%、5%和5%（见图5）。象屿集团和阜丰集团分别在黑龙江投资新建结晶葡萄糖产能，嘉吉生化公司在吉林新建结晶葡萄糖和果糖产能，打破淀粉糖生产由华东地区主导的格局，淀粉及深加工产业竞争格局正逐渐发生转变。

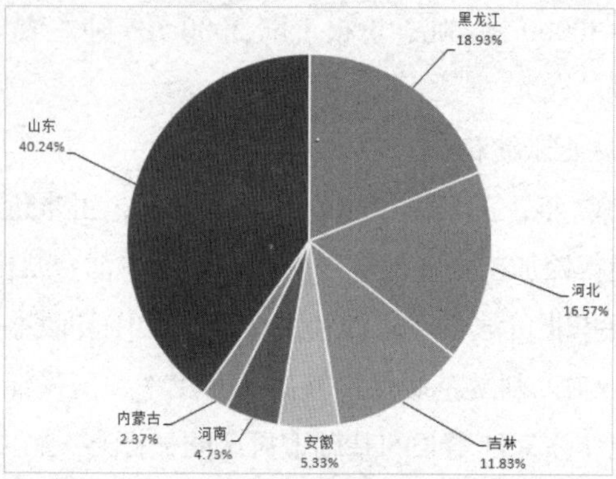

图5 2017年中国分区域新增玉米淀粉及深加工产能

注：数据截至2017年底已建成或投产的玉米深加工项目，为不完全统计。

数据来源：中国淀粉工业协会

4. 区域分布

玉米淀粉是我国最为主要的淀粉品种，其产量占淀粉总产量的95%以上。玉米淀粉 生产主要集中在山东、河北、吉林、黑龙江、宁夏和陕西等玉米种植区，这6个省份（自治区）产量占全国总产量的91.73%（见图6）。山东是玉米淀粉生产大省，占全国总产量的49.34%。值得注意的是，因近两年国家给予东北加工企业补贴政策刺激，东三省玉米深加工项目在两年内快速上马，产能在2017年得以释放，2017年，东三省玉米淀粉产量同比增长46.29%以上，,3省产量占比达22.30%，产业有逐步向东北地区扩张的趋势。

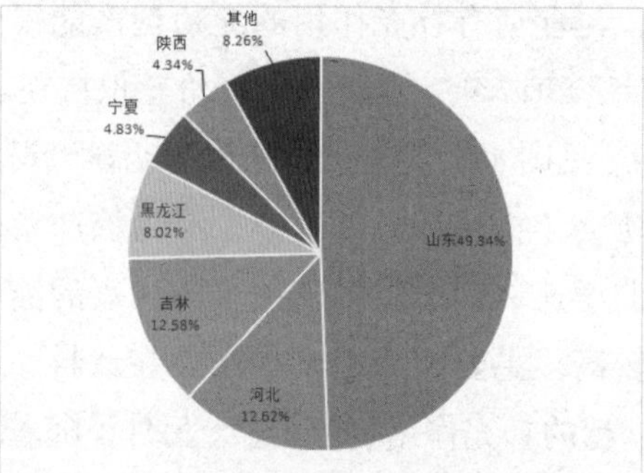

图6 2017年中国玉米淀粉产区分布

数据来源：中国淀粉工业协会

淀粉深加工生产同样以山东省为主要产区，约占总产量的43.84%（见图7），同比下降7个百分点，主要是山东近两年产量保持稳定，其他区域如吉林、广东、辽宁等省份产能增加抢占一部分份额。

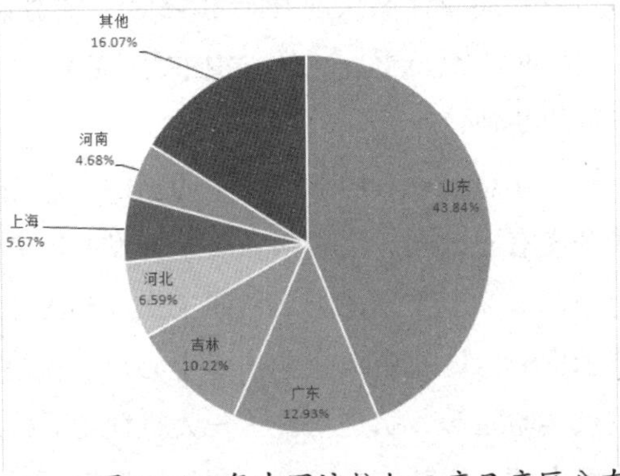

图7 2017年中国淀粉加工产品产区分布

数据来源：中国淀粉工业协会

5. 行业集中度

随着行业的不断变化，产业结构的调整，淀粉及深加工行业逐步淘汰落后产能，产业不断向优势资源集中，产业集中度普遍有所提高。

据2017年中国淀粉工业协会年报统计，玉米淀粉加工行业，产量100万吨以上的企业数量为8家，合计产量1315.67万吨，占全国玉米淀粉总产量的50.70%；产量10万吨以上变性淀粉企业数量为6家，合计产量84.23万吨，占全国总产量的49.39%；产量50万吨以上淀粉企业数量为6家，合计产量598.66万吨，占全国总产量的50.84%；糖醇产量前3家企业占总产量的78.73%。

6. 进出口

（1）玉米淀粉

我国是玉米淀粉的净出口国，进口量较少。2017年，进口量为2303.21吨，同比减少973.51吨。出口方面，在玉米淀粉出口退税政策及玉米淀粉价格与国际市场逐步接轨的双重影响下，我国玉米淀粉出口量大幅增长。2017年，我国玉米淀粉出口量为25.48万吨，同比增加12.20万吨，同比增长91.92%；出口价格平均为307.75美元/吨，同比下降9.39%。

（2）马铃薯淀粉

中国淀粉工业协会多次组织了反倾销、反补贴调查，有效降低了欧盟低价马铃薯淀粉倾销的影响，控制了马铃薯淀粉的进口数量。2017年，马铃薯淀粉进口量为6.23万，吨，同比增加2.02万吨，增幅达48.08%。平均进口价格为767.91美元/吨，同比增长3.09%。近年来，我国马铃薯淀粉出口量相对较小，近几年一直维持在2000吨以下的水平。主要原因是人民币对美元大幅升值，导致出口亏损，出口外向型企业难以为继。

（3）木薯淀粉

我国是木薯淀粉净进口国，也是我国贸易量最大的淀粉品种，且进口量呈持续增长趋势。其原因，一方面是我国木薯种植面积持续萎缩，难以满足国内市场需求；另一方面，自2010年起，中国–东盟自由贸易区全面启动，木薯淀粉实行零关税，促使进口量持续增长。2017年，木薯淀粉进口量为233.10万吨，同比增长12.45%，创历史最高纪录；平均进口价格为329.52美元/吨，同比下降6.25%。

（4）淀粉糖

受益于国内生产成本的降低，我国淀粉糖在国际市场上竞争力增强。从出口总量上看，2017年，出口169.59万吨，同比增长9. 65%；出口货值8亿美元，同比增长3. 30%。我国淀粉糖出口目的国主要集中在东南亚等国家和地区，其中，菲律宾是我国重要的淀粉糖出口国，但因从中国大量进口淀粉糖对其国内食糖产业造成冲击，菲律宾决定自2018年起，对从中国进口的淀粉糖加增关税，中国淀粉糖出口贸易将因此受到影响。进口方面，淀粉糖进口总量约4387.43吨，同比增长25.39%。

（5）变性淀粉

我国是变性淀粉净进口国，主要是从欧盟等国家和地区进口高档变性淀粉以及从泰国进口低价变性淀粉。2017年，净进口量为30.56万吨，同比下降0. 92%。根据海关数据，2017年，中国进口变性淀粉38.94万吨，同比增长6. 98%；货值3.35亿美元，同比下降10. 74%。变性淀粉出口量在连续下降3年之后，2017年，出口量大幅增长，出口量8.38万吨，同比增长50.82%，货值7599. 55万美元，同比增长 10. 38%。

（6）糖醇

国内原料成本仍然处于低位，我国糖醇类产品竞争力优势明显，出口仍保持较快增长。2017 年，出口总量 9.49 万吨，同比增长 30. 73%。其中，我国是山梨醇出口第一大国，出口量为 5.32 万吨，同比增长 54.29%。

7.“三品”战略实施情况和典型案例

2017 年，淀粉行业在“三品” 战略方面，通过深入挖掘下游产业及客户需求，从供给端的科技投入提升产品的品种、品质、品牌，不断迎合市场需求、拉动消费，促进行业供给侧改革。

（1）增品种

根据不同的客户需求以及市场发展趋势，通过不断的实验和与客户交流，部分企业有针对性地研究开发了多个淀粉及深加工新品种。

在专用淀粉方面，细分领域市场是主攻方向。山东寿光巨能金玉米公司开发了专用生产粉丝、 粉皮的淀粉，其制作的粉丝不易断丝、透亮、韧性好、口感好，提升了下游产品的品质；中粮生化开发了涵盖了低菌、低水、面粉、饲料等四类品种的特用淀粉，实现销量 5.80 万吨；内蒙古华欧淀粉工业股份有限公司开发了酒店专用食用生粉，同时研发出无矾马铃薯鲜粉条生产技术， 取得了 SC 食品生产许可证书，于 2017 年年底上市。

在深加工产品方面，新型功能性产品成为焦点。德州汇洋生物科技有限公司开发的海藻糖，与普通食糖相比具有独特的生物活性，广泛应用于饮料、巧克力及糖果、烘烤制品、速冻食品和化妆品等，市场前景广阔；保龄宝生物股份有限公司围绕着食品行业向营养健康方向升级的现实需求，重点研究益生元产品在低糖食品和食盐领域的应用，并协助客户开发出多款无糖饮料、益生元盐等新产品，实现产品升级换代。

(2) 提品质

行业内大部分生产企业都通过了质量管理体系 (ISO9001) 认证，食品相关企业均通过 ISO22000/FSSC22000 认证。部分产品通过知识产权 (IntellectualProperty，IP) 产品认证、欧洲饲料添加剂和预混合饲料质量体系认证 (FAMI –QS)、清真认证 (HALAL 认证)、犹太认证 (KO–SHER 认证)，夯实了质量管理的基础。

中粮生化总公司、山东西王集团、山东寿光巨能金玉米开发有限公司、诸城兴贸玉米开发有限公司等大型企业都设立了国家博士后科研工作站和国家认定企业技术中心，以及省级企业技术中心、淀粉衍生物企业重点实验室等，引进培养了一大批博士、硕士和高端技术人才，为新产品研发、产品质量提升奠定了坚实的人才基础。

同时在品控方面，经过不断的进步和创新，行业已在玉米淀粉生产领域积累了丰富的生产技术和管理经验，形成了一套具有特色的质量和成本控制管理体系。

(3) 创品牌

淀粉行业各企业在品牌建设过程中逐渐转变观念，积极探索，不断提高品牌建设水平，全面推进企业品牌创建及 Logo 使用工作，重点打造企业核心品牌。

2017 年，中粮生化总公司在“中粮生化”品牌的建设费用投入 400 万元，通过品类品牌聚焦，建立“中粮生化”品牌在淀粉、淀粉糖、氨基酸、有机酸、酒精等关键产品中的行业品牌识别度，夯实品牌建设基础及强度，实现销售额 152 亿 ,；山东巨能金玉米公司经专家评审、技术机构测算、品牌评价发布工作委员会审定，公司品牌强度为 884.7，品牌价值为 7.44 亿元；内蒙古华欧马铃薯淀粉产品连续多年获得“国家质量达标食品”“全国食品安全示范单位”“内蒙古自治区名优特产品”等荣誉，2017 年 11 月获得中国品牌研究会、《品牌观察》杂志社、内蒙古品牌大会颁发的“内蒙古名片百强品牌”， 并给以“华欧”品牌价值评估 5.05 亿元的评估证书。

8. 发展新亮点、新增长点

淀粉产业产业链长，应用范围广，随着市场需求的转型升级，上游原料供给结构的转变带来了成本的有效降低，下游需求的增加带动企业的不断创新，淀粉加工行业也迎来新的发展机遇。

(1) 低成本创造了新的需求

由于，玉米临储政策的取消，玉米价格较上年有近 30% 的回落，使玉米淀粉及下游加工产品竞争力增强，不同领域的消费需求显著增长，主要表现在：首先，玉米淀粉替代品明显减少，当前玉米淀粉相比木薯淀粉竞争优势明显，玉米淀粉夺回被木薯淀粉挤占的市场，市场空间得到回归；第二，淀粉及淀粉糖的出口竞价优势提升，出口贸易量明显提高；第三，随着社会的不断进步与发展，淀粉及深加工制品的传统应用领域，如造纸、纺织、食品制造等的需求也有所增加；第四，低价直接刺激下游消费领域的新兴应用空间，如环保煤球、粉丝粉条、面粉、鱼料、饲料、塑料制品以及混凝土、建筑行业等方面，都增加了淀粉及深加工产品的使用。

(2) 新需求带动新创新

随着人们环境保护意识的增强以及对能源危机和资源约束认识的加深，环境友好型的生物质复合材料的研究受到极大的关注。淀粉是制备生物质材料的理想原料，生物质材料的制备和应用是淀粉及深加工行业发展的又一亮点。从玉米淀粉中制备乳酸，再合成高分子质量聚乳酸等新型的可生物降解塑料，已研制成功，并可实现工业化生产。但一直以来聚乳酸等材料存在成本高、耐热性差等诸多方面缺点，限制其大量应用，还需加大科研投入进行不断改进和创新。生物基材料是顺应社会发展趋势的产品，未来具有广阔的市场空间。

9. 绿色制造、智能制造

淀粉行业经过多年发展，工业总体实力显著增强，但与世界先进水平相比，仍然大而不强，资源环境问题是制约我国淀粉工业向强国发展的重要因素之一。在绿色发展的国际大趋势下，把握科技革命和产业变革的大方向，推行绿色制造，推进供给侧结构性改革，加快制造业绿色转型发展，促进工业平稳增长，是淀粉行业未来的发展方向。

目前，国内淀粉行业存在高污染、高能耗、高水耗等制约发展的瓶颈问题，行业内的企业一直致力于环境友好型生产技术的提升和创新，如 2017 年中粮的“淀粉及其衍生物绿色高效制造关键技术与产业化”项目，实现了玉米生物浸泡分离、系统节能、系统节水等绿色高效制造关键技术的突破，实现了吨淀粉生产能耗降低 48%，水耗降低 56%，吨淀粉糖能耗降低 50%，水耗降低 63%，促进了行业快速绿色发展；山东寿光巨能金玉米开发有限公司通过搬迁吸取国内外最先进技术和经验，进行了工艺技术创新和设备优选，企业在节能减排、自动化控制等方面取得了较大的突破和提升，吨标准能耗比原来降低 4%~5%。

为规范淀粉废水治理工程的建设与运行，推动淀粉行业绿色发展，防治环境污染，保护环境和人体健康，淀粉全行业积极配合各项标准、规范的制定。2017 年国家有关部门在淀粉工业企业的大力配合下，先后制定了《污染源源强核算技术指南　农副食品加工（淀粉）》《排污许可证申请与核发技术规范　农副食品加工业——淀粉工业》《排污单位自行监测技术指南——农副食品加工》和《淀粉、淀粉糖、变性淀粉、淀粉制品生产许可审查细则》等国家标准，并对《淀粉工业水污染物排放标准》(GB 25461- 2010) 进行评估。由于企业的参与，使标准更接地气和易于贯彻实施，这些都将进一步推动绿色制造的发展。

根据《中国制造 2025》战略规划，行业还将继续编制《淀粉行业清洁生产评价指标体系》《马铃薯淀粉企业汁水还田技术规范》和《淀粉行业绿色工厂评价技术导则》等系列标准。

【c. 行业面临的问题】

1. 政策与市场

（1）玉米淀粉未列入农产品初加工目录，无法享受同等税收优惠政策

玉米淀粉加工是将玉米浸泡后，经过础碎、分离、洗涤、脱水、烘干制成玉米淀粉、玉米蛋白粉、玉米胚芽、玉米纤维等产品整个生产过程是简单的物理加工过程，与其他粮食加工产品有相似之处，属于初级农产品加工范畴。在财税 [2011] 26 号《关于享受企业所得税

优惠的农产品初加工有关范围的补充通知》中，本应将全部淀粉产品列入农产品初加工目录中，因当时玉米加工正处于宏观调控之中。除玉米淀粉外，薯类淀粉均被列入农产品初加工目录。如今，在国家放开玉米加工行业限制、大力支持玉米加工行业发展的大环境下，应将玉米淀粉产品列入农产品初加工目录，与其他产品一样享受同等的相关优惠政策。

（2）产品同质化严重，深加工产业链短，下游需求开发不充分，产能过剩问题凸显

我国淀粉及深加工产品发展到今天，生产能力及加工设备工艺等已与世界先进水平接轨，但我们的产品从品种到应用与先进国家相比仍有一定的差距。具体表现在产品规格不细、品种不全、附加值不高、使用范围不广等问题。就整个淀粉加工行业而言，淀粉深加工比例较低，除玉米淀粉深加工比例在70%左右，其他薯类淀粉仍以初加工为主，产业链条短；新产品应用领域开发还不足，下游产品开发意识还不强，国家缺乏相应支持力度。

从市场形势看，同质化竞争严重，致使大部分产品供大于求，市场竞争激烈。随着玉米价格市场化及鼓励政策刺激，如今玉米淀粉及淀粉糖又进入新一轮的产能快速扩张阶段，产能过剩问题将日益凸显。

（3）节能环保，任重而道远

与国际水平相比，淀粉加工业的能耗、水耗和污物排放指标都还有一定的差距。按照建设资源节约、环境友好型社会的要求，资源环境约束日益强化，运用新技术、新工艺、新材料、新装备推动淀粉加工业实现节能减排、资源综合利用的要求不断提高，加快转变发展方式尤为迫切。淀粉加工业中，生产规模较大的企业和新增产能企业具有较好的资金和技术实力来面对日益严格的环保要求，但个别产品类别、个别企业，如薯类淀粉加工企业，生产规模较小、生产技术和设备落后，生产周期短，部分企业根本没有环保设施，也无法在短期内通过设备改造或技术升级来满足环保要求，环保压力较大。

2. 科技创新

虽然行业中企业规模不断扩大，但科技创新仍然是企业的薄弱环节，主要表现为企业自主创新能力较弱，大中型淀粉加工企业研发经费投入较少，不能自主研发新产品；科技成果转化率低，跟不上产业发展速度；对新产品、新技术、新材料、新装备的重视程度不够。另一方面，应对国家对环保、绿色制造业与智能化提出更高要求的目标，虽然有部分企业在相关领域有所进展，但仍有不足，需要企业加大投入与研发力度。

【d. 发展趋势】

随着国家供给侧改革的进一步深化，2017年，淀粉加工业得到快速的发展，产业格局也悄然发生变化，全行业迎来了发展的新契机。

1. 政策引导下产业布局逐渐北移

国家取消临储政策后，实行了“市场化收购+补贴”的市场机制，致使玉米价格有所降低，东北地区逐渐恢复玉米原料优势，加之东北加工补贴政策的影响，淀粉加工业布局正在逐步北移，竞争格局将发生新一轮改变。

2. 价格体系的回归刺激消费领域新需求

玉米价格回归，刺激了下游消费新需求。从近两年消费情况看，玉米淀粉在夺回木薯淀粉市场份额的同时，下游产品不断丰富、应用领域持续扩大，除传统的食品、造纸、纺织等领域外，低价直接刺激下游消费领域的新兴应用空间，如环保煤球、粉丝粉条、面粉、鱼料、饲料、塑料制品以及混凝土、建筑行业等方面；另外，淀粉糖取代白糖的比例也在不断增加，这将加快产业的优化升级。同时，国内玉米淀粉产能迅猛增长，淀粉出口继续享受13%的出口退税政策，也将带动我国玉米淀粉的出口增长。

3. 生物材料是未来发展的重点领域

生物材料是国家战略性的新兴产业，有利于促进农业发展，节能减排，降低白色污染。淀粉基聚乳酸具有良好的生物相容性、可再生性和完全可生物降解的特性，具有广阔的发展潜力。用聚乳酸生产的塑料，二氧化碳的排放量更低；聚乳酸可以代替石油基材料，

在包装、农膜、纺织、工程塑料和医疗领域广泛应用，具有安全、可降解等特性。未来可再生、可降解、可规模化的生物质绿色材料将有广阔的市场空间，以聚乳酸为代表的生物材料将是行业下一步发展的重点。

4. 规模优势与研发驱动成为发展主动力，科技创新引领产业转型升级

随着市场的不断发展，企业的不断进步，全行业将发展成为以规模优势与科技发展为驱动力、以技术先导型商业模式为主的竞争格局。行业的产品规模将由小到大，研发投入比例从少到多；不断创新研发，保持科技领先，满足个性化需求，提供解决方案式营销将是未来行业的主要发展特征。

产品方案上，通过加大下游大宗产品转化和提高细分高附加值、个性化产品的组合化方案，提升淀粉的转化率，促进企业向创新驱动型升级发展。市场的消费需求将趋向营养、健康、保健、功能性，向食品添加剂领域延伸是产业转型升级的方向。

【e. 政策建议】

1. 将玉米淀粉列入农产品初加工目录玉米淀粉是粮食深加工的基础，是众多深加工产品的原料，对引导农业结构调整、促进农民增收、农业增效、改善人民生活、推动经济发展起到了积极的作用。基于玉米淀粉产品特性和生产过程，建议将玉米淀粉加工产品列入农产品初加工目录，享受与其他初加工企业相同的减、免、退税政策，从而促进玉米淀粉加工业的稳定发展。

2. 加大推进淀粉及深加工产品开发和应用的力度，优化产品结构，淀粉是重要的工业原料，可加工成的工业产品达3000多种，目前国内仅能生产100多种。为鼓励产品的研发和创新，建议鼓励产学研合作。针对淀粉及深加工产品设立科研专攻和攻关课题，鼓励重点科研院所、院校开展专项产品、专用设备研发；从政策、项目、资金上鼓励企业自主研发并同科研院所紧密结合，全力开展产品创新、技术创新，提高产品质量、增加高附加值产品种类；对创新产品和取代进口的新产品予以扶持或奖励政策，如在产品推广初期实行免征增值税或增值税返还等政策，通过各项举措促进淀粉及深加工产业的发展和普及，促进产品品质和经济效益提升，促进淀粉产业的加工利用能力，优化产品结构。

3. 加大对产业的技术与资金支持，助力绿色可持续发展，促进产业转型升级，淀粉加工行业发展迅速，但在当前全国积极共建“资源节约型”和“环境友好型”社会的背景下，全行业还存在生产规模小、装备水平低、高能耗、高污染、绿色制造和智能制造水平低等问题。建议加大技术及资金支持，尤其是在绿色制造和智能制造领域，鼓励加工企业不断增强自身的技术创新能力，提高产品科技含量，降低产品能耗，减少污染物排放，提高清洁生产，实现行业绿色可持续发展；出台相关政策，如清洁生产工艺研发的优惠政策，引导企业资金投入环保设备和先进的工艺设备；对带动力大、有突出贡献的企业进行投资补贴，增强企业的科研开发力量，促进其技术改造，以科技促环保，带动全行业的转型升级，加快资源节约型产业经济建设。

中国淀粉工业协会

2.7 淀粉及淀粉制品制造业

2017年，在国家放开玉米深加工审批限制，取消玉米托市政策，蔗糖价格高起等因素影响下，淀粉糖行业迎来发展的曙光，产量回升，并且因为玉米价格市场定价，价格远低于前几年的价格，生产成本大幅下降，价格竞争优势凸显，市场份额逐步扩大，产销量增加，企业利润水平有所提高。加之2017年环保力度空前，环保不达标企业陆续关停，大中型企业开工率提升，其产能得到释放，并且，近几年大中型企业的持续的节能节水技术改造，技术创新不断投入，产品链不断延伸，不断开发产品市场终端等措施，使得大中型企业的竞争力逐步增强，全行业呈现较好的增长趋势。

2017年，全国淀粉糖总产量1375万吨，同比增长6%。其中，固体糖485万吨，同比增长13.6%，液体糖890万吨，同比增长2.3%，增幅最大的是果葡糖浆产品。

2017年，我国多元醇行业运行基本平稳产量略微增长，糖醇总产量约161万吨（生物化工多元醇未列入统计范围），同比增长1.25%。

根据海关2017年的进出口统计数据计算，淀粉糖相关产品出口量180.7万吨，同比增长10.98%，出口额9.44亿美元，同比增长3.42%，进口量42.2万吨，同比增长8.61%，进口额3.94亿美元，同比下降7.25%。

根据海关2017年的进出口统计数据，多元醇相关产品出口量31.4万吨，同比增长30.97%，出口额6.01亿美元，同比增长56.5%，进口量38.6万吨，同比增长11.1%，进口额5.17亿美元，同比增长39.8%。

【b. 淀粉产量】

据统计，2017年，全国各类淀粉总产量合计为2720万吨，创历史新高，同比增长15.4%。其中，玉米淀粉产量2595万吨，同比增长14.9%；马铃薯淀粉产量53.7万吨，同比增长58.8%；木薯淀粉产量32.9万吨，同比下降9.8%；甘薯淀粉产量26.3万吨，同比增长31.4%；小麦淀粉产量12.1万吨，同比增长61.0%。

表1 2017年中国主要淀粉产量

产品名称	淀粉产量（万吨）	同比（%）
玉米淀粉	2595	14.9
马铃薯淀粉	53.7	58.8
木薯淀粉	32.9	-9.8
甘薯淀粉	26.3	31.4
小麦淀粉	12.1	61.0
总淀粉产品合计	2720	15.4

2017年，全国玉米淀粉总产能4000万吨，行业2017年开工率65%左右，同比下降约5个百分点。

表2 2010—2017年中国玉米淀粉产量

单位：万吨

年份	2013	2014	2015	2016	2017
玉米淀粉产量	2196	2006	2051	2259	2720

玉米淀粉生产区域集中度高，黑龙江和宁夏产量增幅大。2017年，山东玉米淀粉产量1280.4万吨，占玉米淀粉总产量的49.5%。受金象生化、宁夏伊品等企业产能快速提升的带动，黑龙江省和宁夏回族自治区的玉米淀粉产业快速发展，产量均超100万吨，分别达到208.2和112.6万吨，位居全国第4和第5位。山东、河北、吉林、黑龙江、宁夏、陕西和河南7省（区）

产量合计占全国的95.1%。

2017年，年产10万吨以上玉米淀粉企业（集团）共计41家，产量合计2549.9万吨，约占全国玉米淀粉总产量的98%，其中，前10家玉米淀粉企业（集团）的生产集中度约为57.2%。

2015年以来，随着玉米成本的下降，淀粉性价比优势逐步体现，对其他淀粉替代量持续增长，2017年，淀粉需求量约2550万吨，同比增长13.3%。

2017年，中国玉米淀粉需求结构：淀粉用途广泛，是食品、化工医药等行业的重要原料，以淀粉为原料可进一步加工生产淀粉糖、变性淀粉、氨基酸、有机酸及糖醇等产品。

表3 2017年中国玉米淀粉需求结构

消费淀粉的商品名称	淀粉糖	造纸	医药	啤酒	食品加工	变性淀粉	化工	其他
约占玉米淀粉消费总量的比（%）	58	9	5	6	7	5	5	5

受政策影响最近两年玉米淀粉价格低位运行：2015年后，受临储玉米收购价格下调，储收购政策取消，临储去库存等政策影响，导致玉米淀粉价格持续走低。

【c. 变性淀粉产量】

2017年，变性淀粉产量170.55万吨，同比增加22.48万吨，同比增长7.10%。

变性淀粉品种中产量10万吨以上的品种有氧化淀粉、复合变性淀粉、醋酸酯淀粉、阳离子淀粉和磷酸酯淀粉，产量分别为31.26万吨、23.43万吨、22.76万吨、19.71万吨和12.14吨，这5种产品产量约占变性淀粉总产量的62.97%。

同比氧化淀粉、醋酸酯淀粉产量增幅较为明显，分别同比增长23.73%和40.90%。

表4 2017年变性淀粉分品种产量占比

品种	氧化淀粉	复合变性淀粉	醋酸酯淀粉	阳离子淀粉	磷酸酯淀粉	预糊化淀粉	涂布专用变性淀粉	层间喷淋用变性淀粉	酸变性淀粉	蜡质玉米变性淀粉	其他
占比（%）	19.59	15.44	14.26	13.67	7.61	4.80	4.45	3.98	3.97	2.59	11.73

从产区来看，全国变性淀粉生产高度集中在山东、广西、浙江、江西和广东，这5个省份变性淀粉产量占总产量80%以上。

从生产企业来看，变性淀粉年产10万吨以上企业6家，合计产量占比49.39，前10家产量占比62.32%。

表5 2017年变性淀粉生产地域分布

省份	山东	广西	浙江	江西	广东	其他
占比（%）	36	18	12	12	7	16

表6 2017年变性淀粉生产企业产量排名

序号	企业名称	产量（吨）	占比（%）
1	广西农垦明阳生化集团股份有限公司	165702	9.72
2	诸城兴贸玉米开发有限公司	163148	9.57
3	山东熙来淀粉有限公司	157200	9.22
4	杭州纸友科技有限公司	145925	8.56
5	广西高源淀粉有限公司	109856	6.44
6	山东寿光巨能金玉米开发有限公司	100491	5.89
7	山东福洋生物科技有限公司	80000	4.69
8	广东汇美淀粉科技有限公司	48200	2.83
9	山东弘兴玉米开发有限公司	47500	2.79
10	杭州普罗兴淀粉有限公司	44800	2.63
11	其他	642689	37.68
	总计	1705511	100.00

变性淀粉应用领域不断扩展。变性淀粉在造纸、食品及饮料行业得到广泛的用。目前，我国变性淀粉产品需求以氧化淀粉、复合变性淀粉、阳离子变性淀粉消费量快速增长。变性淀粉需求量整体上呈现增长的趋势，近7年的复合增长率约为3%。2017年，变性淀粉消费量约200万吨，同比增长12%。

【d. 淀粉糖产量】

2017年，全国淀粉糖总产量1375万吨，同比增长6%。其中，固体糖485万吨，同比增长13.6%，增幅最大的是结晶葡萄糖产品，液体糖890万吨，同比增长2.3%，增幅最大的是果葡糖浆产品。

表7 2017年淀粉糖产品产量表

种 类	品 种	产量（万吨）
液体糖 890	麦芽糖浆	320
	葡萄糖浆	185
	果葡糖浆	385
固体糖 485	结晶葡萄糖	365
	麦芽糊精	105
	其他	15
合计		1375

表8 1999—2017年淀粉糖产量

单位：（万吨）

年份	产量	年份	产量	年份	产量
1999	60	2006	500	2013	1225
2000	100	2007	703	2014	1198
2001	140	2008	636	2015	1200
2002	250	2009	740	2016	1297
2003	300	2010	923	2017	1375
2004	350	2011	1286		
2005	420	2012	1300		

2017年，由于玉米加工业产业政策全面放开，政策影响减弱，目前，采取“玉米市场化收购”和“补贴”的新机制，市场供需关系主导价格走势。国内玉米平均价格处于较合理水平，玉米加工企业生产成本下降，利润空间显现，企业开工率加大，产能得以释放，淀粉糖产品的价格优势显现，在国内食糖应用市场以及国际上的竞争力增强，市场需求增加。但淀粉糖行业是微利行业，竞争较为激烈，2017年，平均销售价格仍处于低位运行，全年价格波动较平稳。麦芽糖浆平均销售价格在2200元/吨左右，果葡糖浆平均销售价格在2500元/吨左右，结晶葡萄糖销售价格在3200元/吨左右，糊精平均销售价格在2700元/吨左右。

【e. 多元醇产量情况】

2017年，全国多元醇行业运行基本平稳产量略微增长，据统计和估算（生物化工醇未列入统计范围），糖醇总产量约161万吨，同比增长1.25%。

多元醇行业“十一五”期间发展较快，在2008年金融危机大环境下，多数行业经济低迷、产量下降，糖醇行业仍保持了稳定的增长。2011年，国内外市场对糖醇产品需求量增加，特别是生物化工醇的加速发展，带动了山梨醇的需求增长，加之国内外牙膏、化妆品等日化产品、化工产品及食品的原料需求，有效带动国内外糖醇产品产量增长，使得糖醇行业产量超过了150万吨。进入“十二五”以来一直保持比较平稳的态势，总产量上下浮动不大。目前企业为增加盈利和持续发展，都在积极开发下游产品和拓展产品应用领域，同时注重品牌和服务以及管理质量的提升，在节能减排、环保方面投入更大的关注，依靠科技寻求企业的再度发展。

在未来的行业发展中，企业可根据所在区域的市场需求、区域环境优势等情况，通过优化自身的产品结构，加强环保治理措施、降低产品生产成本，提高产品综合收率，使企业向资源节约型、环境友好型方向发展。

【f. 淀粉糖产品进出口情况】

2017年，淀粉糖产品进出口量均同比增长，进口额同比下降。

表9 2008-2017年淀粉糖产品进出口量、进出口额

单位：吨、万美元

	出口量	同比%	出口额	同比%	进口量	同比%	进口额	同比%
2008年	822746	-	60408	-	166395	-	15438	-
2009年	763761	-7.17	44612	-26.15	182620	9.75	15538	0.65
2010年	959060	25.57	61827	38.59	245025	34.17	22981	47.90
2011年	1062897	10.83	76029	22.97	283455	15.68	31426	36.75
2012年	1050200	-1.19	73019	-3.96	323479	14.12	31914	1.55
2013年	1234178	17.52	82435	12.90	347556	7.44	37220	16.63
2014年	1155822	-6.35	79193	-3.93	367927	5.86	39622	6.45
2015年	1182476	2.31	79118	-0.09	372983	1.37	38976	-1.63
2016年	1628037	37.68	91316	15.42	388414	4.14	42481	8.99
2017年	1806815	10.98	94442	3.42	421864	8.61	39401	-7.25

根据海关2017年的进出口统计数据计算，淀粉糖相关产品出口量180.7万吨，同比增长10.98%，出口额9.44亿美元，同比增长3.42%，进口量42.2万吨，同比增长8.61%，进口额3.94亿美元，同比下降7.25%。出口方面：2008年至2017年，出口总体是震荡增长的趋势，震荡区间差异较大，2017年，达到历史高点。一方面得益于国内玉米原料价格回归市场化定价、蔗糖价格高位震荡的双因素影响，价格更具有竞争力；另一方面，国内淀粉糖生产技术、装备已达国际先进水平，产品质量稳定，具有很强的品牌竞争力。进口方面：2008年至2017年，淀粉糖进口规模一直保持稳步增长的态势，在2010年大幅增长后，增长速度逐年回落，2013年至2017年，进口增长率均保持在个

位数增长。

淀粉糖主要产品进出口情况（见表 10）

表10　2012-2017年主要淀粉糖产品进出口数据

单位：吨、万美元

产品	年份	出口量	同比%	出口额	同比%	进口量	同比%	进口额	同比%
葡萄糖及葡萄糖浆（果糖20%）	2012年	495617	-	28040. 8	-	1626	-	231. 4	-
	2013年	538366	8. 63	29702. 2	5. 92	1428	-12. 18	237. 0	2. 42
	2014年	468625	-12. 95	26573. 8	-10. 53	837	-41. 39	153. 6	-35. 19
	2015年	474450	1. 24	26847. 1	1. 03	979	16. 97	197. 0	28. 26
	2016年	657494	38. 58	29877. 4	11. 29	982	0. 31	179. 3	-8. 98
	2017年	674534	2. 59	31012. 6	3. 80	1464	49. 08	238. 9	33. 24
果糖及果糖浆（果糖>50%）	2012年	89322	-	5614. 0	-	3947	-	758. 3	-
	2013年	186272	108. 54	10340. 5	84. 19	3372	-14. 57	597. 4	-21. 22
	2014年	162324	-12. 86	8394. 4	-18. 82	3658	8. 48	664. 7	11. 27
	2015年	270606	66. 71	13176. 9	56. 97	3470	-5. 14	702. 1	5. 63
	2016年	454847	68. 08	18255. 6	38. 54	2005	-42. 22	460. 5	-34. 41
	2017年	546789	20. 21	17976. 3	-1. 53	2405	19. 95	522. 6	13. 49
糊精及其他改性淀粉	2012年	110764	-	9180. 2	-	287933	-	28036. 4	-
	2013年	121310	9. 52	10405. 7	13. 35	318758	10. 71	31273. 5	11. 55
	2014年	94979	-21. 71	8373. 9	-19. 53	335940	5. 39	33075. 4	5. 76
	2015年	61427	-35. 33	6348. 6	-24. 19	344400	2. 52	32857. 0	-0. 66
	2016年	55942	-8. 93	6923. 1	9. 05	364023	5. 70	37559. 2	14. 31
	2017年	83912	50. 00	7636. 1	10. 30	389419	6. 98	33523. 7	-10. 74
其他固体糖及未加香料或着色剂的糖浆	2012年	300936	-	20903. 3	-	8507	-	2020. 7	-
	2013年	332327	10. 43	22675. 6	8. 48	11711	37. 66	2496. 1	23. 53
	2014年	378271	13. 82	26557. 3	17. 12	12468	6. 46	2731. 2	9. 42
	2015年	329821	-12. 81	23628	-11. 03	15076	20. 92	3089. 8	13. 13
	2016年	408592	23. 88	26877. 1	13. 75	13360	-11. 38	2672. 1	-13. 52
	2017年	446086	9. 18	28003. 6	4. 19	18312	37. 07	3213. 8	20. 27

表 10 中列出了葡萄糖及葡萄糖浆（果糖 < 20%）、果糖及果糖浆（果糖 > 50%，转化糖除外）、糊精及其他改性淀粉、其他固体糖及未加香料或着色剂的糖浆 4 大类产品 2012 年至 2017 年的进出口对比。

葡萄糖及糖浆（果糖 < 20%）仍是淀粉糖出口中量最大的产品，在 2016 年增长超过 38% 之后，2017 年，出口量同比增长大幅度下降，仅为 2.59%；出口平均价格略微同比下降；进口量增长幅度较大，同比增长 49%，进口平均价格同比略有下降。

果糖及果糖浆（果糖 > 50%，转化糖除外）出口继续保持了增长态势，同比增长 20.21%，出口量已经达到 54.68 万吨，成为淀粉糖出口中第 2 大类品种，但出口平均价格同比下降较大。在成本降低、蔗糖价格高涨、质量提升的形势下，国内果葡糖浆产品国际市场竞争力凸显，产能逐步释放，但是价格依然没有回到合理水平，企业竞争激烈，压价明显。进口量同比有所提升，但原有基数不大。

糊精及其他改性淀粉出口量止跌回升，提升幅度达 50%，出口量达到 8.39 万吨，但出口平均价格同比下降；进口量继续保持稳定增加态势，进口平均价格同比下降。大部分高端糊精和改性淀粉依赖进口，国内产品质量仍有待提升，提高国际市场竞争力。

其他固体糖及未加香料或着色剂的糖浆产品 2017 年出口量继续增长，超过 44.6 万吨，出口平均价格同比略下降，进口量同比增加幅度较大，进口平均价格同比下降，国内产品的价格优势初步体现，进口产品价格逐步降低。

主要产品进出口国别情况（见表 11）。

表 11　2017 年果糖及果糖浆（果糖 > 50%，转化糖除外）进口国别量值

（单位：千克、美元）

排序	国别	进口量	进口额
1	韩国	651, 261	1, 896, 866
2	台澎金马关税区	596, 012	909, 163
3	以色列	522, 975	675, 233
4	中国	191, 576	134, 589
5	荷兰	153, 251	406, 197
6	澳大利亚	66, 299	326, 248
7	比利时	62, 566	130, 585
8	美国	54, 504	369, 046
9	新西兰	32, 317	63, 252
10	日本	24, 912	58, 609
前十位总计		2, 355, 673	4, 969, 788
2017年全年总计		2, 405, 629	5, 247, 152
占全年进口量比例（%）		97. 92	94. 71

2017 年，全国果糖及果糖浆（果糖 > 50%，转化糖除外）进口国共 32 个，同比减少 12 个国家，其中，前 10 位国家变化不大，进口量占总进口量的 97.92%，进口国别集中度同比略有下降。

表12　2017年果糖及果糖浆（果糖＞50%，转化糖除外）出口国别量值

单位：吨、美元

排序	国别	出口量	出口额
1	菲律宾	290, 080, 305	89, 128, 215
2	印度尼西亚	135, 489, 565	40, 301, 671
3	越南	76, 970, 917	26, 042, 302
4	印度	12, 515, 350	9, 279, 267
5	马来西亚	11, 767, 267	3, 846, 068
6	台澎金马关税区	6, 499, 375	2, 239, 805
7	尼日利亚	3, 769, 925	1, 559, 429
8	泰国	2, 126, 901	2, 291, 484
9	巴布亚新几内亚	1, 777, 560	864, 052
10	南非	811, 200	713, 752
前十位总计		541, 808, 365	176, 266, 045
2017年全年总计		546, 644, 250	179, 710, 059
占全年出口量比例（%）		99. 12	98. 08

2017年，我国果糖及果糖浆（果糖＞50%，转化糖除外）出口国别共51个，同比增加4个国家，由于产品竞争力增强，国际市场开辟力度加大。前10位国家的出口量占总出口量的99.12%，出口国别集中度同比基本持平，台澎金马关税区、泰国、南非取代伊朗、朝鲜、韩国进入前10位。菲律宾是我国果葡糖浆最主要的出口国，2016年以前占总出口量的65%以上，2017年，菲律宾政府针对果糖的进口采取的一系列措施，在一定程度上对我国果葡糖浆的出口带来较大的影响，出口量同比下降，出口量占总出口量的比例下降到53.7%。印度尼西亚、越南、印度、马来西亚出口量都有较大增长。果葡糖浆出口国都是以我国周边临近国家为主。

【g. 多元醇产品进出口情况】

1. 出口量同比增长，出口额下降，进口量、进口额均同比下降

表13　2008–2017年多元醇产品进出口量、进出口额

单位：吨、万美元

	出口量	同比%	出口额	同比%	进口量	同比%	进口额	同比%
2008年	268123	–	44109. 6	–	258082	–	42093. 4	–
2009年	198100	–26. 12	24143. 9	–45. 26	335075	29. 83	36902. 0	–12. 33

续表13

	出口量	同比%	出口额	同比%	进口量	同比%	进口额	同比%
2010年	241411	21. 86	36678. 9	51. 92	362842	8. 29	49782. 8	34. 91
2011年	240019	–0. 58	50532. 7	37. 77	322211	–11. 20	53146. 9	6. 76
2012年	224419	–6. 50	39923. 6	–20. 99	344618	6. 95	50982. 5	–4. 07
2013年	213803	–4. 73	36410. 3	–8. 80	318397	–7. 61	48970. 1	–3. 95
2014年	218946	2. 41	39149. 1	7. 52	380822	19. 61	52306. 4	6. 81
2015年	224756	2. 65	38651. 8	–1. 27	403661	6. 00	40177. 9	–23. 19
2016年	240095	6. 82	38443. 4	–0. 54	347227	–13. 98	36989. 6	–7. 94
2017年	314447	30. 97	60166. 0	56. 51	385971	11. 16	51700. 0	39. 77

根据海关2017年的进出口统计数据，全年多元醇相关产品出口量31.4万吨，同比增长30.97%，出口额6.01亿美元，同比增长56.5%，进口量38.6万吨，同比增长11.2%，进口额5.17亿美元，同比增长39.8%。

从以上数据统计看出，2017年多元醇相关产品出口保持了大幅增长的态势，达到2008年以来的出口量最高点，出口额增长幅度超过出口量，出口平均价格增长，企业出口利润增长，多元醇进口量2017年恢复增长态势，进口额持续增长，幅度超过进口量增加。

2. 主要产品进出口情况

（1）甘露糖醇

表14　2012–2017年甘露糖醇产品进出口数据

单位：吨、万美元

产品	年份	出口量	同比%	出口额	同比%	进口量	同比%	进口额	同比%
甘露糖醇	2012年	7050	–	1756. 5	–	396	–	172. 1	–
	2013年	8812	24. 99	2282. 4	29. 94	298	–24. 75	188. 0	9. 24
	2014年	7948	–9. 80	1988. 2	–12. 89	248	–16. 78	151. 4	–19. 47
	2015年	7485	–5. 82	1721. 7	–13. 41	297	19. 58	189. 1	24. 89
	2016年	7848	4. 85	1, 594	–7. 45	380	27. 95	266	40. 61
	2017年	9323	18. 79	2038. 8	27. 90	390	2. 63	242. 2	–8. 95

国内甘露醇产量近几年大幅提升，竞争也日益激烈，甘露糖醇2017年出口量大幅增长，国家对甘露糖醇出口退税由9%增长到13%，对出口企业起到了一定的鼓励作用，一定程度上加大了国际市场的开拓；出口额大幅增长，出口平均价格增加，企业出口利润增加。进口量小幅提升，同比增长2.63%，进口价格

同比下降。

（2）山梨醇

表15　2012-2017年山梨醇产品进出口数据

单位：吨、万美元

产品	年份	出口量	同比%	出口额	同比%	进口量	同比%	进口额	同比%
山梨醇	2012年	34065	-	2630	-	2187	-	233.5	-
	2013年	29611	-13.08	2189	-16.77	3745	71.24	463.2	98.37
	2014年	29363	-0.84	2218.1	1.33	3706	-1.04	392.5	-15.26
	2015年	26995	-8.06	2160.5	-2.60	1925	-48.05	288.1	-26.60
	2016年	34479	27.72	2844.7	31.67	1946	1.09	248.6	-13.71
	2017年	53238	54.41	3896.8	36.98	1854	-4.73	262.8	5.71

2017年，山梨醇出口继续大幅增加，出口量达到5.32万吨，同比增长54.4%，出口额同比增长36.98%，出口平均价格同比有所下降。2016年9月以来，山梨醇出口退税由9%增长到13%的利好政策使山梨醇出口量增加，但未涉及液体山梨醇产品。进口同比下降，进口额同比增长，平均价格同比增长。

（3）木糖醇

表16　2012-2017年木糖醇产品进出口数据

单位：吨、万美元

产品	年份	出口量	同比%	出口额	同比%	进口量	同比%	进口额	同比%
木糖醇	2012年	11523	-	4081.9	-	615	-	155.8	-
	2013年	15997	38.83	5063.5	24.05	437	-28.94	124.1	-20.35
	2014年	21866	36.69	6540.6	29.17	4	-99.08	3.7	-97.02
	2015年	24410	11.63	6712.5	2.63	245	6025.00	109.4	2856.76
	2016年	30336	24.28	8261.8	23.08	135	-44.90	55.4	-49.36
	2017年	32463	7.01	9887.4	19.68	215	59.26	80.6	45.49

木糖醇出口继续保持上升态势，但增幅较2015年、2016年回落，同比增长7.01%，出口价格同比有较大幅上升，主要原因是国内木糖供应紧张，供不应求；2017年进口量进口额大幅提升，进口215吨，国内的木糖醇供不应求。

（4）山梨醇

表17　2017年山梨醇进口国别量值

（单位：千克、美元）

排序	国别	进口量	进口额
1	法国	1,275,865	1,068,848
2	韩国	172,685	232,134
3	德国	155,338	389,711
4	美国	137,905	644,605
5	日本	68,035	235,543
前五位总计		1,809,828	2,570,841
2017全年进口总计		1,853,515	2,628,597
占全年进口量比例（%）		97.64	97.80

2017年，我国山梨醇进口国共21个国家，同比增加3个，其中，前5位的总和占了全年进口量的97.64%，进口国别较集中，集中度同比高93.4%。进口量最大的仍然是法国，占全部进口量的68.83%；同比泰国进口量减少到10千克，跌出前5名；印度尼西亚进口量减少到32123千克，跌出前5名；德国和日本进口量增加，进入前5名。

表18　2017年山梨醇出口国别量值

单位：千克、美元

排序	国别	出口量	出口额
1	泰国	18,369,805	10,999,883
2	日本	12,726,486	9,772,441
3	韩国	4,061,314	3,865,376
4	台澎金马关税区	4,040,719	3,037,255
5	俄罗斯联邦	2,133,086	2,150,553
6	越南	1,899,375	1,270,497
7	美国	1,415,470	1,314,890
8	印度尼西亚	1,312,840	793,684
9	马来西亚	960,140	505,907
10	澳大利亚	765,354	652,519
前十位总计		47,684,589	34,363,005
2017全年出口总计		53,154,063	38,918,212
占全年出口量比例（%）		89.71	88.30

2017年，我国山梨醇出口国别总数72个，同比减少了5个，泰国取代日本成为最大的出口国。出口国前10位的总和占了全年出口量的89.71%，同比集

中度低，主要仍是以临近的国家为主。

【h. 淀粉进出口情况】

表19　2017年各类淀粉进出口情况

项目	进口情况			出口情况		
	2017年总量（万吨）	比上年（%）	2017年单价（美元/吨）	2017年总量（万吨）	比上年（%）	2017年单价（美元/吨）
小麦淀粉	1282	46.49	563	2412	-9.91	565
玉米淀粉	2303	-29.69	1085	255199	92.14	308
马铃薯淀粉	62313	47.87	768	1653	180.12	1159
木薯淀粉	2331545	12.45	329	541	-31.92	805
未列名淀粉	14563	-47.41	596	40378	-4.80	1146

2017年，中国玉米淀粉进出口情况：

我国是玉米淀粉的净出口国，出口幅度大增，得益于玉米淀粉成本下降，国际竞争力增强；2017年，我国玉米淀粉进口量降低，主要进口的玉米淀粉多为一些具有特殊用途的玉米淀粉。国外玉米淀粉直接作为商品出售的比例较低，主要是直接作为原料进一步深加工，提高附加值。

玉米淀粉出口主要集中在周边国家和地区，排名前五位的国家是印度尼西亚、韩国、马来西亚、越南和朝鲜。出口区域主要集中在玉米主产区的华北及东北地区。

【i 行业发展状况】

1. 玉米政策调整，行业整体升温

2016年初，国家取消了临时收储政策，实行“市场化收购”加“补贴”的新机制，国内玉米价格持续回落，国内外价差明显缩小，玉米进口大幅下降，玉米（种用除外）进口量2015年472.9万吨，2016年，316.6万吨，同比下降了33.1 %；2017年，282.5万吨，同比下降了10.8%。玉米加工企业生产成本大幅下降，利润空间显现，大中型企业开工率加大，产能得以释放，产品在国际市场竞争能力加强，出口量大幅增加，行业效益显现，企业发展信心增加。2017年4月，国家发改委取消了玉米加工审批限制，加之玉米加工利润显现、东北玉米产区政策吸引等因素，各地特别是东北等地玉米加工新建、扩建产能急速增加，据不完全统计，玉米深加工新增产能全国估计有2000万吨，其中东北地区玉米深加工新增产能在1500万吨以上，淀粉糖新增产能将超过150万吨，新建产能陆续投产后，将对现有市场格局带来较大的冲击。希望各企业在发展时能够理性发展、全盘思考。

2. 蔗糖价格高位运行，淀粉糖发展利好

2015年以来，因为严格的进口政策以及超预期减产所致，蔗糖价格一直处于上涨趋势之中，进入2017年，蔗糖价格一直维持在较高价位，在六七千元左右徘徊，对于淀粉糖产品，尤其是果葡糖浆是极大地利好因素，加之玉米成本的降低，提高了产品在国内外市场的竞争力，截至到年底，企业基本在满负荷生产，产能得以释放，由于竞争激烈，产品价格低于合理价位，利润仍偏低，总体来看企业普遍比较乐观。

3. 应用领域有待进一步开发和拓展

糖醇目前产能已达200多万吨，近几年，产量一直在160万吨浮动，没有大的变动，主要是已开发的应用领域比较饱和，需要进一步拓展应用领域才能有更大的发展。山梨醇可进一步开发在食品领域的应用，日化行业牙膏、化妆品等新品、高端产品不断增多，也是加大力度推进的领域，赤藓糖醇在无糖食品和低热量食品中的应用开发，木糖的终端应用推广都是潜在的市场领域。通过应用拓展分散竞争压力，加强行业自律，尽最大程度避免出现竞相压价等不正当竞争，保证行业的健康发展。

4. 企业技改升级，开发产品终端领域

近几年，在行业低谷期，大中型企业一直在谋求发展，不断深入挖掘内部潜力，精细化管理，通过技改、引入新设备、新技术降成本、降消耗、提质量，稳住已有市场，提升市场竞争力；部分企业将缺乏竞争力的产品减产或停产，转型延伸产业链条，以自产产品为原料延伸生产小品种氨基酸、生物农药、医药中间体等高附加值产品，规避单一产品风险；部分企业不断进行应用领域开发，开发面对大众消费的终端产品，走上餐桌、厨房，例如各种风味的小包装糖浆产品、结晶果糖小包装产品等，为低利润的大宗产品寻找新的经济增长点。

5. 环保仍是重中之重

近几年，行业环保投入加大，环保治理已初见成效，今后环保仍是重中之重，特别是国家对大气污染的监管越来越严厉，企业应在无组织废气、VOC 治理方面投入更多精力，避免因此带来的风险。

在行业部分产品产能过剩、市场竞争激烈的情况下，企业不断地适应外部环境的变化，不断深入挖掘企业内部潜力，重质量、降成本、精细化管理；逐步拓宽产品应用领域，开发终端消费领域；进一步延伸产业链条，开发新产品，寻求新的经济增长点。2017 年在国家政策放开，生产要素成本降低、蔗糖价格高企的环境下，行业升温，行业信心大增，产品国际竞争力提升，但应注意价格问题，避免贸易摩擦。同时也应注意到新增产能对明年市场的冲击。

【j. 行业活动】

1. 2017 年 3 月 16 日，组织召开“中国功能糖健康产业联盟”筹备会。

2. 2017 年 4 月 8 日，组织召开山东富欣生物科技股份有限公司企业发展战略研讨会。

3. 2017 年 4 月 12 日，组织召开中国功能糖产业联盟成立筹备会及第一次工作会议。

4. 2017 年 4 月 13 日组织召开全国淀粉糖行业、多元醇行业重大战略研讨及工作推进会。

李建军

2.8 豆制品制造

【a. 概况】

1. 我国食品大豆的消费量

2017年，全国用于食品工业的大豆量约1260万吨，同比增长5.0%左右。其中：用于豆制品加工的大豆占55%左右，约为700万吨；用于其他食品加工的占25%左右；直接食用（包括家庭自制豆浆等）占20%左右。

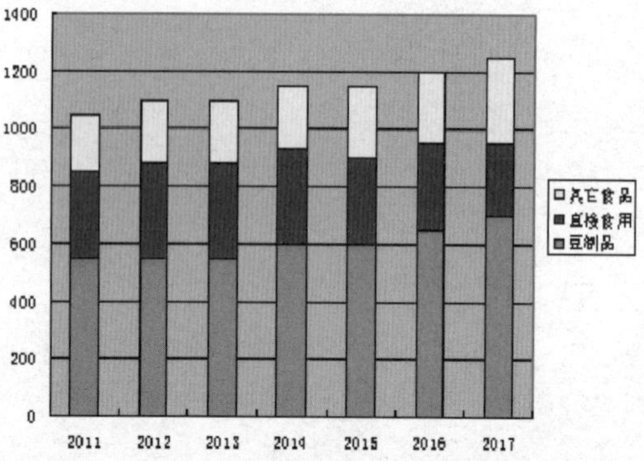

图1 2011-2017年我国食品大豆的消费量变化图

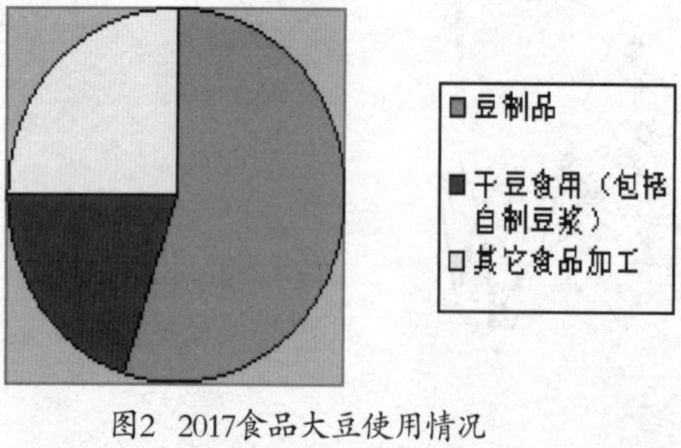

图2 2017食品大豆使用情况

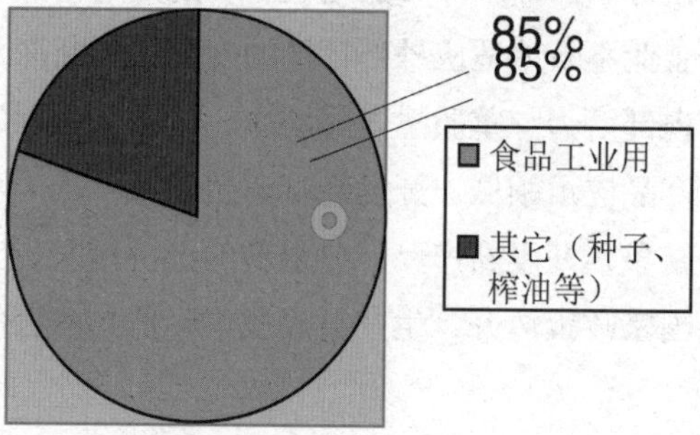

图3 国产大豆的使用情况

2. 全国取得生产许可证的豆制品企业分布状况

截至2017年3月，我国QS的豆制品企业数量为2770家，取得SC的豆制品企业2120家，取得生产许可证的豆制品企业总计4890家，同比增长2.3%。各地区豆制品企业分布如下表（不包括港澳台地区）：

地区	企业数量/个	地区	企业数量/个	地区	企业数量/个
北京	37	安徽	184	四川	225
天津	49	福建	153	贵州	96
河北	102	江西	101	云南	159
山西	58	山东	258	西藏	0
内蒙古	40	河南	449	陕西	76
辽宁	203	湖北	189	甘肃	28
吉林	56	湖南	492	青海	7
黑龙江	177	广东	404	宁夏	10
上海	79	广西	114	新疆	42
江苏	218	海南	26	合计	4779
浙江	300	重庆	277		

3. 近年来取得生产许可证企业数量的变化情况

2013-2017年，取得食品生产许可证企业数量情况如下（不包括港澳台地区）：

年份	2013	2014	2015	2016	2017
获证企业（家）	4069	4634	4609	4779	4890

【b. 规模企业（全国前 50 强）状况】

根据我会对 2017 年全国前 50 家规模以上豆制品企业统计，豆制品行业（规模企业前 50 强）销售额及投豆量同比均有增长，其中，总投豆量为 150.59 万吨，同比增长 25.04%；总销售额为 202.05 亿元，同比增长 8.71%；缴税总额增长 9.90%，而 2016 年比 2015 年增长 13.99%；利润增长同比增长 1.10%，而 2016 年比 2015 年增长 5.14%。

1.2008–2017 年前 50 强企业销售额及投豆量情况表

年份	销售额（亿元）	同比增长（%）	投豆量（万吨）	同比增长（%）	备注
2008	56. 51	28. 61	67. 66	34. 59	
2009	74. 23	31. 36	84. 83	25. 39	
2010	102. 98	38. 73	97. 53	14. 97	
2011	131. 95	28. 13	106. 04	8. 73	
2012	155. 58	17. 90	106	0	
2013	161. 03	3. 50	106. 4	+0	
2014	157. 03	-2. 48	96. 02	-9. 76	
2015	167. 94	6. 95	100. 44	4. 60	
2016	185. 86	10. 65	120. 43	19. 91	
2017	202. 05	8. 71	150. 59	25. 04	

2. 2008–2017 年前 50 强企业销售额及投豆量变化示意图

（1）2008–2017 年前 50 强企业销售额变化趋势图

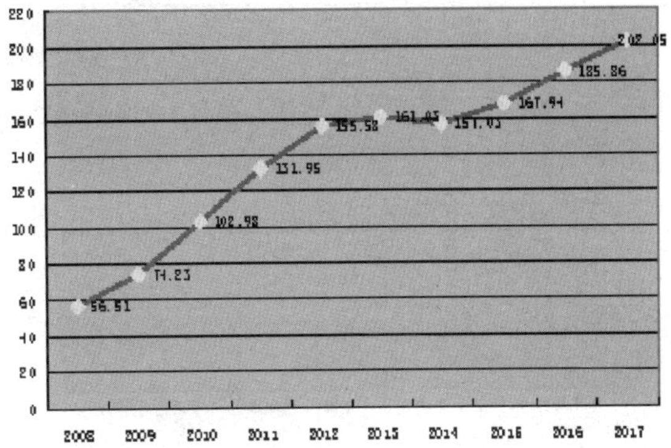

（2）2008–2017 年前 50 强企业投豆量变化趋势图

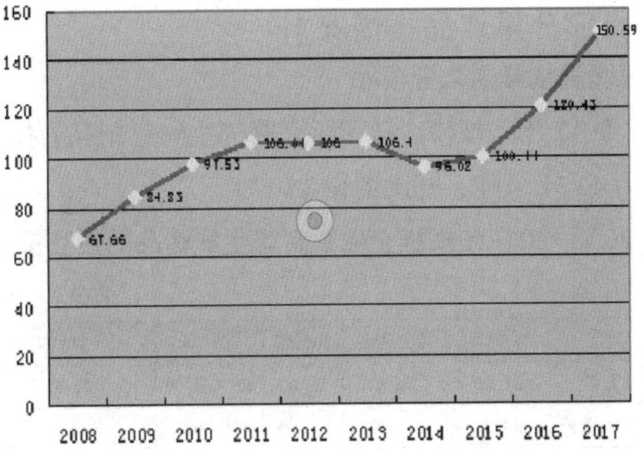

3.2017 年度中国豆制品行业品牌企业 50 强名单

（排名不分先后）

维他奶（佛山）有限公司	沈阳福来食品实业有限公司	四川南溪徆人食品有限公司
维维集团	湖南盐津铺子食品有限公司	江苏阜宁小鏖豆制食品有限公司
山东禹王生态食品有限公司	北京二商希杰食品有限责任公司	厦门银祥豆制品有限公司
上海清美绿色食品有限公司	苏州金记食品有限公司	河南世通食品有限公司
北京二商王致和食品有限公司	武冈市特色产业开发办公室	重庆多味多食品有限公司
达利集团	益海嘉里食品营销有限公司	武隆县羊角豆制品有限公司
枣庄市诚豆豆制品有限公司	河北高碑店豆豆（集团）	成都香香嘴食品有限公司
祖名豆制品股份有限公司	江苏省南京果果食品有限公司	湖南满师傅食品有限公司
四川徽记食品股份有限公司	太原市金大豆食品有限公司	安徽八公山豆制品有限公司
金菜地食品股份有限公司	淮南市碗碗香豆业有限公司	太原六味斋实业有限公司
湖南乡乡嘴食品有限公司	上海汉康豆类食品有限公司	温州菜篮子发展有限公司
永和食品（中国）有限公司	扬州维扬豆制食品有限公司	三明市杨晨食品有限公司
重庆奇爽实业（集团）有限公司	佳木斯冬梅大豆食品有限公司	贵州龙缘盛豆业有限公司
农垦龙王食品有限责任公司	湖南省华文食品有限公司	江西蔻蔻豆制品制造有限公司
深圳市福荫食品集团有限公司	北大荒绿色健康食品有限责任公司	嘉兴市家家乐食品有限责任公司
杭州豆制食品有限公司	上海艺杏食品有限公司	常州壹明康食品用有限公司
重庆市天润食品开发有限公司	北京市香香唯一食品厂	合肥市大富食品有限公司

经我会统计，2017 年 50 强企业中以生鲜为主的豆制品企业 23 家，同比减少 3 家，豆浆及豆浆粉企业 8 家同比增加 1 家，以休闲豆制品为主的企业 14 家，同比持平，其他豆制品（发酵、膨化、腐竹、蛋白等）6 家，同比增加了 2 家。

4.2017 年豆制品行业 50 强在各地区的分布图如下：

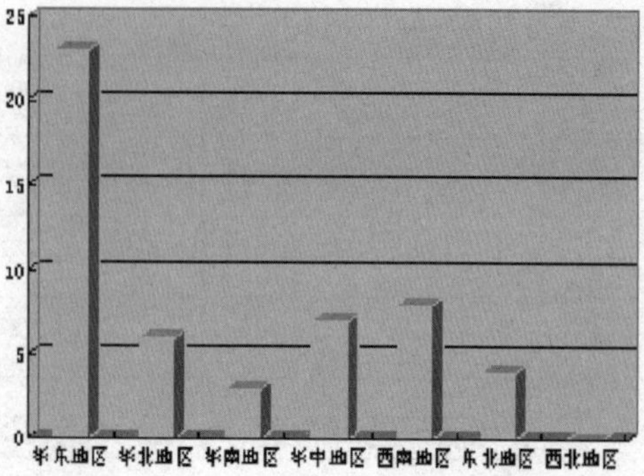

2017 年 50 强豆制品企业中，规模企业数量大部分相对集中在发达地区，西北地区还没有豆制品企业进入 50 强。

【c. 部分重点品类情况】

1. 豆腐等生鲜类大豆食品

2017 年，规模企业用于豆腐等生鲜豆制品的投豆量为 43.51 万吨，同比增长 3.18%。

2013–2017年规模企业豆腐等生鲜食品的投豆量

单位：万吨

年份	2013年	2014年	2015年	2016年	2017
投豆量	31.05	31.76	35.07	42.17万吨	43.85
比上年增长	33.2%	2.2%	10.43%	20.24%	4.0%

2013–2017 年规模企业生产豆腐等生鲜食品产量的变化趋势图，如下：

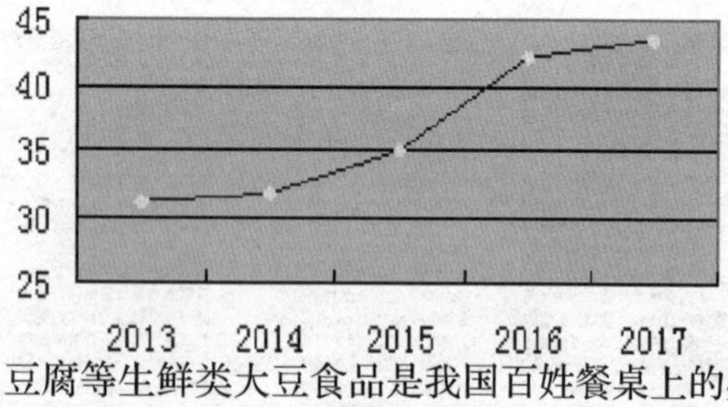

豆腐等生鲜类大豆食品是我国百姓餐桌上的必需品，整体消费呈现平稳增长的趋势。

生鲜豆制品的生产企业在各城市均有分布，但发展状况东部沿海和中部及西南地区优于其他地方。

规模企业生鲜产品的产量增长速度快于行业平均水平，反映了生鲜豆制品的生产也开始向规模企业集中的趋势。

近年来，为了扩大销售范围，提高产品附加值，企业在研发新产品方面不断投入，市场上新品日益丰富，渠道开始精细化。

2017 年，一些在企业品牌直营店建设上加大投入，争取市场的主动权。

豆制品企业生产过程中的废水和豆渣的处理一直是行业的难题，2017 年，国家环保督查，对一些没有重视环保设施建设的中小型豆制品企业影响很大。一些地区，尤其是经济发发达的大城市，想要上马豆制品项目变得非常困难，而正在运营的豆制品企业由于环保改造，大大增加了成本的压力。资本的进入，品牌扩张正在酝酿，行业格局即将发生变化。

生鲜产品的品类还有很多的创新空间，产品多元化研发还需加强。

2. 豆浆类产品

2017 年，规模企业用于豆浆类产品的投豆量为 37.98 万吨（达利集团未计入），同比增长 7.23%。其中，豆浆粉的投豆量 2017 年为 28.03 万吨，同比增长 5.14%；液态豆浆行业的投豆量为 9.95 万吨（达利集团未计入），同比增长 13.58%。

2013–2017年规模豆浆类产品的投豆量

单位：万吨

项目	豆浆类产品（总）		液态豆浆		固态豆浆粉	
年份	投豆量	增长率	投豆量	增长率	投豆量	增长率
2013	32.61	2.55%	14.23	2.37%	18.38	2.74%
2014	30.09	-7.73%	7.79	-45%	22.30	21.33%
2015	31.11	3.39%	8.08	3.69%	23.03	3.28%
2016	35.42	13.85%	8.76	8.45%	26.66	15.75%
2017	37.98	7.23%	9.95	13.58%	28.03	5.14%

2013–2017 年规模企业豆浆类产品产量的变化趋势

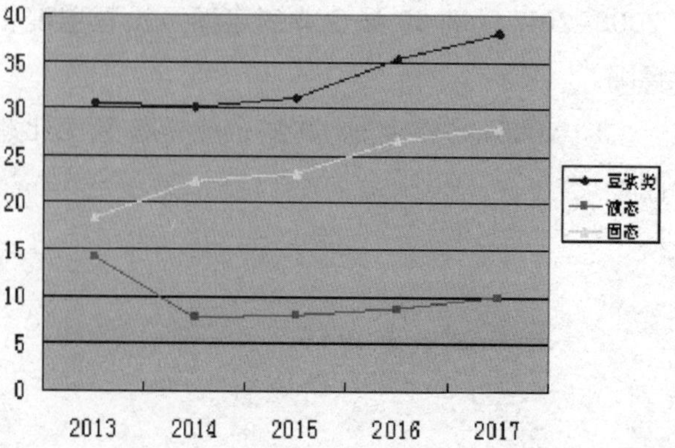

（1）液态豆浆

2017年，液态豆浆的大豆使用量9.95万吨。（达利集团未计入），同比增长13.58%，2016年同比增长8.45%，增长加速。

50强上亿元的企业中维他奶、福荫及苏州金记，2017年豆浆（豆奶）的销售量同比超过10%，尤其是维他奶在国内的销售量和大豆用量均同比增长15%，成为目前国内最大的豆浆（奶/乳）企业。

2017年，我国的豆制品业界不平静，尤其是豆浆（豆奶/豆乳）品类，可以说是热闹非凡。继达利集团入驻豆浆（豆奶/豆乳）品类成为带动豆浆（豆奶/豆乳）产业的火车头以来，伊利、金龙鱼等食品业知名的大佬们纷纷上车。相信豆浆行业发展的马达已经发动，并即将进入产业的高速发展期。

液态豆浆未来需要关注的地方很多，比如新产品的研发、对豆浆品质影响的豆浆基料的生产工艺优化研究、对豆浆风味影响较大的杀（灭）菌方式和杀（灭）菌的关键工艺参数的研究、豆浆制品包装的研究和开发等。

目前对于企业来说，要转变消费者认为豆浆是低端产品的观念，需要做更多的宣传、引导和教育。

对于业界来说，迫切要做的工作是将豆浆（奶/乳）的属性、分类并达成共识，否则等到问题爆发后，那么对于产业来说会有很大的影响。

（2）豆浆粉

豆浆粉规模企业2017年投豆量（产量）同比增长5.14%，而2016年增加15.75%，增速放缓。

近几年，豆浆粉在口味及包装上及渠道的运用上，更加多元化。

2017年，永和、益海、冬梅及北大荒的投豆量均实现超过10%以上的增长。

2017年，豆浆粉的渠道进一步深化，除了连锁餐饮店外，很多超市便利店、写字楼开始出现配合豆浆机的即饮产品，渠道的创新是豆浆粉实现产品渗透的重要方式。未来客流量大的交通枢纽点、车站（包括机场、高铁站、地铁站、长途车站等）、高速公路休息点等将是产品消费实现持续增长的关注点。

3. 豆腐干及休闲类大豆食品

2017年，规模企业用于豆腐干及休闲类大豆食品的投豆量为万吨，同比增长11.0%。

年份	2013年	2014年	2015年	2016年	2017年
投豆量	24.82万吨	24.02万吨	24.76万吨	30.54万吨	33.90
增长率	22.08%	-3.22%	3.08%	23.33%	11.0%

2013–2017年规模企业豆干等休闲类产品产量的变化趋势

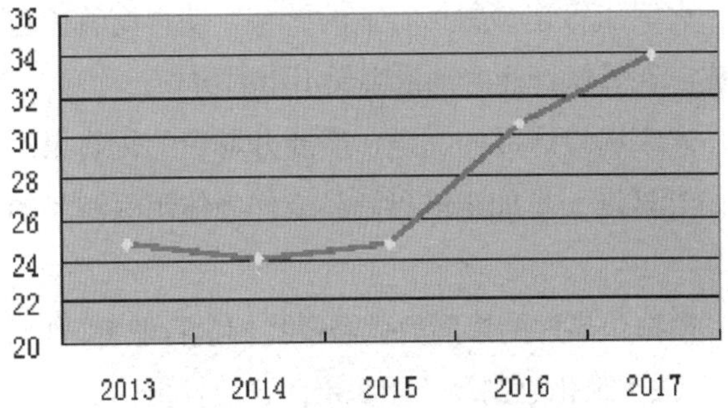

50强企业中，以生产休闲豆干为主的约占1/3。

经过近10多年的发展，豆腐干等休闲豆制品，已经变成了豆制品中的一个新业态，一个独特的品类。产品的发展经历呈现：开发新品类形成新业态—快速增长—增长放缓—快速增长—增长放缓的周期性特点；

2017年，50强规模企业中休闲豆制品销售33.90万吨（以大豆计），同比增长11.0%，2016年同比增长23.33%；

行业企业在2016年突破同质化、低价格的竞争阵痛后，实现了一年多的快速发展时期，但是，由于新的产品、包装容易模仿，2017年的增长速度明显低于2016年，所以企业要引起警惕，只有不断地创新、迭代才能避免产品再次进入新的同质化竞争格局；

互联网、电商渠道对于休闲豆制品来说是一个非常难得的发展机遇，潜力非常巨大。企业在面对这种新销售模式的时候，一定要关注产品品质的提升。要投入更多的精力对口味、通路、营销等方面进行研究。

未来在包材上、在产品的辅料及配料上有很多的创新、改进和提升空间。

产品在口味上、品质上还有很多创新、改进、提升空间。

4. 其他豆类产品

（1）腐竹

曾经的吊白块事件让这个优秀的产品在过去近10年中一直一蹶不振。

近两年，随着企业的反思和监管的严格，腐竹在消费者中的声誉在逐渐恢复，腐竹产品的市场开始回暖。

火锅店等连锁餐饮行业的繁荣，使得腐竹（包括腐皮）在餐饮行业的销量实现不错的增长；

未来腐竹产品的突破，需要开辟新的销售渠道，比如尝试进一步加工成再制品或作为休闲豆制品的原料等。

吊白块事件的惨痛教训需要我们全行业警记！

（2）膨化豆制品（组织蛋白、拉丝蛋白）

近几年，增长速度较快一直处于良性的增长阶段，部分生产区域已形成了从种植、加工到销售的完整产业链，比如说山东省枣庄市城头镇。

以大豆蛋白粉、膨化豆制品作为原料生产的休闲素肉制品，因工艺的突破新改进，产品的风味得到了大大的提升，未来有不错的发展空间。

【d. 发展前景】

从近几年来，我国大豆食品行业的业绩和状况，可以看到今后一段时期中国豆制品产业的发展一直处于稳定、良性的发展轨道，前景可期。

1. 大豆食品的利好因素

（1）大豆蛋白是植物蛋白中最优质的完全蛋白

因肥胖引起的心血管疾病等慢性病已经成为21世界危害人类健康和生命、降低生活质量的主要威胁，全球消费者的饮食结构调整变得越来越迫切，各国的膳食指南中纷纷指导居民增加植物性食品的摄入量；

人类对环保的担忧，全球素食者的数量不断增多，导致植物性食品的消费意愿上升。

（2）消费者对传统健康食品的回归

为贯彻落实《健康中国2030》规划纲要，提高国民营养健康水平，2017年7月国务院办公厅颁布了《国民营养计划（2017–2030年）》，未来在政策引导健康食品消费上会有很多利好。

（3）从整个大豆产业链分析，豆制品生产企业处于产业链的下游。新形势下我国将调整农业种植业结构，未来大豆产量将会增加，政府势必要在促进豆制品加工产业进行政策的关注。

（4）互联网的兴起使得产品宣传和推广的垄断渠道被打破，对于诸如大豆食品这样的具有实质健康品质的产品是利好。

2. 趋势

未来的食品消费将朝着注重更加营养、健康、高品质的理性轨道。“互联网+”的兴起，改变了人们的生活方式，人们接受信息的渠道越来越多，使得产品宣传和推广变得越来越不确定，企业只有通过生产高品的产品来赢得消费者。

大豆食品企业将进入数量增长和品质提升并驱的发展轨道。销售渠道扩展和细化，将引导企业不断进行产品开发、进行品类的拓展和优化。

大豆食品成为食品行业投资的价值洼地，资本已经开始关注。

随着资本的进入，上下游产业、行业内外企业之间进行紧密合作、融合、创新发展将是豆制品行业结构调整、做强产业，实现发展再升级的主旋律。

豆浆这个品类的产品在消费量和产品线方面未来前景可期，需要做好品质基础，培育消费者对品质的认同需要耐心；未来产品附加值的提升还需要我们进一步努力。

休闲豆制品需要提升产品加工过程中辅料及配料上的创新、绿色运用，进一步改进、提升产品的口味和品质。

大豆食品加工机械与设备企业需要投入研发力量，大而全的竞争优势将会慢慢变弱，专而精同时又具备有核心智能技术的装备会越来越受欢迎。

3. 目标

按照农业部对大豆种植业的发展规划及我们的目

标：今后每年用于食品的大豆使用量将增加100万吨以上。到2020年末，用于餐饮业作为佐餐或烹饪原料的大豆食品的大豆使用量要达到500万吨；用于休闲消费的大豆食品的大豆用量要达到300万吨；用于豆浆（奶/乳）品类大豆食品的大豆用量要达到150万吨；直接消费（包括家庭自制豆浆）的大豆为200–300万吨，比现在略有减少；用于作为食品工业配料的大豆用量将从现在的大概200万吨达到300万吨左右。

【e. 机遇与挑战】

我国面临消费结构调整、全面消费升级的机遇，市场需要企业提供的产品品质不断提高、产品便捷度不断提生。

大豆食品作为一个打上传统烙印的产品，怎样在保留传统产品绿色、天然的优势，再融入创新和时尚元素，以满足现代年轻的消费群体，需要下功夫。

中小企业需要面对环保的问题。

豆制品作为餐桌上的必需品，考虑配送和物流便捷因素，需要在城市中建厂，但是由于环保等问题，需要远离城市，这是一个矛盾，未来的产品需要升级是必然。

面临互联网的冲击和挑战，以传统大豆食品为主要产品的豆制品企业，需及时了解互联网的游戏规则，充分利用好互联网技术和模式，在不断提升产品品质的同时，为消费者提供更加完善的终端体验。

微时代带来了瞬时性传播特性，企业在利用“微平台”的优势做好营销的同时，也要设计好应对负面消息的管理机制。

信息传播的多渠道、便利、快速和廉价成本，使得市场变得非常不确定。消费者很可能在短时间内对产品极度关注和迅速降温，这使得企业在营销策略上的难度大大增加。

除了食品安全以外，未来产品广告、产品标识等法规在理性、真实上面会有进一步的提升，所以对于一些热衷于概念炒作的产品是一个挑战。

在装备方面，智能化是必然趋势，从事装备研究的企业及科研人员要把眼光更多地投向其它食品甚至跨食品领域的技术，并进行引进消化吸收运用在豆制品生产中。

【f. 大豆食品行业健康发展亟待解决的两个问题及建议】

1. 食品用大豆（soy for food）和榨油用大豆 (soy for oil) 分类管理

国际上的大豆市场分为两块用途，食品用（非转基因）和榨油用（转基因），两种用途的大豆施行的是两套价格机制。我国是大豆的消费大国，大豆的用途中85%用于饲料及榨油，15%的用途是食品，国产大豆的用途是食品，所以将食品用大豆和榨油用大豆进行分类管理，利于找准国产大豆的市场定位，有助于提升国产大豆的品质，增强市场竞争力。

2. 税制公平问题

我国大豆自给率在不断下降，仅为10%左右，对于大豆作物的供给安全，十分严峻。提高自给率，提振国产大豆产业，亩产和品质不输于进口大豆成为大豆行业的强烈呼声。

2018年以来，中美贸易摩擦争端不断，大豆被视为这次贸易战中中国反击美国最有利的工具之一。但换一种角度，恰恰暴露了我国对于进口大豆的依存度过高，是我们农业生产体系中的短板，更突显了健康平衡发展国产大豆产业的重要性！

期间，国家及地方对大豆种植实行补贴优惠政策，以平衡国产大豆产业的发展，但显然这只是解决矛盾的一个临时手段，并不能够根绝问题。譬如：解决一个地方长久存在的缺水问题，不是逢旱给一碗水，而应该从根本上引水，提供长治久安的办法。可以这么说，长期以来，国家对国产大豆的种植生产也比较重视，比如为缓解我国大豆生产出现下滑、产需缺口大等问题，国务院有关部门分别于2008年、2016年出台了《关于印发促进大豆加工业健康发展的指导意见的通知》《关于促进大豆生产发展的指导意见》两个文件，但是国产产量依旧没有遂愿地增加，究其原因主要是国家对于国产大豆产业链的下游加工环节的重视度不够、税制不公：同样为大豆加工业，我国的增值税制度确是对采用进口大豆为原料加工成食用油和饲料的企业实行 10% 的优惠增值税率，而对于采用国产大豆加工成豆制品的企业却实行 16% 的增值税率，两者相差 6%，也就是说采用国产大豆加工的企业与采用进口大豆加工的企业在同样是大豆加工行业中处于明显的劣势。从而抑制了国产大豆产业链加工加工环节的发展，加工环节的火车头作用缺失。

一言以蔽之，在国家政策方针的大方向下，需要进行与相关产业横向相关性研究和产业链上下游平衡研究，真正为产业“量体裁衣”，“标本兼治”，才能解决产业在发展中产生的一系列问题。因此建议：

（1）对国产大豆加工行业实行与进口大豆加工行业公平增值税税率制度，让加工国产大豆的企业与加工进口大豆的企业的在国家的税收制度面前处于公平，这是作为促进我国大豆产业链健康平衡发展的长效机制。公平税收是国产大豆产业链健康平衡发展的生命之源，只有充分地体现税收“公平”原则，形成公平合理的税收体制，才能够给国产大豆产业链中处于加工环节的企业带来信心，才能够促进国产大豆产业链发展并头齐进的良好态势。

（2）为了弥补我国的大豆与玉米因为关税制度导致当前两种作物的种植结构不合理，供求严重失衡，大豆自给率严重不足的情况，国家不仅要考虑玉米大豆两种作物种植效益的平衡，加大大豆种植环节的补贴，同时还要从产业链的角度通过适当补贴国产大豆加工企业，鼓励企业使用国产大豆进行产品加工。国家通过产业政策倾斜拉动国产大豆产业链的提升发展，从而提高国产大豆自给率，保障我国大豆作物的粮食安全。

（3）国家对社会贡献率高的劳动密集型企业进行结构性减税政策。就业是民生之本，建议国家可借鉴促进残疾人就业的税收优惠形式，对劳动密集型企业按吸引就业人数给予一定限额的增值税返还，以“拉平”增值税转型对劳动密集型企业与其他企业的税负“差异”。

吴月芳

2.9 焙烤食品糖制品工业

【a. 概况】

2017年，焙烤食品糖制品行业虽然还继续保持着良好的发展势头，但各项指标增速同比有所下降，说明行业经过前几年的高速发展，已经整体走入了瓶颈调整阶段，面临转型升级与创新突破。

据国家统计局统计及行业测算，2017年，国内焙烤食品糖制品行业（含糕点/面包、饼干、糖果巧克力、蜜饯、方便面和冷冻饮品）规模以上企业共3102家，同比增加89家，同比增长2.95%；主要产品产量合计约为3589.90万吨，同比增长1.78%，增速同比下降7.62%；主营业务收入为7431.78亿元，同比增长8.29%，增速同比略低0.41%；利润总额为580.10亿元，同比增长4.71%，增速同比下降4.29%；出口交货值为200.10亿元，同比增长5.42%，增速同比下降1.78%（见表1）。

表1　焙烤食品糖制品行业2017年经济运行情况

行业		焙烤糖制品	糕点面包	饼干	糖果巧克力	蜜饯	方便面	冷冻饮品
企业数	累计	3102	902	759	441	379	436	185
	同期	3013	829	744	433	385	427	195
产量（万吨）	累计	3589.90	（470）	（960）	331.37	（347）	1103.20	378.33
	同比%	1.78	（9）	（-3）	0.74	（9）	3.31	7.24
主营业务收入（亿元）	累计	7431.78	1316.23	1919.55	1394.46	694.99	1634.84	471.71
	同比%	8.29	10.11	5.30	6.22	13.69	8.35	14.54
利润总额（亿元）	累计	580.10	146.85	126.23	120.52	57.78	97.35	31.37
	同比%	4.71	3.84	-6.33	6.05	23.18	8.33	14.41
出口交货值（亿元）	累计	200.10	14.59	22.02	79.10	65.71	17.20	1.48
	同比%	5.42	39.87	17.52	7.19	0.15	5.15	-5.13

数据来源：国家统计局规模以上企业数据统计（即年主营业务收入2000万元及以上工业法人企业）。

括号内数字是行业测算数据。

【b. 行业特点】

1. 行业规模、实力都在不断增强

业内许多骨干企业的生产设备、检测水平和生产环境都有了较大改善，规范化管理意识逐步增强，为保证产品质量奠定了良好基础，也为市场提供更多、更好、更安全的产品创造了先决条件，为行业的持续发展奠定了较为坚实的基础。

产品质量稳定，提供安全优质的产品已成为行业的共识

近年来，在国家加强食品安全管理的政策方针指导下，在相关政府部门的监督指导下，业内的食品安全理念和意识不断增强。为消费者提供安全、优质的产品已成为行业共识。近年来，焙烤食品糖制品行业基本没有大的食品安全事故发生，日常抽检的合格率也在不断上升，并且产品质量保持稳定。

2. 品牌消费趋势明显

近年来，随着消费者文化层次、收入水平、消费观念的不断提升，“品牌消费”愈加明显，“品牌消费”正在成为中国消费市场最明显的特征，食品领域的品牌消费趋势更加明显。主要呈现在这几方面：

（1）对品牌的差异化定位更加细分。

（2）个性化成为品牌外在表现的新趋势。

（3）时代感日益增强。

（4）无界购物热度持续高涨。

（5）安全健康成为主要消费诉求。

总体看，虽然受国内外政治和经济等诸多因素影响，2017年，焙烤食品糖制品行业依然处在良性发展的轨道上，显现了本行业经过多年的发展，已经奠定了较为坚实的基础，也具备了一定的抗风险能力和持续发展的潜力。

【c. 月饼行业】

2017年，中国月饼市场呈现了平稳有序、健康向上的发展态势。整体来看，月饼产量、销售额均比去年同期增长9%左右。具体到各省市，除上海受到某些政策的影响销售额同比下降外，其他地区销售收入同比上升幅度在8—15%左右，散装月饼销售同比增长幅度较大，在10—30%之间。

从全国月饼质量检测情况看成绩喜人，北京、上海、广州、天津、山东等城市月饼抽检合格率均为100%，浙江、重庆、南京等省市抽检合格率也高达98—99%以上。在2017年中国月饼文化节系列活动中，由协会发布的“2017年行业月饼产品质量抽检结果”显示，本次共抽检了108家企业生产的109种月饼产品，所检项目全部符合相关标准要求，合格率为100%。协会已经配合国家有关检测部门连续17年对中秋月饼质量进行抽检，每年的抽检合格率都在95%以上，从多年的抽检结果可以看出，月饼行业的食品安全意识在逐年提高，产品质量总体较好。

由协会举办的2017（第二十三届）中国月饼文化节系列活动的主题是“食品安全常抓不懈，传承创新健康发展”。月饼文化节开幕式在广州举办。

【d. 标准化工作】

组织修订GB19883-2005《果冻》国家标准工作。组织制定《可可粉中可可壳含量的测定方法》行业标准工作。组织制定《绿豆糕》《全谷物制品》团体标准工作。参加了《限制商品过度包装通则》国家标准修订工作，并向行业征集意见和数据。参加了《蜜饯》国家标准的修订工作。参加了工信部组织的《食品品牌培育实施指南》行业标准制定工作。完成了工信部《轻工业“十三五”技术标准体系建设方案》编制工作，承担了《方案》中“焙烤食品和糖制品行业”的编制工作。完成了《饼干》和《面包》两项国家标准修订的申报工作。参与了国家食品安全风险评估中心组织的GB2760-2014《食品安全国家标准 食品添加剂使用标准》和GB28050《预包装食品营养标签通则》的修订工作。参与了国家食品安全风险评估中心组织的《中国居民焙烤食品中添加糖含量专项调查与评估》的研究项目。参与了《饼干生产许可证审查细则》《糕点生产许可证审查细则》《膨化食品生产许可证审查细则》《冷冻饮品生产许可证审查细则》等相关产品审查细则的修订工作。配合国家食药总局的食品安全抽检工作，参与了焙烤食品、冷冻饮品和膨化食品等相关食品抽检项目和计划的制定工作。参加了相关食品添加剂和新食品原料的社会风险评估工作。

【e. 行业展会】

5月10-13日，第20届中国国际焙烤展览会在上海新国际博览中心举办，

10月25-27日，2017中国焙烤设备及原辅料秋季展览会＆中国家庭烘焙用品展览会在上海浦东新国际博览中心举办。

10月12-14日，第20届中国冰淇淋及冷冻食品产业博览会在天津梅江会展中心举办。

【f. 职业技能竞赛】

5月10-11日，由中国轻工业联合会、中国焙烤食品糖制品工业协会、中国就业培训技术指导中心、中国财贸轻纺烟草工会联合举办的第十八届全国焙烤职业技能竞赛活动在2017中国国际焙烤展览会期间举行了全国总决赛。

5月10-11日，第三届亚洲西点师竞技大赛在上海举行。

5月12日，由中国焙烤食品糖制品工业协会、全国食品工业职业教育教学指导委员会、中国轻工业职业技能鉴定指导中心、盼盼食品集团联合举办的“盼盼食品杯”第七届全国职业技术学校（院）在校生西点创意大赛决赛在第二十届中国国际焙烤展期间举行。

10月12-13日，2017第四届意大利手工冰淇淋大师邀请赛在第20届中国冰淇淋及冷冻食品产业博览会

现场举行。

10月26日，由中国焙烤食品糖制品工业协会主办，安琪酵母冠名并承办，由三能集团、中粮面粉、新麦集团赞助的首届“安琪酵母杯”全国职业院校在校生创意面包大赛在上海落下帷幕。

【g. 国际交流】

2月21–27日，中焙糖协赴日考察团对日本焙烤食品糖制品行业进行了历时7天的考察，并参观了日本大阪举办的“MOBAC SHOW 2017（第25届国际面包糕点相关产品展览会）。

2月17–19日，2017第九届菲律宾国际焙烤展览会在马尼拉国际展览中心举行。

7月24–8月4日，应巴西里约商会、智利智中经济贸易促进会邀请，由中国焙烤食品糖制品工业协会组织的“中国焙烤食品糖制品行业国际考察团”一行21人对南美相关行业进行了为期12天的参观考察，并参观了在巴西里约热内卢举办的“2017年巴西国际焙烤食品展（FIPAN’2017）”。

10月14–19日，第44届世界技能大赛在阿联酋首都阿布扎比举行。【h. 行业主要活动】

3月30日，部分省市焙烤糖制品行业协会（商会）联席会议在山东临沂召开。

5月11日，中焙糖协五届理事会四次会议及五届六次常务理事会议在上海东郊宾馆会议中心召开。

【h. 发展新亮点】

家庭烘焙成为行业新增长点。近两年，随着人民生活水平不断提高，全球化融合加快，热爱在家里玩烘焙的人越来越多，经常在朋友圈里看到大家晒亲手制作的甜品和西点。家庭烘焙已经成为中国年轻消费者崇尚的潮流时尚和休闲减压的新选择，拥有巨大的市场发展空间。

连续3年，家庭用烤箱的销售增长率都超过50%，市场容量3年翻了两番。家庭烘焙正在悄悄地蓬勃发展，如松下加大家庭烘焙的重视度与投入，海尔加速家庭智能厨房的布局，原料供应商安琪酵母收购了贝太厨房后，在电商平台增加对家庭烘焙的投入，还有应运而生的遍布在全国各地的大大小小的烘焙学校。家庭烘焙正成为行业关注的新增长点。

短保质期食品成为网红。消费者不断更新的消费观念，以及营养健康知识不断渗透的结果使人们更加关注拥有较短保质期的新鲜食品。加之我国电子商务交易市场的迅猛发展，物流能力的不断升级，为短保质期食品成为畅销的网红食品提供了必要的保障。2017年走红的短保质期食品如脏脏包、半熟芝士、豆乳盒子等成为了年轻消费者追捧的热点。

【i. 行业问题】

产品同质化现象比较严重，差异化经营是行业的梦想，也是行业的痛点。焙烤食品糖制品行业门槛相对较低，企业固定资产投资相对较小，技术难度不高，市场消费受经济大环境影响不大。因此，导致小企业数量众多，众多中小企业甚至一些大企业创新乏力，奉行简单的拿来主义，仿冒跟风现象比较普遍，致使产品同质化现象比较严重。这必然导致市场的恶性竞争，面对市场竞争不断升级，企业机遇与挑战并存。目前我国焙烤食品糖制品企业尚处于发展阶段，与国外产品相比，在新品研发、口味多样化、包装个性化等方面都存在较大差距。因此，随着行业竞争升级，市场对焙烤食品糖制食品提出了更高的要求，只有不断创新和走差异化道路才是行业健康发展的方向。差异化经营是行业的梦想，也是行业的痛点。

企业经营成本持续增加，中小企业经营状况艰难。2017年，企业的原料成本、用工成本、运输成本，以及经营成本呈持续上涨趋势，由于市场竞争激烈以及品牌劣势等因素，又很难提高产品价格，使得绝大部分中小型企业利润明显下降，经营状况比较艰难，发展壮大更是困难重重。

众多中小企业实力不足，品牌消费和品牌培育的矛盾凸显。目前在我国焙烤食品糖制品行业，中小型企业所占行业企业总数90%左右。行业里为数众多的小型企业，规模不经济，资源利用不合理，技术和管理水平不高，产品质量得不到可靠保证，人才相对缺乏，农产品价格及原辅料、交通、能源价格上涨，生产成本持续增加，小型食品企业获利艰难。另外，小企业信用等级低，信贷困难，普遍存在资金不足问题，严重制约企业技术创新的步伐。

随着品牌消费的理念越来越深入人心，大型跨国企业对中国市场的关注度和投入力度越来越大，市场占有率也日渐增加，而对于近年来崛起的大批民营企业来说，品牌培育的难度和艰辛可想而知，品牌消费和品牌培育的矛盾是整个行业进步和发展的“瓶颈”之一。

转型升级是行业的共识，但真正实现突破任重道远。对于焙烤食品糖制品行业来讲，产品技术含量相对较低，真正创新难度较大，跨行业转型的难度和风险较大，近年来，屡屡出现跨行业投资转型失败的先例。使得许多行业企业对待跨界转型发展始终持谨慎乐观的态度。

近年来，随着我国人口结构变化及人力成本快速上升的影响，行业人工智能和自动化代替人工的经济性和安全性需求凸显。目前看，行业骨干企业在自动化升级改造方面投入逐年增长，但由于产品品类较多，单品产量较小，自动化人工智能升级难度较大。

转型升级是行业的共识，但真正实现突破难度较大，需要时间和探索，任重道远。

尽管如此，我们应该清醒地认识制造业转型升级的真正内涵。其实，企业发展过程本身就是一个持续转型升级的过程，转型升级也绝没有一个标准化的路径，它是基于本企业的现状，借鉴其他企业的成功经验，不断探索出来的个性化的唯一。落实到具体实践中，其实是从很多小步骤开始，不断转变的。比如精益管理改善，经营方向转变，经营范围扩展等。至于到底转型升级到什么程度，还是要看企业自己的实际情况，不管是走一步、还是两步、三步，对企业来说都是在进步。

张九魁

2.10 糖果巧克力业

【a. 概况】

1. 生产企业数量情况

根据国家统计局提供数据，2017 年，规模以上（主营业务收入 2000 万元及以上）糖果巧克力生产企业 441 家，同比增加 8 家。

据统计，至 2018 年 5 月，通过食品生产许可（QS 和 SC）的糖果、巧克力、果冻企业总计 1024 家，其中，果冻企业 49 家。

2. 主要产品产量情况

根据国家统计局提供数据，2017 年，全国规模以上糖果生产企业总产量 331.37 万吨，同比增长 0.74%，同比增加 2.4 万吨，增速同比有所提高。

图1. 2016、2017年规模企业糖果总产量对比

3. 整体经济效益情况

根据国家统计局提供数据，2017 年，规模企业全年主营业务收入 1394.46 亿元，同比增长 6.00%，增速同比继续降低；全年实现利润总额 120.52 亿元，同比增长 6.00%。

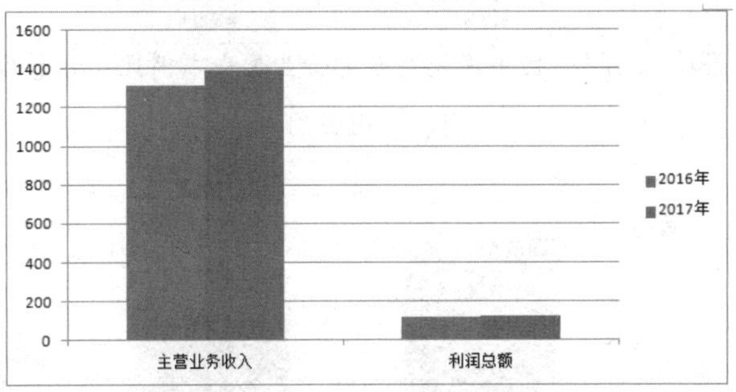

图2 2016、2017年规模企业实现主营业务收入和利润总额对比

2017 年规模糖果、巧克力企业亏损 34 家，亏损企业数量及总额都在减少，总额 1.85 亿元，同比减少 5.30 亿元。资产总计 877.25 亿元，同比基本持平；流动资产 437.17 亿元，同比增加 21.76 亿元，保持持续增长。全年产成品 37.40 亿元，同比增加 2.43 亿元；存货 87.13 亿元，同比增加 4.72 亿元，经济形势有所好转。

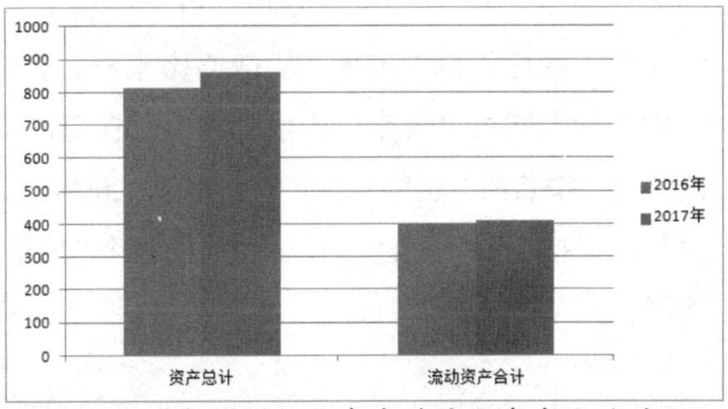

图3 2016、2017年规模企业资产总计和资产流动对比

全年主营业务成本总计 1067.59 亿元，同比增长 8%，其中，销售费用 127.52 亿元，同比下降 5%；管理费用 65.80 亿元，同比增长 7%；财务费用 7.74 亿元、

利息支出 5.78 亿元，与往年基本持平。销售成本持续下降，管理成本持续上升。

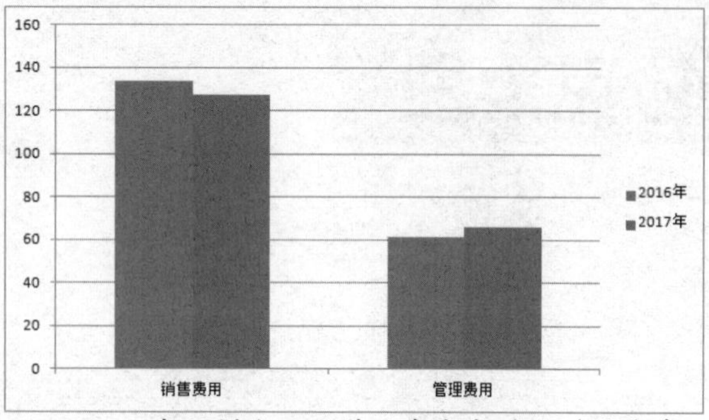

图4 2016、2017年规模企业主营业务成本对比（销售费用、管理费用）

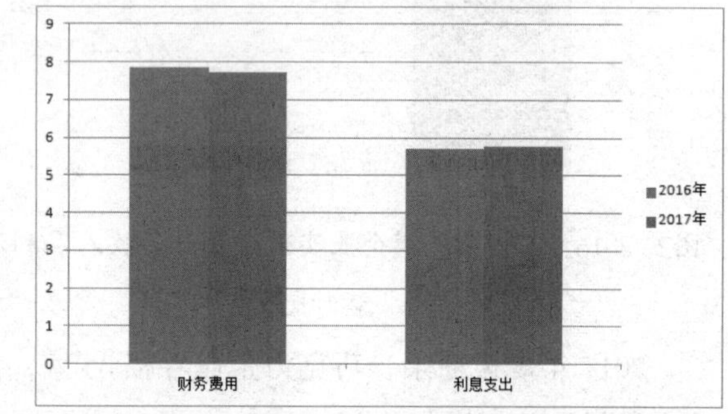

图5 2016、2017年规模企业主营业务成本对比（财务费用、利息支出）

4. 区域生产发展情况

根据国家统计局提供数据，2017 年，全国糖果产量排在前 5 位的地区分别是福建、广东、湖南、山东、湖北，共生产糖果 214.15 万吨，占全国糖果产量的 64.62%，同比下降 0.33%。从增速比来看，排名前 5 位的包括内蒙古、海南、山西、陕西、青海，从增长值来看，排名前 5 位的包括广东、福建、湖南、安徽、河北。包括上海、浙江、辽宁在内的 8 个省份出现了下降。

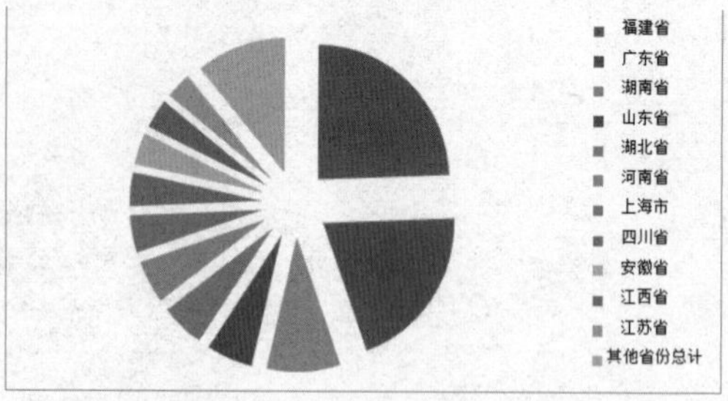

图6 2017年全国各省份全年产量占比

5. 进出口情况

海关数据显示，2017 年，糖果类产品（含口香糖及不含可可的糖食）出口数量总计 31.84 万吨，总金额达到 8.7 亿美元，同比分别增长 3.93% 和 2.74%，主要贸易伙伴为菲律宾、美国、印度尼西亚、澳大利亚、马来西亚、泰国。其中，口香糖出口 3.5 万吨，总计 8845 万美元，主要贸易伙伴为加纳、菲律宾、尼日利亚、贝宁、也门。含可可类甜食（含巧克力及巧克力制品）的出口数量总计 5.81 万吨，总金额达 3.15 亿美元，数量比 2016 年增长 2.57%，金额同比下降 7.01%。糖果类产品出口，以汕头、厦门、深圳、广州、上海、天津等地口岸为主；巧克力及巧克力制品出口以广州、上海、杭州、深圳、汕头、天津口岸为主。

2017 年，糖食类产品（含口香糖及不含可可的糖食）进口数量总计 4.79 万吨，总金额达到 1.89 亿美元，同比分别增长 0.94% 和 4.26%，含可可类甜食（含巧克力及巧克力制品）的进口数量总计 5.43 万吨，总金额达 3.5 亿美元，同比分别增长 14.15% 和 4.39%；其中，糖食类产品（含口香糖）进口以泰国、马来西亚、台澎金马关税区、美国、德国、韩国等国家和地区为主，含可可类甜食的进口以意大利、瑞士、比利时、美国、德国、法国等国家和地区为主。

【b. 食品安全情况】

根据国家食药总局提供数据，2017 年，全年各类食品（含保健食品和食品添加剂）监督抽检数量 2364080 批次，样品合格数量 2310060 批次，不合格样品数量 54020 批次，样品合格率 97.72%。其中抽检糖果制品 24483 批次，样品合格数量 24236 批次，不合格样品数量 247 批次，样品合格率 98.99%，样品合格率均比平均水平（97.72%）高。糖果巧克力生产经营企业的食品安全意识进一步增强，食品安全整体形势稳中趋好。

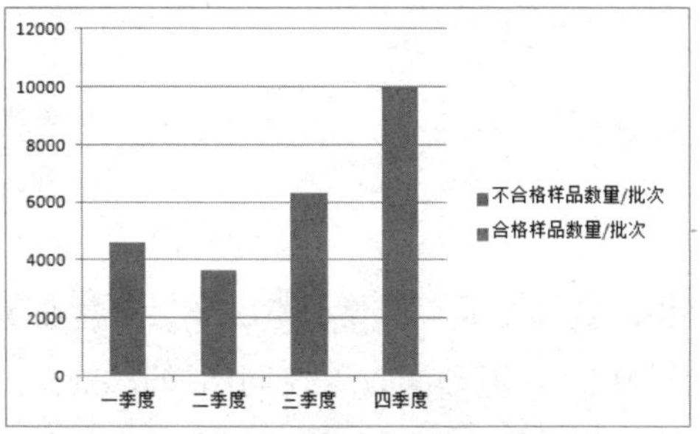

图7 2017年四季度抽检糖果制品情况

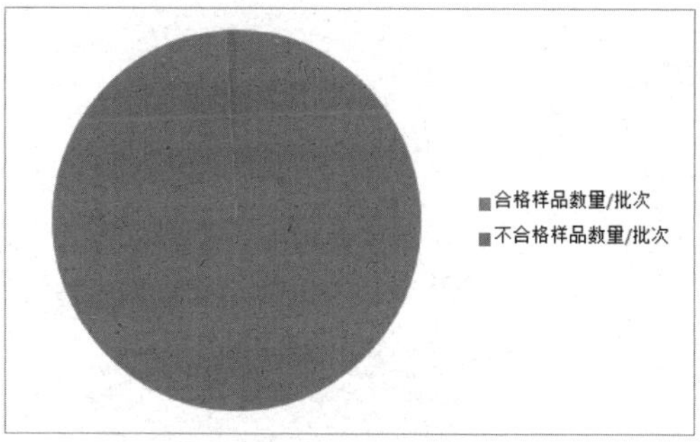

图8 2017年抽检糖果制品合格率

刘雨芳

2.11 方便食品制造业

【a. 概况】

1. 主要经济指标

方便食品是以米、面、杂粮等为主要原料加工制成，可直接食用或只需简单烹制即可食用的食品，传统以主食类居多。在我国食品工业坚持趋中求进的总基调下，方便食品制造业以提质增效为中心，不断优化、调整产业结构，主动适应经济发展新常态。

2017 年是中国食品工业向营养健康转型的重要一年，落实《“健康中国 2030”规划纲要》，让安全、美味、方便与健康的食品成为未来中国食品的代名词，这些也正体现了方便食品的鲜明特征。

2017 年，全国方便食品制造行业规模以上企业累计完成主营业务收入 3921.2 亿元，同比增长 10.3%。主要经济运行情况如表 1 所示。其中，米面制品行业 1246.3 亿元，同比增长 15.2%；速冻食品行业 1040.1 亿元，同比增长 8.0%；方便面及其他方便食品行业 1634.8 亿元，同经增长 8.4%。

表1　2017年全国方便食品制造行业经济运行情况

类别	规模企业数/家	主营业务收入/亿元	利润/亿元	企业资产总计/亿元
米面制品	693	1246.3	71.6	541.5
速冻食品	534	1040.1	59.5	725.3
方便面及其他方便食品	436	1634.8	97.3	1100.1

资料来源：国家统计局

2. 行业发展分析

（1）价格

方便食品制造业利润同比增长 8.3%。从 2012 年到 2017 年，规模企业总数增长 51.7%，主营业务收入同比增长 39.1%，但利润收入仅同比增长 8.6%，显示出行业竞争的激烈。但随着中国食品工业在食品安全产业链的完善再造与发展方式由高速向中速转轨，产业发展理念愈发清晰，以创新提升价值的行业发展方式已成为共识。

（2）市场

2017 年，国务院办公厅印发的《关于加快推进农业供给侧结构性改革大力发展粮食产业经济的意见》中明确提出，要大力促进主食产业化。支持推进米面、玉米、杂粮及薯类主食制品的工业化生产、社会化供应等产业化经营方式，大力发展方便食品、速冻食品。开展主食产业化示范工程建设，认定一批放心主食示范单位，推广“生产基地+中央厨房+餐饮门店”“生产基地+加工企业+商超销售”“作坊置换+联合发展”等新模式。保护并挖掘传统主食产品，增加花色品种。加强主食产品与其他食品的融合创新，鼓励和支持开发个性化功能性主食产品。

从方便食品的几个细分领域也基本呈现出新格局，如：方便面在历经 2015–2016 年网络餐饮冲击后，逐渐走出低谷，呈上扬趋势；速冻食品行业在与餐饮业的对接中，实现行业回暖，其中，火锅料行业多年来一直保持 30%–40% 增长速度，但 2016 年以来，原材料及用工成本增加，环保治理力度加大，行业增速减缓；挂面行业产能扩张的势头在 2017 年实现加速，不仅大企业间的竞争在加剧，也对中小企业形成了强力挤压；调味面制品行业整体上仍以中小企业为主，并受制于食品添加剂标准问题，限制了行业的健康发展，目前尚未解决。而另一方面，90后、00后成为消费主力，以及“全面二孩”、人口老龄化等使消费结构不断发生变化，“网红”食品在快速崛起与消亡间转变。这些也为方便食品行业的发展创造了机遇，自加热火锅成为2017年新宠。

（3）投资

2017年，全国规模以上方便食品制造企业资产总计2366.8亿元，同比增长5.2%。其中，流动资产总计1111.0亿元，同比增长6.9%。

在投资增长中，主要源于产能扩大和减少人力成本，相当一部分来自新厂开工及生产线的升级改造。此外，创新作为方便食品行业提升价值的共识，也促使行业在投资中向精品化、高端化、健康化成长。如：方便火锅料的兴起，为企业带来内部资源整合和新的产能布局；生鲜面制品顺应人们营养健康需求，目前行业还处于产业化程度较低阶段，但所用材料、制造精度、卫生管理要求要远高于方便面设备，亟须升级改造。随着市场的扩大以及资本的介入，未来方便食品行业还将保持较高的投资热度。

（4）行业集中度

方便食品制造行业超过90%为中小型企业，方便面和速冻米面食品的行业集中度高，占企业总量10%~20%的大型企业占据着80%以上的市场。随着行业市场竞争加剧，企业一方面通过科技创新提升产品附加值，另一方面仍需通过规模效益实现利润增长。在方便食品行业中，除方便面行业整体实力雄厚、速冻食品行业全国性品牌集中外，其他行业集中度相对较弱。以挂面为例，由于行业进入门槛相对较低，产品自身的个性与特色区分不明显，难以形成不同品牌间产品的明显区隔，故很难在短期内形成行业中一家独大的局面。

（5）进出口

2017年，全国方便食品制造行业累计完成出口交货值90.7亿元，同比增长6.7%。随着物流业的发展和网购火热，在进口方面，新口味的谷物早餐、方便面等仍受到人们欢迎；伴随着冷链完善，冷冻食品进口增多。

3. 重点行业

2017年是中国方便食品行业形成产业规模后的第25年，也是行业发展筑底回升的关键节点。

（1）米面制品

以大米、面粉为原料，经粗加工制成，未经烹制的各类米面产品，工业化生产主要以挂面、粉丝等为主。以占比最多的挂面为例，2017年，全国挂面总产量达到790万吨。据中国食品科学技术学会统计的数据，24家企业实现销售137.2亿元，同比下降2.5%。中国挂面行业的发展得益于整个行业的生态环境较为和谐，而企业的协同发展离不开行业的团结及行业间的充分交流，更离不开科技与企业的有效对接。

（2）速冻食品

2017年，速冻食品行业市场有小幅回升，但企业，尤其是传统的面米行业竞争加剧，新的动能尚未出现，形势十分严峻。挑战不仅来自于行业内，更随着餐饮外卖市场的活跃、电商平台“最后一公里冷链”的逐渐完善，使行业在2016年利润回暖之后，在2017年又面临网络餐饮的挑战。

（3）方便面及其他方便食品

方便面是传统食品工业化进程中最典型的代表产业，也是面制品在食品工业领域自动化水平最高的代表。目前行业正处于盘整和产品升级的阶段，产品品质有了较大提升。2017年，方便面产业整体产量341.9亿份，销售额达到498.6亿元。产量与销售额同比相比持平。

4. “三品”战略实施情况和典型案例

（1）增品种　对应营养健康需求，近年来，兼具中国传统饮食文化特征的新品种正快速成长。对应中国传统五谷杂粮的养生及魔芋粉、荞麦粉、青稞粉、南瓜粉、马铃薯全粉等的广泛应用，使得在方便食品中添加杂粮及其他天然营养成分成为新趋势。

方便面行业在持续放缓的压力下，企业创新欲望强烈，加大与科技对接，各企业都在配方、风味、包装、定位等多个维度上积极展开创新。例如，上海旺旺的荞麦面、西藏吉祥粮的青稞速食面、五谷道场的土豆拉面等在面体配方上，康师傅的金汤肥牛面、白象的骨汤煮面、永得利的火鸡面在汤包调味上，今麦郎的刀削宽面在面体形式上，统一企业的“满汉大餐”在实物包的配比上均有创新。

让速冻食品回归家庭的味道，使其在快速操作达到美味的同时又不失营养，是行业一直努力追求的方向，也需要食品科技的突破。例如，安井食品的手撕仿雪蟹、上海世达的芝士年糕，在选料上侧重健康需求；思念、三全在儿童系列发力；中鹤、正大主推传统葱油花卷、大包子等，都是行业顺应快节奏生活和营养健康的需求，受到市场青睐，竞争优势不继凸显。

在消费升级的大背景下，传统挂面行业被重新定义，无论是面体造型的改变，还是注重营养与色香味的平衡、吃法的创新，“挑剔”的年轻一代给了消费升级产品一个真正爆发的机会。例如，克明的大宽波浪挂面、博大的蝴蝶面在面体上进行了突破；金健米业青稞挂面丰富了传统挂面的营养；白家食品的阿宽四川担担面搭配组合调料，缩减了制作各种浇头的后期加工步骤，让挂面吃起来更方便。

此外，还有漯河平平的魔芋爽、好想你枣业的红枣莲子银耳羹、光友薯业的四川冒菜等选用健康食材为主料的产品。这些在“健康中国”大背景下，紧贴“健康、营养”潮流的方便食品，正以新工艺、新技术突破传统而创新。

（2）提品质　2016 年起，因环境治理力度加大，农产品原料、包装箱、包装袋等价格普遍上涨，行业利润空间进一步压缩，微利、无利的经营状况使企业举步维艰。在 2017 年，行业加大新产品研发推广力度、优化产品结构，深化渠道网络、提高产品渗透率。同时，通过加强费用管控，优化资源配置，提高资源使用效率，以创新及产品品质提升促进经营效益稳步提升。

行业以中高端产品为突破，实现价值提升。在众多餐饮门店已经采用速冻预制调理菜肴食品，或开发预制微波食品，让杭州的桂花糯米藕、云南的竹筒饭、苗家粉蒸肉等区域传统名优产品以工业化的形式呈现。

（3）创品牌　方便食品行业市场竞争激烈，在方便面、速冻食品行业集中度相对较高。2017 年方便面行业中的领军企业康师傅已逐步走出“阵痛期”，在有战略眼光的“舍与得”中，实现消费升级，形成了对行业的正向牵引。统一、今麦郎、白象、日清等业绩整体稳定，方便面行业的“江山依旧”。速冻食品市场“三国鼎立”的格局多年未变，三全、思念、湾仔码头三家企业占市场总销售额超过 60%。2017 年，正大、中鹤等外来者的进入，避开了水饺、汤圆类“煮食”的激烈竞争，集中在包子、蒸饺、馒头、花卷等“蒸食”上发力并有不俗表现。挂面行业的克明、金沙河、博大、裕湘、中粮等相对平均；米粉粉丝行业的光友、白家、稻花香，辣条行业的卫龙等，均占有各自稳定的市场。

5. 绿色制造、智能制造

2017 年 3 月 5 日，李克强总理在《2017 年政府工作报告》中指出，要深入实施《中国制造 2025》，加快大数据、云计算、物联网应用，以新技术新业态新模式，推动传统产业生产、管理和营销模式变革，把发展智能制造作为主攻方向。不仅如此，智能化并非当前中国制造产业发展的唯一方向和目标。在实现中国智能制造 2025 计划目标的过程中，我们同样要重视清洁绿色这一发展模式，让绿色制造与智能制造并肩前行。

方便食品行业，特别是基于传统食品工业化理念所开发的产品，在技研发、装备创新上，我国自主创新特征明显。随着规模化、智能化、集约化、绿色化的深入发展，方便食品行业无论是创新能力还是食品安全保障水平都将稳步提升。

未来，行业将加快发展科学的数字化工艺模型、智能化的核心装备、安全的工业互联网、先进的工业软件、柔性控制的特制化装备，实现原料投入、过程监控数据可采集、信息可追溯、管控一体化，不仅可以提高生产效率、降低运营成本、缩短产品研发周期、提升能源利用率，还进一步确保了食品安全水平。

6. 包装与装备

方便食品行业多源于我国传统食品制造业，装备多为自主研发或改进，经过近30年发展，已经拥有了高度自主化的知识产权，为行业自动、高效、安全生产提供了保障。但因企业规模不一，投资建设力度及装备水平参差不齐，中小企业的设备机械化、大型企业的设备自动化水平亟须提升。与国外先进生产企业相比，在自动化、智能化和可追溯方面还存在较大差距。

中华传统特色美食品种繁多，近年来，市场推出的新型产品层出不穷，如葱油饼、手抓饼、飞饼、千层饼、红糖锅盔、糍粑、肉夹馍等。日本在15年前肉夹馍产品已经实现了机械化生产，但我国目前仍然是手工作业。如何在方便食品领域实现中华传统主食产品的工业化生产，解决生产中的质量安全性、品质稳定性是主要问题。开展烧饼、红糖锅盔、糍粑、肉夹馍等特色食品机械化设备的开发，实现连续真空和面、连续压面、连续成型、连续速冻的自动化生产设备应用，改变面坯单个手工成型的传统方式，实现面坯机器连续压延分层、连续成型的自动化生产等工作，是对装备行业提出的重要需求。

7. 发展新亮点、新增长点

2017年，“自加热火锅”在方便食品领域异军突起。这类产品有着比普通方便面略大包装，分为上下两层，只需消费者在下层加入水，等待发热包体积膨胀、热气冒出，再经过十几分钟，“火锅”的香气便扑鼻而来。因为其足够“方便”，又被称为方便火锅、懒人火锅或微火锅。数据显示，仅2017年“双十一”一天，自加热火锅就卖出了170万份。不仅如此，消费者的力捧还让各类厂家纷纷置身其中，如：餐饮企业的海底捞，以及三只松鼠、良品铺子等休闲食品企业。

这类产品的技术含量本就不高，只需要进行资源整合，把来自有同厂家的火腿肠、藕片、肉片、蔬菜以及发热包排列组合在一起即可。但由于自加热火锅加热包的安全性问题，自加热火锅及类似自加热产品暂未被列入《食品生产许可分类目录》中，也没有相应的生产许可审查细则，因而市场环境还有待进一步规范。

【b. 行业面临的问题分析】

1. 政策与市场

（1）生产企业总体规模小，研发能力不足

方便食品行业除方便面和速冻米面制品外，整体的产业集中度偏低，传统米面食品多年来未出现大的、单品10亿元以上的创新产品，整体上在现有市场空间中稳步发展，但利润率下跌。而作为目前销售额已达500亿以上的新生行业，调味面制品行业整体上仍以中小企业为主。中小企业自身的资本储备在一定程度上限制了其研发和创新的能力。如今网络餐饮又或多或少冲击了方便食品市场，但互联网同样给方便食品行业提供了新的平台和契机，中小企业如何用好互联网新技术、电商平台以及互联网营销等，谋求新的增长点，从而实现自我突破成为行业内新的议题。

（2）标准化水平还需进一步提升

2017年市场反应火热的自加热火锅作为一个新兴品类，尚无统一的国家标准和行业标准。方便火锅底部加热包的主要成分是铁粉、铝粉、焦炭粉、活性炭和生石灰等，加入冷水后升温可达150℃以上，蒸汽温度可达200℃。方便火锅盖子上的透气孔如果堵塞，容易造成小型爆炸，甚至烫伤人。

而原国家食品药品监督管理总局发布的2016年版《食品生产许可分类目录》显示，方便食品目录中，只包含油炸方便面、方便米饭等，方便火锅尚未被收录。方便火锅作为火锅食品的一种创新和延伸，无疑是很多厂家智慧的结晶。但在目前，由于缺乏统一的国家标准与行业标准，以及十分普遍的代工现象，这类产品的质量堪忧。因此，应当加快对其进行标准规范，让这些新产品在承载厚重传统餐饮文化底蕴的同时，以安全、高品质的形象出现在消费者的餐桌上。

2017年，原国家卫生计生委在《食品安全国家标准 速冻面米制品》（GB19295-2011）的基础上，将标准的范围扩至“速冻食品”，体现了政府管理部门针对市场上出现的各类新兴食品的现状，以标准促进监管，保证消费者安全的高效、务实。

（3）原料规模化生产和质量稳定亟待加强

方便食品生产的大宗原料，如面粉、蔬菜、杂粮等，许多是由个体种养殖户提供，由于小麦种植、贮藏和面粉加工之间缺少必要的配合，导致品质差异大，从而导致方便食品在生产过程中常常发生不同批次的面粉加水、和面、发酵工艺不一样，严重影响了产品品质的稳定性，给企业生产造成极大不便。而目前监管主要集中于生产及流通环节，应加强对源头的管理，从农业入手，把小、散、乱的农业规模化、专业化。通过原料规模化生产，建立专业化农场，将原料基地政策有效落实，势在必行。

（4）产品质量安全仍有待提升

随着我国食品工业的快速发展，方便食品行业也得到了快速成长，但在防范食品安全风险、保障营养健康方面同样面临着较大难题。2017 年，在各省（直辖市、自治区）食药监局的抽检报告中，方便食品均占有一定比例。产品不合格的原因主要集中在三个方面；超范围、超限量使用食品添加剂，农药残留超标，微生物超标。

超范围、超限量使用食品添加剂，主要是生产经营者对法规、标准认知度不够或者存在主观故意，为延长保质期或提升产品品相和口感，违反规定滥用食品添加剂。农药残留超标主要与以下方面有关：我国现有农药结构人合理，产品质量不高；施药技术不到位，药械落后，施药中跑、冒、滴、漏问题突出，污染作物和环境；农民缺乏合理使用农药的意识和基本知识，任意加大或减少用药量，长期使用高毒、高残留农药；不按照安全间隔期收获农作物等。微生物超标则可能与原料中微生物数量过多，生产过程中污染、杀菌不完全，包装物污染，包装前对包装物没有进行清洁消毒或清洗消毒不严格，贮藏和运输污染等方面有关。

（5）继续加强虚假信息传播管控及知识产权保护力度

目前，方便食品行业被各种谣言所困扰，导致行业在消费者心中有较多的负面评价。食品安全谣言不断升级，目前以短视频形式迅速传播，有的食品安全谣言已团队化运作，成为不正当的商业手段，辨别难度日益加大。专家建议加大打击食品安全谣言的同时，还需要推动建立社会多元主体共治谣言的长效机制，形成全链条方体式的治理模式。

方便食品行业存在进入门槛低的现状，只要有上市后热卖的产品，就会被跟风、模仿。2017 年方便火锅的爆红，也引起生产商对于产品商标的巨大需求，一个好的品牌可能引起数家企业的争夺，如在同一时段就有多家企业及个人在相同商标类别进行申请注册。如何有效地保护自身品牌（商标）、专利不受侵犯，是企业在打造产品本身的同时需要认真思考的。

2. 科技创新

全球慢性代谢疾病人口数量激增，国内外方便食品的研究方向也从过去单纯追求口感风味逐渐转向营养健康。同时，高度重视加工技术的自动化、智能化、标准化，以保障方便食品的食用品质和安全性。

（1）从便捷化、个性化转变为功能化、正餐化

低热量、低脂肪、低糖低盐食品正越来越受到消费者欢迎。随着我国居民生活节奏的加快，人们迫切希望从繁重的厨房工作中解放出来，为方便食品“正餐化”发展提供了巨大市场空间。此外，以市场为导向，对方便食品的差异化及个性化需求愈加突出。

（2）生产从标准化、自动化转变为全程质量安全可控化

加工设备与机械在不断更新换代，工艺流程自动化程度越来越高，并实现全程质量安全可控化。食品包装在满足包装基本功能的前提下，充分体现个性化需求、彰显人性化关怀和拓展产品功能的智能化包装开始走进人们的视野。

（3）行业应用技术的成果转化有待加强

针对我国目前生产生鲜面的技术还没有达到发达国家的水平，还没有形成专业化、产业化，技术手段比较落后的现状，江南大学、河南工业大学等院校相继开展科技攻关，在基础应用研究方面取得了多项成果。就目前的技术现状和市场需求结构来看，未来我国将发展专业化、机械化的生产设备来生产生鲜面。此外，可以在面团压缩过程中加入美味的馅料，生产

带馅儿的生鲜面，这样煮熟之后可以直接食用、不用再烹饪其他菜肴的方便食品也是研发方向。

我国速冻食品行业起步较晚，面对诸多瓶颈问题，国家科技部在“十一五”“十二五”期间连续启动重大科技专项对行业发展给以有力支持，江南大学、河南农业大学等院校相继开展科技攻关，但原料组分标准化重组技术、风味保真技术、水分重结晶控制技术、抗裂和冷冻防粘技术、风味稳定化的酶活性控制技术等行业基础研究成果极少被企业采用。阻抗重结晶、深层冻结、冰点冷冻等新型技术有效解决了速冻食品存储及加工过程中的风味变化、淀粉老化问题以及存储过程温度波动对产品品质的影响，基于低场 NMR 技术对速冻汤圆粉团持水性能的研究、冻结速率对面团品质的影响等项目的成果对汤圆的冻裂、浑汤，饺子冻结品质的控制等都有很好的预防效果；BP 神经网络结合有效积温预测速冻水饺变温冷藏货架期、动力学模型预测速冻饺子货架寿命等成果为速冻饺子存储条件对货架期的影响给出了理论指导；甜菜碱对金黄色葡萄球菌生长的影响及其抑制模型的建立等成果为速冻产品致病菌的控制提供了有力的技术支撑。

以上，均需要企业加强对高校已有应用技术的引进，进行工程化应用推广和技术的转化，解决制约行业发展的瓶颈问题，稳定产品品质，促进产业层次的升级。

【c. 产业转型升级】

1. 企业核心竞争力的提升

企业人工成本不断上升，原材料价格持续上涨，使得企业盈利空间越来越小。装备与工艺不断更新，使得机械生产的产品更加接近于手工加工效果。因此，企业要探索产品结构转型升级，提高产品质量，增加产品附加值，通过丰富多样的差异化组合产品，给消费者提供更广泛的选择空间，实现企业盈利能力和核心竞争力的稳步提升。

2. 消费升级

方便食品市场一直是红海，行业盛行跟风模仿。同质化、少层次、拼价格、缺创新，是市场竞争现状。随着经济发展的消费升级和产业变革，中产阶层的崛起以及公共健康意识的觉醒，使得人们越来越追求绿色、营养、健康的食品。将方便食品从“将就”食品变为“讲究”食品，除了要满足吃得饱这一基本需求外，更应附加营养、品牌和文化等元素，让消费者吃得更快乐、更美味、更健康。

中华饮食文化博大精深、源远流长，方便食品行业在产品开发上既要传承传统，更应不断突破与创新，来满足国人多样化的需求和食用体验，真正做到健康、营养和美味并重。目前，个性化、高品质的方便食品正推动行业走向中高端，拓展消费人群，融入绿色、营养等新要素和新技术，迎合消费升级需求。不过，并非所有方便食品企业都能在市场中赢得一席之地。只有以消费者为核心、不断创新升级产品的企业，才能抓住消费者生活和消费方式的变化，赢得市场。

【d. 发展趋势】

我国方便食品行业正在加速健康转型。降油、减盐、天然，以及多元化的消费方式，引领行业奔向营养、健康的主题。例如，方便面向非油炸面、降油方向上转变；调味包以头香为主的“工业味”大幅降低，增加了对天然配料及大块脱水蔬菜的应用；挂面面条的形态体现了中华面食文化的传承，各种具有健康内涵的杂粮挂面及多种形态面条的工业化创新，丰富了方便食品的品种。在体现方便的同时，更多加入了安全、健康、趣味以及亲情和时尚内涵。

1. 行业整体创新趋势

（1）精选食材、优化工艺，高端化趋势明显

产品食材的选择更为严格，在风味和口感上追求更优。产品整体向中高档发力。无论制面工艺还是料包选材，都将有突破和提升。

（2）改变理念、增强互动，追求“好吃更好玩”

方便食品并不只是在不方便时吃的食品，行业力图把更多的烹饪乐趣和快乐消费的理念注入到产品之中。例如：通过方便食品对接信息化，将更多创意吃法传递给消费者。

（3）兼顾营养、追求健康，行业向营养健康转型

产品突出体现安全与健康同行的行业诉求，在健康中国的大背景下，紧贴“健康、营养”潮流，以新工艺的突破兼顾营养与美味。

（4）风味创新、对接餐饮，求新、求变、求时尚

从剁椒鱼头、酸汤肥牛、葱油拌面等传统菜肴创新而来的新风味，不仅体现了传统与创新在方便食品领域的有机融合，也更加鲜明地呈现出餐饮与现代食品工业结合的特征。

（5）立足方便、面向休闲，在跨界组合中引领消费

随着消费结构的改变，一些方便食品开始向休闲消费的方向转型，追求刺激的风味与跨界食材的混搭。从方便向休闲的转型，为方便食品的创意拓宽了无限可能。

（6）细分领域、定制体验，产品形成差异化区隔

随着消费能力、消费区域、消费人群的差异越来越明显，方便食品行业开始注重针对细分领域小众化产品的研发，提升个性化体验，针对特定人群的需求进行产品形态和风味改良。

（7）最简加工、回归自然，注重新技术应用

调味料创新产品以最简加工、清洁标签为目标，轻加工、轻调配，注重多技术组合应用，最大限度降低加工强度，最大可能保留自然原味。调配上也更加讲究顺势、均衡，并对食物的原香、色泽、风味予以保留。

（8）精细化、全自动化，装备提升向智能化迈进

方便食品行业的发展依托于装备的革新，通过装备与工艺的改良，使得机械生产的产品更加接近手工加工的效果，让中华传统美食实现了由手工生产向自动化、规模化生产的转变。

2. 产品创新趋势

市场需求的变化，使企业在产品创新方面做出更多变化，在不同领域都呈现出不同的特点和趋势。

（1）方便面行业

一是体现让方便面口味回归家庭“妈妈味“的理念。例如，面饼更加接近手擀面，同时，在选材、设计、配料上增加内涵。

二是创新方便面食用类型，美味更好玩。提出一个介于速食泡面和挂面之间的层次丰富的消费场景。

三是健康潮流成为风口。突出展现的一大趋势就是在健康中国的大背景下，借助马铃薯、荞麦、青稞等杂粮，加上新工艺，兼顾营养与美味。

四是深植传统饮食文化，释放各地饮食味道。将经典美味与科学工艺相结合，释放地域特色味道，实现传统食品工业化生产。

（2）挂面、米粉行业

一是不断创新追求极致口感。以面体创新为主，如借助椭圆形、外薄内厚的形体设计，让口感更Q弹的“精巧椭圆挂面”。

二是增加互动性，不仅好吃还要好玩。食品不只是好吃，还要好看、好玩。这也为相对传统的挂面行业提供出创新思路。

三是健康升级，注重营养与色香味的平衡。企业越来越注重将富含营养及具有药用价值的食材与营养单一的挂面相结合。

四是调料科学搭配，食用更加方便。人们对烹制过程方便快捷的要求，使得提升食用方便性成为行业创新的重要趋势。

（3）速冻食品行业

一是加快与业务用市场的对接。越来越多的工业产品正进入餐饮市场，同时也使餐饮业走出手工作坊、走向中央厨房。

二是不再是职场人吃饭“凑合”的代名词。速冻食品，让人们从职场急匆匆地回家后，吃上美味可口的饭肴成为可能。

三是关注孩子是永恒的主题。各种针对儿童开发的产品，营养搭配均衡，不让孩子因营养缺乏而影响身体达标。

四是均衡膳食、合理搭配的具体体现。用现代加工方法，免除了人们在厨房的辛苦劳作，同时补充优质蛋白质和维生素、矿物质等营养素。

（4）方便食品上游供应链：咸味香精与配料行业

咸味香精调味料的创新顺应“减盐减油”大趋势，紧盯未来市场需求，开发减油替代风味产品和减盐增咸产品，追求原料中营养成分的最大限度保留，在提升感官享受的同时，满足消费者营养健康需求，实现味蕾愉悦、身体健康的双优目标。

（5）方便食品上游供应链：机械装备行业

机械设备创新，一改以往以跟踪模仿为主，自主化技术水平显著提升，并注重知识产权保护。随着装备向精细化、自动化、智能化方向发展，光电控制技术得到广泛应用，主机和生产线的自动化程度不断提高。而生产规模的不断扩大，也要求装备向成套化方向发展，不只提供单机产品，还能提供成套装备和工程技术服务。

【e. 政策建议】

1. 加快推动加工技术的自动化、智能化和标准化

围绕贯彻和落实《国家中长期科学和技术发展规划纲要（2006—2020 年）和《国务院关于深化中央财政科技计划（专项、基金等）管理改革方案的通知》（国发〔2014〕64 号）等文件精神，启动实施“现代食品加工及粮食收储运技术与装备”重点专项。建议方便食品行业按照全链条布局、一体化实施的总体思路，围绕新型加工与绿色制造、粮食收储运技术装备、现代食品物流的信息化、智能化与低碳化研发，以及全球产业链质量过程控制开发、中华传统与民族特色食品工业化及工程化食品加工技术装备创制等关键问题与重大科技需求，依靠科技创新，实现工艺、装备，产品创制的新格局。

2. 加强食品安全建设，推动标准与监管的对接

在加强方便食品行业质量安全建设、建立有效的食品安全质量监管体系的同时，推动标准与监管的对接。重点加强企业对生产过程的监控和检验制度，将每个环节的物理污染和微生物污染风险降到最低程度。建议有关国家标准出台后，相关标准主管单位应与市场监管部门多沟通，保障在执行中的合法性，对监测的项目不应作为判断定不合理的依据，对冷链食品要加强对市场流通环节的控制。

3. 加快方便食品的“”正餐化“转型及与餐饮业对接

从设备技术改造、生产研发以及税收、资金和政策方面加大支持力度，鼓励企业与餐饮业合作，让行业从以前的以超市、小卖店为主向“正餐化”转型。以标准化的产品形式给消费者提供半成品，使方便食品行业有更好的未来。

4. 加大对消费者的“食育”教育

目前，政府部门对食品安全风险交流的管理，正从相对被动的危机应对走向更加从容、主动的“和平时期”的消费者教育。鉴于消费者对食品欺诈和虚假宣传的关注，建议国家应将“食育”纳入普通百姓的生活中，提升普通消费者自我保护的能力。例如，中国食品科学技术学会通过连续多年举办食品安全热点媒体沟通会、各类科普活动，对消费者的“食育”和食品行业的健康发展起到正向引导作用。

中国食品科技学会

2.12 冷冻冷藏业

【a. 概况】

1. 工业良好稳定运行

据国家统计局数据，2017 年，规模以上冷冻冷藏食品工业企业 11338 家，从业人员 227 万人，实现主营业务收入 2.6 万亿元，同比增长 6.5%，冷冻冷藏食品工业良好稳定发展，承担拉动就业、保障市场供应基础民生产业作用。

自 2012 年以来，冷冻冷藏食品工业完成主营业务收入从 1.73 万亿元，发展到 2017 年度 2.6 万亿元，5 年均增长 8.5%；冷冻冷藏食品工业主营业务收入占食品工业的比重从 2012 年的 21.2%，上升到 24.7%，6 年间扩大 3.5 个百分点，彰显出强大的发展动力和市场活力（图 1）。

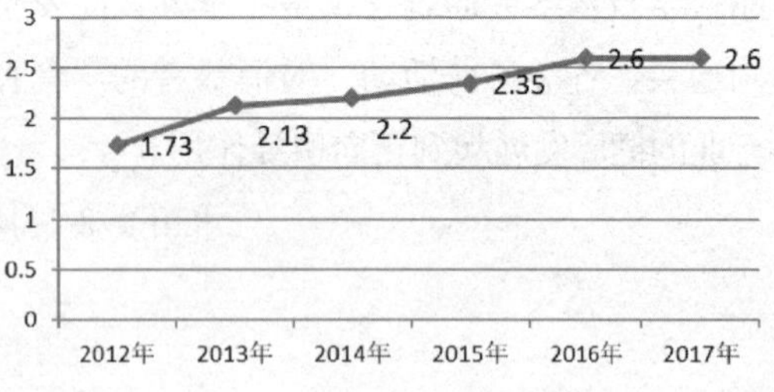

图1 2012年至2017年冷冻冷藏食品工业完成主营业务收入（单位：万亿元）

分行业看，屠宰肉制品加工业、冷冻水产品加工业、速冻米面制造业、冷饮及制冰制造业等重点冷冻冷藏食品行业发展势头良好，行业规模、经济效益有效提高，市场规模（以完成主营业务收入计）分别同比增长 5.1%、6.5%、8.0%、14.5%。

冷冻冷藏食品生产与食品市场实现精准对接。新产品、新门类源源不断进入市场。主要产品产量增加，2017 年，全国生产鲜冷藏肉 3254.9 万吨、冷冻水产品 863.1 万吨、速冻米面 568.2 万吨、冷冻饮品 378.3 万吨，同比分别增长 5.1%、6.7%、5.9%、7.2%。

2. 经济效益水平小幅上升

2017 年，规模以上冷冻冷藏食品工业企业实现利润总额 1389.93 亿元，同比增长 2.1%，其中：屠宰及肉制品行业实现利润 623.6 亿元，冷冻水产品加工业 202.5 亿元，速冻米面食品制造业 59.53 亿元，冷冻饮品制造业 31.37 亿元，分别同比增长 0.03%、5.9%、2.3%、14.4%。

表1 2017年冷冻冷藏食品工业经济效益指标

	主营业务收入（亿元）	同比增长（%）	利润总额	同比增长（%）
食品工业总计	105204.5	6.7	7015.6	8.54
冷冻冷藏食品工业总计	25986.58	5.67	1389.93	2.08

数据来源：国家统计局官网

2017 年，冷冻冷藏食品工业利润率 5.35%，即每百元主营业务收入实现利润 5.35 元；同比减少 0.19 元；每百元主营业务收入中的成本为 89.07 元，增加 0.32 元。冷冻冷藏食品工业成本费用上升，利润率降低，是每个经营者面对的问题。

3. 重点冷冻冷藏食品行业运行情况

（1）屠宰及肉类加工业

2017 年，屠宰及肉制品加工行业智能化、自动化水平进一步提高，精深加工产品比例加大。受消费升级拉动，牛羊肉等消费量上升，主流品牌和低温产品受到市场欢迎。

2017年，全国屠宰及肉类加行业规模以上企业4153家，实现主营业务收入1.3万亿元，同比增长5.1%，其中：牲畜屠宰业占比39.7%，禽类屠宰业占比24.2%，肉制品及副产品加工业占比36.1%（表2）。

受疫病、市场价格波动等因素影响，禽类屠宰业、牲畜屠宰业盈亏相抵后实现利润同比下降；肉制品及副产品加工业产品附加值高，经济效益颇佳。全年实现利润总额同比增长2.9%

表2：2017年度屠宰及肉类加工业主要经济指标

行业分类	企业数（个）	主营业务收入（亿元）	同比增长（%）	利润总额（亿元）	同比增长（%）
冷冻冷藏食品工业	11338	25986.58	5.67	1389.93	2.08
其中：屠宰及肉类加工业	4153	13075.88	5.12	623.61	0.03

（2）冷冻水产品加工业

2017年，冷冻水产品加工业稳中有进，消费市场稳中有升。全国规模以上冷冻水产品工业企业1460家，完成主营业务收入3770.1亿元，同比增长6.5%；实现利润总额202.5亿元，同比增长5.9%；全国生产冷冻水产品863.1万吨，同比增长6.7%。规模效益同步增长。

2017年，水产品市场热点频现，在生鲜电商通路，新零售方式聚集了全球鲜活的水海产品，吸引更多消费者。各地举办“龙虾节”“阳澄湖大闸蟹”等活动形成品牌效应，有效带动地方经济发展。

表3　2017年度冷冻水产品加工业主要经济指标

行业分类	企业数（个）	主营业务收入（亿元）	同比增长（%）	利润总额	同比增长（%）
冷冻冷藏食品工业	11338	25986.58	5.67	1389.93	2.08
其中：冷冻水产品加工	1460	3770.11	6.5	202.45	5.9
鱼糜制品及水产品干腌制加工	417	760.98	1.5	43.92	2.6

在当前消费升级的形势下，鱼糜制品业取得长足发展。在团餐、火锅连锁等市场需求拉动，鱼糜制品市场趋旺。2017年，鱼糜制品行业规模达到761.0亿元，同比增长1.5%。

鱼糜制品生产的龙头企业——福建安井食品股份有限公司运用资本力量，于2017年2月22日安井食品在上交所挂牌上市，2017年，集团销售收入34.84亿元。公司突出技术进步为引领，建成了国家级企业技术中心、有效提升企业的研发实力及检测能力，为企业蓬勃发展奠定了良好的技术基础。

（3）速冻米面食品制造业

冷冻冷藏的品种越来越多样化，5大类冷冻食品中，调制食品发展较快，每年以近10%左右的速冻增长。近来突破以传统中式点心为主的局面，逐步扩大到菜肴、米饭等新类别产品的开发生产，以新型家庭替代餐的形式出现。冷冻面米食品进入寻常百姓家庭，成为不可或缺的日常食品。

2017年，速冻米面食品制造业完成主营业务收入1041.1亿元，同比增长7.9%，实现利润总额59.53亿元，同比增长2.3%。生产速冻米面食品568.2万吨，同比增长5.9%。

（4）冷冻饮品制造业

2017年，冷冻饮品制造业行业运行抢眼，在冷冻冷藏食品各行业中唯一实现了两位数增长的行业。冷冻饮品市场消费升级，推崇文化消费，休闲消费，场所消费模式，一方面高端产品不断推出，获利空间上升；另一方面传统特色产品占据市场一片江山，“老味道”“寻找当年的味道”传统产品得到推崇。市场拉动冷冻饮品制造业销售、利润同步增长。

2017年规模以上冷冻饮品制造业完成主营业务收入471.71亿元，同比增长14.5%，生产冷冻饮品378.2万吨，同比增长7.2%。实现利润总额31.37亿元，同比增长14.4%。

4.产业转型升级成效显著

2017年，冷冻冷藏食品创新研发如火如荼。大量新技术、新装备得到应用，行业智能化水平提高，有力地提高劳动生产率。冷冻冷藏食品工业实现产品创新升级、技术装备升级、经营模式转型升级，“产业升级”成为全年行业运行主旋。行业加速迈向高端产业的步伐。

（1）冷冻冷藏食品产业技术装备升级

80年代，我国引进了隧道、螺旋式、流化床等冷冻技术，大大缩短了冷冻的时间，提高了冷冻食品的生产能力和加工水平。伴随工业技术进步，科技水平提高，当前新的冷冻技术研发应用（超声冷冻技术、高压冷冻技术、冰核活性细菌冻结技术、生物冷冻蛋白技术、即时冻结系统等），通过均匀分布并细化冰晶颗粒，达到减少速冻工艺对食品组织内部的损伤，极大改善了速冻食品的品质，保持原有食品品质的冷冻食品。对开发冷冻冷藏新产品提供技术保障。

（2）催生新型冷冻冷藏食品品类

新技术、新装备的应用，催生了冷冻冷藏新食品类别和门类的出现。冷冻冷藏食品工业正在悄然推动着一场“家庭厨房革命”和餐饮制作模式的“变革”。促进产品结构升级。冷冻冷藏食品市场发展呈现：多样化、方便化、多功能化、组合化、高转化率化、无害卫生化。速冻中式菜肴、西式菜肴、炒饭等各类调理品，从早餐、中餐、晚餐到各式点心、汤料、甜食，还有低盐、低糖、低脂肪的病人食品、老年食品等冷冻食品，一一得到研发，应有尽有。

市场上充实了冷冻蔬菜、速冻中式菜肴制品或预制品、保健食品、调味品和复合调味汁、冷冻烘焙食品生产及冷冻浓缩果汁加工业等，极大丰富冷冻食品种类。

（3）市场渠道延伸与拓展

在冷冻冷藏食品进入千家万户百姓家庭的同时，群体消费冷冻冷藏食品的比例越来越大，由于速冻食品的免清洗、免前加工、简单易操作等特征，促进冷冻食品市场渠道延伸至餐饮业、单位、学校、军营、航空、船舶、旅游、火车、快餐业等领域。越来越多的餐饮饭店建造中央工厂，集中生产加工食材，低温运送到门店，速冻食品与餐饮渠道的无缝对接，极大地提高了劳动生产率，促进中餐标准化水平。

（4）经营模式创新升级

冷冻冷藏食品工业企业以市场需求为导向，多方开拓市场经营新市场渠道。互联网技术得到广泛运用，“订制”生产成为市场新常态。

随着生鲜电商、跨境电商、食材配送、餐饮外卖及O2O市场的快速崛起，新的市场营销模式为冷冻冷藏食品提供了崭新市场天地，冷链建设逐步完善，促进冷鲜电商全产业链整合发展，掀起新型网络消费热潮。“盒马鲜生”“顺丰优选”“我买网”等生鲜电商销售量节节攀升。传统企业+互联网重新塑造冷冻冷藏食品企业。

5. 积极参与国际食品市场竞争

据海关统计，2017年，我国冻品进出口2350.5亿元人民币，占同期食品进出口总值20%，同比增长3.3%；其中出口1125.8亿元，增长1.8%；进口1224.7亿元，增长4.6%。行业运行呈现以下特点：

一般贸易占逾7成。2017年，我国以一般贸易方式进出口冻品1674.9亿元，同比下降0.5%，占同期我国冻品进出口总额的71.3%；其中出口806.5亿元，下降2%；进口868.3亿元，增长1%。同期，以加工贸易方式进出口379.2亿元，增长7.3%，占16.1%；其中出口237.8亿元，增长6.3%；进口141.4亿元，增长9.1%。

民营企业占主导。2017年，我国民营企业进出口冻品1687亿元，同比增长2.9%，占71.8%；其中出口874.4亿元，增长2.2%；进口812.6亿元，增长3.6%。外商投资企业进出口530.9亿元，增长4.6%，占22.6%；其中出口224.5亿元，下降1.3%；进口306.4亿元，增长9.4%。国有企业进出口132.7亿元，增长2.6%，占5.6%；其中出口27亿元，增长20.5%；进口105.7亿元，下降1.2%。

进出口商品结构更趋集中。2017年，出口额位居首位的为水产品，出口234.4万吨，同比增长3.6%，价值592.6亿元，同比增长1.4%；蔬菜出口738.8万吨，增加14.5%，价值456.7亿元，同比增长2.2%；上述2项商品合计占冻品出口总额的93.2%。进口值位居首位的为肉制品，进口389.8万吨，同比下降11.3%，价值639.8亿元，同比下降4.2%；水产品进口251万吨，同比增长12%，价值463.5亿元，同比增长19.2%；上述2项商品合计占冻品进口总额的90.1%（表6）。

表6 2017年我国冻品分类统计表

商品	出口				进口			
	第一数量(万吨)	数量同比(%)	人民币值(亿)	值同比(%)	第一数量(万吨)	数量同比(%)	人民币值(亿)	值同比(%)
合计	1019.9	11.1	1125.8	1.8	1475.4	1.3	1224.7	4.6
肉制品	30.9	5.7	61.8	4.3	389.8	-11.3	639.8	-4.2
水产品	234.4	3.6	592.6	1.4	251.0	12.0	463.5	19.2
蔬菜	738.8	14.5	456.7	2.2	829.9	5.2	111.1	5.7
水果	15.8	-5.9	14.7	0.1	4.8	5.7	10.3	9.5

与东盟贸易明显增长，为我国冻品外贸第一大伙伴。2017年，东盟为我国最大冻品进出口贸易伙伴，进出口398.6亿元，同比增长6%，占17%；其中出口252.5亿元，同比增长3.5%；进口146.1亿元，同比增长10.8%。欧盟为第二大贸易伙伴，进出口317.2亿元，同比下降13.9%，占13.5%；其中出口126亿元，同比增长3.4%；进口191.2亿元，同比下降22.4%。美国是第3大冻品贸易伙伴，进出口279亿元，同比增长3.9%，占11.9%；其中出口110.3亿元，同比增长3.2%；进口168.7亿元，同比增长4.4%（表7）。

表7 2017年我国对主要冻品贸易伙伴进出口表

国别或地区	进出口合计		出口		进口	
	金额（亿元）	同比（%）	金额（亿元）	同比（%）	金额（亿元）	同比（%）
东盟	398.6	6.0	252.5	3.5	146.1	10.8
欧盟	317.2	-13.9	126.0	3.4	191.2	-22.4
美国	279.0	3.9	110.3	3.2	168.7	4.4
日本	171.8	5.2	166.6	5.3	5.2	4.4
香港地区	158.4	11.3	158.4	11.3	.	.
巴西	139.8	-6.4	13.4	-19.7	126.4	-4.8
俄罗斯联邦	135.6	10.9	40.2	16.7	95.4	8.7
加拿大	105.1	5.2	22.1	5.4	83.0	5.2
澳大利亚	91.0	46.8	7.2	-15.8	83.8	56.8
新西兰	90.9	19.8	1.9	-6.3	89.0	20.6

数据来源：海关统计咨讯网

6.冷链物流建设成效显著

2017年在城镇化、消费升级带动下，我国冷链物流基础设施，网络建设发展迅速，呈现以下特点：

政府高度重视，支持冷链发展。中央和地方政府出台了多项冷链政策。国办印发《国务院办公厅关于加快发展冷链物流保障食品安全促进消费升级的意见》（国办29号文件），政策保障，支持冷链物流发展。从食品安全的角度，促进民生消费升级。

基础施设不断完善 冷链快速增长。据行业协会统计，全国2017年冷藏冷冻库总容量4775万吨，同比增长6.9%，折合11937万立方米，同比增长13.7%。全国冷藏车和保温车保有量约为13.4万辆，同比增长1.9万辆。

第3方冷链物流发展较快，2016年，百强企业收入225亿元，同比增长29.3%，呈现出网络化、规模化、集团化的发展势头。资本大鳄进入冷链，加快整合。京东物流、万科、新希望纷纷布局冷链，冷链市场格局出现大的变化。

生鲜电商引人注目。据有关机构预测，2017年中国生鲜电商市场规模达到1650亿元，同比增长50%，生鲜电商以产地直销为主，缩短中间环节，产品信息更加透明，有效满足消费者需求。平台交易得以高速发展。新零售线上线下融合发展，新的销售模式带动冷链增长。

综合政府的大力支持，及市场需求的拉动，冷链建设取得显著成效，是消费升级的保障，对冷冻冷藏食品的流通销售起到支撑作用。

【b.行业运行趋势判断】

2017年，冷冻冷藏食品行业还面临诸多行业发展的瓶颈问题，如：中小企业融资难等金融短板，技术水平制约创新能力，冷冻成本居高不下等；疫病等突发因素不利于行业稳定运行；冷冻冷藏食品行业是外向型经济产业，与国际金融、国际贸易形势息息相关，全球经济贸易环境波动，极大影响到行业健康发展。

综合以上各方面情况，对2018年，冷冻冷藏食品行业发展趋势做出以下判断：2018年，全国冷冻冷藏食品工业作为消费升级的重要基础产业，在国家产业政策指导下，冷冻冷藏食品市场宏观向好。但应考虑到国内外经济形势波动及疫病等突发因素，对行业产生的不利影响。全年冷冻冷藏食品行业将保持稳定运行。

1. 继续发挥出民生基础产业的支撑作用

在中央1号文件、党的十九大精神引导下，国发29号文件扶持下，冷冻冷藏食品行业宏观面向好，2018年，冷冻冷藏食品工业规模将持续扩大，市场消费升级，继续良好增长，预计全年市场规模将达到2.8万亿元，工业生产稳定在5%左右。

不排除受到价格、疫情、国际贸易等不确定因素影响出现波动，在价格周期作用下，出现市场价格波动，影响屠宰及肉制品加工业的生产。在国际贸易、突发疫情等不确定因素影响下，行业增长速度趋缓，部分产品市场出现波动，但在城镇化建设进程、消费市场升级拉动下，冷冻冷藏食品工业将稳定良好发展。

2. 冷链建设进一步发展，有效保障冷冻冷藏食品产品安全

在国发29号文件等国家产业政策支持下，更多的龙头企业进入冷链市场，冷链基础施设更加完善，服务水平得到提高，依托冷链物流行业通路，冷冻冷藏食品市场拓展。

3. 市场规模进一步放大

新零售、生鲜电商带来崭新销售模式，冷冻冷藏食品市场增量上升；生鲜电商通路为冷冻冷藏食品工业企业插上隐形翅膀，市场消费潜力进一步释放，消费市场将保持平稳较快增长。越来越多的冷冻冷藏预制食品进入餐饮、酒店、集体餐领域，业务用量进一步增长。

中国食协冷专委根据自身行业特点，综合食品市场新零售发展趋势，积极与龙头电商平台——京东商城生鲜事业部、天猫生鲜事业部对接，在提高产品质量，加强标准化建设各个领域强强联合，优势互补。引导会员学习新零售经验，依据大数据分析，促进行业健康发展运行。

4. 订制精深加工产品走俏。在当前订制化市场中，冷冻冷藏新产品不断出现

保健冷冻食品，特殊膳食冷冻调理食品，中式制品或预制品、调味品和复合调味汁、冷冻面团生产及冷冻浓缩果汁加工业等市场将进一步扩大。

中国食协冷专委积极倡导产品创新，鼓励增品种，创品牌，提品质。促进市场消费升级，提升行业整体水平。推选出第一批“中国冷冻冷藏食品工业三品示范企业”：上海联豪食品有限公司、荣成泰祥食品股份有限公司、正大食品企业（秦皇岛）有限公司、郑州思念食品股份有限公司、海通食品集团有限公司、上海领鲜物流有限公司、南侨食品集团（上海）有限公司、福建安井食品股份有限公司、京鲁渔业有限公司、河北福成五丰食品股份有限公司三河速食品分公司、苏州味知香食品有限公司榜上有名，协会著书推广宣传以上单位的工作经验。

中国食协冷专委组织创新食品展示、发布会，引导市场升级，加快中餐产业化步伐，掀起食品企业创新研发工作热潮，将市场占有率较高、工业化生产较成熟的产品列入“2017中冷推荐预制包装菜肴”。广州酒家集团利口福食品有限公司：红烧猪手、珍味品鲍鱼鹅掌、秘制羊肉；福建亚明食品有限公司：亚明猪颈肉、梦8系列、雪花牛肉粒；福建安井食品股份有限公司：安井麻辣小龙虾；苏州味知香食品有限公司：原汁扇贝、无骨鱼片、蚝油牛柳；河南众品食业股份有限公司：众品霸王肘；洛阳正大食品有限公司：狮子头、台式卤肉；山东得利斯食品股份有限公司：酸菜鱼、山笋烧肉、鲍汁杏鲍菇、热狗大亨；苏州市好得睐美食食品有限责任公司：蟹肉鱼面筋、玉米比萨、多味方腿；河北福成五丰食品股份有限公司三河速食品分公司：酸汤肥牛；山东佳士博食品有限公司：黄金蛋饺、鸡翅包饭、包心卷；荣成泰祥食品股份有限公司：鲅鱼饺子；荣成神农实业发展有限公司：台式卤肉调理包；蓬莱汇洋食品有限公司：金丝流连虾、舞动花枝串、虾堡排、深海鳕鱼排等创新产品，代表了当前工业化前端水平。

2017年5月，中国食协冷专委举办2017中国优秀厨师冷冻食材创意大赛，得到中国航食分会、各大

航空公司的重视。由北京空港、上海佳美、海南航空、新疆汉莎、上海金茂金悦、上海日上免税行、三亚航食、黄山佰翔等8支代表队，通过航旅厨师创新交流，匠心打造，推出新品，助力冷冻冷藏食品健康发展。

5. 标准体系不断完善，食品质量安全得到保障

在国家主管部门的支持下，冷冻冷藏食品行业标准体系将更加健全，出台行业标准规范，提高冷冻冷藏品质量安全水平。为消费者提供更多的营养安全的食品。

为了提高牛排产品质量水平，经中国食协冷专委组织申报，工业和信息化部（工信厅科[2017]106号）文件下达了《牛排》《牛排质量等级》两项行业标准制定任务。中冷委组织了由中国肉类综合食品研究中心、上海联豪食品有限公司等牛排生产龙头企业，组成肉类行业产、学、研结合的标准起草工作组，开展检测样品，收集数据，科学地开展行业标准制定工作。

中国食品工业协会[2017]20号文件，将中冷委申报的《预制包装菜肴》《冷冻冷藏食品术语与分类》两项团体标准列入2017年第一批团体标准制定任务。《冷冻冷藏食品术语与分类》团体标准将梳理行业标准体系，完成行业顶层设计，是行业纲领性文件。《预制包装菜肴》团体标准将指导团餐、快餐等集体餐的质量要求，提升产品质量管理水平。

2017年初，中国食协冷专委组织的《冷冻食品术语分类》起草工作组，完成行业标准报批稿，经过行业专家审定，上报国家工信部。这是一部行业纲领性基础标准，将冷冻食品行业标准科学分类、系统进行顶层设计，起到指导冷冻食品行业规范发展的作用。

2017年第四季度，中国食协冷专委组织的《冷冻烘焙食品》起草工作组，完成行业标准报批稿，经过行业专家审定，上报国家工信部。这是一部指导冷冻烘焙食品行业发展的基础标准，将起到规范和指导行业发展的作用。

6. 参与国际市场竞争，食材国际化成为趋势

伴随“一带一路”国家战略，中国与更多国家签定自贸协议，上海、广东、天津、福建自贸区运营，冷冻冷藏食品进出口业务进一步发展。国外牛、羊、猪肉、水产品进口量持续上升，冷藏保鲜蔬菜水果进出口贸易增长。冷冻冷藏食品继续承担食品对外贸易主要业务，是食品行业进出口贸易的骨干力量。冷冻冷藏食品原辅材料全球化进程进一步增加。

7. 生产集中度水平进一步上升

冷冻冷藏食品龙头骨干企业在市场竞争中，不断发展壮大，核心竞争力进一步提高，在冷链支持下，龙头企业市场份额得到提高，销售区域扩大。

姜燕京

2.13 乳制品制造业

【a. 概况】

2017年，全国乳制品行业稳定发展，乳制品生产、消费取得较好成绩，乳制品、婴幼儿配方乳粉的质量安全继续保持了稳定向好的发展态势，广大消费者对国产乳制品的信心进一步增强。

据国家统计局数据（月报），2017年，全国共有规模以上乳制品企业611家，同比减少16家，主营业务收入3590.41亿元，同比增长6.77%，同比增加1.01个百分点，利润总额244.87亿元，同比下降3.27%，销售收入利润率为6.82%。乳制品产量2935.04万吨，同比增长4.17%，其中，液体乳产量2691.66万吨，同比增长4.53%，乳粉产量120.72万吨，同比增长1.04%。

2017年，库存产成品总额87.85亿元，同比增长2.16%。库存产成品总额占销售总收入的2.45%，为正常库存量。

2017年，企业经济效益不佳，中小企业经营困难，亏损企业亏损额较同比增长，全行业亏损企业亏损额为32.63亿元，同比增长80.94%。行业亏损额与利润总额的比为1:7.5。

分地区情况看，河南省、山东省保持了较快的乳制品增长速度。产量上，乳制品产量居前的省区市为河北、河南、内蒙古、山东和江苏，5省区乳制品总产量为1399.91万吨，占全国的47.70%，占比同比减少1.42个百分点。其中，液体乳产量居前的省区市为河北、河南、内蒙古、山东和江苏，5省区液体乳总产量为1348.23万吨，占全国的50.09%，占比同比减少0.07个百分点。乳粉产量居前的省区市为黑龙江、陕西、内蒙古、山东和河北，5省区合计生产乳粉87.16万吨，占全国的72.20%，占比同比减少1.62个百分点。（各产品及省区市产量情况见表1、表2、表3）

表1 2017年全国乳制品产量前5省区市情况

位单位：万吨

地区	产量	同比增长/%	占全国比例/%
全国总计	2935.04	4.17	100.00
河　北	372.85	0.62	12.70
河　南	351.37	14.92	11.97
内蒙古	263.41	1.93	8.97
山　东	251.11	19.90	8.56
江　苏	161.16	−0.19	5.49

资料来源：国家统计局月度统计

表2 2017年全国液体乳产量前五位省区市情况

单位：万吨

地区	产量	同比增长/%	占全国比例/%
全国总计	2691.66	4.53	100.00
河　北	362.03	0.50	13.45
河　南	350.71	14.95	13.03
内蒙古	246.79	1.96	9.17
山　东	243.30	25.95	9.04
江　苏	145.40	−2.93	5.40

资料来源：国家统计局月度统计

表3 2017年全国乳粉产量前五位省区市情况

单位：万吨

地区	产量	同比增长/%	占全国比例/%
全国总计	120.72	1.04	100.00
黑龙江	43.48	3.97	36.01
陕　西	24.93	12.92	20.65
内蒙古	8.06	−1.58	6.68
山　东	5.64	49.49	4.67

地区	产量	同比增长/%	占全国比例/%
河　北	5.05	-0.15	4.18

资料来源：国家统计局月度统计

1. 价格

（1）原料价格 2017 年，国内奶源供应比较稳定，价格维持高位运行，产奶旺季价格小幅回落，旺季过后价格逐渐回升。

据农业部对内蒙古、河北等 10 个奶牛主产省（区）[河北、山西、内蒙古、辽宁、黑龙江、山东、河南、陕西、宁夏、新疆。2013 年 10 省（区）生鲜乳产量占全国的 82.6%。] 生鲜乳平均价格的调查数据，2017 年 1 月平均价格 3.54 元 / 千克，6 月为 3.42 元 / 千克，8 月为 3.41 元 / 千克，12 月为 3.52 元 / 千克。12 月全国主产区生鲜乳平均价格同比上涨了 0.30%。

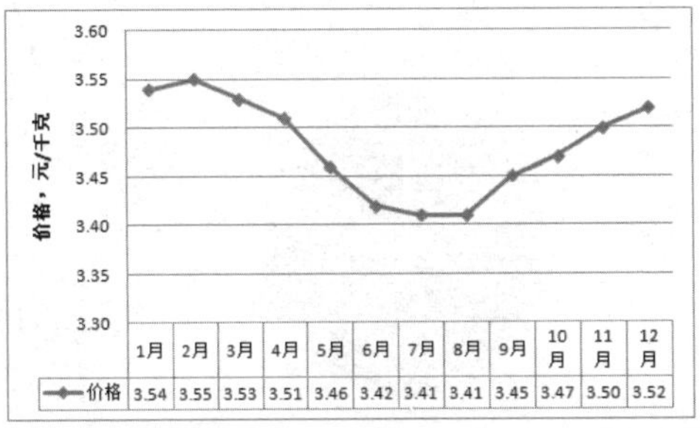

图1 2017年全国主产区生鲜乳平均价格变化情况

资料来源：农业部监测数据

（2）乳制品零售价格 2017 年，乳制品价格小幅波动，全年平均价格微涨。根据国家统计局的调查数据，前三个月价格同比有所降低，1 月份，降幅最大为 0.5%，随后乳制品价格逐步回升， 12 月涨幅最大为 0.6%，全年乳制品平均价格同比上涨 0.1%，同期食品全年平均价格下降 1.4%。

2. 市场

2017 年，乳制品消费继续保持增长，消费增长空间主要由进口产品占据，进口产品的大量进口对国产乳制品，尤其是乳粉的销售仍然存在冲击。2017 年底，行业应收账款为 380.21 亿元，同比增长 14.46%；产成品存货 87.85 亿元，同比增长 2.29%，企业库存产品总量基本保持稳定。

3. 投资

根据国家统计局月报数据，2017 年 12 月，行业资产总计为 2972.46 亿元，同比增长 6.73%，增速同比下降 1.97 个百分点。全年乳制品投资增长较为平稳，行业投资集中于牧场建设、新建工厂、现有工厂的升级改造，以及继续海外投资发展。

4. 行业集中度

2016 年、2017 年，行业的集中度进一步提升。根据中国乳制品工业协会统计，2016 年，前 15 家大型骨干企业销售收入达 2084.4 亿元，占全行业销售总收入的 59.5%，占比同比增加 5.6 个百分点；各产品产量前 15 家企业的情况分别为：乳粉产量 53.2 万吨，占全行业的 38.3%，其中婴幼儿乳粉产量达 33.7 万吨，占全行业的 48.0%；液体乳产量 1476.3 万吨，占全国行业的 53.9%，其中灭菌纯乳产量 611.0 万吨，占全国行业的 57.7%，发酵乳产量 417.6 万吨，占全国行业的 54.5%。

5. 进出口

2017 年，全国乳制品进口继续较快增长，共计进口乳制品 260.68 万吨，货值 93.38 亿美元，同比分别增长 12.91% 和 37.81%，进口乳制品货值占国内行业销售收入的 17.2%，同比增加 4.1 个百分点。其中：乳粉、液体乳、乳清类产品、婴幼儿乳粉、干酪、奶油、乳糖进口量较大，液体乳增速放缓，发酵乳、零售婴幼儿食品（其中婴幼儿乳粉占 97.8%）、乳粉继续较大幅度增长，具体进口情况见表 4。

表4 2017年全国乳制品进口情况

商品名称	数量/万吨	同比增长/%	金额/亿美元	同比增长/%
进口合计	260.68	12.91	93.38	37.81
液体乳1	66.76	5.28	8.79	37.46
乳粉2	71.81	18.85	21.68	46.67
炼乳	2.56	27.74	0.46	26.87
发酵乳	3.41	62.73	0.67	58.51
乳清类产品	52.96	6.49	6.66	47.37
奶油	9.16	11.89	5.00	64.99
干酪	10.80	11.14	4.97	18.63
乳糖	8.79	0.87	0.93	33.00
零售婴幼儿食品	30.25	34.29	40.72	32.60
酪蛋白	1.87	-11.48	1.45	7.45

续表 4

商品名称	数量/万吨	同比增长/%	金额/亿美元	同比增长/%
白蛋白	2.32	18.73	2.03	57.74

注：1.液体乳数据不包括发酵乳。2.乳粉数据不包括婴幼儿配方乳粉。

数据来源：中国海关

从进口来源看，新西兰仍然是我国最大的乳制品进口来源地，其次是美国、德国、法国和澳大利亚，我国分别从这些国家进口了 90.69 万吨、41.52 万吨、30.90 万吨、22.95 万吨和 17.43 万吨的乳制品，5 国合计占到总进口量的 80.36%。

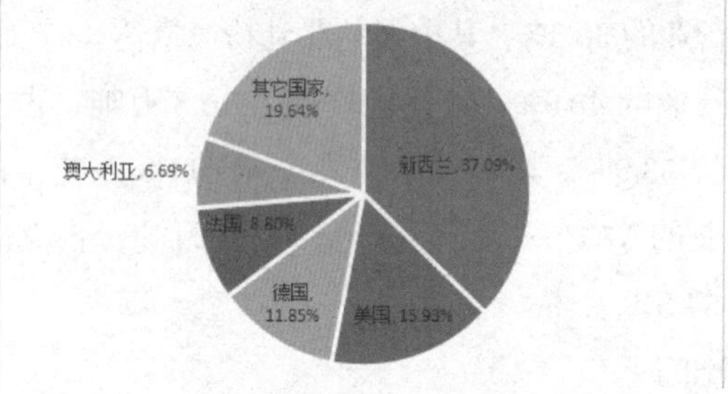

图 2 2017 年乳制品进口来源情况

资料来源：中国海关

其中，液体乳主要来源于新西兰、德国、法国、澳大利亚和波兰，进口量分别为21.00万吨、19.55万吨、9.19 万吨、7.62 万吨和 1.83 万吨，5 国合计占液体乳总进口量的 88.64%。

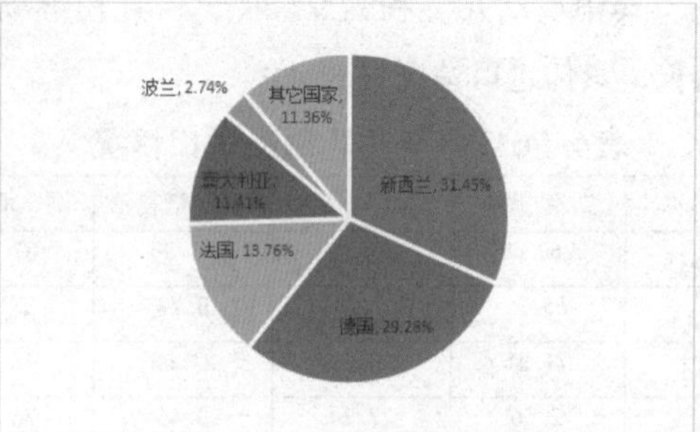

图3 2017年液体乳进口来源情况

资料来源：中国海关

乳粉主要来源于新西兰、澳大利亚、美国、德国和法国，进口量分别为 54.98 万吨、4.60 万吨、3.38 万吨、2.42 万吨和 2.22 万吨，5 国合计占乳粉总进口量的 94.14%。

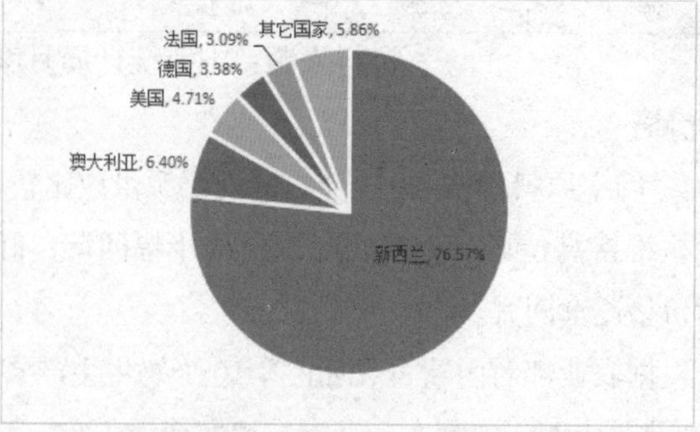

图4 2017年乳粉进口来源情况

资料来源：中国海关

乳清类产品主要来自于美国、法国、荷兰、波兰和爱尔兰，进口量分别为 29.05 万吨、6.15 万吨、4.08 万吨、3.07 万吨和 1.81 万吨，5 国合计占乳清粉总进口量的 83.39%。

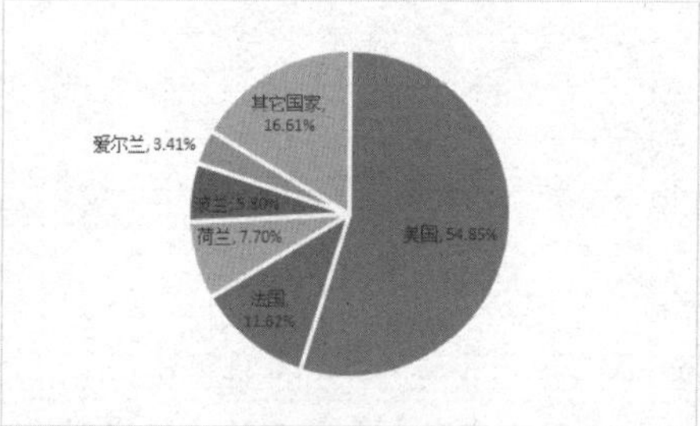

图5 2017年乳清类产品进口来源情况

资料来源：中国海关

零售婴幼儿食品主要来自荷兰、新西兰、法国、爱尔兰和德国，分别进口 8.79 万吨、4.74 万吨、4.30 万吨、3.79 万吨和 2.86 万吨，5 国合计占零售婴幼儿食品进口量的 80.89%。

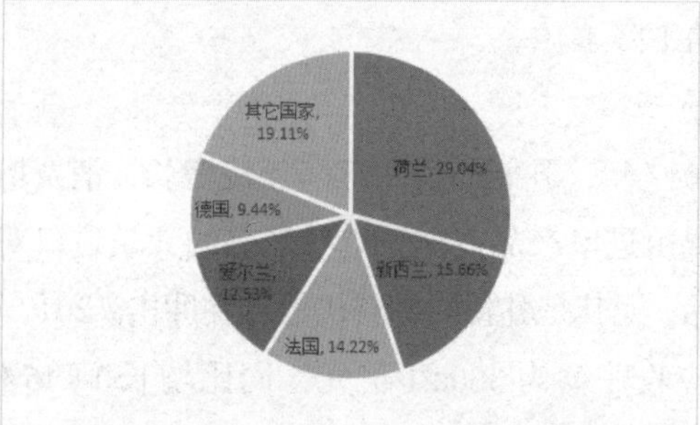

图6 2017年零售婴幼儿食品进口来源情况

资料来源：中国海关

干酪主要来自于新西兰、澳大利亚、美国、丹麦和意大利，进口量分别为5.49万吨、2.11万吨、1.29万吨、0.41万吨和0.33万吨，5国合计占干酪总进口量的89.11%。

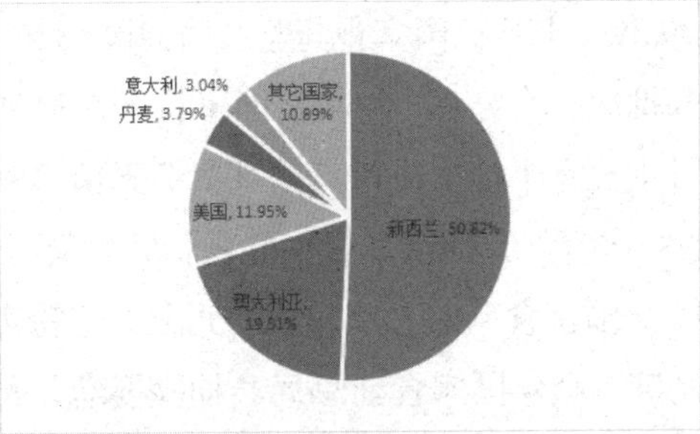

图7 2017年干酪制品进口来源情况

资料来源：中国海关

乳糖主要来自于美国、德国、荷兰、波兰和新西兰，进口量分别为6.52万吨、0. 79万吨、0.48万吨、0.32万吨和0.22万吨，5国合计占乳糖总进口量的94.86%。

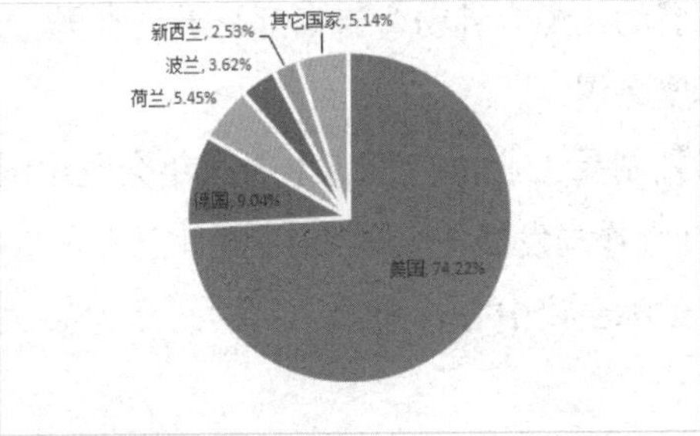

图8 2017年乳糖进口来源情况

资料来源：中国海关

奶油主要来自于新西兰、法国、比利时、澳大利亚和荷兰，进口量分别为7.88万吨、0.56万吨、0.23万吨、0.20万吨和0.13万吨，5国合计占奶油总进口量的98.30%。

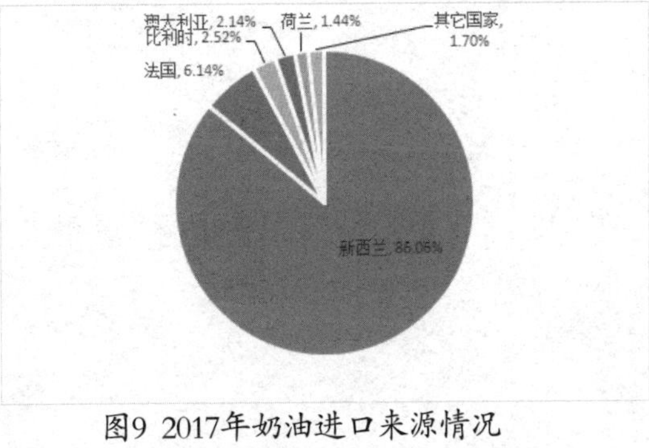

图9 2017年奶油进口来源情况

资料来源：中国海关

酪蛋白主要来自新西兰、荷兰、法国、美国和德国，分别进口1.21万吨、0.38万吨、0.11万吨、0.07万吨和0.03万吨，5国合计占酪蛋白总进口量的96.95%。

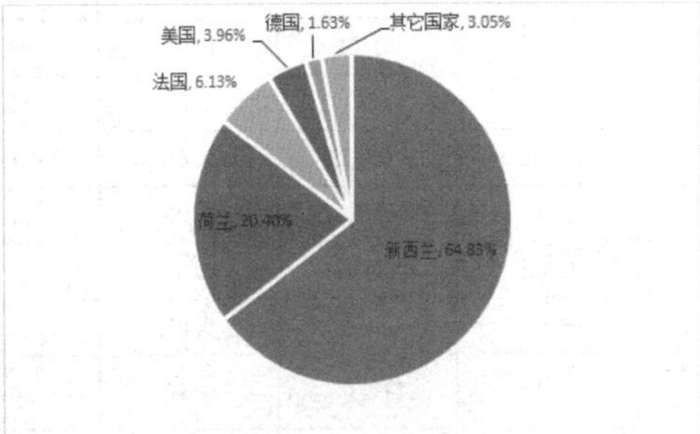

图10 2017年酪蛋白进口来源情况

资料来源：中国海关

2017年，全球乳制品贸易供求状况逐渐得以改善，国际乳制品价格逐渐回升。具体产品进口价格情况见表5。

表5 2017年乳制品进口价格情况

单位：美元/吨

商品名称	12月价格	同比增长/%	1-12月平均价格	同比增长/%
液体乳1	1458	49. 11	1317	30. 57
乳粉2	3247	18. 15	3020	23. 40
炼乳	1923	13. 03	1809	-0. 68
发酵乳	1946	10. 58	1957	-2. 59
乳清粉	1131	4. 71	1258	38. 39
奶油	6374	71. 93	5460	47. 45
干酪	4890	12. 00	4606	6. 74
乳糖	927	-0. 16	1064	31. 85
婴幼儿零售食品	12841	-5. 40	13459	-1. 26
酪蛋白	7962	14. 91	7797	21. 39
白蛋白	10847	47. 16	8739	32. 86

注：1. 液体乳数据不包括发酵乳。2. 乳粉数据不包括婴幼儿配方乳粉。

数据来源：中国海关

2017年，我国乳制品出口有所增长。全年乳制品出口3.86万吨，货值1.32亿美元，同比分别增长12.84%和51.70%。其中，液体乳、婴幼儿零售食品、乳粉、炼乳、发酵乳、奶油是出口的主要产品，具体出口情况见表6。

表6 2017年全国乳制品出口情况

商品名称	数量/万t	同比增长/%	金额/亿美元	同比增长/%
出口合计	3.86	12.84	1.32	51.70
液体乳1	2.32	1.47	0.21	2.25
乳粉2	0.28	-20.40	0.09	-41.16
炼乳	0.23	-0.01	0.05	-6.65
发酵乳	0.22	156.17	0.04	175.19
乳清粉	0.02	105.53	0.00	101.99
奶油	0.17	62.98	0.08	111.99
干酪	0.02	17.55	0.01	43.20
乳糖	0.05	-30.47	0.03	11.08
婴幼儿零售食品	0.48	112.05	0.76	134.44
酪蛋白	0.08	78.65	0.04	34.52
白蛋白	0.00	668.76	0.01	-18.69

注：1. 液体乳数据不包括发酵乳。2. 乳粉数据不包括婴幼儿配方乳粉。

数据来源：中国海关

我国乳制品出口主要是为香港澳门地区提供产品，2017年共向香港澳门地区出口乳制品3.22万吨，同比增长7.67%，占总出口量的83.59%。

2017年，我国乳制品进出口数量逆差256.82万吨，同比增长12.92%，金额逆差92.05亿美元，同比增长37.63%。

【b. 行业大事记】

1. 婴幼儿配方乳粉配方注册顺利实施

2017年，国家正式对婴幼儿配方乳粉产品实施配方注册，从2018年1月1日起，未经注册批准的产品将不能进行生产。截至2017年底，国家食药总局共批准了国内外130个工厂的952个配方，其中婴儿配方319个，较大婴儿配方316个，幼儿配方317个，具体情况见表7。

表7 2017年底我国婴幼儿配方注册情况

项目（单位：个）	工厂数	配方数量
国内外总计	130	952
其中：国内	93	743
国外	37	209
其中：羊乳配方	35	204
国内羊乳配方	29	184
国外羊乳配方	6	20

数据来源：国家食药总局网站查询结果

2. 乳制品质量稳定可靠

根据收集到的国家监督抽检结果：2017年，全国乳制品监督抽检共计40203批次，不合格批次266个，合格率99.3%。其中，国家食药监总局抽检1340批次，不合格5批次，合格率99.6%。国家食药总局抽检不合格项目主要有1批次进口灭菌乳商业无菌检测不合格，3批次干酪酵母超标，1批次酸乳脂肪含量不合格。

2017年国家食药监总局对婴幼儿配方乳粉实施月月抽检制度，全年国家食药总局共抽检婴幼儿配方乳粉2657批次，合格2650批次，合格率99.7%。主要不合格项目为2批次产品阪崎肠杆菌超标，2批次产品符合食品安全国家标准，但不符合标签标示值，2批次产品标签营养标示方式错误，1批次产品标签营养素单位错误。

在2017年国家监管部门抽检的34大类食品中，乳制品、婴幼儿配方乳粉合格率都是最高水平。

3. 行业年度会议

中国乳制品工业协会第二十四次年会暨中国全球乳业2018合作与发展论坛于2018年8月24—26日在西安曲江国际会议中心召开。

岳增君

2.14 罐头食品制造业

罐头行业作为我国传统的食品加工制造行业，每年有超过1000千万吨的水果、蔬菜和畜禽原料用于加工。2017年中国罐头行业各个方面都在发生着深刻而积极的变化，全行业生产、经营各项工作继续保持稳定持续发展。但行业总体创新力、产品风貌、国内市场潜力以及机械化生产等方面仍有较大提升空间。

【a.概况】

1.主要指标完成情况

根据对规模以上892家罐头企业统计的数字显示，2017年，我国罐头行业完成产量累计为1239.56万吨，同比下降3.30%，全行业主营业务收入为1753.87亿元，同比增长了0.11%，同比基本持平，全行业利润总额100.27亿元，同比增长3.33%。

2.行业发展分析

（1）价格

罐头产品的价格主要受原辅材料、人工成本和汇率影响。2017年，原料价格总体大致平稳，由于，近年来，罐头企业纷纷开始注重控制原料质量和成本，例如，发展冷冻猪肉作为原料储备、大力发展原料种植基地，规模化饲养和种植从源头上保障了原料价格的稳定，同时，原料的质量也有所保障。2017年，人民币大幅增值，对出口较为不利，另外面对国内不断攀升的人工劳动、环保成本，企业加大了对机械化、连续化和环保的投入，在生产中节能降耗，进一步抑制了成本价格的上扬，并取得了一定成果。但行业内部分品种市场依然存在着出口竞争中以压低价格打价格战的方式来争夺市场、去库存的现象。

根据海关数字计算，2017年，我国罐头出口累计平均价格为1697.76美元/吨，同比增长4.73%。

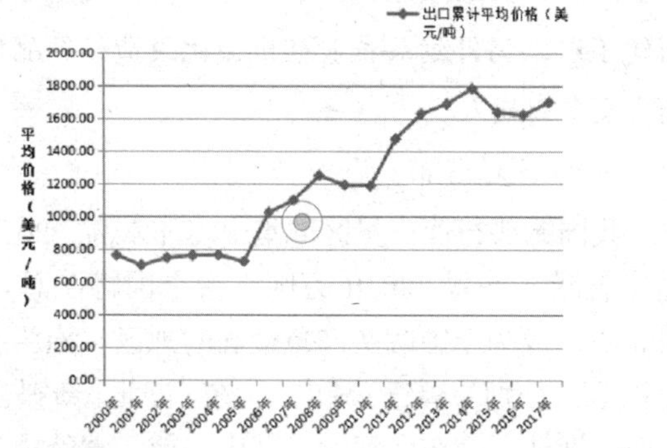

图1 2000-2017年我国罐头出口累计平均价格走势图

数据来源：中国海关

（2）市场

2017年，我国罐头总出口量有所下降，但幅度不大。出口总量占国内罐头总产量的22%，国际市场总体较为稳定。国内市场近年来发展良好，由于餐饮及焙烤行业对罐头产品需求不断扩大，企业也对国内市场加大重视，重点在国内进行提品质、创品牌活动，发掘市场潜力（见图2）。

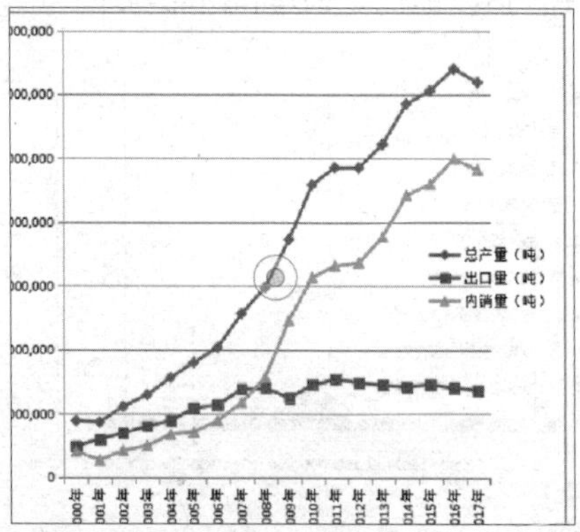

图2 2000-2017年我国罐头总产量、出口量及内销量情况表

数据来源：国家统计局、中国海关

（3）投资

2017 年，全国规模以上罐头食品制造企业资产总计 958.21 亿元，同比基本持平，行业流动资产总计 490.45 亿元，同比增加 4.83%。

由于，不同品种产品市场发展不均衡，导致行业内投资分化较为严重。如番茄酱行业由于全行业当前产能过剩，处于洗牌阶段，基本无新增投资，而肉禽、水产类罐头产品由于市场较好，部分企业对生产线进行了扩建、升级改造，目前也有国外个别企业在中国新建工厂。另外罐头企业在机械化改造和新品包装创新方面多有投入。

（4）区域分布

我国罐头行业产量区域集中度非常高，2017 年，福建省罐头产量 328.91 万吨，占全国罐头总产量的 26.54%，成为全国罐头产量最高的地区。罐头产量前 10 的省份分别为福建、湖南、山东、湖北、新疆、安徽、广西、浙江、广东和河北。其中，前 4 省份罐头的产量占据全国产量的 54%，产量均超过 100 万吨。

由于，罐头产品的主要原料在未经加工时不便于贮存、运输，因此，我国罐头企业分布主要与当地原料及市场优势有关。例如，我国水产品类罐头的产区以广东、福建、浙江、辽宁等沿海地区为主产区；柑橘罐头以浙江、湖南、湖北等地为主产区；肉类罐头以上海、福建、四川为主产区；黄、白桃罐头以河北、山东、安徽和大连为主产区；蘑菇、芦笋罐头以福建、山东、河南为主产区；番茄酱以新疆、内蒙、甘肃为主产区；竹笋罐头以浙江、福建、江西为主产区；杂粮罐头主产区是浙江、福建和河北等地。

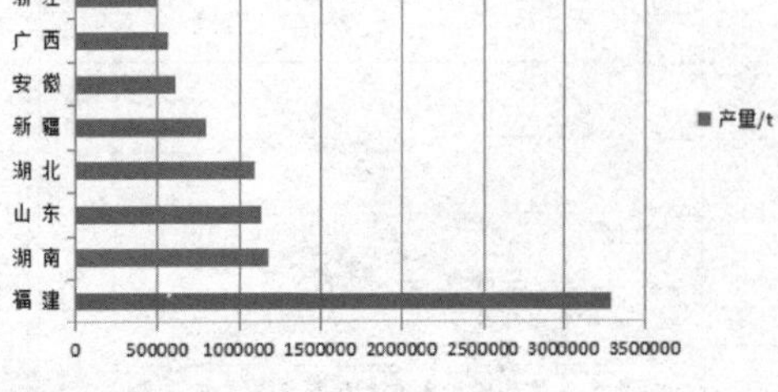

图3 2017年全国罐头十大生产省份（自治区）及产量

数据来源：国家统计局

（5）行业集中度

由于，罐头行业起步较早，且技术含量低导致行业入行门槛偏低，又由于，罐头行业加工受到原料供给制约，产品季产年销和平均利润率偏低等不利因素，又属于劳动密集型产业，导致企业很难做大做强。因此，罐头行业总体以中小企业居多，行业集中度不高。以柑橘罐头为例，行业加工柑橘罐头前十家企业加工总量不足行业 40%；番茄酱加工主要集中在新疆和内蒙古地区，由于，原料较为充足和国际市场需求量大，行业集中度相对其他产品略高，行业前 5 家企业加工总量约占行业 70%。粥类罐头由于原料充足，可以实现全年生产，且机械化程度较其他品种高，是业内集中度最高的类别。2017 年，由于国家对环保的重视，加大检查力度，逐步对落后企业进行淘汰，行业出现兼并重组，又随着个别品种行业进入洗牌阶段，行业总体集中度有所提升。

（6）进出口

①出口

据中国海关数据显示，2017 年，我国罐头出口总量为 274.48 万吨，同比下降 3.32%，出口总金额为 46.60 亿美元，同比增长 1.30%。

2017 年，我国罐头出口到全球 190 个国家和地区，出口市场的基本格局并没有发生实质性变化，日本、美国、欧盟、俄罗斯仍是中国罐头的最大出口市场。从国别出口量来看，中国罐头对其出口量超过 10 万吨的国家有 5 个，分别是日本、美国、俄罗斯、韩国和加纳，对这 5 个国家的出口量之和为 118.28 万吨，占全年中国罐头出口总量的 43% 左右（见图 4）。

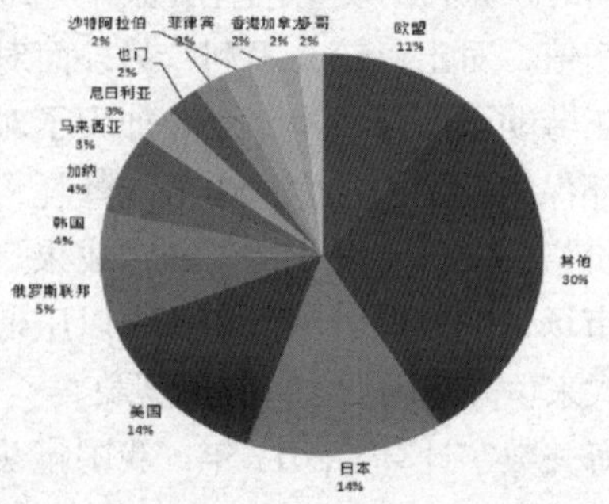

图4 2017年我国罐头出口主要国家和地区所占比重

②进口

2017年，我国进口罐头产品总量为12.04万吨，同比增长15.31%。进口额为2.58亿美元，同比增长16.52%。

近年来，由于，国内市场不断向好，吸引国外罐头食品进入中国市场日益增加，填补了一部分高端罐头食品需求的缺口，另外一些针对外国人饮食习惯的罐头食品也逐渐出现在国内市场，主要针对有该类饮食需求的消费者，同时满足了一部分市场好奇需求，其特点为总体量不大，但价格稍高于国产同类罐头产品。

2017年，国内进口罐头主要为水果罐头，其中，进口量最大的为黄桃、菠萝和什锦罐头。进口黄桃罐头主要来自于南非和希腊，由于其品质优良，色泽鲜艳，受到国内高端烘焙业和连锁快餐业的青睐。但在经历了前几年进口量高位增长率之后，于2016年、2017年均出现进口量下降的现象，主要由于国内相关生产企业根据市场需求改进产品质量，及时填补市场需求。而由于2017年国内市场菠萝罐头短缺，导致进口菠萝罐头激增。近年来，进口罐头产品累计平均价格逐年攀升，2017年，我国进口罐头产品累计平均价格为2145.45美元/吨，同比增长4.53%。

3. 重点行业概况

罐头产品按原料分为肉禽类罐头、水产类罐头、果蔬类罐头和其它类罐头。

表1 2017年我国罐头各品类经济运行情况表

项目	企业数/个	主营业务收入/亿元	主营业务收入同比	利润/亿元	利润同比
肉、禽类罐头	110	341.5	15.0%	18.6	17.66%
水产类罐头	48	129.8	0.82%	7.3	6.62%
果蔬类罐头	664	1133.4	-4.73%	63.7	-1.10%
其他类罐头	70	149.2	9.37%	10.7	7.33%

数据来源：国家统计局

（1）粥类罐头行业

粥类罐头是我国罐头品种中总量最大的单品，且行业集中度较高。根据国民饮食习惯，产品基本上全部内销。粥类罐头生产的连续化和机械化程度高，能一年四季生产，所以，产量较大，能形成规模效益。同时也是罐头行业中创新比率最高的品种，市场产品多样化较为突出。近年来，以八宝粥类罐头为例的产品以零售为主，另外一部分粥类产品供应餐饮集团消费，市场不断向好，发展较快。

（2）番茄酱罐头行业

美国、意大利和中国是世界上主要的番茄酱罐头生产国。根据世界番茄加工委员会（WPTC）数据显示，2017年，全球共加工3779万吨番茄原料，其中，中国加工594万吨。我国番茄酱罐头加工主要集中在新疆、内蒙古和甘肃地区，2017年，加工用原料种植面积约为100万亩，其中，新疆80万亩，内蒙古17万亩和甘肃2万亩。由于，种植当地天气状况非常理想，国内番茄原料产量高、质量好、采摘期长，产品质量普遍优于以往。目前，我国番茄酱罐头行业总体产能过剩，处于洗牌阶段，另外，环保督查整顿，部分不达标企业逐步被淘汰，全国182家番茄酱生产企业开机生产约为100家。在市场方面由于国人饮食多习惯食用新鲜番茄，因此，约90%番茄酱用于出口，而近年来，有国内企业对国内市场逐步进行深耕发展，在国内市场销售番茄酱产品取得了不错的市场效果。

2017年，据海关统计数字显示，全年出口番茄类罐头产品共计87.67万吨，同比下降8.69%，出口额6.74亿美元，同比下降9.81%。其中，大桶番茄酱（>5kg）出口量为48.67万吨，同比下降12.12%，累计平均单价725.89美元/吨，同比下降1.22%；小包装番茄酱（≤5kg）出口量36.21万吨，同比下降2.10%，累计平均单价818.15美元/吨，同比下降2.44%。2017年，全球番茄酱库存量依然居高不下，导致产品价格依旧在低位徘徊，另外欧洲市场货源充足，中国产品加上运费与关税，不具备与欧洲当地产品竞争的价格优势。

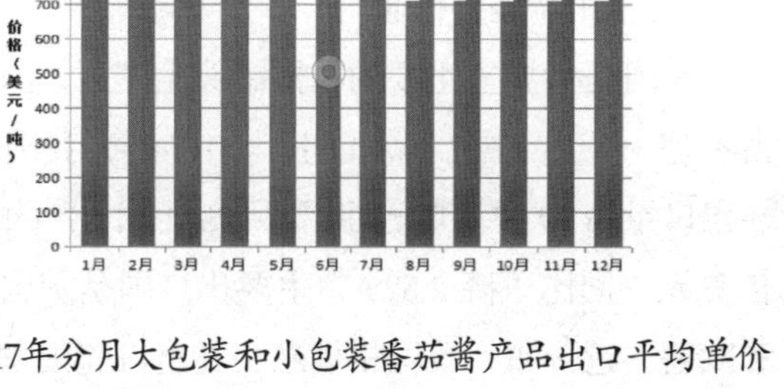

图5 2017年分月大包装和小包装番茄酱产品出口平均单价

数据来源：中国海关

（3）桃罐头行业

我国桃罐头加工用原料及生产企业主要集中在安徽砀山、山东临沂和辽宁大连等地，近年来，全国桃产业和市场总体呈现增长趋势，黄桃种植规模逐年扩大，加工企业增加，国内市场持续增长，随着“三品”战略的实施，企业加大对品牌培养的投入，逐渐形成一批全国或区域市场的品牌企业。据中国罐头工业协会统计，2017 年，全国桃罐头年产量超过 70 万吨，稳居世界第 1。近年来，由于，市场需求旺盛，且原料种植面积不断扩大，导致黄桃罐头产量逐年增长，但产品质量良莠不齐，市场上以次充好现象较为突出，影响国产黄桃罐头市场口碑，今后行业一方面应谨慎增产，避免产能过度扩张导致过剩，另一方面企业应努力提升产品品质，维护产品形象，营造产品良好口碑。

我国桃罐头近四分之一用于出口。从国际市场看，我国桃罐头加工竞争对手主要是南非、美国、希腊和阿根廷共 4 个国家。国际市场基本稳定，全球主要生产国的总加工量大体保持在每年 160 万吨左右的规模。2017 年，我国桃罐头出口 13.79 万吨，同比增长 2.66%，出口额 1.57 亿美元，同比下降 2.56%，主要出口国家依次是美国、日本、俄罗斯、墨西哥和加拿大，其中对日出口中白桃罐头占较大比例。在桃罐头国际贸易中，我国与希腊、南非等国家形成此消彼长、互补共存的关系，我国出口产品有相当一部分是 3kg 大罐，供应集团消费或者用作食品工业原料。对于我国桃罐头出口而言，主要是原料和人工成本的不断上升，削弱了产品竞争力，此外在产品质量上与国外同类产品存在一定差距，主要由于我国栽培原料品种较国外落后很多。

（4）柑橘罐头行业

我国是世界上主要的柑橘罐头生产国，国际市场占有率一直保持在 70% 以上，2017 年，我国柑橘罐头出口量为 29.07 万吨，同比下降 6.21%，出口额为 3.10 亿美元，同比下降 2.52%，主要出口国是美国、日本和欧盟。近年来，我国柑橘罐头在出口美国方面主要受到一些技术性贸易壁垒问题和欧盟持续对我国产柑橘罐头实施反倾销，导致国际竞争力下降。

柑橘罐头近年来国内市场发展较好，销售规模稳中有升。企业近年来重视柑橘罐头的连续化、机械化生产，有助于控制产品生产成本，保证了企业效益。在产品方面，柑橘罐头产品在包装、口感方面不断改善，在稳定既有消费群体的条件下，努力开发新品及扩展新的消费群体。从而促进内销市场不断扩大。另外在柑橘去皮设备、原料综合利用方面近年有所突破，助力行业向上发展。

（5）食用菌罐头行业

2017 年，我国食用菌罐头总产量约为 52 万吨，主要集中在福建、四川和山东等省份。目前，产品约一半用于出口，我国食用菌罐头总出口量为 22.64 万吨，同比下降 4.26%，出口额 3.85 亿美元，同比下降 4.11%，累计平均价格为 1699.13 美元 / 吨，同比基本持平。目前，我国食用菌罐头出口方面依然没有摆脱受到美国蘑菇罐头多年的反倾销和多菌灵事件的阴影，造成中国出口美国的食用菌罐头受阻，出口出现负增长。食用菌罐头在国内市场上销售主要针对西式餐饮、快餐连锁和星级酒店，销售近年来表现较为抢眼，实现稳步增长。近年来，企业为确保原料质量，控制农药残留，均建立智能化食用菌原料种植基地，基地的建立引导集中种植，不仅提升了原料质量，同时起到了节能、环保和降耗的作用。

（6）猪肉类罐头行业

2017 年，我国猪肉类罐头总产量近 20 万吨，其中约三分之一用于出口，主要出口东南亚国家和中国香港地区。我国共出口猪肉类罐头 4.31 万吨，同比增长 10.60%，出口额为 1.32 亿美元，同比增长 8.55%。在内销方面，猪肉类罐头主要应用于餐饮化，如猪肉午餐肉应用于火锅类餐饮，近年来，随着我国火锅餐饮业的迅速兴起，带动猪肉糜类罐头产品销量不断提升。我国猪肉类罐头产品内、外销均有所突破，销量上升较为明显，企业提升产能积极性较高，市场发展较好。

（7）金枪鱼类罐头行业

2017 年，全球金枪鱼需求远高于供应，导致金枪鱼价格持续上涨，预计短期内该现象还将持续。2 我国金枪鱼罐头（含金枪鱼鱼柳）共出口 9.11 万吨，同比增长 2.29%，出口额为 4.16 亿美元，同比增长 15.71%。近年来由于国内消费者对金枪鱼类罐头的营养成分逐渐重视，产品在国内消费中增长较快，另外金枪鱼罐头也主要应用于国内西餐餐饮化中。

（8）鲭鱼类罐头行业

2017 年，我国鲭鱼罐头出口量为 7.62 万吨，同比增长 10.64%，出口额为 2.15 亿美金，同比增长 10.33%，产品累计平均价格同比基本持平。鲭鱼罐头近几年国际市场发展较快，但提升行业总体的产品质量一直是目前发展的重中之重。

4.“三品”战略实施情况

2017 年是国务院办公厅发布《关于开展消费品工业“三品”专项行动营造良好市场环境的若干意见》的第二年，工信部消费品司也于 2017 年发布了《工业和信息化部办公厅关于印发 2017 年消费品工业“三品”专项行动计划的通知》。在国家有关部门的有效部署和指导下，罐头行业全行业积极开展增品种、提品质、创品牌的“三品”专项活动，促进资源有效整合，构建适合需求结构的供给体系，用科技手段实施供给侧改革，提高产品附加值，从供给端入手，逐步推进罐头企业“三品”战略的实施。2017 年罐头企业在“三品”专项行动中积极落实，行业以往产品单一、附加值低、相互抄袭模仿等特点初步有所改善，总体情况进展良好，并取得了不错的成绩，主要内容如下：

（1）增品种

在新品研发方面，行业总体向功能性食品和婴幼儿辅食方面努力，着力开拓这两个领域，另外对新奇口味、产品差异化、休闲化、趣味化方向也在积极研发，在市场上进行试水尝试并均取得不错效果。如临沂市康发食品有限公司开发的“菊粉黄桃罐头”，在原黄桃罐头的基础上科学的加入适量菊粉，不仅在产品口感方面有所调整，菊粉具有的控制人体血脂、降低血糖等功效也为产品增色，同时企业对婴幼儿辅食也处于积极研发当中；上海梅林正广和股份有限公司开发差异化产品，适应不同消费层次需求，用中端午餐肉、火锅午餐肉推向餐饮市场，用新开发的高端精制午餐肉、火腿猪肉主打个人消费及团购渠道，同时大力拓展电商渠道；安徽宿州科技食品有限公司的调味果罐系列产品（酸奶味水果罐头、红糖肉桂罐头），新品经过电商渠道推向市场，均取得了不错的成绩；浙江台州一罐食品有限公司引进新设备并开发水果泥罐头产品，2017 年产量达 500 吨，果泥产品与澳大利亚客户签订供货协议，远销海外。

（2）提品质

企业一方面严把原料质量，对原料基地进行科学化管理，以达到提升产品品质的目的。如临沂市康发食品饮料有限公司与山东农大、山东省果树研究所合作，进行黄桃品种改良，新的黄桃品种于 2017 年培育成功，新品种具有颜色好、肉质厚等特点，从源头提高产品品质，在产品检测方面，公司先后投资 7000 多万元用于实验室建设，拥有原子吸收分光光度计、原子荧光光谱仪，气相色谱－质谱联用仪、紫外可见光分光度计，高效液相色谱仪等检测设备，可以开展农药残留、重金属检测等项目。目前检测中心实验室已经通过 CNAS 的认可，成为临沂市首家获证授权的第三方民营农产品检验检测机构，目前检测中心被认定为“省级果蔬罐藏食品与安全控制工程研究中心”“省级企业技术研发中心”“山东省中小企业一企一技术研究中心”“临沂市重点实验室”；另一方面在机械化方面重点投入，如安徽宿州科技食品有限公司，购置自动分辨色泽原料分选机，不仅节省了人工成本，保障原料质量，总体加工能力提高 5%；浙江台州一罐食品有限公司与南京农业大学科学技术学院共建“果蔬加工联合研发中心”，“中心”充分借鉴国内其他技术中心的成功经验，逐步形成技术研发、产业化示范与应用、成果推广辐射的良性循环体系，实现自我发展和不断壮大。

（3）创品牌

我国罐头销售分内、外市场，近年来内销持续扩大，出口市场也依然保持稳定发展，近来年我国近30%罐头产品用于出口，企业在走出国门，在国际市场上也积极营造产品品牌，如浙江台州一罐食品有限公司积极参与欧盟橘子罐头反倾销案诉讼并获得361.4欧元/吨税率，是目前反倾销案中税率最低的中国橘子罐头加工企业，因此产品在国际市场上具有很强的竞争力和很大的开拓空间，公司的桔子罐头占欧洲市场65%以上，保住了中国橘罐产品在欧洲市场的主导地位，同时在欧洲市场打响了国内产品品牌；青岛开创食品有限公司向欧盟出口芦笋罐头，近年来坚持用自已的品牌出口产品，不仅缩减了成本，也提升了产品的市场品牌地位。在内销方面，一方面企业将产品品牌与食品特点相结合，科学阐述产品营养理念，突出品牌形象，并结合适当的活动作为切入点，一方面宣传企业品牌，另一方面对食品有关科学进行普及和误点辟谣，如宁波今日食品有限公司在加强受众对产品品牌的深度认知和偏好，提升产品美誉度的同时，引导市场、消费者的认知方向，突出品牌特点，从健康营养角度阐释产品，将品牌进一步外延。

5. 绿色制造、智能制造

近年来，随着国家有关部门的引导及大力支持下，绿色制造、智能制造已成为各个行业今后发展的必然方向，罐头行业也逐步进行转型升级，加大绿色制造、智能制造方面重视，积极响应绿色可持续发展。

在绿色制造方面，近年来行业在生产中推广行业循环用水，如杀菌冷却时以冷却水内循环代替冷却水外循环，冷却水一直在系统内部循环，不与外界接触，不存在微生物污染的可能性，且冷却水用量少。另外在杀菌中最大程度减少蒸汽的无效排放，提高杀菌效率，节约能源。以上种种措施的实施，有助于在生产中起到节能节水，减少污水排放的作用。

在智能制造方面，行业立足自身特点，近年来不断推动智能化制造，不仅仅在生产中注意智能改造，在原料基地的生产，同样引进智能设备，如蘑菇原料种植基地，企业引进自动化智能设备，对基地内生产环境进行智能调节，实现科技管理。

6. 包装与装备

（1）包装 罐头产品由于其独特的杀菌工艺，导致其对产品包装要求较高，产品按包装主要分为硬（马口铁、玻璃、铝等金属）和软（高阻隔塑料、铝箔、利乐纸等）两种包装形式。

我国以金属、玻璃材料制罐的技术已日渐成熟，制罐装备生产已接近国际先进水平，近年来安全性较高的覆膜铁产品，由于其耐加工、耐腐蚀和阻隔性良好等优点，受到业内普遍重视，并被广泛认为是未来金属包装行业的升级品，目前国外部分国家其覆膜铁技术已基本成熟并大范围推广使用，国内方面虽相关企业多、研发积极性高，但技术方面还有待更进一步提升，在推广方面还需注意降低成本。另外为环保和节约成本的材料减薄也一直是金属罐头包装的重要发展趋势。高阻隔塑料包装主要应用于水果罐头，水果类罐头由于其外观诱人，部分产品在销售中采用透明高阻隔包装材料，制成果杯或直立袋，携带方便且便于开启，如我国出口日本的水果罐头主要应用高阻隔塑料作为包装材料。不过果杯包装目前存在的主要问题是市场上高阻隔产品质量良莠不齐，不良包装产品会对罐头杀菌、封口乃至贮存和运输带来麻烦，影响食品质量。2017年中国罐头工业协会正在组织行业内相关企业共同制定软包装产品及包装材料共三项行业标准，预计今后相关标准实施后必将促进我国软包装罐头产品提质升级。

（2）装备 罐头生产原料品种多、规格不一、规模效益低等问题一直是制约我国罐头生产装备发展的障碍，不过随着国内人工成本的不断攀升，企业对机械化、智能化设备越来越重视。罐头行业装备发展态势十分明显，高新技术得到逐步的推广与应用，随着市场的需求和企业研发能力的增强，高新机械设备逐步替代以往人工操作在罐头加工业中得到了较为广泛的应用，如原料分拣、芦笋去皮机、黄桃去核机、柑橘去皮机等机械目前正在行业中广泛被推广使用，另外为提升产品品质，目前异物检测等设备也不断受到企业重视而引进使用。特别是随着国外先进设备的引进和消化，以及罐头加工产品的出口，因此，对产品的质量和加工技术水平要求较高，推动了高新技术的广泛引进和应用研究，和国际上先进的自动化生产还有较大差距，原料装备落后制约生产自动化进程较以往有所缓解。

7. 发展新亮点、新增长点

（1）餐饮集中供应带动罐头内销持续增长

以往我国罐头产品主要以外销为主，自2008年我国罐头产品内销量首次超过出口量以来，产品内销量逐年递增，至2017年罐头内销量已是出口量的3倍多。内销量近年来持续增长，主要因为国民经济水平日益提升，对罐头消费需求增加。由于罐头食品具有方便、安全、便于运输及储存的优势，在供应餐饮消费方面提升较为明显。以午餐肉为代表的肉类罐头，在火锅等餐饮消费总体提升的带动下，行业产销量逐年提升；粥类罐头由以往餐饮直接熬制变为由企业集中制成罐头，销往各个餐饮店，为餐厅节省时间及能源，且在安全等方面更加有所保障；另外蘑菇、芦笋、番茄酱、金枪鱼等罐头产品，由于国内西餐化的普及，带动该类产品销量有所增加。

（2）电商模式助力企业快速打开市场

近年来随着国内电商的快速发展，“互联网+”等一系列政策的出台，由于其具有成本低，宣传广等特点，电商销售逐渐受罐头企业所青睐，成为罐头产品创品牌、提高销量的新亮点。产品在采用线上销售的模式中，更便于企业宣传和推广，同时线上销售模式同样有利于针对新生消费群体的宣传。近年来国内罐头企业大都成立了各自的电子销售渠道，目前虽处于起步阶段，但也起到了一定的宣传和推广罐头产品的效果。

【b. 行业面临的问题分析】

1. 政策与市场

（1）季产年销果蔬类罐头产品受不合理销售规则制约，严重阻碍拓展国内市场

罐头产品由于其严谨的杀菌工艺和包装，使产品得以能够在常温下长期贮存而不影响质量，因此每年罐头行业消耗掉几百万吨甚至上千万吨当季难以储存的各种新鲜果蔬，在缺乏新鲜果蔬的季节或地区，罐头食品就能够发挥极大的补充膳食作用。果蔬类罐头产品属于典型的“季产年销”产品，在果蔬采收期加工制作成罐头，然后储存销售至次年果蔬采收期，在正常储运条件下，一般产品保质期均不低于12个月，其特性与寿命短、消费速度快的“快消品”是完全不同的，但目前由于国内大部分商超对罐头食品的不了解，将罐头视同“快消品”一类进行管理，采购进场时规定自生产日期起超过2个月的产品则拒绝收货，此种操作给罐头生产企业的正常生产和销售造成非常大的困扰，该现象不仅损害企业应有利益，并且对果蔬罐头企业发展国内市场造成严重制约。

（2）国内健康舆论向好，但彻底消除消费者对罐头误解依然任重道远

国内由于部分媒体对罐头产品缺乏了解和调查，听信一些谣言误以为罐头产品在安全性、营养方面欠妥，便以讹传讹对其进行报道宣传，导致消费者对罐头误解很深，普遍认为罐头产品不够新鲜且营养价值不高或对人体有害。近年来在国家有关政策的支持下，中国罐头工业协会和企业加大宣传科普力度，努力消除市场上对罐头产品的误解，对罐头产品的贮藏原理进一步进行科学解读，媒体舆论风向有所改善，虽然取得了一定效果，但目前看来仍需不断努力。

（3）原料基地建设需加强管理，建立根据市场定制使用农药的原料基地

我国果蔬类罐头产品涉及农产品和原料种类繁多，目前大多数企业没有自己的原料生产基地，大多由农户自己种植，在原料品质和农药监管方面很难控制，给产品品质的稳定性和安全控制带来风险，甚至影响产品出口。例如我国每年出口美国果蔬罐头约30万t，美国自2011年起对来自我国的果蔬罐头中农药多菌灵的最大残留量限制为0.01ppm，这一数值远远严格于我国及世界许多国家的现行标准，目前我国多菌灵使用十分普遍，这导致我国很多果蔬类罐头产品被拒绝

进入美国。而如果我国相关部门和企业能够严格把控出口美国产品的原料控制，修订敏感农药的使用安全标准和规定，不仅有助于我国相关产品提高出口量，也有助于企业增强国际竞争力，免遭出口退柜损失。

2. 科技创新

（1）企业新品研发力度加大，但总体创新力依然不足

2017 年罐头行业在市场消费升级拉动下，部分企业在新品研发、升级产品内容物、包装等方面均不同程度较以往加大了创新力度，并针对市场不同需求，开发出针对不同消费群体需求的产品，产品一经投放市场取得了不错的反响，对以往罐头产品缺少新包装、新口味的市场形象有所改善。但目前行业总体创新力依然不足，市场上产品大多在包装、口味等方面缺乏创新，产品同质化竞争严重，缺乏差异化、新奇化，导致罐头国内市场对新生消费群体的吸引力度不够，虽然产品物美价廉，但难以开拓新兴消费群体。不过近年来随着国际市场的饱和，企业不断重视国内市场，也对产品创新变得逐渐重视起来并进行大胆尝试，如近年来市场上的功能糖类水果罐头、果冻类罐头、功能性罐头及方便主食罐头等新口味产品，在包装上也推出很多包装精美的礼品包装。目前行业创新力正在逐步进行改善，也已取得部分成果，因此，加大创新、进行品牌培养成为促进产业发展的关键因素。

（2）农产品加工用果蔬原料品种有待进一步改良升级

果蔬类罐头产品的优良与否主要在于原料的品质，原料的好坏直接影响着最终产品。由于农产品改良需要投入大量的人力、物力、财力，并且需要很长的时间，品种改良困难重重。以国内黄桃种植为例，目前我国黄桃罐头加工所使用桃原料与南非、希腊等国相比品种落后很多，黄桃原料品质无法与其相比，导致我国产桃罐头产品品质不如外国，国际竞争力不足。与此同时，好的品种助力行业向上发展，如近年来中国芦笋研究中心开发出的芦笋新品，在抗药性、产量等其他各项指标方面均非常优秀，位居国内外所有品种前列。新品种优质原料的供给，能够进一步提高我国罐头加工质量，必将增强我国罐头产品在国际市场的竞争地位。

【c. 行业发展趋势预测】

2017 年，罐头行业的各个方面都在发生着深刻而积极的变化，预计在今后该现象还将继续保持。纵观国际市场，虽然不确定因素很多，但我国罐头产品在国际市场上的地位已基本稳定，以国产番茄酱、黄桃、柑橘、蘑菇、芦笋等罐头产品为例，其在国际市场上占有率基本维持在前 10 地位，国际市场已趋于饱和，在增加出口方面很难再有大的发展，不过今后企业需在推进产品国际品牌方面做努力。内销方面虽然近几年发展市场良好，产品销量逐年有所提升，但依然存在着产品同质化严重等问题。预计在 2018 年，随着国内全面“三品”行动的推动，罐头行业也将逐步进行产业升级，在产品开发、工艺改进、新包装应用、食品安全和品牌培养等方面进行推动，提高产品附加值，增加产品科技含量，适应市场多样化的需求和拓展行业发展空间。罐头行业将逐步摆脱以往的低端同质化价格竞争局面，转为以创新、品质取胜的良性竞争。

2017 年，随着国内有关政策的调整，行业全面加大对环保的重视和投入，随着环保方面对落后产能的调整，行业集中度有所提升，预计行业下一步发展方向也将重点在节能环保方面，发展节能降耗，加大环保和废物综合利用。同时一些能耗浪费较大、环保设备薄弱的企业也将进一步被淘汰，行业集中度在今后还将进一步有所提升。

品种繁杂，产品附加值低导致罐头行业在企业的机械化、智能化方面落后等情况在今后也将进一步改善，加快机械化、智能化的技术改造，提高生产效率，发展规模化、现代化的种植，建立自己的产业基地等等。总之，在今后罐头行业还将进一步发展壮大，行业集中度将进一步提升，企业机械化水平、产品附加值和知名度增高，行业将持续健康、平稳发展。

【d. 政策建议】

1. 制定相关标准法规，促进国内罐头市场健康发展

根据罐头产品易于储存的特性，制定相关罐头产品流通类标准，对季产年销的果蔬类罐头产品在流通过程中的生产日期和临售保质期限作以阐释和规定，作为罐头食品销售中不同于“快消品”所遵循的依据。

2. 鼓励标准中对产品质量的划分，支持企业提升产品品质

协会等有关单位在制定产品标准时对产品进行质量等级划分，支持企业努力提升产品品质，形成市场产品质量差异化竞争，抵制劣品驱逐良品的现象发生。

3. 支持行业环保改进

从资金、政策方面给予在环保改进方面做的好的企业，给予企业适当奖励。

4. 推广宣传罐藏食品工艺原理，消除民众对罐头食品的误解

向行业协会等组织提供资金等方面的支持，推广普及罐藏食品工艺原理，抵制市场上关于罐头的谣言和消除民众对罐头食品的误解，还罐头食品正身，为行业避免不必要的损失。

5. 支持出口企业应对技术性贸易壁垒

在出口企业面对国际贸易中出现的技术性贸易壁垒时，联合相关行业协会，为企业提供必要的政策、技术、信息及资金等方面的支持，避免企业单打独斗。

查长全 晁曦

2.15 调味品制造业

近年来，中国调味品行业发展稳中向好，据中国调味品协会百强品牌企业统计 :2017 总产量为 1247.10 万吨，同比增长 9.4%；销售收入为 820.30 亿元，同比增长率为 9.5%。产量和销售收入均未超过 10%，结束了多年来两位数增长的局面，进入稳增长、调结构、上规模和上档次的新阶段。

【a. 概况】

1. 主要经济指标

据国家统计局统计，2017 年我国调味品和发酵制品销售收入为 3097.40 亿元，同比增长 8.9%；利润总额为 330.50 亿元，同比增长为 12.9%。利润增长高于销售收入增长，消费升级意愿明显。

表1 2017年调味品、发酵制品经济效益

	企业数/个	主营业务收入/亿元	同比增长/%	利润总额/亿元	同比增长/%
味精制造	77.0	443.6	4.7	48.5	22.5
酱油、食醋及类似制品制造	426.0	1019.0	5.3	144.4	14.8
其他调味品发酵制品制造	768.0	1634.9	12.6	137.7	8.2
合计	1271.0	3097.4	8.9	330.5	12.9

资料来源：国家统计局

根据中国调味品协会对著名品牌 100 强企业统计得知，2017 年调味品行业生产产量为 1247.1 万吨，同比增长 9.4%；销售收入为 820.3 亿元，同比增长 9.5%。2017 年调味品著名品牌企业总产量在 10 万吨以上的企业有 26 家，占总数的 28%；总产量在 5–10 万吨的企业有 25 家，占总数的 27%；总产量在 1–5 万吨的企业有 33 家，占总数的 34%；总产量在 1 万吨以下的企业有 10 家，占总数的 11%。

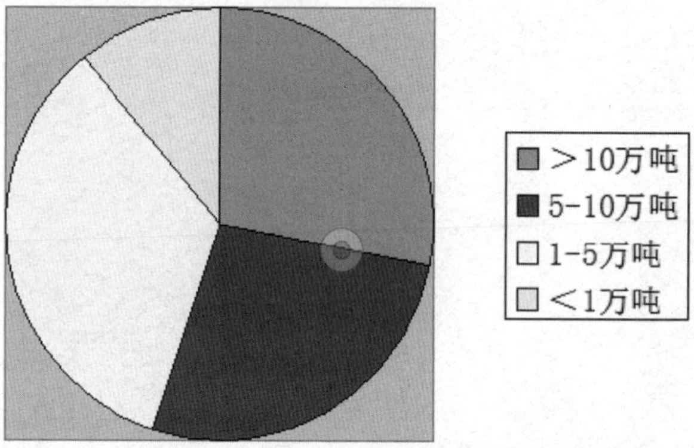

图1 2017年调味品行业著名品牌百强产量分布

资料来源：中国调味品著名品牌企业 100 强 2017 年度数据统计汇总分析（94 家）

中国调味品著名品牌 100 强 2017 年度数据统计汇总分析显示调味品总体市场的增长比较平稳，但调味品各细分产业发生了明显的分化。蚝油、复合调味料、酱腌菜、酱油等细分产品增长快，料酒、鸡精鸡粉细分产业增长比较慢。

表2 2017年调味品行业重点分支产业产量及增长率

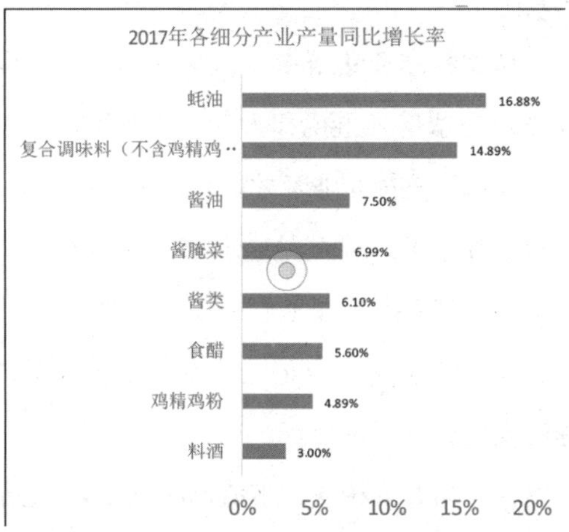

资料来源：中国调味品著名品牌企业100强2017年度数据统计汇总分析（94家）

2. 重点行业概况

调味品行业的酱油、食醋、调味酱、复合调味料等的发展将很大程度上反映整体行业的发展水平。中国调味品著名品牌100强，2017年数据统计汇总分析酱油产业的产量同比增长7.5%、食醋产业的产量同比增长5.6%，调味酱产业的产量同比增长6.1%，复合调味料产业的产量同比增长14.89%，正处于平稳发展阶段。

（1）酱油

酱油产业是我国调味品行业的第1大产业，产销量和企业规模均居调味品行业首位，同比增长率近3年逐步提高。酱油产量占百强产量的35.1%，百强企业中生产酱油的比例很高，占38.0%，参与百强统计的酱油正增长企业占比65.7%，海天酱油已经成为调味品乃至食品上市公司中市值最高的公司。2017年，调味品著名品牌企业100强中酱油（35家）总产量达到437.50万吨，同比增长7.52%。一方面说明供给侧改革成效显著，另一方面说明仍存在一定市场潜力。

（2）食醋

食醋产业作为调味品行业的支柱产业，在家庭消费、餐饮市场和食品加工3个环节占有非常重要的作用和地位。食醋产业面对市场竞争积极拓展品类，不断研发创新。2017年，调味品品牌企业100强中食醋（36家）总产量达到154.2万吨。

（3）调味酱

近年来，国内酱类产业平稳发展。根据中国调味品协会2017年著名品牌企业100强统计数据（94家）中，有29家生产调味酱产品，总产量达到82万吨，总销售收入达到68亿元；有70%酱类企业的产量实现正增长。正增长的企业中，增长率超过10%的企业数量占57%。调味酱产品呈现比较明显的特点：一是产品种类多，市场竞争激烈；二是渠道定制的比例大幅度提升，新零售方兴未艾；三是企业更加注重品牌形象，老字号焕发生机；四是消费潜能释放，新品迭代加速。

（4）复合调味料

2017年，复合调味料产业的产量49.5万吨，同比增长14.9%。在调味品行业的17大分支产业中，复合调味料产业的同比增长率仅次于蚝油，位居第2位。在进入百强的29家复合调味料企业中，接近半数产量集中在1–5万吨之间，呈现“纺锤形”格局。这个区间的企业实力接近，市场竞争激烈。从2017中国（国际）调味品及食品配料博览会（CFE2017）产品报告发现，复合调味料的发展呈现如下特点：一是复合调味料属于低频、少量、刚需快消品；二是复合调味料企业数量多，产品迭代的速度快；三是产业集群趋势明显，调味品小镇快速发展；四是销售依然以传统通路为主，互联网+调味品增长快速；五是行业企业并购重组频现，场外资本关注多。

【b. 调味品行业发展的特点与重点】

1. 以市场为导向，调味食品行业结构调整成效显著

据国家统计局统计，2017年，我国调味品和发酵制品销售收入3097.40亿元，同比增长8.9%；利润总额330.50亿元，同比增长12.9%。利润增长高于销售收入增长，消费升级意愿明显。

据中国调味品协会百强企业统计，2017年，调味食品总产量达到1247.10万吨，同比增长9.4%；销售收入820.30亿元，同比增长9.5%。虽然增长率较2016年略有回升，但仍未超过10%，预示着我国调味食品生产与市场开始由量的增长转为结构性增长。

从统计监测的十四类来看，增长率超过10%的有4类。分别是蚝油类水产调味品为16.88%；食品配料15.97%；复合调味料（不含鸡精和鸡粉）为14.89%；骨汤类调味食品配料为14.33%。

其他10类产品的同比增长率均为个位数。其中，增长率较高的是酱油和酱腌菜，同比增长分别为7.52%和6.99%；较低的为香辛料类调味品，同比增长为1.32%。味精类同比下降4.68%。充分说明市场和消费者的选择在发生变化。

2. 以供给侧结构性改革为动力，调味食品配料行业的品牌集中度不断提高，在食品饮料产业集群中初露锋芒

从百强企业统计的14家上市企业（含4家新三板）来看，2017年，实现销售收入315.25亿元，占到的全国调味品协38.43%。资本运作正在成为调味食品行业发展上规模、上档次的重要推动力。

以行业龙头企业海天味业为例，2017年，总产量255.60万吨，占到全国总产量1247.10万吨的20.5%。销售收入141.03亿元，占到行业百强企业销售收入的17.2%；生产酱油166.06万吨，占到百强酱油企业生产量的37.96%。其在行业影响力巨大。但海天的销售收入和全国调味食品和发酵制品销售收入的3097.40亿元相比，仅占到4.6%，说明调味品行业和市场的发展前景广阔。

3. 调味食品企业资本运作应以主业推进和术业专攻为重点和基础

在食品饮料产业集群中，调味食品的市场发展和消费升级越来越受到重视和青睐。资本运作和国企混合所有制改革为发挥企业家才能提供了新的用武之地。对此，行业和企业，尤其是企业家个人应充分认识到资本运作要以产业推进和术业专攻为重点。

从目前调味食品上市企业的发展来看，正在形成以下特色或具有以下特征。

一类企业为海天味业，市值已超过2000亿元，年利润达到30亿元以上。

二类企业为安琪酵母、中炬高新、涪陵榨菜、梅花生物、恒顺醋业、千禾味业和加加食品等，市值在300亿元到60亿元之间，年利润1.5亿万元–5亿元左右。

三类企业为安记食品、佳隆股份等，市值在30亿元以上，年利润3000万元左右。

其中，安琪酵母在食品配料中的主导地位和品牌影响力越来越强，市值达到300亿元以上，其发展前景被众多机构投资者追捧，资本市场示范效应明显。辽宁抚顺独凤轩食品有限公司，作为新三板上市的骨汤调味料企业，正在引导新型调味食品配料在餐饮业和家庭厨房中充当主角，发展前景极为广阔。

可以预见，在未来的市场上，主业推进和术业专攻将是调味食品企业发展的重点，也是市场优胜劣汰的基础。

【C. 政策建议】

1. 加强食品安全舆论监督管理

目前食品安全预警信息虽然有系统的公布流程，却缺乏对随意公布不实信息的相关媒体行为的具体惩戒制度与措施，建议落实食品安全舆论监督管理，在建立健全食品安全相关信息发布的管理制度的基础上，

对于恶意炒作、刻意传播不实信息、造成不良社会影响的新闻媒体（包括自媒体）的一些行为和个体，按照规定进行处理，形成有约束力的制度。

2. 维护消费者利益和调味品生产企业正常的生产经营活动，采取有效措施打击职业打假人恶意打假行为

3. 加大科研成果转化为生产力的投入，扶持发展型企业的技术改造与科研项目应用

调味品行业发展势头良好，调味品企业近年来逐渐加大科技方面的投入，尤其是大型品牌企业更加专注于科技创新与技术改造的投入，取得了一定的成效。但是部分的中小型企业由于经营成本的影响，在引入更为先进的生产技术、生产设备方面进展缓慢，从而造成产能落后、品质提升缓慢。建议国家有关部门在政策、财政上支持企业对新技术的研发应用，形成产学研的有效对接。具体表现为鼓励企业在科技创新、新技术应用方面的政策资金支持，引导大专院校、科研院所的研究成果与生产企业的对接。

李 岩

2.16 生物发酵（氨基酸）工业

【a. 概况】

2017 年氨基酸总产量约为 542 万吨，同比增长 17.8%。

1. 谷氨酸钠（味精）

2017 年，全国谷氨酸钠（味精）总产量为 279 万吨，同比增长 3.3%。全国谷氨酸钠发酵总产能已超过 300 万吨。10 万吨以上规模的企业有 6 家，产量占全国总产量的 95%。谷氨酸类产品出口 62 万吨，同比增长 40%；出口额 5.8 亿美元，同比增长 20.8%。受错误宣传的影响，谷氨酸钠（味精）的小包装终端市场逐渐萎缩，产品大部分作为原料应用在食品、调味品及化工业等领域。我国谷氨酸钠（味精）的产量国内已达到供销平衡产销饱和状态，预计今后味精总产量不会有太大增加。目前，企业间在生产规模上已拉开了一定的差距，但由于企业间在技术提升和产业创新上差异还不够突出，产品价格仍然不够理想，企业的经济效益不均衡。行业急需在高科技和新理念等方面长久规划和全面提升，才能摆脱目前停滞不前的现状。

2. 赖氨酸及其盐

2017 年，全国赖氨酸发酵生产企业 10 余家，总产能近 250 万吨。赖氨酸总产量约 193 万吨，同比增长 30%，总产值约 120 亿。20 万吨以上规模的企业有 7 家，产量占全国总产量的 93%。赖氨酸类产品出口 37.2 万吨，11.3%；出口额 4 亿美元，同比增长 11.1%。受原辅材料及饲料市场的影响，赖氨酸价格波动较大，下半年价格有所提升。同时，受俄罗斯禁止进口中国赖氨酸产品的影响，赖氨酸出口一度受到影响。赖氨酸及其盐作为饲料用氨基酸，产量约一半进入国际市场。受国际需求的巨大影响，目前，除现有企业有扩产计划外，还有一些相关企业加入到赖氨酸生产行列。今后一两年内全国赖氨酸产能增幅较大，产量也会随之有较大增长，但是，国际市场的竞争一定更加激烈。赖氨酸由于出口量较大，受国际因素影响也十分严重，因此，提高产品层次，扩大内需，建立知识产权体系等也是今后发展的重点。

3. 苏氨酸

2017 年，全国苏氨酸发酵在产企业有 6 家，总产能约 70 万吨。苏氨酸总产量约 60 万吨，同比增长 20%，总产值约 60 亿。10 万吨以上规模企业 2 家，产量占全国年产总量的 68%。苏氨酸出口 35 万吨，占总产量的 54%。

4. 其他氨基酸

2017 年，全国色氨酸发酵在产企业有 5 家，总产能约 5 万吨，产量约 3 万吨，产值约 25 亿，产品近一半出口。我国发酵法生产的其他高附加值氨基酸总产能约 10 万吨，生产企业 10 余家，产量约为 7.14 万吨，同比增长 54%，产品大多以出口为主。这些氨基酸品种主要应用在医药、保健品、营养品、日化等领域，具有较高的附加值。

【b. 标准工作】

为了推进我国氨基酸产业与国际接轨，弥补氨基酸产业由于标准缺失造成的影响，2017 年 10 月 25 日"中国生物发酵标准化技术委员会氨基酸分委会"成立。先后组织开展了《绿色工厂评价规范 氨基酸》《绿色

产品评价规范 氨基酸》《复合氨基酸制品》《氨基酸（食品加工用氨基酸）》《味精工业水污染物排放标准》《取水定额 味精制造》《绿色食品 味精》《L-谷氨酰胺》《支链氨基酸》等行业相关标准的制修订工作。同时，向国家有关部门提出建议，暂缓了《食品添加剂 谷氨酸钠》的标准重复制定。

【c. 面临形势】

1. 产品结构不合理，创新品种较少

我国工业化生产的氨基酸产品中，谷氨酸、赖氨酸、苏氨酸等低值大宗氨基酸产品占主导地位，产品直接销售给饲料、食品和医药企业作为原料使用，应用范围窄，利润空间有限，节能减排压力大。三支链氨基酸、色氨酸、精氨酸、组氨酸、半胱氨酸等高附加值小品种氨基酸产品的生产研发比例相对较低。围绕健康食品、功能性饲料、医药保健品、化妆品、生物材料、生物环保等领域的新型氨基酸以及衍生产品的开发明显不足，新产品缺乏自主知识产权，产业化能力较弱。

2. 技术水平相对落后，国际竞争力较弱

我国氨基酸产业经过近几十年的发展，虽然产量已位居世界前列，生产工艺、技术水平和节能环保都已比较成熟，但主导产品种类并没有明显改变。同时由于生产技术水平的不足，高端氨基酸产品的种类和产量均受到不同程度的影响，一些高端氨基酸产品仍需国外进口。日本虽然是缺乏原料、能源与劳动力的国家，却是世界氨基酸生产强国，主要原因是其生产技术尤其是发酵产率和转化率的优势。与之相比，我国仅是依靠能源及较低的生产成本优势，即使是国内龙头企业，其生产技术指标与跨国企业相比依然存在一定差距，难以在国际市场中抢占份额。

3. 环保压力较大

我国氨基酸生产企业对资源和环境领域存在依赖性，主要表现为原料利用率不高，废弃物排放量较大，资源综合利用深度不够以及副产品附加值较低，节能环保形势十分严峻。氨基酸生产行业环保的问题主要来自于产品生产工艺和后处理技术的方法和水平。目前针对高浓度废水的处理基本均采用喷浆造粒技术，产生的废气势必造成空气的二次污染，同时采用喷浆造粒技术生产的复合肥在生产应用时也遇到了日益严格的产品生产及监管政策的限制。单纯的针对气体二次污染或者针对高浓度废水去质粒已经不能满足日趋严苛的环保要求。

【d. 主要工作】

1. 与各部委之间开展的工作

（1）政策建议

①针对目前谷氨酸钠（味精）出口受产品名称影响的问题，分会起草了相关文件，建议根据目前的味精标准及实际生产情况，对谷氨酸钠（味精）的出口注释或商品名称进行修订。

②针对俄罗斯要对我国赖氨酸企业进行核查，并进而禁止我国赖氨酸出口俄罗斯等问题，分会代表行业向国家质检总局提出建议和意见，积极维护我国赖氨酸产业的利益。分会积极配合国家质检总局，落实俄罗斯专家来华考核赖氨酸企业方方面面的具体事项，咨询专家，组织国内赖氨酸企业积极迎检。

③针对《关于征求丙烯酸与乙二醛和丙烯酰胺的聚合物等5种申请食品相关产品新品种意见的函》、《国民营养计划（2017-2030年）》《环境污染强制责任保险管理办法（征求意见稿）》《行业产业链布局规划》《粮食行业“十三五”发展规划纲要》等提交意见和建议。

（2）评审工作

①参与工信部组织的味精行业“水效领跑者”企业申报和现场审查工作。

②进行“单项冠军”初评和“科技进步奖”申报工作等。

（3）税率调整

向财政部、国家粮食局等相关部门提交有关谷氨酸钠（味精）、赖氨酸脂及盐的出口退税率问题的调整意见。

（4）调研及课题报告

①编写《味精清洁生产白皮书》。

②参加国家粮食局组织的玉米深加工企业调研，

为玉米深加工企业发展提出建议。

2. 开展行业活动

（1）组织会议

召开氨基酸第二届四次理事会、味精市场情况分析会、进行企业调研等。

（2）科普宣传

2017 年 10 月 24- 26 日在上海首次举办氨基酸科普宣传活动，组织汇聚企业的人力、物力、财力，编写出版氨基酸科普手册，搭建氨基酸特装展台，把氨基酸产品向社会宣传。

（3）国际交流

主办了“2017 国际氨基酸产业高峰论坛”。征集资金赞助、编集出版论文集、联系国外专家，精选演讲内容，受到与会者欢迎。

关 丹

2.17 生物发酵（酵母）工业

【a. 概况】

2017年，全国酵母行业总产能约39万吨，同比增长4.8%，全国酵母行业工厂数量（不含啤酒酵母源）25家以上。产能居行业前3位的企业是安琪酵母中国、乐斯福中国、AB马利中国，其产能占全国总产能的75%。进出口方面，酵母类产品进口量1607吨，同比下降25.85%，进口额1349万美元，同比下降17.50%。活性酵母、非活性酵母和发酵粉3类产品进口量和进口额均有大幅下降（表1）。国际市场继续保持增长。据海关统计，2017年，酵母类产品出口情况较好，酵母类产品出口量13.8万吨，同比增长8.8%；出口额2.94亿美元，同比增长7.8%（表2），全国酵母产业国际竞争力及影响力持续增强。

表1 2017年酵母产品进口量及进口额

品种	进口量（千克）	进口额（美元）
活性酵母	570, 091	5, 527, 756
非活性酵母；已死的其他单细胞微生物	777, 156	7, 322, 544
发酵粉	259, 978	644, 063
合计	1, 607, 225	13, 494, 363

表2 2017年酵母产品出口量及出口额

品种	出口量（千克）	出口额（美元）
活性酵母	106, 546, 182	231, 491, 650
非活性酵母；已死的其他单细胞微生物	21, 765, 000	49, 021, 375
发酵粉	10, 175, 891	13, 222, 160
合计	138, 487, 073	293, 735, 185

由图1及表3可以看出，从2010-2017年酵母产品出口一直保持较高增长。但从增长幅度看，出口量增长速度明显比出口额增长速度快，这与高端品种的出口量增长不大有关。

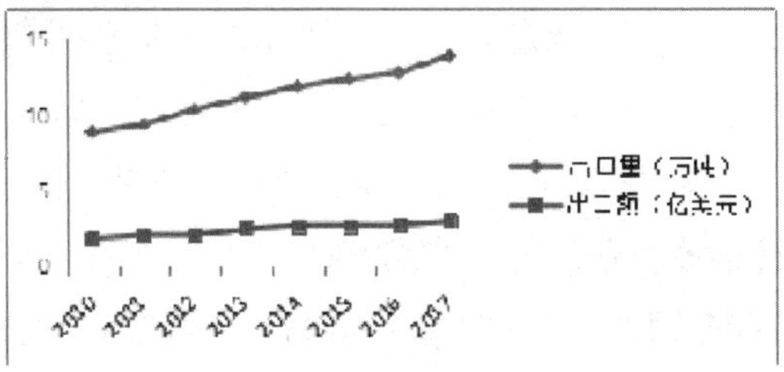

图1 2010-2017年酵母产品出口情况变化趋势

表3 2010-2017年酵母产品出口量及出口额情况

年份	出口		年增长率（%）	
	总量（万吨）	金额（亿美元）	总量（%）	金额（%）
2010	8.8	1.8	14	13
2011	9.3	2.0	5.4	12
2012	10.3	2.0	11	0
2013	11.1	2.4	7.9	18
2014	11.8	2.6	6.7	7.7
2015	12.3	2.6	3.9	2.7
2016	12.7	2.7	3.4	2.4
2017	13.8	2.9	8.8	7.8

【b. 酵母行业发展特点】

2017年，酵母行业基本保持平稳发展态势，产销规模继续保持小幅增长。全国酵母类制品产销约35万吨，同比增长6%。其中，活性酵母类24万吨，酵母抽提物类9万吨，其他酵母制品2万吨。全行业产值约75亿元。

全国酵母行业继续加快标准建设，规范行业管理。国家标准、行业标准和团体标准的建立有利于标准体系完善，使酵母行业良性有序发展，进一步规范行业管理。2017年，由行业协会、科研院所、企业共同努力加快推进中国酵母行业标准化工作，共制定或修订了14项酵母行业的标准，使酵母行业的标准体系进一步完善。包括国家标准7项：《取水定额 酵母制造》《富营养素酵母》《食品安全国家标准 食品加工用菌种》《食品生产用酿酒酵母菌种鉴定技术规程》《食品加工用酵母》（修订）、《酵母抽提物》（修订）、《饲料添加剂 酿酒酵母》（修订）；行业标准4项：《饲料原料 酿酒酵母细胞壁》《饲料原料 酿酒酵母提取物》《饲料原料 酿酒酵母水解物》《酿酒酵母及其制品中甘露寡糖的测定方法》；团体标准3项：《酵母行业绿色工厂评价规范》《酵母行业绿色产品评价规范》《酵母调味料》发布实施。同时，5项酵母行业国家标准或行业标准获准或争取2018年立项，包括：国家标准《食品中酵母β－葡聚糖含量的测定》；行业标准《饲料添加剂 酵母硒》《饲料原料 酵母水解物》《酵母类饲料原料中硒代蛋氨酸和硒代半胱氨酸的测定 液相色谱－氢化物发生原子荧光光谱法》《酵母调味料》。

全国酵母行业持续推进整合与发展。2017年，安琪持续发展酵母主业，俄罗斯利佩茨克州年产2万吨酵母新建项目稳步推进，已于2017年8月投产；柳州酵母抽提物扩建项目已于2017年11月投产；赤峰绿色制造集成项目计划2019年6月完成。最近1年，乐斯福中国总产能进一步增长，广西来宾工厂有扩建项目。乐斯福对2015年12月并购控股的广西湘桂酵母进行了生产、市场、人员整合，改扩建项目预计2018年年底完成。山东圣琪食品原料及添加剂以及甘薯渣固态发酵酵母培养物生产线将在2018年3月完成。风味化酵母抽提物、无味精酵母抽提物调味料、酵母类功能食品等项目也将在年底前完成。佰惠生生物科技项目年产能10000吨，占地300亩，投资3亿元，2017年处于试生产。

【c. 行业存在的问题】

自然资源约束和生态环境恶化的压力是全国经济社会发展中长期、深层次的矛盾，成为全国全面协调可持续发展的严重障碍。

1. 原料资源重要性凸显

酵母产业发展较大程度依赖于地方政策和原料、能源、水等资源成本。糖蜜是糖业副产品，同时也是酵母生产的主要原料。从2011年下半年开始，我国糖价就迈上“跌跌不休”的熊途，特别是2013年和2014年进入了全行业的亏损。糖业发展受挫严重制约下游酵母产业的发展，特别是关系到糖蜜稳定供应问题。全国产糖总量处于下降趋势，从2014/15榨季糖业出现萎缩，甘蔗糖2015/16榨季产量最低；而甜菜糖2013/14、2014/15榨季产糖量处于最低点，2015/16榨季略有好转，2016/17榨季甜菜糖已恢复至2012/13水平，这主要是内蒙古的量在2015/16、2016/17榨季有较大的提高。

2. 环保问题依然是重中之重

国家对环境保护、资源能源消耗的要求越来越高，越来越严格，特别是对大气污染的监管越来越严厉，一方面对业内企业起到了很好的指引与推动作用，国内各酵母工厂都加大了对环保治理的重视与投入，取得了良好成效。另一方面，也将起到优胜劣汰、提高行业门槛的效果，缺乏资金实力及环保治理能力弱的酵母公司，将面临生存挑战。

3. 在消费宣传方面，对人们的认知进行科普，引导正确的消费和认知

现在社会上出现“天然酵母”“自然酵母”的宣传，这是一种误导。酵母菌种本身是天然菌种，是具有食品属性的生物发酵产品。而天然、自然是针对农产品，不能针对加工食品，所以宣称“天然酵母”等是不科学的。需要加强酵母产品科普宣传，让用户和社会大众更全面、更科学地了解酵母行业与酵母产品。

【d. 行业活动】

1. 配合国家发改委、环保部、工信部组织开展“发酵行业酵母清洁生产评价指标体系”的编制工作，目前已完成起草工作，尚待征求意见；制定国家标准《取水定额 酵母》，已提交报批；参与国家标准《酵母抽

提物》修订工作；制定团体标准《酵母行业绿色工厂评价规范》《酵母行业绿色产品评价规范》《酵母调味料》，前两者正在起草阶段，后者已颁布实施。

2. 承担了北京工商大学轻工重点实验室开放课题“酵母行业污染防治技术筛选与评估”，研究期限二年。

3. “酵母绿色设计平台建设项目”获得工信部2017年绿色制造系统集成项目支持，该项目由安琪酵母、天津科技大学和齐鲁工业大学等5家单位联合承担。

4. 在广西柳州举办了第五届新型有机氮源应用与发展趋势研讨会，会议以“氮源科学调控 高效精准生产”为主题，进一步探讨新型有机氮源的应用与发展趋势。

安琪酵母“实施CIP无菌管理模式的经验”被工信部确定为2017年全国工业企业质量标杆。安琪酵母列入第三届中国质量奖提名奖建议名单。

莫小曼

2.18 生物发酵（酶制剂）工业

【a. 概况】

2017年，全国酶制剂行业平稳增长。根据分会的统计调查及估算，全国酶制剂产量约为139万（标）吨，同比增长约8.6%。行业总产值约120亿人民币。全国酶制剂企业所生产的酶制剂主要品种有：糖化酶、植酸酶、中温淀粉酶、高温淀粉酶、碱性蛋白酶、中性蛋白酶、酸性蛋白酶、多肽酶、角蛋白酶、中性纤维素酶、酸性纤维素酶、中性木聚糖酶、酸性木聚糖酶、甘露聚糖酶、谷氨酰胺转氨酶、β－葡聚糖酶、半乳糖苷酶、果胶酶、β－淀粉酶、真菌淀粉酶、脂肪酶、凝乳酶、葡萄糖氧化酶、普鲁兰酶、过氧化氢酶、乳糖酶、角质酶、核酸酶、脱氨酶、溶菌酶等单酶种，此外饲用复合酶、啤酒复合酶、纺织复合酶等复合酶品种也在不断增长，尤以饲用复合酶增长较快。

进口方面，2017年，酶制剂产品进口量和进口额同比均出现下降，进口量同比下降15.3%，进口额同比下降2.6%，进口平均价格同比增长。出口方面，同比有所增加，出口量同比增长8.9%，出口额同比增长3.5%，出口平均价格同比下降。由表1可以看出，全国出口酶制剂的价格远比进口酶制剂低，侧面反映出了我国酶制剂产品与国际的差距，仍以大宗低端酶制剂为主，竞争激烈，国产酶制剂发展之路任重而道远。

表1 2016、2017年酶制剂产品进出口比较

进口量（吨）		进口额（万美元）		出口量（吨）		出口额（万美元）	
2016	2017	2016	2017	2016	2017	2016	2017
18141	15366	24620	23983	85854	93521	34584	35809
同比增长：-15.3%		同比增长：-2.6%		同比增长：8.9%		同比增长：3.5%	

表2 2010-2017年酶制剂产品出口量及出口额情况对比

年份	出口		年增长率（%）	
	总量（万吨）	金额（亿美元）	总量（%）	金额（%）
2010	8.2	2.3	21	15
2011	8.2	2.6	0.2	13.8
2012	7.7	2.6	-6.5	-1.6
2013	7.3	2.9	-4.2	11.3
2014	8.6	3.3	17.4	16.0
2015	9.0	3.6	3.9	5.8
2016	8.6	3.5	-4.6	-3.0
2017	9.4	3.6	8.9	3.5

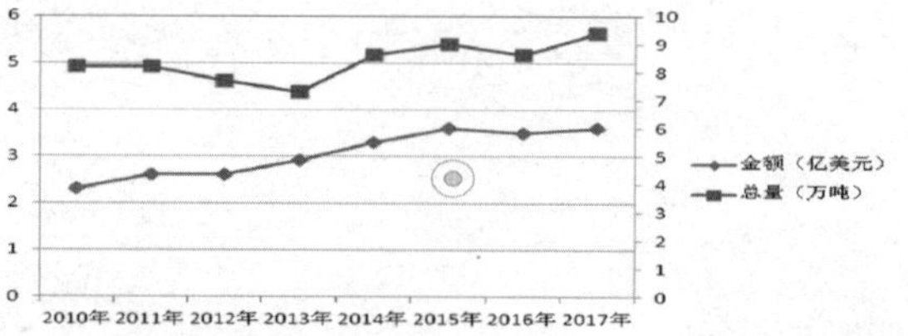

图1 2010-2017年酶制剂产品出口情况变化趋势

比较2010-2017年酶制剂的出口情况，由表2和图1可以看出来，自2010年以来，酶制剂产品出口呈震荡增长的态势，2010年出口大幅增长后，2011-2013年开始下降，2014年恢复了较快增长，2015年增幅变缓，2016年又开始下降，2017年又恢复增长。综合来看，国内酶制剂竞争力增强，在某些酶品种方面对国外的依赖程度降低。

主要酶种价格方面，同比除中性蛋白酶、高淀、

中淀、木聚糖酶、植酸酶、中性纤维素酶、真菌淀粉酶价格基本保持不变以外，其余价格均有不同程度的下降，侧面反映出企业同品种产品市场竞争激烈。

【b. 行业发展特点】

产能不断增加，除几家原有企业扩产外，一些新企业加入酶制剂生产行列，市场竞争愈加激烈。

企业继续加大创新投入，行业知识产权保护意识增强，专利数量快速增长。

企业不仅注重新的应用市场开拓，对现有酶制剂的改造和提升也加快了步伐，对于国产酶制剂在中国市场的份额重新分配起到了积极作用。

研究、生产、应用3方的合作越来越紧密，酶制剂的研究与改造提升越来越有目标性和针对性，紧跟市场需求。

企业差异化发展战略在行业内得到认同。

【c. 存在问题】

市场竞争越来越激烈，没有新产品上市，现有产品发酵水平有待提高。

虽然国内酶制剂企业研发受到高度重视，创新投入逐年增加，但目前多数企业采取的仍然是跟随战略，实现产业化的酶制剂品种大多为市场上已经有的产品，要想真正做到像国外大公司那样开拓创新、从无到有，还需要相当长一段路要走。

复合酶制剂的研发和产业化相对落后。由于复合酶的开发必须要有很强的应用研究为基础，而国内大部分酶制剂企业在这一方面尚缺乏技术实力。

洗涤酶的开发依然任重道远。虽然最近几年许多高校、科研院所、企业都投入了大量的人力和财力试图在这方面有所突破，但迄今为止，形势依然不容乐观。

【d. 标准化工作】

完成了《酶制剂分类导则》国家标准的报批工作。

【e. 行业活动】

4月，开展淀粉糖、糖醇行业酶制剂的“双促和双降”行动。

6月28日，由中国生物发酵产业协会主办召开全国酶制剂行业座谈研讨会暨分会理事会，武汉新华扬生物股份有限公司承办的全国酶制剂行业座谈研讨会暨分会理事会在武汉顺利召开。会议由石维忱理事长主持。

王 晋

2.19 有机酸行业

【a. 概况】

1. 有机酸产品全面增长

2017 年，有机酸行业产品总产量约为 224.2 万吨，总产值约为 150 亿元，总产量与总产值继续呈增长趋势。

（1）柠檬酸行业

2017 年，柠檬酸行业全年总产量 152 万吨，同比增长 10.95%，国内柠檬酸发酵生产企业有 6 家，其产量占全国总产量的 98% 以上。

（2）乳酸行业

2017 年，乳酸全年产量预计在 14.2 万吨，同比增长 8.40%。产量排名前 3 位的企业产量占全国总产量的 90% 以上。

（3）葡萄糖酸

2017 年，，全国葡萄糖酸产量预计在 53 万吨，同比增长 6.00%。行业处于触底反弹阶段。

（4）其他有机酸

衣康酸近几年来产量变化不大，2017 年，全年产量约 5 万吨。

2. 技术指标持续向好，消耗指标继续进步

近年来，柠檬酸的技术指标每年都在持续的进步，但是进步幅度在不断的降低，柠檬酸的技术进步空间在缩小。2017 年，柠檬酸行业的平均产酸率为 16.67%,，同比增长 0.32%；行业平均发酵周期 60.95 小时，缩短了 1.41 小时；行业平均总收率为 91.16%，同比增长 0.96%。

2017 年，柠檬酸行业平均成品粮耗为 1.72 吨 / 吨，同比节粮 1.60%，同比粮耗全年节粮 4.25 万吨；柠檬酸行业平均汽耗为 2.78 吨 / 吨，同比节约 6.39%；柠檬酸行业平均耗电 655 度 / 吨，同比节电 5.48%；柠檬酸行业平均水耗 16.10 吨 / 吨，同比节水 4.22%。

3. 柠檬酸、葡萄糖酸、乳酸出口均较大幅度增长

2017 年，柠檬酸产品总进口量 3187 吨，同比增长 4.01%；总进口额 1163 万美元，同比增长 12.72%。

2017 年，柠檬酸产品总出口量为 109.03 万吨，同比增长 8.63%，总出口额 93659 万美元。同比增长 26.29%。

2017 年，乳酸及其盐和酯进口量 8669 吨，同比增长 24.95%；进口额 1796 万美元，同比增长 23.52%。

2017 年，乳酸及其盐和酯出口量 53476 吨，同比增长 22.51%；出口额 6764 万美元，同比增长 17.19%。

2017 年，葡萄糖酸及其盐和酯进口量 801 吨，同比下降 1.84%；进口额 227 万美元，同比下降 16.30%。

2017 年，葡萄糖酸及其盐和酯出口量 17.61 万吨，同比增长 9.37%；出口额 10515 万美元，同比增长 6.52%。

2017年与2016年有机酸产品出口量及出口额对比

单位：千克、美元

品种	16年出口量	16年出口额	价格	17年出口量	17年出口额	价格
柠檬酸	849, 260, 184	617, 073, 765	726. 60	916, 259, 370	776, 238, 014	847. 18
柠檬酸盐及酯	154, 414, 766	124, 571, 199	806. 73	174, 076, 315	160, 351, 867	921. 16
柠檬酸产品	1, 003, 674, 950	741, 644, 964	738. 93	1, 090, 335, 685	936, 589, 881	858. 99
乳酸及盐和酯	43, 649, 748	57, 717, 581	1, 322. 29	53, 476, 070	67, 639, 474	1264. 85
葡萄糖酸及其盐和酯	160, 995, 007	98, 518, 429	611. 93	176, 148, 838	105, 151, 176	596. 95

4. 柠檬酸出口价格起伏较大、葡萄糖酸出口价格持续低迷、乳酸出口价格小幅下滑

（1）柠檬酸

近年来，柠檬酸企业、柠檬酸盐企业变化不大，柠檬酸酯发展较快。现在发酵生产的柠檬酸企业共有

6 家企业，产业集中度较高。下图可见 2018 年 6 月与 7 月出口价格达到 900 美元，是近年来价格最高点，但 7 月份开始出口价格逐月走低。

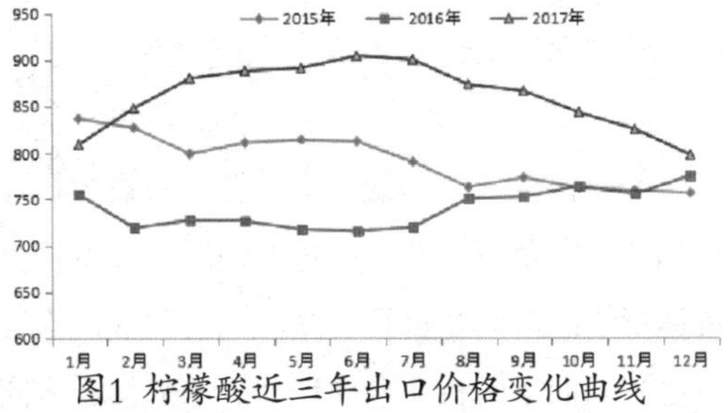

图1 柠檬酸近三年出口价格变化曲线

（2）葡萄糖酸

近年来葡萄糖酸发展过于太快，出现了产能过剩。2017 年葡萄糖酸平均出口价格比 2015 年下降了 130 多美元，呈现继续下降趋势，行业发展环境恶化明显。

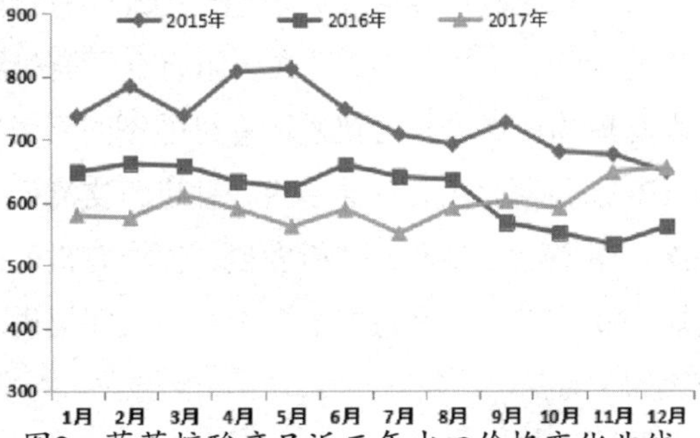

图2、葡萄糖酸产品近三年出口价格变化曲线

（3）乳酸

自 2016 年开始乳酸出口量持续增长，2016 年比 2015 年出口量增长 17.00%，出口额增长 13.13%。2017 年比 2016 年出口量增长 22.5%，出口额增长 17.2%，2017 年平均出口价格出现下滑苗头，比 2016 年出口价格下降 4.3%。

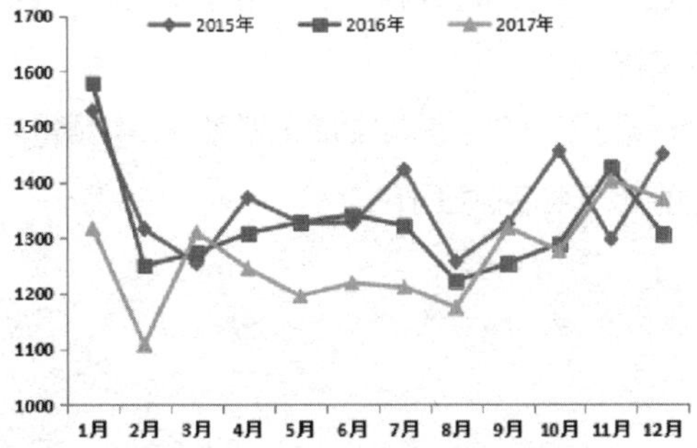

图3 乳酸产品近三年出口价格变化曲线

5. 柠檬酸产品出口俄罗斯，西班牙等国家有所增长

2017年柠檬酸出口前10国家和地区

序号	国别	出口量	出口额	价格
1	印度	83, 336, 350	66, 683, 024	800. 2
2	土耳其	63, 058, 275	52, 250, 492	828. 6
3	墨西哥	50, 533, 790	41, 543, 849	822. 1
4	日本	46, 950, 666	45, 279, 028	964. 4
5	俄罗斯联邦	38, 655, 950	31, 957, 458	826. 7
6	印度尼西亚	35, 770, 350	30, 162, 592	843. 2
7	波兰	35, 261, 625	28, 419, 896	806. 0
8	韩国	29, 512, 075	25, 071, 968	849. 5
9	德国	27, 436, 900	22, 291, 504	812. 5
10	西班牙	27, 016, 850	23, 455, 563	868. 2
前十国家统计		437, 532, 831	367, 115, 374	839. 1
出口总计		916, 259, 370	776, 233, 639	847. 2
出口前十占比		0. 477520717	0. 472944427	

2017年柠檬酸盐及酯出口前国家和地区

序号	国别	出口量	出口额	价格
1	比利时	21, 810, 200	15, 908, 605	729. 4
2	日本	12, 107, 494	12, 300, 822	1016. 0
3	德国	11, 283, 150	11, 009, 180	975. 7
4	泰国	9, 829, 300	8, 639, 825	879. 0
5	加拿大	9, 098, 275	7, 671, 318	843. 2
6	印度尼西亚	7, 803, 395	7, 289, 115	934. 1
7	荷兰	7, 410, 525	6, 301, 753	850. 4
8	澳大利亚	6, 120, 735	6, 710, 416	1096. 3
9	波兰	6, 007, 125	4, 409, 635	734. 1
10	墨西哥	5, 823, 920	4, 852, 255	833. 2
前十国家统计		97, 294, 119	85, 092, 924	874. 6
出口总计		174, 076, 315	160, 358, 535	921. 2
出口前十占比		0. 558916467	0. 53064169	

6. 柠檬酸产品出口动向

（1）出口国别 2 集中度较强，柠檬酸前十国家占比为 47.8%，柠檬酸盐及酯前十国家占比为 55.9%；

（2）出口企业集中度进一步加强，生产企业出口占全国出口比例由 2015 年的 79% 左右上升到 2016 年的 83% 左右，2017 年生产企业继续保持出口高比例，总体占比达到 84% 左右，生产企业市场控盘能力继续强化；

（3）日本、澳大利亚、巴西等国家成为出口价格最好的目的地；

（4）印度、印度尼西亚、俄罗斯、墨西哥继续成为出口大国，这些都是转口国家，我们给他们的价格极低，特别是印度是我们出口最低价格的国家，这些国家赚取了我们本应得的利润和血汗。

【b. 行业发展带来的问题】

1. 玉米政策调整，发酵行业整体升温，有机酸产能增加较快

2016年年初，国家取消了临时收储政策，实行“市场化收购”加“补贴”的新机制，国内玉米价格持续回落，国内外价差明显缩小，玉米加工企业生产成本大幅下降，利润空间显现，大中型企业开工率加大，产能得以释放，产品在国际市场竞争能力加强，出口量大幅增加，行业效益显现，企业发展信心增加。2017年4月，国家发改委取消了玉米加工审批限制，加之玉米加工利润显现、东北玉米产区政策吸引等因素，各地特别是东北等地玉米加工新建、扩建产能急速增加。

2. 有机酸市场压力加大

近年来，在行业部分产品产能过剩、市场竞争激烈的情况下，企业不断地适应外部环境的变化，不断深入挖掘企业内部潜力，重质量、降成本、精细化管理；逐步拓宽产品应用领域，开发终端消费领域；进一步延伸产业链条，开发新产品，寻求新的经济增长点。2017年在国家政策放开，生产要素成本降低、行业升温，行业信心大增，产品国际竞争力提升，但应注意价格问题，避免贸易摩擦，同时也应注意到新增产能对未来市场的冲击。

3. 企业技改升级，开发产品终端领域

近年来，在行业低谷期，大中型企业一直在谋求发展，不断深入挖掘内部潜力，精细化管理，通过技改、引入新设备、新技术降成本、降消耗、提质量，稳住已有市场，提升市场竞争力；部分企业将缺乏竞争力的产品减 产或停产，转型延伸产业链条，以自产产品为原料延伸生产小品种有机酸、生物农药、医药中间体等高附加值产品，规避单一产品风险；部分企业不断进行应用领域开发，开发面对大众消费的终端产品，促进了消费，为低利润的大宗产品寻找新的经济增长点。

4. 环保仍是重中之重

近年来，行业环保投入加大，环保治理已初见成效，今后环保仍是重中之重，特别是国家对大气污染的监管越来越严厉，企业应在无组织废气、VOC治理方面投入更多精力，避免因此带来的风险。

【c. 工作总结】

1. 组织召开“有机酸行业重点企业座谈会”

2017年3月30日在召开了“有机酸与装备环保行业重点企业座谈会”。座谈会上，针对有机酸行业现状和发展趋势，以及行业节能减排的情况、技术创新、企业经济运行情况等问题进行了交流与讨论。此次交流会为企业更好的而了解行业发展现状、未来发展方向及存在问题提供了良好的时机，也为分会及时了解企业发展动向，如何开展今后针对企业服务工作奠定了基础。

2. 组织召开了2017有机酸技术交流与产品应用研讨会

近年来有机酸产品市场需求变化不大，除传统应用领域外，其他应用领域发展较慢。为加强有机酸产品开发与应用，6月16–17日在贵阳召开了有机酸产品开发与应用研讨会，会议邀请有机酸不同领域的科研院校专家和企业代表到会演讲，并进行交流研讨，多层次、多渠道、多形式分析发展，探讨有机酸产品新发展与新需求，为有机酸上下游企业之间提供了合作交流的平台。

3. 行业统计工作

按时完成每月“柠檬酸行业生产技术指标”统计工作及季度分析工作，了解和掌握行业生产运行状况，为各单位的技术进步提供了更多的帮助。并对乳酸行业、葡萄糖酸行业进行半年产量统计。

4. 有机酸行业经济运行情况分析

根据行业统计数据，2017年分会对有机酸行业季度经济运行情况进行分析，并写出初步报告，半年经济运行情况报告。

5. 配合标准部工作，参与《葡萄糖酸》《颗粒污泥》等标准的起草和制定工作

卢 涛

2.20 营养与保健食品制造业

由于我国目前并无营养食品的明确定义和相关法规标准，且统计分类和食品监管分类有所冲突，因此本篇相关内容主要针对保健食品行业。在我国人均GDP已经处于中等偏上收入国家水平、健康中国上升为国家战略的大背景下，我国保健食品行业正迎来快速发展机遇。

【a. 概况】

1. 行业经济运行情况

保健食品行业是我国食品行业的重要支柱产业之一，已列入"十三五"国家食品安全规划，是促进我国健康服务业和养老产业发展的重要行业，也是推进健康中国建设、促进"大健康"产业发展的重要组成部分。随着中医药法、健康中国2030规划纲要、国民营养计划（2017–2030年）等一系列政策规划的出台，保健食品在国民营养健康中的作用日益增强，2017年，多个部委发布文件在"十三五"期间促进保健食品行业健康发展。

根据中国保健协会的调查分析，2017年，保健食品的销售额已达5000亿元，同比增长9.4%，比食品制造业的平均发展水平高。

在中国保健协会抽样调查的300多家保健食品生产企业中，规模达到100万元以上的企业数量达到76.7%，其中，1亿元以上的企业数量达到35.3%。

从2017年度保健食品企业业务收入百分比结果（图1）可知，2017年，我国保健食品企业主营业务收入为500万元以上的企业占到被调查企业数的72%以上。从2017年度保健食品销售额增长情况（图2）可知，80.6%的企业年销售额同比有所增长，其中，增长率超过20%的企业占被调查企业总数的4.2%。

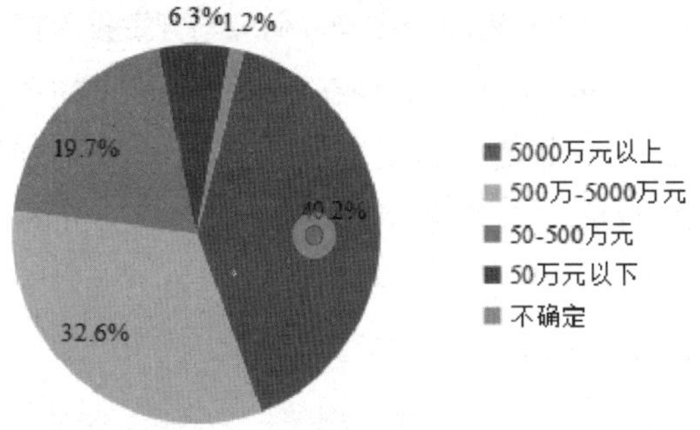

图1 2017年度保健食品业务收入百分比

数据来源：中国保健协会

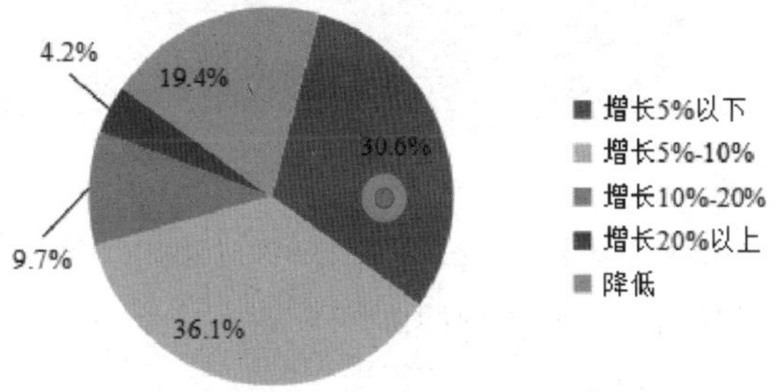

图2 2017年度保健食品销售额增长情况

数据来源：中国保健协会

根据国家食品药品监督管理总局的相关数据，截至2017年底，我国已审批保健食品产品有16690件，国产保健食品15917件，进口保健食品773件。根据国家食品药品监督管理总局《2017年度食品药品监管统计年报》，截止到2017年11月30日，2017年，共批准保健食品初次注册申请797件，变更注册申请1101件，延续注册申请348件。近年来，国家进一步加强保健食品的管理，尤其在2016年和2017年间，随着2016年7月1日《保健食品注册与备案管理办法》的实施，国产保健食品注册制审批数量骤降，进口保健食品近5年内基本呈稳定趋势，但在2017年达到最高，可见国家对保健食品的监督管理成效显著。

从大的环境看，保健食品行业未来10年、20年是非常朝阳的产业，投资机会非常多。未来几年，我国保健食品行业销售收入仍将保持高速增长态势。

2. 行业发展分析

（1）研发投入

中国保健协会调查了300多家保健食品企业，根据2017年度保健食品公司在研究与开发投入资金结果（图3）可知，投资金额在5000万元以上的企业数量占23.9%，投资金额在500万元–5000万元的企业数量占23.9%，投资金额在50万元–500万元的企业数量居多，占到30.6%，投资金额在50万元以下的企业数量占19.4%。

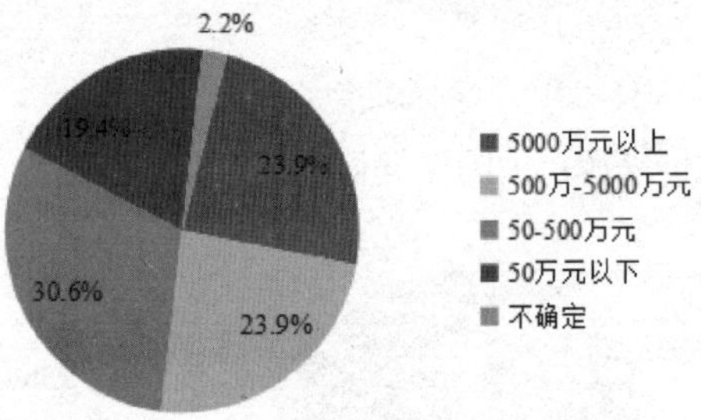

图3 2017年度保健食品企业研究与开发（R&D）投入资金

数据来源：中国保健协会

（2）区域分布

从申请产品注册的企业所在地看，各省市批准注册保健食品产品数量不均，主要集中在经济较为发达的省份，具体区域分布详见图4。其中北京、上海、江西、广东明显高于其他省份，北京、上海、江西、广东四地注册总数占全国注册总数的28.1%，北京位于榜首。该现象与这些地方经济发达，企业规模较大，居民收入高且消费能力强有重要联系，同样与消费者健康与保健意识较强密不可分。此外，我国保健食品生产厂家的分布状况具有南多北少、东多西少的特点，北京、上海、江西、广东、天津、浙江等地区分布居多，而其他省份，如新疆、西藏、甘肃等中西部地区企业较少。

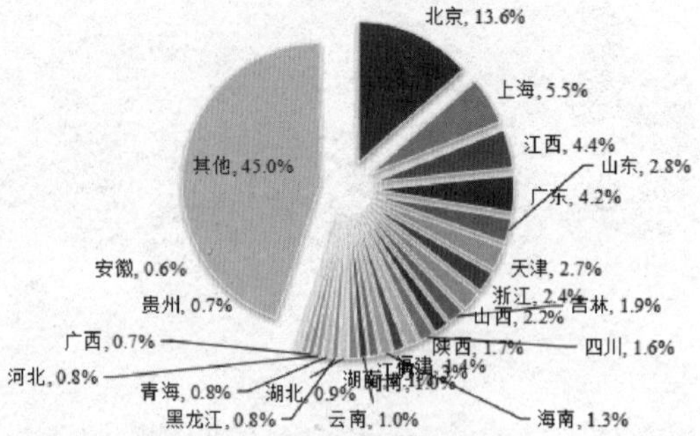

图4 我国国产保健食品申报注册区域分布

数据来源：中国保健协会

（3）进出口

进出口统计数据显示：2017年，中国营养保健食品进出口额达到35.6亿美元，同比增长12.2%，创历史新高。

①进口 2017年，中国营养保健食品进口额为21.9亿美元，同比增长42.2%。进口产品主要来自美国、澳大利亚、德国、泰国，进口额分别为4.4亿美元、4.1亿美元、1.9亿美元和1.3亿美元。进口额较大的省市分别是浙江、上海、广东、北京，上述地区经济发达，消费能力强，电子商务尤其是跨境电子商务发展迅速，来自澳洲的Blackmores（澳佳宝）、Swisse等品牌产品进口额名列前茅。从进口品类来看，维生素矿物质类、鱼油产品、运动营养、关节养护类和益生菌类产品较受欢迎。

近年来，各国营养保健企业纷纷将中国作为新的增长引擎，不断开发中国市场，产品进口规模持续快速增长。从2008–2017年营养保健食品进口规模图（见下图5）看，进口额从2008年的4.1亿美元，增长至2017年的21.9亿美元，9年间年均复合增长率高达20.5%。尤其2017年的进口额实现了骤增。

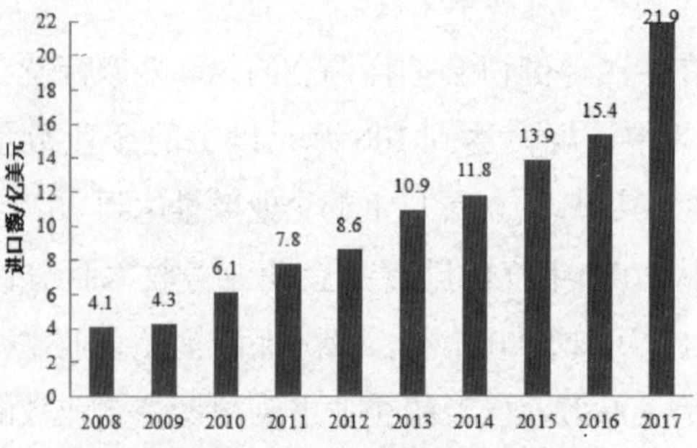

图5 营养保健食品进口规模图

数据来源：根据海关数据整理

②出口 2017年中国营养保健食品出口额为13.7亿美元，同比增长11.5%；出口的主要市场是美国、中国香港、日本、印度尼西亚等国家和地区。出口额较大的省市分别是江苏、广东、上海、山东及浙江。其中，江苏艾兰得、仙乐健康、大连医诺位列前公司出口三甲。

从2008–2017年营养保健食品出口规模图（见图6）看，我国营养保健食品出口规模呈现逐年增长的趋势。出口额从2008年的3.1亿美元，增长至2017年的13.7亿美元，9年间年均复合增长率高达18.0%。

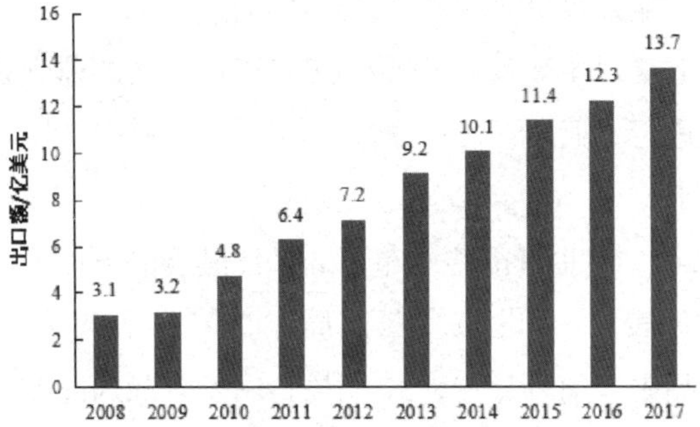

图6 营养保健食品出口规模图

数据来源：根据海关数据整理

注：第3部分依据海关针对营养保健食品数据进行整理

（4）基本监管情况

①相关法规标准 2017年，国家食品监管相关部门共发布了23项涉及保健食品的食品法规（详见下表1），7项涉及保健食品的法规草案（详见下表2）：

表1 国家食品监管部门发布的保健食品法规汇总

法规标题	发布机构	发布日期
食药总局关于保健食品备案管理有关事项的通告（2017年第16号）	国家食品药品监督管理总局	2017-01-24
国务院关于印发“十三五”国家食品安全规划和“十三五”国家药品安全规划的通知	国务院	2017-02-21
关于加快提交营养素类产品补充资料的通知	国家食品药品监督管理总局	2017-02-27
国务院办公厅关于印发国务院2017年立法工作计划的通知	国务院	2017-03-20
国务院办公厅关于印发2017年食品安全重点工作安排的通知	国务院	2017-04-14
食药总局关于印发《保健食品备案产品可用辅料及其使用规定（试行）》《保健食品备案产品主要生产工艺（试行）》的通知	国家食品药品监督管理总局	2017-04-28
食药总局关于保健食品备案信息系统上线运行的通告	国家食品药品监督管理总局	2017-04-28
食药总局办公厅关于印发保健食品备案工作指南（试行）的通知	国家食品药品监督管理总局	2017-05-02
食药总局关于贯彻实施《食品生产许可管理办法》有关问题的通知	国家食品药品监督管理总局	2017-06-13
国务院关于印发国民营养计划（2017–2030年）的通知	国务院	2017-07-13
关于鼓励中药类保健食品研制与开发提案答复的函	国家食品药品监督管理总局	2017-07-31
食药总局关于新保健食品注册管理信息系统上线运行的通告	国家食品药品监督管理总局	2017-08-01
食药总局财政部关于印发食品药品违法行为举报奖励办法的通知	国家食品药品监督管理总局	2017-08-22
国务院印发《无证无照经营查处办法》	国务院	2017-08-23
质检总局印发《出入境检验检疫流程管理规定》	国家质量监督检验检疫总局	2017-10-16
《中华人民共和国标准化法》通过修订（主席令第七十八号）	全国人民代表大会常务委员会	2017-11-04
《中华人民共和国反不正当竞争法》通过修订（主席令第七十七号）	全国人民代表大会常务委员会	2017-11-04
食药总局印发《保健食品标签标识检查要点》	国家食品药品监督管理总局	2017-11-08
质检总局发布《出口食品生产企业备案管理规定》	国家质量监督检验检疫总局	2017-11-14
国家卫生计生委印发2017年度食品安全国家标准立项计划	国家卫生和计划生育委员会	2017-11-15
食药总局关于发布《保健食品中75种非法添加化学药物的检测》等3项食品补充检验方法的公告（2017年第138号）	国家食品药品监督管理总局	2017-11-17
使用新原料保健食品注册和首次进口的保健食品（不包含补充维生素、矿物质等营养物质的保健食品）注册审批服务指南	国家食品药品监督管理总局	2017-12-25
总局关于印发食品药品行政处罚案件信息公开实施细则的通知	国家食品药品监督管理总局	2017-12-28

表2 国家食品监管部门发布的保健食品法规草案汇总

法规标题	发布机构	发布日期	失效时间
食药总局公开征求保健食品备案工作细则（2017年版）（征求意见稿）意见	国家食品药品监督管理总局	2017-02-06	2017-02-28
食药总局办公厅公开征求关于进一步加强保健食品监管工作的意见（征求意见稿）意见	国家食品药品监督管理总局	2017-04-28	2017-05-12
食药总局在WTO发布《食品安全法实施条例（修订草案）》	国家食品药品监督管理总局	2017-08-14	2017-10-13
工商总局关于《药品医疗器械保健食品特殊医学用途配方食品广告审查发布标准》（征求意见稿）公开征求意见的公告	国家工商行政管理总局	2017-09-30	2017-10-20
食药总局关于《食品生产飞行检查管理暂行办法（征求意见稿）》公开征求意见的通知	国家食品药品监督管理总局	2017-10-30	2017-11-30
食药总局办公厅公开征求《国家食品药品监督管理总局关于修改〈保健食品注册与备案管理办法〉的决定（征求意见稿）》意见	国家食品药品监督管理总局	2017-10-31	2017-11-20
食药总局公开征求《特殊食品注册现场核查工作实施规范（征求意见稿）》意见	国家食品药品监督管理总局	2017-11-21	2017-12-05

②国家食品监管机构监管执行情况 为了加强对保健食品的监管，国家食品监管相关部门2017年共发布

了 5 次涉及对保健食品违法广告或生产企业加强检查的通知，详见下表 3：

表3 国家食品监管机构发布的加强查处保健食品违法广告或生产企业加强检查的通知

通知名称	发布日期
食药总局办公厅关于印发国家食品安全监督抽检实施细则（2017年版）的通知	2017-01-22
国务院食品安全办等9部门关于印发食品、保健食品欺诈和虚假宣传整治方案的通知	2017-07-07
10部门印发《严肃查处虚假违法广告维护良好广告市场秩序工作方案》的通知	2017-09-04
国务院食品安全办等9部门关于印发全国食品、保健食品欺诈和虚假宣传整治电视电话会议讲话的通知	2017-09-14
食药总局办公厅关于印发食品、保健食品欺诈和虚假宣传整治工作实施方案的通知	2017-11-09

2017 年，国家食品药品监督管理总局在全国范围内组织抽检了 10918 批次保健食品样品，其中，检验合格样品 10674 批次，不合格样品 244 批次，样品合格率为 97.8%。其中，涉及到保健食品不合格指标包括质量指标（水分、总黄酮、维生素 B1、维生素 C、蛋白质、其余指标）、污染物超标（铅、砷、汞）、微生物（菌落总数、大肠菌群、霉菌和酵母、其余指标）、食品添加剂违规使用、净含量不合格、非法添加等。

截止 2017 年底，国家食品药品监督管理总局在其官方网站上共通报了 3 期查处的违法保健食品广告情况，共 28 起虚假宣传广告。详见下表 4。

表4 国家食药总局有关违法广告的通告

通告标题	发布日期
食药总局关于10起虚假宣传广告的通告（2017年第58号）	2017-04-17
食药总局关于8起虚假宣传广告的通告（2017年第110号）	2017-07-12
食药总局关于10起保健食品虚假宣传广告的通告（2017年第204号）	2017-12-08

2017 年 7 月，国务院食品安全办等 9 部门部署在全国开展食品保健食品欺诈和虚假宣传整治行动。整治工作开展以来，各地依法对未经许可从事食品生产经营活动、不按照批准内容生产、擅自改变生产工艺、非法添加非食用物质、声称疾病预防或治疗功能、标签标识虚假宣传等违法违规行为进行了处罚。截至 2018 年 3 月，各级食品药品监管部门共办理并公布整治行动相关行政处罚案件 8000 余件。我国各省具体情况详见图 7。

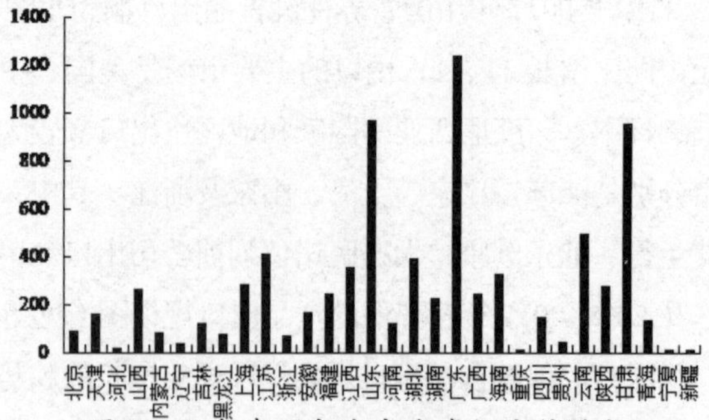

图7 2017年我国各省查办虚假宣传件数

数据来源：国家市场监管总局

③地方政府保健食品监管执行情况

下文对主要保健食品生产和销售大省的监管执行情况进行了汇总：

北京市

2017 年北京市共发布了 3 条保健食品方面的法规（详见表 5）。北京食药监局在 2017 年共发布了 54 期食品安全信息公告、17 期执行国家食品药品监管总局食品安全监督抽检信息的公告，其中，2 期涉及保健食品监督抽检信息，共抽检 567 批次保健食品，发现不合格样品 6 批次，不合格指标为菌落总数、大肠菌群、砷和铅等。北京食药监局在 2017 年共发布了 7 期药品医疗器械保健食品违法广告监测结果，其中，4 期涉及保健食品的广告监测结果，共监测到 13 个保健食品品种存在严重违法违规广告的行为。

表5 北京市发布的保健食品法规汇总

法规标题	发布日期
北京市食品药品监督管理局关于进一步加强保健食品生产经营监管的通知以及关于进一步加强食品、保健食品监督检查工作的通知	2017-10-19
北京市食品药品监督管理局关于做好食品、保健食品欺诈和虚假宣传整治工作的通知	2017-11-27
北京市食品药品监督管理局关于印发《北京市食品药品监督管理局食品、药品、医疗器械、保健食品、化妆品安全监测工作办法》的通知	2017-12-05

上海市

2017 年，上海市共发布了 4 条保健食品方面的法规（详见表 6）。上海食药监局在 2017 年共发布了 50 期食品安全信息公告，其中，12 期涉及保健食品监督抽检信息，共抽检 927 批次保健食品，发现不合格样品 3 批次，不合格指标为铅、总汞、霉菌和酵母。

表6 上海市发布的保健食品法规汇总

法规标题	发布日期
上海市食品药品监督管理局关于开展保健食品备案工作的通告	2017-06-02
上海市食品药品安全委员会办公室关于开展食品、保健食品欺诈和虚假宣传专项整治工作的通知	2017-08-04
上海市食品药品监督管理局关于印发全市食品、保健食品欺诈和虚假宣传整治电视电话会议讲话的通知	2017-10-30
上海市食品药品监督管理局关于印发食品、保健食品欺诈和虚假宣传整治工作实施方案的通知	2017-11-30

江西省

2017 年，江西省共发布了 2 条保健食品方面的法规（详见表 7）。江西省食药监局在 2017 年共发布了 51 期食品安全信息公告，其中，1 期涉及保健食品监督抽检信息，共抽检 67 批次保健食品，发现不合格样品 1 批次，不合格指标为霉菌超标。

表7 江西省发布的保健食品法规汇总

法规标题	发布日期
江西省食品安全办等十部门关于印发江西省食品保健食品欺诈和虚假宣传整治工作方案的通知	2017-08-11
江西省食品药品监督管理局关于印发食品、保健食品欺诈和虚假宣传整治工作实施方案的通知	2017-11-24

广省东

2017 年，广东省共发布了 2 条保健食品方面的法规（详见表 8）。广东省食药监局在 2017 年共发布了 9 期保健食品专项监督抽检信息的公告，共抽检 578 批次保健食品，发现不合格样品 18 批次，不合格指标为菌落总数、霉菌与酵母、蛋白质、水分、可溶性固形物、维生素 C、砷、叶酸、总皂苷、氨基酸总量、维生素 B6、灰分等。

广东省食药监局在 2017 年共发布了 40 期保健食品生产企业日常监督检查情况通报，发现不合格企业 9 家，存在的问题包括企业仓库原辅料标识卡标识内容（有效期）不清晰、原辅料仓库通风设施不足、筛粉间除尘设施不足、批生产记录中个别原辅料名称不规范、部分生产设备设施维护保养不到位、固体制剂生产车间设施设备维护保养不足、批生产记录不规范、批生产记录多处涂改、无修改人签名及日期、片剂生产车间总混间、软胶囊生产车间内包间的静压差不符合要求等。

表8 广东省发布的保健食品法规汇总

法规标题	发布日期
关于印发《广东省保健食品生产质量管理体系实施指南》的通知	2017-05-16
关于印发《广东省食品药品监督管理局食品、保健食品欺诈和虚假宣传整治工作实施方案》的通知	2017-11-13

山东省

2017 年，山东省共发布了 2 条保健食品方面的法规（详见表 9）。山东省食药监局在 2017 年共发布了 50 期食品安全信息公告，共抽检 1398 批次保健食品，发现不合格样品 133 批次，不合格指标为功效成分 / 标志性成分等。山东省食药监局在 2017 年共发布了 10 期关于违法药品医疗器械保健食品广告的公告，共涉及 8 个保健食品品种。

表9 山东省发布的保健食品法规汇总

法规标题	发布日期
山东省食品药品监督管理局关于启动保健食品备案工作的通知	2017-05-09
山东省食品药品监督管理局关于保健食品生产许可有关事项的公告	2017-05-22

天津市

2017 年，天津市共发布了 7 条保健食品方面的法规（详见表 10）。天津市市场和质量监督管理委员会在 2017 年共发布了 5 期关于保健食品监督抽检信息的通告，共抽检保健食品 76 批次，经检验全部合格。天津市市场和质量监督管理委员会在 2017 年共发布了 2 期关于药品医疗器械保健食品违法广告的公告，共涉及 7 个保健食品品种。

表10 天津市发布的保健食品法规汇总

法规标题	发布日期
天津市市场和质量监督管理委员会关于加强保健食品生产企业监管的通知	2017-01-18
天津市市场和质量监督管理委员会发布关于开展保健食品生产企业检验能力调查的通知	2017-03-06
天津市市场和质量监督管理委员会关于开展打击保健食品"四非"和"会销"专项行动的通知	2017-03-21
天津市市场和质量监督管理委员会发布关于出具《国产保健食品生产销售情况核实报告》的通告	2017-04-06
天津市市场和质量监督管理委员会关于印发2017年天津市保健食品生产企业量化分级分类管理工作实施方案的通知	2017-04-12
天津市市场和质量监督管理委员会关于印发天津市保健食品生产企业危害分析和关键控制点（HACCP）管理体系实施方案的通知	2017-04-20
天津市市场和质量监督管理委员会关于开展保健食品备案工作的通告	2017-05-08

（5）发展新亮点新增长点

在保健食品细分市场里，补充维生素矿物质类保健食品的销售正在显著增长。亚洲经济发展快，对补充维生素矿物质类保健食品的需求不断增加，逐渐成为新的发展亮点和消费增长点。在中国补充维生素矿物质类的保健食品市场上，中心城市的补充维生素矿物质类保健食品零售规模持续保持增长趋势，增长幅度在10%左右。其中，上海、广州、深圳、南京等城市，增长幅度则大于20%。

在政策上，《保健食品注册与备案管理办法》规定保健食品产品上市的管理模式由原来的单一注册制调整为注册与备案相结合的管理模式。使用的原料已经列入保健食品原料目录的保健食品和首次进口的属于补充维生素、矿物质等营养物质的保健食品，采用备案制。并且国产备案制的保健食品在各省食药监局即可进行备案工作，加快了此类保健食品上市周期。无论是对于进口补充维生素矿物质类保健食品还是国产补充维生素矿物质类保健食品无疑都有促进作用，此类保健食品的市场将快速增长，成为新的发展亮点和经济增长点。

此外，随着《中华人民共和国中医药法》的发布，中医药保健产业也成为我国发展新亮点和经济新增长点。十九大报告高度重视发展健康产业，提出要"坚持中西医并重，传承发展中医药事业"。我国长期以来高度重视中医药事业的发展，十九大再次提出，并把它置放在"健康中国战略"的高度，也就再一次强调中医药事业的传承与发展，其实质就是要求我国中医药要"适应现代化的社会、对接产业化的需求、迎接国际化的挑战"。政策的推动，势必会加速中医药保健食品的发展，成为企业发展的新亮点和国家经济的新增长点。以下是无限极（中国）有限公司和安利（中国）在中医药保健产品发展方面的举措和成就。

无限极（中国）有限公司在科技方面推动中草药产业健康发展，目前无限极成立了两个科学实验室，其中之一为中国中医科学院中药资源中心无限极中草药品质研究联合实验室，依托中国中医科学院中药资源中心及道地药材国家重点实验室培育基地，开展中草药道地性研究、中草药成分与相关性研究、中草药资源分布以及中草药安全性评价等方面的研究。在2017年，无限极"中草药保健食品工艺、质量一体化技术创新项目"获得国际质量创新大奖、无限极中草药多糖技术荣获广东省科学技术一等奖。中药类保健食品代表产品有常欣卫。

安利（中国）在江苏省无锡新区建立安利植物研究中心，该植物研究中心既定位于根据国际保健食品市场需求，依据中国传统养生保健理念及积累的丰富中草药使用经验并使用现代科技对其进行研究；同时按照纽崔莱有机种植原则研究中草药的有机种植，并依靠质量和食品安全管理体系，形成完整的中草药营养保健品链条。中药类保健食品代表产品有纽崔莱银杏茯蓉片。

（6）"三品"战略实施情况

①增品种 2017年，中国保健食品企业在国家政策法规的指引下，深度挖掘用户需求，适应和引领消费升级趋势。自保健食品注册制和备案制实施后，与注册相比，使用的原料已经列入保健食品原料目录的保健食品和首次进口的属于补充维生素、矿物质等营养物质的保健食品备案相对容易，目前有很多此类拟进口产品处于申报过程中。那些备案成功的产品将进一步丰富中国营养健康产业的市场线，其以一般贸易的方式进口到中国，布局到数十万家药店、商超等线下渠道。截至2018年3月底，共有351个国产备案产品和21个进口备案产品获准上市。汤臣倍健公司和汤臣倍健旗下的香港健之宝公司分别是国产和进口备案保健食品批件的大户。

保健食品地位的明确，使得更多的企业向大健康产品迈进。2018年2月，哈药集团哈药股份认购美国GNC公司40%的股份，交易金额3亿美元。2017年12月，飞鹤乳业斥资2800万美元收购美国保健食品公司Vitamin World等，中资企业通过跨境并购增强了自身的资金实力和研发能力，并从生产和营销模式上实现了资源的整合和互换。

②提品质 保健食品企业今年来在提高产品品质方面不断下功夫，一方面严格把原料质量，在原料采收和分选环节全程质量监控，从源头上提高品质，另一方面在加工工艺上严格要求。以下是东阿阿胶股份有限公司和南宁富莱欣生物科技有限公司在提品质方面的成就。

东阿阿胶构建了"全产业链质量控制"模式，实施全产业链质量溯源管理，内容涵盖原料毛驴养殖过程、毛驴屠宰—驴皮仓储过程、产品生产过程、产品流通过程的基于全过程的溯源体系建设及管理，确保产品质量安全的基础上，引领阿胶行业，形成毛驴产业，做成一二三产整合的全产业链质控模式。

南宁富莱欣生物科技有限公司在产品研发、采购、生产、放行、储存、售后6个方面设立关卡，建立了一套严于国家法定标准的企业内控标准。针对“惠普生（HPSON）”牌产品，采取“四个控制”（起点控制、过程控制、标准控制和系统控制）严把质量关，确保产品在各级抽检中全部合格。

③创品牌 随着市场经济体制的不断完善，国家“健康中国”战略的推出，居民健康素养不断提升，中国保健产业正处于高速发展时期，消费者及监管部门对产品品质有着更高的要求，品牌公信力成为企业致胜的“灵魂”。因此，围绕品牌战略开展的品牌建设，正成为保健食品企业近些年来的重要工作，当下保健食品企业涌现出了不少家喻户晓的品牌。

南宁富莱欣生物科技有限公司在坚持“品质是品牌的核心”基础上，实施品牌聚焦战略，选择重点市场、重点运作、重点突破。其拳头品牌“惠普生（HPSON）”曾独家冠名贵州卫视《最强大夫》以开启品牌升级战略，在2017年，惠普生牌保健食品的销售额达7.1亿元，同比增长15.4%。其中惠普生牌维C海洋鱼胶原肽粉和惠普生牌蜂胶软胶囊在惠普生（HPSON）品牌的整体影响下其销售额跻身全国同类产品前列。

同时，中国保健协会在创品牌方面做了很多贡献，多次组织会议，积极推进协会企业信誉保证、消费者公信力推选、信用等级评价等“三位一体”诚信体系建设，开展行业品牌建设，贯彻落实国家品牌战略。在由中国保健协会组织举办的第七届中国保健品公信力论坛上，安琪酵母股份有限公司、北京贞玉康源科技有限公司、碧生源控股有限公司、佛山市易缇秀服饰有限公司、江苏省百岁园健康管理有限公司、如新（中国）日用保健品有限公司、无限极（中国）有限公司、浙江和也健康科技有限公司、浙江森宇药业有限公司、珍奥集团股份有限公司获得“第七届中国保健品十大公信力品牌”称号。

【b. 行业面临的问题】

1. 市场状况

我国保健食品企业在产品研发方面的人力和资本投入较少，技术水平低、产品同质化，导致消费者忠诚度低，生产企业的核心竞争力难以形成，行业竞争无序，这些都在一定程度上阻碍了行业整体的发展。与此同时，企业合规意识不足，重注册、重营销、轻研发、轻合规的现象较为普遍，在发展中更看重产品的市场及利润。部分企业所开发的新产品，多是在初级产品的基础上进行的简单更新，生产设备与生产工艺落后，质量得不到保证；此外，有些企业擅自更改配方，违法添加禁用原辅料甚至化学成分，为牟取暴利，夸大产品功能，造成保健食品行业乱象。

2. 生产经营中存在的问题

（1）保健食品欺诈和虚假宣传

考虑到我国保健食品的消费对象主要是中老年人群，保健食品公司主要针对这一人群的健康问题进行广告宣传。由于许多老年性疾病如高血压、高血脂、心脑血管病、糖尿病等无法完全治愈，给了保健食品夸大其功效宣传的空间。部分企业对保健食品的功效进行夸大宣传，擅自增加产品功能，无中生有，使用绝对化用语来误导消费者，如“有效彻底改善或消除更年期各种不适症状”“引用3个月血压血脂全部平稳正常”“服用7天可减体重2至4斤”等虚假宣传用语。另外有些保健食品生产企业不直接进行产品宣传，而是对原料进行功能宣传。

此外，有些企业采用中医药理论对产品进行过度宣传，比如有些产品获得批准的功能是“免疫调节”，但用中医理论解释，就延伸了不具备的功能，如“延年益寿、养心安神”等用语；部分企业的宣传用语将保健食品与药物挂钩，误导消费者，如“除药物之外见效最快”“太神奇，比吃药强多了”等虚假宣传用语。对于此类现象，大型企业相对比较规范，问题主要存在于中小型企业。

（2）讲座、会议等方式进行虚假宣传行为

不少消费者（尤其是老年人）对保健食品的了解程度不高，对保健食品标志、保健食品允许声称的功能及类别认知模糊，对保健食品和普通食品的主要区别缺乏有效认知。在互联网时代，电视广告和网络是消费者获取保健食品信息最主要的渠道，一些消费者会通过“报纸杂志”“药店和超市推荐”等途径获悉保健食品信息，还有少部分消费者会根据“路边广告”或参加“会议营销”等途径获知保健食品信息，这导致了消费者获取保健食品信息的途径不对称。不法生产经营企业利用电视广告、网络、报纸杂志等消费者主要获知渠道进行夸大、虚假宣传，掺杂使假，鱼目混珠，混淆视听，误导消费者。

（3）普通食品宣称保健功能

夸大功效宣传不仅存在于保健食品，也存在于普通食品，甚至是非法生产的无证食品，但由于社会对保健食品缺乏清晰的认识，均将其视为保健食品乱象，在一定程度上拉低了人们对保健食品的印象，这同时也是国际上食品安全监管共同面临的问题与挑战。虽然现行法律禁止普通食品声称特定保健功能，但仍有不法商家通过会销等渠道对普通食品进行违法功效宣传，如各种酒标称为“保健酒”并宣称养生和壮阳功能、有产品宣称“治疗高血压”“对膝关节有保护作用”、饮料标称为功能饮料可以提神醒脑等。

（4）跨境电商渠道对一般贸易渠道的不公平

一直以来，国家对跨境电商没有制定相应的监管政策，导致跨境电商销售的保健食品对一般贸易渠道销售的保健食品造成不公平的现象，主要存在以下几个方面：

①由于保健食品需要走审批注册流程，耗时长，花费多，很多商家不愿意走审批流程，就通过跨境电商渠道进入国内市场。在节省时间及成本的基础上，获得高额的销售额。

②跨境电商渠道不受监管，商家通过此类平台大肆宣传保健食品功能，夸大功效吸引消费者购买。

③存在很多进口普通食品冒充保健食品进行宣传和销售，消费者体验所谓的“保健食品”后感觉效果不好，导致消费者对保健食品的不信任。

【c. 发展趋势】

1. 中药类保健食品是未来的发展趋势

随着《中医药法》的颁布实施以及《中医药发展“十三五”规划》、国务院关于《国民营养计划2017–2030年》的印发等文件的出台，中药类保健食品会是保健食品未来发展的重要方向之一。

在国家政策和战略措施的引导下，许多省市都出台了中医药的发展规划，全国各地掀起了一个中医药的发展热潮，把中医药事业摆在了国家发展战略层面的重要地位。此外，我国进入人口快速老龄化阶段，大量有消费能力的老年人群也必然拉动中药类保健食品市场的需求。

2. 保健食品监管将更加严格

2017年，国家颁布了诸多保健食品相关法规，监督抽检力度也大大增强，可见在保健食品行业健康发展的大背景下，未来国家对保健食品整个行业，包括产品注册、线上线下的监督管理等都将加倍重视，解决市场主体面临多头多层重复执法的问题，完善统一权威的监管体制将成为必然趋势，保健食品行业将迎来更大的市场空间。

3. 未来将有更多的企业进入保健食品行业市场

商务部发布的《对未来三年中国消费形势发展的研究报告》指出，国内消费进入全面升级的新阶段，商品消费规模将超过美国跃居世界第一。未来三年，消费者的消费理念更趋于环保、健康、个性和个人体验。随着我国经济的发展和人口结构的变化，人口素质水平整体提高、老龄人口和亚健康人群不断增加等，营养健康行业将迎来新的发展契机。不少非保健食品企业在政策的推动下，有意加入保健食品行业的市场中；此外，为进一步拓宽国际市场，中国不少保健食品企业将采取中国市场嫁接海外品牌的模式进行扩张。

【d. 政策与监管建议】

1. 采用中医中药理论对以中药材为基础的保健食品进行功能验证

国家相关部门应将中医中药理论和现代医学理论

二者相结合，将安全性评价采用目前保健食品通用的急性毒性试验和长期毒性实验。而功效学评价中，如相应中医症状的动物实验模型难以建立，可考虑在确保安全性的前提下，直接采用相应的人体试食实验；也可考虑对传统中医名著里的一些经典验方，用文献研究来替代功效实验，以采用中医中药理论对以中药材为基础的保健食品进行功能验证。

2. 加快扩大保健食品备案原料目录品种范围

国家相关部门应加快扩大保健食品备案原料品种的步伐，尤其是老百姓长期在用，实践证明对健康有益的常用中医食疗原料品种，以及功能明确的单一组方的保健食品原料，如鱼油、DHA 藻油等，从而进一步扩大保健食品备案制的实施范围，以促进保健食品行业的创新和发展，为国民经济的发展和保障消费者健康做出更大的贡献。

3. 加快保健食品审批速度

自《保健食品注册与备案管理办法》实施以来，审批通过的保健食品数量屈指可数，且耗时较长、费用较高。在加强事中事后监管的基础上，相关审批部门应完善现有的保健食品审批制度及相关流程，降低注册成本、缩短注册时间，加快保健食品审批速度，鼓励保健食品企业积极参与其中，不生产售卖未经注册批准的保健食品，促进保健食品行业健康发展。

4. 进一步加强监管，加大执法力度

政府部门加大监管力度，对虚假广告加大查处力度，严禁夸大其词、虚假宣传；严把生产许可、日常监管和消费安全把关；建立完善的监管体系，严把保健食品上市关，用法律手段来约束保健食品生产经营者，各级监管部门要明确监管责任，全面清理整顿保健食品市场；对严重违反相关法规要求的企业，暂停或者吊销其违规产品甚至全部产品批文，监管从严将倒逼整个行业进入质量有序竞争时代，从而加强产品的合规管理。

5. 加强保健食品跨境电商规范化管理

目前，我国对于跨境电子商务进口食品安全的监管还没有明确的规定，进口环节的检验检疫监管职能还需要进一步明确。在互联网和国际物流贸易大发展的时代，建议相关政府部门能够尽快明确我国跨境电商进口食品的监管制度，一方面保护消费者的人身健康和消费权利，另一方面促进行业的健康有序发展。

6. 企业应加大新品研发力度

保健食品企业应在坚决执行质量至上的原则上加大新品的研发力度，但在采取新工艺、新技术时应充分考虑产品的长期食用安全性，并进行必要的试验，以控制潜在安全风险，提升产品质量以促进企业和整个保健食品行业快速成长。此外，企业应积极在政策制定方面提供诉求，搜集整理国内外产业发展及监管情况的最新动态，为助力政府监管献计献策。

7. 全面加强消费教育，普及相关知识

有关部门应当全面加强消费教育和消费倡导，特别是消费者对于保健食品的辨识和认知问题。以贯彻落实新修订《食品安全法》为契机，有关部门及媒体应广泛、深入、持久地开展保健食品科普知识宣传，公开和报道国内外同类产品的监管情况和信息，促进广大消费者了解相关知识及法律法规，提高消费者辨识力和认知度，引导消费者建立科学理性的消费观念和习惯，不断增强消费者的自我保护能力，自觉防范和抵制保健食品销售中的虚假宣传、聚众营销等非法行为。

徐华锋

2.21 盐业

【a. 概述】

2017 年是盐业体制改革开局之年，也是中国食盐专营新政策建立之年。一年来，在国家发展改革委、工业和信息化部、中国轻工业联合会正确领导下，在地方各级政府和盐业主管部门高度重视、积极作为下，在全国盐行业共同努力下，认真学习贯彻落实党的十九大精神和国务院《盐业体制改革方案》精神，保证了改革顺利推进，各地政企分开有序实施，实现了食盐跨区经营、食盐价格市场化，取消了工业盐进入市场的各类限制，改革食盐储备体系，增加了食盐储量，行业运行总体平稳，保障了食盐、工业盐市场供给，食盐市场价格基本稳定，工业盐价格恢复性增长，改革效果初步显现。

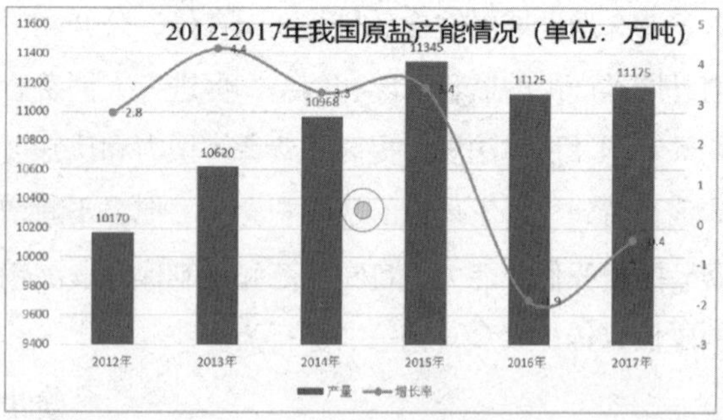

2017 年，中国原盐产能达到 11075 万吨，同比下降 0.4%；其中，海盐产能 3750 万吨，同比下降 1.3%；湖盐产能 1190 万吨；井矿盐产能 6136 万吨，同比持平。2017 年全年井矿盐没有新增产能，海盐由于土地面积萎缩以及部分制盐企业由于效益不佳退出原盐生产等原因，使得产能有所减少。

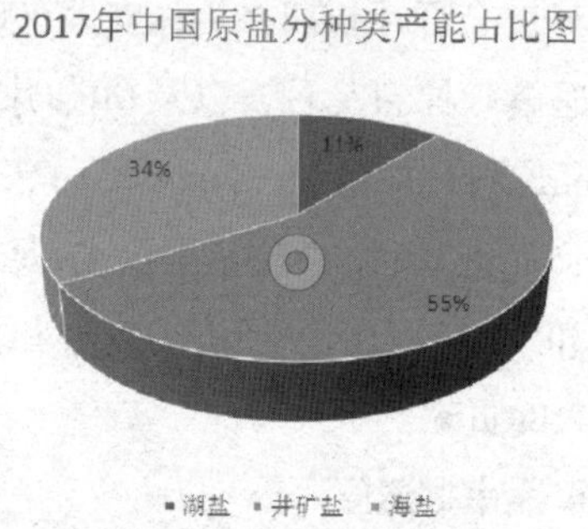

2017 年，我国原盐产量 8975 万吨，同比增长 2.4%。其中，海盐产量 2759 万吨，同比增长 3.1%；井矿盐产量 5083 万吨，同比增长 12.1%；湖盐产量 1133 万吨，同比增长 2%。按各盐种产量比例看，海盐占 30.7%；井矿盐占 56.7%；湖盐占 12.6%。海盐产量所占比例有所增加，而井矿盐与湖盐的产量比例呈现减少趋势。

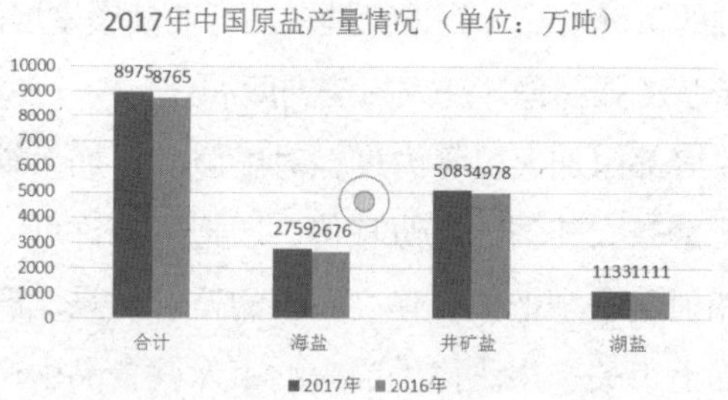

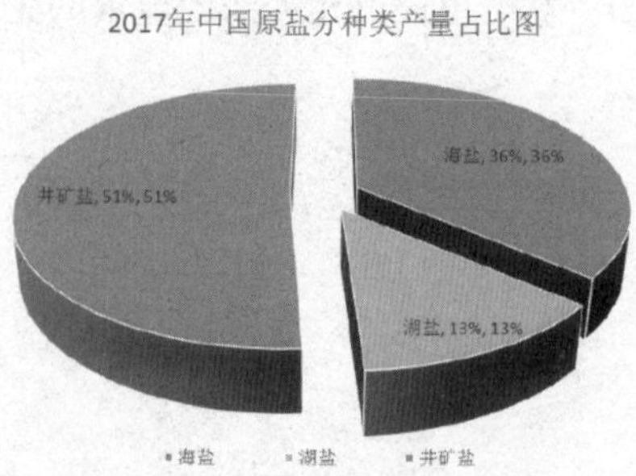

2017年，我国原盐库存2592万吨，同比增长1.3%。其中，海盐库存1798万吨，同比增长3.9%；井矿盐库存132万吨，同比增长3.1%；湖盐库存662万吨，同比下降5.4%。

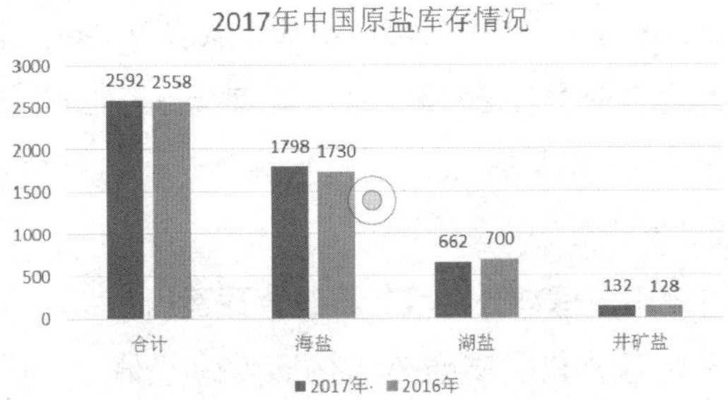

2017年，我国进口盐926万吨，同比增长87%，为历史同期最高。其中，从印度进口660万吨，占71%；从澳大利亚进口186万吨，占20%。

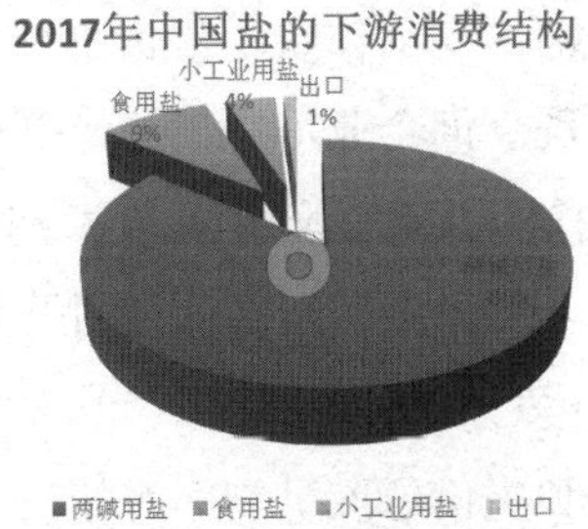

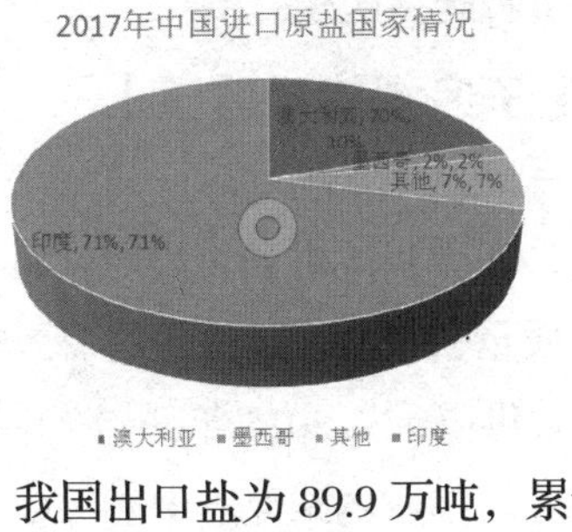

2017年，我国出口盐为89.9万吨，累计同比增加长12.6%。

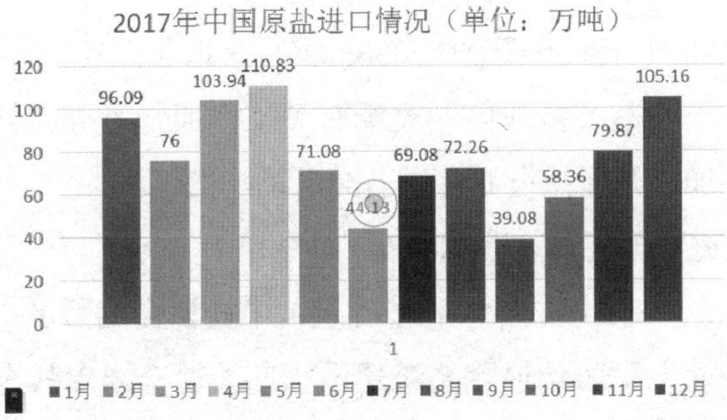

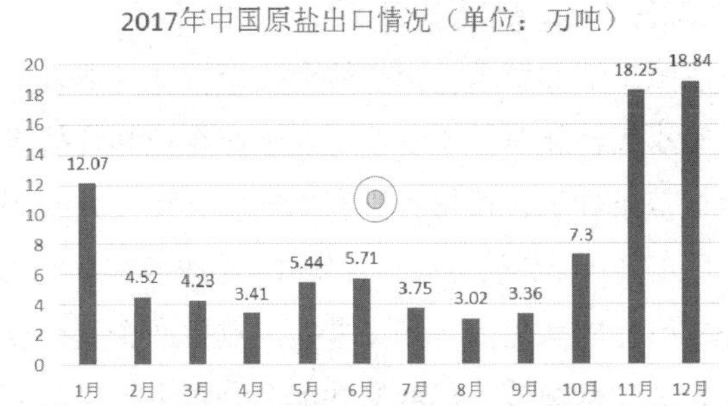

2017年，中国原盐消费量10021万吨，同比增长4.1%，其中，两碱工业盐消费量8565万吨，同比增长3.8%；食用盐和小工业盐消费1322万吨，同比增长3.8%；出口134万吨，同比增长11%。2017年，我国海盐地区价格运行较为稳定，上半年，延续前一年正常态势，4月份，由于春盐上市价格有所下滑，到7、8月份，下降到最低，8月份，随着下游两碱市场需求增加，价格有所回升，到年底呈现稳定态势。2017年，我国井矿盐地区整体平稳，上半年，由于下游市场低迷，前三季度，基本没有大的波动，8月份受到下游需求，以及原料煤炭，电价等原料因素上调影响，市场推涨压力进一步显现，价格上涨。2017年，全年湖盐价格整体平稳。

据不完全统计，2017年食盐定点批发企业主营业务收入177亿元，同比下降31.4%；利润总额5亿元，同比下降80%。其中，利润同比下降企业占90%，亏损企业占29%。

据不完全统计，2017年，根据调研部分重点制盐企业显示，调研的109家个重点企业主营业务收入327亿元，同比增长4.77%；利润总额21亿元，同比增加4.55%。

【b. 行业政策宣传】

《盐业体制改革方案》公布后，中盐协会充分利用网络、报刊、微信平台等进行宣传，并利用各类会议、培训班等时机，对盐业体制改革政策和配套文件进行正面解读。组织行业内专家撰写文章，在国家有关媒体上刊登。接受媒体记者采访，宣传盐改和食盐专营新政策，及时汇编盐业体制改革相关材料印发会员单位。

【c. 起草修改有关改革配套文件】

按照工信部要求，中盐协会抽调行业专业人员组成撰写小组，起草了《食盐定点生产企业和食盐批发企业规范条件》，根据各方意见数易其稿，并组织专家先后4次召开会议进行讨论研究，形成征求意见稿，在征求行业内意见后，和《食盐定点生产企业和食盐批发企业技术规范》标准文件配套一起上报工信部。国家相关部门对《食盐专营办法》《盐业管理条例》和《食盐加碘消除碘缺乏危害管理条例》进行修改，协会组织专家和行业骨干多次参加讨论，提出修改意见。同时，还起草了《食盐储备与应急管理办法》《食盐防伪追溯指导意见》《食盐生产企业最低库存和最高库存实施意见》等配套文件征求意见稿，并多次参加国家部委组织的有关督察活动。

【d. 及时汇报行业改革进展】

2017年1月1日盐业体制改革正式实施开始，为了及时掌握盐改后食盐定点企业生产经营情况，协会以召开座谈会、实地调研等方式了解企业经营情况，将跨区经营受阻、个别企业违规经营、盲目降价冲销等新情况、新问题和对策和建议归纳梳理后及时汇报发改委和工信部等相关部门。

【e. 开展信用体系建设】

盐业信用体系建设是盐业改革方案的重要组成内容，是构建新型食盐专营市场秩序重要组成部分，是保证盐业健康稳定发展重要措施。

1. 制定方案和公约

制定《推进盐业信用体系建设行动方案（2017-2018）》，汇编盐业信用体系建设有关文件，印发给各会员企业。加快建立盐业信用承诺制度，2017年9月7日印发《盐业信用自律公约（征求意见稿）》，在网上发布征求意见，各会员单位积极响应，共收到反馈意见75条。根据各方面的意见，修订印发《盐业信用自律公约（试行）》，各单位踊跃报名，积极加入，参与到盐业信用体系建设中来。2017年12月组织《公约》的签约仪式，向社会公示，接受社会监督。

2. 开展信用等级评价工作

2017年5月，食盐定点生产企业信用体系建设培训会在北京召开，有150余人参会；8月，全国食盐批发企业信用体系建设培训会在威海召开，参会代表70余人。这两次会议，标志着食盐经营企业信用等级评价工作全面展开。目前，食盐定点企业参评94家，其中AAA级58家，AA级23家，A级13家；省级食盐批发企业参评22家，全部被评为AAA级，市、县级批发企业共55家，其中被评为AAA级50家，AA级5家。

3. 抓好信用管理与公共服务系统管理运行

中盐协会和国富泰公司按照发改经体（2016）1836号文件精神，对持有食盐许可证的企业逐家进行信用信息核查，建立信用体系责任人和信用信息报送制度，确保按时保质报送信息并坚持每月更新，实现对食盐经营企业日常信用的动态监测。建立会员企业信用档案，目前135家食盐经营企业已完成信用档案确认工作，实现查询企业信用信息，打开企业信用档案一查就知。按照国家发改委等27家部门联合下发的《关于对盐行业生产经营严重失信者开展联合惩戒的合作备忘录》（发改经体（2017）164号）通知要求，建立信用激励和失信惩戒机制，对盐行业生产经营严重失信者要进行联合惩戒。

【f. 食盐电子追溯体系建设】

追溯体系建设是采集记录产品生产、流通、消费等环节信息，实现来源可查、去向可追、责任可究，强化全过程质量安全与风险控制的有效措施。为确保食盐安全有效供应，从2015年开始，中国盐业协会会同工信部软件与集成电路促进中心、中国轻工业信息中心、电子一所等，按照《盐业体制改革方案》、工信部《关于开展食盐安全信息追溯体系建设试点工作的通知》（工消费函[2015]388号）、发改委、工信部《关于进一步落实盐业体制改革有关工作通知》等文件要求，加快开展盐行业食盐追溯系统建设工作。

1. 推进全国性食盐追溯

在2016年试点经验基础上，中盐协会编写了《食盐企业电子防伪追溯系统建设指南》《全国食盐全息防伪二维码使用方法》。2017年3月，在山东泰安召开了全国食盐电子防伪追溯建设启动会暨《食盐企业电子防伪追溯系统建设指南》宣贯会，5月底又在山东德州召开了食盐追溯批发试点企业培训会。目前，食盐追溯工作正在积极稳妥地向前推进，截止到11月底，全国19个省（自治区、直辖市）加入平台，47家食盐定点生产企业和批发企业入网并通过认证，追溯信息已上传平台，23家企业追溯系统已经建设完成，34家企业已完成招标并正在建设。

2. 逐步完善追溯服务平台

为更好地服务盐业企业，保证平台运营安全，从7月份开始，中盐协会对平台的运算和储存系统进行全面优化和升级，将从2018年1月1日起正式运行。为保证信息数据安全保密，中盐协会与中国“政务云”签订数据存储和备份协议，与企业签订《全国食盐电子防伪追溯服务平台服务协议》，并按照《网络安全法》相关要求，正在申请公安部的等保三级认证。同时，为了不增加企业负担，加快推进食盐追溯建设，协会决定免收入网食盐定点生产企业和批发企业的平台服务费。

【g. 组织盐行业展览会】

2017年10月，“2017（第二届）全国盐产品、制盐设备及包装新材料展览会”在昆山市国际会展中心举办。工业和信息化部、中国轻工业联合会、轻工业展览中心、昆山市等领导出席开幕仪式并参观展览。展会以加强企业合作、促进行业发展为宗旨，创新增值服务，为生产企业、经销企业搭建一个具有行业特色、便捷有效的一站式技术交流和贸易合作的平台。本届展会展出面积10000平方米，来自全国24个省、市、自治区的103家企业参展，参展展位270个，与上一届展览会相比，参展企业增加了10家，增长10.8%；展位数增加了44个，增长19.6%。还有包装材料和包装设备企业、制盐设备企业、食盐追溯技术服务企业以及社会各界的千余名代表到会参展参观。参展商品包括食盐产品、品种盐、日化用盐产品、非盐新产品、包装新材料、包装新设备等。展会期间，多家企业做了新产品发布，推介新产品和企业品牌。

【h. 行业专业委员会作用初步发挥】

井、湖、海三大行业专业委员会紧紧围绕盐业改革做好协会工作。海盐工作委员会加强海盐市场分析，及时通报产销情况，促进了海盐价格恢复性增长。湖盐工作委员会深入一线调查研究，在湖盐区大力宣传盐业改革政策，分析研究改革中遇到的困难和问题，为推动改革顺利进行发挥了作用。井矿盐工作委员会坚持每季度出版一期简报，把行业工作动态、综合资讯等进行发布，做好全国井矿盐企业生产经营数据统计工作，为企业掌握市场动态提供了依据。盐行业包装专业委员会对下一步包装工作进行部署，为实现行业标准统一化、市场准入规范化、企业运营合理化奠定了基础。

【i. 行业网站功能性建设】

中盐协会网站对行业内的重大事件及时进行报道，对社会关注的热点问题设置专栏。2017年网站在对《盐业体制改革方案》持续报道的基础上，对改革相关配套文件等及时进行宣传报道，并增加功能性板块，宣传企业、宣传行业，及时发布经济信息。2017年网站共发表稿件5100多篇，月均浏览量达37235次，通过网址直接访问的占46.13%，通过搜索软件搜索的占36.55%。社会公众对协会网站的关注度有了显著提升。

【j.《中国盐业年鉴》《会员通讯》编辑出版】

从2017年初至4月份，《中国盐业年鉴》2016年编写和发行征订工作基本结束，发行2300册。2017年9月，2017年度《中国盐业年鉴》工作会议在银川召开，总结2016年编写情况，布置2017年编写任务，并对编写和征订工作表现突出单位和个人进行了表彰。2017年是《会员通讯》月刊发行第七年，截止2017年11月已发行81期，从今年起每期发行1400册，为便于会员单位及时准确地了解国家相关政策和行业内外大事，协会向全行业会员单位免费赠阅。

【k. 大事记】

1月5日，云南省政府网站发布了《云南省盐业体制改革实施方案》。

1月24日，全国盐业标准化技术委员会下发（盐标委〔2017〕1号文）《关于对〈食盐安全信息追溯体系规范（征求意见稿）〉行业标准征求意见的函》。

2月6日，中盐协会下发（中盐协〔2017〕3号文）《关于印发〈食盐企业电子防伪追溯系统建设指南〉的通知》。

2月15日，国家发展改革委举行2月份定时定主题新闻发布会。

2月16日，中国盐业总公司与福建省盐业集团有限公司在福州签署合作协议。

3月1日，国家发改委组织召开了行业信用建设与信用监管座谈会。

3月3日，河南盐业产销联盟实施对接会议在郑州召开。

3月6日，重庆市盐业（集团）有限公司推出的“重盐云商”平台正式上线。

3月17日，国务院法制办公室下发关于《食盐专营办法（修订送审稿）》和《盐业管理条例（修订送审稿）》公开征求意见的通知。

4月5日，中盐新疆盐业有限公司首次举办了营销管理培训班。

4月7日，国家发改委、工信部联合下发（发改办经体〔2017〕604号文）《关于进一步落实盐业体制改革有关工作的通知》。

4月20日，安徽省盐业公司召开安徽盐业电子商务工作座谈会。

4月21日，福建盐业集团有限责任公司（下称福盐集团）首次以新品发布的形式，集中对外推出10多个新品，对传统单一海盐产品进行了梳理，根据食盐产品不同的特点，进行不同的定位。

5月3日，河南省盐务局启动了24小时舆情应急机制。

5月4日，工信部下发（工信明电[2017]3号）《关于加强食盐质量安全管理工作的通知》。

5月8日，中盐新疆维吾尔自治区盐业有限公司与四川久大制盐有限责任公司在新疆乌鲁木齐签订合作协议。

5月14日，广东省盐业集团邀请广东外语外贸大学杜玉平教授及其30余位MBA学员，就岭南雷州半岛生态海盐的营销工作在本部15楼会议室举办研讨会。

5月14日，省盐业集团公司在南京召开2017科技创新大会。

5月24日，苏盐集团与贵州盐业（集团）公司战略合作协议签订仪式在南京举行。

5月25日，全国食盐追溯批发试点企业培训会在德州盐业公司召开。

6月1日，广东省盐业集团与粤财控股公司在粤财大厦签订战略合作协议。

6月2日，“2017中国创新与经济融合发展大会暨创新成果推介活动”在北京隆重举行。

6月14日，云南能源投资股份有限公司主办的“创新・担当・共赢” 盐业体制改革应对及食盐品牌建设研讨会成功召开。

6月28日，四川省盐业总公司与中国邮政集团公司四川省分公司在蓉签署战略合作协议。

6月29日，首届黑龙江盐行业战略合作发展峰会在哈尔滨市北大荒国际饭店胜利召开。

7月1日，大连盐化集团迎来了盐化集团发展历史上又一个具有里程碑意义的重要时刻——大连海盐世界公园正式开业。

7月5日，中盐协会理事长茆庆国一行莅临滁州市盐业公司，调研国家盐业体制改革后滁州市场经营及行业监管等情况。安徽省盐业总公司副总经理颜宗华陪同调研。

7月26日，湖南邮政与湖南轻工盐业集团在长沙签署战略合作协议。

7月27日，在工业和信息化部消费品工业司的指导下，“全国食盐电子防伪追溯服务平台信息安全等保三级测评项目”在中国盐业协会正式启动。

8月15日，中国轻工业联合会在济南组织召开由山东省盐业集团完成的“浓海水综合利用研究”项目技术鉴定会。

8月23日，中盐甘肃省盐业（集团）有限责任公司与中国邮政集团公司甘肃省分公司正式签署战略合作协议。

8月27日，由国家发改委、中国管理科学研究院、中国高科技产业化研究会等共同主办的“2017创新中国高峰论坛暨行业领军人物盛典”在北京中国科技会堂隆重召开。

8月30日，安徽盐业旗下的国资互联网平台——徽盐金融再传捷报，据悉，平台累计成交金额突破30亿元，成为安徽省第三家达到30亿级的网贷平台。

8月30日，山东盐业与国专山东知识产权评估认证中心共同举行授牌仪式。

9月18日，由山西省盐业公司控股的山西中药材电子交易市场（晋药网）上线运营暨中国·平遥中医药健康养生旅游街开业仪式在平遥古城隆重举行。

11月18日，井神股份(603299)公告拟以10.28元/股向控股股东苏盐集团发行股份购买其持有的注入苏盐集团食盐经营相关业务后的苏盐连锁100%股权及南通盐业51%股权。

12月7日，转折未来——2017中国盐业发展高峰论坛在自贡市举行。

12月7日，为期3天的自贡首届国际盐产业博览会暨井盐文化节开幕式在自流井区综合物流园区隆重举行。

12月9日，苏盐集团新零售品牌“甄品茂·全球购”暨盐灸宝贝健康产品发布会在南京新城市广场隆重举行。

12月26日，国务院总理李克强签署中华人民共和国国务院令第696号，公布修订后的《食盐专营办法》并从公布之日起施行。

12月28日，四川省盐业体制改革工作联席会议办公室受省政府办公厅委托召开职能移交工作座谈会。

12月29日，全省盐业职能移交工作会在贵盐集团24楼会议室召开。

12月29日，中盐上海市盐业公司如期完成公司制改制并领取新的《营业执照》，正式更名为中盐上海市盐业有限公司。

张 君

2.22 食品及饲料添加剂制造

【a. 概况】

2017 年，食品添加剂和配料行业生产经营总体呈现平稳发展、稳中向好的态势。食品添加剂主要品种总产量达到 1125 万吨，同比增长 6.5%；销售额达 1098 亿元，同比增长 6.1%；主要产品出口额 36.3 亿美元，同比下降 3%。

【b. 甜味剂产品】

2017 年，我国高倍甜味剂产品销售量达 11 万吨（不含复配产品），同比基本持平。甜菊糖苷和罗汉果苷出口稳中有升，其他产品出口总体下降。糖精（钠）全年销售量达 2.6 万吨，价格在 4.5-6.5 万元 / 吨范围变化。甜蜜素销售量 3.7 万吨，受消费量下降影响，产销量同比有所下滑。安赛蜜产量 0.6 万吨，3 家安赛蜜主要生产企业继续受到美国 337 调查的影响，出口持续下滑，效益欠佳。阿斯巴甜产量 1.0 万吨，85-90% 出口到欧洲等地，价格总体稳定。三氯蔗糖产量有所上升，超过 0.4 万吨，产能过剩。甜菊糖销售量 3800 吨，同比略有增长，受美国消费量增加影响，出口略有增长。

糖醇总产量 4.1 万吨，同比下降 10%，产品 60% 出口。由于原料木糖供不应求，木糖醇的产量只达到 3.3 万吨，导致木糖醇供应不足，价格上涨。

【c. 着色剂产品】

1. 着色剂

2017 年，着色剂销售量 42 万吨，销售额 37.7 亿元。出口量 9613 吨，同比增长 1.2%，出口创汇总额为 2.4 亿美元，同比增长 9%。在着色剂三大类产品中，合成色素销售量 0.4 万吨，同比下降 20%，天然色素 1.6 万吨，同比增长 6.7%，焦糖色素 40 万吨。

2. 合成色素

国家环保监管部门加大了检查力度，导致化工类原料供应短缺，产销售量下降，同时，煤改气导致企业生产成本大幅增加。

3. 焦糖色素

一些生产企业因为资金链的问题，导致企业生产和经营困难，部分企业甚至面临停产，产销售量下滑的态势。

4 天然着色剂

（1）红曲色素产能过剩，必须进行供给侧结构性改革。部分企业通过恶意降价来抢占市场，红曲红色素的利润空间被压缩。（2）辣椒红色素过剩产能正在逐渐消化。2017 年销售量上升，整体增值幅度较大，行业集中度进一步提高。（3）万寿菊 - 叶黄素产业经过连续五年的协调和引导，产业发展渐趋理性。但要持续关注和控制扩大万寿菊种植面积带来的风险。（4）花色苷色素：2017 年水溶性花色苷类色素表现突出，如紫甘薯、萝卜红、甘蓝红等产品增长形势较好。应用市场的拓宽、产品制剂技术的进步，使水溶性花色苷色素具有良好的预期，未来前景更为广阔。（5）栀子黄色素在 2017 年表现平稳，但原料价格正由低逐步走高，产业活跃度不高。栀子红出口量快速增长，相关企业已经在协会的组织下启动了栀子红食品添加剂新品种的申报工作，希望能通过允许栀子红在国内使用，开拓该品种的国内市场。（6）其他品种色素产业也正在去产能，进行结构性调整，产业模式正在由粗放向精细加工，由单一着色功能向复合功能开拓，由人力型向科研型的精品之路转变。

【d. 食用香精香料产品】

2017 年，运行走势稳中有升，但增幅趋缓。全年销售量和销售额同比增长 8%。国内外市场对食用香料的需求有所上升，出口略有增长，价格同比略高。食用香精的销售量和销售额同比略有增长。国内市场竞争仍相当激烈，骨干企业在培育研发科技含量高的新产品，并在产品应用技术服务方面继续加大投入。咸味香精行业销售量同比略有增长。其中，酵母抽提物产销售量增长较为明显，这与国内烘焙与发酵面食领域、食品调味领域的产品销售有所增长直接相关。全行业积极采用绿色环保生产工艺，如改变起始原料，提高原料利用率；采用催化技术，减少或避免废物产生；降低物耗和能耗，提高材料转化率和综合利用能力。

【e. 防腐剂和抗氧化剂产品】

2017 年，防腐剂和抗氧化剂产品产销售量同比增长 10%。

苯甲酸和苯甲酸钠产销售量 7.4 万吨，同比增长超过 20%，原因是国家批准苯甲酸和苯甲酸钠可用于饲料生产，拓宽了其应用范围，市场容量扩大。环保不达标的小企业逐步退市，行业集中度进一步提高，市场秩序日趋规范。产能过剩、创新能力不足。

山梨酸钾、山梨酸、脱氢乙酸产量同比略有增加，价格同比有所下降，利润同比基本持平；对羟基苯甲酸乙酯销售量同比增长超过 14%，市场需求稳定；对羟基苯甲酸乙酯钠销售量同比增长 5%；对羟基苯甲酸甲酯钠销售量同比下降 16%，主要原因是出口订单减少。脱氢醋酸钠产品在大型肉制品生产企业中使用量增加较多，销售额增长 10%，价格呈上升状态。双乙酸钠在药品中作为防腐剂使用效果较好，使用量增加。丙酸钙产品供大于求，价格竞争白热化。天然防腐剂乳酸链球菌素、纳他霉素和聚赖氨酸市场需求量增加，其中，乳酸链球菌素的产销和出口继续保持稳定发展，价格同比基本持平；纳他霉素产量同比增长超过 20%，价格同比有所下降，销售额同比增长超过 15%；聚赖氨酸及其盐酸盐销售量和销售额同比大幅增长，价格稳定。

抗氧化剂 TBHQ 销售量同比减少超过 50 吨。除了印度和美国产品分割市场外，一些小包装食用油减少使用或不添加 TBHQ，使 TBHQ 的市场容量收缩了 20 ~ 30%。

【f. 增稠剂、乳化剂和品质改良剂产品】

2017 年，增稠剂、乳化剂和品质改良剂产品产销形势平稳，同比略增长，其中，国内销售同比增长明显，出口同比略有下降。乳化剂单甘酯销售量 2.6 万吨，同比增长 10%，销售额 4.6 亿元，同比增长 10%；增稠剂（不包括淀粉产品）销售量 1.9 万吨，同比增长 16%，销售额同比增长 15%，变性淀粉销售量 49 万吨，同比增长 23%，销售额 1.9 亿，同比增长 20%，面粉改良剂 11 万吨，同比增长 9%，销售额 10 亿元，同比增长 16%，磷酸盐产品 4 万吨，同比持平，销售额 6 亿元。复配膨松剂（泡打粉）销售量 3.7 万吨，同比下降 6.7%，这类产品仍处于由含铝配方向无铝配方的过渡期，企业技术改造、科技创新主要围绕生产自动化、工艺改进方面进行。

【g. 营养强化剂和功能性食品配料】

国家大力推进营养产业的发展，同时，我国居民越来越重视健康营养，市场需求和政策落实大大促进了营养健康产业的发展。2017 年，营养强化剂单品和复合营养素类产品的产销同比稳步增长。维生素 C、E、D3 等继续在世界上居领先优势。赖氨酸、苏氨酸、蛋氨酸等氨基酸类产品产销售量也大幅提高，相关企业纷纷扩产，产能过剩逐渐显现。

除传统的维生素、矿物质等营养素产品外，功能性食品配料（包括功能性提取物）也获得长足发展，功能性提取物一直是国内企业出口的主要大类产品，多年来在国际市场上赢得声誉，具有较强的市场竞争力。在当今国家提倡国民营养大健康的氛围下，功能性提取物产品在国内同样有广阔的应用前景。

【h. 行业面临的主要问题】

1. 环保压力明显而突出

国家和各地方政府部门对企业环保达标情况和排放的督察力度加强，一些区域对环保不达标的企业采取停产或限产措施，对达标企业实施临时性限产或停产措施，对行业生产造成一定影响。

2. 产能过剩，同质化产品低价竞争现象依然存在

一些食品添加剂品种如辣椒红色素、甜菊糖苷、三氯蔗糖、万寿菊浸膏、阿斯巴甜等产品产能过剩的状况没有得到彻底改善，直接导致低价抢占市场份额的恶性竞争，企业利润被压缩，效益下降，也危害行业的整体效益和健康发展。

3. 法规和标准实施过程中存在问题，给企业的正常生产带来困扰

（1）焦糖色素等一些食品添加剂国家标准所列各种指标每批产品都须检测，检测费用和过高的检测频率给生产企业造成一定负担。

（2）《食品用香料通则》中对天然香料只规定了重金属和砷的含量要求，与其他已制定了质量规格标准的产品存在差距。企业申领生产许可证后就不再要求制定产品质量规格标准，存在一定的安全风险，也不利于监管。

（3）对于使用转基因来源的菌种生产酶制剂，国家已明确由农业部牵头先对转基因来源菌种的安全性进行评价，通过后再向国家卫计委进行酶制剂新品种的申报。程序和责任单位已明确，但相关部门仍未出台具体细则，审批工作尚未纳入议事日程，很多企业申报酶制剂新品种的工作停滞多年，严重影响企业新品种和应用开发的积极性和研发进程。

（4）《食品添加剂使用标准》GB2760 已实施多年，其中附录 B 中食品用香料名单一直未经复审。应根据近年来国外相关法规的修订和变化对食品用香料名单进行全面梳理，对其中一类不能自我限量的物质（如增味剂或矫味剂）应探讨增加使用范围和使用量规定的必要性，从而保证香料香精的安全使用。

【i. 政策法规】

1.2017 年 7 月 11 日，国家卫生计生委办公厅发布《关于通报食品安全国家标准目录和食品相关标准清理整合结论的函（国卫办食品函〔2017〕697 号），对食品安全国家标准目录和食品相关标准清理整合结论做了通报。通报指出，截至 2017 年 4 月，全部纳入食品安全国家标准管理的食品添加剂国家标准包括，《食品添加剂使用标准》（GB2760–2014）、《食品营养强化剂使用标准》（GB14880–2012）、《食品添加剂标识通则》(GB29924–2013) 等通用标准 3 项，食品添加剂质量规格及相关标准 586 项、食品营养强化剂质量规格标准 29 项。

2.2017 年 12 月 26 日，国家卫计会令第 18 号发布了《关于修改〈新食品原料安全性审查管理办法〉等 7 件部门规章的决定》。其中，对《新食品原料安全性审查管理办法》《食品添加剂新品种管理办法》的部分条款进行了修改。

【j. 行业协会的主要工作】

向国家食品药品监督管理局反映行业生产经营和实际监管中存在的问题，对食品添加剂产品追溯体系建设和落实大型食品企业食品安全主体责任意见的修改提出建议。组织行业骨干企业研讨《食品添加剂生产许可审查细则》，根据食品添加剂生产特点提出行之有效、切合实际的生产许可审查措施。

完成国家食品药品监督管理局委托项目“食品添加剂生产风险排查和控制措施研究”的相关调研和分析工作。参与“食品安全风险信息预警和交流”项目。

承担国家工信部组织的《食品工业发展报告》中“食品添加剂行业”的编纂工作。

承担国家卫生计生委下达的食品安全国家标准食品添加剂聚偏磷酸钾、酸式焦磷酸钙 2 项国家标准的制定。参与修订《食品安全国家标准 食品添加剂使用标准》（GB2760）和《食品添加剂制剂类产品通用标准》的制定。

向国家质检总局进出口检验检疫局反映果胶等植物胶类物质进出口需提供植物检疫证书，国家质检总局进出口检验检疫局已发布公告说明果胶等 93 种食品添加剂产品进出口时无须提供植物检疫证书。

就以转基因来源的菌种生产的酶制剂新品种审评问题，多次向包括国务院食品安全办公室、农业部、国家卫生计生委等部门反映，国务院食品安全办公室明确回复此类新产品由农业部负责相关的转基因生物安全评价，由卫生计生委按照食品添加剂新品种评审程序评审。

孙　瑾

2.23 酿酒工业

【a. 概况】

2017 年是中国酒业转型调整的第 5 年，转型效果初步显现，产业结构、产品结构平稳向好，在当前消费升级的巨大推动作用下，产业发展迎来新的发展机遇。中国酒行业回暖趋势明显，高端名酒与区域龙头品牌集中度提升，全行业稳定向前发展。尤其白酒行业，2017 年，在一线高端名酒的带动下，诸多二线名酒品牌快速走过调整期，进人新的增长周期。

根据国家统计局数据 (图 1~ 图 4)，2017 年，全国酿酒行业规模以上企业完成酿酒总产量 7077.41 万千升，同比增长 3.31%。其中，饮料酒产量 6050.13 万千升，同比增长 0.97%；发酵酒精产量 1027.29 万千升，同比增长 19.63%。规模以上企业累计完成产品销售收人 9239.57 亿元，同比增长 10. 45%；累计实现利润总额 1314. 03 亿元，同比增长 27.24%。

全国酿酒行业规模以上企业为 2781 家，其中，亏损企业 336 家，亏损面为 12. 08%；亏损企业累计亏损额 44.73 亿元，同比下降 12.95%。

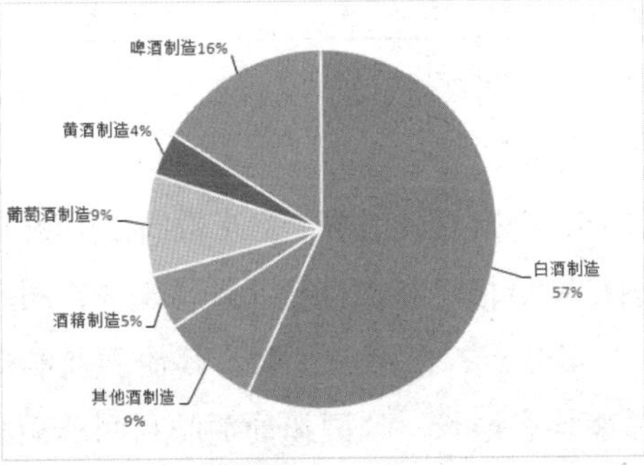

图1 2017年酿酒行业企业数量分布情况

资料来源：国家统计局

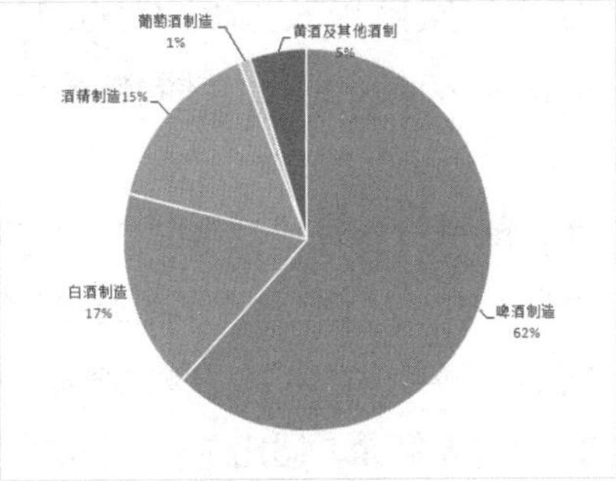

图2 2017年酿酒行业产品产量分布情况

资料来源：国家统计局

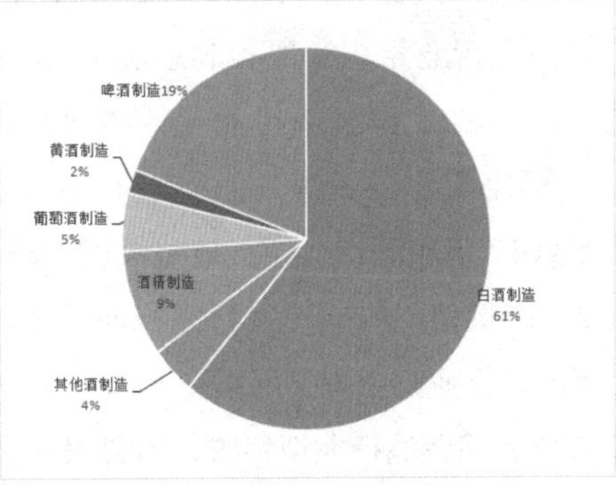

图3 2017年醉酒行业销售收入分布情况

资料来源：国家统计局

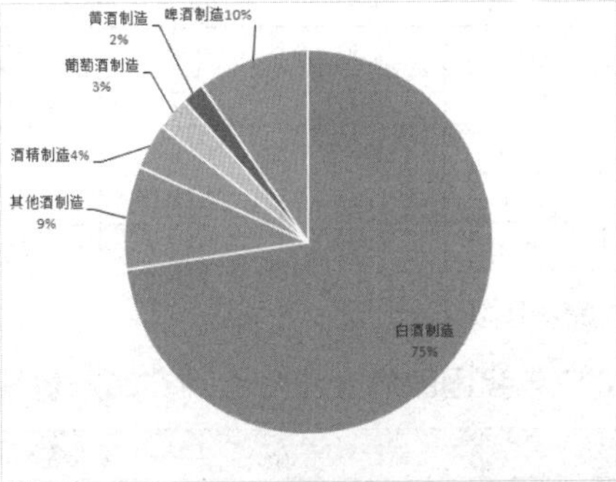

图4 2017年醉酒行业利润分布情况

资料来源：国家统计局

1. 主要经济指标

（1）主营业务收入

2017年。全国酿酒行业累计完成销售收入9239.57亿元，同比增长10.45%。其中，白酒行业完成销售收入5654.42亿元，同比增长14.42%；啤酒行业完成销售收入1766.45亿元，同比增长2.30%；葡萄酒行业完成收销售收入421.37亿元，同比下降9.00%；黄酒行业完成销售收入195.85亿元，同比增长3.13%；其他酒行业完成销售收入400.34亿元，同比增长15.31%；发酵酒精行业完成销售收入801.16亿元，同比增长14.98%。

（2）利润

2017年，酿酒行业完成利润总额1314.03亿元，同比增长27.24%。分行业看，白酒行业完成利润总额1028.48亿元，同比增长35.79%；啤酒行业累计实现利润总额129.15亿元，同比下降9.83%；葡萄酒行业累计实现利润总额42.28亿元，同比下降11.55%；黄酒行业累计实现利润总额20.74亿元，同比增长13.04%；其他酒行业累积实现利润总额46.44亿元，同比增长15.20%；发酵酒精行业累计实现利润总额46.94亿元，同比增长83.30%。

由以上2017年酿酒行业经济效益数据（表1）并结合（表2）产量情况看出，饮料酒行业总体经济效益向好，而部分行业则出现不同幅度下降。

表1　2017年我国酿酒行业销售收入和利润变化情况

酿酒行业	销售收入/亿元	同比增长/%	利润总额/亿元	同比增长/%
发酵酒精制造	801.16	14.98	46.94	83.30
白酒制造	5654.42	14.42	1028.48	35.79
啤酒制造	1766.45	2.30	29.15	-9.83
黄酒制造	195.85	3.13	20.74	13.04
葡萄酒制造	421.37	-9.00	42.28	-11.55
其他酒制造	400.34	15.31	46.44	15.20
合计	9239.57	10.45	1314.03	27.24

资料来源：国家统计局

表2　2017年我国酿酒企业分酒种产品产量情况

酒种	总产量/千升	同比增长/%
发酵酒精（折96度）	1027.29	19.63
饮料酒	6050.13	0.97
白酒（折65度）	1198.06	6.86
啤酒	4401.49	-0.66
葡萄酒	100.11	-5.25
黄酒及其他酒	350.46	4.78
合计	9239.57	10.45

注：根据《饮料酒分类》（GB/T17204-2008)并结合国家统计局所统计的类别，饮料酒包括13种，即麦芽酿造的啤酒、葡萄汽酒、鲜葡萄酿造的酒、味美思酒、黄酒、蒸馏葡萄制得的烈性酒、威士忌酒、朗姆酒、杜松子酒、伏特加酒、利口酒及柯迪尔酒、龙舌兰酒、白酒。

数据来源：国家统计局

2. 行业发展分析

经历了两三年市场需求深度调整的“阵痛期”，2017年，我国酿酒产业在深度调整中稳步发展，酿酒总产量出现增长，经济效益整体趋好，产品、渠道、商业模式的创新步伐加快，市场进一步稳定，酿酒产业继续保持新常态，产业和产品结构持续调整，酒类消费需求越来越趋于理性化、个性化、多样化，流通体系变革持续发酵，多元化消费潮流不断升级。2017年，酿酒行业主要经济效益指标增速变化情况如表3所示。

表3　2017年酿酒行业主要经济效益指标增速变化情况

指标		1-3月	1-6月	1-9月	1-12月
产品产量		2.47	2.47	2.88	3.31
产品销售收入		11.22	11.22	11.09	10.45
利润总额		20.29	20.29	27.11	27.24
亏损额		-20.87	-20.87	-10.29	-12.95
进出口总额		-9.86	-9.86	2.17	6.37
其中	出口额	-21.34	-21.34	-6.88	-1.56
	进口额	-5.43	-5.43	5.06	8.80

资料来源：国家统计局

（1）价格

2017年，全国居民消费价格指数同比上涨1.6%，全国白酒批发价格总指数同比上涨3.51%，同比涨幅增加3.4个百分点；白酒、黄酒、其他酒及酒精制造业利润总额均有增长，啤酒和葡萄酒利润总额有所下降。从单位产品利润上看，白酒、酒精制造行业大幅增长，啤酒、葡萄酒制造行业有所下降（表4）。

酿酒行业仍处于调整阶段，酒类产品价格仍体现酒类市场资源配置和市场调整状态。以经济指标占比最大的白酒为例看价格走势，2017 年，全国规模以上白酒企业累计完成销售收入 5654.42 亿元，同比增长 14.42%；累计实现利润总额 1028.48 亿元，同比增长 35.79%，均创下了近年来白酒行业收入和利润增长的最高速，白酒行业复苏势头进一步增强。2017 年，全国白酒批发价格月度同比指数走势既延续了 2016 年下半年以来的增长势头，涨幅又逐步扩大，显示了复苏势头由逐步改善到逐渐强劲。

表4　2017年酿酒子产业单位产品销售收入和利润情况

类别	销售收入/（元/L）	同比增长/%	利润/（元/L）	同比增长/%
发酵酒精制造	7.80	-3.88	0.46	53.22
白酒制造	47.20	7.07	8.58	27.07
啤酒制造	4.01	2.98	0.29	-9.23
葡萄酒制造	42.09	-3.96	4.22	-6.65

资料来源：国家统计局

分月份来看（图 5），1 月份全国白酒批发价格同比上涨 1.84%，为年内涨幅低点，随后一路走高，2 月份上涨 2.78%，5 月份上涨 3.23%，9 月份上涨 4.21%，12 月份涨幅进一步达到 4.8%，创下单月新高，与近年低点 2014 年 1 月下跌 5.5% 相比，回升了 10.3 个百分点。

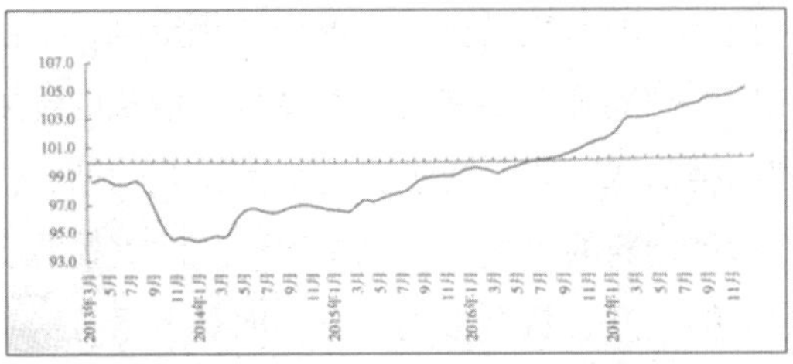

图5　2017年全国白酒批发价格同比总指数

资料来源：2017 中国白酒价格运行报告

分类别来看（图 6），名酒价格指数走势强劲，1 月份同比涨幅即超过 3%，达到 3.43%，之后一路上扬，5 月份名酒价格同比涨幅进一步扩大至 5.11%，9 月份达到 7.25%，12 月涨幅达到 8%，创下单月新高。相对名酒，地方酒走势较弱，1 月份同比仍下跌 0.02%，但从 2 月份开始同比开始由负转正，当月上涨 0.94%，随后涨幅有所扩大，最高 5 月份达到 1.54%，但全年月度间涨幅仅在 0.48–1.54%，远低于同期名酒涨幅区间。2016 年，基酒同比价格指数全年围绕 99.94 上下波动，虽然最大跌幅仅 0.08%，但仍处于负增长区间。2017 年，随着白酒行业复苏增强，市场环境改善，基酒价格同比指数一改上年较为低迷的局面，走势出现改善。从 3 月份开始，同比指数由负转正，之后保持温和上涨的格局，年底涨幅有所扩大，突破 0.23–0.25% 的区间，涨幅达到 0.45%，虽然相对名酒、地方酒差距仍较大，但已是 2015 年以来近三年的高点。

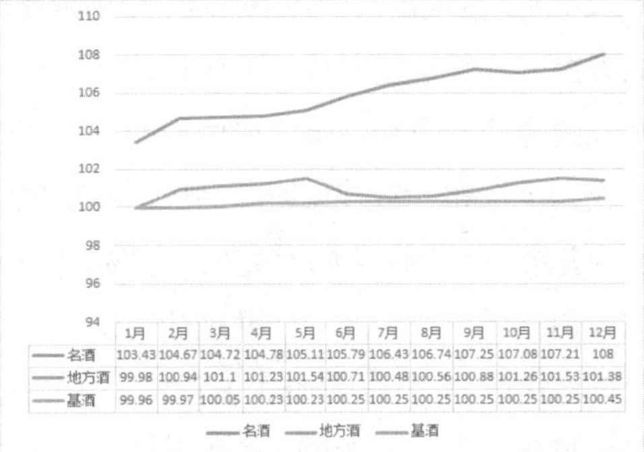

图6 2016年全国名酒、地方酒和基酒批发价格同比指数

资料来源：2017 中国白酒价格运行报告

从判断价格长期走势的定基指数来看（图 7），2015 年全国白酒批发价格定基指数底部逐渐探明，2016 年全国白酒批发价格月度定基指数跌幅在 8.29–10.11%，其中，12 月下跌 8.29%，是近 2 年来跌幅最小的 1 个月，全国白酒批发价格定基指数出现底部回升势头，正缓慢脱离底部区域。2017 年白酒市场复苏势头为近年最强，全国白酒批发价格定基指数跌幅迅速缩小，其中，1 月份还下跌 8.08%，到 12 月只下跌 3.88%，年内跌幅减少 4.2 个百分点。虽然与 2012 年相比，全国白酒批发价格定基指数仍未脱离底部区域，但正以 45 度角加速回升，不久的将来实现由负转正是完全可期的。

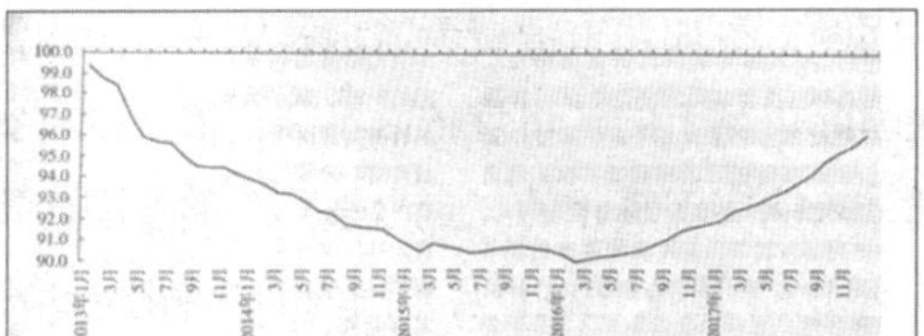

图 7　2017 年全国白酒批发价格定基指数

资料来源：2017 中国白酒价格运行报告

总体来看，白酒价格延续了2016年的回升态势。白酒行业价格的回暖，更多是中高端白酒对于核心产品的提价，带动白酒价格走高。而整体来看，白酒产品价格主要表现为冷暖不均，非名优、同质化、无个性、缺乏性价比的白酒产能依然严重过剩，而具有高性价比、有口味优势的名优酒往往是供不应求，强弱分化明显。

（2）市场

经过5年多深度调整，酿酒产业已经由快速增长转入平稳发展，呈现出产业转型升级、结构深度优化、质量显著提升、经济增长换挡、价格体系下沉、市场回归理性的态势。目前，国内居民消费已从基本消费逐步转变为个性化、多样化的高品质消费阶段。随着国内消费升级，高端消费人群增多，“少喝酒、喝好酒”逐渐被人们接受，成为新的饮酒理念，使得高端酒市场处于扩容状态，市场需求回暖，高端酒销售情况改善，消费场景转化，大众消费越来越受重视。中国酒类市场正经历的从商务需求向自我享受及休闲社交的需求转换，酒将从政商社交逐步过渡到休闲社交、自我享受和娱乐，酒文化将从商务场合转向一般的大众餐桌，酒类消费的大众化趋势愈加明显。注重高端向以高中低端兼顾的产品结构转变，从注重追求外观包装向注重产品质量健康为主的功能定位转变，从注重公务和商务消费向以大众消费为主的市场定位转变，从注重追求高价格高利润向合理价值价格回归的发展理念转变。伴随着互联网经济的迅猛发展和个性化消费的流行，定制酒逐渐被大众市场认知并发展成为一个新兴的潜力消费大市场，厂家面临的将是一个数量庞大的新增量消费市场。借助互联网这个平台和工具，定制酒有可能成为酒行业新的蓝海。通过互联网平台实现行业与消费市场的对接，解决了产品与消费者之间的沟通问题，更加注重消费者需求和体验。国内酒类品牌在国际市场上的认可度依旧不高，依然没有突破华人圈，未能实现真正的“走出去”。随着国内市场的逐步饱和，中国文化在世界范围内的影响逐步增强“一带一路”国家战略的出台，国内酒企业越来越重视走出国门，开拓海外市场。

主要的市场特点如下。

①价格合理化。在中国酒业发展的调整期，市场的作用得以极大发挥，从某种程度上而言，消费终端价格已经趋于合理回归，为酒业的转型升级带来了新的健康发展机遇。在行业深度调整期，过去传统的利益分配体系正在改变。各大酒厂都在调整自己的经售网络，如利用电商渠道，或者减少几级代理，从厂家直接面对消费者，节约渠道推广成本。首先，随着国内消费的成熟、理性，加之有更多的选择机会，追求合理的性价比已成为厂商、经销商和消费者的共同理念。在同等品质下，即使没有政策的强力介入，靠炒作而抬高身价的酒终将被市场抛弃。其次，随着渠道的扁平化，酒类销售的价格日趋合理化，基本能做到随行就市，发挥市场经济的调节作用，使价格的升降保持在合理的区间内，并日益理性化。

②消费多元化。随着人民物质文明、精神文明的共同发展，消费者价值追求多元化的特点日益突显，消费观念日益成熟，对品质、品位与个性的追求越发强烈。当前，酒业调整的主题是回归消费者。未来的发展中酒业应与消费者深度互动，以体验营销的形式了解消费者需求，在服务、标准、品质等各方面都要努力提升。国家鼓励企业开展个性化定制，增品种、提品质、创品牌，要满足消费者日益增长的物质、文化和精神需求。这就要求企业加大工艺创新、产品创新、营销创新的力度，并且做出以从注重量的满足向追求质的提升、从有形物质产品向更多服务消费、从模仿型排浪式消费向个性化多样化消费等一系列转变，适应国内消费变化以新供给创造新需求，以供给升级带动消费升级。

③营销零售化。酒类营销由“总经销+分销”向“连锁经营+互联网”的转变，本质上是流通向零售的转变，是向消费者更近了一步，新的商业模式的发展势头强劲。新的酒类营销模式初期由于没有核心品牌主流产品，为尽快成为市场新宠，以高关注度的产品低价博取眼球，一度扮演了市场搅局者。但其以性价比优势

为基础，以可体验、服务便捷的优势赢得了许多消费者青睐。随着商业模式化为“厂家直采+连锁”或“B2C零售+e”，如今渐被主流品牌接受。同时名特总经销产品也正在成为其利润支撑。传统酒类经销商也顺势而为，开创了”总经销+分销+e”模式，同样成绩斐然，互联网成为其驱动力。新酒商与传统酒商商业模式的交融、角力会持续下去。连锁店的连锁规模与联盟商的加盟数量成为焦点之一。酒类流通变革的能量在持续聚集。

（3）投资

2017年，酿酒行业总体资产投资总额增加8.69%，除酒精制造业外，各子行业资产总额均有所增加，其中其他酒制造业增长13.87%，增幅最大。全国酿酒行业规模以上企业共亏损336家，亏损面为12.08%，亏损企业累计亏损额44.73亿元，同比下降12.95%(表5)。2017年12月，行业资产负债率达40.78%，负债总额达4500.65亿元，同比增长4.28%。

表5　2017年酿酒行业亏损及其变化情况

酿酒行业	企业数量/家	资产总额同比增长/%	亏损面/%	同比增长/%	亏损额/亿元	同比增长/%
白酒制造	1593	13.21	8.04	3.93	7.86	-24.3
啤酒制造	447	0.32	29.53	-4.03	25.29	16.05
葡萄酒制造	244	4.18	12.70	-1.64	1.03	-52.30
黄酒制造	121	0.01	2.48	-44.46	0.04	-81.95
其他酒制造	245	13.87	6.94	24.32	1.15	-0.60
酒精制造	131	-1.71	19.08	-15.11	9.38	-40.28
合计	2781	8.69	12.08	-3.41	44.73	-12.95

资料来源：国家统计局

（4）区域公布

2017年，，全国酿酒产量最大的5个地区：山东、河南、四川、江苏、广东5省酿酒总量3194.88万千升，同比增长6.34%，占全国酿酒总产量的45.14%（表6）。其中，山东省酿酒总产量最大，达到834.57万千升，同比增长3.84%；河南省酿酒总产量721.29万千升，同比增长5.33%；四川省酿酒总产量657.09万千升，同比增长5.94%；江苏省2016年酿酒总产量534.04万千升，同比增长17.98%，增速最快；广东省2017年酿酒总产量447.89万千升，同比增长1.12%。

表6　2017年重点省区酿酒产量情况

省区	2017年产量/万千升	同比增长/%
全国	7077.41	3.31
山东省	834.57	3.84
河南省	721.29	5.33
四川省	657.09	5.94
江苏省	534.04	17.98
广东省	447.89	1.12

资料来源：国家统计局

（5）行业集中度

酿酒行业属于传统行业，既有白酒、黄酒等本土酒种也有啤酒等外来酒种。一直以来，我国酿酒产业的重心是伴随我国经济重心的变化而变化的。自2012年以来，，全国酿酒产业的集中度进一步提高，但由于各酿酒子产业发展状况不同，集中度也有所差别，整体表现为企业数量众多、单体规模偏小，目前，仅有啤酒形成了具有较高集中度的产业。

2017年前三季度，19家白酒上市公司业绩总规模约1250亿元，占到了全行业的25%；利润总和约400亿元，占全行业的50%多。2017年，19家上市公司营收约占行业的三成，利润占比将近六成，白酒行业的品牌集中度越来越高。其中，品牌集中度的一个重要的指标便是“利润增速和占比”，即品牌的溢价能力。从市场占有率来看，10大优势产区的品牌基本实现了品牌的全国化，将会获取更大的市场份额。

啤酒行业集中度自上年出现微幅下降后，2017年，出现继续下降的态势。2017年，华润雪花、青岛啤酒、百威英博、燕京啤酒和嘉士伯啤酒5大集团的总产销为3171.0万千升，同比下降4.7%，占总产销量的72.0%，同比下降1.9个百分点。这一趋势和全球啤酒业的发展趋势相吻合，也符合当下消费品的总体消费趋势。新消费和中高端消费发展趋势是一个变动的过程，随着消费结构、消费行为、消费需求偏好的动态变化，解决社会主要矛盾的关键是实现消费转型升级，从传统消费转变为新消费或中高端消费，适应人民群众日益增长的对美好生活的需求，提高与消费结构的匹配度和适应度，这将成为供给侧结构性改革的不竭动力。在此消费趋势下，预计中国啤酒业的集中度仍将进一步下降。

葡萄酒、黄酒等其他酿酒子产业的行为集中度不高，市场竞争结构离散，短时间内集约化进程缓慢。

（6）进出口

根据海关总署数据，2017年，饮料酒及发酵酒精制品累计进出口总额60.23亿美元，同比增长6.37%。其中，累计出口额13.11亿美元，同比下降1.56%；进口额47.12亿美元，同比增长8.80%。白酒2017年进口同比增长27.63%，同比涨幅趋缓。啤酒进口同比增长10.8%，同比增长幅度趋缓。葡萄酒进口增长17.13%，同比略有增长。由进出口数据可以看出，全国酒类商品进口贸易在2017年进一步回暖（表7）。

表7　2017年酒类商品进出口贸易情况

出口					进口			
商品名称	出口量/万千升	同比增长/%	出口额/亿美元	同比增长/%	进口量/万千升	同比增长/%	进口额/万千升	同比增长/%
白酒	1.66	3.09	4.70	0.35	0.24	27.63	0.70	-1.86
啤酒	36.10	23.79	2.28	18.1	71.62	10.8	7.5	12.73
葡萄酒	0.92	-7.31	4.35	-19.61	73.27	17.13	27.14	17.58
黄酒	1.53	8.03	0.25	3.77	0.002	-33.17	0.0015	5.99
其他饮料酒	0.29	-0.49	0.62	8.39	8.49	20.94	11.48	33.47
酒精	14.00	244.49	0.91	90.67	3.29	-96.35	0.30	-92.87
合计	54.50	45.20	13.11	-1.56	156.92	-30.10	47.12	8.80

注：（1）根据《饮料酒分类》（GB/T17204-2008)并结合海关总署所统计的类别，其他饮料酒包括：葡萄汽酒（未加香料）、小包装的味美思酒及类似酒（容器容量≤2L；加植物或香料的用鲜葡萄酿造的酒)、装入＞2L的容器的味美思酒等酒、蒸馏葡萄酒制得的烈性酒、威士忌酒、郎姆酒及蒸馏已发酵甘蔗产品制得的其他烈性酒、杜松子酒、伏特加酒、利口酒及柯迪尔酒、龙舌兰酒、未改性乙醇（按容量计酒精浓度＜80%）及其它蒸馏酒及酒精饮料。

（2）酒精包括：未改性乙醇（按容量计酒精浓度≥80%)、任何浓度的改性乙醇及其他酒精。

资源来源：海关总署

3. 重点行业

（1）白酒

根据国家统计局数据，2017年，全国规模以上白酒企业完成酿酒总产量1198.06万千升，同比增长6.86%，在全行业中占比17%；累计完成销售收入5654.42亿元，同比增长14.42%，在全行业中的占比为61%；累计实现利润总额1028.48亿元，同比增长35.79%，在全行业中的占比为78%。从产业整体来看，“十三五”中期我国白酒产业的经济运行状态保持了良性、健康、稳中有增的态势。在生产总量相对稳定的基础上，通过科学管理、提高效率、技术创新、减少消耗、降低成本等，提高价值创造，保持利税总额等经济指标良好表现，呈现出逐年递增的趋势；在增长方式上，实现销售增长和利税增长超过产量增长的良性循环。

从白酒产业发展趋势看，产业结构在逐步发生根本性变化，产业优势向传统优良产区倾斜，品牌优势持续向传统名优白酒集中的趋势非常明显。目前看来，产业调整仍将继续，新一轮资本融合、企业整合、并购开启，行业洗牌进程加速。白酒产能仍然过剩，所以“十三五”期间白酒产能总体不会有大幅增长，全国优势产区挤压劣势产区产能增长，各产区产能此消彼长的态势、产能压缩逐步减少的趋向正在形成。流通模式不断创新、优化，白酒品种、价格、渠道、服务体系的再造无法回避，传统流通渠道与新型互联网渠道进一步整合，多种模式渠道并存已成定局，流通体系与服务体系加快融合，多渠道提供多服务格局正在形成。产业科技进步明显，智能制造与智慧制造、传统酿造与新型工业化体系逐步融合；标准体系不断完善，饮料酒分类标准等顶层设计更趋科学合理，白酒年份酒标准、白酒食品质量安全追溯体系标准的建立健全，将进一步夯实白酒生产、流通环节良性发展基础。总体来看，中国白酒围绕产业发展，在新常态、新形势下对产业体制改革、发展战略、政策环境、消费文化、技术升级等方面主动作出更多、更积极的转变。同时，产业发展客观上要求白酒产业必须升级，尤其是在当前白酒产业调整、变革的新形势下，产业升级是产业发展最强有力的支撑。同时供给侧改革必将给产业结构带来巨大调整，产业供给资源重构势在必行。在产业趋势的带动下，中国白酒的自然生态、社会生态等产业新生态正在逐步形成。共建、共享、共赢的和谐发展理念已经成为行业的共识。

（2）啤酒

2017年，我国啤酒产量完成4401.5万千升，同比下降0.7%，产量下降29.2万千升。人均占有量为32.5升，下降0.1升。自2013年啤酒市场创造了5062万千升（产销量）高点之后，至2017年已经累计下降了15%，啤酒在饮料酒消费量中的比例下降4.2个百分点，至目前的72.1%。当下啤酒市场呈现出逐渐趋稳态势，大企业越来越重视产品创新，不断推陈出新；进口啤酒快速增长；小微型工坊啤酒高速成长，缓解了啤酒产品结构过于单一的局面。但是，总体消费结构向碎片化和个性化方向发展仍将进一步深化，国产啤酒产品结构单一、口味淡薄的消费印象由来已久，需要逐步消弭并扭转；啤酒品类消费文化基础薄弱，亟待各方合力共建。预计未来二至三年，消费升级所带来的消费结构转型仍将持续，引导啤酒市场结构和产品结构转变速度加快。主流啤酒产品市场份额仍将缓慢下降，但品种增多，口味呈现多样化，包装形式多元化；进口啤酒增长速度减缓，中短期内趋于平稳；工坊啤酒在得到规范化监管并取得市场地位后，市场份额将高速成长。随着啤酒优势文化逐步建立和完善，中国啤酒市场的消费容量仍有增长的空间，但啤酒消费市场总量趋稳。

2017年，啤酒行业实现销售收入1766.4亿元，同比增长2.3%，比饮料酒销售收入低10.0%的增幅；单位产品销售收入同比增长3.0%，比饮料酒低增幅9.0%；利润总额同比下降9.8%，单位产品利润同比下降9.2%，降幅较大。分析其中原因主要有两点：一是从2016年年底开始，玻璃、纸箱、瓶盖等原材料开始涨价，部分涨价幅度最高超过50%。由于环保核查严格，很多小规模包材厂已经关闭，导致纸箱价格同比上涨了80%，啤酒包装物采购价格大幅上涨，对啤酒企业生产成本影响较大。2018年年初，各大啤酒集团纷纷调整出厂价应对，就是因此而来。二是市场结构转型和消费容量下降所带来的市场压力，转化为销售费用的增长，营销渠道的维护费用进一步加大。虽然其他主要酒种的销售费用也有增加，甚至比啤酒行业还高，但是毕竟啤酒行业的盈利水平较低，不可同日而语，因此，伴随着惯性市场压力，预计短期内啤酒行业竞争态势仍将延续。但随着产品结构调整加速和啤酒产品市场的议价能力改善，啤酒行业的盈利水平有望逐步回升。

（3）葡萄酒

由于国家宏观政策和进口葡萄酒的冲击，葡萄酒行业经过2001–2012年的加速发展阶段以后，在2013年进入调整期。2017年葡萄酒产量为100.11万千升，同比下降5.25%；利润42.28亿元，同比下降9%；行业目前仍处于深度调整期。具体分析，有以下几个特点：一是消费市场整体向好，竞争更趋激烈。自2013年消费量探底后，2014年起整体消费量呈上升趋势。未来随着主流消费人群的代际更替以及消费升级的影响，我国葡萄酒市场的容量将继续扩大。二是进口葡萄酒发展迅猛，已对国内产业造成实际损害。葡萄酒是国际性酒种，是国际贸易量最大的饮料酒。据国际葡萄与葡萄酒组织统计，2006年以后，全球葡萄酒的产量稳定在2600万升–2700万千升，消费量稳定在2400万–2500万吨，全球市场总体出现产能过剩现象。作为酒类消费大国和新兴的葡萄酒消费市场，我国已成为各葡萄酒生产国关注的重点。进口葡萄酒的数量逐年增长，2011年到2017年，总进口量增长107.25%，总进口额增长100.21%；尤其是瓶装葡萄酒的进口量，从2011年的24.14万千升增加到2017年的56.88万千升，增幅高达135.63%，对国内产业造成巨大冲击。三是白酒龙头企业进军葡萄酒行业，加剧了葡萄酒市场的竞争。目前，国内白酒龙头企业贵州茅台、泸州老窖、洋河等企业加大了对葡萄酒板块的投入，凭借渠道优势及强有力的营销手段，将加剧葡萄酒行业的竞争态势。

（4）黄酒

2007年，规模以上黄酒企业累计完成销售收入195.85亿元，同比增长3.13%；累计实现利润总额20.74亿元，同比增长13.04%；亏损企业累计亏损额0.04亿元，同比下降81.95%；累计出口总额0.25亿美元，同比增长3.77%；累计出口数量1.53万千升，同比增长8.03%。2017年黄酒形势总体向好，尤其是利润的增长远超销售收入的增长，亏损面大幅减少，说明黄酒行业总体获利能力有所增强。2016年在出口这一指标上黄酒是下降的，2017年的出口指标同比增长并且是量价同增，说明出口形势在恢复，外贸呈现向好的迹象。但与其他酒种相比，黄酒的增幅还不够强劲，上规模的企业还不多，一些企业产品销售区域性比较明显，黄酒的人才储备工作有待加强，黄酒行业企业要抓住转型升级、创新发展这一主线，以适应健康中国养生之需求，积极开拓国内外市场，提振黄酒发展的势头，为中国黄酒早日重现昔日的荣光而努力。

（5）果露酒

近年来，果露酒行业尤其是保健酒行业一直保持较高的增长速度，在整个酿酒行业中，销售收入、利润及税收等增速都是最高的，但是2016年和2017年的增速减缓。2013年到2017年，销售收入（或主营业务收入）同比增长比例分别为：15.46%、19.34%、19.48%、4.63%、15.31%。整个生产格局仍没有变化，强者恒强，领头企业比重持续增大，与第二层次的差距仍然在拉大。2017年，劲酒仍然是保健酒行业市场份额最高的龙头老大，除此之外，如椰岛鹿龟酒、张裕三鞭酒、竹叶青、宁夏红、五粮液黄金酒、茅台白金酒等品牌维持在第二集团。大多数中小企业营收维持在千万元左右。果露酒行业不断有新的产品开发。白酒企业纷纷以养生酒或“健康”白酒等名义介入露酒的生产。果酒产品在部分水果产区仍是外来资本投资的热点，用当地的水果开发果酒。但是，除个别产品外，大部分产品或品牌没有形成较高的认可度。目前果露酒行业面临行业发展不平衡、新产品开发存在误区、品牌建设落后、高端产品缺乏等问题，从诸多调研数据及市场实际来看，果露酒行业目前还属于一种小酒种，行业教育、消费培育还需时日。从社会发展、消费需求、消费形态演变等方面可以看出，果露酒行业是一个具有巨大发展潜力和机会的行业。

（6）酒精

2017年，全国发酵酒精产量迅速增长，产量1027.29万千升，同比增长19.63%，利润水平大幅提升，从25.61亿元增长到46.94亿元，同比增长83.30%。主要有以下五方面因素：一是谷粒玉米深加工的政策刺激。吉林省对深加工企业收购省内2016年产新玉米给予每吨200元补贴，收购期2016年11月1日至2017年4月30日，加工期截至6月30日。辽宁省公布补贴100元/吨，内蒙古自治区公布补贴200元/吨，黑龙江给予补贴300元/吨。高额补贴为东北酒精企业带来高额利润，同时也引发新的投资热。二是白酒行业和燃料乙醇等传统需求保持增长。2016年以来，白酒行业逐渐复苏，带动酒精需求增长。同时，我国乙醇汽油为定点供应、封闭流通，即在封闭省市内的所有加油站只供应含10%比例的乙醇汽油，而不销售除车用乙醇汽油以外的其他无铅汽油，目前封闭推广地区包括河南、安徽、山东、黑龙江、吉林、辽宁、内蒙古等省份，各省市也在不断扩大辖下的定点封闭范围。传统酒精需求所带动的增长率约在10%。三是由于改性乙醇进口关税的恢复，进口乙醇得到有效控制，酒精进口量从2016年的86.01万千升下降到2017年2.50万千升大幅下降。四是DDGS进口量大幅下降。对美国干玉米酒糟采取措施后，DDGS进口量开始逐步减少。2017年，全年进口DDGS为39.08万吨，同比下降87.26%。五是逐渐加严的环保政策、倒逼企业转型升级，也使不达标、不规范企业无法生产，规范了行业竞争。

4.“三品”战略实施情况和典型案例

2016年5月，国务院正式发布《关于开展消费品工业“三品”专项行业营造良好市场环境的若干意见》，部署开展消费品工业增品种、提品质、创品牌的“三品”

专项行动，提出通过营造良好市场环境，更好的满足和创造消费需求，不断增强消费拉动经济的基础作用，促进消费品工业迈向中高端。酿酒行业“三品”战略实施情况主要体现在以下三个方面。

（1）增品牌　支持企业深度挖掘用户需求，适应和引领消费升级趋势，在产品开发、外观设计、产品包装、市场营销等方面加强创新，积极开展个性化定制，丰富和细化酒类产品种类。

以啤酒行业为例，随着我国经济水平的发展和消费需求的转变，小微型啤酒酿造模式兴起。小微型啤酒在国外被称为Craft Beer（手工啤酒），我国啤酒市场多称为“精酿啤酒”，我国业内定性为“工坊啤酒”，其年产量为200–3000千升/年。如今国内啤酒行业竞争格局基本趋于稳定，中国啤酒消费量趋于饱和，未来啤酒行业发展的重点将着眼于产品结构的改变和行业格局的再造，更加多元化、个性化的中高端啤酒产品需求持续扩大。工坊啤酒具有投资小、产品种类丰富、风味突出、销售链条短等特点，与规模化企业生产的啤酒产品相比，具有一定的优势。随着全球以及我国啤酒市场个性化和碎片化的发展趋势，我国小微型啤酒企业将进入快速发展期。2017年，国内工坊啤酒占据了啤酒总产销约1%的市场份额，预计未来三至五年，其市场份额将成长至约3%，生产单位超过3000家。

当前，中国酒业协会正在组织开展《啤酒》国家标准修订和《工坊啤酒》团体标准的制订工作，建立攻防啤酒标准定义及明确分类指标，同时发布相关行业规范，将为工坊啤酒列入监管范围提供有力支持，同时也对攻防啤酒行业的发展起到促进作用。

（2）提品质　重点培育和弘扬精益求精酿造的工匠精神，引导企业树立质量为先、信誉至上的经营理念，以产品品质和质量取胜。

以葡萄酒行业为例，2017年葡萄酒产区效应凸显，产品质量大幅提升。经过多年的努力，现在各产区都已经出现了一些品质优良并具有个性的产品，目前已有多个产区的多个品种在国际大赛中获得荣誉。首先，原料基地建设成果显著。如蓬莱产区，截至2017年，全产区标准化酿酒葡萄基地已达8万亩。基地内倡导大行距、中密度、嫁接苗、干型架式的标准化种植模式，亩株数控制在350株左右。种植酿酒葡萄39个品种，培育的重点优势品种有赤霞珠、马瑟兰、美乐、霞多丽、贵人香、小芒森等。建成自动气象观测站4个，实现葡萄基地气象预警网络全覆盖。其次，加强质量管理体系建设，建立全过程可追溯的质量控制体系。企业参照国际先进的安全标准，选取最严格指标制定企业内控标准，采用先进的生产、管理技术，建立了从葡萄种植、收购、加工到成品酒产生产全过程可追溯的质量控制体系。张裕斥资25亿元，建成烟台张裕国际葡萄酒城生产中心，还建立了全球最大的葡萄酒与白兰地酒类单体生产厂房，生产设备、规模、工艺、效率、管理水平都得到极大提升。再次，加大技术投入，提高检验水平。蓬莱市拥有一个第三方检测平台——蓬莱市检测中心；扩及烟台市内还有国家白酒、果露酒、葡萄酒检量中心、国家级企业技术中——张裕技术中心等，为蓬莱产区的发展提供了坚实的技术支撑。

（3）创品牌　深人发掘酒类品牌背后的人文底蕴和文化价值，夯实品牌发展基础、提升酒类产品的附加值和软实力，推动中国产品向中国品牌转变。

以白酒为例，全行业加强品牌梯度培育，强化品牌重塑，建立清晰结构的品牌，消费品牌化，提升品牌号召力，2017年品牌建设成果凸显。无论茅台、五粮液等一线企业，还是衡水老白干、今世缘、西凤等二线企业在品牌聚焦方面动作频频。意在加快品牌梳理和精准定位，构建适应市场化需求的清晰产品结构，聚焦品牌优势和资源优势，强化品牌口碑。一系列行之有效、科学得当的措施提供最强保障。以西凤为例，西凤酒成立了专门委员会，升格品牌管理，同时通过品牌资产管理、法律手段保护品牌等方式构建产品体系。企业也非常注重品牌梯度培育，各有定位，各有目标，层次清晰，保持品牌力和产品力与目标人群中的对应性。

现在越来越多的消费者已经具有强烈的品牌意识，在消费品牌化的大背景下，为提升品牌号召力，在品牌建设方面实施重大战略升级是行业企业2017年常见的动作。目的都是通过提升品牌文化与消费者形成步调一致的生活思维方式，占领消费者的心智。具体表现为顺时而为，符合时代潮流，反映时代精神，品牌文化更贴近当代人的生活和体验。例如，景芝酒业创新性地提出“景芝景阳春 山东精气神”的品牌新主张，迎驾贡酒成功构建的六大生态品牌理念等均是如此。酒企愈来愈重视产品品牌的辨识度。企业品牌及产品品牌对消费者的购买意向均具有显著的正向影响关系，在产品品牌强度相同的条件下，消费者对具有较强企业品牌的产品购买意向更为显著。

5.. 绿色制造、智能制造

加强绿色制造，推动产业生态化、绿色化发展是酿酒工业转型升级的内在要求。2017年，啤酒行业各企业加大科技投人，在水资源保护与再利用、能源管理与节能、污染物减排、废物的资源化利用等方面成果显著。2017年行业在节水方面的重点举措包括：洗瓶机喷淋缩径与连锁控制，水处理反洗水、反渗透浓水回收与再利用，冷凝水回收利用改造等。污水处理采用精细化管理模式，注重源头削减和过程控制，采用国内先进的工艺技术，实现污水100%达标排放。2017年继续按照国家节能减排计划推进节能项目改造和节能新技术的应用，通过全面推进高浓酿造与减热工艺，以及杀菌机冷热平衡等新工艺新技术，单位产品综合能耗大幅下降。实施煤改气、超低排放、脱硝等技术改造，实现废气达标和废气排放量的减排。青岛啤酒2017年6家工厂投资2700万元，淘汰燃煤锅炉13台，新建天然气锅炉23台，积极采用天然气清洁能源，进行锅炉超低排放改造和脱硝改造。废物的资源化利用秉承“减量化、再利用、资源化”原则，实现资源回收最大化、节约最大化、利用最大化。

白酒传统酿造在过去几年发生了巨大变化，在“中国白酒169计划”“中国白酒158计划”引领下，部分传统的生产方式被机械化、自动化取代，促进了白酒产业技术升级和装备升级。同时，全行业加大白酒酿造的基础科学研究，将智能技术引入产业，以智能化实现高品质白酒酿造。劲牌公司自2006年起，与北京大学、华中科技大学等单位开展产学研合作，启动小曲白酒酿造新工艺项目，在全面使用自动化机械生产代替传统手工劳动上迈开了实质性的一步。首创加压蒸粮、固态培菌、控温糖化、低温槽车发酵、机械上甑蒸馏等新技术，实现了酿造过程的机械化和信息化的有效融合，原料全程不沾地、不与操作人员接触，减轻了员工劳动强度，提高了生产效率，消除了人为因素对生产过程的影响，标志着白酒酿造告别传统作坊式生产， 迈进工业化，并逐步实现了机械化、自动化酿造生产模式转变。

6. 包装与装备

全国酿酒装备不断通过转型升级寻求在技术、运营和管理上的突破，装备技术水平与国际先进水平的差距不断缩小。酒类包装和装备企业科技创新能力显著增强，企业间、企业与科研院所间技术合作日益频繁。酿酒装备、灌装装备、酿酒配套辅助装备的制造技术和能力已经达到一定水平，新建厂的装备配套和高精度机械制造已经基本实现自给。此外，包装材料，包括硅酸盐玻璃、分离材料、造纸、印刷等行业的生产和供给也达到国际要求。随着我国整体消费水平的提高、物流和互联网的发展，差异化、个性化、便携化的酒类包装形式将越来越受到消费者的青睐，酒类包装和装备产业发展形势良好。

全国啤酒装备制造业已建立起了比较完整的装备制造体系，低速贴标装备和低速灌装装备基本实现了国产化，高速贴标和灌装关键部件质量与国际顶尖水平差距较大，国产高速灌装设备尚在研究或实验阶段，未见啤酒厂使用。其他设备如杀菌机、洗瓶机、麦芽处理设备等已基本实现了国产化，质量已接近或达到国际水平。国际装备智能化尚在研究和实验阶段，啤酒厂真正应用很少，随着劳动力成本的上升，是未来的发展趋势。值得注意的是，近年来小微型啤酒酿造飞速发展，与之配套的装备制造也快速兴起，但与中国国内产业政策不相适应，国产小微型啤酒装备的发展升级受到严重限制。葡萄酒行业的装备进步迅速，关键设备已经基本实现国产。作为我国传统产业，大部分白酒企业的生产工艺技术装备水平相对落后，多数工序环节仍采用传统的手工或半机械化生产方式，行业整体机械化水平较低。通过使用信息技术和智能化技术改造提升传统装备，结合实验和检测先进技术的推广应用，机械制造业的整体水平得到提高。黄酒行业20世纪70年代曾发起机械化、大罐发酵、黄啤合一等技术革新，其后少数企业机械化蒸饭、大罐发酵、机械化压榨和煎酒等工序得以保留，但再未有实质跨越性进展。技术水平和装备水平基本停留在原有状态。

7. 发展新亮点、新增长点

(1) 白酒国际化

将白酒推广到世界，是中国酒业一直努力的目标。在多年积淀的基础上，2017年中国白酒积极发展，且呈现出新亮点。首先产品创新，以中国白酒作基酒，调制新颖鸡尾酒，打破世界鸡尾酒以威士忌、伏特加等国外烈酒作基酒的惯例，以世界语言形式描述白酒，积极探索国际化表达方式。其次，领军企业积极拓展国际市场，形式多样。例如，茅台深入研究“一带一路”沿线国家和地区的市场特点、消费习惯，截至2017年年底，在“一带一路”沿线国家已经布局10余个国家；五粮液积极建设欧洲、亚太、美洲三大营销中心，扩大营销辐射能力。企业参与大型国际性展会、交易会、洽谈会。古井贡从2010年的上海一直到2017年的阿斯塔纳，与世博会四度结合，发展国外渠道商。企业共同努力主动对接国外、国际标准。在2017年举行的多场清香型白酒国家标准修订研讨会上，汾酒、牛栏山、红星等企业围绕检测方法、感官标准等，积极探索如何更科学、更合理地与国际接轨。

（2）科技创新

近年来，酿酒产业不断加强科技创新体系建设，推进科学技术在支撑高品质产业上的成果转化，推进产业持续健康发展。2017年，中国酒业协会联合五粮液集团、电子科技大学、浪潮集团成立了“中国酒业大数据中心”，以大数据为支撑，优势互补，共享创新，汇集中国酿酒产业相关优势资源、产业智慧、核心技术、共性技术，推动整个产业技术创新能力全面提升，加速技术升级。2017年，“洋河微分子酒风味特征及形成机理的研究”科研成果得到了国内权威专家的认可，为中国白酒健康化、年轻化、多元化发展起到了积极的引领作用，开启了中国白酒风味、健康、低度的新时代。这一科技成果在白酒产业的诞生，也进一步深化了产业共识，在今后的发展中，整个白酒产业会进一步加快和提升技术创新能力，充分发挥科技在白酒行业发展过程中的重要作用。此外，在国家的支持下，很多大型企业都成立了国家级技术研究中心，拥有自己的研发团队与机构，极大地促进了白酒界科技水平的提升。另外，物联网技术在白酒行业的应用，如基于无线传感网的酿酒生产过程自动化应用和基于RFID及二维码的防伪溯源应用等帮助白酒企业防窜货、防造假，有利于规范企业的发展环境。

【b. 行业面临的问题分析】

全国酿酒行业经济发展基本平稳，增长方式发生转变，产业结构深度调整，产品结构进一步优化，消费市场回归理性，整个酿酒产业实现了由快速增长向平稳增长的过渡。但是，发展过程中积累的政策、市场和创新方面的诸多问题和所面临的困难依然严峻，需要继续深入关注和探讨。

1. 政策与市场

（1）部分产业政策已不适应行业现状，限制行业发展升级

长期以来，酒类产业受政策约束较大，酒类生产企业在立项、扩能、税收、环评等各环节受到严格的控制。在自由竞争的环境下，市场根据供需关系自身可以产生良性的发展轨迹，但对酿酒产业的一些政策限制了市场自动调节能力，对产业发展产生了一定影响。例如，2013年修订的产业结构调整目录规定，限制生产18000瓶/小时啤酒灌装生产线，淘汰12000瓶/小时啤酒灌装生产线。但如今小微型啤酒业快速发展，消费者对小微型特色啤酒的需求连年高涨，特色啤酒一般不适合大批量生产，所需生产线均为小型灌装生产线。上述产业政策严重影响了小微型啤酒装

备时发展，也进而影响了整个行业的发展和升级。

（2）政策调整应强化自主调节，引导企业自律生产经营

我国法律法规特别是食品安全有关法律进一步完善。2015年新版《中华人民共和国食品安全法》实施，强调充分发挥消费者、行业协会、媒体等的监督作用，形成社会共治格局。然而，随着酒类市场消费形势的不断变化，适应酒类生产流通特点的专门性法律法规仍然十分缺乏，涉及检测、流通等方面的标准仍然较少。立法和标准的滞后，造成对酒类商品的监管困难，需要进一步加快相关工作的进行，并应着力强调行业协会的作用，引导企业自律生产经营。

（3）社会舆论关注提升，预警机制亟待健全

随着人民生活水平的提高，食品质量安全意识的不断加强，作为特殊食品的酒类产品倍受社会各界的关注。酒类产品的质量安全关系到生产企业的命脉，关系到整个酿酒产业的健康发展。特别是白酒行业，舆论关注度高，影响面大，公众美誉度亟待提高。面对行业热点与社会误读，行业与企业仍欠缺快速应变能力和有效的危机公关能力。应尽快建立健全行业预警机制，有效组织与引导企业开展行业自律，加强消费教育，普及酒文化知识，倡导理性饮酒，强化社会责任意识，树立行业正面形象，努力营造行业的社会美誉度，应该作为全行业的一项重要工作。

（4）产能增长速度过快，市场应变能力滞后

行业高速发展时期企业产能大量增加，国内外资本大量涌入，地方政府的政策性保护等，加剧了酿酒规模的扩张。行业进入深度调整期后，产能增长遗留下库存压力过大、销售渠道不畅、消费能力不足、利润空间降低的危机。面对新的市场变化，面对国内外整体经济形势的压力，面对节俭治国的社会环境，部分企业对深度调整的心理落差准备不足，仍然心存幻想，缺乏适应新常态变化的决心，调整发展战略的能力不强，应对市场变化的措施滞后。进一步解放思想，树立信心，主动适应市场形势新常态，积极寻找新的经济增长点，以市场需求定产量，是保障行业稳步发展的必修功课。

（5）经济效益提升困难，企业发展后劲不足

为应对社会环境与市场环境的新变化，绝大多数企业积极调整产品结构，重新构建价格体系，降低了高端产品价格，加大了中低端产品的生产规模，取得了一定的成效，但却造成收入稳中有升，利润与税金持续下降的被动局面。产品利润率的降低，削减了企业发展后劲，制约了行业科技投入，影响了行业持续健康发展。在控制总量的基础上，建立科学的产品结构体系，控制产品成本，主动适应消费需求，稳定产品价格，是创造企业核心竞争力的必然选择。

2. 科技创新

酿酒行业的科技创新能力明显不均衡，啤酒、葡萄酒行业通过引进吸收国外技术装备，促进了生产水平的提升，但自主研发和自主创新能力尚有不足；白酒、黄酒行业通过加大机械化生产试点，在一定程度上提高了生产效率，但机械化、自动化、智能化、信息化水平仍然较低。酒精行业规模企业通过升级改造，技术水平和产品质量逐步提升，但是在全面实现循环经济、资源重复利用，进而提高产出效益方面尚无重大突破。科学建立行业创新机制，加大力度提高自主研发能力，树立传统产业向现代工业迈进的坚定信心，推动酿酒行业现代化工业进程，是我国实行“中国制造2025”的需要，也是整个酿酒产业重要任务。应支持具有一定规模和实力的装备生产企业，培育其成为水平较高的龙头骨干企业；支持中小企业走专业化、配套生产之路。同时紧紧抓住“中国制造2025”实施的契机，大力发展具有自主知识产权的酿酒设备，促进行业向集成化、智能化、高端化发展。

【c. 发展趋势】

全国酒类行业发展呈现新变化和新趋势。酿酒行业在适应市场需求、实现转型升级、探索创新发展的过程中，必须保持清醒的头脑和客观的态度，洞察市场的新特点。

1. 规模、品牌效益向品质、特色效益转变

培育品牌、追求产能、扩大规模是“十二五”期

间行业的主旋律，在此期间许多企业规模扩大、产量提升、品牌提升，取得了快速发展。满足人民精神、文化、交际需求是酒的社会属性，随着人们日益增长的精神文化需求、生活品质需求和个性消费需求，在产业产能过剩的背景下，以规模、品牌效益向品质、特色效益转变，打造体验消费，提升产品品质特点，将品质和特色作为产品品牌的核心，是酒类产品发展的新方向，也是产业新的发展机遇。

2. 由传统消费向健康、理性消费转变

国人饮酒的传统消费方式一“干杯文化”正在转变。饮酒是健康，是愉悦，是增加情感，不能成为一种负担。酒类消费在中国的负面形象无不和过量饮酒息息相关。酒类消费缺乏场景感、体验感、仪式感和参与感。必须丰富中国酒类消费的新文化，创新消费新文化，倡导消费新文化，呼吁全社会建立理性消费新理念。引导消费者转变消费方式、创新消费方式非常重要，开创少喝酒、常喝酒、喝好酒的理性消费时代，对产品的安全性和健康性提出了更高的要求，对产品的内在质量成分提出了更多的知情权，也是中国酿酒产业发展的基本方针和方向。

3. 由扩大国内市场需求向开拓国际市场需求转变

中国酿酒产业发展以扩大内需为主导，应该随着中国的崛起，随着“一带一路”走向世界，向世界传播中华酒文化。国产酒类产品国际化蓝海的开创，是各酒种面临的共性问题。“洋酒”文化、“洋酒”消费在中国传播收到了很好效果。中国酒文化和消费方式向世界传播得远远不够。其中最为重要的是中国酒类文化的系统建立，中国酒类标准的系统建立，以及中国酒类消费方式的系统建立。名酒企业正在率先开创国际蓝海。把国产酒的国际化与国家战略相结合，向全世界讲好中国酒的故事，让中国智慧酿造走向世界。

4. 由“总经销 + 分销”向“互联网 + 连锁经营”转变

酒类传统营销主要有“区域代理 + 分销”和“总经销 + 分销”两大类型，全国有酒类经营主体近 300 万家，绝大多数为中小企业，市场无序竞争激烈，营销手段、成本核算、财务管理和人才培养等相对比较落后，发展后劲不足，流通效率偏低。同时酒类流通企业组织化程度偏低，缺少大酒商，不利于酒类市场的规范发展。在酒类行业进入深度调整和转型发展的背景下，店铺租金、人工成本和其他费用快速上升，酒类产品传统店铺分销模式面临越来越大的压力，酒类产品电子商务分销模式应运而生，经过多年的探索，交易规模越来越大，形式也更加多样化。随看移动通信和互联网越来越便利和紧密的结合，借助彩信、短信群发，微信、APP、WAP、二维码等“移动终端 + 互联网”新的“互联网 +”分销模式由于具有更强的灵活性、更高的精准度和互动性，逐步被引人到酒类分销中来，推动了“互联网 +”营销模式创新发展的不断深化。发展最显著的应该是“互联网 +”酒类连锁经营组织形式，生产企业与酒类销售大商也纷纷尝试连锁专卖方式。可以肯定地说，“互联网 + 线下连锁”的融合发展模式将成为酒类分销体系转型发展的重要方向。通过搭建 O2O 网络、深度进入餐饮业等方式，使消费者可通过平台网络方便、实惠地买酒，同时，依托其数量众多的线下实体店连锁体系、服务体系和仓储体系，让厂家可以将货直接发到门店，然后通过门店配送给消费者，通过线上线下融合发展，实现供应链的整合。

【d. 政策建议】

1. 调整产业政策指导目录，支持行业新业态的发展

如今小微型啤酒业快速发展，消费者对小微型特色啤酒的需求连年高涨，但特色啤酒一般不适合大批量生产，所需生产线均为小型灌装生产线。相关产业政策严重影响了小微型啤酒装备的发展，也进而影响了整个行业的友展和升级。建议重新审议 2013 年修订的产业结构调整目录，不再规定限制“生产 18000 瓶 / 小时啤酒灌装生产线、淘汰 12000 瓶 / 小时啤酒灌装生产线”，以适应新的行业发展形势。

2. 提升传统产业文化宣传，推进民族品牌建设

五千年文明史造就了我国传统产业拥有深厚的文化内涵，民族品牌代表着民族文化，更是民族实力和

国家影响力的象征，国家应该着力提升传统产业文化宣传，对传统产业民族品牌进行保护、鼓励和支持，推进民族品牌建设。在保留深层次文化基因的基础上，创新发展适应时代潮流、符合科学理念的“新文化”。在产业升级、产品结构调整继续深化的同时，加大对提升传统产业企业文化、品牌文化、消费文化等方面的引导、开发与探讨。

3. 积极引导企业践行社会责任，实现行业可持续发展

行业和企业社会责任现已成为行业健康、可持续发展的重要推动力，行业协会及业内企业近年越来越重视社会责任的践行。建议针对《酿酒行业企业社会责任报告》制定相关发布政策，规定符合相应标准的企业均应每年发布社会责任报告，以推动整个酿酒行业健康发展。

4. 推进理性饮酒政策建设，规范行业引导

国家相关政令法规的持续推动，使得理性饮酒推进不断深化。出台相关政策法规，以便于行业引导更加规范、合理、有效，有利于将理性饮酒推广及酒类知识普及社会化、透明化，有利于推动酿酒产业健康发展，有利于科学引导消费者健康消费。

5. 调整酿酒行业税收政策，引导行业健康发展

近年来，中国酒业协会积极关注酿酒产业税收调整和变化，维护行业竞争环境，引导产业健康发展，积极推动酿酒产业税制改革。通过努力，相关部门取消了酒精消费税，解决了酒精行业多年来税负不公平竞争现象，使行业走向良性发展。现今，随着市场环境和消费环境的变化，建议对白酒和啤酒等税收政策进行研究并给予调整，以推动行业的有序、合理、良性竞争，促进行业健康发展。

中国酒业协会

2018年1-4月	企业单位数	本年本月止累计亏损企业单位数	去年同月止累计亏损企业单位数	本年本月止累计亏损企业亏损总额	去年同月止累计亏损企业亏损总额	(本年本月止累计)应收账款净额	(去年同月止累计)应收账款净额	(本年本月止累计)存货	(去年同月止累计)存货	(本年本月止累计)产成品	(去年同月止累计)产成品	(本年本月止累计)流动资产合计	(去年同月止累计)流动资产合计	(本年本月止累计)资产总计	(去年同月止累计)资产总计
酒精制造	112	35	23	4.04	2.94	71.95	40.35	80.74	90.07	28.52	26.33	306.27	297.01	647.94	637.51
白酒制造	1450	156	134	3.82	3.73	192.68	202.49	1399.65	1291.37	389.66	388.83	4727.06	4137.62	7080.01	6345.38
啤酒制造	411	139	160	7.35	10.17	134.06	119.91	230.61	234.14	33.78	35.19	887.36	853.45	2097.26	2076.60
黄酒制造	113	5	3	0.04	0.01	13.33	12.52	64.71	66.56	36.42	38.51	116.54	115.79	218.28	213.97
葡萄酒制造	213	40	41	0.79	1.00	28.98	29.21	107.57	104.50	25.27	25.52	234.82	218.05	509.32	482.80
其他酒制造	233	29	25	0.52	0.49	11.37	11.77	55.15	50.27	16.47	13.96	267.95	287.89	433.86	427.31

2018年1-4月	企业单位数	(本年本月止累计)负债合计	(去年同月止累计)负债合计	(本年本月止累计)主营业务收入	(去年同月止累计)主营业务收入	(本年本月止累计)主营业务成本	(去年同月止累计)主营业务成本	(本年本月止累计)销售费用	(去年同月止累计)销售费用	(本年本月止累计)管理费用	(去年同月止累计)管理费用	(本年本月止累计)财务费用	(去年同月止累计)财务费用	(本年本月止累计)利息支出	(去年同月止累计)利息支出	(本年本月止累计)利润总额	(去年同月止累计)利润总额
酒精制造	112	480.10	469.91	215.88	195.11	196.19	173.64	4.14	3.65	5.69	5.23	3.33	4.17	2.94	3.74	4.96	11.37
白酒制造	1450	2423.99	2346.86	2031.20	1726.46	1162.62	1063.88	159.39	135.00	99.87	91.67	9.84	8.70	10.77	10.23	428.54	313.54
啤酒制造	411	979.98	986.64	529.32	496.61	393.69	366.68	36.23	34.18	28.16	27.07	2.55	2.26	3.34	3.74	39.35	35.86
黄酒制造	113	71.43	71.05	61.77	58.25	47.14	44.00	3.29	3.04	2.64	2.70	0.55	0.57	0.51	0.52	7.50	7.29
葡萄酒制造	213	205.57	207.40	131.26	123.55	96.28	89.58	9.47	9.97	4.38	4.09	0.95	0.97	0.81	0.75	15.60	14.20
其他酒制造	233	226.49	215.79	103.23	101.12	78.11	78.27	6.22	6.66	5.18	4.63	0.88	0.72	0.79	0.54	10.55	9.55

2017年1-12月	企业单位数	本年本月止累计亏损企业单位数	去年同月止累计亏损企业单位数	本年本月止累计亏损企业亏损总额	去年同月止累计亏损企业亏损总额	(本年本月止累计)应收账款净额	(去年同月止累计)应收账款净额	(本年本月止累计)存货	(去年同月止累计)存货	(本年本月止累计)产成品	(去年同月止累计)产成品	(本年本月止累计)流动资产合计	(去年同月止累计)流动资产合计	(本年本月止累计)资产总计	(去年同月止累计)资产总计	(本年本月止累计)负债合计
酒精制造	131	25	29	9.38	15.70	48.58	45.34	78.88	83.00	26.70	23.32	306.87	308.16	681.07	692.93	455.18
白酒制造	1593	128	122	7.86	10.38	209.61	225.19	1398.16	1310.50	437.47	417.43	4510.90	3901.24	6896.60	6091.69	2511.35
啤酒制造	447	132	144	25.29	21.79	101.50	94.07	249.27	254.84	44.11	46.03	877.66	868.82	2217.15	2210.12	1026.08
黄酒制造	121	3	5	0.04	0.21	11.84	12.06	68.65	68.62	39.59	40.03	125.33	124.26	232.93	232.91	77.96
葡萄酒制造	244	31	31	1.03	2.15	29.04	32.67	117.52	110.91	29.17	30.60	240.72	229.49	501.67	481.55	181.69
其他酒制造	245	17	12	1.15	1.15	14.56	13.51	59.61	55.49	19.82	19.97	332.75	303.44	506.66	444.94	248.38

2017年1-12月	企业单位数	(去年同月止累计)负债合计	(本年本月止累计)主营业务收入	(去年同月止累计)主营业务收入	(本年本月止累计)主营业务成本	(去年同月止累计)主营业务成本	(本年本月止累计)销售费用	(去年同月止累计)销售费用	(本年本月止累计)管理费用	(去年同月止累计)管理费用	(本年本月止累计)财务费用	(去年同月止累计)财务费用	(本年本月止累计)利息支出	(去年同月止累计)利息支出	(本年本月止累计)利润总额	(去年同月止累计)利润总额
酒精制造	131	469.58	801.16	696.79	701.98	620.14	15.88	13.18	24.54	23.33	13.91	13.72	12.03	12.21	46.94	25.61
白酒制造	1593	2312.07	5654.42	4942.00	3541.06	3234.35	409.95	368.01	273.81	259.84	31.83	30.20	33.88	33.21	1028.48	757.39
啤酒制造	447	1049.93	1766.45	1726.71	1322.50	1270.16	125.10	124.44	95.01	100.25	8.09	10.11	12.66	12.32	129.15	143.23
黄酒制造	121	77.50	195.85	189.91	151.78	148.20	10.82	10.36	8.95	8.64	1.87	2.00	1.50	1.75	20.74	18.35
葡萄酒制造	244	191.51	421.37	463.02	316.73	349.38	31.91	32.55	15.04	15.83	3.08	3.73	2.45	2.62	42.28	47.80
其他酒制造	245	215.34	400.34	347.18	303.62	259.02	21.38	18.63	17.79	16.03	2.90	3.02	2.40	2.21	46.44	40.31

2017年产量	单位	产量	同比增长（%）
发酵酒精（折96度，商品量）	万千升	1027.29	19.63
白酒（折65度，商品量）	万千升	1198.06	6.86
啤酒	万千升	4401.49	-0.66
葡萄酒	万千升	100.11	-5.25

2018年1-4月产量	单位	产量	同比增长（%）
发酵酒精（折96度，商品量）	万千升	264.06	5.04
白酒（折65度，商品量）	万千升	352.36	6.89
啤酒	万千升	1228.44	2.38
葡萄酒	万千升	23.82	-6.87

2.24 啤酒制造行业

【a. 概况】

中国啤酒自2014年起进入行业调整，历经3年产量下滑，效益下降，在2017年，迎来了行业复苏的"回暖"迹象。上半年，多家啤酒企业的半年报显示，营收与净利双增，行业上升拐点出现。从全年来看，2017年中国啤酒增速温和，势头良好，以大众消费为主流市场的中国啤酒行业会稳中求进，蓄势待发。

1. 表1 2017年全国各省市自治区产量和增长率排序表

序号	单位	排序		产量（万千升/年）			2017年
		产量	增长率	2016年	2017年（调整值）	同比增长(%)	占全国产量(%)
1	山东	1	持平	600.13	608.82	1.45	13.83
2	广东	2	持平	405.92	412.26	1.56	9.37
3	河南	3	持平	396.92	400.34	0.86	9.10
4	浙江	4	持平	246.58	254.41	3.18	5.78
5	四川	5	上升	232.11	240.66	3.68	5.47
6	辽宁	6	下降	232.59	219.53	-5.62	4.99
7	黑龙江	7	持平	200.75	185.17	-7.76	4.21
8	江苏	8	上升	177.72	179.42	0.96	4.08
9	河北	9	上升	165.00	174.89	5.99	3.97
10	湖北	10	下降	180.52	165.52	-8.31	3.76
11	福建	11	上升	165.00	162.42	-1.56	3.69
12	广西	12	下降	182.17	158.88	-12.78	3.61
13	江西	13	上升	110.94	130.30	17.45	2.96
14	北京	14	持平	135.27	130.00	-3.90	2.95
15	吉林	15	下降	137.08	109.59	-20.05	2.49
16	云南	16	上升	105.29	98.01	-6.91	2.23
17	安徽	17	下降	105.95	96.05	-9.34	2.18
18	贵州	18	持平	100.37	92.35	-7.99	2.10
19	陕西	19	上升	92.79	91.73	-1.14	2.08
20	重庆	20	上升	76.09	78.95	3.76	1.79
21	湖南	21	上升	71.56	73.13	2.19	1.66
22	内蒙古	22	下降	99.83	70.44	-29.44	1.60
23	上海	23	持平	60.80	56.43	-7.19	1.28
24	甘肃	24	持平	59.10	50.42	-14.69	1.15
25	新疆	25	持平	46.39	45.58	-1.75	1.04
26	天津	26	上升	31.95	34.28	7.29	0.78
27	山西	27	下降	33.96	33.67	-0.85	0.76
28	宁夏	28	持平	25.14	23.44	-6.76	0.53
29	西藏	29	持平	16.55	17.96	8.52	0.41
30	海南	30	上升	5.36	3.82	-28.73	0.09
31	青海	31	下降	10.68	3.02	-71.72	0.07
	全国			4506.44	4401.49		

2017年，国民经济发展平稳，中国啤酒行业基本面改变，即由高速增长转向高质量增长，新旧动能转换增强，结构升级贯穿全年。传统的啤酒销售渠道受到挑战，市场由单一走向多元成为啤酒市场的发展趋势。多个啤酒品牌在2017年的啤酒销售活动中，取得不俗的战绩。价格营销减弱，体育、体验营销渐强，转型中高端，创新发展、绿色发展成为新风尚。展望未来，随着中央"稳增长、调结构、惠民生"等决策和政策的实施，以大众消费为主流市场的啤酒工业会逐步提升，稳中求进，有望逆势生长。

从表1可见，山东啤酒产量608.82万千升/年，占全国产量的13.83%，继续保持中国啤酒行业产量头名位置。全国超过200万千升/年的省份有6个，依次是山东、广东、河南、浙江、四川、辽宁，同比有所减少；全国啤酒同比增长率为正增长的有 12 个区（省），江西省居首位，有 19 个省出现负增长，略优于 2016 年，其中，内蒙古同比增长率高达 -29.44%；产量超 200 万千升 / 年的 6 个省份中，6 个省份产量从高到低依次是：山东、广东、河南、浙江、四川、辽宁。

2017 年，因受到自然环境和居民收入水平提高的影响，啤酒需求多样化，并且市场趋于饱和状态，所以增长率放缓，负增长率上升。而原产量水平低的省份，主要是中西部省份，因原有消费水平低，随着人们对啤酒的认识及国家发展扶持政策的倾斜等外部因素，啤酒消费量趋于稳定。

2. 表 2 2017 年全国啤酒产量 20 万 KL 以上啤酒集团［企业］表

序号	所在地区	企业名称	产量		2017年
			2016年（千升）	2017年（万千升）	同比增长（%）
1	北京市	华润雪花啤酒〔中国〕投资有限公司	1187.7238	1182.83	-0.41
2	山东省	青岛啤酒股份有限公司	741.2677	755.60	1.93
3	上海市	百威英博啤酒投资〔中国〕有限公司	727.5983	603.24	-17.09
4	北京市	北京燕京啤酒集团有限公司	454.3187	416.91	-8.23
5	广东省	广州嘉士伯咨询管理有限公司	217.8306	214.62	-1.47
6	河南省	河南金星啤酒集团有限公司	191.7975	176.66	-7.89
7	广东省	广州珠江啤酒集团有限公司	115.3140	120.20	4.24
8	河北省	蓝贝酒业集团有限公司	36.0386	30.44	-15.53
9				23.35	0.55
	山东省	烟台啤酒青岛朝日有限公司	23.2238	23.35	0.55
10	云南省	云南澜沧江酒业集团有限公司	22.9280	22.43	-14.37
11	浙江省	杭州千岛湖啤酒有限公司	20.0499	20.98	4.64
	合计		3794.8517	3567.26	

从表 2 可知，杭州千岛湖啤酒有限公司逆市增长，增长率 4.64% 相比其他啤酒企业有显著增加；2017 年，全国 20 万千升以上啤酒企业总产量 3567.28 万千升，占全国总产量 4401.49 万千升的 81.05%，2016 年 20 万千升以上啤酒企业总产量占比 82.97%，由此可看出，占比率有所下降，但 20 万千升 / 年以上企业 11 家的总产量出现隐形回温的拐点；啤酒企业受到转变发展模式，调整产品结构，保护环境，节能减排，气候等因素影响，一些企业建设新厂、改造老厂、兼并整合等等造成企业减产或停产，最终导致部分企业产量下降。虽受到诸多因素影响，但企业本身及时制定合理的应对方案并加以实施，2017 年全国啤酒总产量虽然同比去年有所下降，但同比去年增长率却有所回升。

【b. 主要经济指标分析】

2017 年，中国啤酒行业久违的复苏行情温和到来，下滑势头戛然而止，不论是产量、销量、利润都有提升，啤酒行业进入发展新时期。但供需不对称、产销不平衡、结构性的矛盾依然是影响行业的主要方面。根据本会统计资料综合分析计算，

1. 表 3 2017 年中国啤酒每月产量及增减变动表

时间	啤酒产量_当期值（万千升）	啤酒产量_累计值（万千升）	啤酒产量_同比增长（%）	啤酒产量_累计增长（%）
2017年12月	254.2	4401.5	-4.6	-0.7
2017年11月	235.8	4175.4	-2.8	-0.1
2017年10月	292.5	3988.1	-1.9	0.2
2017年9月	408.4	3714.5	-0.7	0.5
2017年8月	505.2	3297.6	-2.5	0.5
2017年7月	515.5	2781.7	1.6	0.8
2017年6月	509.2	2268.6	6	0.8
2017年5月	430.5	1758.7	0.7	-0.7
2017年4月	355.4	1328.2	-1.1	-1
2017年3月	360.9	973.6	-2.9	-0.9
2017年2月	—	609.5	—	-0.1

从表 3 可知，啤酒作为典型的季节性快消品，在每年气温较高的二季度，其销量要比其他几个季度高出几倍，夏秋两季的产销量决定了全年啤酒的产销量水平。2017 年在销售黄金期取得的业绩较为乐观，几家啤酒生产企业的半年业绩理想，啤酒行业出现了让人喜出望外的局面。包括青岛啤酒、华润啤酒、百威英博、燕京啤酒等在内的啤酒"巨头"销售均出现回升迹象。嘉士伯啤酒、重庆啤酒、珠江啤酒也在奋起追赶。通过表 3 得出结论：2017 年中国啤酒经济指标仍然不容乐观，但其走向已进入温和的上升通道。

从近几年啤酒产量来看：自 2014 年起，中国啤酒产量呈逐年下滑的状态。2017 年中国啤酒产量为 4401.5 万千升，同比下滑 0.7%；预计 2018 年中国啤

酒产量下滑至 4307.7 万千升。但由快转慢、由低质向高质的转变不可逆转。

2.2017 年中国啤酒大中型啤酒集团的主要消耗指标[以 110P 啤酒为准]（见下表）

指标/名称	产量(4kl/a)	酒损(%)	粮耗(kg/kl)	水耗(m3/kl)	电耗(kWh/kl)	煤耗(kg标煤/kl)	综合能耗(kg标煤/kl)
华润雪花	11828290	3.14	150.73	3.00	46.52	27.17	33.59
青岛啤酒	7556003	2.32	150.60	3.87	65.03	36.43	45.42
百威啤酒	6032426	2.27	146.38	2.72	69.64	24.53	33.32
燕京啤酒	4169073	3.06	未上报	4.77	76.63	46.04	56.26
珠江啤酒	1202030	3.85	152.68	4.00	73.62	25.44	35.52
重庆啤酒	755714	未上报	117.12	3.15	62.40	未上报	263.20
澜沧江啤	224346	4.11	151.26	5.72	71.51	58.21	64.14

从表 4 中可见，酒损：百威啤酒最低，其后依次是青岛啤酒、燕京啤酒、华润雪花、珠江啤酒、澜沧江啤（不计重啤）；粮耗：重庆啤酒最低，其后依次是百威啤酒、青岛啤酒、华润雪花、澜沧江啤、珠江啤酒（不计燕啤）；水耗：百威啤酒最低，其后依次是华润雪花、重庆啤酒、青岛啤酒、珠江啤酒、燕京啤酒、澜沧江啤；电耗：华润雪花最低，其后依次是重庆啤酒、青岛啤酒、百威啤酒、澜沧江啤、珠江啤酒、燕京啤酒；煤耗：百威啤酒最低，其后依次是珠江啤酒、华润雪花、青岛啤酒、燕京啤酒、澜沧江啤。（不计重啤）综合能耗：百威啤酒最低，其后依次是华润雪花、珠江啤酒、青岛啤酒、燕京啤酒、澜沧江啤、重啤。

以上各项指标的第一名均居国内领先水平，达到或超过世界先进水平。这是重点发展循环经济、充分利用有效现有资源、实行清洁生产、有效综合治理，大力保护环境取得的显著效果。

【c. 协会主要工作】

1. 9 月 26 日—29 日，召开 2017′ 中国啤酒年会”和“第八届啤酒国家评委年检暨新老评委重新登记会议”。

2. 主要调研工作

6 和 11 月，中国食协啤酒专委会曹会军秘书长先后两次前往燕京啤酒集团公司进行工作调研。

9 月和 10 月，曹会军秘书长两次到国家食品质量监督检验中心，向中心的主任、副主任做了关于举办第八届国家评委年审工作和啤酒新产品检评总结会暨中国食协啤酒专委会年会的情况通报。

3. 行业信息统计工作

2—6 月，在各省市协会和企业的协助下，对 2016 年啤酒生产情况进行调查统计，汇总分析后，分不同范围进行信息发布。

5. 创办好本会会刊——《中国啤酒》。

6. 办好本会官方网站——《中国啤酒网－中国食品工业协会啤酒专业委员会》（www.chinaibeer.com）。

7. 创办本会微信公众号官方号和新浪微博官方号。

8. 政策服务工作。

9. 建立啤酒行业舆情监测系统。

10. 国际交流与合作。

曹会军

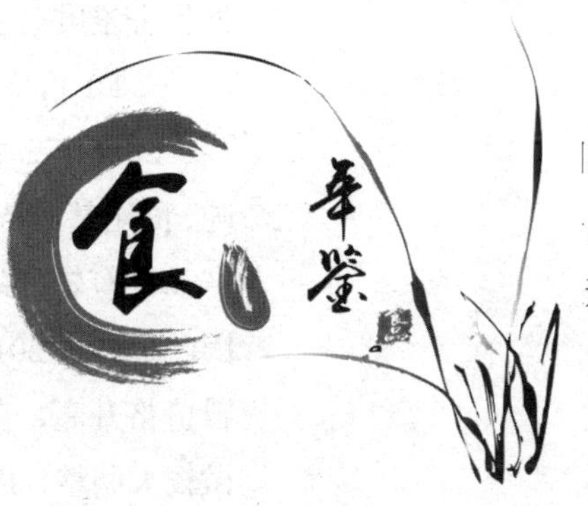

茶叶总产量与农业产值继续增长，
，内销市场有所回暖，消费人群年
升，出口量额受国际利好影响创下

2.25 饮料制造业

2017年，饮料工业进入转变发展方式，优化结构调整、全面提升产业素质和产业升级的新的发展阶段，此阶段最显著的特点：未来饮料行业发展中量的增长将逐步让位于质的提高。发展速度将继续回归到理性增长，而且这种增长是建立在不断提高发展质量和提升效益的基础上。

【a. 概况】

1. 主要经济指示

全国饮料行业总产量18051.23万吨，同比下降1.60%。其中碳酸饮料产量1744.41万吨，同比下降0.45%；果蔬汁类及其饮料产量2228.50万吨，同比下降7.33%；包装饮用水产量9535.73万吨，同比增长0.82%。

各饮料品种产量所占比重情况，包装饮用水占到52.83%，同比增加1.27个百分点；碳酸饮料比重为9.66%，同比增加0.11个百分点；果蔬汁类及其饮料比重为12.35%，同比下降0.76个百分点（图1）。

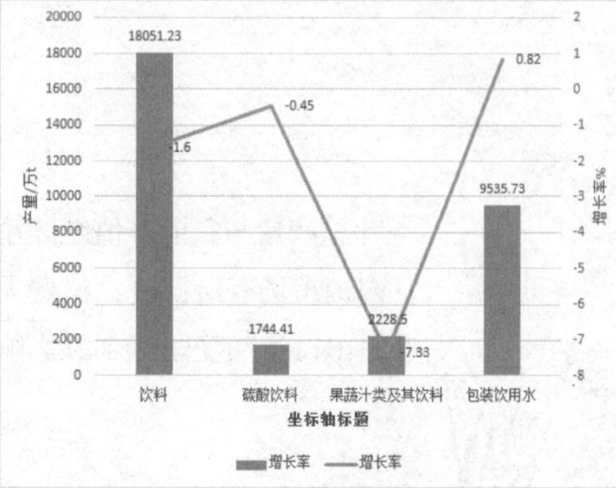

图1 饮料分品种产量情况

（1）主营业务收入

2017年，饮料行业主营业务收入6124.56亿元，同比下降4.75%。分品类来看，碳酸饮料主营业务收入766.53亿元，同比下降6.9%；果蔬汁类及其饮料主营业务收入1082.99亿元，同比下降13.59%；包装饮用水主营业务收入1307.71亿元，同比下降3.42%。相关数据如表1所示。

表1 饮料分品种主营业务收入及增长率

2017年产量	主营业务收入/亿元	同比增长（%）
饮料制造行业	6124.56	-4.75
碳酸饮料）	766.53	-6.9
果蔬汁类及其饮料	1082.99	-13.59
包装饮用水	1307.71	--3.42

（2）利润

2017年，饮料行业利润总额为529.49亿元，同比下降5.44%。其中，碳酸饮料利润总额59.87亿元，同比增长38.78%；果蔬汁类及其饮料利润总额75.37亿元，同比下降24.82%；包装饮用水利润总额112.01亿元，同比下降10.09%。

2. 行业发展分析

（1）价格

2017年，饮料行业总体平均价格水平为3393元/吨，同比基本持平。饮料产品品类众多，市场竞争充分，产品具有较强的可替代性，消费者对价格较为敏感，因此，尽管2017年食糖、水果、茶叶、包装等原辅材料价格升高，劳动力成本上涨，厂商仍很难在价格上做较大调整，由此对饮料企业经营带来较大压力。

（2）市场

2017年，饮料总产量出现小幅下滑，为多年来所未见，在近20年的高速增长之后，饮料行业进入提质增效的发展阶段。总体上说，我国年人均饮料消费量在130千克以上，与欧美、日等发达国家相比还有很大距离，饮料市场远未饱和，还有很大的发展空间。11大类饮料品种中，不管是碳酸饮料、果汁、包装水等传统产品，还是植物饮料、特殊用途饮料等近年新兴品类，都有很大的潜力可挖。近年来，由于多种原因，饮料市场增长速度出现一定的下降，但只要迎合市场变化，不断推出适应消费者新需求的产品，饮料市场的前景依然向好。

（3）投资

2017年，饮料行业资产总额为4883亿元，同比增长0.9%，增幅同比下降超过4.6个百分点。本年度新增投资投产项目较多，比如可口可乐在河南及湖南新建成5条生产线，并宣称在以后几年内将按计划完成130亿美元在华投资；由红牛母公司华彬集团投资的VOSS矿泉水项目在湖北竹溪县试运行成功，VOSS矿泉水是挪威品牌，是世界十大顶级矿泉水品牌之一，在全球53个国家销售；农夫山泉在湖北丹江口启动改扩建项目，计划总投资8000万元。

（4）区域分布

饮料消费与经济发展水平呈高度正相关关系，在经济较为发达的东部地区饮料产量比重较高，而中西部地区比重相对较低。近几年来随着中西部地区的发展，与东部地区间的差距在逐步缩小，东部地区比重逐年减少，中间部地区逐年增加。2017年东中西部地区的增减趋势出现小幅逆转，东部地区饮料产量占全国比重同比增加0.9个百分点，中部地区同比增加2.19个百分点，西部地区同比下降3.09个百分点（东部地区：北京、天津、河北、辽宁、上海、江苏、浙江、福建、山东、广东、海南；中部地区：山西、吉林、黑龙江、安徽、江西、河南、湖北、湖南；西部地区：内蒙古、广西、重庆、四川、贵州、云南、西藏、陕西、甘肃、青海、宁夏、新疆）。

（5）行业集中度

2017年，饮料行业规模以上企业数量已达2161家，同比增加51家，增速同比有所下降。中国饮料工业"二十强"企业产量占全行业比重近几年不断增加，总体来讲，饮料行业集中度在不断增强。

（6）进出口

2017年，浓缩水果汁出口量为72.50万吨，同比增长26.39%；出口额为7.44亿元美元，同比增长14.92%；平均价格为1026.1美元/吨，同比下降102.4美元/吨。其中，浓缩苹果汁出口量为65.55万吨，同比增长29.20%，占浓缩水果汁出口量的90.42%；浓缩苹果汁出口额为6.48亿美元，同比增长18.55%；平均价格为988.9美元/吨，同比下降88.8美元/t。

2017年，浓缩水果汁进口量为13.88万吨，同比增长22.48%；进口额为2.79亿美元，同比增长25.58%；平均价格为2008.9美元/吨，同比增加49.5美元/吨。其中，冷冻浓缩橙汁进口量为5.26万吨，同比增长15.34%，占浓缩水果汁进口量的37.92%；冷冻浓缩橙汁进口额为1.17亿美元，同比增长33.87%；平均价格为2223.9美元/吨，同比增加307.7美元/吨。浓缩葡萄汁进口量1.65万吨，同比增长16.09%，占浓缩水果汁进口量的11.86%；浓缩葡萄汁进口额为0.27亿美元，同比增长27.27%；平均价格为1637.2美元/吨，同比增加143.8美元/吨。

3."三品"战略实施情况

"增品种"方面，2017年，各大国际国内品牌纷纷推出新品，开拓市场，取得较好效益。华润怡宝发布新品运动饮料品牌"魔力"，主打功能为补充氨基酸，适合运动、忙碌、欢闹等多场景下出汗后补充体能；王老吉新增凉茶种类"黑凉茶"；伊利每益添家族推出一款活菌型果汁饮料，将活菌和果汁相融合制成，取得不错的销售业绩；可口可乐在中国推出了新品姜味可乐，将国际品牌与中国本土特色相结合；达能推出新品脉动"炽能量"系列及"柠檬来的"柠檬汁饮料，迎合了当下消费者喜欢清淡饮料的消费趋势。

怡宝旗下产品"魔力"，由于配方中维生素C、香精等成分稳定性不高，存在不同货龄产品的口味和颜色有显著差异的问题，维生素 C 作为抗氧化剂保护柠檬风味氧化需要添加，但是维生素 C 同时带来氧化变色的问题。为解决这一矛盾，怡宝公司通过柠檬香精精油用量和品类的调整和天然抗氧化剂的使用，使柠檬香气货架期氧化的问题明显改善，通过维生素 C 及异抗坏血酸钠的对比试验，合理添加维生素 C 含量，既保护了香精又不带来变色的问题。

"创品牌"方面，本土品牌碳酸饮料在区域市场表现不错，一些知名的老品牌开始重新占领市场，譬如北京的北冰洋、西安的冰峰、重庆的天府可乐、青岛的崂山、内蒙古的大窑、天津的山海关等，2017 年都取得不错的业绩。

4. 质量安全与标准法规

2017 年，原国家食品药品监督管理总局在全国范围共抽检饮料 102875 批次，样品合格率为 96.8%，较 2016 年饮料产品合格率有提高。

2017 年 12 月，《饮料生产许可审查细则（2017 版）》发布，此文件在 2006 版的基础上进行了调整、简化、完善、增补，严格规范了饮料生产许可，加强了饮料质量安全监管，满足了行业发展需要。

饮料行业国家标准和行业标准制定工作有序推进，团体标准进展突出。2017 年中国饮料工业协会团体标准技术工作委员会负责的两项团体标准《苏打水饮料》和《运动饮料》发布，其他团体标准制定工作也已陆续开展。

【b. 行业面临的问题分析】

1. 政策与市场

（1）网络自媒体时代，饮料行业面临科普任务

① 2017 年初，一段"饮料色素实验"的视频在网上流传，引发网友关注。视频中的实验者拿类似纸巾的白色纸张放在橙色的饮料中，搅拌后饮料变透明，而"纸巾"吸附了色素变为橙色。在一年一度的中央电视台"315 晚会"上，央视对此特别发布了预警：橙色饮料中放入"纸巾"，搅拌后饮料颜色变浅，不是因为色素超标，是由于使用的"纸巾"是吸附力超强的色母片！

色母片是一种新型洗衣用品，具有极强的吸附作用。用吸附力极强的色母片吸附饮料颜色，以此说明饮料色素超标，这种实验没有任何科学依据，误导了公众。

其实，不仅仅是饮料，所有带有颜色的食品，不论是天然含有的，还是加工时添加的，只要符合相关的国家标准，在国家规定的安全范围之内的色素都不会影响人体健康，可以放心食用。

虽然这段视频看起来违背常识，但是在网上调查中，高达 60% 的消费者都认为其内容是真实的。

② 2017 年 4 月初，在微信朋友圈中流传一条关于"儿童乳饮料中含有肉毒杆菌，喝了会导致白血病"的信息，引起了家长们的高度关注，对此，原国家食品药品监督管理总局及时发布了关于"乳饮料中含有肉毒杆菌"的科学解读的信息，文中指出，饮料不是肉毒毒素中毒的高危食品，含乳饮料在生产过程中都要经过杀菌的处理，不具备出现肉毒杆菌污染和肉毒毒素形成的条件，所以市售合格的乳饮料产品理论上是不会含有肉毒杆菌。中国饮料工业协会作为行业组织，第一时间在协会官网和官微上进行了转载。

以上两件案例说明，网络自媒体时代信息传播面广速度快，食品安全话题涉及每一个人，而非专业人士又很难辨别信息真伪，以科学的食安知识教育消费者，饮料行业面临科普重任。

2. 科技创新

（1）饮料装备趋定性、整线效率、自动化程度、在线监测能力与先进标准有差距，装备升级势在必行。

（2）产学研结合水平有待加强，经过多年的快速发展，饮料行业步入增长调整期，产品创新提质成为行业发展共识，在当前阶段行业的创新与人才培养尤为重要，产学研结合水平亟须加强。企业应与相关院校、科研院所与企业相结合，增强饮料行业产品技术、工艺开发、经营管理等方面专业人才的培养能力。

【c. 发展趋势】

1. 安全至上

民以食为天，食以安为先。饮料消费群体巨大，质量安全至关重要。饮料行业的发展需始终把消费者健康安全放在首位，加强安全预警，加强风险防控，

加强检验检测，全程管控，全部可追溯，保障质量安全。

2. 改善供给

营养、多元是饮料消费的普遍追求。要以“健康中国 2030 规划”“国民营养计划”“消费品三品行动计划”为指引，开发营养健康多元饮料产品，适应不同人群、不同区域、不同用途的多元多样需求。以先进的质量保障技术、营养保持技术、风味保存技术，大力提升饮料整体品质。以丰富的品种、过硬的品质、高标准的供给质量、全社会信赖的忠诚度，满足消费者丰富多彩、营养健康的饮料需求。

3. 创新技术

饮料行业正着力研发有益膳食平衡、降低营养损失、消除有毒残留的饮料加工新技术，着力研发自动检测、智能化、信息化的饮料制造新装备，着力研发生态环保、清洁卫生、安全可靠、质量保障的饮料生产新工艺，以创新创造，大力提升中国饮料工业的整体竞争力。

4. 绿色发展

饮料行业要始终坚持绿色发展理念，走生态文明发展之路。要推行清洁生产工艺，有效降低生产环节能耗物耗。要加强末端治理，减排治污，循环用水，一水多用，综合利用，节约用水，始终坚持走好中国特色饮料工业的绿色发展之路。

【d. 政策建议】

1. 饮料行业不属于“高耗水行业”

关于饮料行业是否属于“高耗水行业”，饮料行业内的认知与外界存在较大的差异。饮料行业（包括包装饮用水、碳酸饮料、果蔬汁饮料、茶饮料、固体饮料等）的取水情况以 2016 年为例，规模以上企业产量为 1.83 亿 t。根据协会调研数据与饮料行业取水定额标准估算，2016 年饮料行业用水总量在 7.3 亿立方米左右，与食品中的相近行业相比，用水总量不及其一半。另外，根据国家统计局 2016 年上半年数据显示，排名前十的耗水行业中没有饮料行业。近十年来，饮料行业一直致力于行业节水管理、工艺、技术水平的提升，并取得了良好的效果。提请政府相关部门应将饮料行业列入工业用水，而不应列入高耗水行业和特种用水行业。

2. 建立瓶装饮用水的战略储备应急供给体系

考虑到近几年我国频发的洪水、泥石流、水旱灾、地震等自然灾害及饮水资源被污染或被破坏的情况时有发生，应考虑在全国范围内均衡布点建设瓶装饮用水工厂，建立瓶装饮用水的战略储备应急供给体系，在出现突发事件时，就地快速组织生产和供货。对于建立战略储备应急供给体系的企业给予用地、信贷优惠及非常时期的税收减免等政策支持。

3. 提高桶装饮用水准入门槛

不断爆发的环境污染、水体破坏事件，以及城市供水管网老化等问题，使得桶装饮用水成为人们提高室内饮水质量的重要途径。但全国近万家桶装饮用水生产企业的生产和售后服务水平参差不齐、大桶水的质量合格率不高。同时，容易让假冒伪劣的桶装水钻空子。建议国家政府部门出台相关政策文件，提高桶装水行业准入门槛，提升桶装水品质。

4. 鼓励中西部地区发展饮料工业

近年来，西部地区的一些特色资源（例如矿泉水、冰川水、葡萄、番茄等）因资金、技术等原因或滞缓开发或盲目建厂一哄而上，国家应鼓励有实力的饮料企业到西部地区投资建厂，在财政税收方面给予优惠，在土地使用、基础设施配套方面给予支持，在服务方面给予方便。

5. 推动科技进步，制定检测方法标准

坚持科技进步和创新，整合力量集中资源，建立产学研科技创新联盟平台，加大对关键技术、应用技术的研究，不断跟进和引进世界先进技术，有重点地选择一批基础研究、综合应用、专项技术项目进行攻关和推广。加强对食品中有毒有害物质残留检测技术研究。食品安全风险评估技术研究，食品安全溯源和预警技术研究，生物工程技术研究，食品功能评价技术以及食品包装材料的安全性研究，果蔬汁含量测定技术研究，饮料中特征性成分定性定量的检测方法开发。鼓励国内外有关科研机构合作，加大力度制定饮料产品特征成分的定性和定量检测方法标准，以果蔬汁、茶饮料、谷物饮料、蛋白饮料为突破口，提高产品的诚信水平和产品标准的可执行性。

赵亚利

2.26 精制茶

新高，一二三产融合发展速度加快。但同时，受宏观发展态势不明朗和政策面的影响，金融投资明显减弱，消费总量增速持续趋缓，去库存任务依然艰巨，传统渠道有待转型升级，新旧理念的磨合尚需时日。

【a. 概况】

1. 生产

2017 年，春茶开采季早期晴暖，中期多雨寡照，后期回暖较快。开园虽早，但开采黄金期延后 5–7 天。名优茶产量明显减少，质量总体同比持平。人工成本继续增加，但局部地区有缓解。夏秋季后，茶叶生产加工恢复常态。各地早春毛茶的成交量与去年基本持平，成交价格稳中略降；中后期茶青价格上升迅猛，干毛茶价格居高不下，平均涨幅在 15–20%。其中，绿茶、红茶均上涨近 25%；白茶涨幅近 40%；云南普洱茶再次出现价格异动，涨幅在 20–40%。夏秋季，乌龙茶毛茶量价受天气影响，出现小幅波动。

（1）总面积保持缓增。

据调查，2017 年，全国 18 个产茶省（区）茶园面积总面积 4588.7 万亩，同比增加近 135 万亩，同比增长 3.0%，同比增加 0.4 个百分点。面积最大的 5 个省份是贵州（714.6 万亩）、云南（619.5 万亩）、四川（500 万亩）、湖北（525.2 万亩）、福建（383.0 万亩），面积增加较多的省份是湖北（23 万亩）、贵州（增 21 万亩）、陕西（19 万亩）、江西（17 万亩）。开采茶园面积 3777.8 万亩，同比增加 155.8 万亩。

表1 全国各产茶省茶园面积（万亩）

省份	茶园总面积（万亩）				采摘面积（万亩）			
	2017年	2016年	增减数	增减%	2017年	2016年	增减数	增减%
江苏	51.00	51.00	0.00	0.00	44.70	44.50	0.20	0.45
浙江	299.50	298.00	1.50	0.50	270.00	268.00	2.00	0.75
安徽	270.00	266.00	4.00	1.50	253.00	241.00	12.00	4.98
福建	383.02	380.00	3.02	0.80	369.16	355.00	14.16	3.99
江西	165.11	148.60	16.51	11.11	140.91	122.80	18.11	14.75
山东	61.30	58.19	3.11	5.34	47.35	44.47	2.88	6.48
河南	239.82	237.60	2.22	0.93	173.60	168.32	5.28	3.14
湖北	525.20	501.80	23.40	4.66	409.38	381.10	28.28	7.42
湖南	218.80	206.60	12.20	5.91	177.90	166.40	11.50	6.91
广东	81.62	76.50	5.12	6.70	71.00	71.00	0.00	
广西	110.00	106.00	4.00	3.77	103.80	103.00	0.80	0.78
海南	2.02	2.00	0.02	0.88	1.66	1.65	0.01	0.58
重庆	78.40	72.30	6.10	8.44	51.77	49.59	2.18	4.40
四川	500.00	497.55	2.45	0.49	379.07	370.93	8.14	2.19
贵州	714.63	693.20	21.43	3.09	525.03	499.10	25.93	5.20
云南	619.50	610.00	9.50	1.56	584.50	575.00	9.50	1.65
陕西	251.00	231.70	19.30	8.33	163.70	149.40	14.30	9.57
甘肃	17.80	17.10	0.70	4.09	11.30	10.80	0.50	4.63
合计	4588.72	4454.14	134.58	3.02	3777.84	3622.06	155.78	4.30

（数据来源：中国茶叶流通协会）

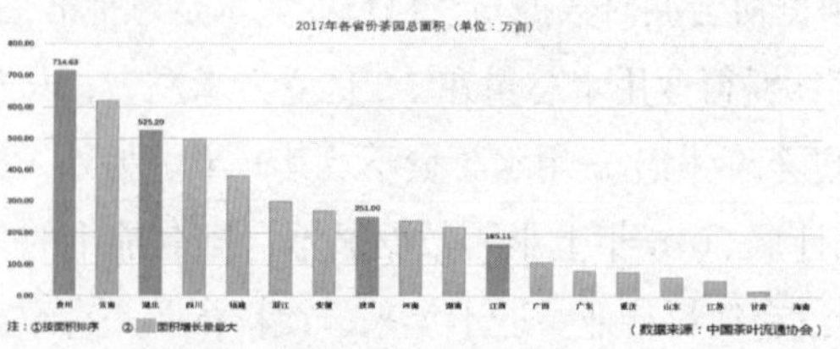

图1 2017全国各产茶省茶园面积（万亩）

（2）总产量持续增加。

全国干毛茶产量为260.9万吨，同比增加16.9万吨，同比增长6.1%，同比下降1个百分点。产量超过20万吨的省份是福建（39.9万吨）、云南（39.0万吨）、贵州（31.3万吨）、四川（28.0万吨）、湖北（25.0万吨）；增产逾万吨的省份有九个，前4位分别是贵州（4.05万吨）、四川（1.53万吨）、湖北（1.47万吨）、浙江（1.44万吨）。

表2 全国各产茶省干毛茶总产量（吨）

省份	2017年	2016年	增减数	增减%
江苏	14428	14401	27	0
浙江	184231	169822	14409	8
安徽	132202	121826	10376	9
福建	398628	386850	11778	3
江西	63367	56479	6888	12
山东	25665	23402	2263	10
河南	67878	66808	1070	2
湖北	249544	234823	14721	6
湖南	197477	185230	12247	7
广东	91458	83909	7549	9
广西	70000	66000	4000	6
海南	569	561	8	1
重庆	36949	32930	4019	12
四川	280000	264700	15300	6
贵州	312627	272140	40487	15
云南	390265	377469	12796	3
陕西	92156	81474	10682	13
甘肃	1348	1335	13	1
合计	2608791	2440159	168632	7

（数据来源：中国茶叶流通协会）

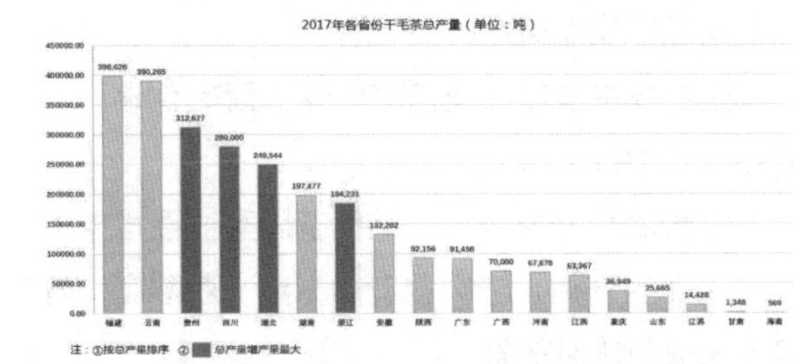

图2 2017全国各产茶省干毛茶总产量（吨）

（3）农业产值明显提升。

全国干毛茶总产值达到1907.6亿元，同比增加225.6亿元，同比增长13.4%，同比增加2.7个百分点。干毛茶产值逾百亿元的省份达9个，位居前4位的分别是贵州（310亿元）、福建（229亿元）、四川（210亿元）、浙江（197亿元），增长额居前的省份分别是贵州（53亿元）、安徽（27亿元）、浙江（23亿元）、四川（20亿元）、云南（19亿元）、陕西（15亿元）。

表3全国各产茶省干毛茶总产值（万元）

省份	2017年	2016年	增减数	增减%
江苏	252219	247538	4681	2
浙江	1967467	1736000	231467	13
安徽	1111500	840520	270980	32
福建	2285909	2140000	145909	7
江西	553001	450844	102157	23
山东	562540	520026	42514	8
河南	1209000	1162313	46687	4
湖北	1381166	1237063	144103	12
湖南	871790	775459	96331	12
广东	448391	402200	46191	11
广西	337093	314620	22473	7
海南	6320	5688	632	11
重庆	219020	184607	34413	19
四川	2100000	1900000	200000	11
贵州	3098805	2570150	528655	21
云南	1374452	1187470	186982	16
陕西	1273089	1122127	150962	13
甘肃	24000	23200	800	3
合计	19075762	16819825	2255937	13

（数据来源：中国茶叶流通协会）

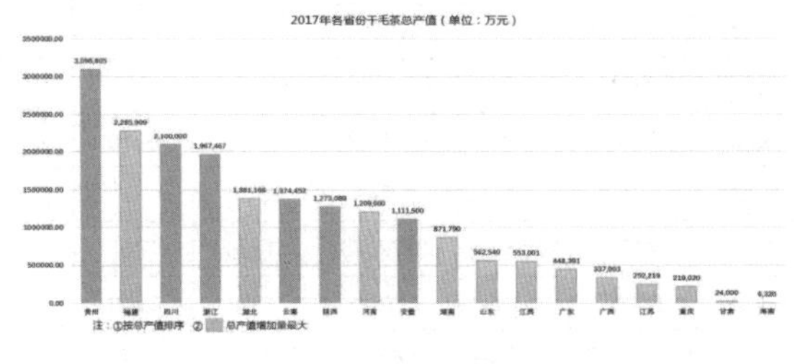

图4 2017全国各产茶省干毛茶总产值（万元）

（4）大宗茶量减价增。

名优茶产量127.4万吨，同比增长6.8%，同比下降1.3个百分点；大宗茶产量133.5万吨，同比增长7.0%，同比下降5个百分点。名优茶产值1427.8亿元，同比增长10.42%，增长同比有所减缓；大宗茶产值479.8亿元，同比增长23.3%，增长有明显增加。名优茶与大宗茶产量占比分别为48.9%和51.1%，名优茶占比进一步提升；产值占比分别为 74.8% 和 25.2%，名优占比增加 5.2%。

（数据来源：中国茶叶流通协会）

图5 2017全国茶叶名优茶产量（左）/产值（右）对比

（5）产品结构继续优化。

红茶、黑茶、白茶均增产 10% 以上，产量分别为 34.0、36.3、2.8 万吨，绿茶增产 4.5%，达到 159 万吨。茶类结构持续优化，比例更加均衡，绿茶、乌龙茶占总产量的比重持续下调，分别下降 61.4%、10.6%，红茶、黑茶、白茶、黄茶占比继续上升，红茶和黑茶所占比例分别达到 12.8%、13.0%。同时，柑普茶、柑红茶、花草茶等特色产品及超微茶粉、抹茶、茶饮料、茶保健品等精深加工产品增加。

表4 2017年全国各产茶省六大茶类产量

地区	绿茶	青茶	红茶	黑茶	黄茶	白茶
江苏	11102.4	0	3121.4	75	0.02	0
浙江	163955	360	7100	7050	55	480
安徽	120040	330	9570	210	4150	0
福建	122000	220104.4	49000	0	0	23000
江西	50091.2	1586	12188.2	0	6	0
山东	24046.49	3.87	3367.57	0	0.16	0.23
河南	55375	0	8756	3317	0	3
湖北	134170.8	2572.25	38372.25	61794	40	267
湖南	85023	3315	24257	81352	1943	1558
广东	33425.7	43400	9800		100	0
广西	31298	1511.7	30650	15900	5.5	68
海南	1005	0	70	0	0	0
重庆	31387.4	600	4300.2	662	0	0
四川	240700	2800	15275.5	21000	300	0
贵州	234811.3	1025	42819	15480	130	2496
云南	170436	750	77122	139072	0	180
陕西	82373	22	3809.5	17550.39	0	0
甘肃	1218.2	0	129.8	0	0	0
总计	1592458	278380.2	339708.4	363462.4	6729.68	28052.23

（数据来源：中国茶叶流通协会）

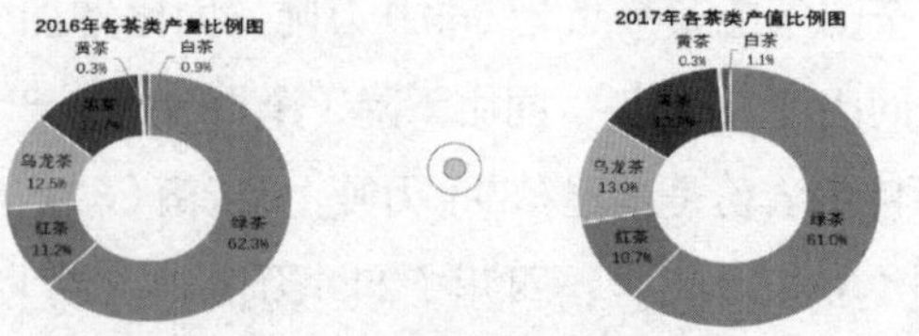

（数据来源：中国茶叶流通协会）

图6 2017全国各茶类产量（左）/产值（右）对比

（6）质量效益持续提升。

各地大力推进标准化生产，打造了一批绿色优质产品生产基地，创响了一批有影响的公用品牌和知名品牌，促进了质量效益提升。茶园结构持续优化，无性系良种茶园面积比例达 60.9%，同比增加 2.3 个百分点，有机茶园面积比例 7.5%，同比增加 0.3 个百分点。茶园平均亩产量 60.3 公斤，同比增加 4.5 公斤，亩产值 3920 多元，同比略有增加。

（7）绿色安全稳定向好。

大力推广物理防治、生物防治等绿色防控技术，减少农药用量；加快有机肥推广，减少化肥用量。2017 年，农业部按季度组织开展了 4 次国家农产品质量安全例行监测（风险监测），共监测全国 31 个省（区、市）155 个大中城市 5 大类产品 109 个品种，抽检样品 42728 个，总体抽检合格率为 97.8%。其中，茶叶抽检合格率 98.9%，高于蔬菜、水果、水产品，显示茶叶质量安全水平持续向好。

（8）产业痼疾仍待解决。

①产销失衡现象仍然存在，去库存任务依然艰巨，巨大的潜在产能需缓释；

②生产成本增加，市场量价收紧，下游“倒逼”上游，茶农增收压力持续增大；

③全价利用开发不足，继续茶园季节性用工矛盾凸显，茶业生产用工老龄化、雇工难、薪酬高、效率低等现象成为普遍现象。

2. 内销

2017 年，中国茶叶消费市场各项主要指标向好，随着消费升级，供需关系发生变化，市场结构不断调整深化。从总体来看，国内市场依旧是拉动中国茶叶经济发展的主动力源。主要呈现以下特点：

（1）量价配合稳定，稳中略升。

2017 年，国内茶叶年消费量达到 190 万吨，同比增加 8 万吨，同比增长 4.40%；市场销售额达到 2353 亿元，同比增长 9.54%；销售均价为 123.84 元 / 公斤，同比增长 4.93%。高档茶价格平稳、销量略减，中低档茶的价格差距继续缩小，价格略升、销量稳增。

表5 2010–2017年全国茶叶内销量变化表（万吨）

2010	2011	2012	2013	2014	2015	2016	2017
110	118	130	153. 2	160	172	182	190

（数据来源：中国茶叶流通协会）

表6 2010–2017年全国茶叶内销额变化表（亿元）

2010	2011	2012	2013	2014	2015	2016	2017
839	971	1176	1385	1669	1869	2148	2353

（数据来源：中国茶叶流通协会）

（数据来源：中国茶叶流通协会）

图7 2010–2017年全国茶叶内销量/额变化图

（2）产品结构微调，趋势不变。

经过连续几年的热点切换后，内销市场中各茶类板块轮动的局面有所改善，2017 年，各茶类虽仍有此消彼长，但格局相对稳定。绿茶仍是主导茶类，黑茶、红茶、白茶增速较快。各茶类的内销量与占比分别是：绿茶 101.6 万吨，占比 53.2%；黑茶 30.9 万吨，占比 16.0%；乌龙茶 27.2 万吨，占比 14.3%；红茶 23.7 万吨，占比 10.5%；茉莉花茶 8.5 万吨，占比 4.45%；白茶 2.4 万吨，占比增长至 1.2%；黄茶 0.57 万吨，占比 0.3%。

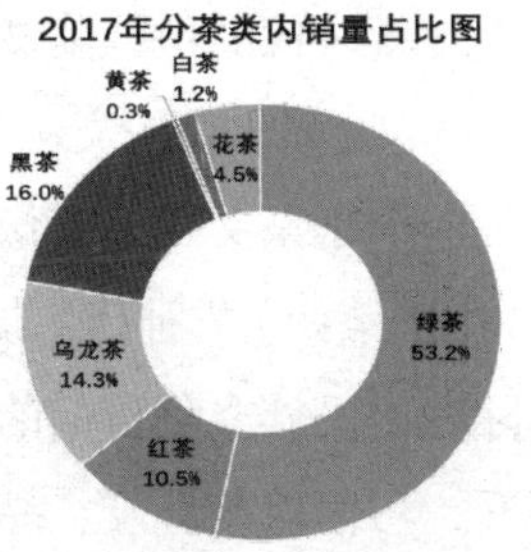

（数据来源：中国茶叶流通协会）

图8 2017年全国分茶类内销量占比图

（3）质量安全提升，总体平稳。

食品安全是消费者最关心的问题。2017 年，国家食药监总局对全国茶叶及相关制品按季度进行了抽检。从已公布的结果看，前三季度的抽检结果分别是 99.1%、99.4%、99.2%，显示出茶叶质量安全形势总体平稳。

在标准方面。4 月，国家卫生和计划生育委员会在其官方网站发布信息《食品安全国家标准食品中真菌毒素限量》(GB 2761–2017) 及《食品安全国家标准食品中污染物限量》(GB2762–2017)；其中，不再为包含茶叶在内的植物性食品设置稀土限量标准，消除了 “稀土超标食品安全” 伪命题。6 月，由中华人民共和国国家卫生和计划生育委员会，农业部，国家食品药品监督管理总局联合发布的《GB2763–2016 食品安全国家标准食品中最大农药残留限量》正式实施；其中，茶叶农残标准增补至 48 项。

（4）渠道出现分化，冷热不均。

电商渠道发展进入自我调整期。一方面线上流量进入瓶颈期，另一方面电商成本也在不断调高。但 2017 年的电商数据和实际情况证明：随着劣质小型卖家被驱逐出这片红海，各茶类知名品牌稳稳占据优势地位；消费者更倾向于选择线下体验已经成熟的著名品牌，在稳定线下渠道 “粉丝资源” 的大背景下，电商渠道才会发展得更好。

批发市场亟待转型升级。2017 年，中国茶叶流通协会对全国批发市场进行的抽样调查显示：受调市场中，交易额下降的占 17.5%，平均降幅 11.3%；交易量下降的占 19.6%，平均降幅 10.8%。但原产地的批发市场均呈现上升态势。在一线城市中，茶叶批发市场的行业无序竞争、租金持续走高、城市产业疏解及互联网电商渠道的持续挤压，使许多经营商户生存困难。但在二三线城市如济南、福州、郑州等地，茶叶批发市场仍能保持交易量平稳增长。随着消费的新升级，具有更优质服务、更健康环境的成功转型升级的优质茶叶交易平台将会成为主流。

连锁门店成营收主进口。据 2017 年全国茶叶百强企业调查显示，企业销售渠道收入的77.2%均来自连锁经营门店。在与电商渠道寻求一个动态平衡后，连锁经营渠道形成了新零售模式。各大企业积极抢占优势市场，尤其是二三线城市，品牌茶叶门店遍地开花。北上广地区的竞争趋势更为激烈，茶叶门店及专柜多聚集在高级酒店、商场等密集商业群域周围。

商超零售继续保持稳定。2017年，随着商超一体化发展的进程，许多大型商场和超市紧密合作，茶叶商超零售的份额也随之出现缓增。但由于两个渠道的消费群众画像重叠，且非茶叶销售的主渠道，因此销售情况相对固定，茶叶销售的量价额等数据指标与去年持平。

融合型服务业蓬勃发展。数字经济时代大背景下，新旧融合、跨界融合、时空融合的服务业正在蓬勃发展。2017年，以喜茶等时尚茶饮店的强势兴起，茶馆服务业从次生消费渠道大有取代传统茶叶店而成为销售与消费主渠道之势；与“乡村振兴”正相关的“茶+旅游”与“旅游+茶”的模式，在经历了1.0、2.0版本的快速普及，开始逐渐向个性化发展；与康居养老、社区服务等相关的文化体验服务也在快速打通消费服务的“最后一公里”。

（5）新群体年轻化，消费升级。

2017年，我国茶叶消费群体继续保持增长，预计将达到4.9亿，主要消费人群也从“中老年男性为主”向各类人群扩散。数据显示，互联网找茶、搜茶用户的年龄结构日趋年轻化，20–29岁对茶的关注度最高，达到63.4%。百度大数据给出的消费群体画像是有经济实力、热爱运动、崇尚健康、享受生活。数据显示，互联网找茶用户以男性为主，占70.8%，且呈现高学历趋势，本科以上关注茶的人大于84%。搜茶用户的年龄结构日趋年轻化，20–29岁对茶的关注度最高，达到63.4%，互联网找茶用户的新趋势值得关注。

（6）营销模式异化，核心唯一。

2017年，网红经济注重品牌形象与消费者自我定位互动，催动新式茶饮异军突起；精准定位市场与目标客群催生极简主义，小罐茶、平仄茶叶等运用现代营销理念重构茶业资源；以“工匠精神”转换为优良制造的标签化评价，名家大师监制产品被打造为消费者心目中高品质的直观象征；社交电商的兴起迎合了现今网络购物人群的部分需求，加之社交APP的用户规模和活跃度较高，更易使消费者融入度提升，形成“一对一”互动式服务，“采购卖手”、教学销售结合、代理销售等行为十分普遍。尽管营销模式与手段各异，但以消费者为核心的现代营销理念已然形成。

（7）创新驱动发展，初见端倪。

受共享经济影响，2017年度中国茶行业的创新在新旧两个领域同时发力。

在渠道拓展上。从外部改造看，以消费者为中心、以技术升级为核心的新零售对中国茶产业的供应链重构进行了一场效率革命。通过缩窄消费者需求，茶叶企业一改传统的“小而全”但低效率的状态，为适应当下的海量用户时代，做出更加精准的需求回应。从内部变革看，电子商务正在通过不断影响初级消费者，分流消费群体，改变着传统营销渠道的布局，孕育着具有中国特色的新型茶消费市场。

在产品表现上。2017年，在传统茶领域，小青柑因其年轻化的口感受到追捧；武夷岩茶中的牛栏坑肉桂和马头岩肉桂被一阵热炒。其主要原因：一是消费升级使人们对健康和品质有了更多和更高的追求，二是原有的板块轮动进入二级指标体系，三是外围游资的介入。在新兴茶领域，以喜茶、奈雪的茶、关茶等为代表的新中式茶饮店凭借着时尚的空间设计、另类的概念、年轻化的消费群体而异军突起，经常上演现象级销售盛况。

在内涵挖掘上。新时代的中国茶文化已成为代表中国力量的智慧载体，彰显出新的文化力量。2017年，彰显民族文化自信的中华茶文化以音像资料的形式在国际舞台频闪，《中国茶：东方神药》获美国艾美奖，为中国茶走向国际发出民族文化自信的信号。全球政党大会在北京召开，巧借以茶会友、品茶论道的中国传统文化，寓意中国共产党邀请世界政党共议构建人类命运共同体的政党责任，描绘共同建设美好世界的宏伟蓝图。习近平总书记向首届中国国际茶叶博览会致贺信，希望推进世界茶业发展，谱写茶产业和茶文化的发展新篇章。领导人茶叙成为高层会面的重要仪式之一。

（8）茶叶进口增速，“抢滩”市场。

随着中国经济的快速发展，居民生活水平不断提高，茶饮消费呈现多样化、个性化趋势，茶叶进口呈爆发式增长。2017 年，中国进口茶叶近 3 万吨，进口金额 1.5 亿美元，同比分别增长 31.2% 和 33.9%。其中，进口红茶 2.5 万吨，占茶叶进口总量的 85%，主要供应国是斯里兰卡和印度；进口绿茶 2152 吨，主供应地区是台湾省、越南和印度；进口乌龙茶 1840 吨，主要供应地区是台湾省。

表7 2017年中国茶叶进口海关统计分国别和地区前20位

	国别（地区）	进口量（千克）	进口额（美元）	均价	数量同比%	金额同比%	均价同比%
1	斯里兰卡	10,114,894	55,024,113	5.440	18.64	29.89	9.49
2	印度	8,701,810	24,527,351	2.819	58.61	28.80	-18.79
3	台湾省	3,751,102	43,019,749	11.469	38.12	54.34	11.74
4	印度尼西亚	1,520,353	3,267,243	2.149	-7.93	3.78	12.72
5	肯尼亚	1,299,215	3,352,570	2.580	70.59	66.53	-2.38
6	越南	999,293	1,970,928	1.972	511.89	498.27	-2.23
7	马拉维	765,034	1,563,902	2.044	92.40	117.27	12.92
8	莫桑比克	477,770	783,464	1.640	-6.96	0.75	8.29
9	布隆迪	344,933	1,159,530	3.362	-27.22	6.42	46.23
10	泰国	295,185	535,871	1.815	78.03	79.24	0.68
11	伊朗	259,014	336,915	1.301	301.45	304.64	0.80
12	波兰	223,765	2,899,653	12.958	21.59	22.53	0.77
13	阿根廷	195,557	575,660	2.944	-68.25	-32.86	111.46
14	中国	178,089	1,835,321	10.306	9.93	23.22	12.10
15	冈比亚	113,340	170,520	1.504	--	--	--
16	阿拉伯联合酋长国	93,139	551,835	5.925	596.31	577.14	-2.75
17	香港	62,021	438,501	7.070	-17.77	-48.57	-37.45
18	日本	61,210	1,251,854	20.452	35.72	38.36	1.95
19	乌干达	61,184	89,465	1.462	-45.50	-49.93	-8.13
20	德国	54,781	1,413,870	25.809	-60.29	-26.19	85.87
	合计：	29,830,738	149,773,011	5.021	31.21	33.88	2.04

目前，中国进口茶叶的集中度越来越高，斯里兰卡和印度作为最主要的供应国，所占比重已从 2010 年 28% 增长至 2017 年 55%。2017 年，中国进口斯里兰卡茶叶超过 1 万吨，使之成为中国最大的茶叶进口国；与此同时，从印度进口的茶叶数量也在迅速增长，2017 年达到了 8701 吨，同比增长 58%，与 2010 年相比增长达 639%。

广东、上海和福建一直是中国进口茶叶大省。2017 年，三省（直辖市）进口数量分别为 6713 吨、6146 吨和 5020 吨。但由于中国其他省份进口茶业的增速较快，因此上述三省合计数量占比已从 2010 年的 79% 降至 2017 年的 60%。江苏、广西和浙江是中国进口茶叶增速最快的三个省（自治区），2017 年进口量分别为 3156 吨、2281 吨和 2262 吨，比 2010 年分别增长了 3491%、1235% 和 492%。

预计，中国进口茶叶在今后一段时期将继续保持量价齐增的发展态势。但因中国茶产业持续走强，因此进口茶叶在相当长的一段时期内不会对中国茶叶内销市场造成实质性影响。

（9）内销市场需关注的情况。

首先是“去产能”任务艰巨，产大于销的局面急需调整；其次是“去库存”不容小觑，黑茶的快速增长多为市场存量；第三是城乡市场开发不均衡，特别是非产茶区的二三四线城市和农村市场，在消费需求与供给方面存在着不平衡不充分的发展矛盾；第四是国内人口红利即将消失所带来的隐忧。

3. 外销

（1）出口量额持续攀升。

据海关数据，2017 年中国茶叶出口总量达 35.5 万吨，同比增长 8.1%；出口额达 16.1 亿美元，同比增长 8.4%。两者同创历史新高。反观出口均价则为 4.54 美元 / 千克，同比基本持平。可见，新纪录的诞生得益于竞争对手出让的市场份额。

分茶类看。除普洱茶持续减少外，多茶类保持稳定增加。2017 年，中国的绿茶、红茶、乌龙茶和花茶出口均保持增长态势。其中，绿茶出口 29.4 万吨，同比增长 8.78%，占出口总量 82.9%；红茶出口 3.5 万吨，同比增长 7.29%，占茶叶出口总量 10%，保持 3 年连增；乌龙茶出口 1.6 万吨，同比增长 1.44%，占比为 4.5%；

花茶出口6164吨，同比增长6.22%，占比为1.7%。普洱茶出口2717吨，占比0.8%，自2014年以来持续下降。从各茶类出口均价上看，只有绿茶小幅下降，其他茶类均价不同程度增长。

表8 2017年中国茶叶分茶类出口表

茶类	2017年出口量（万吨）	2017年出口额（亿美元）	2017年出口均价（美元/千克）	出口量同比增长	出口额同比增长	出口均价同比增长
绿茶	29.47	11.38	3.86	8.73%	6.82%	-1.76%
红茶	3.56	2.79	7.83	7.77%	8.69%	1.32%
乌龙茶	1.62	1.18	7.28	-7.30%	12.33%	21.16%
花茶	0.62	0.51	8.26	1.42%	31.17%	29.30%
普洱茶	0.27	0.30	10.84	-7.30%	12.33%	21.16%

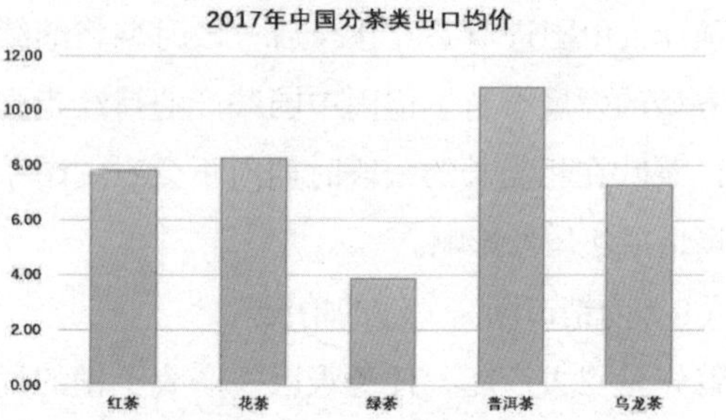

图9 2017年中国茶叶分茶类出口均价

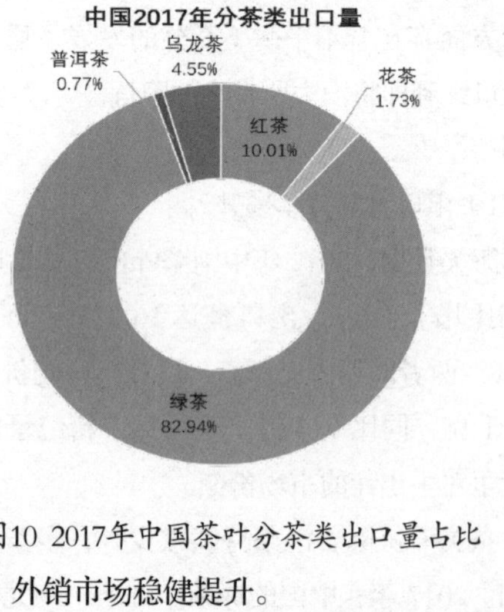

图10 2017年中国茶叶分茶类出口量占比

（2）外销市场稳健提升。

2017年，我国茶叶出口至128个国家和地区。茶叶出口超过万吨的国家和地区为12个，占全年出口总量64.8%。分别是：摩洛哥（7.5万吨）、乌兹别克斯坦（2.4万吨）、加纳（2.0万吨）、毛里塔尼亚（1.54万吨）、美国（1.5万吨）、俄罗斯（1.47万吨）、塞内加尔（1.4万吨）、阿尔及利亚（1.35万吨）、中国香港（1.3万吨）、日本（1.29万吨）和德国（1.21万吨）。

在中国茶叶出口的传统市场中，中东和独联体国家保持强势增长。2017年，中国茶叶出口中东10.8万吨，同比上升16.35%，出口独联体国家4.4万吨，同比上升13.12%。对欧盟继续保持恢复性增长，出口数量2.9万吨，同比上升12.6%。随着“一带一路”经济区内国家间经贸合作战略的不断推进，中国茶叶出口也取得突破性拉动。2017年，中国茶叶对“一带一路”沿线国家出口8.9万吨，同比增长7.2%。

表9 2017年中国茶叶出口海关统计分国别和地区前20位

出口量排名前20国家或地区			出口额排名前20国家或地区		
序号	国家	总量（千克）	序号	国家	总额（美元）
1	摩洛哥	75227866	1	香港	244723374
2	乌兹别克斯坦	24178150	2	摩洛哥	229113890
3	加纳	19780857	3	越南	93725856
4	毛里塔尼亚	15437222	4	加纳	85500649
5	美国	15072432	5	美国	82212040
6	俄罗斯联邦	14747960	6	毛里塔尼亚	64635794
7	塞内加尔	14029676	7	马来西亚	62679791
8	阿尔及利亚	13544439	8	塞内加尔	56114865
9	香港	13042559	9	日本	52397783
10	日本	12900320	10	阿尔及利亚	44892760
11	德国	12143580	11	德国	42928166
12	多哥	9843250	12	乌兹别克斯坦	42519817
13	喀麦隆	8416114	13	多哥	42032676
14	利比亚	8234740	14	俄罗斯联邦	38828300
15	巴基斯坦	7676415	15	泰国	37431110
16	贝宁	7447815	16	西班牙	31673316
17	马里	4972635	17	韩国	27543397
18	泰国	4908859	18	法国	23833304
19	法国	4778878	19	马里	21674332
20	伊朗	3976256	20	缅甸	21261057

（3）中部茶叶出口崛起。

据海关数据：2017年，浙江茶叶出口继续领跑，安徽、湖北增势不减。浙江以绝对优势保持出口第1大省的地位，出口16.3万吨，同比增长10.7%，但在全国出口总量中占比下降。我国中西部地区出口潜力大，东部沿海地区茶产业正逐渐向中西部地区转移。安徽茶叶出口持续增长，所占份额从2010年7.6%增长到2017年16.7%；湖北茶叶出口量从2010年2473吨增加至2017年1.3万吨，增长速度位居全国首位，成为我国茶叶出口的最大亮点和名符其实的茶叶出口大省。

（4）当前问题与相关建议

当前，中国茶叶出口所面临的主要问题是：

①饮茶习惯的差异所产生的根本性影响；

②国外市场技术壁垒愈加严苛；

③出口成本倒挂严重，特别是中国茶叶出口的主要市场是非洲，而非洲消费者购买力低，提升出口价格更加艰难。

为此，建议：中国茶业推进标准化生产，加强茶叶品牌建设；突出质量安全导向，建立健全茶叶检验检测体系；实施创新驱动，提升茶业科技水平；促进茶产业与其他产业融合，实现互利共赢；积极开展国际交流与合作，推动开拓海外市场；弘扬中华茶文化，用文化带动贸易发展。

【b. 投资】

2017年，由于国家加强对金融资本的管控力度，外来金融资本的投资增速明显减缓。年内，30余家茶叶金融交易平台中的绝大多数暂停交易、内部整改。

从终端消费看，现代茶饮店蓬勃发展。新式茶饮兴起从九十年代末茶碎加奶精的噱头，到2000年的香精加奶精的价格战，再到2007年后的手摇茶，再到2012年开始兴起的奶盖茶、水果茶等，经历了低质低价的洗礼以及各类品牌起起落落的大浪淘沙，逐渐开始回归品质、回归品牌，整个行业渐趋理性与成熟，也只有理性发展的行业才能最终成为一个成熟的行业，茶饮行业现正走在成熟的路上。随着消费升级和追求健康等因素的影响，茶饮在茶叶的基础上新增了“饮品”元素，更易被年轻人接受，成为真正意义上的快消品。在低投入、低成本、高毛利，且有创业政策支持的背景下，创业团队前仆后继地投入其中，竞争日益激烈。总体来说，新式茶饮的整体竞争激烈，导致关店数激增。新一、二线城市的活力更甚，新式茶饮的发展势头更猛。在消费能力上，价格的提高显示出品质在不断提升。诸如佛系养生、懒系生活、网红MAX、独乐主义等生活理念，对新茶饮消费群体产生的作用超出外观、包装、便利途径方面的要求。除了新人群、新需求，低温供应链、高压萃取、发酵菌等新技术的出现，便利店、无人货架等新渠道的普及，以及新生代对新品类、新口味的尝鲜和接受，使新中式茶饮更加势不可当。

从股权交易看，茶业上市公司仅有A股的深深宝A，以及港股的天福、龙润茶和坪山茶业。而真正以茶叶为主业在香港IPO的仅天福控股一家，也是唯一一家盈利的企业。截止至2017年12月底，共有52家涉茶企业正式登陆新三板，其中，2017年上市茶企12家，比2016年减少4家。新三板茶叶类挂牌公司囊括了黑茶、绿茶等多个品类，基本覆盖了茶叶的生产、销售、种植以及茶具生产、茶叶深加工等上下游行业和衍生行业；其中，从事黑茶生产的挂牌居多，以普洱茶和安化黑茶两类为主。从年报来看，新三板上的制茶公司大部分资产规模在亿元级别，除一家企业营收达到亿元级别外，其他公司营收多在千万级别。挂牌公司中仅有两家净利润达到千万级别，更多公司盈利在百万级别，还有三家亏损。挂牌公司平均净利率只有5.12%，比新三板制造业整体平均值还要低1.57%。

【c.2018年中国茶产业预测】

1. 质量效益产能提高

茶园面积增速将继续放缓，预计增幅应在2%左右；茶叶总产量小幅微升，预计2018年全国茶叶总产量约为270–280万吨；农业产值继预计将达2000亿元左右。名优茶产量继续回调，大宗茶产量保持上升；名优茶产值增幅较上年有明显增加，大宗茶产值增幅较上年略有增加。

2. 食品安全继续提升

迎合绿色优质的市场消费趋势，茶叶产品的品质将继续向好发展。预计2018年及今后一段时期，茶叶质量安全形势仍将保持平稳提升态势，合格率保持99%以上的维度。

3. 内销市场重拾升势

高中低档茶产品结构调整到位，国内消费总量预计将接近 200 万吨，销售额突破 2400 亿元；库存将不会出现明显增减；以消费者为中心的创新产品、定制产品继续增多；名优茶为主体的产品市场格局，注定了打造品牌是中国茶业的必由之路；连锁专卖门店在与互联网融合而形成新零售模式后出现转机；批发市场升级改造后出现复苏；茶业电商、微商业务量的增速继续变缓；终端消费主要模式从茶叶连锁店向现代茶饮店转变。

4. 外销重新恢复常态

由于中国茶叶出口市场仍以传统市场为主，虽然对“一带一路”国家的进口量有所增加，但考虑到成本因素；预计 2018 年之后，总出口量将回归 33 万吨左右水平，出口额重回在 14–15 亿美元区间。

5. 创新驱动产业发展

营销创新，方兴未艾；产品创新，重在优质；模式创新，各具特色；宣传创新，协调互动。在质量安全总体平稳的形势下，中国茶产业将以茶叶产业供应链升级为依托，以“乡村振兴”和“打造中国茶叶品牌年”为主线，通过资源整合，借助数字经济时代的新理念、新思维、新技术，跨界融通，共享合作，一个“和而不同”又“和谐统一”的茶业新时代已经来临。

梅 宇

2.27 蜂产品

2.27-1 蜂产品加工

【a. 概况】

1. 蜂群、产量及商品量

据农业农村部及中国养蜂学会年会报告的会议统计，2017 年，全国蜜蜂拥有量已达 1000 万群，与 2009 年农业部官方数据相比，约增长 8.7%。全年蜂蜜产量约 54.25 万吨，同比增长 11%。产量万吨以上的前 10 名省份有浙江、河南、四川、湖北、广东、安徽、江西、福建、河北、湖南等省。

2. 国内市场消费量及出口量

随着人民生活水平的提高、对天然营养食品的进一步认识， 加之 2017 年下半年开始食糖供应偏紧的因素，国内市场蜂蜜消费量是增加趋势。2017 年，据商务部及海关信息，全国蜂蜜消费约 60 万吨，同比增长 20%；出口蜂蜜数量为 12.9 万吨，同比增长 0. 7%，金额为 27,070.5 万美元，同比下降 2.1%，平均单价为 2,094.0 美元 / 吨，同比下降 2.8%。

3. 商品生产基地建设

为了发展蜂产品生产，提高我国蜂蜜在国际市场上的竞争力，新世纪以来，在国家农业部的领导下，农业部及中国养蜂学会先后在北京、河北、黑龙江、吉林、山东、山西、陕西、四川、重庆、新疆、湖北、浙江、河南、江苏、江西、广东、广西、云南、海南等省的 20 多个省市县建立了 60 个蜂产品安全与标准化生产基地；在北京、河北、吉林、黑龙江、山东、湖北、浙江、江西等省建立了 15 个成熟蜜基地，生产纯天然优质蜂产品，与国际接轨，强有力地提升了我国蜂蜜质量。

4. 产品国际奖

中国养蜂学会成熟蜜基地产品荣获 9 枚国际奖牌，3 金 3 银 3 铜。

【b. 存在问题】

突出的问题仍然是质量问题，主要原因一是国标不严谨，二是市场管理混乱，忽视质量监督把控，伪劣假产品有栖息空间，给不法分子造成可乘之机，加之上半年食糖供应较充裕，糖价低于蜜价，蜂蜜市场蔗糖含量超过标准时有发生。另外，真蜂蜜中发现有农药微量残留物超标准。

2.27-2 蜂王浆加工业

【a. 概况】

1. 产量及消费量

据农业农村部及中国养蜂学会年会信息，2017年，全国蜂王浆产量约3000吨，国内蜂王浆消费总量仍保持在1800吨左右，同比基本持平。中国养蜂学会倡导"蜂产业＋旅游业"新型营销模式，促使有些企业优质优价收购蜂农生产的高品质保鲜蜂王浆，采用科普＋体验营销方式，锁定高端消费者，取得了良好的效果，不但提高了蜂农生产优质蜂王浆的积极性，高毛利保证了企业的效益，同时让消费者享用到真正优质的蜂王浆。

2. 国内市场消费量及出口量

据商务部及海关统计，2017年，蜂王浆产品在各大洲的市场份额波动剧烈，拉丁美洲、北美洲、欧洲是蜂王浆类产品出口的3大主要地区，占全球出口总额的87%以上，大洋洲、亚洲和非洲地区占13%。拉丁美洲、北美洲和大洋洲地区出口同比增长18%以上，涨幅最大的是大洋洲市场，同比增长81%；而欧洲、亚洲地区出口下滑，欧洲市场同比下降37%，亚洲市场同比下降56%。据海关统计：2017年，我国出口蜂王浆总量约1500吨，其中，鲜蜂王浆755.24吨，同比增长1.28%，出口额2009.69万美元，同比增长2.46%，平均出口价格26.61美元/千克，单价同比增长1.17%，出口主市场日本，其他出口国还有法国、泰国、西班牙、比利时、美国、德国、意大利、韩国、沙特阿拉伯等；出口蜂王浆冻干粉239.624吨，同比增长10.65%，出口额2107.66万美元，同比增长10.89%，出口价格87.96美元/千克，单价同比增长0.22%；出口蜂王浆制剂231.028吨，同比下降1.34%，出口额193.53万美元，同比下降17%，出口价格8.37美元/千克，单价同比下降15.88%。2017年，蜂王浆国内市场稳中有升，销售总量约1800吨左右，传统销售模式疲软，门店改造、房租上涨等多种因素导致入不敷出；网络平台、电子商务等新型销售模式如雨后春笋般涌现，突飞猛进，抢占了大部分国内市场份额。

【b. 蜂王浆生产的十大企业】

近年来，国内蜂王浆加工厂家很多，以海关统计出口创汇最富有竞争力的前十家企业是：浙江杭州蜂之语股份有限公司，浙江杭州天厨蜜源保健品有限公司，浙江江山恒亮蜂产品有限公司，浙江杭州碧于天保健品有限公司，浙江康力食品有限公司，南京老山药业股份有限公司，四川成都世纪蜂业有限公司，北京一品全蜂产品有限公司，中国医药保健品股份有限公司，浙江江山健康蜂业有限公司等。 企业间竞争激烈，浙江省占60%。

【c. 蜂王浆市场前景】

从国内市场看，蜂王浆制品市场竞争比较激烈，名牌产品俏销，还有潜力。从国际市场看在，目前全世界蜂王浆每年总产量约3350吨，我国大陆占3000吨，台湾约占100吨，国际市场交易量90%来自于中国，前景广阔。

【d. 质量管理】

蜂王浆质量按照2008年国家质量监督检验检疫总局、国家标准化管理委员会颁布的国家标准蜂王浆《GB 9697-2008 蜂王浆》执行。

2.27-3 蜂花粉加工业

【a. 概况】

1. 产量及消费量

据农业农村部及中国养蜂学会年会信息，2017年，全国蜂花粉产量约4500多吨，国内消费量约200吨。

2. 国内市场及出口量

据商务部及海关统计，2017年，全国出口蜂花粉总量为2583吨，同比增长20%，出口总额1605万美元，平均单价为6.2美元/千克；出口国家主要是韩国1400吨，占出口总量54%，6.39美元/千克；美国410吨、墨西哥180吨、日本65吨、阿根廷和阿曼56吨。2017年，国内市场消量约2000吨，同比略有下降，主要是油菜花粉产量有所下降。国内销售方面主要以油菜、茶花、荷花和杂花花粉为主，油菜花粉和茶花花粉大约占总产量的40–50%。

【b. 蜂花粉市场前景】

目前，投放市场的蜂花粉功能食品主要有三类：一是纯正原料型的蜂花粉；二是花粉蜜剂，即将花粉加入蜂蜜中形成膏状，一般含花粉在15–20%；三是花粉口服液，将花粉中的有效成份经过溶解提取制成蜜液；四是花粉片，便于旅行携带；五是花粉冻干粉，将花粉制成冻干粉能保持花粉活性，可直接食用，也可开发利用；六是复方花粉系列产品；七是将花粉作为添加剂或强化剂少量加入其它食品中。蜂花粉较有竞争能力和开发价值，为使花粉营养价值逐步完善，附加值高的蜂花粉产品亟待研发，满足市场不同需要。此外，我国蜂花粉出口量日益增长，蜂花粉国际市场潜力广大。

陈黎红

北京二锅头酒业股份有限公司

北京二锅头酒业股份有限公司成立于2002年8月。系始建于1949年10月国营北京大兴酒厂的改制企业，公司现坐落在大兴区瀛海工业园区，地处天子脚下可追溯到金大定三年（1163年）至今已有八百多年的悠久历史，明清两代（1368-1910）皇家禁苑，专为皇城酿造贡酒。公司紧靠104国道，北临京、津、塘高速公路，南与六环接壤，景色宜人，交通十分便利。公司占地面积66730平方米，其中厂房建筑面积25000平方米，职工宿舍5600平方米，绿化面积达6700平方米，水面2600平方米，是环境优美的花园式企业。

中国白酒中青年专家——贡献文

贡献文中国白酒国家评委、　高级工程师、国家级高级品酒师、国家级高级酿酒师、现任北京二锅头酒业股份有限公司董事、总工程师、副总经理、北京酿酒协会技术顾问。中国国际酒文化研究会专家委员、中国酒业协会白酒分会技术委员会委员，中国白酒标准化技术委员会清香型白酒技术委员会委员，国家职业技能竞赛裁判员。1987年以来他凭借自己的刻苦努力，连续四届五次优异成绩被北京酿酒协会聘为北京市白酒评委。第七届、第八届、第九届担任中国白酒国家评委。1994年荣获大兴区人民政府清香白酒特制研制科学技术进步二等奖。同年荣获市政府颁发的科学技术创新进步三等奖。荣获市政府颁发的科学技术创新进步三等奖。

贡献文同志三十多年的酿酒生涯，一直从事于白酒生产技术，质量检验，质量研发和品评勾调工作，先后担任北京二锅头酒业集团品酒员、化验员、技术员、助理工程师、工程师、质量技术检验中心主任、生产技术副科长、科长、生产技术副总裁等职务。

贡献文同志根据公司诚信企业发展战略，产品质量标准，市场消费需求，技术进步趋势，制定建立打造“永丰”产品创新升级版，完善了拓展勾调品评模式，推进勾调一体化管理体系。开展催陈老熟的试验及实际运用，加快酒体设计的流程规范，形成了科学的酒体设计运行流程，为“永丰”二锅头酒的跨越发展夯实了基础，确保了公司中长期可持续发展。作为国家白酒评委，公司技术中坚，产品体系的掌控者，贡献文清楚要想稳定产品质量必须从酒的源头抓起，通过组织勾调滤，评酒化验分析，色谱分析，探索原酒贮存过程中指标及口感特征的变化规律，他刻苦钻研，大胆创新，以自己精湛的尝评技艺确保“永丰”酒坊系列，“永丰”二锅头系列产品质量多年来稳定提高，他参与开发的“永丰”京王子珍藏35%VO1，典藏38%V01，鉴藏42%V01，新产品投放市场后，迅速成为白酒市场高端产品的新宠。

2004年10月“永丰”牌35%V01，38%V01京王子酒经国家食品监督检测中心理化指标检测，国家白酒评委感官鉴评，授予“中国白酒质量优秀产品”称号。

贡献文同志紧紧围绕企业方针目标，按照“新思路、新方法、新发展、新效果”的要求，以ISO9002质量体系为准绳要求运行，从摸底调查，交叉检查入手，加大质量管理力度，强化质量意识进一步完善了公司各类管理制度，制修订企业标准9个，修订备案标准3个，企业的产品质量，原辅材料不断改进提高，质量管理逐步进入程序化，标准化，规范化。特别对酿酒、包装、勾贮等关键程序全面实施整顿，取得了阶段性的成效，其次是树立“质量第一，质量是生命”的指导思想，实行“质量一票否决”立足于高质量、高起点。一切以质量为中心开展生产经营活动，并树立其核心地位，抓质量怎么都不过分，怎么处理都不过头。近年来使公司的实物质量市场抽检合格率达到100%，2013年6月中国质量检验协会授予北京二锅头酒业股份有限公司“全国质量诚信优秀企业”称号。

贡献文同志作为中国白酒国家评委，国家级高级品酒师，长期热衷酿酒事业，苦心钻研，有着多年酿酒，调酒专业经验，并在酿酒技术研究创新能力，应用方面攻克了大量技术难题，他所领导的技术团队均以科学严谨的工作作风，团结务实的工作态度，高效扎实的工作精神，致力于公司技术创新与科技成果研发，2015年9月9日他组织研发的永丰酒坊荣获中国(贵阳)比利时布鲁塞尔国际烈性酒大奖赛“金奖”并取得重大经济效益和社会效益。他现仍在企业和科研一线工作，有着深厚的酿酒理论基础和勾调实践经验，并有较高的企业管理能力，为推动酿酒事业的发展，产品质量的提升做出了积极而卓有成效的贡献。

中国白酒评酒大师——高连华

高连华现任北京二锅头酒业股份有限公司副总工程师，技术质检中心主任。自1987年起连续五届被聘为北京市白酒评委。2000年以来连续四届，第六、第七、第八、第九届担任中国白酒国家评委。国家级高级酿酒师，2011年被授予国家职业技能竞赛（品酒师）职业裁判员，国家职业技能鉴定高级考评员，被中国酒业协会聘为国家级高级品酒师教师。2014年获得国家高级食品安全师，中国白酒标准化技术委员会清香型白酒分技术委员会委员。1999年被北京市总工会评为爱国立功标兵，2002年被北京市总工会评为技术创新标兵，2005年被北京质量协会评选为质量能手。

2015年1月18日在北京全国人大会议中心第二届全国白酒科技大会上荣获“中国白酒评酒大师”荣誉称号。2015年9月9日高连华研制选送的永丰酒坊酒荣获中国(贵阳)比利时布鲁塞尔国际烈性酒大奖赛 “金奖”。

高连华同志通过三十多年对白酒的潜心研究，通过不断创新学习在实际工作中对白酒的生产、品评、储存、勾调过程中积累了丰富的实践经验，攻克了大量技术难题，为我国的白酒工业作出了巨大的贡献。

远航酒业大师体验馆开馆——推进米酒文化国际化

2018 年 4 月 8 日，位于佛山品牌制造文化街区的远航酒业大师体验馆正式开馆。

大师体验馆是远航酒业在业内首创的“侍酒文化”展示平台。在开馆仪式上，远航酒业集团董事长兼总经理关正生介绍“侍酒文化”。“所谓‘侍酒文化’其实是为喝酒注入仪式感。‘侍酒文化’其中的讲究包括酒的饮用温度、盛酒器皿、餐食搭配等各个方面。”

酒是人类生活中的主要饮料之一，中国酒文化源远流长。古时喝酒是一种颇为有情趣的消遣，如何重拾这种饮酒文化？“侍酒文化”的兴起也许就是一种回应，将仪式感重新赋予到饮酒中，让喝酒变得慢下来，变得享受起来，变得有趣起来。

作为进驻珠三角工匠精神展示馆的企业展馆，远航酒业大师体验馆是集工匠精神展示、酒文化传播、米酒体验、趋势发布等多功能于一体的场馆，分为双蒸印记区、粤酒领袖展示墙、米酒体验区、产品展示荣誉区、酿造工艺及国家级酿造大师简介等区域，分别通过“米酒专家，飘香全球”、“岭南文化，承载乡愁”、“工匠精神，传承发展”三大主题，呈现最有度数的文化印记。

1、“工匠精神，传承发展”

九江双蒸始于 1821 年，200 年酒魂是技艺更是态度，它凝聚了远航酒业集团 18 代传承人的智慧与汗水。

2、“岭南文化，承载乡愁”

九江双蒸出口历史悠久，上世纪大量华人到东南亚乃至欧洲、美洲工作，都会带上九江双蒸，寄托思乡之情。有华人的地方就有九江双蒸酒，在海外，九江双蒸被喻为“故乡水，家乡酒”。

3、“米酒专家，飘香全球”

九江双蒸从 50 年代初期名扬海外，到现在的粤酒领袖、米酒专家，我们要做的，就是为每一位消费者带来至纯至净、饮后舒畅的卓越体验；未来的米酒必然是更加低度化、健康化、国际化的，“健康饮酒、饮健康酒”已是大势所趋。远航酒业集团将在中国米酒研究院的技术支撑下，始终围绕“米酒”为研究核心，不遗余力地全方位提升米酒体验。

远航酒业集团借助大师体验馆这一平台，通过定期开展“大师面对面”活动，一方面加强与消费者的互动和交流，为消费者设计开发不同个性的酒体风格，极大满足消费者差异化的需求，迅速迎合与推动消费市场的走向；另一方面，把醇美生活的方式传输给消费者，让更多的消费者懂得欣赏高品质的米酒、享受米酒带来的醇美生活体验。

相信在粤酒文化的感召下，未来广东远航酒业集团将在全国乃至全球范围内掀起米酒消费新风尚，推动粤酒品牌走出国门、走向世界，让粤酒真正实现国际化、拥有高端国际范儿。

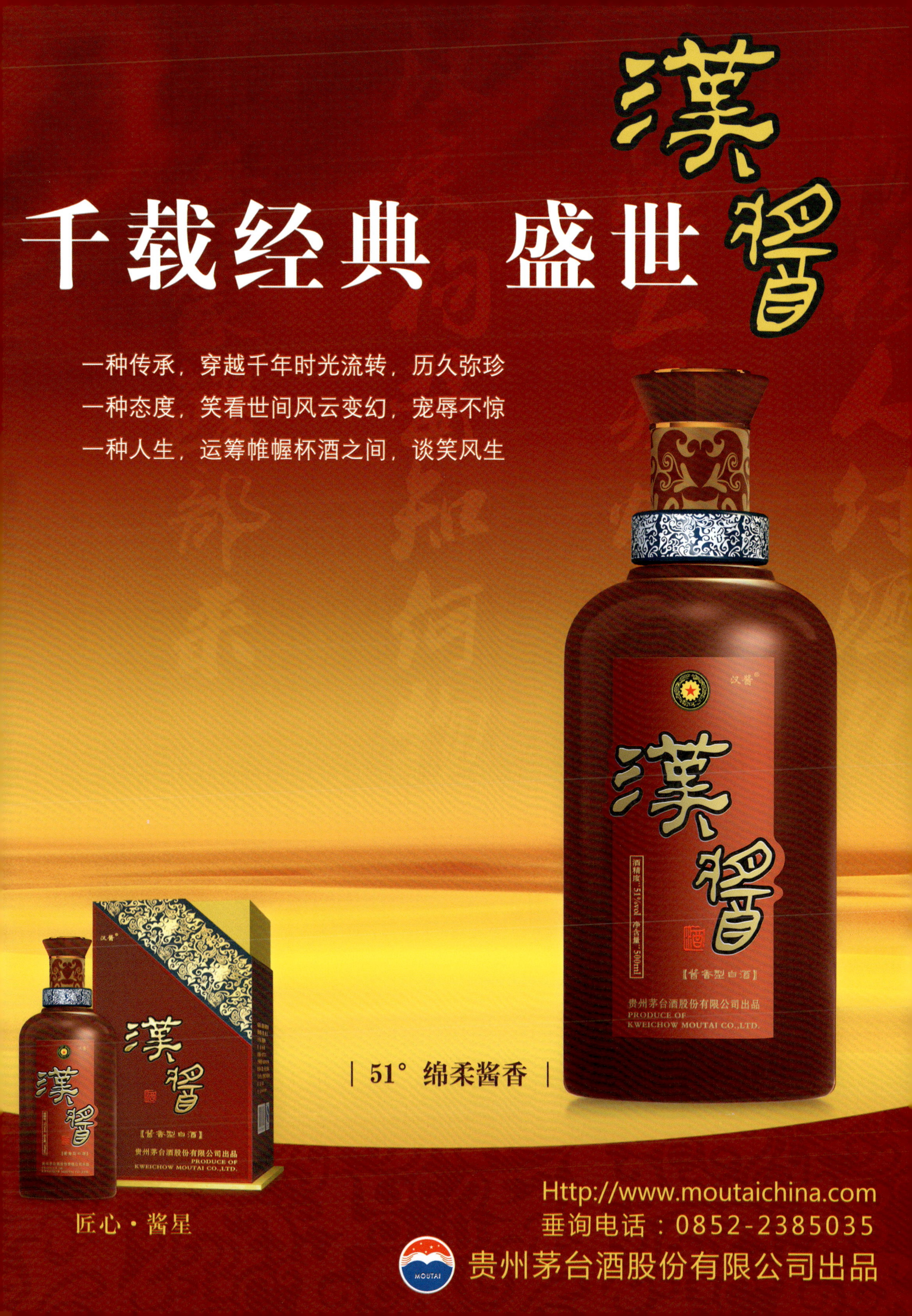

漢醬
千载经典 盛世
一种传承，穿越千年时光流转，历久弥珍
一种态度，笑看世间风云变幻，宠辱不惊
一种人生，运筹帷幄杯酒之间，谈笑风生
汉酱
漢醬
【酱香型白酒】
贵州茅台酒股份有限公司出品
PRODUCE OF
KWEICHOW MOUTAI CO.,LTD.
51° 绵柔酱香
匠心·酱星
Http://www.moutaichina.com
垂询电话：0852-2385035
贵州茅台酒股份有限公司出品

拓荒高地砥砺前行——记国外优质烘焙产品引进中国市场

简介：陈培，又名（陈道光），原广州市饮食服务公司华北饭店代理经理兼营业部部长。1979年11月奉调筹建广州市饮食服务公司货栈。历任广州市饮食服务公司贸易中心总经理，广州市利统食品有限公司及广州市壹起商业有限公司的董事长，香港光达贸易有限公司总经理。

曾担任的社会职称有：中国焙烤食品糖制品工业协会商会，名誉会长。原广州市芳村区政协委员，美国食品科学技术协会会员，澳大利亚工商总会中国商务顾问等。 曾获取主要奖项：广东省商业厅三十年贡献荣誉奖，中国焙烤食品糖制品工业协会突出贡献专家荣誉奖，中国食品工业协会，烘焙食品工业终身成就奖等。

（一）创业

开放改革初期，总设计师邓小平以超人胆略，在沿海建立特区，率先改革，实施开放。广州市饮食服务公司货栈应运而生，初衷是为下属几十家企业服务，实行统购统销任务，当时国内的烘焙业实际上一片空白，百物短缺，油糖米面仍凭票定购。市面上供应仅有传统的糖饼、点心，蛋糕类，致于优质面包，除在高级宾馆和个别西餐馆外，市面上甚少见。随着经济好转，人们从深圳沙头角，中山，珠海买回的港式面包，口感香味，令人焕然一新。我市的几大糕点厂家也曾尝试开发高端面包产品，但他们在生产过程中，用传统的“较水（槐花加土豆）”为一较，分三次转较，做一作面包，起码一天以上，3至4小时接一次种，稍有不慎，全部作废。我们面对现状，也是为了企业发展着想，认为搞了几十年饮食，不相信搞不出优质面包。但深入市场了解后，真令人吃惊！落后原因有三：一缺优质原料，二缺先进设备，三缺新技术。

通过对市场观察和调查的结果，时势一天天在变、再不能局限于本位，我们决心重整销售架构，要走创业之路，征得上级同意，从1981年起，“市饮货栈”实施对外经营，明确以经营国外先进原材料，技术，设备为目标，并更名为“广州市饮食服务公司贸易中心〞。为了突破，就必须借开放之势，以引进为主题，目标明确后，上级调给“中心”的资金仅20万，但国有资金，一旦有失，谁敢承担责任？更多的困难横躺面前，(1)当时出国赴港澳，审批甚难，进口原料的品质和使用，仅限于道听途说。(2)商品进口渠道少，指定外贸进出口公司代进，但手续繁复，约谈一宗生意，起码五人到场（一位外商，俩位买方干部，俩位进口公司代表），(3)当时国内烘焙行业设备很落后，多数用着烧煤的燧道炉，效率低，卫生差，就算有了先进原料、使用起来也有难度。(4)国内没有原料经销商，如一步到位，争取终端用户，还要逐步培植经销商。

在创业过程中，我是企业负责人，就当时政治经济环境，揣着国有资金去开辟一个未知数的项目，需要冒极大风险。而作为第一代的烘焙创业者，多数人是有政治觉悟，经营理念和改革意识，也缘自对事业的忠诚，信仰和热爱。历史眷顾我们，给我们创业的机遇和勇气，让我们登上烘焙业开放改革的舞台。

（二）引进

我在国企工作期间，先后引进两千多个商品，其中烘焙原料系列就多达两百多种。最成功的例子是引进面包干酵母，上曾所述：生产优质面包，关键是发酵问题，1981年引进美国寿星公干酵母”，一开始是有些人接受，但全国点心状元，广州泮溪酒家点心师罗坤试制后则认为：酵母酸味重，工艺难掌握，应探求更好品种。经过努力，香港面包工会刘嘉仪先生推荐了法国乐斯福公司的燕子牌酵母，由香港大力行提供样品，在广州，江门，中山等地示范，后拟定香港凯高洋行和亚洲行等签定进口协议，同时花费极大的精力，分别和广东省食品进出口公司，广东华侨商店进口部，白天鹅宾馆商场购销部，友谊商店乃至中山，珠海，深圳，中国旅行社等地有自留外汇的企业挂勾，解决进口清关，外汇结算，完成了燕牌酵母引进的问题。当时各类进口原料，主要在广东地区试用，得到广大用家认可，渐渐向内地伸延。在推广过程中，也出现小插曲。例如燕牌干酵母率先交广东华侨大厦使用，第二天就反映有质量问题，面团发不起来，用家还抬着面团到来，要求退货。这是件非常头痛的事，产品第一次从法国进口，就出问题，岂不当头棒喝？我立即打电话给泮溪酒家的罗坤师傅，相约把有问题的酵母重试，次日早上，质量非常好的面包出炉了。我们详细调查生产过程，发现他们违反了干酵母不得超过35至38度热水泡浸的原则，用高温锅炉水把醇母烫死了，面团自然发不起来。

另一件事也奇特，我们引进了美国维益公司的植脂鲜奶油，首先供应给广交会（海珠广场）侧的糕点店试销雕花蛋糕。这种融点低的蛋糕，规定要用冷柜保存。但有的顾客买回家后，并不放冷柜，结果崩塌一团糟。他向羊城晚报投诉；认为欺骗消费者，要求索赔。记者自然找到我们头上，我直面解释：花蛋糕外包装写明用忌廉（鲜奶油）裱花，要用冷柜保存，因为顾客不懂规则，有意见正常。但我们不能赔偿，就象你买了条冰棒回家不吃，放在桌上，必然融化只剩条棍。这事更促使我们下决心做好商品广告的宣传。

事实上当年搞引进的风险很大。鲁迅先生曾说过〞第一个吃螃蟹的人是最勇敢的〞。优质烘焙产品出现，人们逐渐相信，食品质量是好产品决定因素。我更体会到这蕴藏巨大的商机，是百年不遇机会，同时深受经济特区”时间是金钱，效率是生命〞的理念影响，尤其是1982年广州市饮服公司在深圳开设的泮溪酒家，提供大量有力的信息，为引进起了桥樑作用。继后各类新型添加剂，日本三叶草面粉，加拿大面粉，香港金像和红玫瑰面粉，澳大利亚车轮人造奶油，碧琪蛋糕油，联合利华果占，大成行香精，新西兰奶粉，德国烘焙机械等等，在引进旗帜带领下登岸，进入中国广懋的烘焙市场。

（三）推广

优质原材料登岸，就必须把重点放在推广和建立市场上。我组织了团队（包括市场，销售，技术方面人员），同时邀请各国供应商派出技术人员到中国协同推广。我注意到：就全国而言，除了广东市场稍微成熟外，上海的餐饮和西点水平，历史上一直是最高的。如果用燕牌干酵母作突破点，在上海站住脚，就能在全国发挥影响力。而上海本地也生产鲜酵母，这场推广比拼难度大，亦相当精彩。我们首选是到上海国际饭店示范，由法国面包师承担制作。但饭店里有的面包师傅眼也不瞄

肉宝王®
创新 · 绝味 · 享受
ZHONG HUA MEI SHI · DU JIA MI JI
中华美食 · 独家绝技
美食
十年树木，百年树人。在成长的路上，我们愿一直有您陪伴；在收获的路上，我们愿一直与您分享；在“味”来的路上，我们将一直为您提供超越价值的服务……
口味
齐全
正宗独特的风味佳肴！
JIN JIANG HOTEL
品天下美食，享百味人生
椒麻鸡鲜
麻辣香锅
肉香基
麻辣先锋
小龙虾
麻辣鸡鲜
萃取天然无污染原料！
高炳义大师特别推荐肉宝王调味料！
肉宝王®
美味时刻 值得分享
That's the moment, to learn and share
0532-83300000
青岛瑞可莱餐饮配料有限公司
QINGDAO RUIKELAI FOOD INGREDIENTS CO.,LTD

长安花
高原小粒
菜籽油
过年回家就带长安花
长安花菜籽油
只选用高原小粒菜籽榨油
更香浓 更纯净 更稀缺
石羊集团
SHIYANG GROUP
长安花粮油股份有限公司
Chang'an Hua Grain & Oil Co.,Ltd

江西锦江酒业有限责任公司

相传在东晋时期，山水诗鼻祖谢灵运，袭封康乐公（康乐即今万载），喜游乐，善饮。自创酿酒之法，取山中植物为糀，用当地一季稻米酿酒，以葫芦盛之，放浪山水，探奇揽胜，且饮且歌。因其酒清醇甘洌，芳香绵柔，时人纷纷效仿之,手工酿制的米酒被誉为献官之“渌水”。北宋年间，当地米酒用精制白瓦罐灌装进贡朝廷，谓之“红酒”。朝廷官员饮后赞不绝口，连呼“国酒天香，万载升平”。从此，万载米酒声名远扬,从明清到民国,酿酒作坊上百家，锦江两岸笙歌美酒，舟车穿梭，一片繁荣景象。因此酒产于锦江河畔，故名锦江酒。一直以来，锦江酒都是深受当地人欢迎的节庆佳酿，历千年而不变，一座座小酒坊在锦江江畔世代传承，绵延着那一缕醉人心魄的芳香。

1958 年，为了更好地继承与发扬当地白酒酿造工业，万载当地几十家小酒坊合并组建万载酿酒厂，这就是江西锦江酒业有限公司的前身。一大批精通传统白酒酿造技术的小作坊主，成为酒厂技术骨干，使万载传承千年的酿酒工艺得到很好的继承与发展。锦江酒传承并积累了五十余年的酿酒之道，采用传统工艺，纯粮酿造，以小麦做曲，用火成岩红条石垒窖，固态发酵，同时一直秉承传统老五甑酿酒工艺，形成了典型的特香型风味。

洞藏锦江酒存储在地下藏酒洞中，藏酒洞内冬暖夏凉，恒温恒湿，形成一个自然封闭的微生物环境，置身其中，心旷神怡，飘飘欲仙。经过传统工艺酿造的美酒，在这里洞藏三年五载甚至更长时间。锦江酒就在洞内历经岁月沉淀，褪尽火气，内敛烈性，孕育了醇厚爽口、味正香浓的酒中上品，为消费者提供液体黄金般高贵稀缺的美味甘醇。酒体丰满醇厚，绵软爽口，味正香浓，形成洞藏锦江酒“不上头、不刺喉、不伤胃”之三大特色。

洞藏锦江酒由资深白酒评委、原四特集团总工程师刘池桃先生亲自酿造，由国家级酿造师、国家级品酒师张琪勇先生担任质量总监，精心创造出洞藏、典藏、年份酒、百合和中华酱酒等系列产品，上百个规格的锦江酒以高贵的品质、系列化的品种、多样化的口感和高中低兼备的档次赢得了市场,满足了不同层次的消费需求。产品在畅销江西市场的同时，热销全国各地。

“锦江”商标早在 1993 年就已注册使用，自 1999 年 12 月开始至今连续被江西省工商行政管理局认定为“江西省著名商标”，2017 年被江西省商务厅认定为“江西老字号”。自 2010 年连续多年在渝闽湘鄂赣白酒质量检评中获得“金奖”产品。公司位于万载县工业园区，毗邻 320 国道，交通便利，先后荣获“江西省劳动关系和谐企业”、“江西省劳动保障诚信 AAA 级单位”、“江西省守合同重信用 AAA 单位”、“江西省农业产业化经营省级龙头企业”、“宜春市五一劳动奖状”；并多次获得宜春市委、市政府，万载县委、县政府以及有关部门的“优秀企业”、“纳税百强企业”、“节能环保十佳企业”、“安全生产先进企业”、“爱心企业”、“平安企业”、“十强企业”等荣誉称号。

数千口窖池
酿粮心好酒
公司介绍：龙江家园酒业坐落于黑龙江省哈尔滨市双城区，肥沃的土壤、高品质粮食、拥有数千口窖池、纯粮酿造固态发酵白酒生产企业，可酿造酱香、浓香、芝麻香、馥郁香、清香五种香型，主销品珍品高粱，醇柔白酒，畅销十余载经久不衰，醇柔白酒为老百姓提供了高性价比的纯粮白酒，规模酿造，粮心品质。
龍江家园®
规模酿造·粮心品质
醇柔
CHUN ROU
龍江家园®
酒精度:42%vol 净含量:450mL
黑龙江省龙江家园酒业有限公司
过量饮酒 有害健康
黑龙江省龙江家园酒业有限公司
地址：黑龙江省双城市人工湖畔对面
网址：www.sdljy.cn 服务热线：400-622-933

第三部分

地方篇

3.1 北京市

【a. 概况】

2017 年，北京食品工业和北京市经济一样，总体上看，保持了持续、稳定、健康发展的态势，在保证供应、食品安全、繁荣市场、带动就业、保持稳定和带动相关产业发展上起到了重要作用。

1. 产业发展呈现以下特点

（1）北京食品工业主营业务收入保持平稳，完成主营业务收入 1178.88 亿元（不含烟草制品业），同比增长 2.2%，实现利润 76.12 亿元，同比增长 25.3%，经济效益呈现了持续增长态势。

2017年北京食品工业主营业务收入、利润完成情况

单位：个、亿元、%

行业名称	规模以上企业数	主营业务收入	增幅	利润	增幅
食品工业合计	293	1178.88	2.2	76.12	25.3
农副食品加工业	124	365.98	—24.7	15.72	—28.37
食品制造业	127	558.95	8.9	39.74	16.33
酒、饮料和精制茶制造	42	253.95	37.6	20.70	224.5

4 大行业同比有增有减，其中，农副产品加工业同比下降，食品制造业；酒、饮料和精制茶同比都有增长趋势。农副食品加工业实现主营业务收入 365.98 亿元，同比下降 24.7%，利润完成 15.72 亿元，同比下降 28.37；食品制造业完成主营业务收入 558.95 亿元、同比增长 8.9%，完成利润 39.74 亿元同比增长 16.33%；酒、饮料和精制茶制造业完成主营业务收入 253.95 亿元，同比增长 37.6%，利润完成 20.70 亿元，同比增长 224.5%。

（2）产品结构调整效果明显，重点产品经济状况良好。

据统计，食品制造业和酒、饮料和精制茶制造业的主营业务收入之和，已达 812.9 亿元，占 293 个企业重点产品主营业务总收入的 68.96%，利润 60.44 亿元占全部利润 79.40%。

2. 主要产品产量

2017 年，规模以上食品工业企业主要产品产量同比有增有减，饮料、酒达 164.9 万千升，同比下降 1.6%，其中，啤酒产量达 130.0 万千升，同比下降 3.90%。乳制品产量达 59.7 万吨，同比增长 4.1%。

3. 产值实现增长、产销衔接较好

据统计，2017 年，北京规模以上企业 293 家（不计烟草），食品企业完成工业销售值 8608212 万元产销率达 99.77%；124 家农副食品加工业完成销售产值 3009033 万元，产销率达 99.04%；127 家食品制造业完销售产值 3245416 万元，产销率达 102.0%；42 家酒、饮料和精制茶制造业完成销售产值 2353763 万元，产销率达 98.28%。产销率均在 98% 以上，情况较好。

2017年规模以上食品工业企业产销情况

单位：万元、%

行业分类	工业总产值	销售产值	产销率
食品工业总计（烟草制品业除外）	8627423	8608212	99.77
农副食品加工业	3037966	3009033	99.04
食品制造业	3194609	3245416	102.00
酒、饮料和精制茶制造业	2394848	2353763	98.00

4. 食品价格

2017 年，北京全年居民消费价格同比上涨 1.9%，其中，食品价格下降 0.6%。

2017年北京全年居民消费价格涨跌幅度

单位：%

产品名称	涨幅
粮食	0.9%
食用油	0.8%
蔬菜	-10.0%
禽肉类	-1.6%
水产品	4.4%
蛋类	-4.2%
奶类	-1.1%
鲜果类	3.9%

续表

产品名称	涨幅
烟草类	0.1%
酒类	0.9%

5. 市场消费

2017 年，北京实现消费品零售总额 11575.4 亿元，其中，吃类商品零售额 2489.3 亿元，同比增长 5.6%。占全部消费品零售总额的 21.5%。餐饮业收入 854.9 亿元，同比增长 8.5%。

（1）北京吃类商品零售总额

指标	零售额（亿元）	同比增长（%）
社会消费品零售总额	11575.4	
吃类商品	2489.3	5.6
餐饮收入	854.89	8.5

（2）重点产品零售额

行业名称	单位数（个）	零售额（千元）	同比增长（%）
粮油	7	61980	-19.3
糕点、面包	14	361094	19.1
肉、禽、蛋奶、水产品	7	31084	5.4
营养保健品	7	100270	47.1
酒、饮料、茶叶	23	133025	-28.6

【b. 协会工作】

2017 年，是“十三五”发展的重要之年，北京食品协会在积极筹备换届的同时，坚持“服务社会、服务行业、服务会员”的宗旨，认真履行协会职能，努力做好协会工作，不断为促进首都食品行业发展做出新贡献。

1. 推动产业发展

（1）了解为主管部门需求，了解行业发展情况，多渠道搜集信息，汇总 2016 年全国规模以上食品工业企业经济状况，为政府部门决策提供服务；组织会员企业参与市经信委政策项目会，参与神农架企业与北京企业对接，推进诚信体系建设工作。

（2）推荐“马大姐”品牌申报北京著名商标；推荐上海烟草集团北京卷烟厂、北京绿润食品有限公司和北京古船米业有限公司参评“2016—2017 年度北京知名品牌评选；推荐北京红螺食品有限公司、北京百花蜂业科技发展股份公司、北京稻香村食品有限责任公司、北京市美丹食品有限公司、北京古船食品有限公司、北京古船米业有限公司、北京红星股份有限公司、北京康贝尔食品有限公司、北京金星鸭业有限公司；北京义利面包食品有限公司、北冰洋（北京）饮料食品有限公司等 11 家企业参评“2016—2017 年度全国食品工业优秀龙头食品企业”。

（3）按照市经信委要求，协会组织 7 家会员企业赴河北省阜平县，参加由北京市经信委和河北省工信厅召开的扶贫调研和产业对接工作会。河北省阜平县是革命老区，也是全国重点贫困县，根据阜平县产业特点和资源优势，协会组织了首农集团、华都集团、御食园等农产品深加工企业、养殖企业参加。通过产业引导，助力阜平脱贫攻坚工作。

（4）配合北京节能环保中心参加北京京日正山食品有限公司企业的清洁生产项目审核评估会。

（5）与中国社会科学院食品药品产业发展与监管中心共同举办“2017 年中国食品产业发展高层论坛”活动。

（6）邀请联合国项目组李敏来协会商讨关于共同加强食品安全有关事项。

2. 服务协会会员

（1）应会员企业要求，联系参观北京王致和博物馆，促进会员企业间交流。

（2）帮助解决北京康贝尔食品公司的话梅糖和牛轧糖和上海同类产品的商标纠纷问题。

3. 展览展示活动

（1）1 月 16–17 日，组织北京企业参加由中国社会科学院食品药品产业发展与监管研究中心主办了“2017 中国食品产业发展高层论坛”。

（2）9 月 7 日，组织北京企业参加 2017 第四届中国食品实验室检测和管理技术论坛会。

（3）9 月 11–14 日，组织北京企业参加在俄罗斯·莫斯科·ExpoCentr 举办的“2017 莫斯科国际食品展览会”。

（4）11 月 16–17 日，组织北京企业参加在上海举办了“2017 中国国际食品博览会”。

4. 加强协会自身建设

（1）定期组织学习会。

（2）每两周召开例会。

（3）谋划协会换届工作。

（4）参加北京工业经济联合会六届理事会第二次会议和北京食品学会年会。

周以秋

3.2 天津市

【a. 概况】

1. 主要经济指标

2017 年，全市食品工业 318 家规模以上企业，实现主营业务收入同比基本持平，占全市轻工业的 27.6%；利税占 32.6%。其中，农副产品加工业主营同比下降 -0.9%，占全行业的 56.6%；食品制造业主营业务收入同比增长 2.9%，占全行业的 27.2%。

2017 年，全市规模以上食品企业实现利税同比增长 22.2%；其中，利润同比增长 40.7%；每百元成本 83.88 元。代表精深加工的食品制造业实现主收占全行业的 27.2%，实现利税增长 14.5%；每百元成本为 72.3 元，比全行业低 11.58 元；农副产品加工业实现利税同比下降 44.4%。可见，市场越来越倾向于产品质量的提升，消费者需要有更多功能，能满足更多需求的产品。

2. 主要行业收获转型红利

保健食品制造业保持稳定，实现利润同比增长 24%；屠宰及肉类加工业实现主收同比增长 5%，其中肉制品及其副产品加工行业主收同比增长 62.8%，利润同比增加 25%；酒精制造与食用植物油主收同比与去年持平；乳制品制造业实现主收同比增长 16.3%；方便面及其他方便食品制造业实现主收同比增长 3.7%，利润增幅 18.4%。

【b. 大事记】

全市食品企业力争上游，黑金刚巧克力公司赴德国考察，学习国外同行业先进经验。

市食协积极组织企业走出去，全年共组织企业参加国内外展览交流等活动共 25 次。

成功举办“2017 年食交会”共有 200 多家企业 400 多个展位参展，成交额 5000 多万。

与中安华典公司合作为 5 家企业建立产品追溯体系。

完善协会建设，建立新闻发言人制度。

牵头组织新零售主题研讨会、检验检测标准培训会等 10 余项服务，全年共为企业培训服务 1000 余人次。

王天玮

3.3 河北省

【a. 概况】

2017 年，河北省规模以上食品工业企业 1405 家，完成工业增加值 974.7 亿元，同比增长 6.5%；其中：农副食品加工业完成工业增加值 412.4 亿元，增长 8.0%；食品制造业完成工业增加值 262.3 亿元，增长 5.0%；酒、饮料和精制茶制造业完成工业增加值 180.3 亿元，增长 3.6%；烟草制品业完成工业增加值 119.7 亿元，增长 9.3%。（图 1）实现主营业务收入 4386.93 亿元，同比增长 8.8%；实现利润总额 229.77 亿元，同比下降 4.5%。（表 1）

1. 经济指标情况

表1 2017年河北省食品工业主要经济指标完成情况

单位：亿元

行业　指标	资产合计		主营业务收入		利润总额	
	累计完成	同比增长%	累计完成	同比增长%	累计完成	同比增长%
食品工业总计	974.70	6.5	4386.93	8.80	229.77	-4.5
农副食品加工业	412.40	8.0	2473.19	10.2	103.73	4.0
食品制造业	262.30	5.0	1241.27	9.30	64.51	-10.0
酒、饮料和精制茶制造业	180.30	3.60	521.01	3.2	60.37	-8.8
烟草制品业	119.70	9.30	151.46	2.3	1.16	-62.80

其中：农副食品加工业主营业务收入 2473.19 亿元，同比增长 10.2%；利润总额 103.73 亿元，同比增长 4%。

食品制造业主营业务收入 1241.27 亿元，同比增长 9.3%；利润总额 64.51 亿元，同比下降 10%。

酒、饮料和精制茶制造业主营业务收入 521.01 亿元，同比增长 3.2%；利润总额 60.37 亿元，同比下降 8.8%。

烟草制品业主营业务收入 151.46 亿元，同比增长 2.3%；利润总额 1.16 亿元，同比下降 62.8%。

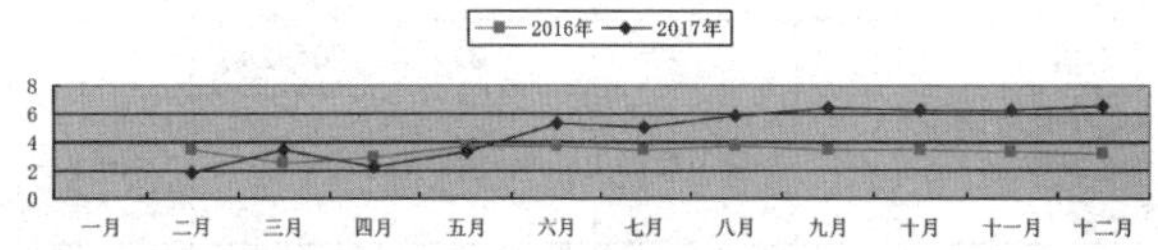

图1　2017年河北省食品工业增加值增速及走势（%）

河北省规模以上食品工业 2017 年出口交货值为 107.26 亿元，同比下降 0.2%，比全省工业出口交货值增速低 3.51 个百分点。

2. 主要产品产量

在入统的 32 种产品中，有 21 种产品为正增长，占统计品种的 65.63%，食醋、速冻米面食品、精制食用植物油、食品添加剂、糖果、成品糖、婴幼儿配方乳粉、碳酸饮料、包装饮用水、蛋白饮料、果酒及配制酒、白酒 12 产品产量同比增长都在 10% 以上，占到全部产品的 37.5%；熟肉制品、冷冻水产品、罐头、膨化食品、葡萄酒、酱油、冷冻饮品、冷冻蔬菜、乳粉、鲜冷藏肉、卷烟均为下降。（表 2）

表2　2017年河北省食品工业主要产品产量

产品名称	计量单位	本月产量	同比增长%	累计产量	累计增长%
精制食用植物油	万吨	33.15	28.03	337.19	62.11
成品糖	万吨	6.40	28.03	36.64	61.26
速冻食品	万吨	10.86	-0.46	119.73	46.90
速冻米面食品	万吨	10.18	6.38	89.23	28.39
食醋	万吨	0.35	383.52	4.61	36.79
食品添加剂	万吨	6.55	54.53	48.90	29.51
糖果	万吨	0.76	-0.40	9.29	17.63
饮料	万吨	41.44	13.70	674.90 15.26	17.31
其中：碳酸饮料	万吨	5.51	247.39	58.76	36.31
包装饮用水类	万吨	6.93	33.02	226.15	38.75
果汁和蔬菜汁类饮料	万吨	5.50	-11.13	85.15	8.32

续表 2

产品名称	计量单位	本月产量	同比增长%	累计产量	累计增长%
蛋白饮料	万吨	2.19	26.21	23.98	56.63
大米	万吨	1.81	2.51	19.87	9.64
发酵酒精（折96度，商品量）	万千升	1.97	17.55	16.09	7.65
冻肉	万吨	0.85	7.23	9.81	6.27
小麦粉	万吨	123.91	15.93	1203.93	5.42
焙烤松脆食品	万吨	0.46	0.60	4.65	2.80
饮料酒	万千升	12.29	-0.02	204.24	1.47
其中：白酒（折65度，商品量）	万千升	2.08	-7.59	23.60	10.01
啤酒	万千升	9.32	2.18	174.89	1.17
葡萄酒	万千升	0.86	-3.14	5.49	-18.07
果酒及配制酒	万千升	0.008	14.49	0.05	28.23
方便面	万吨	15.89	8.55	158.11	0.78
乳制品	万吨	31.88	0.00	372.85	0.62
液体乳	万吨	31.09	0.36	362.03	0.50
固体及半固体乳制品	万吨	0.79	-12.30	10.82	5.00
其中：婴幼儿配方乳粉	万吨	0.13	13.82	1.29	10.05
乳粉	万吨	0.27	-22.65	5.05	-0.15
卷烟	亿支	58.50	5.41	751.50	-1.57
冷冻蔬菜	万吨	0.41	-16.34	7.42	-2.43
冷冻饮品	万吨	1.58	14.69	17.37	-2.92
熟肉制品	万吨	0.09	-29.53	1.61	-4.46
罐头	万吨	3.90	-12.18	46.77	-6.08
鲜、冷藏肉	万吨	9.791	-10.00	106.33	-7.38
酱油	万吨	0.36	-4.83	4.17	-11.43
冷冻水产品	万吨	0.50	-13.51	5.38	-12.90
膨化食品	万吨	0.03	-44.24	0.58	-27.99

【b. 大事记】

1.4月27日，河北省食协在邢台隆尧县今麦郎面业有限公司召开五届四次理事会

在经验交流中，企业用多媒体，声图并茂进行了精彩演讲，与会同志受益匪浅。河北养元智汇饮品股份有限公司：20年专注核桃饮品的研发、生产与销售，成为中国核桃饮品行业的领军企业。今麦郎面品有限公司：“从麦场到卖场”的独特的经营模式，围绕农产品深加工打造产业龙头，与当地农民形成了专业化生产联合体，走出了一条产业化提高农业、工业化致富农民、城镇化发展农村的成功之路。

五得利面粉集团有限公司：日处理小麦从350吨到40000吨，成为当今日处理小麦能力世界第一的制粉企业。公司品牌价值从23.42亿元提高到45.79亿元，28年来，公司实现了跨越式发展。石家庄君乐宝乳业有限公司：酸奶的母品牌形象从华北地区走向全国，成为中国酸奶第一品牌。君乐宝公司的带动，河北乳制品产量2016年成为全国第一位。让祖国的后一代喝上好奶粉，君乐宝公司肩负着总书记的厚望，扛起了中国乳业大旗。河北衡水老白干集团有限公司：老白干公司是学习型团队，参与省食协组织的酿酒工大赛、检验化验员大赛、白酒评委选拔赛的等活动，营造了“恪尽职业操守，崇尚精益求精，不断完善自我，追求手艺完美”的工匠精神氛围。邯郸丛台酒业股份有限公司：丛台酒业以企业七十余年酒品研发生产的品牌影响力，依托邯郸与赵酒的千年历史文化底蕴，着力打造集工业观光、文化体验、科普教育、文化创意于一体的国家3A级工业旅游景区。河北双鸽食品股份有限公司：以管理创新和精益生产为突破口，实现内部管理升级，提高生产效率，创新开发中高端、个性化产品填补市场空白，提高了企业市场影响力。河北兴台酒业集团有限责任公司：短短几年发展成集生产、旅游、文化、绿色为一体的独具特色的白酒企业。河北冠卓检测科技有限公司：冠卓公司是我省最早建立的第三方检测单位，对全省食品产品检测工作发挥了重要作用，冠卓公司在检验装备、服务水平、人才队伍建设等方面具有较强的实力。公司通报了食品检验中需要关注的问题。

2.向政府反映行业诉求，并提出建议

（1）蜂蜜产业：市场出现了蜂蜜产品名不副实，标签标注蜂蜜产品，其蜂蜜含量微乎其微甚至不含蜂蜜，以次充好，混乱市场的状况。为用数据证实产品的真伪，我们在超市随机购买了一瓶洋槐蜂蜜送到秦皇岛市检验检疫局检验技术中心检验，针对检验结果，省食协向省食药监局反映了蜂蜜产品在市场的乱象，望能在净化市场，保障食品品质，维护消费者利益方面提供思考。

（2）面粉加工企业的难题：向国办反映面粉加工企业的发展困境。河北省食协向面粉加工企业了解情况后报告省政府并建议：改革现行粮食购销体制，结束国有粮库与中小面粉加工企业不公平竞争；降低筹资成本，减轻中小面粉加工企业经营负担；国家在政策方面，进一步加大对中小面粉加工企业扶持和政策倾斜，减轻中小面粉加工企业生存压力。

（3）向政府建议职能部门应加强对食品企业的服务和指导。由单纯的监督检查转向提供政策、信息等服务，加强对企业发展过程及政策法规、食品安全等方面的引导、指导、帮助，提供良好的发展环境。

（4）向河北省工业和信息化厅建议：在产业转型、结构调整升级中，食品产业的发展对提高农产品附加值，促进农业增效、农民增收发挥着重要作用，建议要加快由农业大省向食品工业大省的转变，大力推进食品工业发展。

（5）国家发改委调研小组到河北调研工业、金融服务实体经济的情况和向中央办公厅督查办公室汇报三去一降征求意见。省食协根据企业反映的共性问题向国家发改委做了汇报，主要问题是：食品企业贷款难；扶持资金未及时到位；品牌培育投入大；企业锅炉改造难题等。

（6）11 月下旬，受河北省食品药品监督管理局委托，河北省食协承担对河北省 114 个市场进行整顿提升后的评价验收工作，任务重、时间紧，河北省食协发挥了谋划、组织、协调、实干的能力水平和敬业精神，组织由省食品专家、农业专家、流通领域专家组成的 8 个小组赴全省 13 个市县对 114 个食品和食用农产品集中交易市场进行现场评价工作。评价报告显示：河北省 114 个食品和食用农产品集中交易市场经过整顿提升发生了很大变化。变化之一：各职能部门的监管和指导力度加大了。变化二：市场面貌大有改观。变化三：市场开办者食品安全主体责任意识增强。变化四：入场经营者食品安全主体责任正在逐步落实。变化五：集中交易市场食品安全追溯体系初步建立。变化六：市场销售的食品及食用农产品质量安全水平显著提升。

3. 推进食品行业品牌创建工作

（1）8 月，完成河北省食品行业 48 家企业的 13 大类 50 种产品的河北省名牌专业评审工作。

（2）9 月，完成食品行业 15 类 100 项产品的河北省优质产品评审工作。

（3）9 月，完成食品行业 17 家河北省质量效益型企业的审核工作。

（4）完成食品行业中粮华夏公司等 5 家河北省质量标杆企业评审工作。

（5）完成丛台酒业公司等 7 项产品的河北特产食品审评工作。

4. 发挥专业委员会作用

2017 年 5 月，河北省食协在河北赞皇县召开了蜂产品专业委员会成立大会。通过了《河北省食品工业协会蜂产品专业委员蜂业协会章程》；选举会长、秘书长，秘书处设在石家庄蕊源蜂业有限公司公司。蜂产品专委会成立打破了我省蜂产品行业无省级行业协会的历史，标志着我省蜂产品行业步入行业自律和管理新阶段，使全省蜂产品企业有了联系政府、企业、用户的桥梁，有了联结生产、加工、销售的纽带，有了相互交流、借鉴、合作的平台，为实现企业互动、资源互补、政策支持、共同发展注入新的活力。

5. 培育国家级食品强县和优秀龙头企业

组织申报中国食品工业强县 3 家，（邱县、隆尧县、昌黎县）和龙头企业今麦郎面品有限公司、三河汇福粮油集团有限公司、五得利面粉集团有限公司、河北邯郸丛台酒业股份有限公司、唐山蓝猫饮品集团有限公司等 13 家。

6. 做好河北省食品工业经济运行分析和预测预警工作

河北省食协作为政府的参谋助手，认真完成每月食品行业经济运行分析和预测预警工作，在调研的基础上，全面反映产业发展状态，为政府制定政策提供依据。

7. 撰写河北省质量发展报告和年度产业发展报告

3 月，完成河北省质量发展报告；4 月完成年度河北省食品工业发展报告。

8. 津冀校企产学研合作

3月，唐山市盛川农产品股份有限公司在天津现代职业学院举行与天津现代职业技术学院、产学研合作签约仪式。河北食协、天津食协共同见证了双方签约仪式及共建技术研发实验室的挂牌活动。天津现代职业技术学院的生物工程学院集理论、科研、技术服务、实验实训为一体的教学链是培养大工匠的摇篮，是实现强国梦宏伟目标人才培育基地。盛川公司是外向型产业化龙头企业，这次和科研院校的合作，使公司的发展迈上大台阶。与会人员共同祝愿：京津冀协同发展中首创的产学研合作一定会共创辉煌。

【c 科技创新】

1.2017年，河北省食品行业的省级研发机构达到21家，其中A级研发机构10家、B级研发机构7家、C级研发机构4家；

2. 河北省食品工业科技进步奖项目7项，其中：一等奖3项、二等奖4项。

一等奖3项：

河北衡水老白干酒业股份有限公司的白酒优良发酵菌种的筛选、鉴定与应用

晨光生物科技集团股份有限公司的紫色农产品精深加工关键技术开发与应用

秦皇岛长胜营养健康科技有限公司的芦笋提取物改善睡眠功能开发与产业化应用

二等奖4项：

河北养元智汇饮品股份有限公司的葛根中葛根素的分离、纯化及在核桃乳中的应用

十里香股份公司的物联网技术在优质白酒生产过程中的创新研究

河北新希望天香乳业有限公司的水苏糖(益生元)益生菌功能乳饮料的开发生产技术研究

河北泽华生物科技有限公司的天然去二甲氧基姜黄素高效制备与稳定性研究及产业化示范

3. 向省工信厅申报新产品新技术项目：有健康型杏仁饮料、鼋鱼葡萄酒、果蔬谷功能性休闲食品、新鲜奶酪加工技术研究及产品开发等22项。

4.2017年河北省企业技术中心达到48家。

【d. 职业培训】

1. 河北省食协白酒评委集中学习

7月，河北省食协在邯郸丛台酒业有限公司举办省级白酒评委理论和实践相结合的白酒品评集中学习活动。学习班邀请了中国白酒工艺大师张煜行、杨军山、中国白酒首席品酒师李泽霞、国家级特邀白酒评委武光路为省白酒评委介绍国内外酒类发展及趋势、讲解点评各类香型白酒的特点、工艺等知识；该活动对弘扬工匠精神、制造高品质白酒、确保食品安全迈出坚实步伐。通过对老白干香型、清香型、浓香型、酱香型、兼香型白酒的质量差、香型等进行了品评与测试，白酒评委们得到了老师在工艺、原料、酒品等方面的点评，收获满满。一致认为：协会是科学发展的倡导者，企业是实践者，两种结合展现了时代精神。倡议：一是珍惜省白酒评委年会的平台；二是每个评委加强技能学习；三是省评委把白酒年会办成学习、交流、提升的共享平台，办成敬业、创业的团队、促进创新的孵化器。我们期望白酒评委们年年学习，日日进步，在白酒行业的发展中，在打造冀酒品牌的进程中贡献青春和力量。

2. 组织省级白酒评委和企业管理人员到贵州、四川省学习

10月，河北省食协组织河北衡水老白干酒业股份有限公司、邯郸丛台酒亚股份有限公司等白酒企业的国家级、省级白酒评委、企业高管及技术人员一行20人赴贵州董酒股份有限公司、贵阳茅台酒业有限公司、四川泸州老窖酒业有限公司、五粮液集团有限公司学习。

通过与名酒名企近距离交流和学习，大家收获了对白酒酿造的精湛技艺；对传统酿造的传承和创新；名企不断登上新征程，再创新辉煌的发展理念。他们都有一个共同的特点，那就是以精细化的管理手段、传承和发扬精湛的酿造技艺、醇厚的企业文化、员工的敬业精神创造了国家乃至世界品牌的神话。我们看

到了差距，学习团队成员认真、仔细的学习状态为河北白酒产业再创新辉煌迈开坚实一步。

【e. 食品安全情况】

1. 检测情况

从第三方检测机构河北冠卓检测科技有限公司2017年度检测数据分析食品检测情况：在对糕点、饮料、肉制品、酒类、食用油、淀粉制品、调味品、食用农产品、餐饮食品等产品的检测中存在问题是：产品标签、食品添加剂指标、微生物指标、理化指标、农兽药残留指标、污染物指标等8个方面，其中：产品标签占30.3%，食品添加剂占20.4%，微生物占17.5%，理化指标占11.0%，农兽药残留问题占5.1%，其他占15.7%。对存在的问题建议：一是重视产品标签，无论是必须标注的内容，还是产品广告，都要严格把关。二是饮料生产企业，一定要严格遵守国家标准，强化水源保护和水源污染监测，确保水源清洁无污染，生产过程干净卫生，对包装材料进行彻底清洗消毒。三是企业要建立HACCP体系，确立关键控制点，严格把控食品质量。四是企业应加强原物料采购控制，切实把好源头关。要保证使用优质的原材料，采用合理的生产工艺，防腐剂、膨松剂等要合理使用，生产过程实行无菌化生产，确保产品质量。

2. 饮料行业质量安全会议

2017年1月，省食协在衡水召开河北省饮料行业质量安全会议，饮料行业的养元公司、露露公司、绿岭公司、小洋人公司、蓝猫公司等企业代表参加会议。会议学习了习近平总书记对食品安全工作的重要指示；宣贯了国家、省关于饮料行业质量安全监管工作要求；宣贯追溯体系建设文件；学习新版《食品生产许可审查通则》；饮料企业良好生产规范培训；饮料行业发展趋势及饮料行业新产品、新技术介绍；要求饮料行业要加强行业自律，确保饮料食品安全，提升饮料行业质量安全水平，促进饮料行业健康发展。会议对饮料生产企业提出了三点要求，一是要端正经营思想，企业的法人和投资人要学习有关法律法规，诚信经营。二是依法依规生产，预防为主。三是加强行业自律，维护行业发展。

3. 两次乳制品食品安全工作会议

2017年4月，河北省食协在石家庄召开一季度乳制品食品安全工作会议。会议传达了习近平总书记视察旗帜婴儿乳品有限公司重要指示；通报2017年第一季度乳制品监管情况；部署乳制品企业追溯体系建设工作和婴配粉企业标签检查工作；专家讲解了食品检测、二恶英检测方法及GMP在乳制品企业的应用的质量安全体系认证知识；食品专家介绍了食品添加剂行业的发展方向、酸奶生产过程问题及解决方案、包装行业的发展情况。

2017年8月，河北省食协在张家口旗帜乳业公司组织召开省乳制品行业第二季度食品安全工作会议。会议通报了乳制品预警系统监测、监督抽检和飞行检查情况；乳制品专业知识和法律法规学习；乳制品企业追溯体系建设培训；企业经验交流。

习总书记2017年1月24日在旗帜公司向乳制品行业发出了指示，“让祖国的下一代喝上好奶粉”。这一指示是对乳制品人的期望，是对乳制品行业提出的发展目标。总书记的指示激发了乳业人的创新发展激情，乳制品行业已逐渐由规模增长向品质升级转变，产品更健康、附加价值更高。牢记总书记嘱托，让中国的好奶粉扬眉吐气，河北乳业人任重而道远。

会议向乳制品行业提出：一是担负企业质量负责人的职责；二是加强行业自律，自查自改；三是以预防为主，防控风险。

4. 食品添加剂质量安全工作会议

2017年7月，河北省食协在石家庄召开全省食品添加剂行业质量安全工作会议。会议介绍食品添加剂行业的发展情况及趋势、讲解了食品添加剂专业知识、做了食品添加剂行业食品生产许可通则的培训；河北食品添加剂行业领军企业晨光生物科技集团有限公司介绍打造自主防御型的管理模式、石家庄兄弟伊兰食品配料有限公司的科技创新为食品产品安全、提升品质等方面做了经验交流。会议对食品添加剂企业提出了提升建议和要求：一是食品添加剂是食品产品的关键关口，要依规依法生产，把好原料风险评估，要把食品安全放在首位，当好食品产品的保卫大队；二是化学合成食品添加剂要向天然、营养、多功能方向发展，确保食品产品的安全、健康、营养、方便，向消费者提供放心食品。要求：一是食品添加剂行业要建立通报制度，省抽以上抽检情况实行一企业一通报；二是实行质量负责人管理制度，对食品添加剂产品出现问题的要问责质量负责人。同时指出，随着食品工业的发展，食品添加剂企业发展迅速，但存在着工艺落后、生产天然食品添加剂产品少、高附加值产品少的问题，鼓励食品添加剂企业要科技创新，向天然食品添加剂产品发展；要求企业高度关注原辅料存在的风险、过期原料问题、不按配方组织生产、超范围生产、食添标签不规范、整体在管理及素质偏低等问题。

【f. 开拓市场】

1. 组织河北省食品企业参加中国国际食品博览会。

2. 河北省食协组织部分企业参加在广州召举办的中国食品工业烘焙产业大会，五得利面粉集团生产的焙烤食品，主食面包受到中食协领导的肯定和赞扬，受到消费者喜爱。

【g. 扶贫工作】

河北省食协受省工信厅委托，组织食品企业到阜平参加扶贫活动，石家庄双鸽的生猪养殖、技术培训、订单采购等合作；河北宝山农业科技有限公司的在阜平投资建设10万亩杂交树种植示范基地、香菇再加工等的合作；刘伶醉酒业与阜平进行大枣深加工的合作等。

【h. 名优食品和企业】

1. 河北省名牌产品

序号	产品名称	企业名称	商标	生产地
1	燕麦片	张家口宏昊食品开发有限公司	莜康	张市张北县
2		河北康希燕麦食品有限公司	康希	张市桥西区
3	亚麻籽油	河北美临多维粮油贸易有限公司	美临	邯郸临漳县
4		康保县光明粮油有限责任公司	红坝	张市康保县
5		河北爱度生物科技股份有限公司	图形	张市崇礼县
6		河北鼎康粮油有限公司	满疆红	邯郸邯山区
7	小米	张家口萝川贡米有限公司	绿蔚	张市蔚县
8		邱县启盛米业有限公司	图形	邯郸邱县
9		阜平县真益家庭农场	图形	保定阜平

续表

序号	产品名称	企业名称	商标	生产地
10	食用玉米淀粉	玉锋实业集团有限公司	玉星	邢台宁晋县
11		秦皇岛骊骅淀粉股份有限公司	图形	秦皇岛昌宁县
12		河北健民淀粉糖业有限公司	建民桥	邢台宁晋县
13		河北广玉淀粉糖业有限公司	图形	邢台广宗县
14		张家口玉晶食品有限公司	玉晶	张市涿鹿县
15	食品包装制品	河北德容塑料包装制品股份有限公司	图形	石市鹿泉区
16		保定贝佳宝纸塑制品制造有限公司	贝佳宝	保定清苑
17	棉籽油	晨光生物科技集团股份有限公司	丝路晨光	邯郸曲周
18		河北美临多维粮油贸易有限公司	美临	邯郸临漳县
19	料酒	河北争荣生物科技股份有限公司	争荣	廊坊霸州
20	碳酸饮料	中粮可口可乐饮料（河北）有限公司	图形	石市藁城
21	菊粉系列产品	丰宁平安高科实业有限公司	图形	承德丰宁
22	酱类	河北太极酒业集团有限公司	邑贡酱坊	邯郸肥乡
23		河北争荣生物科技股份有限公司	料道	衡水深州
24		河北隆邦食品工业有限公司	料道	衡水深州
25		河北华源辣业有限公司	贺老汉	保定望都
26		鸡泽想酿香居酱品厂	傻老大	邯郸鸡泽
27		河北天顺酱业有限公司	绿芳	沧州任丘
28		石家庄米沙贝尔饮食食品有限公司	米沙贝尔	石家庄元氏
29		石家庄洛杉奇烘焙食品有限公司	洛杉奇	石市新华区
30		河北福成五丰食品股份有限公司燕郊肉类制品分公司	福成	廊坊三河
31	烘烤食品	邢台美的客食品股份有限公司	美的客	邢台临西
32		保定市稻香村食品工业有限公司	图形	保定莲池区
33		河北女娲食品有限公司	女娲	邯郸涉县
34		唐山威特食品有限公司	图形	唐山高新区
35	烘烤食品	河北又一家饮食服务有限责任公司	又一家	廊坊固安
36	儿童成长牛奶	蒙牛塞北乳业有限公司	图形	张市塞北
37	淀粉制品	承德泓辉双合淀粉有限公司	图形	承德围场
38		河北中强食品有限公司	图形	沧州任丘
39	粉条	河北农辛食品有限公司	农辛	秦皇岛卢龙
40	淀粉制品粉丝	今麦郎面品有限公司	图形	邢台隆尧

2. 河北省政府质量奖企业

十里香股份有限公司

3. 名优企业

河北养元智汇饮品股份有限公司

石家庄君乐宝乳业有限公司

三河汇福粮油集团有限公司
今麦郎食品有限公司
五得利面粉集团有限公司
河北衡水老白干集团有限公司
石家庄双鸽食品有限公司
邯郸丛台酒业股份有限公司
唐山蓝猫饮品集团有限公司
玉锋实业集团有限公司
承德避暑山庄企业集团有限责任公司
河北承德露露股份有限公司
小洋人生物乳业集团有限公司
河北绿岭果业有限公司
河北高碑店豆豆食品（集团）有限公司
河北纽康恩食品有限公司
旗帜婴儿乳品股份有限公司
石家庄洛杉奇食品有限公司
石家庄米沙贝尔饮食食品有限公司
昌黎县永顺食品有限公司
秦皇岛三力食品有限责任公司
河北冠卓检测科技有限公司
石家庄吉时雨城市配送连锁经营有限公司
昌黎地王酿酒有限公司
秦皇岛开发区英洋水业有限公司
河北领成包装材料科技有限公司
秦皇岛骊骅淀粉股份有限公司
中粮华夏长城葡萄酒有限公司
中国长城葡萄酒有限公司
唐山隆义实业（集团）公司
河北三元食品有限公司
石家庄市惠康食品有限公司
沧州御河酒业有限公司

【i. 河北省食品工业协会】

会长：姚奎章
副会长兼秘书长：吴龙妹
办公地点：河北省石家庄市兴凯路 152 号
邮编：050051
联系电话：0311–88616684

吴龙妹

3.4 上海市

【a. 概况】

2017 年，全市全面贯彻落实党的十八大、十八届历次全会，以供给侧结构性改革为主线，推动结构优化、动力转换和质量提升。全市食品工业发展总体平稳、稳中向好，经济转型升级成效进一步显现。

全市规模以上食品工业企业 382 家，完成总产值 1884.99 亿元，同比下降 2.8%，占全市工业 5.5 %；完成主营业务收入 2169.92 亿元，同比增长 1.1%；完成出口交货值 60.7 亿元，同比下降 0.8%；实现利润 330.45 亿元，同比增长 10.4%。

1. 生产小幅下降

受市场环境，食品生产企业减少，生产场地搬迁等因素的影响，2017 年，食品工业生产处于低位运行态势。二、三季度，受天气因素影响，食品工业产值降幅逐步收窄，三季度产值同比实现增长。

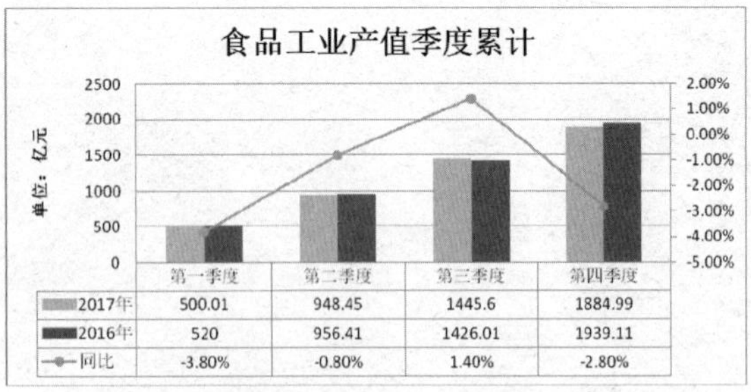

从中类行业看，首先糖果、巧克力及蜜饯制造业受到原料糖价稳定的影响，产值实现 10.5% 的同比增长，是所有子行业中同比增长最快的行业。其次，饮料制造业及调味品、发酵制品制造业也保持增长，分别实现同比增长 9.7% 及 6.5%，其余行业均呈现不同程度的下降。

上海是食品资源匮乏城市，劳动力成本逐年增高，部分企业出于淘汰落后产能、降低生产成本等因素，将生产重心移至外省市以致国外，也是产值下降的主要原因之一，未来生产外移的趋势还会持续加大。

2. 营收小幅增长

2017 年，全市食品工业完成主营业务收入 2169.92 亿元，同比增长 1.1%。完成产销率 99.5%，产销基本平衡。

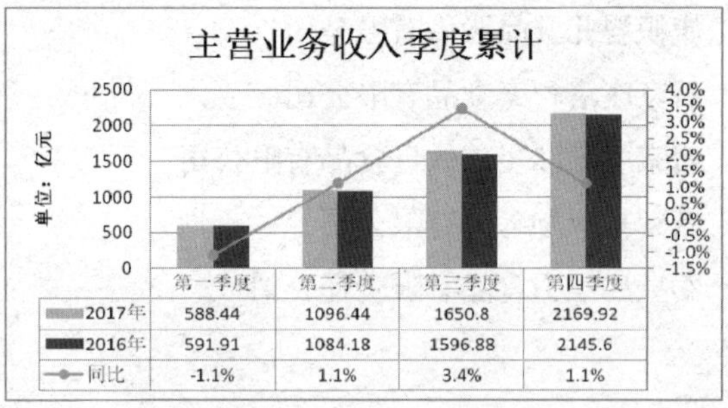

4 个食品行业中，农副产品加工业呈先扬后抑态势，一季度同比增长 42.2%，年底同比增长 10.3%；食品制造业，乳制品制造业保持小幅上涨，全年同比增长 1.4%，增速最快的仍为其他食品制造业，同比增长 7.8%，跌幅较大的为方便食品制造业和罐头食品制造业，分别同比下降 11.0% 和 8.7%；而饮料、酒和精致茶制造业方面，饮料制造仍表现出良好增长势头，同比增长 13.9%，酒的制造及精制茶加工小幅下跌；烟草制品业方面，受国家调控影响，2017 年，同比下降 0.9%，下降势头趋于平缓。

3. 利润增长加快

2017 年，实现利润 330.45 亿元，同比增长 10.4%。企业亏损面占 21.2%，同比下降 5.4 个百分点。

2017 年，全年利润保持高速增长，受天气因素影响，二季度涨幅达到 13.7%，而后逐渐回落。

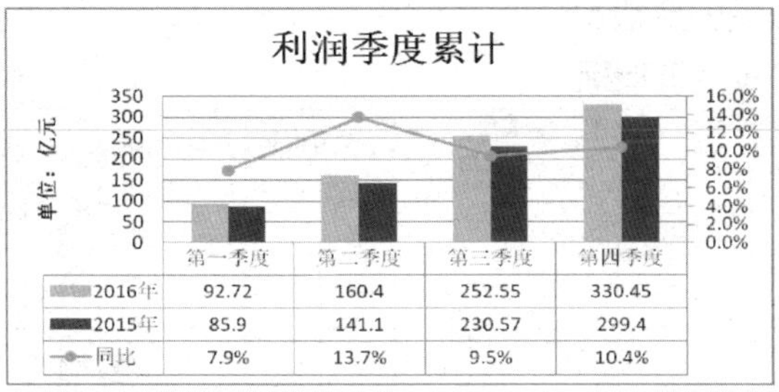

利润大幅增长的最大因素在于，一是随着光明乳业华东中心工厂建成正式投产，乳制品制造业的利润总额逐年快速增长；二是，烘焙制造业以及其他食品制造业的快速发展，拉动了食品制造业利润的快速增长；三是上海产业结构调整，加快企业转型起到一定效果，落后产能逐渐淘汰，使得亏损企业亏损额在不断减少。

食品全行业主营业务收入利润率为15.2%，同比增加1.2个百分点。若除去烟草制品业，食品工业主营业务收入利润率为6.9%，同比增加1.6个百分点。

2016年、2017年主营业务收入利润率　(%)

	主营业务收入利润率	
	2017年	2016年
食品工业总计	15.2	14.0
其中：农副食品加工业	3.3	3.4
食品制造业	9.2	6.1
饮料、酒和精制茶制造业	6.3	7.5
烟草制品业	27.0	25.8

实现利税1084.92亿元，同比增长1.98%，烟草制品业仍是食品工业利税的主要来源，占全部食品工业的89%，同比持平。

4. 进出口增长

不计烟草，首先2017年，上海市食品类产品进出口总额2512.35亿元，同比增长14.5%。其中，进口1955.82亿元，同比增长18.2%；出口556.53亿元，同比增长3.2%。出口方面，食糖出口量大幅增长，为2016年的3.4倍。其次，粮食增长1.1倍；而进口方面，奶粉和粮食进口仍保持高速增长，分别同比增长40.7%和33.6%，此外，葡萄酒进口增长明显，同比增长42.8%。

5. 月饼市场百花齐放

尽管2017年国庆中秋双节相连。但月饼市场，并没有出现节前业内人士所期盼的火爆场景，市场瘦身，销售略显冷清。数据显示，广式月饼总体销售下降，降幅在20%左右。然而这冷清的市场绝非是死水一潭，犹如宁静的湖面，表面平静，深处激流涌动，不少月饼生产企业在市场整体疲软的态势下，逆袭成功，有的增幅甚至高达70%。中低端月饼亲民的价格受到消费者热捧，各种新口味月饼层出不穷，网红月饼红红火火，呈现百花齐放的市场氛围。

6. 企业转型升级步伐加快

2017年，全市规模以上工业企业382家，同比减少5家。食品工业企业两级分化继续加剧，行业平均员工数量同比下降8.5%，同比增加5.5个百分点。资产总计同比增长3.2%，同比下降5.6个百分点。食品生产企业生产基地外移现象加剧。

7. 严抓严管，构建市民满意的食品安全城市

全市食品监管部门认真贯彻实施《上海市食品安全条例》《上海市建设市民满意的食品安全城市行动方案》，创建国家食品安全示范城市和建设市民满意的食品安全城市。坚持党政同责，强化属地管理责任；坚持问题导向，着力解决食品安全突出问题；坚持规范引导，督促企业落实主体责任；坚持科学监管，提升监管效能和水平；坚持齐抓共管，构建社会公职格局。在全市上下共同努力下，本市食品安全地方性法规制度和标准更加健全，各级政府属地监管责任和企业主体责任得到进一步落实，食品安全全程监管得到进一步加强，共治共享食品安全的格局得到巩固，食品安全水平明显提高，市民群众对食品安全的获得感和满意度不断提升。

2017年，上海市共监督抽查各类食品样207107件，其中，合格为204657件，合格率98.8%，同比提高0.3个百分点。快速检测132.5万项次，同比下降12.9%，快速检测筛检阳性率为0.73%，同比下降0.02个百分点。合格率呈逐年增长的趋势。

社会方面，市民对食品安全满意度为76.1分，对

食品安全的总体认同率同比增长。在一项调查中，市民认为本市食品安全状况“很安全”“比较安全”的，合计达到了87.9%，同比增加4.4个百分点。在此项调查中，还反应出市民参与创建良好食品安全氛围意愿提高，对实现食品安全社会共治的局面起到积极作用。

8. 持续开展诚信体系建设，树立食品企业诚信观念

为贯彻实施工信部关于在食品工业企业开展诚信管理体系建设的要求，上海持续开展推进食品工业企业建立诚信管理体系的工作。

截至2017年底，全市已有52家食品工业企业建立诚信管理体系，并有24家企业通过了第三方评价。

【b. 协会工作】

1. 联合有关兄弟行业协会及专家审定，89家企业的149款产品认定为2017年度“上海名优食品”，11家企业的18款产品认定为2017年度“上海市食品行业优秀新产品”，其中，74家企业的123款产品通过2017年度“上海名优食品”复评，20家企业的22款产品互认为“长三角名优食品”。

2. 积极组团参与2017中国上海国际食品博览会。

3. 组团参与“2017上海世界旅游博览会&第十九届上海旅游商品博览会”。

4. 与上海市工人文化宫联合编撰《行走的味道——上海特色旅游食品赏鉴》。

5. 组织企业赴河南漯河参加第十五届中国（漯河）食品博览会及招商引资投资说明会。

6. 组织企业参与波兰、希腊、加中贸易理事会等境外商会的商务对接活动。

7. 组织企业考察江山、洪泽湖、荆门等地区，协助安徽濉溪、扬州等地招商部门来沪招商引资。

8. 增加协会信息发布渠道，建立协会公众微信号，建立协会工作群组，更好地为企业提供信息服务。

9. 发挥“诚信管理体系评价机构资质”的平台作用。

10. 用好“上海市中小企业服务平台”“上海中小商贸流通企业公共服务平台”，多形式为企业服务。

【c. 主要数据】

1. 主要经济指标

指标	单位	食品工业合计		其中:农副食品加工业		食品制造业		饮料制造业		烟草制品业	
		2016年	同比增长%	2016年	同比增长%	2016年	同比增长%	2016年	同比增长%	2016年	同比增长%
工业总产值	亿元	1884.99	-2.2%	315.5	-4.5%	591.8	-2.5%	102.6	0.9%	875.2	-4.8%
销售产值	亿元	1920.92	0.0%	328.5	-2.7%	588.4	1.9%	99.2	7.2%	904.0	-1.0%
主营业务收入	亿元	2169.9	1.1%	417.9	2.2%	715.4	1.5%	141.6	10.0%	895.0	-0.9%
出口交货值	亿元	60.7	-0.8%	11.3	25.6%	32.0	-1.2%	6.0	-15.4%	11.4	-10.3%
利润	亿元	330.45	10.4%	13.6	-3.0%	66.0	53.9%	8.9	-7.2%	241.9	3.9%

指标	单位	食品工业合计		其中：农副食品加工业		食品制造业		饮料制造业		烟草制品业	
		2016年	同比增长%	2016年	同比增长%	2016年	同比增长%	2016年	同比增长%	2016年	同比增长%
利税合计	亿元	1084.9	2.0%	21.4	1.5%	104.4	27.7%	18.6	2.5%	940.4	-0.3%
资产总计	亿元	2318.2	6.8%	261.6	1.8%	687.3	3.2%	132.6	8.4%	1236.7	9.9%
企业数	个	382	-1.3%	132	-2.2%	213	-1.4%	35	2.9%	2	0.0%
平均从业人员	万人	11.06	1.8%	2.65	1.1%	6.92	2.2%	1.09	0.9%	0.40	2.6%

注：1、本文数据为规模以上食品工业企业 2、工业总产值与同比增长率。

2.2017年上海名牌产品

品牌	产品	生产企业
元宝	大豆油	上海嘉里食品工业有限公司
大白兔	糖果	上海冠生园食品有限公司
太太乐鸡精	鸡精调味料	上海太太乐食品有限公司
锐澳RIO	鸡尾酒	上海巴克斯酒业有限公司
元祖食品GANSO	糕点，蛋糕，月饼	上海元祖梦果子股份有限公司
清美	豆制品	上海清美绿色食品有限公司
石库门	黄酒	上海石库门酿酒有限公司
和	黄酒	上海石库门酿酒有限公司
天喔	休闲食品（蜜饯，炒货，休闲肉制品）	天喔食品（集团）有限公司
昂立	保健食品	上海交大昂立股份有限公司
瀛丰五斗、光明米业	大米	光明米业（集团）有限公司
三得利	啤酒	青岛啤酒上海闵行有限公司
金枫	黄酒	上海石库门酿酒有限公司
红宝石Ruby	鲜奶蛋糕	红宝石食品有限公司
冠生园	蜂蜜	上海冠生园蜂制品有限公司
杏花楼	广式月饼，广式腌腊制品	杏花楼食品餐饮股份有限公司
金鹏	起酥油，代可可脂，人造奶油	嘉里特种油脂（上海）有限公司
正广和	饮用纯净水，蒸馏水，饮用天然矿泉水	上海正广和饮用水有限公司

品牌	产品	生产企业
天鱼	食醋，糟卤	上海宝鼎酿造有限公司
味好美	香辛调味料	上海味好美食品有限公司
上好佳	休闲食品	上好佳（中国）有限公司
聪尔壮Hikid	婴幼儿配方乳粉	上海晨冠乳业有限公司
潮香村	牛排系列产品	上海潮乡源食品有限公司
华佗牌	十全酒	上海冠生园华佗酿酒有限公司
融氏	淀粉糖	中粮融氏生物科技有限公司
三添	芝麻油	上海三添食品有限公司
海狮	食用油	上海良友海狮油脂实业有限公司
鼎丰	酱油，食醋，腐乳，酱，料酒，糟卤，南乳汁，火锅调料，鲜味汁等	上海鼎丰酿造食品有限公司
玉兰	食用油	上海良友海狮油脂实业有限公司
汉康	豆制品	上海汉康豆类食品有限公司
唐饼家	糕点及糖果制品	上海香奈食品有限公司
佛手	味精，鸡精调味料	上海冠生园天厨调味品有限公司
塞翁福	南北干货	上海塞翁福农业发展有限公司
上食	清真牛羊肉系列产品	上海市食品（集团）有限公司
功德林	净素月饼	上海功德林食品有限公司
玉棠	食糖小包装系列	东方先导糖酒有限公司
万有全	腌腊制品，豆制品	上海万有全（集团）有限公司
新雅牌	广式月饼	上海杏花楼（集团）股份有限公司新雅粤菜馆
森蜂园	蜂产品	上海森蜂园蜂业有限公司
立丰	肉干（片），真空（畜禽肉，禽内脏），广式香肠，肉松，肉枣（肠），肉脯（肉糜脯）	上海立丰食品有限公司
梅林	午餐肉罐头，火腿罐头，八宝饭罐头，番茄沙司罐头	上海梅林正广和股份有限公司
熊猫	熊猫卷烟	上海烟草集团有限责任公司
红双喜	红双喜卷烟	上海烟草集团有限责任公司
牡丹	牡丹卷烟	上海烟草集团有限责任公司
中华	中华卷烟	上海烟草集团有限责任公司
富味鄉	芝麻油	上海富味乡油脂食品有限公司
Hi-Road	植脂奶油	上海海融食品科技股份有限公司
三牛	饼干	上海三牛食品有限公司
日加满	饮料	日加满饮品（上海）有限公司
开饭乐	犬、猫粮	上海比瑞吉宠物用品股份有限公司
台尚（图案）	果冻	上海台尚食品有限公司
台尚（图案）	糕点	上海台尚食品有限公司
紫燕	熟食	上海紫燕食品有限公司
好成（图案）	果糖	上海好成食品发展有限公司
老天母	熟食	上海杨景食品有限公司
海皇牌	餐饮专用大豆油	上海嘉里粮油工业有限公司
乐惠牌	大米	上海乐惠米业有限公司
元盛	牛羊肉制品	上海元盛食品有限公司
纽贝滋	婴幼儿配方乳粉	上海纽贝滋营养乳品有限公司
奕方	果酱、果粒	上海奕方农业科技股份有限公司
芭比	包子、粽子	上海中饮餐饮管理有限公司
贝智康BeStrong	婴幼儿配方食品、乳制品	上海花冠营养乳品有限公司

3.2017年上海市著名商标（食品）

商标名称	使用商品或服务项目	商标注册人
贝智康	婴儿食品，婴儿奶粉	上海花冠营养乳品有限公司
玉佛寺	月饼，糕点	上海玉佛禅寺
老大同	米	上海老大同食品有限公司
光明米业（图形）	米	光明米业（集团）有限公司
哈氏	糕点	上海哈尔滨食品厂有限公司
比瑞吉	饲料，宠物食品	上海比瑞吉宠物用品股份有限公司
九道菇	鲜食用菌	上海光明森源生物科技有限公司
孔雀	食用香精，香料	上海华宝孔雀香精香料有限公司
PU-JIE	香料	上海浦杰香料有限公司
蝴蝶	香精油，香料	上海万香日化有限公司
龙门（图形）	加工过的鱼，非活鱼，鱼制食品	上海水产（集团）总公司
三阳盛	桂圆，莲心，香菇，木耳，桂圆肉，红枣，桃仁，腰果，黄花菜，荔枝干	上海三阳盛食品有限公司
老杜	死家禽，肉	上海老杜农业发展股份有限公司
光明	牛奶，牛奶制品	光明乳业股份有限公司
松林	猪肉食品	上海松林工贸有限公司
邵万生	甲壳类动物，人类消费用水生甲壳类动物	上海邵万生商贸有限公司
梅林	肉罐头	上海梅林罐头食品厂有限公司
公鸡	酵糟，玉米，调味品	上海大陆酿造有限公司
鼎丰	腐乳，醋，酱油，香糟	上海鼎丰酿造食品有限公司
巴比	包子，粽子	上海中饮餐饮管理有限公司
诗蒂	巧克力，糖果	上海韦创贸易发展有限公司
味都	挂面	上海良友（集团）有限公司
丰裕	生煎馒头	上海丰裕餐饮管理有限公司
大白兔	糖果	上海冠生园食品有限公司
红宝石	蛋糕	红宝石食品有限公司
元祖食品	蛋糕，月饼，年糕，粽子	上海元祖梦果子股份有限公司
天鱼	醋，调味料	上海宝鼎酿造有限公司

商标名称	使用商品或服务项目	商标注册人
昂立（图形）	非医用营养液，非医用营养胶囊，非医用营养颗粒，非医用营养片，非医用营养粉末	上海交大昂立股份有限公司
森蜂园	食用蜂花粉，食用蜂王浆，蜂蜜	上海森蜂园蜂业有限公司
杏花楼	糕点，月饼，餐馆	杏花楼食品餐饮股份有限公司
功德林	月饼，餐馆	上海功德林素食有限公司
世好吉祥	馄饨，餐馆	上海世好餐饮管理有限公司
金豆	动物饲料	东方希望企业管理有限公司
农灯	新鲜草莓	上海农灯草莓生产专业合作社
三净	新鲜蔬菜，西瓜，甜瓜	上海浦净蔬菜专业合作社
上蔬绿苑	新鲜蔬菜，鲜水果	上海蔬菜（集团）有限公司
祥欣	活牲畜，种家畜，猪	上海祥欣畜禽有限公司
SYL	甜瓜，西瓜，新鲜菜花，新鲜大白菜，新鲜大蒜，新鲜甘兰，新鲜花椰菜，新鲜绿花菜，新鲜萝卜，新鲜生菜，玉米	上海银龙农业发展有限公司
美农	非医用饲料添加剂	上海美农生物科技股份有限公司
荷斯坦	饲料	上海光明荷斯坦牧业有限公司
友益	饲料	上海良友（集团）有限公司
桃咏	鲜水果	上海桃咏桃业专业合作社
越亚	鲜水果	上海越亚农产品种植专业合作社
丰科	鲜食用菌	上海丰科生物科技股份有限公司
石库门	黄酒	上海金枫酒业股份有限公司
和	酒精饮料	上海金枫酒业股份有限公司
熊猫	卷烟	上海烟草集团有限责任公司
牡丹	卷烟	上海烟草集团有限责任公司

4. 部分食品市场占有率

序号	产品	第一名		第二名		第三名		第四名		第五名	
		品牌	占有率%	品牌	占有率%	品牌	占有率%	品牌	占有率%	品牌	占有率%
1	食用油	金龙鱼	24.1	海狮	20.3	多力	14.8	鲁花	10.2	融氏	7.4
2	中国烟	中华	40	红双喜	16.3	利群	10.7	玉溪	8	双喜	3.5
3	黄酒	和酒	22.5	石库门	13.2	古越龙山	9.8	金色年华	7.9	金枫	5.6
4	啤酒	三得利	25.9	青岛	17.6	雪花	13.1	百威	11.7	喜力	5.2
5	酱油	海天	40.3	欣和六月鲜	29.5	千禾	10.8	李锦记	9.8	鲁花	3.9
6	醋	恒顺	25.7	宝鼎	24.9	金山寺	12.5	东湖	10.2	鼎丰	5.0
7	包装大米	光明米业	33.1	乐惠	27.5	香满园	3.8	五丰	3.6	金龙鱼	2.9
8	巧克力	德芙	33.5	费列罗	21.5	健达	12.5	士力架	6.2	M&M	3.3
9	糖果	大白兔	23.4	徐福记	14.9	悠哈	7.4	台尚	4.7	阿尔卑斯	4.2
10	挂面	陈克明	26.1	顶味	16.1	今麦郎	10.3	金龙鱼	7.9	味都	6.4
11	膨化食品	乐事	43.6	旺旺	19.7	上好佳	13.6	好丽友	8.1	奇多	2.3
12	饼干	奥利奥	20.1	百奇	9.2	闲趣	8.3	太平	4.8	茱蒂丝	4.5
13	八宝粥	银鹭	50.6	娃哈哈	37	真的	6.7	达利园	3.3	亲亲	2.1
14	肉（鱼）罐头	梅林	69.2	鹰金钱	7.7	甘竹	6.1	小胖子	2.9	鲜得味	2.6
15	冷鲜肉	五丰上食	9.0	雨润	8.8	苏食	8.2	金锣	7.5	中粮家佳康	7.2
16	冷饮	和路雪	26.3	梦龙	16.4	八喜	15.7	光明	11.1	伊利	11.0
17	奶粉	雀巢	41.1	伊利	16.3	荷兰乳牛	13.2	光明	13	荷冠	4.0
18	国产液体奶	光明乳业	61.5	蒙牛	16.7	伊利	16.3	明治醇壹	1.2	圣牧	1.0
19	饮用水	农夫山泉	33.8	景田百岁山	19.7	雀巢	11.6	怡宝	10.4	冰露	4.2
20	南北货	闽龙达	29.8	禾煜	28.7	雄峰	6.5	丝宝宝	2.8	豪雄	2.7
21	瓜子	洽洽	45.6	张二嘎	12.8	华味亨	11.1	恒康	7.8	阿明	7.4
22	坚果	天喔	31.2	华味亨	14.6	沃隆	4.3	恒康	3.9	百草味	3.0
23	休闲鱼（肉）制品	立丰	9.8	天喔	9.1	新东阳	8.5	太仓	7.6	小辣椒	3.9
24	蜂制品	冠生园	66.4	蜂滋蜜	6.4	妙语	5.7	晨之蜜语	2.6	康蜜乐	2.1
25	麻油	三添	39.2	龙溪一滴香	29.3	金龙鱼	11.7	恒顺	5.0	鲁花	3.1
26	鸡精	太太乐	61.4	家乐	20.3	佛手	8.3	味美思	8.0	葵花	0.7
27	味精	双桥	38.5	佛手	38.4	太太乐	7.9	家乐	2.1	葵花	1.4
28	调味粉	味好美	56.3	太太乐	15.6	唯加	6	冠生园素易鲜	5.1	王守义	3.4
29	速冻调理品	湾仔码头	31.0	三全	12.3	海霸王	11.2	桂冠	10.1	思念	6.0
30	豆奶（浆）	维维	53.3	永和	32.9	智力	5.8	华精	2	九阳豆坊	0.6
31	果冻布丁	旺旺	22.7	巧妈妈	18.8	台尚	12.6	统一	10.6	喜之郎	9.6
32	沙琪玛	台尚	48	徐福记	25.3	日清	8.9	壹格	8.3	名沙	6.6
33	冲调饮料	香飘飘	29.9	阿华田	17.7	立顿	12.3	果珍	8.6	福牌	7.3
34	酸奶	光明莫斯利安	46.6	伊利安慕希	34.5	蒙牛纯甄	15.6	伊利QQ星	1.6	维维天山雪	0.6
35	威化	雀巢	26.6	嘉顿	22.9	爱时乐	10.6	奥利奥	9.7	莱家	5.4

序号	产品	第一名		第二名		第三名		第四名		第五名	
		品牌	占有率%	品牌	占有率%	品牌	占有率%	品牌	占有率%	品牌	占有率%
36	派	好丽友	81.5	盼盼	0.9	三辉	0.9	中洋宝	0.8	达利	0.6
37	蜜饯	华味亨	29.6	天喔	13.5	益民	11.0	万顺昌	6.3	姚太太	2.8
38	婴幼儿奶粉	惠氏	35.7	雅培	31.1	美赞臣	9	贝因美	5.2	美素	4.7
39	茶饮料	康师傅	21.8	统一	16.6	维他	14.1	三得利	13.4	天喔茶庄	9.0
40	功能糖果	绿箭	34.2	荷氏	14.4	京都念慈菴	7.3	金嗓子喉宝	7.2	天明	5.1

施伟俊

3.5 江苏省

【a、概况】

2017 年，全省食品工业坚持稳中求进总基调，落实党中央国务院和省委省政府工作部署，围绕省经信委工作重点，积极推进“增品种、提品质、创品牌”，经济运行总体平稳发展，呈现良好发展态势。

1. 生产总量稳步增长

2017 年，全省食品工业规模以上企业 2345 家，全年完成工业总产值 7922.81 亿元，同比增长 11.64%，食品工业总产值列山东、河南、湖北之后，位居全国第 4 位。分行业看，其中，农副食品加工业完成工业产值 4908.88 亿元，同比增长 13.79%；食品制造业完成工业产值 1099.15 亿元，同比增长 6.43%；酒、饮料和精制茶制造业完成工业产值 1245.27 亿元，同比增长 11.82%；烟草制品业完成工业产值 587.37 亿元，同比增长 8.28%；采盐业完成工业产值 82.14 亿元，同比下降 12.25%。全省食品工业总产值占全省工业总产值份额的 4.98%，是全省轻工行业的第 1 大产业。

2. 营养快捷食品需求上升

2017 年，全省食品工业实现销售产值 7858.61 亿元，同比增长 10.09%。粮、油、肉、乳、蛋、糖、茶等日常生活主要食品供需平衡，产销同步增加，全年食品产销率达 99.0%。统计数据显示：营养食品、快捷食品需求同比增长，传统的加工食品需求同比下降。其中，水果和坚果加工食品、速冻食品、营养食品、植物饮料分别同比增长 10.62%、17.25%、16.32%、12.42%，而传统食品：糖果巧克力、碳酸饮料、黄酒、啤酒分别同比下降 7.97%、8.44%、8.23%、7.31%、1.66%。

3. 经济效益保持平稳

2017 年，全省规模以上食品企业实现主营业务收入 7662.56 亿元，同比增长 9.74%；实现利润总额 635.23 亿元，同比增长 8.63%，全省食品工业主营业务收入增幅和利润总额增幅分别比全省规模工业低 1.11 和 3.78 个百分点。

4. 结构调整有新进展

2017 年，全省食品工业依据产业政策和行业发展重点，加大淘汰落后产能，加快调整产业产品结构，促进了行业结构的优化。

农副食品加工业仍是全省食品工业主力军，同比增幅超过食品制造业 7.36 个百分点，超过酒饮料精制茶制造业 1.97 个百分点。

细分产业禽肉类食品同比增长 15.99%，比猪肉类食品增幅 12.62% 高出 3.37 个百分点。

部分产品出口增加。从进出口的结构看，进口的主要是初级农产品和食品原料，而出口的多数是技术和劳动力密集型产品，附加值比较高。其中，肉制品及副产品、饼干及其焙烤食品、米面制品、蔬菜水果罐头、啤酒、乳制品、保健品增幅分别同比 57.72%、23.85%、10.46%、669.07%、17.07%、16.25%、29.09%。

新产品产值增加。全省食品工业企业以技术创新为核心，提高研发能力，加强新产品开发，2017 年，全行业完成新产品产值 146.25 亿元，同比增长 7.44%，在细分行业中增幅同比分别为：谷物磨制 31.46%、水产品加工 21.06%、蛋品加工 25.89%、糖果巧克力蜜饯制造 53.54%、蔬菜水果罐头制造 41.58%、调味品发酵制品 50.11%、酒精 34.00%。截至 2017 年底，全省食品工业有 1 家国家级企业技术中心，36 家省级企业技术中心。

5. 诚信品牌建设有新推进

2017 年，全省食品工业积极稳步推进食品工业企业诚信管理体系建设工作，建立保障食品安全长效机制。企业注重品牌建没，强化企业品牌意识，依靠树品牌、创名牌、讲诚信开拓市场，提升企业的竞争力。

食品企业积极配合政府部门开展产品质量和食品安全专项整治行动，积极参加食品安全宣传周及“放心食品大家看”主题宣传日活动；随着监管部门加大市场抽检力度后，食品企业普遍更加重视产品质量安全，市场抽检合格率 99.4%。

企业积极开展诚信管理体系建设工作，已有 63 家企业通过食品工业企业诚信管理体系建设评价并获得诚信管理体系证书。

企业品牌意识增强。截至 2017 年底，江苏食品工业已获得中国名牌产品 26 个，中国驰名商标 73 个，长三角名优食品 149 个，江苏名牌 273 个，省著名商标 574 个，江苏农产品品牌 358 个，江苏“双百品牌”（日用消费品）8 个，品牌建设全国领先。

【b、大事记】

3 月 23–25 日，组织我省食品行业相关负责人 40 人参观“2017 第 96 届春季全国糖酒商品交易会”。

5 月 17 日，省白酒评委专家组会议在南京召开。

7 月 16 日，组织部分食品企业 49 人赴上海参观“2017 第二十三届上海国际加工包装展览会”。

7 月 28 日，在南京召开了“全省食品行业工作暨食品工业企业诚信管理体系建设会议”。

7 月 28–29 日，在南京举办了食品工业企业诚信管理（GB/T33300–2016）新标准宣贯培训班。

8 月 24–25 日，以谭卫东秘书长率领的湖北省食品行业协会代表团来我省考察学习交流，双方交流了行业发展情况和诚信管理体系建设工作体会，参观了雨润集团。

8 月 31 日，在淮安今世缘酒业召开了全省成长型白酒企业工作座谈会。

9 月 1 日，在淮安今世缘酒业举办了全省白酒品牌建设论坛。

9 月 1–2 日，在淮安今世缘酒业举行了 2017 年度的省白酒评委年会，进行了白酒感官质量鉴评品评，组织与会人员参观了今世缘智能化酿造车间。

9 月 12–16 日，组织 6 家企业参加了第二期中小企业走进广西“一带一路”边贸行活动。

10 月 19–20 日，在南京举办了食品工业企业诚信管理（GB/T33300–2016）新标准宣贯暨内审员继续教育培训。

11 月 14–16 日组织部分重点餐饮企业负责人赴沪参观了“第 21 届中国国际食品、饮料、酒店、餐饮、烘焙、零售设备供应及服务展览”。

11 月 29 日，在泰州兴化市组织召开了“2017 泰州·兴化 – 江苏省食品产业科技成果转化暨精准技术支持路演”活动。

12 月 18 日，全省食品工业企业诚信管理体系建设工作座谈会在南京召开。

【c. 固定资产投资】

2017 年，江苏省食品工业固定资产投资总额 1191.78 亿元，其中，农副食品加工业 696.84 亿元，食品制造业 372.84 亿元，酒、饮料和精制茶制造业 112.56 亿元，烟草制品业 9.54 亿元。与此同时，投资总额中新建投资为 505.69 亿元，其中，农副食品加工业 302.22 亿元，食品制造业 154.50 亿元，酒、饮料和精制茶制造业 48.97 亿元。扩建投资 212.94 亿元，其中：农副食品加工业 125.33 亿元，食品制造业 64.74 亿元，酒、饮料和精制茶制造业 19.74 亿元，烟草制品业 3.13 亿元。改建投资 450.17 亿元，其中，农副食品加工业 261.54 亿元，食品制造业 141.83 亿元，酒、饮料和精制茶制造业 42.19 亿元，烟草制品业 6.41 亿元。在固定资产投资中，全年施工项目为 1955 个（其中新开工 1671 个），全部建成投产项目 1724 个，投产率达 88.18%，其中：农副食品加工业项目 1255 个（新开工 1047 个），全部建成投产项目 1053 个，其项目建成投产率为 83.90%；食品制造业项目 588 个（新开工 466 个），全部建成投产项目 501 个，其项目建成投产率为 85.20%；酒、饮料和精制茶制造业项目 195

个（新开工154个），全部建成投产项目166个，其项目建成投产率为85.13%；烟草制品业项目7个（新开工4个），全部建成投产项目4个，其项目投产率为57.14%。

【d. 行业管理】

2017年，协会紧紧围绕省经信委工作中心，坚持以服务大局、服务企业、服务行业为宗旨，根据行业和企业的需求，在产业、企业、产品3个层面，以推进供给侧结构性改革为主线，坚持以提高产品质量和企业竞争力为重点，坚持创新驱动发展，加快行业结构调整，发扬工匠精神，在增品种、提品质、创品牌上下功夫，做好各项工作，全力促进全省食品行业健康发展，取得了一定的成绩。

1. 以规划实施为抓手，促进食品产业结构调整

2017年是“十三五”规划实施的第2年，通过召开全省食品行业工作会议和协会微信公众号平台，发布行业信息，积极引导行业发展。

（1）召开全省食品行业工作会议；

（2）召开了全省成长型白酒企业工作座谈会；

（3）搭建了协会微信公众号平台发布行业信息。

2. 以诚信体系建设为抓手，建立保障食品安全长效机制

2017年，按照《国务院办公厅关于印发2017年食品安全重点工作安排的通知》（国办发[2017]28号）和《省政府办公厅关于印发2017年全省食品安全重点工作安排的通知》（苏政办发[2017]68号）的有关要求，有计划、有步骤、认真做好全省诚信管理体系建设工作，较好地完成了工作任务，全省通过评价获证企业65家，省食品工业协会作为国家工信部委托的22家评价机构之一，全年共评价了33家企业（其中，初次评价1家、监督评价25家、终评价7家），获证企业和评价企业数位列全国前列。主要工作有：

（1）召开了全省食品工业企业诚信管理体系建设工作会议；

（2）开展了诚信管理体系新标准的宣贯；

（3）认真落实2017年度诚信管理体建设实施方案；

（4）认真组织开展评价工作。

3. 以创新驱动为抓手，注重科技和智力支撑

（1）为了推动一批科技成果转化与示范推广，促进食品行业科技新成果转化，突破江苏食品制造、流通等领域关键共性技术，加快食品产业转型升级步伐，推动实施创新驱动发展，促进科技成果转化为现实生产力，支撑我省食品产业转型升级和结构调整，更好发挥科技创新对供给侧结构性改革的支撑和引领作用，积极整合省内各高校和科研机构及龙头骨干企业的科技和人才资源，加强“产学研”紧密合作，推动科研成果的转化对接，服务企业；

（2）与江苏省产业技术研究院搭建食品行业科技成果转化公共服务平台；

（3）开展食品产业科技成果转化暨精准技术支持路演活动；

（4）帮助省内有技术需求的食品企业做好精准技术支持服务工作。

4. 以品牌建设为抓手，提升行业品牌影响力

进一步加强全省食品行业品牌建设，提高产品质量和品牌形象，打造行业核心竞争力，继续抓好品牌建设工作。

（1）开展了2017年度长三角名优食品推荐申报评审工作；

（2）进行了2016年度江苏省食品行业优秀品牌企业认定表彰工作；

（3）举办了全省白酒品牌建设论坛；

（4）开展了2017年度江苏省白酒淡雅绵柔酒体设计奖的评选；

（5）组织了2016–2017年度全国食品工业强县和优秀食品龙头企业申报工作。

5. 以人才队伍建设为抓手，提高行业管理水平

适应经济社会发展的需要，培养培训技能型人才，满足食品行业转型升级的要求，协会继续加强培训工作力度，推动全省食品行业人才队伍建设。

（1）加强诚信管理体系三支队伍建设，加强省白

酒评委队伍建设。

（2）以行业交流服务为抓手，为重点行业和企业提供个性化服务，个性化服务是协会的一项基本功，也是协会依托省经信委开展相应服务的一个优势。我们发挥优势，做好有针对性的服务工作；

（3）组织行业交流服务在企业申报省著名商标、驰名商标、省双百品牌、先进企业时提供行业服务；

（4）在企业进行产业政策符合性认证时提供行业服务；

（5）参加政府行业相关部门组织的服务活动。

6. 以加强自身建设为抓手，不断提高协会工作人员整体素质

注重协会自身建设，提高服务能力，强化服务手段，拓宽服务领域，提高服务质量：

（1）积极开展“两学一做”教育活动；

（2）组织开展业务学习落实工作责任；

（3）加强党风廉政建设责任制的贯彻落实；

（4）关心干部职工的切身利益。

【e. 江苏“双百品牌”产品】

为深入贯彻落实中共中央、国务院《关于开展质量提升行动的指导意见》（中发〔2017〕24号），根据省政府《关于加快质量发展的意见》（苏政发〔2016〕88号）和省名推委《江苏省名牌战略“十三五”发展规划》（苏名推委〔2017〕3号）提出的“十三五期间，培育100个全国市场排名领先的高端制造品牌、100个与国内外知名品牌同标准同质量的日用消费品品牌”的目标要求，省名牌战略推进委员会在现有江苏名牌产品中通过标准比对、质量检测、品牌价值测算等方式，遴选确定了50个高端制造业品牌和50个日用消费品品牌作为首批江苏“双百品牌”。其中，食品行业有8个产品为“双百品牌”。

【f. 江苏名牌产品】

为深入贯彻落实中共中央、国务院《关于开展质量提升行动的指导意见》（中发〔2017〕24号），根据省政府《关于加快质量发展的意见》（苏政发〔2016〕88号），根据《江苏省名牌管理办法》规定，经企业自愿申报，各地初审推荐，组织专家评审等程序，省名牌战略推进委员会审议确认，其中，食品行业有56个产品为2017年度江苏名牌产品。

【g. 长三角地区名优食品】

根据《长江三角洲地区名优食品认定办法》的认定程序，经企业自愿申请，各地区（城市）食品（工业）协会、行业主管部门初审推荐、省级食品行业协会审核，长三角名优食品评审委员会评审。长江三角洲地区（城市）食品（工业）协会联席会审议确定，江苏有46个产品被认定为2017年度长江三角洲地区名优食品。

【h. 江苏省食品工止十强县（市区）名单】

食品工业是关系国计民生的传统产业，在加快制造强省建设，推进“两聚一高”、建设“强富美高”新江苏中具有重要地位。为深入贯彻国务院办公厅关于开展消费品工业“三品”专项行动营造良好市场环境的若干意见国家发展改革委工业和信息化部关于促进食品工业健康发展的指导意见，认真落实江苏省“十三五”食品产业发展规划，进一步优化食品产业结构布局，培育县域地方特色的食品产业集群，推动食品工业提质增效，打造具有国际竞争力的江苏现代食品产业体系，省经信委组织开展了“2015–2016年度江苏省食品工业十强县（市、区）”认定工作，在各县（市、区）自愿申报、各设区市经信委推荐基础上，省经信委综合评定了“2015–2016年度江苏省食品工业10强县（市、区）”。

【i. 诚信管理体系企业名单】

2017年，江苏省食品行业积极贯彻落实国家工信部推进食品工业企业诚信管理体系建设工作有关精神，省食品工业协会作为国家工信部委托的22家评价机构之一，组织专家对省内企业进行初次评价、跟踪监督审核和再评价，截至2017年底，全省通过食品工业企业诚信管理体系评价已获证书并在有效期内的企业51家。通过企业数量运行质量位居全国各省市前列。

【j. 主要经济数据】

1.2017 年江苏省主要食品产量

（单位：万吨、万千升）

产品名称	2017年产量	同比增长%	产品名称	2017年产量	同比增长%
原盐	884.83	-2.84	酱油		
大米			发酵酒精	244.75	47.73
小麦粉			白酒	92.35	0.97
食用植物油	513.10	-31.5	啤酒	179.42	0.95
糖果			饮料	566.80	1.16
速冻米面					
方便面			卷烟（亿支）	1042.12	1.40
乳制品	145.40	-2.94			

2.2017年江苏省规模以上食品工业企业主要经济指标

（单位：亿元）

项目	农副食品加工业	食品制造业	酒、饮料和精制茶制造业	烟草制品业	合计
企业单位数(个)	1439	411	164	6	2020
资产总计	1816.97	796.98	1187.78	637.63	4439.36
流动资产合计	967.03	381.35	682.59	492.72	2523.69
应收账款	191.38	96.91	65.87	11.43	365.60
存货	318.70	86.36	255.56	272.99	933.61
产成品	121.96	38.34	46.88	12.53	219.71
负债合计	975.39	365.11	441.63	71.04	1853.17
主营业务收入	4475.32	1065.76	1252.61	562.17	7355.86
主营业务成本	4011.06	802.75	904.76	114.54	5833.11
销售费用	94.86	112.35	60.26	6.69	274.16
管理费用	93.40	48.88	50.49	20.59	213.36
财务费用	25.88	8.24	13.18	-4.63	42.67
利润总额	234.70	97.53	202.91	82.45	617.59
平均用工人数（万人）	18.41	8.62	7.55	0.66	35.24

3.2017年江苏省国有控股食品工业企业主要经济指标

（单位：亿元）

项目	农副食品加工业	食品制造业	酒、饮料和精制茶制造业	烟草制品业	合计
企业单位数(个)	32	17	13	6	68
资产总计	78.61	90.43	594.09	637.63	1400.76
流动资产合计	46.68	34.21	383.83	492.72	957.44
应收账款	3.40	10.22	11.52	11.43	36.57
存货	24.68	8.07	174.29	272.99	480.03
‘产成品	6.80	2.94	19.13	12.53	41.40
负债合计	57.39	44.06	208.87	71.04	381.36

续表

项目	农副食品加工业	食品制造业	酒、饮料和精制茶制造业	烟草制品业	合计
主营业务收入	162.66	101.31	280.98	562.17	1107.12
主营业务成本	153.64	74.65	115.94	114.54	458.77
销售费用	4.12	8.18	20.81	6.69	39.80
管理费用	2.64	5.69	18.95	20.59	47.87
财务费用	0.39	1.71	0.12	-4.63	-2.41
利润总额	3.58	11.77	118.84	82.45	216.64
平均用工人数（万人）	0.41	0.67	2.22	0.66	3.96

4.2017 年江苏省私营食品工业企业主要经济指标

（单位：亿元）

项目	农副食品加工业	食品制造业	酒、饮料和精制茶制造业	合计
企业单位数(个)	1041	216	72	1329
资产总计	820.57	215.67	118.50	1154.74
流动资产合计	383.68	97.61	54.13	535.42
应收账款	85.27	19.84	10.37	115.48
存货	123.37	29.94	15.44	168.75
产成品	54.99	13.25	7.50	75.74
负债合计	376.00	102.39	50.50	528.89
主营业务收入	2395.76	420.80	283.32	3099.88
主营业务成本	2122.26	360.88	235.71	2718.85
销售费用	48.29	10.76	9.11	68.16
管理费用	54.39	12.77	8.24	75.40
财务费用	18.98	3.32	3.93	26.23
利润总额	138.40	30.81	22.90	192.11
平均用工人数（万人）	11.14	3.41	1.29	15.84

5.2017 年江苏省外商投资和港澳台商投资

（单位：亿元）

项目	农副食品加工业	食品制造业	酒、饮料和精制茶制造业	合计
企业单位数(个)	159	100	52	311
资产总计	581.75	408.19	203.25	1193.19
流动资产合计	376.65	206.05	83.08	665.78
应收账款	59.11	56.27	23.04	138.42
存货	130.36	37.69	22.86	190.91
产成品	48.07	17.06	8.24	73.37
负债合计	330.85	171.86	97.39	600.10
主营业务收入	1004.44	408.42	269.00	1681.86
主营业务成本	962.93	251.13	207.38	1151.44
销售费用	21.13	84.00	14.48	119.61

续表

项　目	农副食品加工业	食品制造业	酒、饮料和精制茶制造业	合计
管理费用	15.73	25.07	8.36	49.16
财务费用	-3.91	3.47	2.34	1.90
利润总额	44.15	49.67	31.00	124.82
平均用工人数（万人）	3.47	2.97	1.37	8.69

6.2017 年江苏省大中型食品工业企业主要经济指标

（单位：亿元）

项　目	农副食品加工业	食品制造业	酒、饮料和精制茶制造业	烟草制品业	合计
企业单位数(个)	115	72	39	4	230
资产总计	704.53	477.43	975.34	624.58	
流动资产合计	380.43	223.67	548.20	473.53	1547.06
应收账款	74.81	45.40	71.42	22.68	214.31
存货	114.03	37.27	210.88	233.22	595.40
产成品					
负债合计	309.69	146.34	222.17	54.71	732.91
主营业务收入	749.15	427.88	916.03	589.56	2682.62
主营业务成本	418.97	198.63	348.09	64.95	1030.64
销售费用	330.18	229.25	567.94	524.61	1651.98
管理费用	1987.50	666.96	808.95	530.05	3993.46
财务费用	1726.08	494.15	553.67	112.15	2886.05
利润总额	139.51	49.18	152.27	84.90	425.86
平均用工人数（万人）	8.52	5.24	6.05	0.58	20.39

7.2016 年全省各市食品工业产值统计

（单位：亿元）

市别	农副产品加工业	食品制造业	酒、饮料和精制茶制造业	烟草制品业	合计	排位
合计	5076.23	1182.01	1187.29	542.47	7988.00	
南京	140.28	130.78	57.12	202.59	530.77	9
无锡	16.62	65.02	50.50		132.14	12
徐州	936.26	165.25	421.47	207.50	1730.48	1
常州	28.73	56.12	8.80		93.65	13
苏州	280.61	256.49	51.22	1.07	589.39	7
南通	521.40	59.21	24.28	11.48	616.37	6
连云港	460.78	145.95	89.62		696.35	5
淮安	737.02	57.80	41.76	119.83	956.41	2
盐城	482.89	40.19	54.96		578.04	8
扬州	182.62	15.51	14.64		212.77	11
镇江	231.50	28.42	12.96		272.88	10
泰州	734.48	81.75	48.10		864.33	3
宿迁	323.04	79.52	311.86		714.42	4

另：采盐业完成工业产值93.96亿元。《省统计局2017江苏统计年鉴提供》

唐建泽

3.6 浙江省

【a. 概况】

2017年，浙江省委省政府进一步深化供给侧结构性改革，同时加大对传统制造业的改造提升力度，在注重经济增长的高质量和均衡性等方面采取一系列举措，取得了显著成效。全省食品工业以上的生产企业1380家，从业人员18.82万人。全年实现工业总产值2545.16亿元，同比增长5.70%，位居全省各工业行业第9位。

1. 工业增加值稳步增长

2017年，全省食品工业完成工业增加值806.67亿元，同比增长4.3%，比8.3%的全省工业增加值低4个百分点。其中，农副产品加工业完成工业增加值118.59亿元，同比增长3.4%；食品制造业完成工业增加值138.90亿元，同比增长4.3%；饮料制造业完成工业增加值119.79亿元，同比增长5.2%；烟草制品业完成工业增加值429.39亿元，同比增长4.2%。

2. 主要产品产量增长

列入统计的33种主要产品，有19种产品产量实现增长，其中，5种产品产量同比增长达10%以上，冷冻蔬菜增长10.2%，液体乳增长16.8%，酱油增长116.3%，包装饮用水增长18.6%，蛋白饮料增长28.3%；14种产品产量下降，其中，乳粉、方便面、果酒及配制酒下降幅度均超过10%。

3. 产销率有所下降

2017年，全省食品工业实现销售产值2431.13亿元，同比增长2.29%；全行业产销率为95.52%，同比下降3.87个百分点，比全省工业低1.76个百分点。其中，农副食品加工业产销率为95.53%，同比下降1个百分点；食品制造业产销率为95.29%，同比下降2.05个百分点；饮料制造业产销率为95.58%，同比下降1.11个百分点；烟草制品业产销率为95.69%，同比下降11.32个百分点。

4. 出口持续增长

2017年，全省食品工业完成出口交货值282.66亿元，同比增长5.60%。从分行业情况看，农副食品加工业完成出口交货值169.92亿元，同比增长6.64%；食品制造业完成出口交货值81.64亿元，同比增长6.92%；饮料制造业完成出口交货值27.83亿元，同比下降1.80%；烟草制品业完成出口交货值3.27亿元，同比下降9.64%。

5. 经济效益略有提升

2017年，全省食品工业行业实现利税总额599.45亿元，同比增长2.47%，比全省工业低14.44%的增幅。其中，实现利润总额151.83亿元，同比增长1.30%，增幅比全省工业低16.62%。从分行业看，食品制造业依然保持了利润总额大幅增长的趋势，高达25.29%；烟草制品业同比增长5.23%，有小幅增长；农副产品加工业和饮料制造业则呈下降趋势，分别同比下降8.50%和16.01%。

6. 创新投入不足

2017年，全省规模以上食品工业新产品产值为376.39亿元，同比增长8.35%，其中，农副产品加工业为140.90亿元，同比增长2.03%；食品制造业为132.27亿元，同比增长17.74%；饮料制造业为97.66亿元，同比增长2.96%；烟草制品业为5.55亿元，同比增长165.10%。但是，2017年，全省规模以上食品工业企业科技活动经费为仅有16.54亿元，同比下降7.78%，而同期全省工业企业科技活动经费则同比增长22.25%。

【b. 大事记】

3月30日，浙江省首次发布了GB/T 8650《地理标志产品龙井茶》国家标准相配套的龙井茶(钱塘产区、越州产区)实物样。

5月1日，《浙江省食品小作坊小餐饮店小食杂店和食品摊贩管理规定》正式实施。

5月18–21日，首届中国国际茶叶博览会在杭州国际博览中心举行。

6月7日，浙江省人民政府印发《浙江省全面改造提升传统制造业行动计划(2017—2020年)》。

6月19日，浙江同线同标同质(以下简称“三同”)食品防伪溯源平台正式上线。

6月30日，浙江农业品牌大会在杭州举行。

7月18日，浙江省杭州市放发全国首推“三小行业”标准化备案承诺制以来的第一张营业执照。

8月16日，浙江省经信委出台《农副食品加工制造业改造提升实施方案(2017–2020年)》，为全省农副产品制造业的全面改造提升提出相关对策和建议。

9月24日，一场以“中国好乳品 浙里有底气”为主题的浙江乳业发展高峰论坛在杭州举行。

9月29日，浙江省食安办向社会公示，杭州市上城区、杭州市临安区、宁波市鄞州区、慈溪市、永康市、衢州市衢江区、温岭市等首批7个省级食品安全县(市、区)全部通过考核验收。

11月15日，2017年度长三角名优食品授牌仪式在上海举行。

12月份，浙江省委办公厅、省政府办公厅联合印发《浙江省食品安全党政同责实施办法》(以下简称《办法》)。

【c. 政策、法规】

1月9日，浙江省食药监局印发《浙江省食品药品投诉举报管理办法实施细则》；

5月1日，《浙江省食品小作坊小餐饮店小食杂店和食品摊贩管理规定》正式实施；

6月7日，浙江省人民政府印发《浙江省全面改造提升传统制造业行动计划(2017—2020年)》；

8月16日，浙江省经信委出台《农副食品加工制造业改造提升实施方案(2017–2020年)》；

8月22日，浙江省人民政府办公厅印发《浙江省食品安全工作评议考核办法》；

12月份，浙江省委办公厅、省政府办公厅联合印发了《浙江省食品安全党政同责实施办法》。

【d.2017年主要经济指标】

1.2017年全省食品工业分行业主营业务收入表

	主营业务收入(亿元)	同比%
全省工业	67080.98	13.63
全省食品工业合计	2435.98	0.85
农副食品加工业	970.02	0.07
食品制造业	525.14	1.44
饮料制造业	460.84	3.41
烟草制品业	479.98	-0.59

2.2017年浙江省食品工业主要经济效益指标

	单位	全省工业		食品工业	
		2017年	同比%	2017年	同比%
企业个数	家	40889	1.67	1380	2.60
亏损企业个数	家	5698	11.79	251	33.51
亏损企业亏损额	亿元	343.32	-2.10	13.31	-13.27
新产品产值	亿元	24679.43	25.00	376.39	8.35
资产合计	亿元	72965.99	7.70	2599.39	1.71
流动资产合计	亿元	40509.48	9.20	1561.17	3.58
从业人数	万人	667.87	0.55	18.82	-6.18
主营业务收入	亿元	67080.98	13.63	2435.98	0.85
主营业务利润率	百分比	14.94	15.32	15.32	4.22
科技活动经费支出	亿元	1178.69	16.54	16.54	-7.78

3.2017年浙江省食品工业分行业经济效益

	利税总额(亿元)	同比%	利润总额(亿元)	同比%
全省工业	7490.15	14.44	4569.81	16.62
全省食品工业合计	599.45	2.47	151.83	1.30
农副食品加工业	47.25	-3.54	32.88	-8.50
食品制造业	69.09	25.29	43.62	31.60
饮料制造业	69.90	-7.38	38.32	-16.01
烟草制品业	413.20	1.93	36.70	5.23

4. 2017年浙江省食品工业分行业出口交货产值表

	出口交货产值（亿元）	同比%
全省工业	11585.48	9.43
全省食品工业合计	282.66	5.60
农副食品加工业	169.92	6.64
食品制造业	81.64	6.92
饮料制造业	27.83	-1.80
烟草制品业	3.27	-9.64

【e.2017 年主要产品产量】

指标名称	计量单位	企业数	产品产量	同比累计增长%
小麦粉	吨	4	582014.7	9.6
大米	吨	32	746418.0	-5.5
精制食用植物油	吨	17	463170.4	9.3
鲜、冷藏肉	吨	20	357928.6	9.2
熟肉制品	吨	3	5872.7	6.8
冷冻水产品	吨	213	1335885.2	1.1
冷冻蔬菜	吨	3	17837.7	10.2
膨化食品	吨	4	40110.0	-4.9
糖果	吨	11	26102.2	-4.4
速冻食品	吨	18	149535.2	5.7
其中：速冻米面食品	吨	11	107172.5	-0.4
方便面	吨	7	258616.7	-14.2
乳制品	吨	22	696128.2	14.3
其中：液体乳	吨	18	639487.6	16.8
固体及半固体乳制品	吨	7	56640.7	-8.0
乳粉	吨	4	20288.0	-28.9
婴幼儿配方乳粉	吨	1	5693.0	-39.9
罐头	吨	47	494908.1	-5.0
味精（谷氨酸钠）	吨	3	15341.4	-7.5
酱油	吨	10	400593.1	116.3
食醋	吨	3	8690.0	8.7
营养、保健食品	吨	8	10242.6	-7.7
冷冻饮品	吨	6	73389.5	-0.9
食品添加剂	吨	32	534815.0	5.1
饮料酒	千升	63	3134642.9	1.1
其中：白酒（折65度，商品量）	千升	17	13394.5	-4.9
啤酒	千升	21	2544099.0	3.2
黄酒	千升	34	556373.4	-6.7
果酒及配制酒	千升	4	928	-51.7
软饮料	吨	54	7939225.0	4.3
其中：碳酸饮料类（汽水）	吨	5	590210.0	3.1

续表

指标名称	计量单位	企业数	产品产量	同比累计增长%
包装饮用水类	吨	19	4159034.2	18.6
果汁和蔬菜汁饮料类	吨	28	1370558.8	-2.1
蛋白饮料	吨	6	193436.7	28.3
精制茶	吨	101	311304.5	6.4
卷烟	万支	2	9570207.0	4.5

【f.2017 年名优产品】

1.2017 年浙江主要新增及复评浙江名牌产品（食品行业）

序号	产品名称	申报企业名称	商标
1	膨化食品	浙江小王子食品股份有限公司	小王子
2	食品用香精	浙江顶味食品有限公司	顶味百嘉（图标）
3	糕点	嘉兴市美丽家食品有限责任公司	美儷家族（图标）
4	金华火腿	金华火腿行业协会	金华火腿
5	味精	杭州西湖味精有限公司	西湖
6	饮用天然水	农夫山泉股份有限公司	农夫山泉）
7	糕点	杭州玫隆食品有限公司	玫隆食品
8	黄酒	宁波阿拉酿酒有限公司	阿拉（图标）
9	啤酒	宁波新大梁山啤酒有限公司	大梁山
10	料酒	湖州老恒和酿造有限公司	老恒和
11	五芳斋粽子	浙江五芳斋实业股份有限公司	五芳斋（图标）
12	粽子	嘉兴市真真老老食品有限公司	真真老老
13	黄酒	中国绍兴黄酒集团有限公司	古越龙山
14	丽春酒	浙江塔牌绍兴酒有限公司	塔牌（图标）
15	水果罐头	丰岛控股集团有限公司	TOYOSHIMA
16	水产系列食品	中国水产舟山海洋渔业公司	明珠
17	酿造食醋	杭州市食品酿造有限公司	双鱼
18	兔肉制品	杭州冠华王食品有限公司	冠华王
19	榨菜	宁波铜钱桥食品菜业有限公司	铜钱桥
20	酱腌菜（榨菜）	余姚市国泰实业有限公司	国泰
21	绍兴黄酒	绍兴市黄酒行业协会	绍兴黄酒
22	鱼糜制品	浙江兴业集团有限公司	兴业

2.2017 年浙江省长江三角洲名优食品名单

序号	企业名称	品牌	产品名称
1	浙江茗皇天然食品开发股份有限公司	茗皇	速溶茶
2	会稽山绍兴酒股份有限公司	会稽山	黄酒
3	浙江塔牌绍兴酒有限公司	塔牌	黄酒（丽春）
4	浙江塔牌绍兴酒有限公司	塔牌	黄酒（本美）
5	浙江塔牌绍兴酒有限公司	塔牌	黄酒（手工冬酿）
6	桐乡市一品斋茶食有限公司	分水墩	糕点（麻饼）
7	嘉兴市潜福食品有限公司	潜福	蜗牛肉

续表

序号	企业名称	品牌	产品名称
8	浙江青莲食品股份有限公司	膳博士	鲜猪肉
9	嘉兴市鸿翔食品有限公司	绝鼎卤	鹌鹑蛋
10	浙江五芳斋实业股份有限公司	五芳斋	粽子
11	嘉兴市新世纪旅游食品有限公司	南湖	豆制品（蛋白素肉）
12	湖州老恒和酿造有限公司	老恒和	调味品（料酒）
13	浙江练市酒业有限公司	练市	黄酒系列
14	湖州浙一家酒业有限公司	浙一家	黄酒
15	杭州市食品酿造有限公司	五味和	月饼
16	杭州唯新食品有限公司	唯新	肉制品
17	浙江小王子食品股份有限公司	小王子	薯类产品
18	祖名豆制品股份有限公司	祖名	非发酵性豆制品
19	杭州西湖味精有限公司	西湖	味精
20	农夫山泉股份有限公司	农夫山泉	饮用天然水
21	瑞安市华盛水产有限公司	华盛	干制水产品（丁香鱼、银鱼丝）
22	瑞安市华盛水产有限公司	大三元	虾皮
23	瑞安市百好乳业有限公司	百强	甜炼乳

3.2017 浙江省知名商号名单（食品行业）

序号	申报商号	企业名称
1	祖名	祖名豆制品股份有限公司
2	牡丹（面粉）	杭州牡丹面粉有限公司
3	梅园	杭州梅园食品有限公司
4	斜桥	浙江斜桥榨菜食品有限公司
5	东坪	浦江县大畈乡东坪茶叶专业合作社
6	丰禾	浙江丰禾粮油有限公司
7	十罗洋	江山市十罗洋茶场
8	茶之语	浙江茶之语科技开发有限公司
9	原点	浙江原点食品有限公司
10	得乐康	浙江得乐康食品股份有限公司
11	铜钱桥	宁波铜钱桥食品菜业有限公司
12	藤桥	藤桥禽业股份有限公司
13	同兴	浙江新昌同兴食品实业有限公司
14	默香	金华默香食品连锁有限公司
15	新天久	浙江新天久海产有限公司
16	合源	舟山合源酒业有限公司

【g. 科技进步和科研成果】

1. 杭州娃哈哈集团有限公司参与完成的“功能性乳酸菌（产细菌素、B 族维生素等）在乳制品产业化中的应用”项目获浙江省科学技术进步奖一等奖；浙江古越龙山绍兴酒股份有限公司参与完成的“优质高效安全绍兴黄酒酿造酵母选育及产业化应用”项目获浙江省科学技术进步奖二等奖；浙江兴业集团有限公司参与的“海洋多获性红身鱼类保鲜和精深加工关键技术研究与应用”项目获浙江省科学技术进步奖二等奖。

2. 杭州姚生记食品有限公司“干坚果贮藏与加工保质关键技术及产业化”项目研究获 2017 年国家科学技术进步奖二等奖；参与的“山核桃原料采收及绿色贮藏技术的研究”被认定为浙江省科学技术成果。

3. 浙江省华康药业股份有限公司的“山梨糖醇新产品研究与开发”3 家食品行业企业的新产品（新技术）获 2017 年浙江省第二批优秀工业新产品（新技术）三等奖。

4. 中国黄酒集团黄酒技术研究院、浙江省一鸣食品与生物发酵技术研究院、浙江省舟渔公司海洋食品研究院 3 家企业研究院被认定为省级企业研究院。

安圣康

3.7 福建省

【a. 概况】

2017年，福建省规模以上食品工业（不计烟草制品业）总产值6082.47亿元，同比增长11.8%。

1.规模以上食品工业分行业工业产值

行业分类	工业总产值（亿元）	同比增长%	销售产值（亿元）	同比增长%	出口交货值（亿元）	同比增长%	产销率%
食品工业总计（不计烟草制品业）	6082.47	11.8	5950.27	12.0	895.28	7.7	97.83
农副食品加工业	3396.84	11.9	3315.92	12.0	666.25	8.1	97.62
食品制造业	1676.98	14.5	1644.36	14.7	209.14	7.5	98.06
酒、饮料和精制茶制造业	1008.65	7.3	989.98	7.9	19.89	-1.1	98.15

2.食品工业主要经济指标完成情况：

（1）全省规模以上食品工业企业个数（不计烟草制品业）达2408个；

（2）工业总产值：规模以上食品工业（不计烟草制品业）总产值6082.47亿元，同比增长11.8%；

（3）销售产值：规模以上食品工业（不计烟草制品业）达5950.27亿元，同比增长12.0%；

（4）出口交货值：规模以上食品工业（不计烟草制品业）达895.28亿元，同比增长7.7%；

（5）利润总额：规模以上食品工业企业达417.6亿元，同比增长11%。

【b. 食品工业经济运行主要特点】

1.2017年我省规模以上食品工业产值实现增长

2017年，全省规模以上食品工业（不计烟草制品业）总产值6082.47亿元，同比增长11.8%。分行业看，农副食品加工业3396.84亿元，同比增长11.9%；食品制造业11676.98亿元，同比增长14.5%；酒、饮料和精制茶制造业1008.65亿元，同比增长7.3%。全省规模以上食品工业总产值占全省消费品工业总量的24.74%。

2.产销衔接良好

2017年，全省规模以上食品工业及其各分行业食品工业产销率均在97%以上，情况较好。销售产值，全省规模以上食品工业（不计烟草制品业）达5950.27亿元，同比增长12.0%，产销率97.83%；其中，农副食品加工业达3315.92亿元，同比增长12.0%，产销率97.62%；食品制造业达1644.36亿元，同比增长14.7%，产销率98.06%；酒、饮料和精制茶制造业达989.98亿元，同比增长7.9%，产销率98.15%。

3.出口持续增长

全省规模以上食品工业（不计烟草制品业）出口交货值达895.28亿元，同比增长7.7%；其中，农副食品加工业达666.25亿元，同比增长8.1%；食品制造业达209.14亿元，同比增长7.5%；酒、饮料和精制茶制造业达19.89亿元，同比下降1.1%。

4.主要产品产量实现增长

在列入统计的27种主要食品中，有21种产品产量有增长，占比78%；其中，同比增长达到10%以上的有7种，占比26%。全省产量在全国省市中均位居前十的分别是糖果、罐头第1位；冷冻水产品第2位；精制茶第4位；配合饲料、果汁和蔬菜汁饮料类第6位；饲料、乳粉、碳酸饮料类（汽水）位列第9位；鲜、冷藏肉、精制食用植物油第10位。

2017年全省食品工业主要产品产量

产品名称	计量单位	同比增长%	全年累计	同比增长%
原盐	万吨	216.33	22.61	80.9
小麦粉	万吨	-8.44	142.54	-5.46

产品名称	计量单位	同比增长%	全年累计	同比增长%
大米	万吨	-6.09	204.70	-0.03
饲料	万吨	1.32	1515.75	7.2
其中:配合饲料	万吨	-4.72	1038.16	4.37
混合饲料	万吨	-14.42	57.77	-24.23
精制食用植物油	万吨	58.52	229.70	5.41
鲜、冷藏肉	万吨	3.99	101.94	16.04
冷冻水产品	万吨	13.7	182.23	4.23
糖果	万吨	11.57	80.81	2.85
速冻米面食品	万吨	48.3	3.0	29.71
方便面	万吨	13.26	14.04	8.51
乳制品	万吨	-30.82	17.58	-7.77
其中:液体乳	万吨	-0.81	12.72	2.55
乳粉	万吨	-91.12	4.25	-30.4
罐头	万吨	7.76	328.93	8.38
酱油	万吨	-20.29	10.44	16.93
冷冻饮品	万吨	-51.38	0.89	1.7
食品添加剂	万吨	14.7	15.90	12.68
饮料酒	万千升	1.82	190.16	1.93
白酒（折65度，商品量）	万千升	2.19	5.99	11.85
啤酒	万千升	1.66	162.42	0.92
软饮料	万吨	23.71	593.14	3.69
其中:碳酸饮料类（汽水）	万吨	5.7	61.35	10.96
包装饮用水类	万吨	-3.61	272.92	5.52
果汁和蔬菜汁饮料类	万吨	0.18	104.17	-6
精制茶	万吨	5.11	26.47	8.32

【c.经济指标】

1.盈利水平保持增长

全省规模以上食品工业企业累计利润总额达417.6亿元，同比增长11%，比全国高2.5个百分点；其中，农副食品加工业达166.4亿元，同比增长6.5%，比全国高2.0个百分点；食品制造业达164.6亿元，同比增长17.5%，比全国高10.8个百分点；酒、饮料和精制茶制造业达86.6亿元，同比增长8.7%，比全国低8.8个百分点。

2.资产总计持续增长

全省规模以上食品工业企业累计资产总计达2905.1亿元，同比增长6.1%，比全国高0.7个百分点；其中，农副食品加工业达1468.6亿元，同比增长4%，比全国低0.8个百分点；食品制造业达868.1亿元，同比增长10.2%，比全国高4.6个百分点；酒、饮料和精制茶制造业达568.4亿元，同比增长5.4%，比全国低1.7个百分点。

3.主营业务收入保持增长

全省规模以上食品工业企业主营业务收入达5856.6亿元，同比增长11.6%，增幅水平比全国高5个百分点；其中，农副食品加工业达3255.3亿元，同比增长11.6%，增幅水平比全国高5.8个百分点；食品制造业达1605.5亿元，同比增长13.4%，增幅水平比全国高5.1个百分点；酒、饮料和精制茶制造业达995.8亿元，同比增长8.6%，增幅水平比全国高0.9个百分点。

2017年全省食品工业主要经济指标

指标名称	地区	企业单位数	产成品		资产总计		主营业务收入		利润总额	
		全年（个）	全年（亿元）	增长（%）	全年（亿元）	增长（%）	全年（亿元）	增长（%）	全年（亿元）	增长（%）
食品工业总计（不计烟草制品业）	全国	42939	3827.54	4.5	68059.43	5.4	105532.14	6.6	7036.12	8.5
	福建	2408	216.8	0.9	2905.1	6.1	5856.6	11.6	417.6	11.0
采盐业	全国	109	21.55	-8.9	741.29	-9.3	327.56	4.8	20.56	4.6
	福建	0	0	0	0	0	0	0	0	0
农副食品加工业	全国	26473	2177.41	5.0	34052.04	4.8	64449.44	5.8	3147.04	4.5
	福建	1170	130	-0.3	1468.6	4	3255.3	11.6	166.4	6.5
食品制造业	全国	9235	716.12	3.0	16087.84	5.6	23118.13	8.3	1851.07	6.7
	福建	615	45.7	-5.8	868.1	10.2	1605.5	13.4	164.6	17.5
酒、饮料和精制茶制造业	全国	7122	912.46	4.8	17248.25	7.1	17637.01	7.7	2017.46	17.5
	福建	623	41.1	14.5	568.4	5.4	995.8	8.6	86.6	8.7

檀巧斌

3.8 山东省

【a. 概况】

2017 年，全省规模以上食品工业企业 5551 家，实现主营业务收入 16342 亿元（不含烟草加工业，下同），同比增长 5.19%，占全国食品工业主营收入 15.5%；实现利税 1273 亿元，同比增长 2.66%。其中，实现利润 871.6 亿元，同比增长 2.47%，占全国食品工业利润 12.4%；出口额 132.15 亿美元，同比增长 8.4%，占全国食品工业出口总额 24%。食品工业主营业务收入、利润额和出口额 3 项指标保持全国首位。2017 年底，全省食品行业有 201 个产品获山东名牌产品称号，11 家企业获省长质量奖称号，80 件商标被认定为中国驰名商标（含法院判定数量）,207 件商标被认定为山东省著名商标，9 家企业入选 2017 年中国制造业 500 强榜单，10 个食品品牌入选 2017 年中国 500 最具价值榜单。食品行业有 26 家企业被认定为国家级企业技术中心；166 家企业被认定为山东省企业技术中心，占全省食品工业企业 3%; 31 家企业建立了院士工作站。

2017 年主要产品产量

产品名称	单位	本月累计	累计增幅%
原盐	吨	14073280	-2.57
小麦粉	吨	24098848	3.3
大米	吨	453257	30.06
饲料	吨	29230486	1.04
其中:配合饲料	吨	17865007	0.08
混合饲料	吨	6073046	-0.12
精制食用植物油	吨	6969824	5.37
成品糖	吨	2992	53.99
鲜、冷藏肉	吨	9626280	8.7
冷冻水产品	吨	789937.5	-2.7
糖果	吨	188093.9	-5.57
速冻米面食品	吨	62062.68	-10.16
方便面	吨	265349.4	-1.46

续表

产品名称	单位	本月累计	累计增幅%
乳制品	吨	2511129	19.9
其中:液体乳	吨	2433000	25.95
乳粉	吨	56417.37	49.49
罐头	吨	1134146	9.34
酱油	吨	638843.9	-16.05
冷冻饮品	吨	68827	-9.71
食品添加剂	吨	2251702	1.4
发酵酒精(折96度，商品量)	千升	668771.1	38.79
饮料酒	千升	7676948	1.61
白酒（折65度，商品量）	千升	1062709	2.48
啤酒	千升	6088238	2.2
葡萄酒	千升	383509.2	-1.69
软饮料	吨	6343035	9.47
其中:碳酸饮料类（汽水）	吨	765217.2	1.62
包装饮用水类	吨	3889838	8
果汁和蔬菜汁饮料类	吨	899915.1	51.53
精制茶	吨	3442.46	9.03

【b. 行业特点】

1. 农业持续稳定发展

山东省是农业大省，粮食、蔬菜、水果、畜禽产品、水产品总量居全国前列。2017 年，山东粮食总产量达到 2350 万吨、蔬菜及食用菌产量 328 万吨、水果 5073 万吨、水产品 881 万吨、猪牛羊禽肉 772 万吨、禽蛋 450 万吨、牛奶 266 万吨。山东主要食用农产品产量稳定增长，绿色无公害产品数量不断增加，为食品工业发展提供了可靠的原料保障。

2. 产业优势凸显

经过 30 多年的持续发展，山东省食品工业门类较齐全，基础较雄厚。2017 年，食用植物油、鲜冷藏肉、啤酒、葡萄酒产量居全国第 1 位，小麦粉、酱油产量居全国第2位，白酒、罐头产量居全国第3位。畜禽屠宰、肉制品、果蔬制品、淀粉及制品、啤酒、葡萄酒6大产业实现主营业务收入居全国第1位。谷物磨制、食用植物油、畜禽屠宰、肉制品、水产品及鱼糜制品、果蔬制品、淀粉及制品、啤酒、葡萄酒9大优势产业，2017年主营收入达到10476.5亿元，占全省食品工业主营业务收入64%，利润额达到545亿元，占全省食品工业利润总额62.5%。其中，谷物磨制、食用植物油、畜禽屠宰、肉制品、水产品及鱼糜制品、果蔬菜制品,6大产业主营收入均超过千亿元。

3. 创新驱动能力加强

山东省、省政府高度重视食品工业技术进步工作，持续增加技改和研发资金投入，不断加大企业技术改造和技术（装备）引进消化吸收，新建扩建了一大批技术工艺和装备水平先进的项目，培育发展了一批具备国际、国内先进水平的示范企业，为全省食品工业的持续发展奠定了坚实的基础。目前，啤酒、葡萄酒、淀粉糖（功能糖、醇）、冷冻干燥食品等行业的骨干企业技术装备达到国际先进水平;食用植物油、乳制品、畜禽肉制品、冷冻调理食品等行业的骨干企业技术装备达到国内先进水平。食品行业不断加快技术创新体系和激励机制建设，发挥国家及省级企业技术中心、行业技术中心、院士工作站等创新平台的作用，攻克了一批制约产业化转型升级的关键技术，多项科技成果获国家及省科技进步奖，有力地推动了企业生产技术水平的提升和技术装备水平的提高。食品新技术、新装备的推广应用，为加快产业和产品结构的调整，提升市场竞争能力提供了强大科技支撑。

4. 企业龙头带动作用加强，品牌引领发展加快作用

截至2017年底，山东省主营业务收入过10亿元的食品工业企业（集团）达到200多家。其中，六和、金锣、西王、青岛啤酒、渤海实业、香驰控股、诸城外贸、得利斯、张裕、鲁花、龙大、阜丰等12家企业主营业务收入过100亿元。9家企业入选中国制造业500强，鲁花、渤海、三星、西王、香驰5家企业食用植物油产量居全国10强之列，西王等11家企业淀粉糖产量进入全国淀粉糖20强之列。在抓好龙头骨干企业和重点行业的同时，以骨干企业（集团）为龙头，以园区为依托，积极培育发展产业集群。目前，全省已形成在国内有较大影响的18个特色产业集群，合计主营业务收入占全省食品工业20%。

5. 对外投资扩张步伐加大

20世纪90年代，以青岛啤酒为代表的龙头企业，充分发挥技术、资金、品牌、管理、市场营销等优势，抢抓机遇，通过兼并重组、控股经营等生产经营模式，盘活存量资产，实施低成本扩张，变产地销为销地产，提高了产品市场占有率和企业综合竞争实力。目前，青岛啤酒在全国19个省、市、自治区建立了50多家啤酒生产基地；阜丰集团先后在6个省区投资新建、兼并重组，建立了味精、谷氨酸、黄原胶生产基地；鲁花集团在6个省先后投资建立了食用植物生产基地;渤海实业在全国6个港口建立了食用油生产基地；临沂金锣在四川、黑龙江、内蒙等省区建立了生猪、禽类屠宰加工基地；荣成泰祥、好当家在海南投资建立水产品加工基地。烟台张裕、龙大、得利斯等重点龙头企业在省外投资建厂、兼并重组及合作经营方面都取得了较好的效益。

6. 政府重视食品工业发展

“十三五”以来，全省相继出台了《山东食品产业转型升级实施方案》（鲁政办法[2015]13号）和《关于加快培育白酒骨干企业和知名品牌的指导意见》（鲁政办字〔2018〕97号）两个文件，有力推动了食品工业的发展。

【c. 协会主要工作】

1月5日–11日，举办了“2017第13届中国（山东）年博会”。

2月，分别向省经信委、省物价局、省工商局、省国资委4部门及中国食协、中国调协呈报了《关于我省执行食盐价格和销售渠道放开的情况反映》的报告，协助省经信委组织召开“食盐价格沟通交流座谈会”。

4月14日，组织召开省食协焙烤分会年会。

4月25–26日，参加中国食协标准化工作委员会工作，郭友武会长、陈高华秘书长被中国食协聘为标准化工作委员会委员。

4月27日，组织召开省食协调味品专业委员会会长会议和年会。

4月，组织2017年度山东省食品行业首席技师选拔认定和齐鲁首席技师推荐工作。

4–5月，向省经信委提交了《加快新旧动能转换推动食品产业转型升级报告》。

5–8月，参加省政协组织的培育白酒骨干企业和知名品牌调研活动。参与起草《关于培育山东白酒骨干企业和知名品牌的调研报告》，

5–9月，编辑《山东食品工业辉煌35周年》大型工具书。

5月5–7日，举办了"2017中国（潍坊）食品工业科技博览会"。

5月20–22日，举办了"2017年第十一届全国食品博览会"。

6月2–4日，举办了"2017第13届中国（青岛）国际食品博览会暨食品科技展览会"。

6月，向省经信委提交了进一步降低食品生产企业税费负担的建议报告。

7月7日，组织省白酒国家评委参加白酒国家评委年会，全省有9个产品获奖。

7月18日，组织开展全省第五届食品行业葡萄酒、果酒评委换届暨推荐第六届国家葡萄酒、果酒评委考聘人员名单。

8月20–23日，组织参加中国食协第六届国家葡萄酒、果酒评委考聘。

9月7–8日，召开省食协第八届会员代表大会，大会选举产生了新一届理事会。

9月7–8日，在济南举办"食品工业企业诚信管理体系"（GB/T33300–2016）国家标准宣贯培训班。

9月8日，山东省食品工业协会和山东省产学研合作促进会共同主办"新旧动能转换助推食品大健康产业发展高层论坛"。

9月22日，组织了全省月饼感官质量品评会。

10月26–27日，组织了食品行业（焙烤食品、调味品、乳制品、粮油制品、肉制品、调理食品）产品感官质量品评会。

10月28–29日，组织了"2017年山东省白酒行业评委年会暨产品感官质量品评会"。

10–12月，完成起草了《关于培育鲁酒骨干企业和知名品牌促进产业转型升级工作方案》；受省经信委委托，起草了《关于加快山东白酒骨干企业和知名品牌的指导意见（征求意见稿）》。

12月13日，在潍坊组织召开重点白酒企业座谈会，征求对《关于加快山东白酒骨干企业和知名品牌的指导意见（征求意见稿）》修改意见。

12月14日，组织召开调味品专业委员会年会。

【d. 商标战略实施示范县（县、区）、示范企业和示范园区（行业或产业信群）】

根据省工商局《关于开展山东省商标战略实施示范县（县、区）、示范企业和示范园区（行业或产业信群）工作的指导意见》，经各市推荐、专家评审，山东省下列食品企业和协会确定为商标创新示范单位、商标运用示范单位和地理标志商标运用示范单位。

1. 商标品牌创新示范单位

东阿阿胶股份有限公司

西王集团有限公司

2. 商标品牌运用示范单位

青岛啤酒股份有限公司

古贝春集团有限公司

烟台张裕集团有限公司

3. 地理标志商标运用示范单位

济南市章丘区大葱产业协会

平度市大泽山葡萄协会

昌邑市大姜协会

山东省肥城桃开发总公司

威海市文登区张家产镇海参产业协会

日照市东港区茶叶产业协会

山东省金银花行业协会

胶州市大白菜协会

烟台市平果协会

金乡县大蒜协会

荣成市渔业协会

沾化县冬枣研究所

【e. 山东名牌】

依据《山东名牌认定管理办法》，青岛长生集团股份有限公司等家食品企业的产品荣获2017年度山东省名牌产品，部分企业名单如下：

2017年度山东名牌产品（食品）

序号	行政区划	单位名称	产品名称	品牌
1	青岛市	青岛长生集团股份有限公司	花生油	长生牌
2	莱芜市	山东山歌食品科技股份有限公司	山歌花生油	山歌
3	临沂市	山东金胜粮油集团有限公司	花生油	金胜
4	临沂市	山东玉皇粮油食品有限公司	花生油	玉皇
5	临沂市	费县中粮油脂工业有限公司	花生油	鲁蒙
6	临沂市	山东兴泉油脂有限公司	花生油	鲁泉
7	日照市	日照市凌云海糖业集团有限公司	白砂糖 绵白糖	凌雪
8	德州市	山东星光糖业有限公司	白砂糖	星友
9	青岛市	山东新希望六和集团有限公司	冷冻调理鸡肉制品	六和牌
10	青岛市	青岛康大食品有限公司	康大牌冷冻兔肉	康大
11	青岛市	青岛九联集团股份有限公司	冷冻调理鸡肉制品	“九联”牌
12	青岛市	青岛三统万福食品科技股份有限公司	芝士鸡排	三统万福
13	烟台市	山东仙坛食品有限公司	冷冻调理肉制品	仙坛
14	潍坊市	山东佳士博食品有限公司	冷冻调理肉制品	佳士博
15	潍坊市	潍坊美城食品有限公司	冷冻调理肉制品	潍一
16	潍坊市	山东华昌食品科技有限公司	冷冻调理肉制品	美比特
17	潍坊市	诸城外贸有限责任公司	冷冻调理肉制品	尽美
18	济宁市	兖州市绿源食品有限公司	去骨烤鸭	樱源
19	济宁市	济宁鸿润食品股份有限公司	肉鸡、肉鸭冷冻调理、肉制品	家佳宴
20	泰安市	山东大宝养殖加工有限责任公司	冷冻调理肉制品	赛星 SAIXING
21	泰安市	山东银宝食品有限公司	冷冻调理肉制品	银宝
22	威海市	山东好当家海洋发展股份有限公司	冷冻调理肉制品	好当家 HOMEY®
23	临沂市	临沂新程金锣肉制品集团有限公司	速冻调制食品	金锣
24	滨州市	无棣县华兴畜牧有限公司	冷冻调理牛肉	
25	滨州市	山东省阳信广富畜产品有限公司	冷冻调理牛肉	鸿安
26	菏泽市	山东江正食品有限公司	台式烤香肠	江正食品
27	青岛市	青岛春明调味品有限公司	姜汁	春明及图
28	青岛市	青岛永芳源食品有限公司	速冻蒜泥	永芳源
29	青岛市	青岛鲁林脱水蔬菜有限公司	脱水大蒜	鲁林
30	青岛市	青岛利和萃取股份有限公司	姜油	利和萃取
31	枣庄市	山东好利佳食品有限公司	蒜罐头	果益多
32	济宁市	济宁东运食品有限公司	蒜罐头、脱水蒜	东运
33	莱芜市	莱芜东兴源食品有限公司	佐餐生姜	卖姜翁
34	莱芜市	山东一品农产集团有限公司	蒜蓉调味料	一品味享
35	菏泽市	菏泽天鸿果蔬股份有限公司	发酵黑大蒜	御鸿园
36	菏泽市	山东莲成蒜业有限公司	脱水蒜片	莲成
37	烟台市	烟台双塔食品股份有限公司	粉丝	双塔
38	烟台市	招远三嘉粉丝蛋白有限公司	粉丝	冠珠
39	烟台市	烟台珍珠龙口粉丝有限公司	粉丝	珍珠牌
40	烟台市	山东金城股份有限公司	粉丝	丝宝宝
41	烟台市	山东六六顺食品有限公司	粉丝	六六顺
42	潍坊市	诸城东晓生物科技有限公司	淀粉糖（葡萄糖、麦芽糖、麦芽糊精）	东晓 DONGXIAO 及图
43	临沂市	鲁洲生物科技（山东）有限公司	麦芽糖、葡萄糖浆、食用葡萄糖、果葡糖浆	鲁洲
44	临沂市	青援食品有限公司	食用葡萄糖、麦芽糖	青援
45	临沂市	沂水大地玉米开发有限公司	麦芽糖	兴贸
46	德州市	山东绿健生物技术有限公司	淀粉糖（麦芽糖）	迈特健及图
47	德州市	山东百龙创园生物科技股份有限公司	淀粉糖	百龙创园
48	滨州市	西王药业有限公司	食用葡萄糖	西王
49	滨州市	山东西王糖业有限公司	麦芽糊精	西王
50	烟台市	山东东方海洋科技股份有限公司	低压御品海参	东方海洋
51	威海市	山东好当家海洋发展股份有限公司	冷冻水产品	好当家 HOMEY
52	威海市	威海市宇王集团有限公司	冷冻水产品（鲅鱼块、鲐鱼块、红鱼块、鲽鱼块）	
53	威海市	荣成市金源水产食品有限公司	冷冻水产品	海利乐
54	威海市	荣成恒源水产食品有限公司	冷冻水产品	恒缘
55	日照市	山东美佳集团有限公司	调理星鳗制品	美加佳
56	威海市	山东好当家海洋发展股份有限公司	盐渍海带	好当家 HOMEY

续表

57	威海市	山东海之宝海洋科技有限公司	盐渍海带	海芝寶
58	威海市	山东俚岛海洋科技股份有限公司	盐渍海带	食藻宝
59	青岛市	青岛科海生物有限公司	葡萄糖酸钠	科海牌
60	济宁市	山东百盛生物科技有限公司	食品添加剂葡萄糖酸钠	
61	日照市	山东凯翔生物化工股份有限公司	葡萄糖酸钠	凯翔
62	德州市	山东福洋生物科技有限公司	葡萄糖酸钠	福洋
63	青岛市	青岛鳌海湾茶叶有限公司	绿茶	鳌鹤春
64	青岛市	青岛鳌福茶场	绿茶	鳌福
65	枣庄市	山东一杯香茶业有限公司	绿茶	一杯香
66	烟台市	烟台市供销社茶业有限公司	烟台绿茶	华和
67	泰安市	山东泰茶农业发展有限公司	绿茶	良心谷
68	日照市	浮来青集团有限公司	浮来青绿茶	浮来青
69	日照市	日照浏园生态农业有限公司	绿茶	浏园春
70	日照市	日照市林苑茶业有限公司	绿茶	极北云岫
71	日照市	山东万平农业开发有限公司	万平绿茶	万平
72	日照市	日照瀚林春茶业有限公司	绿茶	瀚林春
73	日照市	山东盛世共青茶业有限公司	绿茶	共青绿
74	临沂市	山东蒙山龙雾茶业有限公司	绿茶	蒙山龙雾
75	临沂市	山东雪尖茶业有限公司	沂蒙雪尖绿茶系列	沂蒙雪尖

【f.2017年山东省食品行业产品感官质量金奖、银奖、创新奖】

1. 焙烤食品、馅料及配料类

（1）饼干

金奖：5家；创新奖：3家。

（2）糕点

金奖：11家；银奖：2家；创新奖：1家。

（3）面包

金奖：6家。

（4）馅料、配料

金奖：7家；银奖：2家；创新奖：1家。

2. 调味品类

（1）酱油

金奖：21家；银奖：2家；创新奖：2家。

（2）食醋

金奖：17家；银奖：4家；创新奖：2家。

（3）酱类

金奖：15家；银奖：1家；创新奖：1家。

（4）酱菜

金奖：6家。

（5）调味料

金奖：8家；银奖：1家；创新奖：1家。

3. 速冻食品类

金奖：11家；银奖：7家；创新奖：2家。

4. 水产类

金奖：5家；银奖：1家。

5. 肉制品类

金奖:13家；银奖：3家；创新奖：2家。

6. 乳制品类

金奖：8家；创新奖：1家。

7. 食用油类

金奖：13家；银奖2家。

8. 小麦粉类

金奖：7家；银奖：2家。

9. 其他类

金奖：2家。

【g. 2017年山东省食品行业（月饼）产品感官质量金奖名单】

1. 益利思牌广式伍仁月饼　济南市益康食品厂有限公司

2. 稻香园牌广式蛋黄莲蓉月饼、酥皮豆沙松子月饼

山东稻香园食品有限公司

3. 老一大牌广式莲蓉蛋黄月饼、苏式椒盐月饼、京式传统五仁月饼

济南一大食物有限责任公司

4. 钟鼎楼牌广式椰蓉月饼、京式巴西腰果五仁月饼

山东喜上笑食品有限公司

5. 麦田牌苏式枣蓉核桃月饼、广式经典蔓越莓月饼

潍坊泰和品尚食品有限公司

6. 婴儿乐牌广式蜜汁五仁月饼、广式八宝月饼

山东婴儿乐股份有限公司

7. 秋香牌苏式核桃枣泥月饼、苏式黑麻椒盐月饼

山东秋香食品有限公司

8. 隆盛牌酥皮玫瑰月饼、酥皮枣泥月饼

青州市隆盛糕点厂

9. 好东兴牌状元酥、绿豆糕

临清市好东兴食品有限责任公司

10. 恋恋牌酥皮五仁月饼

山东周村烧饼有限公司

11. 康泉牌广式枣泥月饼、广式精品伍仁月饼

山东康泉食品有限公司

12. 齐鲁牌广式黑芝麻月饼、广式蛋黄莲蓉月饼、苏式香酥伍仁月饼、广式八宝月饼、苏式香酥黑芝麻月饼

淄博齐鲁食品有限公司

13. 川蜜牌川蜜王川蜜月饼、精制川蜜月饼、经典川蜜月饼

济南川蜜食品有限公司

14. 益锦牌黄金酥月饼

山东益锦食品有限公司

15. 淄博饭店牌广式火腿五仁月饼、苏式玫瑰晶月月饼

淄博万家乐食品有限公司

16. 赵古城牌苏式中秋月饼

蒙阴县古城食品有限公司

17. 益和成牌广式伍仁月饼、广式豆沙月饼

夏津县益和成食品有限公司

18. 天下第一村牌广式伍仁月饼、老伍仁月饼

山东天下第一村烧饼有限公司

19. 鲁和园牌无庶糖金口酥月饼、腰果金口酥月饼、黑芝麻酥月饼

山东鲁和园食品有限公司

【h.2017 年山东省食品行业（月饼）产品感官质量创新奖名单】

1. 益利思牌葡萄软月饼

济南市益康食品厂有限公司

2. 稻香园牌欧式金沙奶黄月饼

山东稻香园食品有限公司

3. 秋香牌苏式果肉山楂月饼、苏式烤地瓜月饼

山东秋香食品有限公司

4. 好东兴牌椒盐酥月饼

临清市好东兴食品有限责任公司

5. 齐鲁牌苏式奶香酥月饼

淄博齐鲁食品有限公司

【i.2017 年山东省露酒感官质量创新奖名单】

1. 云门牌 51%vol 玫瑰老酱酒

山东青州云门酒业（集团）有限公司

2. 百脉泉牌 48%vol 百脉泉杞参露酒

山东百脉泉酒业有限公司

3. 孔府家牌 25.8%vol 孔府家鲁酒

曲阜孔府家酒业有限公司

4. 红太阳牌 38%vol 红太阳菊花露酒

山东红太阳酒业集团有限公司

5. 孔府宴牌 38%vol 孔府宴荷风汉韵酒、30%vol 孔府宴一米红莲酒

孔府宴酒业销售有限公司

【j. 2017 年山东省白酒感官质量金奖、银奖、创新奖名单】

1. 浓香型白酒

金奖：32 家；银奖：12 家。

2. 芝麻香型白酒

金奖：8 家。

3. 酱香型白酒

金奖：3 家。

4. 其他香型白酒

金奖：3 家。创新奖：17 家。

陈高华 王乐进

3.9 广东省

【a. 概况】

2017 年，广东省食品工业以推进供给侧结构性改革为主线，深入实施“三品”专项行动，着力提高产品供给质量，经济效益整体保持稳中有进发展态势。

1. 食品工业生产

全省食品工业规模以上生产企业 2057 家，企业人数 42.68 万人，规模以上食品工业总产值 7056.15 亿元，占广东地区生产总值的 7.9%。食品工业主营业务收入 6765.35 亿元，同比增长 4.3%；其中，农副食品加工业 3389.11 亿元，食品制造业 1925.95 亿元，酒、饮料和精制茶制造业 1033.12 亿元，烟草制品业主营业务收入 417.17 亿元，同比分别增长 7.9%、6.1%、1.6%、1.5%。

全省规模以上食品工业增加值 1851.51 亿元，同比增长 5.9%，占全省规模以上工业增加值的 5.6%；其中，农副食品加工业 443.31 亿元，食品制造业 740.71 亿元，酒、饮料和精制茶制造业 337.72 亿元，烟草制品业工业增加值 329.77 亿元，同比增长 10.3%、5.9%、5.0%、1.5%。全年食品抽检合格率为 97.1%，保健食品抽检合格率为 96.9%。

2. 市场销售

全省实现食品工业销售产值 6737.54 亿元，产销率为 95.5%；其中，农副食品加工业，食品制造业，酒、饮料和精制茶制造业，烟草制品业销售产值为 3274.92、1887.43、1070.93、504.26 亿元，同比增长 12.3%、7%、5.7%、-4%；产销率分别为 99.4%、88.0%、91.2%、114.4%。在限额以上批发和零售业商品零售额中，粮油、食品、饮料、烟酒类增长 6.6%。

3. 食品出口

2017 年，广东省规模以上食品工业出口交货值 391.16 亿元，占全国食品工业出口交货值的 9.6%。其中，农副食品加工业 264.08 亿元，同比增长 12%；食品制造业 117.15 亿元，同比增长 7.6%；酒、饮料和精制茶制造业 8.34 亿元，同比增长 10.9%；烟草制品业 1.59 亿元，同比下降 10.9%。

全年广东出入境检验检疫局出口食品备案企业 1242 家，同比增加 43 家；出口食品首次申请企业 65 家，出口食品注销企业 32 家。辖区 351 家出口食品备案企业上线“三同”信息公共服务平台，约占出口企业的 30%。

4. 固定资产投资

全年食品饮料固定资产投资 634.73 亿元，同比下降 1.0%。其中，农副食品加工业 284.17 亿元，同比增长 11.9%，食品制造业 239.93 亿元，同比下降 5.3%。受宏观环境影响，市场风险加大，以自有资金为主的食品工业固定资产资产投资变得更加谨慎，增速放缓。

5. 发展特点

（1）盈利能力有效提升

2017 年，广东省食品工业企业以实施“三品”战略为抓手，推动工业生产稳中有进，盈利能力有效提升。规模以上食品工业企业实现利润总额 557.36 亿元，其中除烟草制品业结构性调整，利润总额 44.90 亿元，同比下降 10.9% 外，农副食品加工业 162.79 亿元，同比增长 24.8%；食品制造业 261.14 亿元，同比增长 4.2%；酒、饮料和精制茶制造业 88.53 亿元，同比增长 12.9%。

（2）骨干企业竞争实力较强

大型食品骨干企业将新型信息技术应用于原料选

取、食品生产、研发和销售等产业链全过程，形成一批具有较强竞争力的领军企业、知名品牌和关键技术。23家食品类企业进入2017广东省企业500强。海天味业是全球最大的调味品行业生产销售企业，实现营收145.84亿元，同比增长17%，净利35.31亿元，同比增长24%。王老吉作为广州2017《财富》全球论坛官方独家凉茶饮料赞助商，成为中华老字号与世界对话的模范，进一步提升了品牌国际知名度和影响力。

（3）落实“三品”战略成效初显

广东省食品行业以“三品”战略为抓手，以消费升级为导向，积极推动供给侧结构性改革，全面贯彻“增品种、提品质、创品牌”战略部署，通过强化科技创新、促进“两化”融合，推动提质增效，着力提高食品工业产品有效供给能力和水平，打造一批高品质的食品品牌、新品种和高端产品，食品工业品种丰富度、品牌认可度、品质满意度有效提升，更好满足人民群众日益增长的美好生活消费需求，

（4）优势产品市场范围扩大

列入重点统计的主要产品产量60%以上进入全国前十位，进入前三位的有酱油、冷冻水产品、软饮料、碳酸饮料、瓶（罐）装饮用水（第一位）、糖果（第二位）、成品糖（第三位）等。广式月饼出口货值约占全国90%，出口量连续12年全国第一；酱油产量占全国55.4%，调味品出口实现了“凡是有人的地方就有广东调味品”的目标；凉茶饮料占国内90%以上的市场份额，并出口80多个国家和地区。

【b. 大事记】

1月11日，针对《消费者报道》1月9日发表“11款酱油检出微量可能致癌物”，声称海天、厨邦、珠江桥等酱油中检出4甲基咪唑致癌物的报道，对省酱油行业产生严重不良影响。广东省食品行业协会紧急召开酱油行业企业会议，会议决定：一是由协会对事件发表声明；二是向省委宣传部报告此次事件，并呼吁对食品行业负面报道由省食安办审查批准。

1月12日，省食协在《南方日报》头版刊发《严正声明》，同时向省委宣传部送达《关于准确报道和传播食品安全信息的报告》，对此次事件作出澄清，并呼吁对食品行业负面报道由省食安办审查批准。

2月15日，广药集团·《财富》全球论坛战略合作签约仪式在广州举行。作为《财富》全球论坛的战略合作伙伴，王老吉成为2017《财富》全球论坛的指定凉茶，加速国际化进程。

2月27日，广东省食品行业协会、广东省医药行业协会在广州珠江宾馆三楼多功能厅召开“广东省食品行业协会成立35周年、广东省医药行业协会成立15周年庆祝大会暨2016年年会”。

5月27日–6月1日，由中国食品工业协会、广东省食品行业协会主协的第八届中国（道滘）美食文化节暨第二届水乡新型旅游展举行。

5月31日，省食协召开“八记潮汕手打牛肉丸制作技艺”专家评审会，就“八记潮汕手打牛肉丸”申请广东省非物质文化遗产项目申报材料进行专家评审，同意推荐“八记潮汕手打牛肉丸制作技艺”申报广东省省级非物质文化遗产代表性项目。

7月27日，广东省食品药品监督管理局以备案号（食健备G201744000001），对广州善元堂健康科技股份有限公司提交的善元堂牌叶酸片予以备案，发放了全国首张保健食品备案凭证。8月，发放了全国首张注册转备案的保健食品备案凭证。

8月16日，最高人民法院就加多宝与广药集团红罐凉茶包装装潢一案作出终审判决：广药集团与加多宝公司对“红罐王老吉凉茶”包装装潢权益的形成均作出了重要贡献，双方可在不损害他人合法权益的前提下，共同享“红罐王老吉凉茶”包装装潢的权益。

11月20日，“食品研创世界论坛——广东‘新丝绸之路’食品安全研讨会”在广州召开。

11月22日，省食协在广州举办广东省调味品评委考核选拔考聘工作，本次考聘工作采取理论培训和感官品评相结合的形式进行，共有26人参加考核选拔，评出广东省调味品行业特约评审委员18个，评审委员8个。

12月28日，省食协认定王老吉植物饮料凉茶（无

糖）等24个产品为2017年度广东省食品行业新产品，“无限极 金昭胶囊”等32个产品为2017年度广东省食品行业优秀新产品，并入选《广东省食品行业消费品工业指南》（第一批）。

【c. 经济指标（数据）】

1. 食品工业企业主要经济指标

行业	生产总值(亿元)	主营业务收入(亿元)	同比增长（%）
农副食品加工业	3295.54	3389.11	7.9
食品制造业	2145.49	1925.95	6.1
酒、饮料和精制茶制造业	1174.23	1033.12	1.6
烟草制品业	440.88	417.17	1.5

2. 食品工业企业和平均用工数

行业	规上企业（家）	平均用工人数（万人）	同比增长（%）
农副食品加工业	1020	16.35	-1.6
食品制造业	767	17.74	-3.0
酒、饮料和精制茶制造业	261	7.85	-3.5
烟草制品业	9	0.74	-2.3

3. 食品工业利润总额及其增长速度

行业	利润总额（亿元）	同比增长（%）
农副食品加工业	162.79	24.8
食品制造业	261.14	4.2
酒、饮料和精制茶制造业	88.53	12.9
烟草制品业	44.90	-10.9

4. 食品工业主要产品产值

行业	工业总产值（千元）	工业增加值（千元）
农副食品加工业	329554375	44331378
谷物磨制	21522100	2180189
饲料加工	118196563	14514538
植物油加工	56081630	3622873
制糖业	9040966	1515266
屠宰及肉类加工	30769360	4861559
水产品加工	67096112	12117558
蔬菜、水果和坚果加工	15562335	3423714
其他农副食品加工	11285309	2095682
食品制造业	214549311	74070607
焙烤食品制造	17579169	4575858
糖果、巧克力及蜜饯制造	34282382	12633058
方便食品制造	18314723	4368061
乳制品制造	14374795	3530450
罐头食品制造	10730749	2780337

续表

行业	工业总产值（千元）	工业增加值（千元）
调味品、发酵制品制造	48229365	16581256
其他食品制造	71038128	29601588
酒、饮料和精制茶制造业	117423290	33772097
酒的制造	23999267	8442942
饮料制造	91112866	24791811
精制茶加工	2311157	537344
烟草制品业	44088282	32977055
烟叶复烤	137109	136355
卷烟制造	42472053	32529345
其他烟草制品制造	1479120	311355

5. 食品工业销售产值

行业	工业销售产值（万元）	同比增长（%）
农副食品加工业	32749213	12.3
食品制造业	18874292	7
酒、饮料和精制茶制造业	10709316	5.7
烟草制品业	5042576	-4

6. 居民食品价格分类指数

指　标	价格指数（上年=100）	同比涨跌幅度（%）
居民消费价格指数	101.5	1.5
食品烟酒	100.0	0.0
其中：粮食	101.4	1.4
食用油	100.2	0.2
鲜菜	91.6	-8.4
畜肉类	97.0	-3.0
禽肉类	99.6	-0.4
水产品	104.3	4.3
蛋类	97.8	-2.2

7. 主要产品产量

产品名称	计量单位	产量	增长（%）
小麦粉	吨	2807222	3.5
大米	吨	1237730	16.7
精制食用植物油	吨	4887975	8.3
成品糖	吨	822699	-2.7
糖果	吨	668447	4.5
速冻食品	吨	96083	-19.2
其中：速冻米面食品	吨	90117	-15.7
方便面	吨	453418	-11.9
乳制品	吨	772868	-6.1
液体乳	吨	593912	5.3
罐头	吨	468978	3.9

产品名称	计量单位	产量	增长（%）
味精（谷氨酸钠）	吨	43652	0.5
酱油	吨	4743613	8.0
冷冻饮品	吨	525317	34.5
软饮料	吨	29854334	6.9
其中：碳酸型饮料（汽水）	吨	3613205	5.2
包装饮用水	吨	16202048	6.6
果汁和蔬菜汁类饮料	吨	902844	-2.3
蛋白饮料	吨	534134	4.1
精制茶	吨	14531	-0.4
卷烟	万箱	264.73	-2.2

【d. 新产品开发】

广东省食品行业协会为贯彻落实国家和省关于开展消费品工业“三品”（增品种、提品质、创品牌）专项行动和工作部署，按照《广东省经济和信息化委员会关于支持行业协会开展消费品“增品种”工作的指导性意见》（粤经信消费函〔2017〕71号）要求，以企业自愿申报为原则，以《广东省食品行业新产品认定工作实施细则（试行）》为依据，委托广东省南方食品医药行业评估中心组织专家认定24个产品为“2017年度广东省食品行业新产品”，评选出“无限极金昭胶囊”等32个具有显著创新性、具有较好市场前景的产品为“2017年度广东省食品行业优秀新产品”，授予一等奖（3项）、二等奖（11项）、三等奖（18项）。被评定为食品优秀新产品均编入《广东食品行业消费品供给指南》（第一批）。

【e. 重点行业和重点企业】

1. 重点行业

（1）凉茶饮料

Chnbrand2017年中国品牌力指数SM（C-BPI®）凉茶品牌排行榜广东企业排名

说明：①品牌上榜条件是“未提示提及率≥7%，②得分基于1000分制

排名	排名变化	品牌	C-BPI得分
1	+1	王老吉	599.1
2	-1	加多宝	589.0
4	—	潘高寿	306.3
5	+1	黄振龙	272.8

续表

排名	排名变化	品牌	C-BPI得分
6	-1	邓老	247.3
7	new	白云山	234.3
10	new	徐其修	220.7
12	new	霸王	211.7

加多宝在夯实罐装饮料市场领导者地位后，进一步加强瓶装加多宝市场份额的决心。在全国范围内推PET瓶装，加大对瓶装加多宝的投入就是为抢占即饮市场份额。中粮集团旗下的中粮包装将通过对清远加多宝增资20亿元，并持有其30.58%的股份，双方将共同打造集加多宝品牌、浓缩液、供销体系为一体的综合运营平台。

王老吉在消费继续升级和年轻化的大趋势下，坚持“时尚、文化、科技”品字形战略，在互联网战略、产能、渠道、产品等营销策略方面力求创新，并积极进行跨界合作。其中在2017年进行“价值升级”：优化渠道费用分配，实现终端优质优价，从价格的竞争转为产品品质和品牌体验的竞争。王老吉作为2017《财富》全球论坛的指定凉茶，国际化步伐进一步加速。

（2）焙烤食品制造

广东省是全国焙烤食品产业的龙头省份，也是月饼行业的第一大省。据2017年统计，全省共有焙烤食品企业665家，其中规模以上企业163家。拥有众多国内知名的月饼和饼干品牌，广式月饼在市场中占主导地位。

东莞市华美食品有限公司作为东莞市“倍增计划”试点企业，为在5年内实现倍增目标，已形成东莞、湖北仙桃、北京三大生产基地，生产能力满足覆盖全国市场的需求。连续多年位列全国月饼市场前茅。广州酒家在上海证券交易所正式登陆A股资本市场，成为广东省第一家上市的饮食集团。广州酒家拥有华南地区最大型的综合食品生产加工基地和“利口福”“秋之风”等系列高知名度品牌，主要生产月饼、速冻食品、腊味食品以及西点、酥饼等食品，主营业务收入占广州酒家超过70%，产品品种超过160种。

广东省食品药品监督管理局组织开展了省级月饼

和粽子专项抽检，抽检月饼 354 批次，抽检粽子 100 批次，合格率均为 100%。

（3）调味品、发酵制品制造

全省共有调味品、发酵制品制造规模以上企业 91 家。

Chnbrand2017 年中国品牌力指数 SM（C-BPI®）酱油品牌排行榜广东企业排名

说明：①品牌上榜条件是“未提示提及率≥ 7%，②得分基于 1000 分制

排名	排名变化	品牌	C-BPI得分
1	—	海天	589.1
2	—	李锦记	429.5
6	—	美味鲜	304.4
7	+3	东古	284.2
8	-1	厨邦	263.2
11	—	味事达	237.2

佛山市海天调味食品股份有限公司酱油、食醋摘得由工信部专项支持的 2017 年 C-BPI 中国品牌力指数行业第一品牌。其中，海天酱油连续 7 年荣登行业品牌力指数榜首，海天食醋连续 6 年荣登行业品牌力指数榜首，再次摘得 C-BPI“黄金品牌”殊荣（5 年以上连续第一）。

为贯彻落实《中国制造 2025》，深入实施绿色制造工程，加快构建绿色制造体系，率先打造一批绿色制造先进典型，国家工信部公布 2017 年首批绿色制造示范名单，海天（高明）公司获评国家级“绿色工厂示范单位”。成为全国 6 家、广东省唯一一家获评的食品企业。

在有 10 万 + 网友参与投票“味爱献礼——消费者心中的最爱”活动中，李锦记从 100 多个参评品牌中获得“消费者心中互联网优势品牌”，蒸鱼豉油获得“消费者心中最具人气产品”、旧庄蚝油获得“消费者心中最具市场影响力产品”“细节决定滋味”获得“消费者心中最走心的广告语”。李锦记酱料集团主席李惠中先生获“2017 年度餐饮供给侧杰出企业家”。

广东美味鲜调味食品有限公司依照产品发展战略，于 2016 年开始针对市场需求日益扩大的蚝油与酱料产品进行升级和新品延伸。经过各部门对工艺技术的攻坚克难和对产品形象的精益求精，相继于 2017 年 5~6 月推出全新升级的蚝油系列与酱料系列产品。使产品风味全面提升，形象优化，焕然一新，更具吸引力，一经上市，便广受关注。

为保证产品质量和风味，鹤山市东古调味食品有限公司依然采用一百多年前的传统优良生产工艺，并根据实际情况不断创新，利用现代化技术进行了行之有效的改进。如酱油制曲受到氧气与温度限制严重，采用机械化循环鼓风制冷供氧以及翻曲系统，使制曲时间相比旧工艺提前十多个小时，由于严格监控制曲质量，所酿造酱油色香味一流。

广东省食品进出口集团公司所属广东珠江桥生物科技股份有限公司的“珠江桥”产品畅销全球 120 多个国家和地区，出口量多年居中国酱油出口第一。

广州市如丰果子调味食品有限公司是一间生产广式酱菜、高级酱油及调味食品的广州市农业龙头企业。多年来，企业坚持以诚信立业铸品牌，匠心传承广府味，将传统工艺发挥到极致，使企业成为岭南酱菜文化名副其实的传承者和守望者。2017 年有 7 个产品获“广东省食品行业名牌产品”。

根据 2017 年深圳市民酱油消费调查报告结果显示，去香港买酱油的市民中 91.2% 的认为香港酱油质量更放心，有 10.5% 的认为香港酱油口感更好。为此深圳市消委会委托深圳市品质消费研究院开展酱油商品的比较试验。对深圳与香港在售品牌酱油进行比较，并发布《2017 年酱油比较试验报告》，深港酱油对比发现，深圳酱油完全不输香港酱油，深圳酱油所执行的国家标准不低于香港标准，且深圳酱油标签比香港酱油要求更明确，香港酱油平均含盐量高于深圳酱油。。

（4）饮料制造

广东省共有饮料制造规模以上企业 156 家，软饮料产量列全国首位，其中碳酸型饮料（汽水）、包装饮用水产量居全国第 1 位。

全国与广东省饮料产量对照表

单位：万吨、%

	软饮料	碳酸型饮料（汽水）	包装饮用水	果汁和蔬菜汁类饮料
全国产量	18051.23	1744.41	9535.73	2228.50
同比增长	4.6	6.1	3.2	4.1
广东产量	2985.43	361.32	1620.20	90.28
同比增长	6.9	5.2	6.6	-2.3
所占比例	16.5	20.7	17.0	4.1

Chnbrand2017 年中国品牌力指数 SM（C–BPI®）瓶装水品牌排行榜广东企业排名

说明：①品牌上榜条件是“未提示提及率≥7%，②得分基于1000分制

排名	排名变化	品牌	C-BPI得分
4	+1	乐百氏	356.0
6	—	怡宝	326.9
11	—	百岁山	261.3
12	-5	恒大冰泉	239.7

Chnbrand2017 年中国品牌力指数 SM（C–BPI®）功能饮料品牌排行榜广东企业排名

说明：①品牌上榜条件是“未提示提及率≥7%，②得分基于1000分制

排名	排名变化	品牌	C-BPI得分
1	—	脉动	642.8
4	—	健力宝	361.8
12	new	东鹏特饮	225.6

广州香雪亚洲饮料有限公司是一个拥有 70 年历史的中国本土饮料品牌，依托香雪制药（股票代码：300147）的资源和技术优势，专注研发植物型健康饮料。2017 年，香雪亚洲继 2016 年推出了豆奶和即饮酵素两款新品后，又推出“亚洲雄风”能量饮料，形成了植物汽水、植物蛋白饮料和植物能量饮料三箭齐发之势。发展方向是以原有的消费群体为基础，把广东作为依托，扩展到更大的区域，希望走向全国，成为综合型的饮料公司。

深圳景田食品饮料有限公司在全国已建立六个实体性公司及生产基地，拥有世界一流的生产厂房，数十条领先世界的全自动生产线，产品销售网络不仅覆盖中国大陆，还在海外市场取得了不菲的成绩和良好声誉，成为中国瓶装饮用水出口量最大的企业。2017 年拥有千年未被改变和触动过的天然矿泉水源，富含偏硅酸、锂、锶、钙、钾等多种微量元素，为少见的优质矿泉水水源，位于罗浮山脉保护区的水源地的玻璃瓶装高端矿泉水品牌“Blairquhan 本来旺”在惠州罗浮山基地投产。百岁山从德国海叶公司引进了一条产能每小时 3.6 万瓶克朗斯的灌装线，是国内首家成功生产高强度轻量化矿泉水瓶的企业，为目前国际最高水平。“本来旺”上市后，将着重走高端路线。

广东健力宝集团有限公司在扎实稳固的工作下，树立好产品高品质、高服务的形象。以全新的定位、全新的包装、全新的口味推新，把目光投放到健康的汽水和功能化饮料领域，推出了“享受”果味苏打水、“汽翻天”乌梅汁汽水、“爆物”果味营养素、“元动力”维生素营养强化饮料、“妙泡”牛奶味苏打饮料等多款新品。

东鹏特饮继 2017 年推出了符合年轻人审美的全新包装金罐后，又推出 500mlPET 装，意欲以多规格抢占市场。

（5）乳制品制造

全省共有乳制品制造业规模以上企业 26 家。广州燕塘乳业股份有限公司（股票代码：002732）在由中国证券报主办的“第 19 届中国上市公司金牛奖评选”和证券时报主办的“第 11 届中国上市公司价值评选”中，分别荣膺“金牛投资价值 150 强”“中国中小板上市公司价值 50 强”。

燕塘乳业拥有广东唯一一个乳业工程技术研究中心，实施“研发一代、储备一代、推出一代”的产品战略，同时与科技部门、高校、科研机构等开展长期的产学研合作，实现科研成果产业化，科创水平居国内乳业领先地位。在奶牛养殖、牛奶检测方法、冰淇淋生产等多项技术拥有国家专利授权，并成功开发出乳制品质量安全智能溯源平台，先后获得中国乳制品工业协会颁发“技术进步特等奖”“技术进步一等奖”“优秀新产品奖”，以及“广州市市长质量奖”“广东名奶”“科技创新突出贡献奖”等多项殊荣，彰显了“广东制造”的高水平和高品质。

广州风行乳业股份有限公司荣获“2017年广东省制造业100强”和“2017年广东省最佳自主品牌”称号。风行乳业开创了广东省牛奶连锁专卖店模式的特色渠道。通过打造市场网格化布局，实现2小时内送达服务，打通生鲜物流最后一公里。“自建平台，专卖店+互联网”的商务模式获国家农垦局及同行一致赞许，认为代表了国内城市型乳企O2O的先进模式，树立了行业标杆。

风行乳业公司与华南理工大学联合组建的“广东省乳业生物工程技术研究中心”经省科技厅授予正式挂牌，该中心作为企业重要的产学研合作平台，助力企业进一步深化自主创新，提升核心竞争力和发展软实力，进一步夯实本土乳业领先品牌的地位。

广东温氏乳业有限公司打造广东最生态养牛场，已成为广东省最大的全产业链牛奶生产公司。温氏乳业在奶源建设上，拥有肇庆、清远、广西、湖南等5个大型奶牛养殖基地，陆续从澳洲、新西兰等国家引进超10000头优质种源奶牛，存栏奶牛超20000头，成为目前广东省内最大的奶牛养殖基地。原奶销售份额已进入我省第一阵营，是华南最大的出口原奶企业。温氏集团旗下的鼎湖奶牛场和鱼湾奶牛场取得了国家出口食品生产企业卫生注册证书，出口供应香港的原料奶约占香港原奶市场日供应量的80%。大旺乳品加工厂是温氏乳业建设的现代化、标准化大型乳品加工厂，设计规模为年产乳制品8万吨。奶制品销售网络现已遍及广东省各大城乡市场，并辐射广西、湖南、湖北、福建、海南等区域市场，受当地消费者的欢迎与喜爱。

（6）保健食品

截至2017年，在广东省食品药品监督管理局网站查询：广东省保健食品自主生产企业94家、委托生产企业9家，获得广东省保健食品批准证书2562条，保健食品广告批准文号6090条。食品生产（特殊食品）企业100家。

5月16日，广东省食品药品监督管理局办公室发布《关于印发<广东省保健食品生产质量管理体系实施指南>的通知》（粤食药监办健〔2017〕266号），要求全省保健食品生产企业参照《广东省保健食品生产质量管理体系实施指南》，建立完善生产质量管理体系并有效实施，每年对体系运行情况进行自查。各级食品药品监管部门要做好辖区内保健食品生产企业生产质量管理体系实施的督促检查工作，推动保健食品生产企业生产质量管理体系有效运行。

省食安办、食品药品监管局、公安厅、工商局、卫生计生委5个部门联合印发《广东省2017年保健食品非法会议营销专项治理行动工作方案》，针对保健食品非法会议营销，从4月到10月，在全省范围内联合开展保健食品非法会议营销专项治理行动，进一步规范保健食品市场秩序。省食品药品监督管理局联合省公安厅、省工商局、省卫生计生委从7月至12月，在全省范围内开展“南粤护老”专项行动，坚决铲除各类以保健食品非法营销欺诈老年群众的社会公害毒瘤。广东省食品安全委员会办公室、广东省食品药品监督管理局印发《广东省保健食品非法会议营销专项治理行动举报违法行为线索奖励实施方案》的通知。加大对专项治理行动和奖励方案的宣传力度，建立一支社区志愿者队伍，进一步加大案件查办力度。为鼓励投诉举报，省食药监局从工作经费安排100万元，专门用于奖励提供保健食品会议营销违法行为案件线索的举报人。

经中国食品科学技术学会专家评审委员会的实地考核和审核认定，无限极（中国）有限公司被认定为“全国食品科普教育基地”（2017–2021年）。

在第二届“全国质量创新大赛”上，无限极（中国）有限公司蝉联双冠、再创佳绩，斩获两项一等奖、一项二等奖。其中，荣获一等奖的项目将获得代表中国参加本年度国际质量创新大赛的优先机会。在怡安翰威特2017年中国最佳雇主新闻发布会上，无限极（中国）有限公司第五次获得“怡安2017年中国最佳雇主”奖项。

（7）屠宰及肉类加工

2017年，广东肉类总产量409.78万吨，同比下降0.6%，其中，猪肉产量262.19万吨，下降0.8%；禽肉产量134.27万吨，下降0.6%。屠宰及肉类加工规上企业125家。

广东真美食品股份有限公司研发攻关小组继2016年被广东省总工会授予“广东省工人先锋号”称号，2017年，又荣获中华全国总工会授予的“全国工人先锋号”称号。广东真美食品股份有限公司于2017年6月28日在广东证监局办理了辅导备案登记，接受社会各界监督。

广州皇上皇集团股份有限公司自主创新的“一种肉脯加工装置”获国家知识产权局2017年颁发实用新型专利授权，这是皇上皇继“一种切肉机”和“一种烘房”获得实用新型专利授权后的又一喜人成绩。该技术项目实施后，肉脯生产线可大大节约人工成本，提高生产效率，具有较高的经济效益。在食品安全方面，减少了在加工过程中人为带入的污染隐患。摊脯质量得到很大提高，较好地解决了现时肉脯生产过程的一个难题，为皇上皇永和生产基地的全面投产夯实了基础。皇上皇目前拥有实用新型专利授权3项，外观专利3项，提交发明专利申请3项。

（8）糖果、巧克力及蜜饯制造

2017年，全国糖果产量为331.37万吨。作为中国最大的糖果零食生产基地之一，广东糖果、巧克力及蜜饯制造规上企业174家。糖果的年产量占到全国产量的20.2%，居福建省后列全国第2位。涌现出了一批人们耳熟能详的糖果零食品牌，有箭牌、徐福记、阿尔卑斯、吉百利、金帝等一线品牌，也有甜甜乐、好心情、好伙伴、润谷、樱桃小丸子等二线品牌。

Chnbrand2017年中国品牌力指数SM（C-BPI®）巧克力品牌排行榜广东企业排名

说明：①品牌上榜条件是“未提示提及率≥7%，②得分基于1000分制

排名	排名变化	品牌	C-BPI得分
3	-1	金帝	385.9
4	—	徐福记	353.8

以中国食品第一名镇——庵埠镇为中心及毗邻乡镇的潮安区，是中国最主要的休闲食品生产基地和出口基地，中国最重要的食品包装与食品机械制造基地，其出口总量一直位居全国前列，其中休闲食品占了约80%的出口量，占广东出入境检验检疫局辖区首位。为实现潮州的糖果从中国制造向中国创造、中国质量、中国品牌转变，潮州食品产业健康发展，政府主导、部门联动、龙头带动、全民行动，积极创建广东首个“出口休闲食品质量安全示范区”。

（9）食品添加剂

截至2017年，在国家食品药品监管总局网站“食品添加剂生产许可获证企业”列表中，广东企业187家，占全国11.4%。企业数居山东、江苏省后列全国第3位。

《2017年广东省食品安全重点工作安排》提出要加强食品添加剂使用标准的宣传和指导，规范餐饮服务中食品添加剂使用。《广东省食品药品监督管理局2017年工作要点》聚焦突出问题开展大整治。重点整治食品超范围超限量使用食品添加剂，使用工业明胶生产食品、塑化剂污染食品，生产企业虚假标注标识、回收原料生产加工食品等违法行为；继续开展对粮食、肉制品、乳制品、婴幼儿辅助食品、白酒、调味面制品、食用植物油、食品添加剂等食品为重点品种的综合治理。

广州市百花香料股份有限公司是国内香料行业规模最大的香精香料综合性生产企业之一，创建于1956年，现年产1000吨香料、4300吨香精。主导产品包括“广州”“百香”“冰花”牌等天然香料、合成香料以及各种香型的香精近千个品种，畅销全国各省、市、自治区，出口至日本、美国、法国和东南亚等国家和台湾、香港等地区。

近年来，坚果炒货食品产业发展迅猛，但其产品的哈败和过氧化值超标等问题存在安全隐患，严重制约产业的发展。为了解决干坚果炒货食品在贮藏和加工过程中发生氧化变质的问题，广东广益科技实业有限公司联合浙江省农业科学院、华南理工大学及同行知名食品企业进行技术攻关，取得重大突破，实现了多项技术创新，拥有自主知识产权，推动了本行业科

技进步。合作的项目《干坚果贮藏与加工保质关键技术及产业化》荣获“2017年度国家科学技术进步奖二等奖”。

（10）其他

广州南沙珠江啤酒有限公司占地面积382亩，拥有5条现代化灌装生产线，其中2条易拉罐线、3条瓶装线，并拥有生产速度9万罐/小时的高速线，年产能达到了130万千升，灌装能力80万千升，是全国最大的啤酒酿造中心。一条智能化柔性灌装生产线用于多品种、小批量特种啤酒的生产，可让啤酒生产更加多样化、个性化。在罐装喷码过程中，广州南沙珠江啤酒有限公司则率先使用了“一瓶一码”技术，利用互联网+和大数据，实现了瓶、箱、垛、经销商的绑定，确保每瓶酒在消费终端都可以精准溯源。还拥有我国啤酒行业首个全自动立体仓库，最早推行托盘标准化及带板运输，实现传统物流模式的标准和智能改造。

5月18日，中国南方航空集团整合全公司航食系统资源，重组成立新的广州南联航空食品有限公司。新公司以原广州南联航空食品有限公司为平台，整合了航食加工、供应、研发、配送等业务，推进航食系统一体化和产业转型。新的南联公司对于逐步实现南航航食专业化、产业化和品牌化，打造南航集团优势产业具有重要意义。南联公司的目标是打造成为中国餐食最好的航食公司，形成产品种类丰富、品牌特色鲜明、知名度高的餐食品牌，使航空餐食成为南航的竞争优势。

广东鹰唛食品有限公司系国内最早专业生产小包装食用油的企业之一，获2017年广东企业500强、制造业100强和民营企业100强。产品包括花生油、玉米油、大豆油、调和油、芝麻油、葵花籽油和橄榄油等7大系列60多个品种。产品畅销于国内15个省市区，销售区域跨越华南、华西南、华中和华东等地区。

2.重点企业

由《财富》（中文版）与中金公司财富管理部合作编制的《财富》中文网发布《财富》中国500强排行榜。该榜单考量了全球范围内最大的中国上市企业在过去一年的业绩和成就。

（1）2017年中国500强的广东省食品类企业

排名	公司名称	营业收入（百万元）	利润（百万元）
105	广东温氏食品集团股份有限公司	59355.24	11789.88
231	广东海大集团股份有限公司	27185.31	855.81
468	佛山市海天调味食品股份有限公司	12458.56	2843.13

8月3日，广东省企业联合会、广东省企业家协会发布2017年广东企业500强和广东民营企业、制造业100强榜单。

（2）2017年广东企业500强（食品类及含食品类的综合类企业）

编号	公司名称	行业类别	地区
3	华润（集团）有限公司	综合类	深圳
21	广州医药集团有限公司	制造业	广州
27	深圳市大生农业集团有限公司	综合类	深圳
28	广东温氏食品集团股份有限公司	制造业	云浮
31	广东省广新控股集团有限公司	服务业	广州
39	广州轻工工贸集团有限公司	服务业	广州
59	广东海大集团股份有限公司	制造业	广州
65	广东省广业集团有限公司	服务业	广州
101	佛山市海天调味食品股份有限公司	制造业	佛山
104	东凌控股有限公司	制造业	广州
151	益海（广州）粮油工业有限公司	制造业	广州
175	广东广垦糖业集团有限公司	制造业	湛江
205	南海油脂工业（赤湾）有限公司	制造业	深圳
234	广州珠江啤酒股份有限公司	制造业	广州
292	湛江国联水产开发股份有限公司	制造业	湛江
301	广东太古可口可乐有限公司	制造业	广州
313	福达（中国）投资有限公司	服务业	广州
320	汤臣倍健股份有限公司	制造业	珠海
329	雅士利国际控股有限公司	制造业	潮州
336	广东省食品进出口集团有限公司	流通业	广州
340	广东广弘控股股份有限公司	服务业	广州
347	深圳市农产品股份有限公司	流通业	深圳
353	广东太阳神集团有限公司	制造业	广州
354	广州酒家集团股份有限公司	服务业	广州
361	广州市香雪制药股份有限公司	制造业	广州
447	广东鹰唛食品有限公司	制造业	中山
460	广东燕塘乳业股份有限公司	制造业	广州

编号	公司名称	行业类别	地区
476	深圳南顺油脂有限公司有限公司	制造业	深圳
488	广东石湾酒厂集团有限公司	制造业	佛山
492	广州市和兴隆食品科技股份有限公司	制造业	广州
500	广东甘竹罐头有限公司	制造业	佛山

（3）2017年广东民营企业100强（食品类）

顺序号	公司名称
11	深圳市大生农业集团有限公司
12	广东温氏食品集团股份有限公司
17	广东海大集团股份有限公司
30	佛山市海天调味食品股份有限公司
33	东凌控股有限公司
78	广东鹰唛食品有限公司
93	广州市和兴隆食品科技股份有限公司

（4）2017年广东制造业100强（食品类）

顺序号	公司名称
16	广东海大集团股份有限公司
31	佛山市海天调味食品股份有限公司
33	东凌控股有限公司
47	益海（广州）粮油工业有限公司
57	南海油脂工业（赤湾）有限公司
60	广州珠江啤酒股份有限公司
67	广州酒家集团股份有限公司
73	广州王老吉药业股份有限公司
76	广东鹰唛食品有限公司
78	广东燕塘乳业股份有限公司
79	开平味事达调味品有限公司
84	深圳南顺油脂有限公司
88	广东石湾酒厂集团有限公司
95	广州风行乳业股份有限公司

8月24日，食品饮料创新论坛（FBIF）发布了2017中国食品饮料100强榜单，FBIF百强榜是以业绩为依据的中国食品饮料行业排行榜，2017年为首次发布。

（5）2017中国食品饮料100强广东企业

排名	公司名	上市	成立时间	企业类型	2016年业绩（亿元）
8	加多宝	N	1995	饮料	295.00
24	海天	Y	1955	调味品	120.68
27	华润怡宝	N	1984	饮料	93.47
29	喜之郎	N	1992	休闲食品	85.00
33	广州白云山医药集团	Y	1992	饮料	77.69
69	珠江啤酒	Y	1985	啤酒	34.25
79	东鹏特饮	N	1987	饮料	30（估）
82	中炬高新	Y	1993	调味品	28.95
94	湛江国联水产开发	Y	2001	水产品	23.04
95	汤臣倍健	Y	1995	保健品	22.98

（6）2017年食品行业A股上市公司广东企业营收排行榜

排名	股票代码	股票简称	公司名称	2017年营收（万元）
9	603288	海天味业	佛山市海天调味食品股份有限公司	1458431.09
26	002461	珠江啤酒	广州珠江啤酒股份有限公司	376360.83
28	600872	中炬高新	中炬高新技术实业（集团）股份有限公司	360937.17
34	300146	汤臣倍健	汤臣倍健股份有限公司	311079.54
42	000529	广弘控股	广东广弘控股股份有限公司	230588.45
44	603043	广州酒家	广州酒家集团股份有限公司	218921.11
64	002732	燕塘乳业	广东燕塘乳业股份有限公司	123921.92
79	600866	星湖科技	广东肇庆星湖生物科技股份有限公司	68696.94
88	000019	深深宝A	深圳市深宝实业股份有限公司	31576.27
89	002495	佳隆股份	广东佳隆食品股份有限公司	28703.05
90	300149	量子高科	量子高科（中国）生物股份有限公司	27535.36
94	002387	黑牛食品	黑牛食品股份有限公司	3172.75

广东省企业竞争力促进会发布2017年广东省企业竞争力500强榜单。

（7）2017年度广东企业竞争力500强名单（食品）

排序	企业名称
21	广东温氏食品集团股份有限公司
45	深圳市大生农业集团有限公司
53	广州轻工工贸集团有限公司
76	无限极（中国）有限公司
85	广东海大集团股份有限公司
88	佛山市海天调味食品股份有限公司
105	健康元药业集团股份有限公司
157	广东喜之郎集团有限公司
260	广州珠江啤酒股份有限公司
285	广州酒家集团股份有限公司
293	天地壹号饮料股份有限公司
334	深圳市农产品股份有限公司
339	广东溢多利生物科技股份有限公司
377	湛江国联水产开发股份有限公司
394	广东燕塘乳业股份有限公司
428	广州市和兴隆食品科技股份有限公司
435	宏辉果蔬股份有限公司

为进一步促进龙头食品企业做大做强，加快提升

县（市、区）域食品工业发展质量和水平，中国食品工业协会发布《关于开展2016~2017年度全国食品工业优秀龙头食品企业 食品工业强县（市、区）认定和共建全国食品产业发展示范园区工作的通知》（中国食协〔2017〕23号），开展2016~2017年度全国食品工业优秀龙头食品企业 食品工业强县（市、区）认定和共建全国食品产业发展示范园区工作活动，认定佛山市海天调味食品股份有限公司、无限极（中国）有限公司和广东嘉士利集团有限公司等3家广东企业为2016~2017年度全国食品工业优秀龙头食品企业。

省食协根据中国食协文件精神，开展2016~2017年度广东省食品工业优秀龙头食品企业认定工作。本着企业自愿原则，省食协委托广东省南方食品医药行业评估中心组织专家进行综合评价。经评价结果报省食协审定公示后，认定29家企业为2016~2017年度广东省食品工业优秀龙头食品企业。

【f. 品牌产品】

被纳入工信部品牌政策体系，受工信部专项资金的扶持中国领先的品牌评级与品牌顾问机构Chnbrand发布了2017年（第七届）中国品牌力指数SM（C-BPI®）品牌排名和分析报告。

1.2017年（第七届）中国品牌力指数广东列前3的食品品牌

（注：C-BPI满分为1000分）

品类	2017C-BPI 第一名（得分）	连续年数	2017-BPI 第二名（得分）	2017C-BPI 第三名（得分）
巧克力				金帝（385.9）
饼干/威化				徐福记（387.1）
酱油	海天（589.1）	7年	李锦记（429.5）	
食醋	海天（465.9）	6年		
酱料	李锦记（613.7）	1年	海天（479.4）	
功能饮料	脉动（642.8）	3年		
凉茶	王老吉（599.1）	1年	加多宝（589.0）	

5月2日，国务院批复国家发改委《关于设立“中国品牌日”的请示》，为了扩大自主品牌的知名度和影响力，同意自2017年起，将每年5月10日设立为“中国品牌日”。央视财经联合国家发改委、国家工商总局、国家质检总局等部委于5月10日在京举行了“CCTV中国品牌榜”启动仪式。首批“CCTV中国品牌榜”入围名单公布，加多宝、海天、王老吉、华美、港荣、恒大冰泉、合生元、景田、香雪、怡宝、脉动等品牌成为首批入围“CCTV中国品牌榜”的企业。占入围食品饮料类企业的16%。

6月22日，由世界品牌实验室（World Brand Lab）主办的第十四届“世界品牌大会”在北京举行，发布了2017年《中国500最具价值品牌》分析报告。

2.《中国500最具价值品牌》食品类榜单（广东）

排名	品牌名称	品牌拥有机构	品牌价值	主营业务
45	无限极	无限极（中国）有限公司	658.69	保健品
149	金龙鱼	益海嘉里食品营销有限公司	268.64	食品饮料
315	双喜	广东中烟工业有限责任公司	119.74	烟草
349	海天	佛山市海天调味食品股份有限公司	95.12	食品饮料
374	喜之郎	广东喜之郎集团有限公司	80.96	食品饮料
394	大印象	广东大印象（集团）有限公司	61.68	保健品

10月23日，由中国酒类流通协会和中华品牌战略研究院联合举办的第9届华樽杯中国酒类品牌价值200强名单发布。广东省九江酒厂有限公司2017年度品牌价值72.66亿元，荣获2017年度“华樽杯”广东省白酒品牌价值第一，中国米酒品牌价值第一。

12月18日，中国品牌价值500强评审委员会揭晓第十一届中国品牌价值500强榜单。

3.2017年第十一届中国品牌价值500强（广东省食品企业）

排名	品牌名称	品牌价值（亿元）	企业名称
69	温氏	589.81	广东温氏食品集团股份有限公司
124	海天	335.72	佛山市海天调味食品股份有限公司
185	海大	220.34	广东海大集团股份有限公司
196	健合	208.85	健合（H&H）国际控股有限公司
252	汤臣倍健	169.29	汤臣倍健股份有限公司
281	健康元	155.21	健康元药业集团股份有限公司
351	珠江啤酒	121.42	广州珠江啤酒股份有限公司
407	雅士利	99.21	雅士利国际控股有限公司
421	天地壹号	90.72	天地壹号饮料股份有限公司
452	八马	79.06	八马茶业股份有限公司

484	芭田	67.36	深圳市芭田生态工程股份有限公司

为贯彻落实省委、省政府关于实施名牌带动战略的重要部署，不断提高广东省农产品质量和市场竞争力，根据《广东省名牌带动战略实施方案》和《广东省名牌产品（农业类）管理办法》，经广东省南方名牌农产品推进中心组织专家评审和广东省名牌产品(农业类）推进委员会审核，共评出2017年广东省名牌产品（农业类）453个，其中初评产品212个，到期复审产品241个。

受广东省食品行业协会委托，广东省南方食品医药行业评估中心在以往已被认定为广东省食品行业名牌产品（调味品类）的产品不重复认定的基础上，根据《关于开展2017年广东省食品行业名牌产品（调味品类）推荐活动的通知》等文件的相关要求，对有关单位自主申报的材料组织了专家评审。推荐广州市如丰果子调味食品有限公司、揭阳市新元调味食品有限公司、广东肇庆香满源食品有限公司3家的10种产品（调味品类）为2017年广东省食品行业名牌产品。

【g. 食品安全】

广东省委、省政府对食品安全问题高度重视，采取了一系列措施加强监管，注重统筹，强化组织领导。省政府制定《2017年广东省食品安全重点工作安排》，对全省食品安全重点工作进行部署。全省各地、各有关部门在广东省委、省政府的领导下，坚决落实习近平总书记强调的“最严谨的标准、最严格的监管、最严厉的处罚、最严肃的问责”要求，狠抓食品安全监管各项工作，食品安全总体状况稳中向好。2017年广东省食品安全考核与浙江省并列全国第一。

1. 食品安全形势平稳可控

2017年，全省食品抽检合格率为97.1%，保健食品合格率为96.9%。其中与消费者密切相关的粮、肉、蛋、乳等大宗日常消费品的样品合格率均高于平均水平。全省没有发生重特大群体食品安全事故和食品市场整体下架事件。守住了不发生系统性、区域性食品安全事故的底线。食品安全总体形势平稳、可控，有效保障了人民群众生命健康安全。

2. 食品安全法治化水平进一步提升

广东省政府及有关部门高度重视食品安全工作，按照建立最严格的覆盖全过程监管制度的要求，全面加强食品安全法治建设，制订完善食品相关法规、标准，建立健全食品质量安全和标准化管理体系。如出台了全国首部针对国内食品相关产品安全监管的省政府规章《广东省食品相关产品生产加工监督管理办法》；省海洋渔业厅和省食品药品监管局联合制定的《广东省水产品质量安全管理条例》，是我省加强水产品质量安全全过程监管的一项重要地方性法规，也是《食品安全法》修订后全国第一个水产品地方性法规。制定发布《广东省食品药品监督管理局食品生产加工小作坊登记管理办法》，规范了各地食品生产加工小作坊登记管理的规范以及小作坊登记的条件要求。

3. 食品安全属地责任进一步落实

广东省政府将食品安全列入“幸福广东”指标体系，作为硬性指标进行考核，并实行一票否决。各地级以上市贯彻实施《广东省食品安全工作评议考核办法》，推动地方各级党委政府落实食品安全“党政同责”，将食品安全工作纳入政府绩效考核和领导干部政绩考评内容，出台落实食品安全属地管理责任的具体工作方案，将食品安全作为“一把手”工程来抓，保证监管工作有责任、有岗位、有人员、有手段，支持监管部门履行职责。推动县（市、区）人民政府和相关监管部门切实履行食品安全监督管理法定职责。

4. 食品安全监督管理体系进一步完善

广东通过建立食品安全责任体系，督促落实生产经营主体责任、党委政府属地责任和职能部门监管责任。提出对“食品从农田到餐桌”提出全过程监管、全链条追溯等要求，严格落实食品生产、经营、使用、检测、监管等各环节安全责任。一是加强食品生产经营全过程监管，实施食品生产经营风险分级分类管理，督促企业建立食品安全追溯体系，规范食品生产经营日常监督检查工作。二是加强餐饮服务监管，实施餐饮业质量安全提升工程，深入推进餐饮服务食品安全量化分级管理、餐饮单位“明厨亮灶”、食品安全示范创建工作，加大网络订餐平台和入网经营者监管力度。三是加强食用农产品监管，开展创建“放心肉菜示范超市”活动，督促食用农产品批发市场落实食品安全管理责任。四是加强保健食品安全监管。指导保健食品生产企业全面落实生产质量管理体系，开展打击保健食品非法会议营销专项治理。

5. 食品安全社会共治格局进一步健全

广东注重发挥食品安全社会共治作用，深入推进食品安全社会共治，通过明确多元治理主体的职能，提升多元治理主体的治理能力，拓展多元治理主体合作共治的途径，让众多的社会力量通过不同形式参与到食品安全治理的各个领域和环节之中。各级政府部门积极推动解决食品安全重点难点问题，食品行业协会积极推进行业诚信建设，提升食品产业整体水平，各类新闻媒体有效发挥舆论监督作用，初步形成了“三位一体”协同共治格局。

6. 食品安全专项整治工作成效显著

2017年，广东省开展了食品生产许可监督检查工作。对全省2017年农村食品安全治理工作进行统一部署。按照“一年整治一个行业”的工作思路，开展肉制品、桶装水生产行业专项整治和“两超一非”（超范围超限量使用食品添加剂和食品中非法添加非食用物质）专项整治行动。强化食品安全监测和风险管理，深挖食品安全案件线索，坚决取缔无证无照经营、非法生产加工黑作坊，对有关问题企业依法进行了处置，重拳打击企业违法违规行为，专项整治达到预期效果。

广东省食品安全形势稳定向好，但生产经营“小散乱”，食品质量安全保障体系不完善，多数小型食品企业质量管理和标准化体系不健全，食材源头包括食品中污染物残留现象仍然突出，生产加工经营环境存在的病原生物污染。非法添加或超范围、超限量使用食品添加剂等违法行为和食品安全保障方面还存在问题和隐患。

【h. 诚信建设】

为贯彻落实省政府办公厅《关于印发2017年广东省食品安全重点工作安排的通知》（粤府办〔2017〕31号）文件精神，按照广东省2017年食品安全宣传活动周的统一部署，大力推进我省食品行业“三品”战略，促进食品行业诚信体系建设，营造“尚德守法 共治共享食品安全”的良好氛围，广东省食品行业以食品工业企业诚信管理体系为抓手，加强企业诚信管理体系建设。2017年广东省食品工业企业诚信管理体系建设国标宣贯和新增评价企业数均为全国第一，获得全国食品安全诚信体系考核满分。

7月6日，按照广东省2017年食品安全宣传活动周的统一部署，大力推进我省食品行业“三品”战略，促进食品行业诚信体系建设，营造“尚德守法 共治共享食品安全”的良好氛围，由广东省经济和信息化委主办、广东省食品行业协会属下省南方食品医药行业评估中心承办的“广东省食品工业企业诚信管理体系国家标准宣贯培训班”召开。本次培训主会场设在广东省经信委会议室，全省21个地级市分别设置分会场，采用视频手段实现全省同步开展诚信体系培训，是全国首次采用视频手段开展诚信体系培训。在各地市经信部门和食药监局的支持和协助下，全省参加培训的企业449家，培训人次551人，培训企业数占我省规模以上食品企业数的22.6%，超过国家要求指标数12.6个百分点。

国家工信部食品工业企业诚信管理体系专家于建海老师为学员们进行食品工业企业诚信管理体系国家标准的宣贯培训。主要从GB/T 33300-2016《食品工业企业诚信管理体系》的条款释义、体系建立、实施要点及案例分析等方面进行了深入浅出的讲解，旨在推进企业学员对诚信管理体系的认知以及日常工作中诚信体系内审的方法与技巧。同时也对学员提出的具体案例和在实际操作中遇到的疑惑进行了现场解答。学员们认为本次培训很及时，对推动企业建立诚信管理体系打下良好的基础。

11月23日，广东省南方食品医药行业评估中心举办食品工业企业诚信管理体系评价员培圳班，23人被聘为评估中心诚信管理体系评价员。

广东省食品工业企业诚信管理体系建设在2017年

取得了突破性进展。广东省南方食品医药行业评估中心顺利完成了省食安办、省经信委、省食药局委托的诚信体系国家标准宣贯培训工作和工信部委托的诚信体系建设评价认定工作。其中，广东珠江桥生物科技股份有限公司、深圳市东鹏饮料实业有限公司、东莞荣华饼家有限公司等13家企业首次建立起诚信管理体系，并顺利通过食品工业企业诚信管理体系（IMS）评价。广州王老吉大健康产业有限公司等6家通过再评价，广东加多宝饮料食品有限公司2家通过监督评价；咀香园健康食品（中山）有限公司等4家企业已完成体系咨询，正在建立诚信体系。

9月6日，根据《质量诚信企业管理办法（试行）》、《质量诚信活动实施方案》，按照有关工作程序，中国出入境检验检疫协会公布了全国663家2017年中国进出口质量诚信企业名单。其中，广东食品类企业29家，占全省企业的12.4%。

【i. 食品科技】

1. 2017年度国家（广东省）科学技术奖

（1）2017年度广东省获得国家科技进步奖项目（食品）

项目	人员	单位	奖项
干坚果贮藏与加工保质关键技术及产业化	郜海燕，陈杭君，宁正祥，陈先保，穆宏磊，梁嘉臻，吕金刚，房祥军，赵文革，令博	浙江省农业科学院，华南理工大学，洽洽食品股份有限公司，西北农林科技大学，广东广益科技实业有限公司，四川徽记食品股份有限公司，杭州姚生食品有限公司	二等奖

2017年12月28日，广东省食品行业协会发布2017年度广东省食品行业科学技术奖表彰决定的通告。根据《广东省食品行业科学技术奖奖励办法（试行）》，经企业自愿申报，委托广东省南方食品医药行业评估中心组织专家评审，授予17个项目为“2017年度广东省食品行业科学技术奖”之特等奖、一等奖和二等奖；授予8名同志为“2017年度广东省食品行业科学技术奖科技创新卓越领导者”；授予9名同志为“2017年度广东省食品行业科学技术奖科技创新卓越工作者”。

（2）2017年度广东省食品行业科学技术奖表彰名单

续表

序号	项目完成单位	项目完成人	获奖等次
1	广州酒家集团利口福食品有限公司	方嘉沁、王凤娇、吴小平、董珩、潘振辉、沈汉洲、陈曦、徐俊源、黄梦燃、杨文安、黄少鹏	特等奖
2	广东燕塘乳业股份有限公司	冯立科、钟慧玲、陈智毅、古焕群、杨爱君、刘学铭、蔡文学、张冠湘、严伟斌、吴代锚、杨春英	特等奖
3	广州王老吉药业股份有限公司	方广宏、郑荣波、黄晓丹、朱焕容、吴悦、伍柏坚、彭绍忠、和海龙、林德晖、罗燕玉、黄卓芸、吴翠云	特等奖
4	广东加多宝饮料食品有限公司	伍玉豪、张健雄、冯均勇、戴爱萍、董永清、方万军、张宇津、刘连周、邝孔才、刘廷贤、王秋香、张明光、蒋伟、池大伟、古逸凡	特等奖
5	广州市东鹏食品饮料有限公司	胡海娥、张金桃、肖南、梁洪源、李璐、黄一容、杜冰、陈华芳、陆仁长、谢蓝华、李学莉、张嘉怡、张召文	一等奖
6	广州白云山和记黄埔中药有限公司	王德勤、邹江林、张慧晔、徐友阳、邓乔华、谭铭铭、张卓能、夏静、谢德媚、黄雁、梁惠瑜、陈文勇、林秋勇	一等奖
7	天地壹号饮料股份有限公司	熊贤平、李炜炤、张志永、曾彬、冯雪红、麦玉芬、王田发	一等奖
8	广东美味鲜调味食品有限公司	贾爱娟、刘长海、邓开野、杨敏、陈穗、高淑娟、崔鹏举、刘占、孙丽霞、黎尔纳、程世杰	一等奖
9	咀香园健康食品（中山）有限公司	胡志高、孟嫚、吴惠蝉、李敏、蔡晓燕、雷敏芝、陈震东、王娟、张国权	一等奖
10	广东一家人食品有限公司	黄旭民、袁如英、杨少华、刘杰、林玉惠、汪何雅、钱和、侯亚龙、陈正行、许汉秋、韩飞、张根义、马晓军、赵淑莹、姚卫蓉	一等奖
11	广州酒家集团利口福食品有限公司	潘振辉、林世纲、吴小平、郑明坤、王凤娇、方嘉沁、何润伟、杨雄志、雷绮堃、陈庆全、麦家明	二等奖
12	广州酒家集团利口福食品有限公司	王凤娇、吴小平、方嘉沁、潘振辉、麦家明、廖德荣、林世纲、苗保军、黄仕英、左敏儿、黄梦燃	二等奖
13	佛山市三水区隐雪食品有限公司	邱敬华、陈思奇、何伟勤、梁勇、陈忻、陈晓刚	二等奖
14	广东荣诚食品有限公司	郑镇标、林玉惠、陈洁、何志勇、郑宗真、陈德兆、吴浩聪、徐德水、林少娟、连晓伟	二等奖
15	广东济公保健食品有限公司	赖宣、杨启财、陈锦珍、马乃良、蔡舜炀	二等奖
16	广东八记食品股份有限公司	丁建伟、林玉惠、苏佩霞、何志勇、许毅、陈洁、林妙玲、陈德兆、胡佳玉、曾茂茂	二等奖
17	广东皇麦世家食品有限公司	陈洁辉、赖作勤、杨克儿、林德林、许志春、赖华娴、陈御容	二等奖

（3）2017年度广东省食品行业科技创新发展卓越领导者表彰名单

1	方广宏	广州王老吉药业股份有限公司	总裁

续表

2	余保宁	广东燕塘乳业股份有限公司	总工程师
3	吴小平	广州酒家集团利口福食品有限公司	研发中心副总监
4	胡海娥	广州市东鹏食品饮料有限公司	质量技术中心总经理
5	陈思奇	佛山市三水区隐雪食品有限公司	副总经理
6	赖　宣	广东济公保健食品有限公司	副总经理
7	熊贤平	天地壹号饮料股份有限公司	副总裁
8	黄星源	广东十二岭酒业有限公司	副总经理

（4）2017年度广东省食品行业科技创新发展卓越工作者表彰名单

序号	姓名	单位	职务
1	郑荣波	广州王老吉药业股份有限公司	副总裁
2	黄晓丹	广州王老吉药业股份有限公司	所长
3	朱焕容	广州王老吉药业股份有限公司	项目经理
4	古焕群	广东燕塘乳业股份有限公司	副主任
5	王凤娇	广州酒家集团利口福食品有限公司	研发员
6	潘振辉	广州酒家集团利口福食品有限公司	主管
7	方嘉沁	广州酒家集团利口福食品有限公司	研发员
8	陈　伟	广州工商学院	讲师/食品工程师
9	李炜炤	天地壹号饮料股份有限公司	副经理

2. 2017年度广东省高新技术企业

（1）2017年度广东省第一批拟认定高新技术企业名单（食品类）

广州市从化顺昌源绿色食品有限公司
广州市和兴隆食品科技股份有限公司
广州市徕富食品有限公司
广州双桥股份有限公司
广州旭众食品机械有限公司
增城华栋调味品有限公司
广东溢多利生物科技股份有限公司
汕头市佳盛副食品有限公司
汕头市培芝食品有限公司
汕头市智业畜禽养殖有限公司
广东三友酿酒股份有限公司
汉邦环宇多糖生物科技（河源）有限公司
东莞东美食品有限公司
东莞市天一食品科技有限公司
广东广益科技实业有限公司
广东新盟食品有限公司
广东椰氏实业股份有限公司
广东嘉豪食品有限公司
广东鸿信食品有限公司
广东粤师傅调味食品有限公司
无限极（中国）有限公司
潮州市庵埠佳味食品厂
潮州市康辉弘食品工业有限公司
广东好味来食品有限公司
广东新乐食品有限公司
广东真美食品股份有限公司

（2）2017年度广东省第二批拟认定高新技术企业名单（食品类）

广东宝桑国健康食品有限公司
广东汇香源生物科技股份有限公司
广东九极生物科技有限公司
广东日可威食品原料有限公司
广东粤微食用菌技术有限公司
广州百花香料股份有限公司
广州达元食品安全技术有限公司
广州昊道食品有限公司
广州华祺食品有限公司
广州金水动物保健品有限公司
广州南侨食品有限公司
广州市嘉科食品专用设备有限公司
广州市锦华食品有限公司
广州市如丰果子调味食品有限公司
广州市食品工业研究所有限公司
广州市微生物研究所
广州市至润油脂食品工业有限公司
广州星醇食品有限公司
合生元（广州）健康产业有限公司
珠海市广龙香料发展有限公司

珠海市海之利水产品有限公司
珠海市香洲真美食品有限公司
珠海雅富兴源食品工业有限公司
广东华馨香料有限公司
广东集味村食品有限公司
广东维美健健康食品有限公司
汕头市达濠李老二食品有限公司
汕头市华乐福食品有限公司
汕头市佳盛保健综合厂有限公司
汕市市科露雅香料实业有限公司
汕头市食品厂有限公司
汕头市双捷金雀食品实业有限公司
四洲休闲食品（汕头）有限公司
佛山积庆堂生物科技有限公司
佛山市层层高食品有限公司
广东海纳川生物科技有限公司
广东苏萨食品有限公司
广东五洲八达水产有限公司
广东正邦农牧有限公司
广东金友米业股份有限公司
广东维特农业科技有限公司
大埔县怡丰园实业有限公司
广东富家酒实业有限公司
广东富农生物科技股份有限公司
梅州市裕兴食品科技有限公司
博罗罗浮山润心食品有限公司
博罗罗浮山罗浮山特产有限公司
广东百岁山实业有限公司
惠州市潮记食品有限公司
惠州市甜心小铺食品有限公司
惠州市智农生物科技有限公司
东莞市国丰粮油有限公司
东莞市永益食品有限公司
东莞万好食品有限公司
中山美斯佳食品有限公司
中山市日威食品有限公司
广东开兰面粉有限公司
广东新粮实业有限公司
鹤山市东古调味食品有限公司
江门澳崎高质食品有限公司
江门市丰正食品有限公司
开平健之源保健食品有限公司
开平市美康泉生物科技有限公司
开平市旭日蛋品有限公司
广东和盈冷鲜食品有限公司
广东虹宝水产开发股份有限公司
广东金岭糖业集团有限公司
广东壹号食品股份有限公司
广东湛杨饼业有限公司
吴川市天然食品加工有限公司
湛江国联水产开发股份有限公司
湛江市碧海湾水产科技有限公司
湛江市粤水渔业有限公司
湛江双湖食品有限公司
湛江燕塘乳业有限公司
广东海宝罐头食品有限公司
广东盈富农业有限公司
茂名鸿业水产有限公司
茂名市海篮水产有限公司
茂名元天水产冷冻有限公司
肇庆恒兴水产科技有限公司
肇庆蓝带啤酒有限公司
广东潮盛食品实业有限公司
广东铭康香精香料有限公司
广东泰茂食品有限公司
无穷食品有限公司
广东金宝师食品股份有限公司
广东温氏大华农生物科技有限公司

为了树立高新技术企业标杆，发挥引领示范作用，展示广东高新技术企业创新发展成效，在省科技厅的指导下，广东省技术经济研究发展中心、广东省高新技术企业协会评选公布了2017年度广东省高新技术企业综合创新实力百强、税收贡献百强、成长性百强企业。

此次评选对象为广东省内注册并且截至2016年底仍在有效期内的高新技术企业。评选数据来源包括：2014 ~ 2016年高新技术企业运行监测数据、高新技术企业申报数据、高新技术企业年报数据等。

（3）广东省高新技术企业综合创新实力百强（食品）

佛山市海天（高明）调味食品有限公司

无限极（中国）有限公司

3. 广东省高新技术企业税收贡献百强（食品）

广州王老吉大健康产业有限公司

汤臣倍健股份有限公司

佛山市海天（高明）调味食品有限公司

无限极（中国）有限公司

（以上排名不分先后）

根据《广东省经济和信息化委员会印发高成长中小企业遴选办法的通知》（粤经信规字〔2017〕10号）要求，经企业自愿申请，各地级以上市中小企业行政主管部门和省直单位初审推荐，专家评审，遴选175家企业为"2017年广东省高成长中小企业"。其中食品类企业为：

广东立高食品有限公司

梅州市金绿现代农业发展有限公司

五华县客属酒业有限公司

广东海纳农业有限公司

汕尾市金瑞丰生态农业有限公司

台山美环健芦荟制品有限公司

广东美味源香料股份有限公司

广东环球水产食品有限公司

广东真美食品股份有限公司

广东济公保健食品有限公司

广东越群海洋生物研究开发有限公司

罗定市浩良香料有限公司

经广东省企业联合会自主创新评审委员会审议，评出2017广东省自主创新标杆企业50家、2017广东省自主创新示范企业100家。

4.2017 广东省自主创新标杆企业（食品工业）

序号	企业名
22	广州珠江啤酒股份有限公司
26	广州王老吉大健康产业有限公司
31	广州风行乳业股份有限公司
40	广东石湾酒厂集团有限公司

5.2017 广东省自主创新示范企业（食品工业）

序号	企业名
8	广东宏益鳄鱼产业有限公司
35	广东省阳春酒厂有限公司
66	广东肇庆星湖生物科技股份有限公司
83	广东溢多利生物科技股份有限公司

【j. 标准化建设】

2017年广东省食品安全重点工作安排第一条，要求加快完善食品安全法规标准。具体要健全食品相关法规规章，推动出台《广东省食品相关产品生产加工监督管理办法》等起草工作。完善食品安全工作制度，加快小型食品经营单位、散装食品经营、食品安全管理员、食品从业人员健康检查、学校食堂和企业食堂食品安全等管理制度的制修订工作。加强食品添加剂使用标准的宣传和指导，规范餐饮服务中食品添加剂使用。尊重传统饮食文化习惯，及时收集、整理、公布按照传统既是食品又是中药材的品种。推动地方标准制（修）订工作，尤其是《广东省食品安全条例》关于餐饮服务中允许使用的食品添加剂的品种和用量、地方特色餐饮食品传统使用的中药材品种等，抓紧明确标准和使用指引。加强食品安全地方标准制定、修订与管理，建立地方标准目录，制修订省级农业标准15项，累计入库农业标准数据达到4500个，开展食品安全标准宣传、培训与跟踪评价，强化标准制定、执行和监管的衔接。

3月20日，广东省卫生计生委发布《广东省卫生计生委关于征集2017年广东省食品安全地方标准制修订建议的通告》（粤卫通〔2017〕2号）。根据《中华人民共和国食品安全法》及其有关规定，在全省范围内公开征集2017年食品安全地方标准制修订申报立项建议，欢迎社会各界积极申报。

3月10日，广东省质量技术监督局以2017第1号（总第175号）批准发布《地理标志产品 新兴话梅》等32项地方标准，其中食品类6项。

8月17日，广东省卫生计生委发布《广东省卫生计生委办公室关于印发食品安全地方标准制定项目计划的通知》（粤卫办函〔2017〕397号），确定一批食品安全地方标准制定项目。

食品安全地方标准制定项目

序号	标准项目名称	制定/修订	牵头承担单位
1	簕菜	制定	五邑大学
2	新会柑普茶	制定	广东省公共卫生研究院
3	广东汤料	制定	广州市食品检验所
4	惠州梅菜	制定	惠州市食品药品检验所
5	纳豆粉	制定	广东省食品安全学会

12月16日，广东省卫生计生委组织开展了2017年食品安全地方标准制修订立项建议征集工作。并形成了2017年广东省食品安全地方标准制修订立项计划建议草案（征求意见稿）。具体标注列表如下：

序号	建议标准项目名称	制定/修订	建议牵头承担单位
1	五指毛桃	制定	广州中医药大学
2	牛肉制品中牛源性成分的荧光定量PCR检测方法	制定	汕头检验检测学会
3	橄榄菜	制定	广东省公共卫生研究院
4	汕头咸菜	制定	汕头检验检测学会
5	杏仁饼（绿豆粉饼及绿豆夹肉饼）	制定	广东省食品学会

9月12日，广东省卫生和计划生育委员会（粤卫通〔2017〕10号）发布《广东省食品安全地方标准 预包装冷藏、冷冻膳食》（DBS44/ 007-2017）《广东省食品安全地方标准 预包装冷藏、冷冻膳食生产经营卫生规范》（DBS44/ 008-2017）。

【k. 行业管理】

1. 政府监督管理

广东省食品药品监督管理局全面深化“放管服”改革，大力推进行政审批制度改革，按照“依法许可、廉洁高效、便民服务”的要求，积极推进“互联网+政务服务”工作，建立健全许可流程标准化，全面推行无纸化审批，构建“五位一体”阳光许可公开体系，不断提高服务质量、提升效能，行政许可工作走在全国前列。

（1）清理项目 简政放权

省食品药品监督管理局按照“放管服”改革要求，依法精简、下放行政审批事项，压缩归并行政审批环节，已将食品生产许可（食品添加剂）下放地级以上市局实施；药品经营许可证变更（批发、零售连锁总部）及其GSP认证证书变更分别委托给广州、深圳市实施；化妆品生产许可委托地级以上市局实施。

（2）深化改革 优化机构

省食品药品监管局优化内设机构，成立行政许可处，负责全部省级行政许可业务，实施的行政许可事项、服务事项等业务，全部实施清单化和标准化管理，切实做到集中职能、集中受理、集中审批，事权划转到位、授权到位、监察到位，真正实现“三集中三到位”。

（3）“审批查”分离 权力受监督

省食品药品监管局明确界定“审批查”职责划分，制定并出台了行政许可管理办法和行政许可评估办法，明晰许可受理、技术审查、现场检查、行政审批等各环节的分工、职责，使得行政许可有章可循，权力运行更加规范，实现“审批查”相互独立，密切配合，互相监督。

（4）点对点公开 信息透明化

省食品药品监管局主动公开标准化行政许可目录和办事指南，切实推进许可工作标准化、规范化、透明化管理。对外实时公布行政许可结果，所有行政许可事项在系统办结后同步推送到公众网“双公示”专栏，通过“审评审批进度倒计时查询”和“行政许可办理进度短信推送”功能“点对点公开”，让办事群众及时掌握相关业务办理进度，全程接受审批时限监督。建设全省统一权威的许可信息管理系统，对内通报行政审批全过程，实时查询，自动推送，做到信息互通，及时促进事中事后监管。开放数据库查询，在公众网提供综合查询数据库，方便生产经营企业、医疗机构、社会公众查询。定期发布行政许可信息公告，将许可信息及时向社会公开，接受社会公众和企业的监督。

（5）“一门式一网式”方便办事

省食品药品监管局全部行政许可事项进驻省网上

办事大厅，统一受理标准，逐一编制许可审批岗位操作规范、修订标准化办事指南和业务手册，实现“许可目录、网办大厅、办事指南”的协调统一，做到项目、内容、时限等一一对应。推进受理模式改革，由业务受理大厅直接承担全部事项的受理工作，实现“一个窗口进、一个窗口出”；建立网上预受理、前台综合受理、后台分类审批、集中窗口制证的服务新模式，实施“即来即办、当场办结”。

（6）优化服务 网上审批无纸化

改革前，申请人需要到行政受理窗口提交资料，涉及补充资料、领取批件的还要多次跑动。省食品药品监管局借助“智慧食药监”项目配套的无纸化系统，将所有纸质材料电子化，打通受理、审评、审批各环节的无缝衔接，实现“网上申报、网上受理、网上审评、网上审批、网上制证”，全部网上申办事项到现场办理次数不超过1次，95.2%以上网上申办事项实现“零跑动”。

（7）推进电子证照 提升服务效能

省食品药品监管局加快“互联网+政务服务”工作步伐，贯彻落实省政府关于加快推进电子证照应用工作部署，开通电子证照应用，切实为行政相对人提供更加高效便捷的服务。加强信息系统互联互通、数据共享，实现申请人办理生产许可业务时不再重复提交产品注册证书；打通省内检验报告系统与行政许可系统的对接，实现检验报告共享。

保健食品备案、网络食品交易第三方平台备案等业务已应用电子证照，实现申请人自行打印证书或备案凭证；2017年4月、7月还率先发放了全国首张网络食品交易第三方平台备案凭证和保健食品备案凭证。

从3月份开始，广东省全面施行《网络食品监督管理办法》，首次将网络食品经营规范化提供法律依据。对网络食品经营者在信息标注、食品添加剂使用等方面作出具体要求。深圳市《关于做好食品生产经营者自建食品交易网站备案工作的通知》，要求食品生产经营者自建食品交易网站在30个工作日内进行备案。

2. 行业自律管理

广东省食品（医药）行业协会党委在全国创造性提出并实施将党的基层组织建在协会分支机构上，现有党委6个、党总支2个、党支部61个，成为目前全国拥有党组织和党员数量最多的协会党委。党委自成立以来，致力于加强党建工作的理论创新和实践创新，认真履行从严治党主体责任，全力推进“党建+”模式，把党建工作与履行行业自律和社会责任有效融合，与开展业务工作紧密结合，与促进行业发展同步谋划。2017年成为全省社会组织党建工作示范点。

（1）加强行业党建，推动行业自律。广东省食品（医药）行业协会党委坚持党对协会工作的绝对领导，坚定不移地执行习近平新时代中国特色社会主义思想，将党的政治核心作用融入整个行业的运营和发展。在党的领导与行业自律相结合的前提下，坚定不移地推进“党建+”模式，通过党建工作带动行业自律，统领行业发展。

（2）政府部门推动，营造良好环境。省食安办、省经信委、省食药监局联合印发《关于推进食品工业企业诚信管理体系建设及评价工作的通知》（粤食安办食产〔2017〕108号），在全省范围内推进食品工业企业诚信管理体系建设及评价。各地市经信、食药监部门共推荐133家企业作为食品工业企业诚信管理体系重点培育企业。召开由广东省经济和信息化委主办、广东省食品行业协会属下省南方食品医药行业评估中心承办的“广东省食品工业企业诚信管理体系国家标准宣贯培训班”。营造了良好的政府信誉环境，有效地推进诚信管理体系建设工作。

（3）发挥协会作用，促进行业自律。广东省食品行业协会坚持“服务政府、服务行业、服务企业、服务社会”的宗旨，加强协会自律管理和行业服务，不断提升服务水平和创新能力。以点带面。结合业务工作，立足行业自律，重点抓学习、抓自律、抓创新，四是建立诚信机制，自律效果。2017年，广东省食品工业企业诚信管理体系企业培训数占规模以上食品企业的22.6%，超过国家要求企业培训数的126%,23人被聘为评估中心诚信管理体系评价员；完成新增认证企业 13 家，两项指标均为全国第一。

3. 企业质量管理

佛山市海天调味食品股份有限公司坚持创新不变，改革不变，充分的挖掘生产、人力、技术等潜能，使公司的生产、销售、品牌、人力资源等多方面进入良性发展阶段，更提出了“科技立企”的未来五年发展战略定位，使产品质量更具有竞争力，员工的素质进一步提升。在全体员工的共同努力下，公司的营收、净利润等核心经营指标均保持了较稳定增长，巩固了公司的综合实力和行业地位，带动了公司规模和利润的同步增长。

以自主经营为核心，推动公司经营转型。实现了较有质量的发展，也进一步奠定了未来几年持续发展的基础。

精耕渠道，扩容市场。酱油、酱、蚝油等三大核心产品保持稳定发展，各区域市场也保持较均衡发展。

推动公司供给侧改革，促进质量，为市场提供更多优质精品。公司把产品质量放在经营工作的重中之中，并持续推进公司在生产端的供给侧改革，严格质量管理，以味极鲜、金标生抽、蚝油等为核心的产品保持良好发展态势。

加速科技、设备技术创新，巩固技术壁垒，为企业核心竞争力注入新动力。继续在核心产品的研究和技术升级方面加大投入，科技和设备技术的创新，进一步创造了企业核心竞争力的新优势。

坚持品牌战略，继续打造有影响力的产品，助力营销。聚焦酱油、蚝油、调味酱等核心产品，加大品牌宣传。六是提升管理，利用外部新型资源，推动内部业务链的优化和释放价值。

广州珠江啤酒集团有限公司坚持稳中求进的总基调，优化产能布局。着力培育新动能，强化科技创新，推动产业智能化升级、多元化发展，努力降低经营成本，进一步提质增效，坚定不移推进啤酒酿造产业和啤酒文化产业"双主业"协同发展。一是经济效益大幅提升。实现营业收入 37.64 亿元，同比增长 6.23%；利润总额 2.57 亿元，同比增长 57.42%。二是营销质量取得突破。产品结构持续优化，完成纯生啤酒销量 40.4 万吨，同比增长 18.7%。三是行业地位更加凸显。牵头制订行业首个纯生啤酒团体标准，引领中国啤酒行业"品类创新＋文化创造"战略发展模式，成功打造国家认可的检测分析中心。四是企业管理成效显著。能物耗指标全面优化，吨酒维护成本下降 15.44%，吨酒仓储运作费用下降 17.73%，劳动生产率提高 9.11%。五是党的建设持续加强。完善法人治理结构，进一步发挥党组织的领导核心和政治核心作用，全面引领企业生产经营发展。

广州酒家集团利口福食品有限公司强化内部精准管理，加强成本控制，推进产品和技术创新，向管理要效益。一是公司根据生产运作需要和经营管理要求，围绕“降本增效”原则，从增品、提质、节能、技改、扩能、优化劳效等方面提供全方位技术支持及保障，实现降本提效。二是加强产品采购供应链管理，通过集中大宗采购及加强与原材料基地合作等方式，在保证生产原辅料质量的前提下，最大范围对相关成本进行控制。三是根据经营管理要求和生产运作需要，加强与高校和科研机构的产学研合作，建立了“广式特色食品研发中心”、“健康营养食品研发中心”、“广州市广式传统食品加工与安全控制重点实验室”产学研合作基地，提高自主创新能力和科研水平，提升公司综合竞争力。四是积极推进研发中心、利口福三号车间扩能项目和销售网点拓展等募投项目。

【I. 专题资料】

1. 广东省食品行业协会就酱油不实报道发表严正声明

1 月 10 日，广东省食品行业协会根据调味品会员要求，针对近期境内外个别媒体对酱油行业的相关报道，紧急召开骨干酱油生产企业会议，共同商议应对措施。根据会议决议，省食协在 1 月 12 日《南方日报》头版发布严正声明。

一、我省国有、民营、合资等调味品生产骨干企业为社会供给的生抽、老抽等调味品，一直严格按照国家有关标准组织生产和销售，同时，企业严格执行 DB44/T766-2010《广东省食品医药行业自律管理规范》、DB44/T767-2010《广东省食品医药行业社会责任》标准，确保了食品安全。到目前为止在国家、省、市等各级政府职能部门监督抽查中，未发现本省有不合格产品。

二、焦糖色是全球范围内用量最大的色素类食品添加剂，广泛适用于饮料、酱油、面包、饼干、啤酒等食品产品中。焦糖色中4–甲基咪唑在《食品安全国家标准 食品添加剂 焦糖色》中规定了它的限量值，目前在酱油等食品产品中出现4–甲基咪唑物质是符合国家标准规定的，不会对人体造成任何伤害。利用这种物质的存在进行不适当的炒作是不对的。

三、4–甲基咪唑致癌的说法，是美国一个民间组织提出的，至今未得到世界公认，而且欧盟食品安全局（EFSA）、美国食品药品管理局（FDA）、联合国粮农组织（FAO）和世界卫生组织食品添加剂联合专家委员会（JECFA）等评估证实含有痕量4–甲基咪唑的焦糖的食品是安全的，更不会致癌。

四、酱油是人类长期食用的生活必需品，不仅起源于中国，而且历经数千年食用，对人们的身体健康做出了不可磨灭的贡献。为传承与发展中华饮食文化，实现中华民族的伟大复兴，我们将一如既往地带领企业坚持食品安全第一，确保人民身体健康。对于损害产业发展的行为，我们既坚决反对，也保留追究法律责任的权利。

2. 最高人民法院公开宣判 王老吉与加多宝红罐凉茶包装装潢纠纷案

8月16日，最高人民法院在第一法庭对上诉人广东加多宝饮料食品有限公司（简称加多宝公司）与被上诉人广州王老吉大健康产业有限公司（简称大健康公司）、广州医药集团有限公司（简称广药集团）擅自使用知名商品特有包装装潢纠纷上诉两案进行了公开宣判。最高人民法院终审判决认为，广药集团与加多宝公司对涉案“红罐王老吉凉茶”包装装潢权益的形成均作出了重要贡献，双方可在不损害他人合法利益的前提下，共同享有“红罐王老吉凉茶”包装装潢的权益。

2012年7月6日，广药集团与加多宝公司于同日分别向法院提起诉讼，均主张享有“红罐王老吉凉茶”知名商品特有包装装潢的权益，并据此诉指对方生产销售的红罐凉茶商品的包装装潢构成侵权。广东省高级人民法院一审认为，“红罐王老吉凉茶”包装装潢的权益享有者应为广药集团，大健康公司经广药集团授权生产销售的红罐凉茶不构成侵权。由于加多宝公司不享有涉案包装装潢权益，故其生产销售的一面“王老吉”、一面“加多宝”和两面“加多宝”的红罐凉茶均构成侵权。一审法院遂判令加多宝公司停止侵权行为，刊登声明消除影响，并赔偿广药集团经济损失1.5亿元及合理维权费用26万余元。

加多宝公司不服两案一审判决，向最高人民法院提起上诉。最高人民法院终审判决认为，本案中的知名商品为“红罐王老吉凉茶”，在红罐王老吉凉茶产品的罐体上包括“黄色王老吉文字、红色底色等色彩、图案及其排列组合等组成部分在内的整体内容”，为知名商品的特有包装装潢。广药集团与加多宝公司均主张对红罐王老吉凉茶的特有包装装潢享有权益，具体而言，作为“王老吉”注册商标的权利人，广药集团认为，因“王老吉”商标是包装装潢不可分割的组成部分，并发挥了指示商品来源的显著识别作用，消费者当然会认为红罐王老吉凉茶来源于“王老吉”商标的权利人，而配方、口味并不会影响消费者对商品的识别和判断。作为红罐王老吉凉茶曾经的实际经营者，加多宝公司认为，包装装潢权益与“王老吉”商标权的归属问题各自独立，互不影响。消费者喜爱的是由加多宝公司生产并选用特定配方的红罐王老吉凉茶，本案包装装潢由加多宝公司使用并与前述商品紧密结合，包装装潢的相关权益应归属于加多宝公司。最高人民法院对此认为，结合红罐王老吉凉茶的历史发展过程、双方的合作背景、消费者的认知及公平原则的考量，因广药集团及其前身、加多宝公司及其关联企业，均对涉案包装装潢权益的形成、发展和商誉建树，各自发挥了积极的作用，将涉案包装装潢权益完全判归一方所有，均会导致显失公平的结果，并可能损及社会公众利益。因此，涉案知名商品特有包装装潢权益，在遵循诚实信用原则和尊重消费者认知并不损害他人合法权益的前提下，可由广药集团与加多宝公司共同享有。在此基础上，广药集团所称加多宝公司生产销售的红罐凉茶商品，以及加多宝公司所称大健康公司根据广药集团授权生产销售的红罐凉茶商品构成擅自使用他人知名商品特有包装装潢权益的主张，均不能成立，对广药集团及加多宝公司的诉讼请求均予以驳回。

最高人民法院还在终审判决中指出，知识产权制度在于保障和激励创新。劳动者以诚实劳动、诚信经营的方式创造和积累社会财富的行为，应当为法律所保护。知识产权司法保护应当以维护有序规范、公平竞争、充满活力的市场环境为己任，并为社会公众提供明确的法律预期。知识产权纠纷常产生于复杂的历史与现实背景之下，权益的分割和利益的平衡往往交织在一起。对这类纠纷的处理，需要我们充分考量和尊重纠纷形成的历史成因、使用现状、消费者的认知等多种因素，以维护诚实信用并尊重客观现实为基本原则，严格遵循法律的指引，公平合理地解决纠纷。最高人民法院正是基于上述立场和基本原则，确认双方在不损害他人合法利益的前提下，可以共同享有涉案知名商品特有包装装潢权益。广药集团与加多宝公司，均曾为“王老吉”品牌商誉的积累，作出了积极的贡献。在有效提升企业知名度的同时，也获得了巨大的市场利益。但在“王老吉”商标许可使用关系终止后，双方所涉知识产权纠纷不断、涉诉金额巨大，引发了社会公众的一些关切与担忧，还有可能损及企业的社会评价。对此，双方应本着相互谅解、合理避让的精神，善意履行判决，秉持企业应有的社会责任，珍视经营成果，尊重消费者信赖，以诚实、守信、规范的市场行为，为民族品牌做大做强，为消费者提供更加优质的产品而努力。

张俊修 钟华

3.10 海南省

【a. 概况】

2017年，海南省规模以上食品工业企业共计88家，完成食品工业总产值218.54亿元，同比增长8.4%。其中，农副食品加工业53家，完成食品工业产值155.86亿元，同比增长8.2%；食品制造业15家，完成食品工业产值32.77亿元，同比增长16.8%；酒、饮料和精制茶制造业20家，完成食品工业产值29.90亿元，同比增长1.1%。初步形成了以果蔬、热作产品、畜禽产品、水产品、林产品为主导行业的农产品加工产品产业格局，形成了以本地热作椰子、槟榔资源精深加工的特色产业。企业市场竞争力日渐增强，涌现出椰树、春光、南国、海南口味王、瑞今、远生、通威、翔泰等一批规模较大的农产品加工龙头企业。

【b. 主要食品工业企业】

1. 椰树集团

1986年，由国营海口罐头厂改制成立，位于海口市，下辖海南椰汁饮料有限公司、椰树集团海口罐头厂有限公司、海南澄迈椰树矿泉水有限公司、海口椰树矿泉水有限公司、海南椰树制罐工业有限公司等子公司，2017年，食品工业产值41.55亿元，同比增长15.9%。其中，海南椰汁饮料有限公司食品工业产值20.54亿元，同比增长17.67%；椰树集团海口罐头厂有限公司食品工业产值14.29亿元，同比增长12.9%；海南澄迈椰树矿泉水有限公司食品工业产值0.88亿元，同比下降59.47%；海口椰树矿泉水有限公司食品工业产值0.59亿元，同比增长13.2%。

2. 海南瑞今农业产业化开发有限责任公司

2012年成立，位于澄迈县，主要生产肉制品及副产品，2017年食品工业产值14.92亿元，同比增长35.0%。

3. 海南翔泰渔业股份有限公司

2002年成立，位于澄迈县，是一家以加工出口海洋捕捞水产品为主，集收购、加工、储存、销售于一体的外向型私营生产企业，2017年，食品工业产值12.78亿元，同比增长3.5%。

4. 海南远生渔业有限公司

2007年成立，位于澄迈县，主要生产速冻食品，2017年，食品工业产值12.23亿元，同比下降3.8%。

5. 海南口味王科技发展有限公司

2010年成立，位于万宁市后安镇，主要生产槟榔食品。2017年，食品工业产值7.49亿元，同比增长60.7%。

6. 海南春光食品有限公司

1996年成立，位于文昌市东郊镇，主要生产硬糖、软糖、椰子粉、速溶咖啡、饼干、干果、酱腌菜、调味品等10大系列200多个品项。2017年，食品工业产值4.21亿元，同比增长34.9%。

7. 海南勤富食品有限公司

2007年成立，位于文昌市，主要生产速冻食品，2017年，食品工业产值3.29亿元，同比增长21.9%。

8. 海南椰岛酒业发展有限公司

前身为国营海口市饮料厂，1993年进行股份制改制成立，位于海口市，主要生产保健酒、白酒、食品饮料等，2017年，食品工业产值3.14亿元，同比增长27.8%。

9 海南南国食品实业有限公司

1992年成立，位于海口市，主要生产椰子粉、咖啡、糖果、调味品、饼干和水果干等60余种休闲食品，2017年，食品工业产值1.63亿元，同比增长9.8%。

【c. 工业园区】

塔岭工业园区位于海南省定安县，于1993年开始规划建设，2005年，被省政府批准“为省级农副产品加工示范区”，2009年，农业部审定批准园区为“全国农副产品加工示范基地”。至2017底，园区正常经营企业43家，其中，农副产品加工企业29家。

符燕燕

3.11 山西省

【a. 概况】

2017年，在全面贯彻党的十八届五中全会精神，围绕省委、省政府“六大发展”总体要求，以转变经济发展方式为主线，全面提升传统食品、特色食品、现代食品三大产业加快信息技术与食品工业的深度融合，促进技术创新与食品工业的深度整合，实现智能制造与食品工业的高度结合，构建产业结构优化、战略布局合理、地域特色鲜明的食品工业体系。

截至2017年，山西省规模以上食品工业企业303户，完成主营业务收入666.4亿元，其中重点企业（亿元以上）92家，占比主营业务收入48.6%。利润总额总额35.3亿元；利税总额89.6亿元；工业总产值617.3亿元。

【b. 重点行业运行情况】

1. 农副食品加工业

2017年，全省规模以上企业162户，实现主营业务收入287.6亿元，同比下降7.9%；利润总额8.9亿元，同比下降24.6%；利税总额9.5亿元，同比下下降23.4%；工业总产值310.3亿元，同比下降10.5%。其中，食用植物油加工主营业务收入同比下降23.7%，利润同比下降26.5%；肉制品加工完成主营业务收入18.6亿元，同比增长5.7%，利润总额同比下降25%；蔬菜、水果及坚果加工和淀粉制造下降比较明显，主营业务收入分别下降35%和31%。

2. 食品制造业

2017年，全省79家规模以上企业，实现主营业务收入104.8亿元，同比下降10.5%；利润总额6.0亿元，同比下降20%；利税总额8.0亿元，同比下降20.8%；工业总产值114.7亿元，同比增长12.8%。

从数据表明，乳制品制造业发展明显回落，全年共完成主营业务收入40.3亿元，同比下降14.1%；利润同比下降21.7%；利税同比下降17.9%，工业总产值同比下降11.3%。

3. 酒、饮料和精制茶制造业

2017年，全省实现主营业务收入232.4亿元，同比增长12.8%；利润总额16.2亿元，同比下降76.1%；利税总额45.3亿元，同比下增长52.5%；工业总产值150.8亿元，同比增长16.3%。其中，白酒制造业总体发展增速，累计完成主营业务收入176.6亿元，同比增长15%，利润总额同比增长98.4%，利税总额同比增长62.3%，工业总产值同比增长41.3%。在饮料制造中，果蔬汁饮料制造规模企业25家，主营业务收入较同期增长7%，工业总产值较同期下降15.7%。

4. 烟草制造业

2017年，完成主营业务收入41.7亿元，利润总额4.3亿元，利税总额26.9亿元，工业总产值41.44亿元。

【c. 大事记】

1月6日，第四届山西精品年货节由中国（太原）煤炭交易中心有限公司与北京华联综合超市股份有限公司联合主办，为期17天。

4月7日，山西国投生物“食品谷”项目入驻山西农谷系列活动在太谷县通宝醋文化博物园举行。

5月23日，为全面贯彻落实省委、省政府“六大发展”的战略部署，加快转型升级，提升产业竞争力，促进食品工业持续较快发展，结合本省实际，制订出台《山西省“十三五”食品工业发展规划》。

5月27日，根据《国务院办公厅关于印发2017年食品安全重点工作安排的通知》（国办发〔2017〕

28号），结合本省实际，制定出台《山西省2017年食品安全重点工作安排》。

7月12日，2017全国食品安全宣传周·粮食质量安全宣传日活动启动，山西省相关系列活动在太原迎泽大街举行，今年活动的主题为“尚德守法共治共享食品安全”。

8月24日，第三届山西文化产业博览交易会在省会太原启幕。来自北京、上海、广东等23个省区市，以及俄罗斯、英国、法国等23个国家和、港澳台地区的1000多家参展商齐聚开放的山西，共享文化盛宴。

8月24日，2017中国（山西）食品餐饮旅游博览会暨山西面食文化节在太原举行。

9月16日，第五届中国（山西）特色农产品博览会在太原煤炭交易中心举办。这次农博会省内外参展企业将达到1200余家，产品涵盖粮食、杂粮、中药材、干鲜果、蔬菜、畜产品、醋类、酒类、饮料、油脂、林产、水产、农机具、民间工艺、农业科技等16大类6700余种。

9月25日，山西省食品工业企业诚信管理体系国家标准培训会在太原经贸宾馆召开。

11月5日，第二届山西（运城）国际果品交易博览会在运城市农展馆举行。

【d.重点企业】

1月9日，由中国酒业协会、中国食品发酵工业研究院主办、汾酒集团协办、《中外酒业》杂志社承办的“致敬匠心、传承经典”活动，以及酒界泰斗秦含章先生109岁寿诞庆典，在北京金茂威斯汀大饭店隆重举办。

1月10日，“2016十大经济年度人物”评选在北京揭晓，汾酒集团总经理、汾酒股份公司董事长谭忠豹荣获经济年度人物奖。评选活动从“创新性、颠覆性、前瞻性、成长性、持续性”五大维度出发，范围覆盖整个中国商业圈层，寻找转型大时代下引领商业之美、产业创变、时代浪潮的领袖型企业家。

2月13日，山西省副省长、省国资委党委书记王一新、省政府副秘书长王文保、省国资委常务副书记曹慧昌、省国资委党委委员、副主任马进、省国有企业监事会主席、省国资委办公室主任温波一行领导莅临汾酒集团调研国资国企改革试点工作。

2月23日，汾酒集团2017年度及2017-2019年任期经营业绩目标责任书签约仪式在太原隆重举行。

3月22日，2017年汾酒集团春季糖酒会以“把握机遇 创赢未来”为主题的经销商大会在成都环球中心天堂洲际大酒店隆重召开。微酒第六届中国酒业营销趋势高峰论坛在成都万达瑞华酒店隆重举行，汾酒集团作为本次论坛特邀单位与来自全国各地的知名酒企、酒商共话酒业营销新趋势，共谋酒业发展新道路。

9月28日，2017山西（汾阳·杏花村）世界酒文化博览会在全国最大的清香型白酒生产基地——山西省汾阳市盛大开幕。山西省副省长王一新，山西省政府副秘书长孙海潮，中国酒业协会理事长王延才，以及包括汾酒集团党委书记、董事长李秋喜，汾酒集团总经理谭忠豹，汾酒厂股份公司总经理常建伟在内的中国17大名酒企负责人，全球500多家酒类行业企业代表齐聚汾阳，共品醇香美酒、共赏白酒文化、共议酒业发展。出席开幕式的还有文化名家、国内外专家学者及嘉宾、客商等共计1500余人。

10月9日，山西省质量大会在太原召开，表彰第二届山西省质量奖获奖单位和个人，汾酒股份公司荣获“第二届山西省质量奖”，为汾酒集团第一次党代会胜利召开献上了一份厚礼。

11月22日，全省食品安全“双安双创”现场会在运城市召开。本次会议上，运城市被授予“山西省食品安全示范城市”。大同市矿区、右玉县、繁峙县等13个县（区）被授予“山西省食品安全示范县（区）”荣誉称号。小店区、大同县、天镇县、怀仁县等县（区）被授予“山西省农产品质量安全县”。

【e.协会工作】

3月16-19日，为全面贯彻《食品安全法》有效实施，进一步促进和规范山西食品安全监督管理工作，山西省食品工业协会举办《食品安全管理人员》培训班。

为推进我省食品工业品牌健康快速发展，在中国食品工业协会的指导下，由山西省食品工业协会组织承办"紫林杯"2017消费者喜爱的食品品牌山西调查活动于2017年3月15日消费者权益日正式启动，截止3月31日企业报名正式结束，全省共有109家食品企业经过自主报名和行业协会推荐积极参与。投票与4月1日正式启动，截止4月30日投票环节共获得消费者投票达128616次，同比增长55%。

6月15日，由山西省食品工业协会和山西市场导报社联合主办的"2017消费者喜爱的食品品牌山西调查活动"走进山西天赐绿珍农业科技有限公司和山西沁州黄小米（集团）有限公司，山西省多位食品行业专家、媒体及企业代表参加此次活动。

7月20日，由山西省食品工业协会和山西市场导报社联合主办的"2017消费者喜爱的食品品牌山西调查活动"会员互访走进兴县，以"兴县农产品加工发展研讨会"为主题召开座谈会。

8月29日，山西省食品安全周"紫林杯"2017消费者喜爱的食品品牌山西调查活动走进朔州古城乳业暨山西乳制品行业发展研讨会。

9月8日，由中国食品工业协会和中国粮油学会主办，中食协2017全国消费者喜爱的食品品牌调查活动，在北京信德公证处的监督公证下正式启动，于10月20日结束，投票周期为近两个月。本次活动面向粮食类、食用油类、饮品类、乳制品类、休闲食品类、调味品类等六大行业184个品牌参与调查。活动受到广大消费者的积极参与和支持。

10月28日，"紫林杯"2017消费者喜爱的食品品牌山西调查活动走进平遥冠云牛肉暨山西肉制品产业发展研讨会。

12月16日，由山西省食品工业协会主办的2017山西食醋产业发展研讨会在太原举行。

12月20日，2017中国（国际）食品产业发展论坛在北京举办，此次论坛主题为"新时代、新需求、新发展"，同时将现场向社会公布调查结果并颁发获奖证书。山西省食品工业协会荣获中食协授予的"优秀组织奖"。

【f. 品牌】（排名不分先后）

1."2017消费者喜爱的食品品牌"全国评选（山西）名单

山西汇天华科技有限公司
兴县山花烂漫农业综合开发有限公司
晋城市古陵山食品有限公司
山西天赐绿珍农业科技有限公司
山西金绛食品有限公司
山西九牛牧业股份有限公司
山西古城乳业集团有限公司
吕梁野山坡食品有限责任公司

2."2017消费者喜爱的食品品牌"区域品牌（山西）名单

山西杏花村汾酒集团有限责任公司
山西汾阳王酒业有限责任公司
山西紫林醋业股份有限公司
山西老陈醋集团股份有限公司
山西戎子酒庄有限公司
山西水塔醋业股份有限公司
山西厦普赛尔食品饮料股份有限公司
太谷县鑫炳记食业有限公司
山西清高食品有限公司
山西绿色山区农副产品有限责任公司
平遥县晋升食品有限公司
山西沁州黄小米（集团）有限公司
晋城市伊健食品有限公司

【g. 山西面食文化节】

8月24–28日，2017中国（山西）食品餐饮旅游博览会暨首届中国山西面食文化节在太原煤炭交易中心室外展区盛大启幕，作为第三届山西文博会配套的展会，与第三届山西文博会同期举办。

本次博览会由中国饭店协会、山西省饭店业商会、山西省食品工业协会等联合举办，坚持"创新、协调、绿色、开放、共享"的办展理念，精心培育山西特色展会平台，探索政府支持，市场化运作，商会、企业联合办展会的新路子。也是以互联网思维策划，颠覆传统展会模式，弘扬山西五千年文明，展示山西面食、餐饮、食品及相关行业的大型博览会。

【h. 通过食品工业企业诚信体系企业】

山西古城乳业集团有限公司

山西雅士利乳业有限公司

山西太谷通宝醋业有限公司

内蒙古蒙牛乳业（集团）山西乳业有限公司

蒙牛乳业（太原）有限公司

大同夏进乳业有限责任公司

山西双合成商贸有限公司

山西海玉食品有限公司

山西泽榆畜牧业开发有限公司

山西田森农副产品加工有限公司

太原六味斋实业有限公司

山西水塔醋业股份有限公司

北京燕京啤酒（晋中）有限公司

北京红星股份有限公司六曲香分公司

【i. 主要经济数据】

1.2017 年山西省食品工业主要效益指标（分地区）

单位：亿元

指标代码	企业单位数	主营业务收入		利润总额		利税总额		工业总产值	
		全年（亿）	同比增减%	全年（亿）	同比增减%	全年（亿）	同比增减%	全年（亿）	增减%
山西	303	666.4	-1.6	35.3	4.7	89.6	11.0	617.3	-5.1
太原	36	106.7	-1.7	9.0	-5.3	33.7	-3.2	104.3	-4.3
大同	15	12.1	9.0	0.5	-50.0	0.8	-38.5	12.5	7.2
阳泉	4	1.9	-47.2	0.0	0.0	0.0	0.0	2.8	-52.4
长治	24	52.6	-0.9	1.6	-5.9	1.9	-26.9	54.1	-0.9
晋城	12	11.2	-0.9	0.2	100.0	0.2	100.0	10.8	-6.9
朔州	17	20.5	-6.4	0.6	0.0	1.2	-14.3	21.2	-8.9
晋中	46	77.4	-6.1	1.7	21.4	3.8	11.8	79.4	-21.0
运城	59	104.5	-11.7	6.2	-10.1	7.2	-8.9	127.8	-13.1
忻州	24	11.2	17.9	0.6	20.0	0.9	28.6	12.8	17.2
临汾	11	9.7	-15.7	0.1	-66.7	0.1	-66.7	15.2	-6.3
吕梁	55	258.7	5.0	14.9	26.3	39.8	40.6	176.4	10.6

2.2017 年山西省主要产品产量及其增长速度

续表

产品名称	计量单位	总产量	同比增长（%）
粮 食	万吨	1299.9	-1.4
其中：玉 米	万吨	853.9	-3.9
小 麦	万吨	277.3	1.4
谷 子	万吨	47.0	9.9
豆 类	万吨	38.0	3.0
薯 类（折粮）	万吨	53.4	9.7
油 料	万吨	14.8	-3.8
蔬菜及食用菌	万吨	1333.9	3.5
水 果	万吨	891.0	6.0
其中：瓜果类	万吨	90.7	4.4
园林水果	万吨	800.3	6.2
食用坚果	万吨	23.8	6.4
其中：核 桃	万吨	23.0	5.8
精制食用植物油	万吨	18.8	-25.3
鲜、冷藏肉	万吨	68.1	-3.9
其中：猪 肉	万吨	54.7	-5.0
牛 肉	万吨	5.9	-0.1
羊 肉	万吨	7.6	1.7
禽、蛋	万吨	79.9	-10.3
水产品	万吨	5.3	1.5
方便面	万吨	2.5	-12.4
小麦粉	万吨	13.5	-0.1
乳制品	万吨	47.4	-12.1
液体乳	万吨	46.9	-14.3
罐 头	万吨	0.95	-35.5
糖 果	万吨	0.33	37.5
白 酒（折65度商品量）	万千升	13.99	34.5
啤 酒	万千升	33.96	-12.82
饮料酒	万千升	44.98	-7.44
软饮料	万吨	126.1	-8.02
其中：碳酸饮料类	万吨	17.03	–
包装饮用水	万吨	28.63	–
果汁和蔬菜汁饮料	万吨	40.26	–
卷 烟	亿支	150.0	-3.5

3.2017 年山西限额以上单位商品零售额及其增长速度

单位：亿元

指标	绝对数	同比增长（%）
粮油、食品类	237.8	3.6
饮料类	27.3	3.4
烟酒类	73.8	4.1

王 彬

3.12 安徽省

【a. 概况】

食品工业是是安徽省传统优势产业，对经济发展和保障民生具有重要意义。2017 年，全省食品工业保持平稳健康发展，规模不断扩大，增长速度回升，效益稳步增长，新动能转换步伐加快。

1. 增速缓慢回升

2017 年，农副食品加工业工业增加值同比增长 4.8%，同比下降 1 个百分点；食品制造业同比增长 9.0%，同比增加 0.9 个百分点；酒、饮料和精制茶制造业同比增长 7.2%，同比增加 1.6 个百分点。

2. 效益稳步增长

2017 年，全省规上食品工业实现主营业务收入 4172.8 亿元，同比增长 4.8%，同比下降 2.4 个百分点；实现利润 220.3 亿元，同比增长 6.7%，利润增幅加快，同比增加 2.8 个百分点。其中，农副食品加工业实现主营业务收入 2833.8 亿元，同比增长 3.7%，利润 105.6 亿元，同比增长 4.4%；食品制造业实现主营业务收入 717.8 亿元，同比增长 9.7%，利润 35.1 亿元，同比增长 2.9%；酒、饮料和精制茶制造业实现主营业务收入 621.3 亿元，同比增长 4.5%，利润 79.6 亿元，同比增长 11.9%。

3. 精深加工程度提高

2017 年，全省农副食品加工业主营业务收入占食品工业的比重分别为 67.9%，比重同比下降 0.7 个百分点，食品制造业占食品工业比重为 17.2%，同比增加 0.8 个百分点。初级农产品加工比例逐年下降，食品精细化程度逐步提高，产业链进一步延长，精深加工程度进一步提高。

4. 骨干企业逐步壮大

2017 年，全省规上食品工业企业 2757 家，同比增加 143 家。主营业务收入 10 亿元食品企业以上 50 家，5 亿元以上食品企业 119 家。溜溜果园、口子酒业年收入迈上 30 亿元台阶，溜溜果园主营业务收入、利润同比分别增长 74.8%、123.9%。

5. 部分产品产量有升有降

2017 年，全省食品工业主要产品大米产量 1720.5 万吨，同比增长 5.8%；精制食用植物油 112.3 万吨，同比下降 3.4%；饮料酒 224912.8 万升，同比增长 4.8%。

【b. 行业特点】

1. 行业规模不断扩大

2017 年，全省规上白酒生产企业 118 家，白酒产量由 2011 年的 39.5 万千升增加到 43.9 万千升，全国产量为 1198.1 万千升，我省占全国产量 3.7%，居全国第 9 位。

2. 产业结构持续优化

2017 年，全省主营业务收入 233.3 亿元，同比增长 0.8%；实现利润 43.5 亿元，同比增长 25.2%，利润增长幅度远超主营增长幅度；销售净利率为 18.6%，比全国平均水平高。质效双升，产业结构持续优化。

3. 行业集中度不断提升

从资本市场看，全国白酒企业上市公司有 19 家，全省拥有 4 家，分别为古井贡酒、迎驾贡酒、口子窖和金种子酒。4 家白酒上市公司主营业务收入之和为 151.9 亿元，占全省白酒行业规上企业主营业务收入总和的 65.1%；利润总额总和为 39.2 亿元，占比为 90.1%，利润总额占比远超主营业务收入占比。白酒行业前十名企业主营业务收入之和为 185.4 亿元，占全省白酒行业总和为 79.5%；利润总额为 41.8 亿元，占比为96.1%。4家白酒上市公司主营业务收入总和占全省白酒行业前10名重点企业总和为81.9%，利润总额占比为93.8%。行业总体呈现“强者愈强”态势。

4. 重点骨干企业支柱作用不断增强

从骨干企业看，古井集团排名第1，主营业务收入为85.2亿元，同比增长14.1%，为排名第2的口子酒业的2.8倍；实现利润总额16.3亿元，同比增长35.6%，为口子酒业的1.2倍。古井集团占我省白酒行业规上企业主营业务收入总和的36.5%，利润总额占全省总和为37.5%，主营业务收入和利润总额占比均衡，产品高、中、低档均衡发展。口子酒业主营业务收入为30.5亿元，同比增长9.4%；实现利润总额13.4亿元，同比增长28.0%。全省白酒行业总体呈现主营业务收入“一极多强”局面，利润总额“两极多强”局面，重点骨干企业支柱作用不断增强。

5. “三品”专项行动持续推进

近年来，全省白酒行业持续推进“增品种、提品质、创品牌”的三品专项行动，有力促进了行业发展。行业拥有古井贡、口子、迎驾等12件“中国驰名商标”，古井、金种子、迎驾、口子等4家全国数量最多的白酒上市公司。2015年古井贡酒实施的“135精益质量”管理模式获2015年工信部颁布的全国“质量标杆”奖励。古井贡酒、高炉家酒、口子窖、宣酒、迎驾贡酒、明绿御酒、临水酒、运漕酒（运酒）等八种安徽名酒被认定为国家地理标志保护产品，提高了相关品牌知名度，美誉度，打造了徽酒品牌新形象。

【c. 开展的主要工作】

1. 规范行业准入，严把产业政策审核关

积极做好新建、改扩建项目乳制品行业准入工作，优化行业布局，引导行业健康发展。同时严格执行产业政策调整指导目录中限制类产品、生产线在收购重组搬迁改造等过程中产业政策审核。完成对5家乳制品企业以及16家白酒企业产业政策审核。

2. 开展诚信体系培训，推进食品质量安全保障工作

组织开展由各市经信委和有关食品企业140余人参加了2017年度食品企业诚信管理体系标准培训班，推动食品企业开展诚信评价工作。

3. 搭建产销平台，推动产品销售

组织食品企业参加2017中国青海绿色发展投资贸易洽谈会，观摩学习寻求合作商机。组织白酒企业参加第七届贵州酒博会，展示我省白酒行业的总体实力，扩大了我省白酒企业的知名度，提升了我省白酒品牌的美誉度。

4. 开展央视宣传，提升行业知名度

10月18日起，在央视1套、13套《朝闻天下》和《新闻30分》栏目开展以“精品安徽 徽商中国”为主题的宣传。截至2017年底，共有8家食品企业得到了广泛宣传，部分食品行业成长型中小微企业突破了央视宣传的高门槛限制，实现在国内最大优势媒体的品牌推广，拓展了我省食品行业的传播范围，塑造“精品安徽”整体品牌形象。

【d. 面临的形势及存在的问题】

在中国经济和社会发展进入“新常态”的背景下，食品产业作为国民经济的支柱产业，面临的挑战也不容忽视。一是增长预期放缓，经济由高速增长转为中高速增长，食品工业保持高速发展难度加大。二是随着消费结构升级，消费者对食品的营养与健康提出更高的要求。三是生态约束加剧，食品工业规模扩张受到约束。

近年来，全省食品工业保持较快发展，对全省工业的支撑作用逐步加强，行业发展面临很多机遇，但仍存在着一些问题。

1. 发展方式粗放，结构亟待优化

全省食品工业主要以米面油等粮食粗加工为主，产业链不长，加工梯度不够，综合利用或转化效率偏低，企业利润低。2017年，全省农副食品加工业、食品制造业、酒、饮料和精制茶制造业主营业务收入占比分别为67.9%、17.2%、14.9%，而全国平均水平是62.1%、21.3%、16.6%。省农副食品加工业占食品工业比重比全国高5.8个百分点，高品质有效供给不足。

2. 企业规模小，龙头企业少

2017年，全省2757家规上食品企业实现主营业

务收入4172.8亿元，户均年收入仅1.5亿元，而全国食品企业户均收入2.7亿元，我省远比全国水平低。全省食品企业规模普遍偏小，至今没有超百亿元的食品企业，龙头企业少，食品企业小、散、弱的情况仍没得到根本性改变。2017年，主营业务收入50亿元以上的仅古井集团1家(85.2亿元)。

3. 白酒重点企业两极分化严重

白酒行业是我省食品行业的优势产业，国内白酒市场强劲复苏的同时，我省白酒行业两极分化也在加剧。2017年，全省白酒排名前10名企业主营业务收入占我省白酒行业收入70%以上，虽然，全省白酒产业集中度较高，但这10家酒企中有3家利润下降，2家处于亏损状态。

【e. 对策建议】

1. 抓"基地+集群"促集聚发展

推动企业向基地集聚，促进食品产业集聚发展，一是充分发挥区域和资源优势，壮大皖北、合肥都市圈、沿江和皖南4大农副食品加工密集区。二是立足现有食品产业集群专业镇和食品工业园区，科学制定规划，优化产业布局，引导和支持企业在项目和要素向现有园区集中，积极推动产业集聚发展。形成一批大而优、小而专的产业集群基地和中小企业产业园。三是开展高起点大规模不间断的技术改造，不断优化技改投资结构。着重发展精深加工，提高中高档食品比重，促进食品产业由低端向中高端延伸。

2. 抓"龙头+配套"促全产业链发展

实施龙头企业带动工程，探索建立大企业大集团重点培育制度，培育行业领军型企业。一是鼓励龙头企业开展跨地区、跨所有制兼并重组，支持骨干企业做大做强，着力培育一批单打冠军。引导中小企业找准定位，与龙头企业开展配套协作，走"专精特新"发展之路。形成以骨干企业为龙头、小微企业为支撑的协调发展格局。二是加大招商引资力度，不断壮大食品及相关配套产业规模。推动产业链关联的龙头企业和配套企业集群发展，提升食品产业整体规模和效益。三是完善食品产业链条。建立从原料控制、食品加工制造、食品包装、装备制造、安全控制、物流配送和终端销售等完整食品产业链。

3. 抓"宣传+网络"促品牌培育

一是鼓励企业加强品牌建设，提升产品附加值和软实力。不断优化产品结构，发扬"工匠精神"，发展中高端食品。二是实施增品种、提品质、创品牌三品行动和"精品安徽"战略。组织食品企业参加"精品安徽"央视宣传，提升企业品牌知名度和影响力。三是创新营销模式，利用线上、线下相结合的方式拓宽销售渠道，提升市场占有率，扩大品牌知名度。四是强化部门联动。组织企业参加省内外展会，扩大我省品牌的影响力。

4. 抓"创新+特色"促差异化协调发展

一是充分发挥资源优势，走差异化发展的道路。二是强化企业创新主体地位，支持企业加大科技创新投入，推行关键技术、行业共性技术研发，提高食品工业创新能力。三是推进"两化"融合，支持企业运用现代高新技术和信息技术改造提升传统食品产业。推进个性化定制和柔性化制造，鼓励重点食品企业建设数字化车间，提高智能化水平。

5. 抓"资金+人才"促要素保障

强化要素保障，多渠道缓解食品工业企业融资、人才、用工等需求。一是充分发挥财政专项资金政策导向作用，重点支持一批重大食品产业基地，一批重大食品工程，一批重大食品技术改造项目，重点支持新产品开发、服务平台、质量安全等方面重大项目建设，积极构建创新型现代食品产业体系。二是积极拓宽融资渠道，引导金融机构加大对食品工业企业的信贷支持。三是发挥我省科教资源优势，着力培养领军人物。加快发展现代职业教育，培养和造就一批高素质产业工人。四是完善监管体系，建立从原料生产到食品加工、储运、销售等全过程可监控的食品质量管理追溯机制。

季 敏

3.13 江西省

【a. 概况】

截至2017年底，江西省规模以上食品工业企业899家，同比净增107家，同比增长13.5%。食品工业总产值3229.26亿元，同比增长10.5%，产品销售率达99.9%；主营业务收入2858.32亿元（不含烟草制品业），位列全国第14位，同比增长5.1%；利税总额291.81亿元（不含烟草制品业），同比增长4.2%；利润总额225.84亿元（不含烟草制品业），同比增长14.1%；资产总计1506.01亿元（不含烟草制品业），同比增长7.8%；产成品存货81.05亿元（不含烟草制品业），同比增长12.5%。

【b. 大事记】

5月12日，江西省工业和信息化委员会在南昌召开全省食品工业工作座谈会。会议围绕“供给侧结构性改革”与“中国制造2025”加快江西省食品工业发展提出了建议。

5月16日，江西省食品工业协会召开第二次会长联席会，以“一带一路”和抱团发展为主题，探讨江西食品企业合作共赢发展。

6月30日，江西省工业和信息化委员会在南昌举办全省中小食品企业与电商龙头企业协作对接活动。

7月2—10日，江西省食品工业办公室、江西省食品工业协会组织我省35家酿酒企业领导、管理人员和技术人员赴湖南、广西两省白酒企业进行了学习考察。

9月22日，江西省《食品工业企业诚信管理体系》国家标准宣贯暨建立食品工业企业诚信管理评价体系培训班在南昌举行。

【c. 行业发展主要特点】

1. 三大行业齐头并进

2017年，农副食品加工业实现主营业务收入2013.7亿元，同比增长6.0%，占全省食品工业的70.5%；食品制造业实现主营业务收入533.0亿元，同比增长3.1%；酒、饮料和精制茶制造业实现主营业务收入311.6亿元，同比增长2.8%。

2. 主要产品产量总体保持增长态势

全省12种主要食品工业产品中有11种产品产量保持增长，其中，包装饮用水176.70万吨，同比增长14.4%；软饮料364.47万吨，同比增长12.7%；冷冻饮品9.05万吨，同比增长11.2%；乳制品23.59万吨，同比增长7.4%；罐头16.53万吨，同比增长6.2%；液体乳18.84万吨，同比增长5.8%；精制食用油226.86万吨，同比增长4.4%；啤酒130.30万千升，同比增长4.3%；白酒16.68万千升，同比增长4.2%；大米621.22万吨，同比增长3.2%；卷烟658.27万千支，同比增长1.9%。

3. 固定资产投资高速增长

2017年，全省食品工业实现固定资产投资964.5亿元，同比增长38.0%。其中，食品制造业增速最快，同比增长53.6%。

4. 外贸出口稳中有升

2017年，全省规模以上食品工业完成完成出口交货值148.26亿元，同比增长12.8%。其中，食品制造业83.31亿元，同比增长11.9%；农副食品加工业61.63亿元，同比增长16.1%。

5. 产业集群（基地）进一步做强做大

2017年，全省12个食品产业集群（基地））累计实现主营业务收入1060.6亿元，利税总额93.8亿元。

其中，上高绿色食品产业集群、吉水绿色农副食品产业基地、小蓝食品产基地、濂溪区绿色食品产业集群、新建长埈食品产业基地及青山湖区食品饮料产业基地分别实现主营业务收入168.0亿元、155.2亿元、151.9亿元、136.2亿元、111.8亿元、104.4亿元，主营业务收入均超过百亿元。

6. 各设区市食品工业发展迅速

2017年，全省各设区市食品工业总产值同比全面增长。其中，南昌市1181.10亿元，同比增长5.0%，继续保持全省领先；宜春市521.53亿元，同比增长10.4%；赣州市351.15亿元，同比增长16.3%；九江市348.83亿元，同比增长14.8%；吉安市343.02亿元，同比增长18.1%；上饶市191.12亿元，同比增长15.5%；抚州市106.40亿元，同比增长6.5%；新余市77.40亿元，同比增长15.5%；萍乡市41.64亿元，同比增长21.5%。

【d. 办公室和协会主要工作】

2017年，江西省食品工业办公室、江西省食品工业协会以推进行业供给侧结构性改革为主线，牢固树立新发展理念，积极开展行业管理和行业服务工作，扎实推进江西省食品工业发展。

1. 推动落实食品工业“三品”战略

积极指导重点企业创建省级“三品”战略示范企业。经评审，江西煌上煌集团食品股份有限公司、江西汪氏蜜蜂园有限公司、江西国兴集团百丈泉食品饮料有限公司等3家企业被授予“江西省‘三品’战略示范企业”称号并受到表彰。

2. 推动产业集聚发展

会同江西省工业和信息化委员会有关处室完成了泰和县“江西省泰和乌鸡食品产业基地”、吉水县“江西省绿色农副食品产业基地”、广昌县“江西省白莲产业基地”等省级产业基地的认定工作。

3. 推进企业规范发展

加快推进出台江西省特香型白酒基础酒和酿造用大曲地方标准。推进江西齐云山食品有限公司、江西美庐乳业集团有限公司等27户食品企业通过江西省高新技术企业认定。

4. 推进企业加快诚信管理体系建设

指导爱优诺营养品有限公司、江西煌上煌集团食品股份有限公司、南昌宝迪农业科技有限公司、江西博君生态农业开发有限公司、甘源食品股份有限公司、青岛啤酒（九江）有限公司6家食品企业通过诚信管理体系评价并获得诚信证书。

5. 推进企业开放合作和交流

组织召开江西省食品工业协会会长联席会，促进骨干企业在产业链配套、渠道建设等方面进行深层次合作共享。配合江西省工业和信息化委员会中小企业处举办全省中小食品企业与电商龙头企业协作对接活动。积极推进“一带一路”发展战略，实施“走出去”示范工程，鼓励煌上煌集团投资新西兰优质蜂蜜产业。聘请世界知名事务所普华永道进行全程参与并购新溪岛蜂蜜公司，集团控股51%。组织江西酿酒企业赴湖南武陵酒有限公司、酒鬼酒股份有限公司、湖南湘窖酒业有限公司、桂林三花股份有限公司、桂林湘山酒业有限公司学习考察，实地参观了白酒生产车间、藏酒洞（库）、酒博馆。座谈会上，听取了他们的发展经验介绍，还围绕生产技术、产品研发、质量安全、产品营销等方面进行了交流。

【e. 统计数据】

1. 江西省规模以上食品工业主要经济指标（不含烟草制品业）

（单位：万元）

分类	2017年	同比增长（%）
主营业务收入	28583165	5.1
利润总额	2258354	14.1
利税总额	2918139	4.2
资产总计	15060285	7.8

2. 江西省规模以上食品工业产值表

单位：万元

分类	2017年	同比增长（%）
食品工业合计	32292574	10.5
农副食品加工业	21125674	10.5
食品制造业	5732568	8.7

分类	2017年	同比增长（%）
酒、饮料和精制茶制造业	3404105	10.1
烟草制品业	2030226	15.8

3. 江西省食品工业主要产品产量

产品名称	单位	2017年	同比增长（%）
包装饮用水	吨	1766970	14.4
软饮料	吨	3644658	12.7
精制食用油	吨	2268610	4.4
白酒	千升	166860	4.2
冷冻饮品	吨	90520	11.2
大米	吨	6212183	3.2
液体乳	吨	188447	5.8
罐头	吨	165274	6.2
乳制品	吨	235929	7.4
卷烟	万支	6582670	1.9
啤酒	千升	1303032	4.3
精制茶	吨	70063	-14.2

陈叔然

3.14 河南省

【a. 概况】

1. 主要经济指标

指标名标	规企单位数	主营业务收入	同比增长	利润总额	同比增长
	个	亿元	%	亿元	%
农副食品加工业	2185	6864.91	7.10	474.47	0.40
食品制造业	976	3483.89	11.00	279.65	1.40
酒、饮料和精制茶制造业	528	1669.70	5.40	134.69	5.10
烟草制造业	11	427.65	4.40	39.17	-21.80
总计	3700	12446.15	7.80	927.98	0.10

2. 主要产品产量

产品名称	计量单位	年产量	同比增长（%）
小麦粉	万吨	5183.0	1.1
大米	万吨	634.5	5.9
饲料	万吨	2486.7	6.6
精制食用植物油	万吨	486.6	6.3
鲜、冷藏肉	万吨	473.7	10.7
冻肉	万吨	3.8	11.2
畜肉制品	万吨	165.1	-3.5
冷冻蔬菜	万吨	85888.7	14.3
速冻米面食品	万吨	378.6	3.8
方便面	万吨	422.0	5.9
乳制品	万吨	351.4	14.9
味精（谷氨酸钠）	万吨	30.5	-13.1
饲料添加剂	吨	77470.8	49.4
发酵酒精（96度）	万千升	169.8	1.5
饮料酒	万千升	551.5	6.6
其中：白酒（65度）	万千升	114.9	7.9
啤酒	万千升	400.3	7.0
软饮料	万吨	1879.7	11.3
精制茶	吨	28938.8	2.7
卷烟	亿支	1517.0	-0.7

【b. 协会主要工作】

1.. 河南省食品工业协会与河南省工信委食品工业办公室合作，开展了河南省纯粮固态发酵白酒酿造生产示范企业现场审核认定工作，为豫酒的转型升级快速发展，做出了重要贡献。

2. 5 月 16–18 日，河南省食品工业协会与漯河市人民政府、省工信委、省商务厅共同承办了“2017 第十五届中国（漯河）食品博览会”。

3. 7 月 7–10 日，组织的第六届国家葡萄酒果酒评委资格选拔暨“2017 届河南省葡萄酒、果露酒评委培训考评研讨活动”。

4 .8 月 20–22 日，组织河南省葡萄酒、果露酒行业的葡萄酒、果酒评酒专家，参加了中国食品工业协会举行的第六届葡萄酒国家评委考评活动。

5. 河南省食品工业协会遵照省政府豫酒振兴领导小组的指示意见，积极参加豫酒振兴的各项工作，参与了“河南省酒业转型发展行动计划 2017–2020”商讨研究制定工作。

6. 河南省食品工业协会参与了“河南省绿色食品业转型升级行动方案 2017–2020”的研究制定工作。

7. 11 月 16–18 日，组织我省部分市、县、区人民政府和部分优秀龙头食品企业，第四次参加了 2017 中国（上海）国际食品博览会。

8. 组织我省食品工业发展较好的县（市、区），参加争创全国食品工业强县活动。河南省汤阴县等 17 个县（市、区）被中国食品工业协会认定为全国食品工业强县。同期，组织部分重点食品生产企业参加争创全国食品工业优秀龙头食品企业活动。河南米多奇食品有限公司等二十六家食品企业被中国食品工业协会认定为全国食品工业优秀龙头食品企业。

【c.2017 年河南省百强企业名单（食品类）】

1. 万洲国际有限公司

2. 河南众品食品股份有限公司

3. 科迪食品集团股份有限公司

4. 雏鹰农牧集团股份有限公司

5. 河南省宋河酒业股份有限公司

6. 好想你健康食品股份有限公司

7 漯河太古可口可乐饮料有限公司

【d.2017 年河南省技术创新示范企业名单（食品类）】

1. 河南省南街村（集团）有限公司

2. 仲景大厨房股份有限公司

3. 河南龙丰实业股份有限公司

【e..2017 年河南省工业企业质量标杆名单（食品类）】

1. 冷谷红葡萄酒股份有限公司

2. 河南众品食业股份有限公司

3. 周口市雪荣面粉有限公司

【f.2017 年河南省工业品牌培育示范企业名单（食品类）】

1. 民权九鼎葡萄酒有限公司

2. 河南朗陵罐酒业有限公司

3. 河南省周家口食品有限公司

4. 冷谷红葡萄酒股份有限公司

5. 南阳道地金木瓜生物科技股份有限公司

6. 河南皇沟酒业有限责任公司

【g.2017 年河南省新增食品类中国驰名商标名单】

序号	企业名称	商标	商品	类别
1	焦作市明仁天然药物有限责任公司	名仁	苏打水	32
2	博大面业集团有限公司	私家厨房	挂面、面粉	30
3	三门峡二仙坡绿色果业有限公司	二仙坡及图	苹果	31
4	驻马店市亿民农产品科技有限公司	盛一	玉米粉、粗玉米粉	30
5	河南中沃实业有限公司	中沃、体质能量	无酒精饮料	32
6	信阳十八盘茶叶有限公司	十八盘及图	茶叶	30

【h.2017 年河南省葡萄酒果露酒评酒委员会名单】

序号	姓名	性别	工作单位
1	李莹莹	女	民权九鼎葡萄酒有限公司
2	刘英	女	民权九鼎葡萄酒有限公司
3	吴瀚	男	民权九鼎葡萄酒有限公司
4	李鹏	男	民权九鼎葡萄酒有限公司
5	李华	女	河南仰韶酒业有限公司
6	牛姣	女	河南仰韶酒业有限公司
7	朱竑吉	男	兰考路易葡萄酿酒有限公司
8	王会启	男	兰考路易葡萄酿酒有限公司
9	张文叶	女	郑州轻工业学院
10	陆勇	男	郑州轻工业学院
11	张俊杰	男	郑州轻工业学院
12	王亚琪	女	河南省食品科技学会
13	耿红玲	女	冷谷红葡萄酒股份有限公司
14	杨向科	男	河南牧业经济学院
15	张晓艳	女	河南省宋河酒业股份有限公司
16	李学思	男	河南省宋河酒业股份有限公司
17	张浩	男	河南省轻工业学院
18	宋淑红	女	河南省轻工业学院
19	刘俊峰	男	河南省养生殿酒业有限公司
20	王保亭	男	洛阳果优美农业开发有限公司
21	张献彬	男	洛阳果优美农业开发有限公司
22	管明德	男	国营仪封葡萄酒厂
23	左建立	男	国营仪封葡萄酒厂
24	沈海坤	男	河南帝森酒业有限公司
25	张随军	男	平顶山坤泰农业开发有限公司

备注：管明德、左建立、沈海坤、张随军 4 位是 2017 年河南省葡萄酒果露酒特邀评酒委员。

【i. 荣获 2016—2017 年度全国食品工业强县名单】

1. 安阳市：汤阴县 滑县

2. 漯河市：源汇区

3. 周口市：周口市经济开发区 郸城县

4. 信阳市：潢川县

5. 南阳市：邓州市 西峡县　社旗县

6. 濮阳市：南乐县 清丰县

7. 新乡市：延津县 辉县市

8. 鹤壁市：淇县

9. 商丘市：永城县 虞城县

10. 驻马店市：遂平县

【j. 荣获年度全国食品工业优秀龙头食品企业名单】

1. 河南米多奇食品有限公司
2. 河南正康粮油有限公司
3. 河南阳光油脂集团有限公司
4. 河南七点半食品有限公司
5. 河南美宜家食品有限公司
6. 河南天豫薯业股份有限公司
7. 濮阳禾丰食品有限公司
8. 濮阳市德信食品有限公司
9. 河南汇膳食品有限公司
10. 河南省宋河酒业股份有限公司
11. 新乡市大北农农牧有限责任公司
12. 五得利集团新乡面粉有限公司
13. 延津县克明面业有限公司
14. 新乡市仙力食品有限公司
15. 益海（周口）粮油工业有限公司
16. 南阳市瑞丰粮油有限公司
17. 河南三色鸽乳业有限公司
18. 想念食品股份有限公司
19. 河南创新思念食品有限公司
20. 一加一天然面粉有限公司
21. 贾湖酒业集团有限公司
22. 遂平克明面业有限公司
23. 邓州市鑫隆酱业调料有限公司
24. 河南科腾生物医药科技有限公司
25. 邓州市四海食品有限公司
26. 河南省桃园建民食品有限公司。

陈振杰 万保建

3.15 湖北省

2017 年，全省食品产业深入贯彻落实中央和省委省政府的决策部署，以推进供给侧结构性改革为主线，以创新驱动为引领，不断积聚发展新动能，全年食品产业保持平稳发展态势。

【a. 概况】

1. 生产增速平稳

2017 年，全省规模以上食品工业企业完成工业增加值同比增长 4.6%，分子行业看，农副食品加工业增长 5.9%，食品制造业增长 3.1%，酒、饮料和精制茶制造业增长 4.1%，环比提升 1.3 个百分点，烟草制造业增长 4.8%，同比加快 19 个百分点。

2. 效益增速回落

受农副食品加工、烟草等行业下降等因素影响，行业经济效益增速回落。主营收入增长 4.1%，同比回落 2.9 个百分点；利润下降 1.7%，同比回落 6.5 个百分点；税金增长 7%，同比加快 10.2 个百分点；其中烟草制造、农副食品加工分别下降 7.6%、3.4%。

【b. 深化供给侧结构性改革情况】

1. 深入组织实施消费品“三品”专项行动

2017 年，全行业加大力度深入组织实施消费品“三品”专项行动，着力提高食品产品的供给质量，推动产业转型升级。增品种、提品质、创品牌取得可喜成效。企业围绕粮油、水产品、茶叶、水果、蔬菜、畜禽等优势资源，大力发展休闲食品、富硒食品、卤制品、烘焙食品等，恩施硒姑娘酒业有限公司根据市场消费升级需求，开发了极具硒都特点和民族特色的“硒姑娘”系列健康白酒 7 款、猕猴桃果酒 2 款、“奇益宝”猕猴桃饮料 1 款共 10 款产品；鹤峰县青翠源茶叶有限公司通过产品研发和工艺技术转型，开发出系列土司黑茶产品“巴人金砖”“土司马帮”等。围绕产业链条，大力发展食品产品。汉川市已经基本形成了小麦、马铃薯、大米、面粉、马铃薯粉为原料，饼干、蛋黄派、薯片、月饼为成品的产业链，绿豆、花生、杂粮为原料，八宝粥为成品的产业链，淀粉糖、乳制品为原料，茶含乳饮料、茶饮料为成品的产业链，产品数量大为增加。2017 年，福娃、白云边、宏凯等 9 个企业名录被认定为中国驰名商标，鄂州市四海湖猪肉、信源面条、华苑大米等 36 个产品，被省质量技术监督局认定为“湖北名牌”产品，荆州市“西湖晶珍”牌米等 60 个产品被认定为省著名商标。

2. 深入组织实施“万企万亿”工程

2017 年，全省食品工业完成固定资产投资 1603.2 亿元，同比增长 8.6%。赤壁羊楼洞茶业股份有限公司先后投资 10 亿元打造羊楼洞茶产业园，以“全产业链开发＋茶文化旅游”为核心，将茶叶产品的生产、加工、销售和茶文化旅游休闲产业有机融合，年综合产值超过 15 亿元，2017 年 1 月，赤壁市羊楼洞茶业有限公司成为咸宁第一家农业产业化国家重点龙头企业。湖北庄品健实业集团扩规提质，投资 1.5 亿元，建设日处理稻谷 1000 吨技术改造项目，实现了从作坊式大米加工厂向现代化粮食加工企业的蜕变；湖北裕国菇业股份有限公司实施“随县香菇科技产业园建设项目”，生产香菇脆、香菇饼干等即食食品，实现了香菇从传统的初级加工向精深加工的跨越。

此外，一大批项目稳步推进。益海嘉里（武汉）粮油工业有限公司投资 15 亿元，建设日处理精包装大米 600 吨加工项目、湖北仙康生物科技有限公司总投资 10 亿元建设菊花深加工一期项目已建设成达产；潜江聚一虾食品有限公司投资10亿元建设卤虾及调味品生产项目、湖北好彩头食品有限公司投资7.2亿元建设15万吨乳酸菌饮料生产项目已进入设备安装调试阶段；芙丝（湖北）饮品有限公司投资37亿元年产30万吨高端矿泉水项目、襄大农牧业公司投资13亿元建设畜禽加工和动物移植项目将于2018年建成投产；劲牌公司总投资61.2亿元在黄石建设健康白酒产业园项目正在抓紧建设之中。

【c. 创新驱动促进新旧动能转换情况】

1. 加大技术创新力度

一大批企业加大科技创新投入，不断优化产业结构。湖北一致魔芋生物科技股份有限公司加大魔芋胶在食品领域的应用研究，研发了丸子粉、包面皮粉、龟苓膏等新产品，开展了魔芋飞粉变性生产保水剂、缓释剂的研究，获得4项发明专利和1项企业产品标准，《低粘度魔芋粉》荣获市科技成果二等奖；湖北三杰集团与武汉轻工大学共同组建湖北省小麦加工技术中心，开发新产品，延伸小麦产业链。白云边被湖北省认定为“企业技术中心”“湖北省兼香型白酒工程技术研究中心”。

2. 开展智能制造试点示范

一大批食品企业积极探索智能制造转型升级，稻花香、白云边等一批企业积极引进智能制造工厂模式，建立先进的制造和管理系统。金龙泉啤酒有限采用西门子公司最新BraumatV7.0酒酿造智能化综合系统，实现了糖化发酵智能化一键式生产模式，在劳动强度、能耗、理化指标等多方面得到了极大的提升。安琪酵母股份有限公司加大分散在国内和海外的15个分子公司信息化建设投入，通过信息系统的集成，有力的支持了公司跨地区、多产品、多事业部的管理和经营模式，促进公司“国际化、专业化”战略目标的实现。

3. 加快新一代互联网+食品创新步伐

一大批食品生产企业通过O2O模式融合线上线下渠道，探索个性化定制、按需制造等新型生产方式，利用电商、微商等移动互联网平台实现了经销商订单运营模式以及社区店O2O直营模式的创新。劲牌公司推出白酒行业线上营销线下经营O2O模式的“毛铺苦荞”配送酒行，满足了消费者线下场景购酒便利性的需求。湖北一致魔芋生物科技股份有限公司依据大数据分析建立了客户和消费者数据库，组织客户和消费者进行产品开发、技术创新，提高客户和消费者的参与感，从而提供个性化服务。

2017年，全省食品产业在发展过程中也存在一些困难和问题。主要表现在：一是原材料与劳动力等资源性、要素性成本上升，企业负担持续加重，企业效益下滑，行业利润增速明显回落，食品工业利润下降1.7%，同比回落6.5个百分点；其中烟草制造、农副食品加工分别下降7.6%、3.4%；二是投资放缓，企业发展后劲不足，由于需求不足、融资困难、市场风险加大、削减了企业投资热情，制约了行业科技投入，影响行业持续健康发展。

2018年，全省食品行业要全面贯彻党的十九大精神，落实省委省政府决策部署，按照高质量发展的要求，坚持以企业为主体，以推进供给侧结构性改革为主线，以创新为动力，继续开展“三品”专项行动，推进食品工业迈向中高端。

谭卫东

3.16 湖南省

【a. 概况】

1. 生产保持平稳增长

2017 年，全省食品规模以上企业 2427 家，同比增加 260 家；全省规模食品工业（不含烟草）工业增加值同比增长 9.4%，增速比全省规模工业、全国食品工业分别高 1、2.1、1.5 个百分点。

2. 经济效益持续增长

2017 年，全省规模食品工业完成主营业务收入 5390.6 亿元，同比增长 12.6%，增速比全省规模工业、全国食品工业分别高 2.7、0.2、6 个百分点；实现利润总额 236.6 亿元，同比增长 12.4%，增速比全国食品工业分别高 7.4、3.9 个百分点。

3. 主要子行业保持较快增长

2017 年，全省 14 个重点子行业均保持平稳增长，其中，乳制品制造、屠宰及肉类加工、精制茶加工、方便食品制造、酒的制造、谷物磨制、饮料制造等 7 个子行业增速高于全省食品工业平均水平，且均实现两位数增长。

4. 各市州均实现平稳增长

2017 年，全省 14 个市州规模食品工业生产均保持平稳增长，其中，娄底、自治州、永州、衡阳、株洲、怀化、张家界等 7 个市州规模食品工业增加值增速超过全省平均水平，且实现两位数增长。

5 产业集聚逐步推进

2017 年，排全省前 4 位的岳阳、长沙、常德、益阳规模食品工业全年共完成主营业务收入 3039.4 亿元，占全省总额的 56.4%，分别实现主营业务收入 1030.5 亿元、799.5 亿元、674.1 亿元、535.4 亿元。同时，重点园区食品工业增长强劲，宁乡经开区食品产业园、浏阳市特色食品产业园等一批食品产业特色园区快速发展，带动区域食品产业加快发展。

6. 项目建设稳步推进

2017 年，全省食品行业完成工业投资 1499.6 亿元，同比增长 5.3%。一批食品重点项目建设稳步推进，皇氏集团优氏乳业投资 5 亿元的年产 10 万吨液态奶项目、天下洞庭投资 4.5 亿元的粮食深加工食品建设项目、宝东农牧年产 30 万吨饲料生产线扩建项目、道道全岳阳城陵矶新港区粮油加工项目已于 2017 年投产，澳优乳业年产 3 万吨婴幼儿配方乳粉智慧工厂、盐津铺子烘焙及休闲食品基地项目即将投产，总投资 50 亿元的湖南粮食集团宁乡食品产业园系列项目陆续投产。

【b. 工作重点】

1. 强化运行监测

继续实施市州经济运行调度考核制度，进一步加强食品行业运行监测和分析。组织开展白酒、湘西食品产业等专题调研，强化对食品产业重点市州、重点子行业、重点园区、重点企业的联系和指导，扎实做好重点帮扶，力争全省食品产业迈上 6000 亿元台阶。

2. 推进项目建设

充分发挥委管专项资金引导和激励作用，重点支持食品企业兼并重组、转型升级改造、食品质量安全检测能力和食品安全追溯体系等项目建设。落实“产业项目建设年”部署任务，以“五个一百工程”为引领，突出扶持一批投资大、示范带动作用强的重大项目达产达效，树立行业项目建设标杆。

3. 培育龙头企业

进一步推进食品企业兼并重组，重点支持在相关子行业排名靠前的食品龙头企业开展品牌整合和并购扩张，协调各相关部门落实有关政策，加大扶持力度，推动一批优势企业尽快迈上10亿元、50亿元、100亿元台阶，提高企业市场竞争力。

4.促进集聚发展

积极培育和发展特色食品专业园区，研究制定加快推进优势特色食品专业园区(基地)建设的政策措施。加大扶持力度，引导有条件的市州发展特色食品专业园区，鼓励和支持现有大型工业园区设立食品专区。重点在环洞庭湖地区培育2–3个优势特色食品专业园区（基地），引导食品企业向园区集聚发展。

5.推进诚信体系建设

组织举办诚信体系建设培训班，加强对重点食品企业负责人和管理人员培训，提高企业诚信体系建设和管理水平。积极推进重点食品企业诚信评价工作，全年力争5家以上的食品企业通过诚信评价。此外，实施食品安全战略，积极推进婴幼儿配方乳粉等重点产品追溯体系建设，按照省食安委有关工作部署，组织开展好2018年食品安全宣传周活动，协助相关部门严厉打击食品制造领域的制售假冒伪劣产品等失信行为。

6.开展产业对接活动

会同省湘菜产业促进会等组织举办全省预制菜产业产销合作对接会，培育发展新型业态，帮助企业扩大产品销售。组织食品企业参加中国（长沙）食品餐饮博览会以及相关大型展会，进一步提升吉林省食品企业市场影响力和竞争力。

陈　赛

3.17 广西壮族自治区

【a. 概况】

2013 以来，在国内经济下行压力加大、增速放缓的形势下，广西食品工业认真落实中央加强和改善宏观调控，坚持“稳中求进”的总基调，顺应市场变化，积极推进食品工业供给侧结构性改革，2017 年广西食品工业经济运行总体呈现“生产回升、规模扩大、效益提高、结构改善”的态势。

1. 生产恢复稳定、规模持续扩大

2013-2017 年，广西食品工业增速历经由高到低，再恢复到平稳的过程，其中，低谷在 2016 年。2013 年，广西食品工业增加值增长 12.3%；2014 年，增长回落到 10.4%，2015 年，增长继续回落到 4.9%，2016 年，受烟草制品业大幅下降的影响，增长回落到最低值 3.7%；2017 年，增长提高到 5.8%，其中，农副产品加工业增长 6.4%，食品制造业增长 11.2%，酒、饮料和精制茶增长 3.6%。各年份的食品工业增加值增速同比的全区规上工业增加值增速低 0.3-3.8 个百分点，形成“V”字型运行轨迹，比全区规上工业经济运行呈现的“线性下滑”轨迹，广西食品工业相对于总体发展明显滞后，但已显现较强的回升态势。

2015-2017 年，广西食品工业企业个数不断增加，生产集中度进一步提升。2015 年，广西食品工业企业数 808 家，占全部规上工业企业数的 14.5%，资产总计 2021.3 亿元，主营业务收入 3030 亿元，实现“十二五”规划中提出食品工业年销售收入超 3000 亿元的发展目标；2017 年，广西食品工业企业数 834 家，占全部规上工业企业数的 14.7%，企业数比 2015 年净增 26 家，占比提高 0.2 个百分点，实现总产值超过 50 亿元的食品工业企业有 9 家，占全部规模以上食品工业总产值的 19.1%。

2017 年，广西食品工业在工业经济中居重要地位。从全国看，广西规模以上食品工业主营业务收入占全国的比重为 3.1%，同比增加 0.4 个百分点，在全国占据一席之地；广西食品工业增加值占全区规模以上工业增加值的比重为 15.5%，排名全国第 9 位，位次同比进 2 位；从全区看，广西食品工业增加值占全区规上工业的比重为 16.1%，继续稳座广西七大支柱产业首位，比位居第 2 位的汽车产业高 7 个百分点；广西食品工业对全区工业增长贡献率为 13.9%，同比 2016 年高 8 个百分点，再次跃居广西 7 大支柱产业之首，比居第 2 位的有色产业高 1.8 个百分点。

2. 产品特色明显，产量持续增长

食品工业的发展与农业要素密切相关。广西具有丰富的农产品加工资源，蔗糖、蚕茧、八角、玉桂、松香、芒果、罗汉果等产量全国第一；木薯、淀粉、木瓜、桐油、山茶油、茴油、奶水牛乳制品、柑桔、龙眼、荔枝、芭蕉、火龙果、稻谷等产量名列全国前列；水稻面积居全国第三位，桑园面积居全国第 1 位；核桃、板栗、柿子、柚子、食用菌、马蹄等特色农产品在全国占有重要地位；烤烟、香猪、茶叶、白酒、水产品等享有较高知名度，基本形成了以粮油加工、制糖、肉类加工、水产品加工、果蔬加工、方便食品制造、乳制品制造、酒、饮料和精制茶制造、烟草制品等为重点的特色食品工业体系。

（1）农副食品加工业

2017 年，企业数 545 家，实现增加值同比增长 6.4%，同比增加 1.9 个百分点；完成主营业务收入 2388 亿元，同比增长 12.3%。主要产品：大米增长 2.8%，

宾阳、象州、上林、桂平等地大米加工市场占有率较高；精制食用植物油增长5.2%，知名品牌有金龙鱼、香满园、口福等；成品糖增长4.4%，产量占全国60%以上，拥有湘桂糖业、南华糖业、南宁糖业、农垦糖业、东糖集团、凤糖集团等龙头企业；肉制品增长20.1%，陆川猪肉加工，巴马香猪加工，以及玉林牛巴、南宁柠檬鸭、梧州神冠蛋白肠衣、龙舟、贺欧、名香园等腊味品牌备受青睐；淀粉及淀粉制品增长5.2%，藕粉、葛粉、桄榔粉、百合粉等产品特色明显；焙、炒加工的坚果及果仁增长59.8%，近年来涌现出菜帮子、珍惠琳、歆颖、庄家铺子、山鸿、锐尚等一批商标；豆腐及豆制品增长14.1%，南宁淮南王豆奶、桂林腐乳、梧州冰泉、陆川黑芝麻糊、贺州豆豉、贵港腐竹等品牌享誉区内外。

（2）食品制造业

2017年，企业数138家，实现增加值同比增长11.2%，同比增加0.5个百分点；完成主营业务收入455.1亿元，同比增长12.2%。主要产品：饼干增长24.8%，桂林糕酥饼、桂平香糯米饼、合浦大月饼、珍惠琳食品、袁大头食品、盛兴龙食品、山鸿食品、锐尚食品等产品占有一定的市场份额；蜜饯增长12.9%，知名产品有桂圆、芒果干、木薯干等；米制半成品增长21.2%，拥有华享食品、桂林米粉、全州米兰香食品、桂平罗秀米粉食品等大型企业；速冻食品增长54.1%，南宁民歌、北海果香园、贺州嘉华等产品市场潜力看好；方便面增长19.9%，近年来涌现的南宁老友、柳州螺蛳粉、桂林米粉等快食面迎合了大众口味；乳制品增长6.6%，皇氏乳业、石埠、壮牛、贝因美、康小乐等品牌左右市场；罐头增长9.8%，广西嘉宝、广西亮亮、桂林皇冠、荔浦罐头等企业仍具蔬菜、水果罐头制造的优势。

（3）酒、饮料和精制茶制造业

2017年企业数149家，实现增加值同比增长3.6%，同比下降3.3个百分点；完成主营业务收入495.0亿元，同比增长5.7%。近年来，受消费需求持续低迷影响，大部分酒、饮料和精制茶制造业企业生产经营较为困难，2017年尤为明显，主要产品饮料酒同比下降10.6%、软饮料下降44.3%，但仍有可圈可点之产品：丹泉、桂林三花、乳泉液、桂林湘山等广西知名酒业仍坚挺市场，白酒产量增长8.5%；果汁和蔬菜汁类饮料增长9.7%，蛋白饮料增长53.0%，皇氏、石埠、南宁娃哈哈、南宁淮南王豆奶、南宁登美、柳州雅维、桂林汇源、合浦果香园、北流思味特等产品继续保持产销良好的态势，业绩稳中有升；精制茶增长12.5%，横县末莉花茶、防城港金花茶、覃塘毛尖、西山绿茶、梧州六堡茶、凌云碧螺春、西林天韵、昭平将军峰和亿健、三江程阳桥有机茶等产品誉满天下，广西成为全国名副其实的精制茶加工基地之一。

（4）烟草制品业

烟叶复烤1家，卷烟制造企业1家，即广西中烟工业有限责任公司，2017年，两家企业实现增加值同比增长1.9%，同比增加8.9个百分点；完成主营业务收入207.4亿元，同比增长2.6%。近年来，受市场消费需求下降的影响，广西烟草制品业企业生产持续走低，2016年曾以下降7.0%创史上新低，2017年卷烟产量下降2.4%，但知名品牌“真龙”在全国烟草业仍具影响力。

3. 结构明显变化，非公企业趋好

2017年，广西食品工业增加值占全区规上工业的比重为16.1%，总资产占13.9%，主营业务收入占14.7%，上缴税金占18.7%，利润总额占14.5%。与2015年相比，广西食品工业的经济类型结构、企业生产结构和内部结构调整均发生变化，非公经济企业在食品工业中的地位进一步提升。

（1）经济类型结构趋向非公企业

2017年，广西食品工业资产总计为2383.3亿元，比2015年增长9.8%。其中，国有企业和集体企业资产总计下降40.2%，行业占比分别由2015年的10.3%下降到2017年的0.4%。同期，非公食品工业经济企业资产总计为2374.8亿元，比2015年增长9.4%；占全区的比重为99.6%，比2014年提高0.6个百分点，非公经济企业成为该行业发展主角。

（2）生产效益结构转向非公企业

2015年，广西食品工业增加值中，国有企业、非公经济企业增加值占比分别为0.5%、和66.8%，2017年两大类型企业的占比分别调整为0.7%和68.6%；2015年，广西食品工业主营业务收入中，国有企业、非公经济企业占比分别为1.4%和98.6%，2017年两大类型企业的占比分别调整为1.3%和98.7%，非公经济企业成为该行业发展的主力。

（3）食品制造业占比升

随着食品升级换代及市场需求变化，自2014年以来，广西食品制造业发展明显优于农副食品加工业。2017年，食品制造业增加值比2014年增长74.5%（现价，下同），对全部规上工业增长贡献率提高1.9个百分点；而农副食品加工业增加值增长20.3%，对全部规上工业增长贡献率回落1.0个百分点。食品制造业和农副食品加工业在食品工业中的结构发生明显变动。2017年，两大行业在食品工业中的占比分别为13.1%及55.1%，食品制造业占比比2014年提高3.2个百分点，农副食品加工业占比比2014年提高1.9个百分点。

【b. 食品工业经济运行中值得关注的问题】

2017年，广西食品工业增加值同比增长5.8%，比全部规上工业低1.3个百分点，差距比2013年扩大0.7个百分点；企业主营业务收入和利润总额同比分别增长10.7%和5.7%，增速均低于全区规上工业企业平均水平，广西食品工业发展面临巨大挑战，存在问题应给予关注。

转型升级几多艰难。广西热带水果品种多，农产品产量可居，食品工业发展先决条件优越，催生出众多从事食品加工贸易的企业，形成企业生产集中度提升与“小、弱、散”并存的现状。2017年，广西食品工业企业中，总产值小于亿元的企业有255家，占30.6%；总产值过亿但不足10亿的企业有493家，占59.0%；总产值超过50亿元的企业有9家，其中过百亿的企业只有3家。2017年，广西加工食品在市场中的业绩不尽相同，95家米业企业生产的大米293.4万吨，仅增长2.8%；17家营养、保健食品企业生产的产品1.7万吨，下降0.4%；25家食品添加剂制造企业生产的产品58.7万吨，下降8.8%；5家啤酒企业生产啤酒158.9万千升，下降12.8%；21家瓶（罐）装饮用水制造企业生产包装饮用水360万吨，下降56.2%，其中，仅分布在河池市的矿泉水生产企业就有活泉、丽琅、中脉、统一、铂泉和中源山泉等品牌，多家企业相互争夺巴马寿乡之水源。广西食品工业产品向更营养、更多元、更新颖、更健康的新品发展，适应消费者对安全、营养、美味、时尚、健康的追求，可谓任重道远。

糖业发展几度徘徊。广西是全国的甘蔗主产区，蔗糖产品居全国第一位，制糖业的特色成分形同云南和上海的烟草业、吉林和黑龙江的米业、贵州和四川的酿酒业。2013年，广西制糖业增加值曾以14.6%的增速居食品工业各行业之首，占全部规上工业增加值的比重也创下过23.2%的新高，但由于近年来食糖价格几度受国际食糖价格下跌的影响，加之糖料生产成本剧升，以及市场上糖精、糖精钠等高倍化学合成甜味剂的冲击，抑制了食糖销售价格的回升速度和回升幅度，广西近90家制糖企业生产成本上升，盈利状况时好时差，盈利水平时高时低，2015年和2016年广西制糖业连续下降，2017年制糖业虽有起色，其增加值增长回升到3.9%，占全部规上工业增加值的比重上升到3.1%，但与同年贵州酒饮料占比21.3%、四川酒饮料占比7.8%和云南烟草占比31.8%相比，广西制糖业逊色不少。

企业成本几近难控。食品工业不仅受农业发展的影响，更易受消费需求所引起的价格影响，是控制成本难度相对较大的行业。2015年—2017年，广西规上食品工业企业每百元主营业务收入中的成本由80.4元提高到82.9元，年均增加0.97元，同期，全部规上工业企业每百元主营业务收入中的成本由85.0元提高到85.5元，年均增加0.2元。2017年，广西规模以上食品工业企业三项费用为246.6亿元，比2016年增长6.0%，比全部规上工业企业高2.3个百分点。其中销售费用增长8.9%，比全区高3个百分点；管理费用增长10.9%，比全区高7.2个百分点。2017年，广西规模以上食品工业企业产成品存货增长3.4%，其中，酒、饮料和精制茶制造业增长21.2%，烟草制品业增长1.8倍，广西食品工业以降低费用来实现控制成本的成效并不明显。

知名品牌几番忧虑。食品工业曾是广西值得炫耀的产业之一，一些知名品牌、著名商标、老字号曾影响消费者的选择，现如今，随着一批批区外知名品牌抢滩登录广西食品消费市场，广西有的食品知名品牌逐渐淡出消费者的视野，甚至销声匿迹。曾津津乐道的荔浦罐头不敌广东、上海、浙江和江苏等省份的罐头品牌，现存的蔬菜、水果罐头制造企业只有10家；曾引以为豪的东园家酒、神浮酒、雄森却被地方名目繁杂的保健类酒挤出主市场；坐拥全国产量最大的食糖而未能在糖果制造业中立起有影响力的品牌，全国与糖相关的巨大消费市场被区外占有；铁鸟、花桥、乌石等老字号在诸如海天、厨邦、味事达、鲁花、加加等酱油市场消费战中苦撑；茶花山、丽琅、活泉、中脉、统一等品牌与涌入广西的汇源、娃哈哈、恒大、农夫山泉、怡宝、百岁山等品牌相争市场份额；皇氏、石埠等乳品创新力增长，但还暂难与伊力、蒙牛相媲美；广西企业生产的啤酒均被贴上燕京、百威、华润雪花、青岛、珠江等区外品牌；老友粉、螺蛳粉等方便面还缺乏像康师傅、统一、老坛酸菜等响当当的品牌……广西缺少叫得响的国内品牌和国际品牌，“卖自己的货，贴别人的牌”的现象比较普遍，成为广西食品工业发展的短板。

食品装备几乎空白。广西食品工业制成品多是食品，在食品品质和安全标准不断提升的形势下，食品装备在智能化、自动化、安全性和生产效率等方面的要求会越来越高。但至2017年，广西还没有一家规上企业从事食品、酒、饮料、茶及烟草生产专用设备制造和食品检测设备制造，只有10家规上企业具有农副食品加工专用设备制造能力，众多食品加工依靠的设备简陋，技术落后，检测成本也高，导致农产品加工损耗率高，精深加工不充分，产品档次低，市场竞争力弱，不能适应快速发展的消费市场需求。

【c. 广西食品工业发展的建议】

重食品工业之位，振做大做强信心。近年来，广西食品工业稳定发展，有利地减缓了广西工业“资源型化”的趋势。2017年，广西规模以上食品工业用了5.4%的电能创造了16.1%的增加值，因此，发展具有耗能低、污染小的食品工业，既对食品经济转型发展有重要推动作用，也是广西工业经济向高质量发展的客观需要。近几年，广西城乡居民人均消费性支出中，食品烟酒类占比过三成，随着城乡居民在饮食结构上对健康性、享受型消费需求的快速增长，食品工业市场需求潜力增大，发展食品工业可以满足食品消费多样化的需求，是解决广西第三产业发展不平衡不充分的关键所在。食品工业是农产品向消费市场转化的重要中间环节，与农业发展密切相关，2017年，广西食品工业增加值与农林牧渔业增加值之比为0.4：1，农产品向深加工和精加工食品转化的程度较低。广西具有特色农业的优势和潜力，农产品供给充裕，发展食品工业有利于农产品向加工食品转化，促进农业结构调整，推动农村特别是贫困地区种养农产品的积极性，增加农民收入，对实施乡村振兴战略、打赢脱贫攻坚战具有重大战略意义。要以“大规模、大业态、大市场、大龙头、大集群、大安全、大品牌”的发展理念，确定食品工业发展的重点和方向，重振广西发展食品工业信心，统筹规划、精心谋划产业布局，加大对食品工业企业的政策扶持，推动广西食品工业向大、特、名、优方向发展。

揽天下可食之材，制世人乐道精品。食品工业是建立在自然禀赋之上，并且与当地的农业要素密切相关的传统产业。从自然条件看，广西境内几乎每一个地方都有冠之地方特色的农产品之乡，数量惊人的食品工业原料遍布农贸市场、超市和餐饮市场，完全具备发展现代食品工业的基础和条件。广西食品工业发展应适应新消费需求，在稳定重点行业增长的同时，积极挖掘和培育扶持新的食品加工原材料来源，保障重点食品行业、加工企业的要素供给；要适应“一带一路”、北部湾经济区、珠江－西江经济带等国家战略要求，充分发挥广西面向东盟各国的优势，拓展饮料工业、发酵工业、食品添加剂和配料工业、罐头食品制造业、焙烤食品糖制品行业、调味品制造业的发展空间；要加快改造升级传统食品品质，增强传统食品在色、味、型及包装的技术含量和营销推介氛围，不断提升产品质量档次和知名度，让“广西味道”享誉海内外；要瞄准信息技术、生物技术、纳米技术、新工艺和新材料领域，大力发展食品工业新产品、新业态，提高产品附加值，以高质量的桂系食品满足国人日益提高的消费需求；要扶持仍具市场潜力的食品老字号、著名商标、知名品牌和地理标志区域品牌，鼓励食品工业企业争创知名品牌，推动广西品牌在全国乃至全球食品经济竞争中占据主动，逐步向品牌经济新时代迈进。

聚行业整合之力，扬八桂特色风采。广西孕育着国内最富集的农副食品，聚集着一批食品、饮料和精制茶制造业企业，拥有食品销售的区位优势和渠道特征。要重点加大粮食、蔗糖、果蔬、食用菌、花茶、畜禽、水产品等产业的整合力度，建设一批符合国家食品安全标准的加工原料基地，重点发展蔗糖、水产畜牧加工、粮油加工、果蔬加工和精制茶制造业，重点形成以特色优势产品加工大企业为龙头的食品工业产业集群；进一步推动“糖业二次创业”相关政策落实到位，加大对糖料生产和制糖企业的支持力度，促进糖业健康稳定发展。饮料工业应适应更营养、更多元、小众化的趋势，着力开发新产品、提高产品品质、加大品牌培育，推动饮料制品生产向满足小批量、定制化的需求发展。方便食品制造业应以提质增效为中心，不断优化、调整产品结构，推动方便食品向营养、健康转型发展。酿酒工业应以规模转特色、以产量转品质、以传统消费转理性消费的理念，注重开拓区内外市场，探索创新经销方式。食品添加剂行业应在功能性食品、婴幼儿配方食品和特殊膳食食品等消费热点上挖掘增长点。罐头行业应在产品开发、工艺改进、新包装应用、食品安全和品牌培养等方面进行推动，增加产品科技含量，同时注重节能降耗。焙烤食品行业应在设备、技术、管理水平以及自主创新能力等方面，逐步缩小与发达地区的差距。调味品行业发展空间巨大，市场前景广阔，应注重培育龙头企业，产生规模效应。茶加工业应继续扩张生产规模，调整产品结构，提升品牌文化特色；要紧紧围绕食品工业关键共性技术，大力引进发展现代食品高新技术，打造一批具有广西地方特色、业态集中的系列食品，形成一批拥有自主知识产权、核心竞争力强的大企业，提高广西食品工业规模效益和整体竞争力。

搭政策帮扶之台，解企业经营困境。“十三五”时期广西经济运行将围绕调结构、转方式、稳增长、促改革、惠民生为主要内容而出彩，食品工业发展既遇关键期，也需忍受阵痛。要针对现食品工业企业在营销、融资、用工、技改等方面遇到的现实困难，认真贯彻落实自治区政府出台的稳增长41条和提质增效“新28条”等政策措施，加大工作力度，精准帮扶食品工业企业渡难关，全力稳定食品工业增长。继续实行给予食品工业企业在技术改造、购买核心设备的补贴政策，落实食品工业出口产品扶持政策，力推营养保健品、绿色产品、自主品牌食品出口，提升广西产品国际竞争力；继续拓宽企业融资渠道，加大对食品工业企业的信贷支持，为企业发展缺乏资金解难解困；继续清理并减免食品工业企业生产、加工、储运和交易等环节的收费规定，积极推进“互联网＋”行动，形成新的商业营销模式，帮助企业降低经营成本、运输成本和交易成本；继续加大人才引进政策，强化食品工业在生产工艺、产品和行业业态的科技创新，着力打造与食品工业相融合的研发团队和体系，推进食品工业向精、深加工发展，提高产品附加值；继续实施质量强桂战略，开展品牌兴桂行动，对拥有自主产权的品牌企业、有影响力的地理标志区域品牌企业、进入全国名牌或全国百强的食品企业、获得国家认证或国家给予注册的食品企业予以重奖，并在土地、税收、信贷、技改、物流、销售、原料供给等方面给予相应的优惠政策，提升广西品牌经济和社会效益。

走绿色发展之路，筑食品安全网络。广西有25个县（市）被冠以长寿之乡，占全区县级单位数的22.5%，长寿之乡占全国32%，居全国首位，主要分布在河池、桂林、崇左、来宾、贺州和南宁。这些县拥有众多含有健康元素的农产品，比如，稻香米、有机米、有机茶、奶水牛、矿泉水、食用菌、富硒果蔬、富硒禽畜、蜂产品、海产品、植物油原料等，也有一批知名的营养、养生保健产品，比如，巴马长寿食品，桂林周氏、名士威、智力，贺州西麦等，是广西食品工业聚焦绿色发展、实现产品向品牌转变的重要基础。广西食品工业应坚持走绿色发展之路，从满足消费者对绿色健康食品的消费需求出发，通过供给侧结构性改革，加速现有绿色产品升级换代，加快新绿色产品产业化；通过加强技术创新，积极推进科技成果转化，从中创造出代表广西食品工业形象的知名品牌。食品安全无小事，社会高度关注，群众普遍期待，食品工业尤其要重视食品安全。要坚决贯彻落实习近平总书记对食品安全工作作出的重要指示精神，按照党的十九大报告提出“实施食品安全战略，让人民吃得放心”的要求，严格执行《中华人民共和国食品安全法》，落实企业、政府、有关部门等各方责任，加大对食品安全监督抽检力度，强化食品工业企业生产过程的全程风险防控，加强对加工食品特别是婴儿食品、中老年保健品等特殊食品的监管，严惩制售假冒伪劣产品的违法行为，全力构筑防范风险隐患网络，确保广西食品安全继续保持稳定向好的局面。

黄永燕

3.18 重庆市

【a. 概况】

2017年,全市食品行业同全国其他行业一样,也面临低迷下行、劳动力成本增高、产能过剩、市场竞争激烈等各种困难和问题。全市规模以上食品工业企业801户,同比增加41户,实现工业总产值1861.9亿元,同比增长7.6%;主营业务收入1781.7亿元,同比增长8%,比全国行业高1.7个百分点;利润137.5亿元,同比增长20.3%,比全国行业高13.8个百分点;增加值同比增长5.2%。

【b. 大事记】

1月5日,针对小作坊桶装水对水市场的冲击及存在的安全隐患问题,以文件方式向重庆市食药局等政府有关部门反映桶装水企业不规范桶装水企业和直饮水机对桶装水市场的冲击及存在的安全隐患。之后,市食药局出台《重庆市食品生产加工小作坊登记管理办法》以及《重庆市食品小作坊禁止生产加工食品目录及明细》,明确将不达标的小作坊纳入禁止生产目录。

1月19日,我们邀请西南大学食品科学院教授阚建全作了调味品行业发展现状及发展趋势。

2月13日,市食药局通过网上发布了:“关于公开征求重庆市食品生产加工小作坊登记管理办法意见函”以及“关于公开征求重庆市食品小作坊禁止生产加工食品目录及明细意见的函”。

3月10日,我市组织天友、新冰点饮品、朵朵润尔、诗仙太白等80余家企业参加了在重庆创意公园由市经信委组织的重庆市消费品工业“三品”专项行动工作会议暨国际消费品项目对接会。

4月21日,由重庆市经济和信息化委员会主办、重庆市食品工业协会承办的食品安全追溯体系培训在重庆盛明印务有限公司举行。

5月4日,我市组织重庆市食品工业协会、市调味品、豆制品、糖果糕点协会前往江津金桥食品工业园。

5月上旬,有关部门组织市食品工业协会、玻璃协会就食品企业生产包装用玻璃瓶进行了调研。

5月16日,在世纪同辉大酒店,我市食品企业参加市食药局举行的食品生产环节风险管控工作行业论证会。

5月16日,我市部分食品企业参加由重庆市人民政府、中国银行总行与匈牙利国家贸易署共同主办“中匈中小企业跨境撮合与贸易洽谈会”。

5月23日,市商委组织我市食品企业参加由重庆‘618’电商日启动会暨2017渝货上京东招商会。

5月24日下午,在君顿花园酒店我市食品企业参加由市卫计委组织的重庆市2017年食品安全标准宣贯培训会议。

6月7日,受重庆市商品市场交易协会邀请,市食协与市调协、豆制品协会、酒协等食品行业协会一同前往参观了渝北空港众达城万隆食品批发市场。

6月23日,在重庆创意公园参加由市经信委主办的重庆市举办的食品工业“三品”专项行动项目路演活动。

6月29日,在市委可视电话会议室,市政府主持召开了创建国家食品安全示范城市推荐会暨2017年食品安全宣传周启动仪式的全市电视电话会议。

6月29日,在渝北区互联网产业园猪八戒网总部,由重庆市食品工业协会主办,猪八戒网承办的“互联网+”食品行业主题沙龙举行。有关嘉宾、服务商、企采会员等,从不同的角度介绍了互联网给企业带来的“赢•销”，使参会人员受益匪浅。

7月11—13日，我市组织50家企业代表前往上海参加在上海新国际博览中心（浦东）举行的2017上海国际加工包装展览会。

8月中旬，组织企业参加在云南省弥勒市，由中国食品工业协会主办的“中国食品工业协会2017年食品行业品牌创新发展峰会”活动。

9月14日，在金质花苑酒店，针对今年以来，受大的经济环境影响，我市食品行业发展艰难，除少数企业业绩看好外，大多数企业销量普遍下滑，更有不少企业亏损严重。

10月3—10月15日，我市组织部分企业前往欧洲参观德国科隆食品展及当地食品企业和商会，并参观考察北欧数国。

10月16日，市卫计委进行了“食品企业现状及健康融合发展调查问卷”，要求我市几家大型食品企业填报。

11月10日，97届秋季糖酒会在重庆举办，我市120余家企业参加了展会。

12月12日，市食药局召开新闻宣传与应急管理工作座谈暨培训会议。

【c. 政策、法规】

2017年4月6日，重庆市卫计委以渝卫办发（2017）68号重庆市卫生和计划生育委员会办公室关于印发《2017年重庆市食品安全标准跟踪评价工作方案的通知》。2017年重庆市卫计委公布了《食品安全地方标准 调味面制品 DBS0/028-2017》。

邹世云

3.19 四川省

近年来，四川省食品饮料产业立足资源禀赋，发挥比较优势，加快结构调整、产业集聚、技术创新和基地建设，实现了较快发展，成效显著。“十二五”时期，全省食品饮料工业持续保持稳步增长，产值比“十一五”末翻了一番，为全省工业经济稳增长、调结构、促改革、惠民生做出了重要贡献。总体来看，酿酒制造、粮油加工和肉制品加工作为我省食品饮料加工优势产业，其产量和效益一直保持全国领先，泡菜、调味品和茶叶等特色优势行业，在展现四川地方特色、优化产业结构、丰富产品种类等方面贡献突出。

【a. 概况】

1. 综合实力持续稳中向好

2017 年，全省 2427 家规模以上食品饮料企业实现主营业务收入 7256.9 亿元，同比增长 12.6%；实现利润总额 522.4 亿元，同比增长 19.3%；比 2012 年，食品饮料产业主营业务收入年均增长约 12%，在农产品加工业中的比重在 70% 左右，吸纳就业人数、利税总额等均居农产品加工业第 1 位。特色行业发展成效显著，形成了酿酒制造、粮油加工、肉制品加工 3 个千亿产业。

2017 年，全省白酒产业发展态势良好，全省规模以上白酒企业实现主营业务收入 2257.2 亿元，利润 263.5 亿元，同比分别增长 16.1%、30.9%，为 5 年来最快增速，主营业务收入、利润分别占全省食品饮料行业的 31.1% 和 50.1%，对打造饮料食品万亿产业贡献突出。

2. 集约集聚初步形成

结合四川农业资源禀赋，一批重要的食品饮料精深加工产业集群初步形成。川酒、川茶、川粮、川菜、川猪、川果等特色产业优势明显。“川酒”打造“中国白酒金三角”区域品牌，成为全国重要的白酒生产基地，全省白酒总体规模继续位居全国首位，产量、主营业务收入和利润分别占全国的 31.1%、39.9% 和 25.6%。“川粮”以中粮、益海、雄健等公司为代表，打造了千亿产业。“川猪”以新希望、高金等公司为代表，打造了千亿产业。泡菜和川菜复合调味品、茶叶产业集群销售收入突破 300 亿元。核桃、花椒、猕猴桃、凉山苦荞食品等一批四川特色产业集群初具规模。全省食品饮料产业初步形成“一干多枝”的发展格局。

3. 优势产业分布情况

优势产业	产业带分布	代表性企业
白酒产业	“中国白酒金三角”主产区（宜宾-泸州-德阳-成都）	五粮液、泸州老窖、剑南春、郎酒、沱牌、水井坊等名酒企业
粮油产业	成都经济圈（成都、德阳）	中粮、益海、得益绿色等公司
畜产品产业	成渝经济圈（成都、遂宁、资阳、南充等市）	新希望、高金、美好等公司

续表

优势产业	产业带分布	代表性企业
精制茶产业	川东北-川西南（广元-巴中-达州、泸州-宜宾-乐山-雅安-成都等市）	竹叶青、早白尖、米仓山、川红、跃华、川茶、巴山雀舌、花秋、雅安茶厂等公司
泡菜及川菜调味品产业	成都经济圈（成都、眉山、乐山、德阳等市）	李记、川南、吉香居、郫县豆瓣、丹丹、宜家等公司

龙头企业科技创新意识增强，逐年加大产业技术研发投入，食品饮料产业技术装备水平明显提高，全行业技改投资稳定增长，加工设备和生产线的更新换代加快，各种新技术不断得到推广应用。近 3 年省财政投入资金支持食品饮料加工企业达到 2 亿元以上。到目前，全省食品饮料企业建成国家级企业技术中心 11 家，省级企业技术中心 77 家，高新技术企业 39 家。同时，全省有国家级农业产业化重点龙头企业 60 家，省级 589 家。食品饮料产业中，销售收入突破 100 亿元企业达到 5 个，50 亿元以上企业达到 5 个。其中，五粮液集团销售收入突破 800 亿元，泸州老窖、剑南春和郎酒集团销售收入突破 100 亿元，有力地带动全省食品饮料产业实现较快增长。

4. 品牌建设不断提升

深入实施“增品种、提品质、创品牌”行动，推动企业实施产品结构调整，在白酒、茶叶、肉制品、调味品、泡菜等领域培育了五粮液、竹叶青、新希望、郫县豆瓣、吉香居等一批在全国有较强影响力的食品饮料品牌。着力打造区域品牌，“中国白酒金三角”已成为世界知名白酒产区品牌及国内“最大的产业集群、最大的品牌群、最大的产能群”。强化营销模式创新，60 余家食品饮料企业，200 多个产品进驻天虎云商网，酒、茶、肉、休闲食品、调味品等已经成为网上热销商品。全省重点企业质量体系认证率超过 60%，拥有中国驰名商标 111 件、四川省名牌 418 个。

5. 辐射带动能力不断增强

全省大力推广“龙头企业 + 专合组织 + 家庭适度规模经营”和“园区（基地）+ 专合组织 + 家庭适度规模经营”等模式，坚持以食品饮料精深加工企业为龙头，积极构建产加销、贸工农、农科教一体化的全程产业链，上下游产业联动格局初步构建，有力带动了农民持续增收。全省食品饮料加工业吸纳农村就业人数超过 70 万余人。

【b. 主要工作】

抓产业项目投资深入开展“项目年”活动，全力推进食品工业中小企业技术改造投资，促进优势行业和龙头企业转型升级。

重点推进核桃、精制茶、粮油、泡菜和复合调味品等优势行业中的 6 个亿元以上重大技术改造项目加快建设，部分企业项目今年内可达产增效。

强化投资促进和项目储备，以宜宾早白尖有限公司茶叶科技园建设项目、古蔺郎酒厂有限公司天宝峰包装中心技改项目、广元天湟山核桃食品有限公司年产 3 万吨核桃深加工项目为代表，提前储备了一批仓储冷链、食品深加工项目共计 164 个，总投资达 126 亿元，为明年产业推进工作打下坚实基础。

1. 支持产业创新发展

创新传统产业发展模式围绕主食工业化，着力指导眉山王家渡、得益绿色食品、光友薯业等重点主食工业化企业加快餐桌食品创新开发力度，加快推进中央厨房 + 配售网络集成化经营。

2. 继续深入推进川茶加工业转型升级工作

加大对竹叶青、川茶集团等龙头企业项目支持力度，大力支持精制茶加工企业生产线换代工作，促进初制环节茶叶不落地，品质有保障。

3 积极培育功能性食品产业

指导并支持成都、乐山、宜宾等市依托现有企业积极发展可溶性膳食纤维素食品、茶多酚产品，推进企业加快新产品和产业技术研发应用，形成产业新亮点。

4 推动企业开拓市场

组织带领 70 个食品饮料企业参加东亚食品博览会，部分重点企业与当地采购商达成供销协议。

推荐 68 家贫困地区农产品加工企业赴京参展，助推四川贫困地区绿色产品进入北京市场。

走出境外，对标先进，组织 5 户重点食品企业赴台湾考察学习。

组织全省32户龙头企业参加农业部第二十届农产品加工业投资贸易洽谈会，此次大会全省4家企业入选中国农加工洽谈会20周年成果展，1家企业荣获大会产品评定活动金奖，2家企业获得优质奖，签订意向合同金额3600万元。

5. 持续强化食品安全

按照四川省2017年食品安全重点工作安排的要求，年初印发了全省经信系统《2017年食品安全工作要点》。

重点推进核桃、精制茶、粮食、泡菜和复合调味品、肉食品等优势行业生产环境清洁化、加工（灌装）设备自动化、品质在线监测和追溯信息化等一批技术改造项目，提升质量保障能力。

围绕“尚德守法 共治共享食品安全”主题，在雅安市举办2017年四川省食品安全宣传周经济和信息化系统主题日活动——食品工业企业诚信体系建设培训班，邀请工信部消费品司专家来川，为100户精制茶加工企业授课宣贯CMS标准，督查企业树立诚信理念，完善诚信管理制度建立质量安全长效机制，促进食品工业健康发展。

庄 艳

3.20 贵州省

【a. 概况】

2017年是中国经济结构深度调整的一年，也是社会深刻变革的一年。在供给侧结构性改革经济发展的新常态下，贵州省食品工业继续发挥国民经济支柱产业的作用，努力完成中央提出的“去产能、去库存、去杠杆、降成本、补短板”5大任务，着力加强供给侧结构性改革，着力提高供给体系质量和效率，加大创新力度，加快转型升级，保持平稳健康发展。我省食品工业在贵州省委省政府的领导下，在各级政府有关部门的指导下，全行业的共同努力下，随着全面深化改革工作的深入，全省食品工业及食品企业面对错综复杂的宏观经济形势，坚持以制约行业发展的最突出问题为切入口，着力破解影响发展的体制机制障碍，以改革创新促发展、保稳定、惠民生；凝聚行业智慧，逆境崛起；加强企业间的沟通与合作，共享行业资源，共推发展；在保障民生、拉动内需、推动精准扶贫、带动相关产业和县域经济发展、促进社会和谐稳定等方面做出了巨大贡献。

2017年，全省食品工业坚持稳中求进工作总基调，以推进供给侧结构性改革为主线，积极应对下行风险和压力，全省食品工业经济运行呈现出稳中有进、转型加快、质量提升、效益显著的良好态势，总体完成全年各项目标任务。主要体现在以下方面：

1. 基本情况

2017年，全省规模以上食品工业生产企业完成工业总产值2196.65亿元，占全省全省规模以上工业总产值达到13200亿元的16.64%，其中，农副食品加工业为3.35%，食品制造业为1.77%，酒、饮料和精制茶制造业为8.93%，烟草制品业为2.58%。全省规模以上（2000万元）食品工业总产值完成2196.65亿元，现价增速14.1%；完成工业增加值1245.33亿元，现价增速10.2%；完成主营业务收入1989.50亿元，现价增速20.0%；实现利润500.20亿元，现价增速47.3%；上缴税收447.50亿元，现价增速16.6%。

2. 各产业情况

表1 各产业完成工业总产值

	企业单位数（个）	绝对数（亿元）	现价增速（%）
食品工业合计	1030	2196.65	14.1
农副食品加工业	380	442.84	14.3
食品制造业	149	233.51	16.4
酒、饮料和精制茶制造业	499	1179.08	17.5
其中：酒的制造	191	902.43	15.5
烟草制品业	2	341.21	2.0

表2 各产业完成工业增加值

	企业单位数（个）	绝对数（亿元）	现价增速（%）
食品工业合计	1030	1245.33	10.12
农副食品加工业	380	77.78	11.8
食品制造业	149	62.35	9.9
酒、饮料和精制茶制造业	499	817.15	13.5
其中：酒的制造	191	724.20	12.9
烟草制品业	2	288.04	2.0

表3 各产业完成工业主营业务收入

	企业单位数（个）	绝对数（亿元）	现价增速（%）
食品工业合计	1030	1989.50	20.0
农副食品加工业	380	385.00	11.8
食品制造业	149	173.10	6.5
酒、饮料和精制茶制造业	499	1096.50	13.5
其中：酒的制造	191	868.50	39.8
烟草制品业	2	334.90	-2.4

表4 各产业实现利润

	企业单位数（个）	绝对数（亿元）	现价增速（%）
食品工业合计	1030	500.20	47.3
农副食品加工业	380	17.70	22.9
食品制造业	149	15.80	-10.2
酒、饮料和精制茶制造业	49	438.90	57.4
其中：酒的制造	191	421.90	59.70
烟草制品业	2	27.80	-3.1

表5 各产业实现税收

	企业单位数（个）	绝对数（亿元）	现价增速（%）
食品工业合计	1030	447.50	16.6
农副食品加工业	380	6.4	23.1
食品制造业	149	5.80	-3.3
酒、饮料和精制茶制造业	49	211.6	18.9
其中：酒的制造	191	205.30	40.50
烟草制品业	2	223.70	1.1

【b. 全省食品工业经济运行解析】

1. 通过上表数据分析，全省规模以上的食品企业经济运行情况良好，全省食品工业总产值、增加值、主营业务收入同比均实现两位数增长。

2. 全省规模以上食品工业生产企业占全省工业企业户总数的18.39%。规模以上食品工业生产企业同比增加154家，同比增长17.58%；而平均每个食品工业企业完成的工业总产值2.13亿元，同比减少0.25亿元。农副食品加工业企业同比增加58家，生产企业数同比增长18.01%；食品制造业生产企业数同比增加58家，同比增长16.41%；酒、饮料和精制茶制造业生产企业同比增加75家，生产企业数同比增长17.68%，与行业平均增长值接近，其中，酒的制造生产企业同比增加30家，同比增长18.63%；烟草制品业企业与往年持平。

3. 全省规模以上食品工业生产企业完成工业总产值2196.65亿元，占全省全省规模以上工业总产值达到13200亿元的16.64%。其中：农副食品加工业为3.35%、食品制造业为1.77%，酒、饮料和精制茶制造业为8.93%、烟草制品业为2.58%。

4. 全省规模以上食品工业生产企业完成工业增加值1245.33亿元，占全省规模以上工业增加值完成4300亿元的28.96%。其中，农副食品加工业为1.81%，食品制造业为1.50%，酒、饮料和精制茶制造业为19.00%，烟草制品业为13.68%。

5. 全省规模以上食品工业生产企业实现主营业务收入1989.50亿元，占全省工业企业主营业务12000亿元的16.58%。其中，农副食品加工业为3.21%，食品制造业为1.44%，酒、饮料和精制茶制造业为9.14%，烟草制品业为2.80%。

6. 全省规模以上食品工业生产企业完成工业总产值与工业增加值之比为57%，比全省规模以上工业总产值与工业增加值之比高21.17%。其中，农副食品加工业为17.56.%；食品制造业为26.70%；酒、饮料和精制茶制造业为69.30%，酒的制造为80.25%；烟草制品业为84.41%。

7. 全省规模以上食品工业生产企业实现主营业务收入与完成的工业总产值之比为90.57%，与上半年相比增长5.43%。其中，农副食品加工业为86.94%；食品制造业为74.13%；酒、饮料和精制茶制造业为93%，其中酒的制造为96.24%；烟草制品业为98.15%。表明我省规模以上食品工业生产企业去库存效果明显，企业的库存商品销售在增加，酒的制造与烟草制品业尤为突出。

8. 酒、饮料和精制茶制造业中的酒的制造占比超过上半年1.01%，随着白酒产业的逐渐复苏，酱香型白酒的认知度和普及面的提高，这一比例明年将会继续加大。

9. 全省工业经济的和食品工业的重点产品酒的制造（包括白酒、黄酒、啤酒、果酒等酒类制造）完成工业总产值902.43亿元，现价增速15.5%。占全省工业总产值的6.84%，占全省食品工业总产值的41.08%；完成增加值724.20亿元，占全省工业增加值的16.84%，占全省食品工业增加值的58.15%；主营业务收入占全省工业企业的主营业务收入的7.24%，全省食品工业企业主营业务收入43.65%。其中白酒产量45.21万千升，啤酒产量92.35万千升，葡萄酒1309.65千升、黄酒482.27千升、果酒及配制酒4790.75千升。

10. 全省食品工业实现利润、税金同比增长仍为两位数，增幅分别比全省工业总产值高，同比分别增长33.2%和2.5%。全省规模以上食品工业生产企业实现利税947.70元，现价增速分别为47.3%和16.6%，占同期全省食品工业总产值的43.14%。其中，农副食品加工业实现利税24.1亿元，利税率为5.44%；食品制造业实现利税21.6亿元，利税率为9.25%；酒、饮料和精制茶制造业实现利税650.5亿元，利税率为55.17%，酒的制造为69.50%；烟草制品业实现利税亿元251.50亿元，利税率为73.7%

【c. 全省食品工业经济运行特点】

1. 酒、饮料和精制茶制造业保持全省优势产业的发展势头

2017年，全省酒制造业中，尤其是白酒在经历了多年的震荡调整后，发出止跌复苏信号。产量从2011年同比增长47.57%降到2016年的10.5%，这期间均以两位数下跌。2017年，达到10%的增长，同比下降0.5%，处于增长与减少的临界点，但同期的主营业务收入却同比增长了39.8%。产量减少销售增加，这是止跌企稳的迹象，体现出恢复性的增长。尤其是作为全国酱香型白酒主要产地的地位不断提升，酱香型白酒在行业的占比显著加大。据2016年国家统计数据，白酒行业规模以上企业1257万千升的总产量当中，酱香酒的占比在1.5%左右，而我省酱香酒销售额占比却达到15%以上，这其中主要是以茅台酒厂为主的贵州一大批酱香型白酒生产企业做出的贡献。

我省虽不是葡萄酒重点产区，但其他水果生产在党中央精准扶贫方针指引下，适于酿酒用的刺梨、猕猴桃、蓝莓等水果的种植得到了迅速的发展，随之而起的是果酒生产企业应运而生，2017年我省葡萄酒、果酒及配制酒共计生产了6100.4千升，为历年最高。

在饮料制造业中，2017年，全省规模以上食品生产企业产品增产最多的首数饮料制造中的碳酸型饮料（汽水）、果汁和蔬菜汁类饮料和蛋白饮料：碳酸型饮料（汽水）31.73万吨，同比增长634.9%；果汁和蔬菜汁类饮料31.09万吨，同比增长21.3%；蛋白饮料22.97万吨，同比增长14.6%。国内一些知名品牌大型饮料灌装企业在我省的建设，带动了我省饮料制造业爆发式增长。但包装饮用水在经过数年的热炒后，由于本土包装饮用水品牌建设的滞后，首次出现1.3%的负增长。

2. 农副食品加工业持续增长

全省农副食品加工业中的谷物磨制、饲料加工、食用植物油加工、制糖、屠宰及肉制品加工和副产品加工、蔬菜、水果和坚果加工等行业。这些行业历来是我省食品工业中的薄弱环节，在2016年取得了长足的进步的基础上，保持持续增长的良好态势。其规模以上企业数、工业总产值、工业增加值、主营业务收入、利润总额、税金总额等主要经济指标均实现稳定的增长，其增速分别是18.0%、6.8%、2.4%、6.4%、21.2%和25.5%，尤其是利税的增长为历年之最。

3. 食品制造业加快调整

食品制造业中，调味品（尤其是辣椒制品）一直是我省食品制造业的优势行业，但总体而言食品制造业也是我省食品工业中的弱项产业，多年来受市场变化、成本增加、产品技术创新不够等因素的影响，近两年来处于徘徊下滑的趋势。2017年，全省调味品产业中酱油下跌10.4%，尤其是辣椒制品行业，在2016年开始出现下滑后，2017年上半年同比下降4.3%。

面对调味品行业严峻的下滑局面，全行业采取积极的产品、市场营销调整措施，2017年，实现食醋同比增长16.1%，我省食品工业的重点产品辣椒制品也在经历了连续两年的下跌后出现0.4%的增长。

与此同时，全省食品制造业企业积极开拓创新，加大了复合调味料的开发力度，2017年酸汤调味料的生产企业达到130余家，在传统红酸汤的基础上，开发了家用、餐饮用等不同用途的白酸汤、黄酸汤、鱼酱酸等复活酸汤调味料。全省酸汤调味料产值3.5亿元，同比增加1.1亿元，同比增长45.8%。

4. 烟草制造业平稳增长

2017年，面对市场低迷表现，贵州烟草制造业从客观上分析问题，从主观上找原因、定对策，找差距、想办法，力求扭转卷烟生产销售面临的被动局面，以勇于担当的责任感、务实创新的行动力，适应新变化、主动求作为，在2017年一季度卷烟市场出现卷烟销售和主销卷烟销量“两个大幅下滑”的情况下，2017年实现了烟草制造业持续增长2%的好结果，实现了增量增效发展。

【d. 食品安全形势】

2017年1月15日，贵州省人民政府结合贵州食品安全的实际，修改并发布新的《贵州省食品安全条例》。8月24日再度发布2017年食品安全重点工作安排，要求各级党委、政府要将食品安全作为“一把手工程”。党委、政府主要负责人同为食品安全责任人，对本地区食品安全负总责，对重大食品安全事项要亲自研究、亲自部署、亲自督办，保证监管工作有责任、有岗位、有人员、有手段，支持监管部门履行职责，确保了2017年我省食品安全形势总体平稳并持续向好。

2017年，全省通过“源头严防、过程严管、违法严惩”的方式加强食品安全全过程监管，食品抽验合格率97.86%，食品生产加工环节监督抽检合格率为96.74%,。全年食品投诉举报的办结率为100%，完成不合格食品风险控制、下架召回、行政处罚等核查处置任务600余件。

为确保全省食品行业的食品安全，协会致力于健全完善食品安全标准体系的工作。认真参与食品安全地方标准制(修)订、立项、申请工作，组织贵州省食品工业协会团体标准制(修)订项目审定，完善贵州省食品工业协会团体标准制修(订)流程，适时发布贵州省食品工业协会团体标准。并开展新发布的国家、地方食品安全标准学习、培训，强化贵州省食品工业协会团体标准制定、执行和监管的衔接。2017年共制定发布《兴仁牛肉粉》《食用调味油》《贵州腐乳》等贵州省食品工业协会团体标准12个，解决了在我省食品行业由于标准缺失，影响和制约行业发展的矛盾，使食品安全安全工作落实到了实处，适应了市场经济发展的需求。

【e. 食品工业大事记】

1月5日，修订后的《贵州省食品安全条例》已于2017年1月5日经贵州省第十二届人民代表大会常务委员会第二十六次会议通过，自2017年5月1日起施行。

1月12日，发布TB52/GZSX 00010-2017《沙嗲粉》团体标准。

1月13日，贵州省食品工业协会与与中国知网联合对全省食品生产企业就如何利用中国知网促进企业创新的事宜举办培训班。

1月22日，“2016年度中国鱼调料十大品牌评选”是由品牌排行网主办的全网范围最广、规模最大的品牌综合实力排名评选活动。凯里市明洋食品有限责任公司(玉梦牌)酸汤荣获第1名。

2月22日，《2016年贵州白酒营销白皮书》发布，“十二五”期间，贵州白酒产业呈稳定增长态势，省内规模以上白酒企业累计产量达到49万吨，同比增长10.5%；实现产值884亿元。其中，主营业务收入达到635.8亿元，利润总额为263.4亿元，分别增长21.1%和11.2%。此外，贵州出口额约为21亿元，其中，茅台集团实现出口额20.4亿元，同比增长37.8%，位居全国第1。

3月4日，根据《中华人民共和国高等教育法》、《普通高等学校设置暂行条例》等有关规定，贵州省政府经研究，以黔府函〔2017〕33号批文，正式批复同意建立贵州食品工程职业学院。

3月6日，《贵州食品工业黄皮书》发布。首次以黄皮书的形式全面介绍和分析贵州食品工业的状况。

3月20日，参与贵州省经信委“关于征求‘千企改造’工厂‘双百强’企业名单和支持措施意见”的工作。

3月27日，召开《豆豉》贵州省食品工业协会团体标准立项审定会议。

4月22-26日，第十三届中国粽子文化节在广西靖西县召开，我省参评的贞丰胖四娘食品有限公司和熊大妈食品有限公司的布衣棕荣获“一等奖”，清镇刘姨妈参评的“五彩棕”荣获“创新奖”，贞丰胖四娘食品有限公司参评的贵州黄粑荣获“一等奖”。

4月28日，2016全国食品工业科技进步与质量工作会议在北京召开。

4月28日，由黔西南州贞丰县委、县政府主办的“迎端午、品糯食、助脱贫”中国糯食之乡——贞丰一品布依灰粽暨绿色农产品推介会在贵阳举办。

5月8日，召开贵州食品工业协会团体标准《豆豉》

起草稿审定会。

5月9日，与贵州宏邀文化传媒有限公司达成战略合作协议，在贵阳开展我省首届“我最喜爱的贵州食品品牌”的评选活动。

5月12日，2017中国第97届（重庆）糖酒会正式委托我会，统一组织省内食品企业参展，并设立2017年首届“黔企汇”贵州企业专区展。

5月27日，加入由贵州省人民政府同意，由贵州省质量技术监督局发起成立的“贵州绿色联盟”。

6月7日，2017都匀毛尖（国际）茶人会成都推介会暨都匀毛尖品鉴会在成都宽庭成功举行。

6月9日，贵州省食品工业协会团体标准《兴仁牛肉粉》通过专家审定。

6月13日，由贵州省人力资源和社会保障厅授权的2017年贵州省食品行业技术职务评审工作启动。

6月15日，贵州、云南、四川、重庆西南四省市名优食品评定筹备会在贵召开。

6月30日，贵州省食品工业协会团体标准T/GZSX 013–2017《兴仁牛肉粉》发布。

7月8日，贵州8家白酒企业的10个样酒，参与2017白酒国家评委年会感官质量检评。贵州国台53°酱香白酒荣获总分第2名。

7月8日，贵州省食品工业协会团体标准T/GZSX 014–2017《豆豉》发布。

7月22日，贵州省食品工业协会组织相关食品专家，参加贵州省2016年贵州省名牌产品评审。

7月30日，贵州省人民政府组织的“丝绸之路·黔茶飘香”推介活动走进兰州.

8月16日，根据国家标准化委员会的通知精神，贵州省质量技术监督局于2017年2月公告，废止了23项涉及我省具有地方和民族传统特色的食品地方标准。

8月17日，召开我省参加2017白酒国家评委年会工作小结会。

8月20日，组织贵州相关果酒生产企业人员赴京参加果酒国家评委考试。

8月24日，贵州发布2017年食品安全重点工作安排，要求各级党委、政府要将食品安全作为“一把手工程”。

8月28日，贵州茅台酒厂（集团）有限公司在北京召开市场研讨会。

8月29日，由黔西南州人民政府、贵州省社会科学院主办的“中国（兴仁）薏仁米博览会——2017中国·东盟薏仁米国际论坛暨贸易洽谈会”。

9月9–12日，以“展示全球佳酿·促进交流合作”为主题的第七届酒博会在贵阳隆重举行。

9月10–13日，贵州省农委、六盘水市政府联合主办的第二届“贵州屋脊·凉都珍好”高原山地特色农产品展销会，于9月10日至13日在六盘水市会展中心举行。

9月14日，贵州省人民政府组织的“丝绸之路·黔茶飘香”呼和浩特站，贵州安顺茶品茗活动在内蒙古呼和浩特市玉泉区正式启动。

9月20日，第二届中国贵州（铜仁）国际饮用水博览会9月20–22日在铜仁市国际风筝基地盛大举办。

9月28日，出席“国家卫计委推进食品产业与健康融合发展现场座谈会（贵州）”。

9月29日，在北京召开的“全国厂务公开管理工作经验交流暨先进单位表彰电视电话会”上，贵州习酒有限公司荣获“全国厂务公开民主管理先进单位”荣誉称号。

10月10日，T/GZSX 015–2017“食用调味油”、T/GZSX 016–2017《贵州腐乳》、T/GZSX 017–2017《贵州米酒》、T/GZSX 018–2017《贵州黄粑》四个贵州省食品工业协会团体标准发布。

10月17日，对2017年申报全省食品行业技术职务的65名初级、21名中级人员进行公示。

10月29日，中国调味品产业百城论坛（贵阳站）暨中国辣酱产业创新颁奖仪式在贵阳天怡豪生酒店举行。

10月28日，贵州茅台酒厂（集团）在《经济观察报》主办的2016–2017年度《中国最受尊敬企业年会》上荣获“中国最受尊敬企业”称号。袁仁国荣获“中国最受尊敬企业致敬企业家”称号。

11月3日，T/GZSX 019-2017《盘州煤厂鸡》、T/GZSX 020-2017“盘州牛肉粉”、T/GZSX 021-2017《盘州荷叶糯米鸡》、T/GZSX 022-2017《盘州牛干巴制品》、T/GZSX 023-2017《盘州酸菜》、T/GZSX 024-2017《盘州·面粑》等六个贵州省食品工业协会团体标准发布。

11月7日，杨世尧副秘书长参与贵州省食品安全委员会组织的2017贵州省食品安全形势研讨会。

11月23日，对评审通过的65名助理工程师和21名工程师进行网上公示。

11月30日，黔东南州“凯里酸汤”技术创新战略联盟成立，杨世尧副秘书长应邀参会，并被聘为联盟的专家委员会委员。

12月1日，副会长王遵参加由发改委组织的行业协会（商会）脱钩会议。

12月08日，贵州省食品工业协会七届四次理事会在贵阳金芦笙小组特色酒店召开。

12月23日，贵州省食品工业协会杨世尧作为贵州省食品安全委员会专家，出席由何力副省长主持召开的贵州省食品安全委员会第七次会议。

【f. 政策、法规】

1.《贵州省食品安全条例》已于2017年1月5日经贵州省第十二届人民代表大会常务委员会第二十六次会议通过，现予公布，自2017年5月1日起施行。

2.《2017年食品安全重点工作安排》贵州省人民政府2017年08月24日发布。

3.《贵州省食品生产加工小作坊监督管理办法（试行）》

贵州省食品药品监督管理局公告 2017年10号

4.《贵州省食品生产加工小作坊禁止生产的品种目录（试行）》贵州省食品药品监督管理局公告 2017年15号

【g. 主要食品产品的产量】

主要食品产品产量汇总表

名　称	计量单位	全年累计	累计增长%
小麦粉	吨	20142.56	-31.0
大米	万吨	133.00	4.9
薏仁米	吨	136801.63	16.0
饲料	万吨	182.70	8.1
其中：配合饲料	万吨	116.47	8.4
混合饲料	万吨	50.12	10.8
精制食用植物油	万吨	38.96	-17.0
成品糖	吨	57430.36	-29.9
鲜、冷藏肉	万吨	12.20	5.6
冻肉	吨	0.00	0.0
熟肉制品	吨	18702.30	10.8
冷冻水产品	吨	0.00	0.0
冷冻蔬菜	吨	28949.68	-6.4
魔芋粉	吨	2866.00	-26.3
膨化食品	吨	2614.00	33.4
焙烤松脆食品	吨	24202.00	1.8
糖果	吨	59962.78	7.4
方便食品	吨	60716.01	-4.9
速冻食品	吨	51.70	-27.9
其中：速冻米面食品	吨	51.70	-27.9
方便面	吨	11576.00	-24.5
乳制品	吨	110691.00	4.7
液体乳	吨	110691.00	4.7
固体及半固体乳制品	吨	0.00	0.0
其中：婴幼儿配方乳粉	吨	0.00	0.0
其中：乳粉	吨	0.00	0.0
罐头	吨	20402.00	-30.7
味精（谷氨酸钠）	吨	6649.00	78.8
酱油	吨	27084.74	-10.4
食醋	吨	15434.20	16.1
辣椒制品	吨	583033.38	0.4
营养、保健食品	吨	4470.60	42.3

注：按规模以上企业统计（数据来源：贵州省统计局、中国知网）。

【h. 先进企业】

1. 先进企业及个人

全国五一劳动奖章

李卫东（贵州金沙窖酒酒业有限公司勾兑师）

2.2017年荣获各类先进企业及个人

全国食品工业质量竞争力卓越企业：

贵州牛来香实业有限公司、贵州飞龙雨绿色实业有限公司、贵州旭阳食品（集团）有限公司、贵州茅台酒厂（集团）习酒有限责任公司、贵州鸭溪酒业有限公司。

全国食品工业科技创新卓越领导者：

吕云怀、张汝平。

3. 贵州省工人先锋号（班组）

贵阳娃哈哈昌盛饮料有限公司热灌纯水车间

贵州琦福苑茶业有限公司生产车间一组

贵州务川师之传食品有限公司米、面加工车间

贵州茅台酒厂（集团）习酒有限责任公司制酒二车间3班

贵州岩博酒业有限公司生产管理部

大方县琼芳食品开发有限公司包装组

雷山县毛克翕茶叶发展研究所生产车间

贵州晴隆肥姑食品有限责任公司第一车间

贵州烟叶复烤有限责任公司黔西南复烤厂生产科丙班

贵州钓鱼台国宾酒业有限公司制酒八车间一班

贵州茅台酒厂（集团）有限责任公司制酒二十一车间制酒十八班

贵州省轻工业科学研究所食品发酵研发中心

贵州省五一劳动奖章（个人）：

胡孝敏（女）（贵州省湄潭县栗香茶业有限公司车间主任）

吴海琼（贵州大明茶城茶叶营销有限公司经理）

王静（布依族）（贵州飞龙雨绿色实业有限公司维护员）

谷晨雷（贵州中心酿酒集团有限公司勾兑师）

王真勇（贵州茅台酒股份有限公司酒师）

【i. 名优产品】

2017年，全省食品类产品共计荣获贵州省名牌产品称号

122个，其中农产品、肉、蛋有23个，副食品及其他有11个，调味品有29个，水、奶、饮料有16个，米、面、油有18个，茶有15个，白酒有10个；

2017年贵州省名牌产品汇总

序号	单位名称	商标	产品名称	规格型号
1	贵州贵茶有限公司	贵茶红宝石	红茶	特级、一级
2	贵阳三联乳业有限公司	山花	特浓酸奶	200克/袋
3	贵阳三联乳业有限公司	山花	纯牛奶	220毫升/袋
4	贵阳三联乳业有限公司	山花	黑牛奶	250毫升/盒
5	贵阳六甲食品有限公司	六甲	云腿月饼	50克/个、100克/个
6	贵州五福坊食品股份有限公司	黔五福	香腊仔排	400克/袋、600克/袋、散装称量
7	贵州五福坊食品股份有限公司	有点	猪肉脯	90克～200克/袋、散装称量
8	贵州五福坊食品股份有限公司	黔五福	小米鲊	250克～1公斤/袋、1.5公斤/盒
9	贵州五福坊食品股份有限公司	有点	猪肉干	90克～308克/袋、980克/袋、散装称量
10	贵州乡下妹食品有限公司	乡下妹	油辣椒	40克～5000克
11	贵阳南明老干妈风味食品有限责任公司	老干妈	风味鸡油辣椒	280克/瓶
12	贵阳南明老干妈风味食品有限责任公司	老干妈	肉丝豆豉油辣椒	280克/瓶
13	贵阳南明老干妈风味食品有限责任公司	老干妈	香菇油辣椒	210克/瓶
14	贵阳南明老干妈风味食品有限责任公司	老干妈	精制牛肉末豆豉油辣椒	210克/瓶
15	贵阳南明老干妈风味食品有限责任公司	老干妈	油辣椒	275克/瓶
16	贵州金扬油脂邮箱公司	金满船	菜籽油	4升、5升、10升、15升、20升
17	贵州茅台酒厂（集团）习酒有限责任公司	习酒及图	三星习酒	浓香型：52%VOL～38%VOL、500毫升/瓶
18	贵州茅台酒厂（集团）习酒有限责任公司	习将军酒	习将军酒	兼香型：52%VOL～38%VOL、500毫升/瓶
19	贵州茅台酒厂（集团）习酒有限责任公司	习酒及图	习酒.窖藏1998	酱香型：53%VOL～38%VOL、500毫升/瓶
20	贵州省凤岗县浪竹有机茶业有限公司	浪竹	绿茶	特级、一级（100克～240克/袋、盒）
21	遵义市黔兴油脂有限责任公司	天然花	菜籽油	2升、4升、5升、15升、22升、27.17升
22	贵州聚福轩万壶缘茶业有限公司	万壶缘	凤岗锌硒茶	特级、一级（50克～500克/盒装、袋装、条装）
23	正安县金林茶业有限责任公司	黔北	正安白茶	特级、一级（90克/盒、120克/盒）
24	赤水市赤之情食品有限公司	赤之情	酿造食醋	246毫升/瓶、450毫升/瓶、800毫升/壶、2.5升/桶
25	务川自治县万壶香茶业有限公司	众口福	绿茶	特级、一级（100克～500克/袋、条、盒）
26	贵州湄潭兰馨茶业有限公司	兰馨	遵义红	3克X4袋X10盒、3克X5袋X4盒、200克/盒
27	余庆县银梭米业有限公司	再亮	大米	5公斤～25公斤（盒、袋）

序号	单 位 名 称	商 标	产品名称	规格型号
28	贵州贵德农业科技开发有限公司	红旗飘飘	菜籽油	0.9升、2升、3升、4升、5升、15升、25公斤
29	遵义市桐梓县宇强农产品开发有限公司	宇强	挂面	1公斤/把、1.5公斤/把、1.8公斤/把、2公斤/把
30	遵义市佳禾米业有限公司	琊贡源	长粒香米	5公斤/袋、10公斤/袋、15公斤/袋
31	余庆土司风味食品有限责任公司	龙家坝	水豆豉	210克/瓶、610克/瓶、1320克/瓶、3660克/瓶
32	贵州省湄潭县栗香茶业有限公司	萦道	贵州栗香茶（绿茶）	特级、一级、二级
33	贵州旭阳食品（集团）有限公司	旭阳	风味辣椒酱	袋装、瓶装
34	贵州旭阳食品（集团）有限公司	旭阳	鲜糟辣椒	桶装、袋装、瓶装
35	贵州旭阳食品（集团）有限公司	旭阳	辣子鸡油辣椒	袋装、瓶装
36	贵州旭阳食品（集团）有限公司	旭阳	芝麻油辣椒	桶装、袋装、瓶装
37	贵州湄潭县永兴徐板鸭有限公司	徐陈	板鸭	称重
38	贵州省赤水市金钗石斛产业开发有限公司	永斛源	食醋	10支/盒
39	贵州夜郎蜂业科技有限公司	夜郎及图	蜂蜜	56克/瓶188克/瓶、238克/瓶、398克/瓶、438克/瓶、500克/瓶、800克/瓶、1000克/瓶、
40	贵州凤冈县神农米业有限公司	琊川	大米	5公斤/袋、10公斤/袋、25公斤/袋、15公斤/箱、500克X8盒/箱
41	安顺百花串食品有限公司	熙春	芝麻月饼	称重、83克X8/盒
42	安顺百花串食品有限公司	百花串及图	风味腐乳	310克/瓶
43	贵州省安顺市茶叶开发中心	瀑布	绿茶	3X500克（条装、袋装、盒装）
44	盘县恒泰火腿加工厂	盘裕	盘县火腿	500克/袋、1公斤/袋、1公斤/盒、2公斤/盒、
45	贵州天刺梨食品科技有限责任公司	天刺梨	刺梨饮料	245毫升/听、12听/提
46	贵州老面子名优食品开发有限公司	老面子	挂面	400克/把、960克/把、1.5公斤/袋、1.8公斤/袋、2公斤/把、2.5公斤/把、3.6公斤/盒
47	六枝特区岩脚大畅面业有限公司	岩脚	挂面	180克、450克、500克、625克、800克、900克、1公斤、1.5公斤、1.75公斤、2公斤、2.5公斤、3公斤、4公斤、
48	贵州都云毛尖茶叶有限公司	红敏茶园	都匀毛尖茶	珍品、特级、一级、二级
49	贵州纯露饮品有限责任公司	宝立	纯露饮用天然泉水	1.89升、11.3升、1500毫升、600毫升、550毫升、430毫升、380毫升
50	贵州省长顺县景山凉泉水厂	乐顺谷	饮用泉水	18.9升/桶
51	贵州瓮福剑锋化工股份有限公司	剑锋	食品添加剂：三聚磷酸钠	25公斤/装
52	贵州瓮福剑锋化工股份有限公司	剑锋	食品添加剂：焦磷酸二氢二钠	25公斤/装
53	贵州瓮福剑锋化工股份有限公司	剑锋	食品添加剂：焦磷酸钠	25公斤/装
54	黔南州梅渊商贸有限责任公司	梅渊	都匀毛尖	特级、一级、二级
55	贵州金誉玺生物科技有限责任公司	南黔牌	香辣野山鸡	210克
56	贵州金誉玺生物科技有限责任公司	南黔牌	酱制野山鸡	628克、328克
57	贞丰县顶坛椒业有限公司	顶坛	花椒油	118毫升、238毫升、360毫升、1升、2.5升
58	贞丰县粮食购销有限责任公司	双乳峰	大米	5公斤/袋、10公斤/袋、20公斤/袋、24公斤/袋、25公斤/袋、
59	贵州飞龙雨绿色实业有限公司	飞龙雨	饮用天然泉水	18.9升/桶、550毫升/瓶、350毫升/瓶
60	贵州苗西南饮品有限公司		天然饮用泉水	17升/桶、17.5升/桶、18.9升/桶
61	贵州阳光思源饮品有限公司	贵醇源	天然饮用泉水	18.9升/桶、590毫升/瓶、350毫升/瓶
62	普安县宏鑫茶业开发有限公司	简能	普安红茶	100克/盒、200克/罐、200克/盒、200克/袋
63	黔西南古方红糖有限责任公司	古方	红糖	96克/盒（一级），65、120、125克/袋（二级），180、180+18、200、220、265、275、300克/罐（一级）
64	兴仁县引力农产品商贸有限责任公司	薏品黔城	薏仁米	（450克、500克、1公斤、25公斤）/袋
65	贵州兴仁聚丰薏苡股份有限公司	聚丰薏苡	薏苡仁米（粉）	薏仁米（1800、25000克/袋），水磨薏仁粉（1000克/袋、特级450克/袋、一级1000/袋）
66	贵州马大姐食品股份有限公司	凤玲子	鸡枞油番茄	110克、220克
67	镇远县名城食品厂	冯三毛	柴火腊肉	（380克、400克、500克、1公斤）/盒
68	贵州金稻粮油有限责任公司	义龙香	大米	（2.5公斤、10公斤.20公斤、25公斤）/袋
69	贵州省黄平县乐源旅游特色食品有限公司	美女寨	黄平腌汤菜	500克/瓶、595克/瓶、625克/瓶
70	贵州省施秉县华云食品有限公司	杉木河	农家香肠	300克/袋、400克/袋、500克/袋
71	贵州省雷山县毛克翕茶叶发展研究所	毛克翕	雷公山清明茶	100克/筒、150克/袋、100克/袋、300克/盒

序号	单位名称	商标	产品名称	规格型号
72	镇远县蔡酱坊有限公司	蔡酱坊	陈年道菜	150克/袋、150克/盒、150克/坛、200克/坛
73	贵州省榕江县粒粒香米业有限公司	锡利	大米	1公斤/包、2.5公斤/袋、5公斤/袋、10公斤/袋、20公斤/袋
74	丹寨县黔丹硒业有限责任公司	黔丹	丹寨硒锌米	5kg/袋、4kg/盒
75	三穗县翼宇鸭业有限公司	翼宇	血浆鸭	500g/盒、500g/袋
76	三穗县老张家土特食品有限公司	张启福	干豆豉	120g/袋、220g/瓶、280g/瓶
77	贵州省黎平县森绿茶业对外贸易有限公司	森绿	绿茶(白茶)	50g/盒、100g/盒、150g/盒、160g/盒
78	贵州青酒厂	青溪	洞藏五星青酒	38%vol浓香 500ml
79	贵州青酒厂	青溪	铁盒青溪老窖酒	52%vol浓香 500ml
80	贵州舞阳河米业有限公司	舞阳河	大米	10kg/袋、24kg/袋、25kg/袋
81	贵州根生科技农业有限公司	杉乡源	食用菌	50～500克
82	贵州千里山生态食品股份有限公司	千里山	黄焖鸭	480g/袋、500g/盒、280g/袋、458g/袋、238g/袋
83	贵州千里山生态食品股份有限公司	千里山	酱鸭	480g/袋、500g/盒、280g/袋、638g/袋、318g/袋
84	贵州省麻江县明洋食品厂	玉梦	凯里酸汤调味料	250g/袋、318g/袋、208g/袋、500g/瓶、1kg/瓶、2150g/瓶
85	贵州大龙健康油脂有限公司	金萧	油茶籽油	5升、18升X2、1.5升X2、500毫升X2、950毫升X2
86	松桃苗族自治县鑫鑫养殖专业合作社	苗王湖及图	野鸭蛋	8枚/盒、18枚/盒、28枚/盒、30盒/箱、20盒/箱、
87	贵州百福源生态农业发展有限公司	思州玉翠	绿茶	一级、二级(125克/盒、250克/盒、250克/袋)
88	贵州印江梵净大山有机农业有限公司		鸡蛋	30枚/盒、360枚/箱
89	贵州省思南县亿农绿色产业有限公司	亿农	土家冰糖大蒜	55克/瓶、1.15公斤/坛、1.5公斤/坛
90	沿河土家族自治县纯康山泉水厂		山泉水	18.9升
91	沿河县金竹万华粮油有限公司	金竹山乡	贡米	10公斤、25公斤
92	贵州省沿河土家族自治县净团茶叶有限公司	净团及图	梵净山绿茶	特级、一级(150克/袋、250克/袋、500克/袋)
93	德江县茂强土特产开发有限公司		土蜂蜜	500克/瓶、1000克/盒、850X2/盒 、500X2/盒
94	贵州大方天椒食品发展有限公司	天椒	油辣椒	240克/瓶(油辣椒、三丁油辣椒、鸡辣椒、牛肉椒、鲜肉辣椒)
95	贵州奢香野生源饮料食品有限公司	美茹奢香	冰糖花生乳	246毫升X24罐/件、426毫升X20罐/件
96	贵州奢香野生源饮料食品有限公司	美茹奢香	核桃乳饮料	246毫升X24罐/件、426毫升X20罐/件
97	毕节市天河食品有限责任公司	段卯氏	酿造食醋	438毫升/袋、500毫升/瓶、800毫升/壶、2.5升/壶
98	贵州毕节恒有农产品开发有限责任公司	黔乡粹	核桃	250克/袋、1.0公斤/袋、1.5公斤/袋
99	金沙县禹漠供销合作社	禹漠及图	酿造食醋	12毫升/瓶、430毫升/袋、438毫升/袋、450毫升/袋、800毫升/袋、1600毫升/袋
100	毕节彝姑娘特色食品开发有限公司	彝姑娘	豆腐乳	850克/瓶、400克/瓶
101	贵州省毕节绿色畜牧科技开发有限责任公司	陈二平	辣椒面	20克、25克、38克、60克、75克、78克、80克、200克、280克、25公斤
102	贵州金沙窖酒酒业有限公司	金沙	回沙酒	酱香型:48%V0l、51%V0l、52%V0l、 53%V0l
103	毕节市王傻子烧鸡食品有限公司	王维让	烧鸡	500克/袋
104	贵州毕节碧春酒业有限公司	碧春	白酒	酱香型:53%V0l(50毫升、1000毫升)
105	贵州赫之林食品饮料有限公司	赫之林	核桃乳	240毫升/罐X12/件、240毫升/罐X20/件、240毫升/罐X24/件
106	贵州金沙冠香坊调味食品有限公司	冠香源	菜籽油	1升/瓶、1升/桶、4升/桶、15升/桶、20升/桶
107	贵州金沙冠香坊调味食品有限公司	冠香源	油辣椒	210克/瓶、220克/瓶、310克/瓶、320克/瓶、210克/瓶
108	贵州金沙冠香坊调味食品有限公司	冠香源	泡豇豆	300克/袋、1.0克/袋、2.5克/袋
109	贵州金沙冠香坊调味食品有限公司	冠香源	糟辣椒	450克/瓶、570克/瓶、1.15克/袋、1.5克/袋、2.5克/袋
110	大方吴记老字号食品有限责任公司	灵昱	辣椒面	3克/袋、10克/袋、50克/袋、150克/袋、380克/袋、800克/袋、260克/瓶
111	大方吴记老字号食品有限责任公司	灵昱	油辣椒	180克/袋、280克/袋、500克/瓶、1000克/瓶
112	大方吴记老字号食品有限责任公司	灵昱	素辣椒	500克/瓶、500克/袋、1000克/瓶、1000克/袋
113	大方吴记老字号食品有限责任公司	灵昱	豆豉	200克/袋、250克/袋、450克/袋、500克/袋
114	黔西县绿源食品开发有限公司	金刺梨	刺梨果汁饮料	罐装:250H毫升、310毫升瓶装;10～50毫升、300毫升、1.5升、2.0升

序号	单位名称	商标	产品名称	规格型号
115	贵州高原蓝梦菇业有限公司	蓝梦菇业	食用菌	瓶装：50克、80克、500克袋装：2.5公斤、5公斤、12.5公斤
116	毕节市富雄食品有限公司	富雄	麦香面	1公斤/袋、1.75公斤/把
117	贵州海航怀酒酒业有限公司	怀及图	白酒	酱香型，53%vol（50～5000ml）
118	贵州省仁怀市茅台镇君丰酒业有限公司	黔宝及图	白酒	酱香型，53%vol（50～5000ml）
119	贵州威宁鹤乡果核桃产业开发有限公司	鹤乡果	核桃乳	248毫升/听X12/件、248毫升/听X20/件、248毫升/听X24/件
120	贵州省仁怀市茅台镇京华酒业（集团）有限公司	黔冠及图	白酒	酱香型，53%vol 500ml/瓶
121	威宁县太给农业科技有限公司	太给	火腿	100克/袋、散装
122	贵州省威宁县东方神谷有限责任公司	克渡河	苦荞茶	300克/瓶、500克/瓶、720克/提、800克/盒

杨世尧

3.21 云南省

【a. 概况】

2017年，全省食品工业实现工业增加值341.43亿元，同比增长8.74%；主营业收入1414.17亿元，同比增长10.52%。增幅同比低，并比全省工业增加值和主营业收入增长幅度低，比全国食品工业增长幅度高。

1. 经济数据

2017年全省食品工业经济数据

单位：亿元

	2016增加值	2017增加值	同比增长%	2016主营业收入	2017主营业收入	同比增长%
规模食品工业	313.98	341.43	8.74	1279.61	1414.17	10.52
A.农副食品加工	149.01	164.77	10.58	740.09	798.67	7.92
食品制造	57.22	63.14	10.35	226.92	236.78	4.35
酒、饮料、茶	107.74	113.52	5.36	312.6	378.72	21.15

全省食品工业增加值占全省工业增加值的8.81%，在全省工业门类中排名第3位，只落后烟草和电力。

2. 经济效益

2017年全省食品工业经济效益统计

单位:亿元

	2016利润	2017利润	同比增长%	2016利税	2017利税	同比增长%
规模食品工业	83.22	85.77	3.31	111.83	119.59	8.74
农副食品加工	36.65	41.62	13.56	36.98	54.87	48.38
食品制造	18.07	17.88	-1.05	24.23	23.81	-1.73
酒.饮料.茶	28.5	26.27	-7.8	40.6	40.91	0.76

2017年，规模食品工业实现利税119.59亿元，同比增长8.74%。其中，税金33.82亿元，同比增长18.21%，实现利润85.77亿元，

同比增长3.31%。从行业分类看，农副食品加工实现税金13.23亿元，同比增长28.02%，实现利润41.62亿元，同比增长13.56%；食品制造实现税金5.93亿元，同比下降3.73%，实现利润17.88亿元，同比下降1.05%；酒、饮料、茶制造实现税金14.64亿元，同比增长20.99%，实现利润26.27亿元，同比下降7.8%。

3. 产品产量

2017年食品产量统计

产品	产量 万吨/万升	同比增长%	产品	产量 万吨/万升	增长同比%
蔗糖	227.13	0.2.9	酒精	19177.24	2.2
精制茶叶	15.93	6.2	原盐	148.49	40.0
白酒折65度	11322.7	11.3	啤酒	98005.75	-6.9
葡萄酒	2760.19	3.1	软饮料	564.16	59.7
罐头	3.02	8.6	乳制品	63.22	-4.8
糖果	1.65	8.0	酱油	3.067	-6.3
大米	16.79	-32.3	小麦粉	22.53	41.6
食用植物油	54.84	8.1	方便面	4.24	-14.4
饲料	398.59	1.2			

食品工业16个统计产品有5个产品是负增长，增长率在10%以上的为白酒、原盐、软饮料、小麦粉，7个产品增长在1–10之间。

【b. 运行特点】

1. 增加值和营业收入同比增幅大幅下滑，增长幅度收窄较多，创2000年以来首次。

2. 经济效益下滑，利税增长幅度同样大幅度收窄为个位数。主要是由白酒、啤酒和饮料利润下滑造成。

3. 在统计的16种产品中，有5种负增长。主要产品产量下滑，乳制品、啤酒、葡萄酒、大米、方便面是负增长，制糖扭负为0.29%增长。

4. 产品销售率上升到92.6%以上，同比基本持平，但全省工业95.5%的销售率低。其中，酒、饮料和茶销售率同比增加1.7个百分点。农副食品加工和食品制造同比基本持平。说明我们的产品销售不理想，产品积压。

5. 规模以上企业1024家，同比增加5家。亏损企

业 114 家，占规模企业的 11.1%，亏损额 5.96 亿元，占利润总额 6.95%。

6. 结构调整进入阵痛阶段，产品更新，技术提升迫在眉睫。粮油加工、啤酒、葡萄酒、乳制品、茶叶、制糖调整任务重，必须通过创新解决当前困境。

7. 税制改革对企业的经济效益有影响。原材料、运输、人工、检验费的上涨，企业成本增加，利润收窄。

【c. 云南食品行业大事记】

1.《云南省食品工业发展报告（2016 年）》编写完成，由云南省工信委组织编写，云南省食品行业协会主持完成。

2. 云南省政府将食品工业列入重点发展的八大产业之一，是云南省改革开放以来省政府层次的首次提法，食品工业地位被提升。

3. 省发改委将食品工业列入云南省“一带一路”走出去的产业，由省食品行业协会提出可以走出去的食品企业名单，有 60 家企业入围。

4. 省政府办公厅印发“云南省质量全省发展规划（2016—2020）”，食品工业被列入计划中。

5. 省政府办公厅印发《工业咖啡产业发展的指导意见》，打造国际咖啡产业园。

6. 由云南省食品行业协会酿酒专业委员会主持编写的《云南小曲白酒生产实用技术》出版。这是云南省有史以来第一个白酒酿造专著，填补了云南省酒业空白，意义重大。

7. 首届“云南省白酒评酒委员”产生，填补我省酒业空白，全省白酒评审纳入规范。

8. 首次“中国月饼文化节”召开，由中国食品工业协会、云南省食品行业协会和昆明市焙烤协会联合举办。

9. 福建京都公司成功收购具有 70 多年历史的昆明德和罐头食品有限公司；云南省工业投资公司兼并我省著名云南太阳魂葡萄酒公司。

10. 百威公司 20 万吨中、高档啤酒生产线在昆明市晋宁县工业园区正式投产。自此世界知名啤酒品牌嘉士伯、百威已进入云南省。

11. 世界 500 强的益海嘉里 600 吨小麦粉加工生产线在昆明投产。

【d. 协会主要工作】

1. 完成政府交办工作

（1）编写省工信委下达的《云南省食品工业发展报告》（205 年和 2016 年）。

（2）完成省发改委交办的通过“一带一路”可以走出去的云南省食品工业行业和企业名单。共计 10 个行业，60 个企业。

（3）向省工信委提供到 2020 年云南省食品工业技术进步发展方案，涉及 13 个产业。

（4）完成省工信委交办的《云南省食品工业自动化及智能化应用现状》报告。

（5）做好食品工业省级新产品鉴定工作。植树省工信委交办的一项常设事宜，2017 年继续开展，促进了“三品建设”的实施。

（6）省质监局委托办理的与省质量协会合作完成的食品质量调查工作，这是一项一年一度工作，努力做好。

（7）参与省工信委建设项目审查、论证、资质证明等工作。

（8）完成《中国食品年鉴》云南篇编写任务。

2. 省内外合作

（1）酝酿筹办西南地区食品工业优质产品评选工作。

（2）与中国食品工业协会、昆明焙烤协会共同举办“中国月饼文化节”。

（3）参与省消协食品安全周活动。

（4）参与中国食品工业协会红糖标准制定工作，已在贵州兴义市进行了初审。

（5）与南宁市台商协会合作参加台北市食品展览会事宜。

（6）请广东省和福建省食品工业协会接待云南省工信委考察团事宜。

（7）支持协会酒专委会编写《云南小曲白酒生产实用技术》专著，填补云南省白酒科技生产领域空白。

（8）深入企业调研，掌握行业发展动态，向政府相关部门反映实情，做好为企业服务工作。

（9）完善协会信息网络和《云南食品》杂志建设，加强会员之间信息沟通，介绍行业，科技、创新、市场、质量、安全等内容。

（10）注重食品安全，强化主体责任。

郭福生

3.22 陕西省

【a. 概 况】

2017年是我国实现“两个百年”目标、全面建成小康社会的攻坚年，陕西食品行业认真贯彻了党的十九大和中央经济工作会议精神，不忘初心、砥砺奋进，开展了富有成效的工作，保持了行业稳步发展、效益不断提高、经济运行良好，促进了陕西经济社会的进步，奠定了产业健康发展的良好基础。

1. 产业提升经济社会的能力持续增强

2017年，食品工业向上拉动全省经济社会1.28个百分点，贡献力同比增长6.85%。

2. 大类食品全面增长，转型升级效果初现

农副食品加工业，食品制造业和酒、饮料、精制茶制造业产值增长超过12%，烟草制品业在环境和结构性调整双重压力下，首次实现了正增长。

3. 先进制造业注入了行业发展新活力

享誉世界的羊乳朝阳产业，唱响美国的六磷酸肌醇产品，前景广阔的杜仲、银杏、桑叶植物提取，迅猛壮大的富硒产业化集群等为产业发展增强了内生动力。

4. 龙头企业作用不断强化

陕西中烟、石羊、西凤、银桥和宝鸡阜丰等14户10亿元以上企业年度产值达到750.43亿元，占全省行业产值25.41%，同比增加5.09个百分点。

5. 投资持续增升，增添了行业发展后劲

2017年，固定资产投资554.18亿元，同比增长6.54%，其中，民间投资442.15亿元，同比增长2.73%，民间投资占全省食品行业固定资产投资的79.78%。

【b. 大事记】

2月，成功召开了“陕西省食品协会三届一次理事会”和扶风县产学研合作发展座谈会。

4月，与陕西振华国际会展公司合作，在西安曲江国际会展中心主办了《2017第九届中国西安国际食品博览会暨丝绸之路特色食品展》。

7月，配合省工信厅组织西凤集团等30余家企业，参加了省政府在杭州举办的“陕西名特产品（杭州）展销会暨陕—浙产业合作推介会”，得到了省领导再次表扬与财政奖励。

11月，与旭峰会展公司在曲江国际会展中心合作承办了《第九届中国（西安）糖酒食品交易会》，青海、甘肃、河南、浙江、福建等多个省市组团参展。展会面积3.5万平方米，吸引了千余家采购商和全国50多个行业协会参加。

根据中国食协2016—2017年度全国食品强县及优秀龙头食品企业工作统一部署，推荐了符合条件的申报单位。

接受中国食协委托，及时编撰了“2012—2017《中国食品工业发展报告》”。确保了2017中国食品产业发展年会顺利召开。

组织专家开展了岚皋县食品企业科研攻关，汉阴县月河工业园区建设，大荔县食品工业创新发展专题讲座。

组织了汉阴县食品工业发展技术研讨会和“陕西省传统面制品加工研讨会”。

与白水、旬邑和大荔县建立了战略合作伙伴关系；完成了《白水县食品工业“十三五”发展规划》评审；评审了工信厅2017年重大科技项目；向财政部、工信部、国税总局报送了《陕西省提升食品制造业竞争力水平的调研报告》。

召开了“安康富硒食品暨天然饮用水产业发展推介研讨会”；完成了《中国区域食品产业园区品牌园

区标准》的编定。

上报了2017年《陕西食品年鉴》和《陕西轻工年鉴》。

完成了宝鸡市政府委托的百亿西凤规划评审；配合中食协在渭南市举办了人力资源和社会保障部高级食品安全管理人员能力提升研究班。

合作举办了箱盒汇设计创新大赛；编写了宏祥公司《红枣多糖提取及副产品利用项目建议书》。

推荐石羊、海星集团为工信部"工业产品生态（绿色）示范单位；应邀为西安旬阳商会做了"中国特色小镇食品产业发展与政策扶持"专题讲座。

【c. 政策、法规】

2017年，陕西省农业厅、财政厅联合出台了《关于做好2018年培育千亿级奶山羊全产业链项目实施工作的通知》；陕西省人力资源和社会保障局、陕西省食品药品监督管理局联合印发了《陕西省食品工程专业技术人才职称评审办法（试行）》；陕西省食品药品监督管理局印发了《陕西省网络食品销售监督管理办法（试行）》的通知；陕西省质量强省工作推进委员会办公室发布了2017年申报陕西省名牌产品企业主要数据公示；陕西省食品药品监督管理局印发了《陕西省食品小作坊食品安全管理制度》的通知。

【d. 主要经济指标】

2017年，陕西1193家规模以上食品企业完成总产值2936.69亿元、主营收入2536.80亿元、利润195.00亿元，产值和主营收入同比增长12.56%和9.53%，利润同比下降了3.94%。3项指标占全省工业11.82%、11.34%和8.92%。占全国食品工业同指标2.23、2.44和2.48%。大类食品中农副食品加工业完成产值1445.11亿元，同比增长14.0%；食品制造业完成产值634.73亿元，同比增长13.5%；酒、饮料和精制茶制造业完成产值664.49亿元，同比增长12.3%；烟草制品业完成产值192.36亿元。同比增长0.3%。大类食品中增加值增速为农副食品加工业提高了13.5%，食品制造业提高了11.6%，酒、饮料和精制茶制造业提高了14.4%。分别比全省同指标高5.3、3.4和6.2个百分点。烟草制品业下降0.8个百分点。按全省17大重点行业排序，食品工业产值、主营收入列煤炭、化工之后同居第3位，利润紧随煤炭、石油之后居第3位。

【e. 主要产品产量】

2017年，陕西食品工业主要产品产量为小麦粉631.42万吨，精制食用植物油190.69万吨，饲料452.82万吨，乳制品143.42万吨，白酒16.51万千升，啤酒91.73万千升，软饮料728.55万吨，卷烟819.77亿支。

【f. 先进企业和名优产品】

通过多年发展，陕西拥有全国食品工业强县32个，全国食品工业优秀龙头食品企业136个，中、省级农业产业化重点龙头企业112个。培育出了陕西卷烟总厂、石羊集团、华秦农牧、西瑞粮油公司、益海嘉里（兴平）公司、康师傅（西安）饮品公司、国维淀粉、西凤酒集团、泸康集团、城固酒厂、丹凤酒厂、海升果业、恒通果汁、西安顶益、银桥集团、关山乳品厂、德力康乳品厂、宏兴乳品厂、美可高特公司、青岛汉斯啤酒、米旗公司、安琪公司、智宽公司、陕富面粉、老牛面粉、爱菊公司、秦宝牧业、锦泰集团、宝鸡阜丰、阳晨牧业、赛德集团等一大批行业骨干企业。

截止2017年底，全省食品行业获得中国驰名商标产品8个，出口名牌7个，中国名牌产品7个（"秦俑奶粉"、"银桥"液态奶、"海升"浓缩果汁、"汉斯"啤酒、米旗糕点、陕富面粉和老牛面粉），陕西名牌产品231个，银桥系列产品连续八年被欧亚经济论坛选定为专供用品，"西凤"酒、"汉斯"啤酒、"秦俑"乳品、石羊品牌荣获了全国知名商标称号。

【g. 市场开拓和产品开发】

陕西是水果大省，2017年水果总面积近2000万亩，产量1800多万吨，其中苹果1100万亩、产量1100万吨，占到中国的1/4和世界的1/7；猕猴桃面积超过100万亩，产量130万吨，占到中国的一半和世界的1/3，浓缩果汁的产量占到世界的1/3。陕西葡萄、樱桃、红枣名列全国前列，而核桃、梨、石榴等也在全国占有重要位置。陕西积极开展与国际合作与交流，与美国康奈尔大学，日本弘前大学等开展苹果合作，与新西兰开展猕猴桃合作，与法国开展葡萄合作，与荷兰在苗木上进行合作交流，与国际园艺协会合作共同倡议筹建世界苹果研究院、世界猕猴桃大数据中心。同时主抓优质果品生产基地建设，推广矮化栽培，发展山地苹果，建设产业园区，实现果品生产规模化和标准化。目前，洛川苹果、眉县猕猴桃、大荔冬枣、户太 8 号葡萄等品牌在全国都享有较高的知名度，海升、华圣、恒通等果业企业也不断发展壮大。

近年来，陕西加大政策扶持，奶山羊产业取得长足发展，形成了世界羊奶看中国，中国羊奶看陕西的格局。全省奶山羊存栏 170 万只、占全国存栏总量 33.5%，羊奶产量 49 万吨、占全国羊奶总量 33%，奶山羊存栏和羊奶产量均位居全国第 1 位。关中奶山羊被公认为全国最优秀的奶山羊品种，群体规模占到全国奶山羊总量的三分之一，成为全国重要的奶山羊种源基地。现有 34 家羊奶加工企业，其中婴幼儿配方羊奶粉加工企业 16 家，年加工羊奶粉 7.5 万吨，销售收入 60 亿元，市场份额占全国 85% 以上。飞鹤关山、何氏、百跃、优利士、宏兴等 5 家企业销售占比超过 50%。建立了省级生鲜奶质量安全检测中心和关中 5 市 1 区生鲜奶质量安全检测站，2017 全省乳制品抽检合格率 100%。

2017 年，锦泰公司继续开拓国际市场，批量将魔芋系列产品销往美国、日本、新西兰、澳大利亚、香港等国家与地区。安康市立足陕南丰富的富硒生物资源，打造富硒食品全产业链取得了长足进步，目前已拥有六大系列 60 余个品种富硒食品上市。

【h. 国际交流】

2017 年 10 月，协会与安康世茂生物科技有限公司主办、安康市及汉阴县政府等单位协办，成功的在西安召开了全球首届《IP6& 肌醇在健康和其他领域的应用国际研讨会》。肌醇六磷酸 IP6 是一种重要的有机磷天然抗氧化剂，广泛用于食品、医药、日化、环保等行业。医学研究发现 IP6 具有预防和辅助治疗癌症的作用，在糖尿病、骨质疏松、动脉硬化、病理性钙化等疾病的预防和治疗上有着显著效果。大会特邀 IP6 抗癌功能发现者代表美国马里兰大学医学院 A.K.M 山姆苏丁教授以及法国、西班牙、意大利、马来西亚、中国青岛大学、中国南方科技大学等世界各地从事 IP6 科研、生产的专家学者以及企业就 IP6 在食品、膳食营养、功能性食品、医学、化工、工业等各个领域的应用与发展发表学术报告并进行专业性的探讨交流。会议规模 1500 余人。

上海玄龙公司常年与日方保持纳豆业务联系，积极协助陕西纳豆产业发展，目前汉中洋县大咸德公司引进日本的纳豆生产设备已经到厂，即将进入安装调试。石羊集团加强了与美国、澳大利亚、巴西和新西兰的国际合作，稳定地解决了食用油原料大宗进口问题。陕西康健生物科技公司与韩国开展了拐枣深加工合作，新研发的“拐枣护肝片”“拐枣醒酒茶”和“拐枣酵素”已经问市。

【i. 科技进步和科研成果】

2017 年，陕西宏粱食品有限公司研发的高活菌纳豆片和固体饮料准备投资进行工业化生产，此项专利产品填补了陕西纳豆市场空白。石羊长安花粮油股份有限公司先后在陕西、甘肃、青海等高海拔地区建起了 100 万亩非转基因小粒油菜籽种植基地，并投资上亿元建成了先进的菜籽油小榨生产线、食用油精炼生产线和全自动灌装生产线，已投放市场的“长安花”菜籽油品系消费者十分欢迎。第四军医大张明科博士利用六种药食同用原料，研发生产出的国家专利产品“王储三高沙菊茶”被推荐为“全国健康产业大会指定产品”。西安合欢花公司通过提取桑叶粉，研发生产了十余种桑叶粉系列产品。陕西天食食品有限公司在获得“馒头在线无菌热包装保鲜技术”国家发明专利基础上，进一步成功研发了橡头馍、蒸面、肉夹馍、蛋炒饭、红烧肉等多项实用配套技术。丹凤葡萄酒公司研发的干红干白葡萄酒，上市后受到了广大消费者青睐。陕师院生物工程研究院面向市场推出的杜仲系列保健饮料专利，已经和陕西天承生物科技公司实施了产学研对接，项目总投资 5.3 亿元，一期工程正在实施。

林晓平

3.23 西藏自治区

【a. 概况】

2017年，全区食品工业保持平稳健康发展，总体上看，具有工业生产平稳增长，流通市场稳定性好，主要产量持续增长，整体经济效益较好等特点。在经济下行压力加大等背景下，充分发挥了保增长、惠民生、促和谐的作用。

1. 生产总量平稳增长

2017年，全区食品工业规模以上企业实现生产总值2747.21亿元，占全区地区生产总值的10.22%；食品工业与农、林、牧、渔业总产值之比为1.75：1。工业增加值1172.12亿元，同比增长5.2%；占全区工业增加值的6.72%。其中，农副食品加工业，食品制造业，酒、饮料和乳制品工业增加值分别为227.09亿元、312.77亿元、479.06亿元，同比增长9.6%、2.8%、4.1%。实现主营业务收入4204.45亿元，同比增长2.2%。其中，全区农副食品加工业，食品制造业，酒、饮料和乳制品制造业实现主营业务收入占规模以上食品工业的27.18%、14.2%、9.04%。

2. 企业规模有效增加

全区食品工业生产许可获证生产企业1672家，同比增加303家，其中，食品工业规模以上企业74家，出口食品备案企业25家，同比增加19家。保健食品自主生产企业105家，委托生产企业87家，保健食品批准证书1779条；食品添加剂企业212家。

3. 市场销售持续增长

全区实现食品工业销售产值4204.45亿元，产销率为93.45%；其中，农副食品加工业，食品制造业，酒，饮料和乳制品制造业产销率分别为92.78%、87.77%、90.2%。在限额以上批发和零售业商品零售额中，粮油、食品、饮料、烟酒类832.66亿元，同比增长19.97%。

4. 经济效益水平提高

全区食品工业实现利税总额437.88亿元，同比增长6.7%；实现利润总额297.14亿元，同比增长7.4%。

5. 固定资产投资扩大

全区食品工业全年固定资产投资315.06亿元，其中，农副食品加工业122.64亿元，同比增长13.05%，食品制造业115.16亿元，同比增长1.1%。

6. 产品结构不断优化

全区食品工业主要产品产量同比增加的约占75%，近50%的产品增长超过10%。产品结构向多元化、优质化、功能化、便利化方向发展，深加工产品比例上升，粮、油、肉、乳等日常生活主要食品有效增长，饮料、乳制品等特色产品在国内优势明显。全区餐饮收入增速超过社会消费品零售额总额达增速。

7. 食品安全有效提高

全区食品安全整体形势持续稳定，食品安全风险监测能力不断提高，部分高风险隐患得到有效控制。全年食品检验合格率为95.78%，保健食品检验合格率98.36%。

8. 食品价格小幅上涨

全区全年居民消费价格总水平上涨1.5%，其中，食品类同比上涨2.9%；烟酒及用品类同比上涨0.4%。

【b. 发展特点】

2017年，全区食品行业在国内外整体经济下滑的大环境下，率先提出并全力推进“党建+”模式，创新驱动产业发展，逐步适应新常态，取得了实际效果。

1. 坚持党的领导，充分发挥行业协会在社会发展中的作用，在推进产业发展中运用“党建＋”模式，创新驱动发展思路，进一步提高自律管理、履行社会责任和服务质量的水平，促进全省食品工业发展。

2. 注重结构调整，转型升级促进产业发展。全区食品医药产业加快调整产业结构，促进了行业结构的优化。

3. 加强品牌建设，产品质量水平稳步提高。

4. 创新发展模式，促进食品产业聚集。在产业聚集的发展模式上，西藏自治区运用“党建＋”模式，注重发挥行业和地方资源优势，创新带动生产企业聚集，形成全产业链发展的运作模式。

【c. 存在问题】

大部分特色食品未形成规模化、产业化生产。却少过亿的食品工业分类行业、地区和过百亿的食品企业。以中小食品企业为主导的西藏自治区食品企业技术创新能力较弱，科技成果转化率低。多数食品企业任以传统的市场收购方式组织原料。市场经验模式仍不适应市场竞争需要，如在线上和线下的结合上，仍是西藏自治区食品产业发展的短板。

【d. 主要企业名单和产品】

1. 全区食品加工产业化经营龙头企业'

（1）国家级龙头企业：

序号	企业名单	主要产品
1	西藏高原之宝牦牛乳业股份有限公司	牦牛奶系列产品
2	西藏藏缘青稞科技有限公司	青稞白酒
3	西藏特色产业股份有限公司	精炼油
4	西藏银河科技发展股份有限公司	青稞啤酒
5	西藏自治区副食品公司	预包装食品

（2）全区龙头企业：

序号	企业名单	主要产品
1	西藏林芝市米林农场	水果
2	西藏藏北牦牛肉制品有限公司	牦牛肉制品
3	西藏藏泉实业股份有限公司	白酒
4	西藏金谷粮食产业集团有限责任公司	粮油销售
5	西藏日喀则市雅江源农业科技开发有限公司	马铃薯
6	雏鹰农牧集团（西藏）有限公司林芝县分公司	藏猪肉制品
7	西藏达热瓦青稞酒业股份有限公司	青稞酒
8	西藏白朗县康桑农产品发展有限公司	糌粑
9	西藏芒康县藏东珍宝酒业有限公司	葡萄酒
10	西藏奇圣土特产品有限公司	肉制品、土特产

2. 全区驰名商标名单

序号	企业名单	主要产品
1	西藏自治区藏药厂	藏药
2	西藏拉萨啤酒有限公司	啤酒
3	西藏诺迪康药业股份有限责任公司	药品
4	西藏藏缘青稞酒业有限公司	啤酒
5	拉萨玛吉阿米餐饮连锁有限责任公司	餐饮、住宿
6	西藏冰川矿泉水有限公司	矿泉水

王伟全 唐可心

3.24 青海省

【a. 概况】

青海省地处青藏高原东部，位于祖国的内陆腹地，资源丰富，多民族聚居，孕育中华民族悠久历史和灿烂的文化，两江一河（长江、黄河、澜沧江）发源其间，堪称为“三江源”。全省土地面积72万平方公里，年末常住人口数598.38万人，少数民族人口287.14万人，是我国五大牧区之一。

2017年底，全省规模以上食品工业完成总产值200.39亿元，同比增长近25%。其中，农副食品加工业完成工业总产值74.36亿元，累计工业增加值增长3.3%；食品制造业完成工业总产值67.29亿元，累计完成工业增加值增长50.2%；酒、饮料和精制茶制造业完成工业总产值58.74亿元，累计完成工业增加值增长39.8%.

2017年青海省规模以上食品工业增加值

单位：亿元

分 类	全年（总产值）	累计（工业增加值）同比 增长（%）
食品工业总产值	200.39	26
农副食品加工业	74.36	3.3
食品制造业	67.29	50.2
酒、饮料和精制茶制造业	58.74	39.8

2017青海省规模以上食品工业主营业务收入表

单位：亿元

分 类	全年主营业务收入	累计同比增长（%）
食品工业合计	138.12	16
农副食品加工业	72.01	7.1
食品制造业	29	56
酒、饮料和精制茶制造业	36	12.2

全年农作物总播种面积558.58千公顷，同比减少2.75千公顷。粮食作物播种面积278.61千公顷，同比减少2.44千公顷。其中，小麦85.92千公顷，减少0.35千公顷；青稞45.32千公顷，减少0.11千公顷；玉米25.06千公顷，减少1.56千公顷；豆类27.74千公顷，减少0.76千公顷；马铃薯93.37千公顷，增加0.26千公顷。经济作物播种面积186.78千公顷，同比增加9.38千公顷。其中，油料148.84千公顷，增加2.23千公顷；枸杞33.53千公顷，增加1.63千公顷。蔬菜及食用菌播种面积50.24千公顷，同比减少0.12千公顷。全年粮食产量100.71万吨，同比减少2.74万吨。

2017年青海省主要农产品产量及增长速度

指标名称	产量（万吨）	同比增长（%）
粮食	100.71	-2.6
#小麦	32.35	-2.1
青稞	9.70	-0.3
玉米	16.24	-10.1
豆类	5.86	-2.7
马铃薯	36.32	-0.1
油料	29.48	-1.9
枸杞	7.89	20.3
蔬菜及食用菌	170.02	持平
水果	3.81	-5.3
水产品	1.61	33.5

2017年青海省主要畜产品产量及增长速度

截至2017年底，全省牛存栏546.56万头，同比下降6.6%；羊存栏1387.41万只，同比下降0.2%；生猪存栏108.77万头，同比下降12.0%；家禽存栏317.54万只，同比下降14.2%。全年全省牛出栏132.18万头，同比增长5.5%；羊出栏726.06万只，同比增长7.4%；生猪出栏145.54万头，同比增长5.2%；家禽出栏520.39万只，同比增长12.3%。全年全省肉类总产量38.33万吨，同比增长6.4%。

指标名称	产量（万吨）	同比增长（%）
肉类	38.33	6.4
猪肉	11.41	8.6
牛肉	12.85	5.5
羊肉	12.68	5.8
牛奶	33.80	2.4
禽蛋	2.46	2.9

【b. 主要产品产量】

青海省20种主要食品工业产品实现了不同程度的增长，其中，牛肉12.18万吨，同比增长6.0%；羊肉11.98万吨、同比增长3.6%；猪肉10.32万吨、同比下降2.0%；牛奶31.50万吨，同比增长3.3%；枸杞6.56万吨，同比增长11.7%；蔬菜及食用菌170.02，同比增长2.2%；马铃薯36.34万吨，同比下降4.5%；青稞9.73万吨，同比增长4.1%；食用植物油21.70万吨，同比增长7.2%。

2017年青海省食品工业主要产品产量

产品名称	单位	全年	同比增长（%）
牛肉	万吨	12.85	5.5
羊肉	万吨	12.68	5.8
鲜、冷藏肉	万吨	8.22	5.21
乳制品	万吨	16	-2.5
枸杞	万吨	7.89	20.3
白酒	千升	18262	14.7
马铃薯	万吨	36.32	-0.1
豆类	万吨	5.86	-2.7
青稞	万吨	9.70	-0.3
饮料酒	千升	48872	-10.2
食用植物油	万吨	5.07	7.2
蔬菜及食用菌	万吨	170.01	持平
水果	万吨	3.81	-5.3
水产品	万吨	1.61	33.5

【c. 大事记】

1. 引导企业提质增效。
2. 成功举办行业协会年度工作会议。
3. 较好完成担负的“青洽会”工作任务。
4. 组织参加2017年全国食品安全宣传周活动。
5. 组织企业参加行业交流。
6. 成功举办西北五省区食品包装产业座谈会和专题论坛。
7. 加强重点企业调查研究与跟踪服务。
8. 认真做好迎接国家食品安全检查相关工作。
9. 积极推进“两个体系建设”相关工作。

【d. 青海“十三五”食品工业规划摘要】

1. 基本原则和主要目标及产业布局

（一）指导思想

全面贯彻党的十八大和十八届三中、四中、五中全会精神，坚持创新、协调、绿色、开放、共享的发展新理念，按照“131”总体要求，围绕“增品种、提品质、创品牌”主线，以市场需求为导向，以供给侧结构性改革和自主创新为动力，以特色动植物资源深度开发为重点，以园区建设为载体，着力构建特色鲜明、布局合理、创新驱动、绿色低碳、循环融合、效益显著的现代高原食品工业体系，促进食品工业规模化、标准化、品牌化、集群化发展，成为助力我省产业扶贫和实现全面小康的重要产业支撑。

（二）基本原则

“三品”引领，创新驱动。强化“增品种、提品质、创品牌”在食品工业发展中的关键作用，着力推进原始创新、集成创新、引进消化吸收再创新和新产品开发，切实提高产品品质。加强品牌体系建设，培育壮大自主品牌，提升产品价值。

集约高效，绿色循环。加强食品工业园区建设，健全产业配套服务体系，培育壮大产业集群。全面推行清洁生产，加强节能环保技术、工艺、装备的推广应用，着力推动高原特色动植物资源高效利用和产业循环发展。

协调推进，融合发展。加快推进信息技术在食品工业领域的应用，促进产业发展质量、管理水平的双重提升和大中小企业共生、协调发展。全面推进一二三产业融合，完善产业链条，推进食品工业转型升级与其他产业的融合联动。

内外统筹，开放合作。抢抓“一带一路”战略机遇，充分利用省内外两种资源、两个市场，深化技术、产能与市场合作，实现食品工业企业“走出去”和“引进来”的有机结合，提升食品工业对外开放水平。

（三）主要目标

到2020年，全省食品工业产业结构更趋合理，技术创新能力显著增强，资源综合利用率明显提高，安全保障体系更加健全，产业整体竞争力进一步提升。

——经济总量。全省规模以上食品工业总产值达到410亿元，年均增速15%左右；实现工业增加值125亿元。

——创新能力。重点企业的技术装备达到国内先进水平，科技贡献率进一步提升，建成2家省级重点实验室，3家省级企业技术中心，建立技术中心的企业科技投入占销售收入的比重达到3%以上。

——企业培育。着力培育一批竞争优势突出的大企业、大集团，形成辐射带动效应，培育主营业务收入超10亿元企业2户以上，5—10亿元企业10户以上，亿元以上企业30户以上。深入实施中小微企业培育工程，力争中小微食品企业数量和规模大幅提升。

——质量安全。基本建成符合国家食品安全体系要求的食品标准体系、食品安全认证体系、风险监测和风险评估体系；规模以上食品企业全部建立食品质量安全可追溯制度，建成食品安全控制和监管体系，形成全覆盖的食品安全可追溯体系，提高人民群众对食品消费安全的放心程度。大力推进食品工业企业诚信体系建设，培育诚实守信企业。

2. 发展重点

（一）挖潜提升特色传统农畜加工业

肉制品和水产品。利用我省高原藏系羊、牦牛、八眉猪、藏香猪、福牛、獭兔、家禽、冷水鱼资源，开发适销对路的高端有机产品，延伸产业链条。积极发展牛、羊、猪肉冷冻分割肉、冷鲜分割肉和熟食制品三大类产品，构建屠宰—分割—熟食加工—冷链物流为一体的产业链条。培育加工骨干企业，加大新产品开发，推进獭兔、家禽、冷水鱼的深加工，提升产业化水平。加大加强副产物的综合利用，依托畜产品肉、骨、髓、血内脏等器官重点开发钙制剂、抗皱因子（SOD）、血清、小分子肽、蛋白粉等高附加值生化产品。

乳制品。加快奶源基地建设，推进奶牛良种化和奶牛出户入园，建成一批规模化、现代化、规范化的奶牛养殖基地和挤奶站。严格乳制品行业准入，稳定液态奶产量，扩大酸奶产量，适度发展免疫调节功能乳制品、酸奶粉、婴幼儿配方乳粉、老年人乳制品、乳清蛋白、奶酪等高端产品。以农牧民专业合作社建设为支撑，加强对牦牛乳的收集，完善酸奶、奶酪等牦牛乳制品标准和质量体系建设，提高精深加工水平，培育形成高端牦牛乳制品品牌。推进乳业与枸杞、核桃等特色资源的集合，开发生产枸杞酸奶、核桃发酵乳品，增加乳制品品种。

富硒产品加工。进一步扩大富硒产业种植规模，加大对现有红提葡萄、红树莓、紫皮大蒜、大果樱桃、马铃薯、油菜籽、蔬菜及畜禽等产品开发力度。积极与省内外科研院所合作，开展高原富硒产品的研发、标准制定和认证工作，开发科技含量高、附加值高的富硒产品，抢占国内富硒产品发展制高点。努力构建集富硒产品研发、观光旅游、餐饮娱乐为一体，具有高原富硒特色和龙头引领作用的现代农畜产品加工示范基地。着力培育和引进有实力的富硒农畜产品市场开发主体，积极开展形式多样、特色突出的宣传推介和招商引资工作，打造“高原硒都”品牌。

油菜籽加工。积极选育和推广适合高海拔地区的低芥酸油菜籽品种，采用静态压榨等先进技术与传统土榨相结合的方式，丰富菜籽油产品品种，发展高档次精炼油、色拉油、功能性调和专业油脂。提升油菜综合加工水平，实现双低油菜产业化开发，重点开发低芥酸品牌油、油菜籽饼粕、食品级蛋白、药品级氨基酸、氨基肽和工业级脂肪酸等。采用发酵技术生产高效植物蛋白生物饲料，形成完整的油菜籽加工循环经济产业链条。

青稞加工。依托高原青稞资源和青海互助酒的地域品牌优势，发掘品牌的文化内涵，加快青稞酒技术升级，改造传统发酵工艺，调整产品结构，提升产品质量和档次，努力提高我省白酒品牌的知名度，增强产品竞争力。着力将互助打造为“青稞酒城”，形成一个集种植、酿造、储藏、灌装、包装、物流、会展、质检及旅游休闲为一体的青稞酒产业园，建成中国的青稞酒产业基地。利用青海独特的青稞资源，开发啤酒产品，重点发展青稞白啤酒、青稞黑啤酒、青稞红枸杞啤酒。重点发展提取青稞 β－葡聚糖、青稞麦绿素等，大力开发青稞方便面、糌粑、青稞甜醅、青稞米、青稞麦片等营养食品和青稞保健品、青稞饲料。

马铃薯加工。大力实施马铃薯主粮化战略，建设东部马铃薯优势产区，提高马铃薯商品率和加工率，发展马铃薯食品精深加工，生产食品配餐用的薯片薯条及土豆泥、马铃薯全粉、淀粉、膳食纤维及马铃薯蛋白、营养汁等，提高企业经济效益。加快种薯选育步伐，适度扩大种植面积，打造全国重要的马铃薯种植基地。

蚕豆。扩大蚕豆种植面积，建立蚕豆交易市场。以五香蚕豆、蚕豆羹、蚕豆淀粉和蛋白等为重点，力争建成年产 10 万吨的蚕豆深加工生产能力。建立蚕豆深加工产品标准和质量检测体系，推动蚕豆加工向标准化、规模化、高值化方向发展。

其他。积极培育优良品种选栽、庄园式生产、工业旅游及品牌营销等四大经济增长点，形成产区特色明显、附加值高、竞争力强的葡萄酒生态园格局。加快推进盖碗茶、清真奶茶、八宝茶、藏式奶茶、藏茶等民族地方特色食品的产业化。

（二）做精做深生物资源加工业

枸杞。依托我省现有的 43 万亩枸杞种植基地，夯实枸杞产业发展基础，以高档果品和精深加工为重点，形成集枸杞种植—高档鲜果—精深加工为一体的完整枸杞产业链条。以枸杞鲜果品牌建设和杞果保鲜为重点，在海西、西宁或海东分别建设鲜果品仓储、配送基地，打造直接面向市场枸杞高档鲜果品牌。着力强化枸杞精深加工的研发力度，采用先进的提取和发酵技术，生产枸杞多糖、黄酮、枸杞籽油、枸杞浓缩汁等枸杞精深加工系列产品，提取后的压榨物经发酵后生产高效植物蛋白生物饲料。通过发展枸杞蜜、枸杞鸡、枸杞羊等林下产业，实现种植、养殖的“合作共赢”，提高附加值。充分利用青海野生黑枸杞营养价值，生产黑果枸杞饮料、酒、含片等系列产品。

沙棘。加强沙棘种植基地建设，扩大沙棘种植面积。扶持和培育一批特色沙棘生产加工企业，引进先进设备和工艺，提升沙棘加工能力。扩大现有沙棘油保健品系列产品、沙棘维生素 P 粉等高附加值产品产能；同时以沙棘总黄酮、单体黄酮、沙棘多糖等医药保健品原料产品为新的突破口，推动沙棘在生物医药、保健品、化妆品等高端产业中的应用。

菊芋。扩大菊芋、菊苣种植面积，采用高效分离技术，生产菊粉、低聚果糖、高聚果糖、果葡糖浆等系列产品，压榨物经发酵后生产高效植物蛋白生物饲料。加大研发力度，积极开发从压榨物中提取甘露醇、阿拉伯糖等高附加产品的技术。

新型农作物。稳步推广和规模化种植藜麦、芫根等特色农作物，提高机械化生产水平，推进规模化经营，创建优质特色品牌。延伸产业链条，开发藜麦、芫根等下游深加工产品。

高原蜂产品。培育较大规模、较强经济实力的蜂产品加工型、经营型龙头企业，通过专业协会等中介组织，带动蜂农，建立优质蜂产品原料基地，从源头把好蜂产品质量关，规模化生产无污染蜂蜜、花粉、蜂王浆等高原蜂产品，争取利用三年时间，恢复蜂产品的直接出口，到 2020 年培育 5 户规模以上蜂产品加工企业。

（三）做精做细食用盐

稳定现有食用盐生产规模，抓住国家盐业体制政策机遇，丰富具有高原湖盐特色的多品种食用盐产品种类，积极发展满足市场需求的调味盐、精纯盐、低钠盐、腌制盐等产品，适度发展锌强化营养盐、硒强化营养盐、钙强化营养盐等产品，开发食用级氯化钾，扩大食盐市场份额。在现有纯碱产能的基础上，加大技术改造，发展食用碱产品。

（四）做精做优矿泉水产业

充分利用我省天然矿泉水、冰川融水和江河源头水资源和地理优势，大力发展天然饮用水产业，打造高原天然饮用水品牌。扩大“昆仑山”品牌矿泉水产能，将“昆仑山”矿泉水品牌打造成国际知名品牌，提升“瀞度”天然含气苏打水影响力和市场占有率，积极发展“昂思多”“七里寺”“冰峰”等其他品牌矿泉水，形成“一主多副”、高低端并存的矿泉水产业发展格局。

（五）加快发展生产性服务业

鼓励物流企业融入食品生产企业，打造技术先进、专业水平高、核心竞争力强的大型现代物流企业。鼓励物流企业与食品企业联盟合作，加快电子商务与物流管理平台一体化建设，提高物流配送规模化和协同化水平。加大对食品物流基础设施建设的投入，改进与完善仓储配送设施，积极推进和开展各类农产品保鲜技术与专用装备的推广与普及，提高食品保鲜加工与包装技术。结合我省食品特点、农畜产品资源分布、现有物流网络布局等实际情况，大力发展多式联运，构建社会化、网络化、专业化的食品冷链服务体系，为肉类、速冻食品、果蔬及特色乳制品等产业发展奠定基础。积极引导和支持食品企业与国内外第三方电子商务交易平台开展合作，引进大型电子商务企业，建设覆盖全国、连接世界的销售平台，促进实体营销与网上交易的协同发展，实现我省重点食品企业的门户网站链接、信息查询、产品展销和电子商务交流等。

3. 产业布局

充分发挥全省转型升级15个重大产业基地的集群发展效应，按照“统筹谋划、合理布局、强化中心、集聚发展”的总体思路，明确区域产业发展定位，强化区域产业配套协作，推动形成特色突出、分工合理、错位发展的高原食品工业布局。

西宁市利用区位优势和产业基础，建设食品产业园，把西宁建设成为集食品研发、生产、销售为一体的产业集聚与产品集散地。建立共享的现代服务中心，面向食品企业提供市场营销、现代物流、金融服务、技术创新、清真认证、标准制定、科研教育、人才培训等服务。海东市建设高原特色食品生产基地，打造规模化、标准化、专业化生产示范园，建设富硒农畜产品生产、初级加工基地和物流集散中心。以循化、化隆、民和等穆斯林民族聚集区为依托，着力构建具有区域影响力和高原特色的现代化清真食品加工中心。以互助绿色产业园为依托，建成我国最大的青稞深加工生产基地，大力发展青稞酒及农副产品深加工。海西州依托柴达木地区的枸杞、马铃薯、福牛等资源，整合发展农畜产品加工业，构建区域性农畜产品物流集散中心，建成集种养植（殖）、加工、销售、物流、服务为一体的现代农畜产品加工业集聚区。海北州围绕特色农畜产品资源和特色文化资源，重点发展肉制品、乳制品、菜籽油、蜂蜜、蕨麻等精深加工。海南州大力发展有机畜牧业，加快建设藏系羊、牦牛繁育与标准化养殖基地，建设稳定的牦牛乳优质奶源基地，适度发展肉制品、乳制品。以龙羊峡为中心，加快发展高原优质冷水鱼养殖和加工产业。黄南州、果洛州、玉树州大力发展生态畜牧业、有机畜牧业和小块种植业。建立有机畜产品养殖基地，扶持培育有机畜产品生产企业，打造有机畜产品知名品牌。建成生态安全屏障、高端牛羊肉供给基地、全国生态畜牧业示范区。

【e. 名优企业及产品】

企业名称：	品牌	产品
青海互助青稞酒股份有限公司	天佑德	青稞酒
青藏高原特色资源开发有限责任公司	七里寺	矿泉水
昆仑山矿泉水有限公司	昆仑山	矿泉水
青海可可西里肉食品有限公司	可可西里	牛肉干
青海青海湖乳业有限责任公司	圣湖	乳制品
湟中弘大农副产品购销有限公司	弘大	菜籽油
青海天露乳业有限责任公司情况介绍	天露	乳制品
青海小西牛生物乳业股份有限公司	小西牛	乳制品
青海绿草原食品有限公司	绿草原	肉制品
青海康普生物科技有限公司	康普	沙棘 枸杞
青海三江雪食品集团有限公司	三江雪	枸杞
青海合杰工贸有限责任公司	合小白	蛋白粉饮品
青海康健生物科技有限公司	高原一号	白刺果
青海仙红辣椒有限公司	仙红	辣椒

白建喜

3.25 宁夏回族自治区

【a. 概况】

2017年，面对错综复杂的经济形势，宁夏回族自治区党委、区政府牢牢把握稳中求进工作总基调，牢固树立和贯彻新的发展理念，以推进供给侧结构性改革为主线，着力推动产业转型升级，经济发展呈现“稳中有进、进中向好”的局面。食品工业得到大力发展，产业规模不断扩大，产品研发能力不断提高，产业链不断延深，结构不断优化，行业稳步健康增长。

2017年，全区拥有规模以上食品工业企业232家，实现工业总产值342亿元左右，主营业务收入307.9亿元，工业增加值约56.5亿元，食品工业占比由2014年的6.1%提升到2017年的6.7%。主营业务收入中农副食品加工业占40%，食品制造业占50.5%，酒、饮料和精制茶制造业占9.5%。规模以上食品工业企业实现利润总额17.3亿元，其中，农副食品加工业占23.7%，食品制造业61.3%，酒、饮料和精制茶制造业占15%，产业规模不断扩大，企业利润不断增加，产品的影响力不断增强。

【b. 食品生产加工企业情况】

截至2017年底，全区共有各类食品生产经营单位111451家，其中，食品生产加工单位（含小作坊）6700家，占6.01%；保健食品生产企业7家，占0.01%；食品销售单位73365家，占65.83%；保健食品经营单位4957家，占4.45%；餐饮服务单位26422家，占23.71%。粮油、乳制品、酒类、代用茶、调味品、糕点、淀粉、枸杞、清真肉制品加工等成为宁夏食品行业的主导产品。

食品生产加工单位（含小作坊）6700家，其中，有1020家食品生产企业获得了1532张食品生产许可证。在获证食品生产企业中，数量最多的是粮食加工企业有234家，茶叶及相关制品生产企业有211家，水果制品生产企业有145家，酒类生产企业有123家，饮料生产企业有120家，食用油油脂及其制品生产企业有104家，糕点生产企业有92家，调味品生产企业有97家，蔬菜制品生产企业有83家，淀粉及淀粉制品生产企业有42家，炒货食品及坚果制品生产企业有37家，速冻食品生产企业有36家，肉制品生产企业有34家，乳制品生产企业有26家，方便食品生产企业有25家，蜂产品生产企业有17家，食品添加剂生产企业有17家，罐头生产企业有14家，豆制品生产企业有14家，糖果制品生产企业有14家，食糖生产企业有11家，蛋制品生产企业有5家，膨化食品生产企业有5家，饼干生产企业有5家，冷冻饮品生产企业有4家，水产品生产企业有5家，婴儿配方食品生产企业有2家，特殊膳食生产企业有1家，其他食品生产企业有9家；全区共有食品生产加工小作坊5680家，银川市有1480家，石嘴山市有980家，吴忠市有1120家，固原市有960家，中卫市有1140家，主要生产的食品品种有馒头、饼子、糕点、谷物碾磨加工品、酱卤肉、豆制品、食用植物油等。

【c. 重点产品产量情况】

2017年，全区规模以上食品工业主要产品中，大米产量76.4万吨，同比增长0.5%；小麦粉产量50.1万吨，同比增长0.2%；食用植物油产量10.4万吨，同比下降17.5%；白酒产量0.3万千升，产量同比基本持平，葡萄酒产量23.4万千升，同比下降6.8%，啤酒产量3.4万千升，同比增长9.7%；鲜冷藏肉1.9万吨，同比增长5.6%；乳制品95.9万吨，同比增长4.2%，其中，液体乳90.4万吨，同比增长3.0%；果汁和果蔬汁饮料类7.2万吨，同比下降22.6%。

表1 2017年全区规模以上食品工业主要产品产量

产品名称	单位	本年累计	同比增长（%）
大米	万吨	76.4	0.5
小麦粉	万吨	50.1	0.2
食用植物油	万吨	10.4	-17.5
乳制品	万吨	95.9	4.2
其中：液体乳	万吨	90.4	3.0
啤酒	万千升	23.4	-6.8
鲜冷藏肉	万吨	1.9	5.6
白酒	万千升	0.3	0.0
葡萄酒	万千升	3.4	9.7
果汁及果蔬汁饮料	万吨	7.2	-22.6

【d. 食品著名商标】

截至2017年底，全区共有302件食品商标被认定为“宁夏著名商标”，其中，“夏进”（牛奶）、“厚生记”（小食品）、“宁夏红”（酒）、“中宁枸杞”（枸杞）、“兴唐”（大米）、“嘉禾雪”（面粉）、“盐池滩羊”、“御马”（葡萄酒）、“西夏王”（葡萄酒）、“百瑞源”（枸杞）、“西吉马铃薯”、“西吉芹菜”、“同心圆枣”、“老苗”（月饼）、“塞外香”（粮油）、“涝河桥”（牛羊肉）、“灵武长枣”、“香山硒砂瓜”、“银川白酒”、早康（枸杞产品）、十里花（蜂产品）、法福莱（面粉）、草原阿妈（调料）等被认定为“中国驰名商标”。有20件农牧产品商标被注册为宁夏地理标志证明商标。

【e. 主要产业】

1. 枸杞产业

枸杞产业作为全区最具地方特色和品牌优势的主导产业，“宁夏枸杞”已成为我区面向全国、走向世界的一张“红色名片”。宁夏枸杞以其独具特色的资源优势、科技优势、品质优势、品牌优势，享誉国内外。2017年，宁夏枸杞种植面积达到100万亩，占全国枸杞种植面积的45%以上，枸杞干果总产量达到8.8万吨，约占全国总产量的55%，2017年综合产值达100亿元以上；以枸杞干果、果汁、果酒、籽油、芽油等产品为主的各类销售、加工企业达到200余家，宁夏红、百瑞源、厚生记、沃福百瑞、易捷庄园等一批企业走向国际市场，各类枸杞及其产品遍及全国一二三线城市，实现了国内市场全覆盖，枸杞已出口到40多个国家和地区。

2. 乳制品产业

基于我区特有的地理气候条件和资源禀赋优势，乳制品产业成为自治区具有比较优势的特色产业，表现出较好的成长性和后发优势，是自治区食品工业领域的重点支柱产业；同时，乳制品产业可有效联动上下游产业链，农工结合非常典型，是实现脱贫富民战略的重要途径之一。截至2017年底，全区规上乳制品企业共有18家，主要集中在银川市、吴忠市。其中，液态乳企业12家，乳粉企业4家，蛋白粉、干酪素等深加工乳品企业2家，总计形成150万吨乳制品产能。乳制品种类以液态乳和奶粉为主，可占全区乳制品总产量的98%以上，另有少量的蛋白粉、干酪素、乳糖、奶油及冰品等深加工产品，成为自治区食品工业的重要支柱。呈现出以下特点：一是乳制品产业是自治区增长速度最快的产业之一。从产量上看，2011年全区乳制品产量为25.2万吨，到2017年，全区乳制品总产量99.7万吨，其中，伊利、蒙牛、夏进三家骨干企业占全区乳制品总产量的91%；全区液体乳产量占乳制品总量97%，乳粉和其他乳制品各占3%。总产量同比增长了3.9万吨。从产值上看，全区乳制品产值从2011年29.82亿元，上升至2017年84.7亿元，同比增加了4亿元，其中，伊利、蒙牛、夏进三家骨干企业占全区乳制品总产值的86%，乳制品增速明显高于经济整体速度，表现出较强的发展活力。二是产业集中度高、高端产品占比大。自2011年蒙牛、伊利两家国内龙头企业落户我区后，有力推动我区乳制品产业跨越发展的同时，也重塑了全区乳制品原有市场格局，位居我区乳制品行业前3位的宁夏伊利、蒙牛（银川）、夏进乳业三家企业占到了全部乳制品产值的86%，寡头竞争格局特征明显，伊利、蒙牛两家企业在宁夏的生产基地主要以高端产品为主，带动了我区乳制品生产、消费的优化升级，宁夏作为全国高端乳制品的主产区定位正越来越得到行业内的广泛认可。三是乳制品产业是推动一二三产业协调发展的支柱产业。奶牛养殖与乳制品发展无缝衔接，优质奶源为乳制品产业上规模、上水平提供了重要支持，伊利、蒙牛等大型乳制品企业的拉动作用明显，乳制品产业产品结构拓展性强、产业链条拉伸空间大，除传统液体乳外，还可根据不同市场定位和消费需要，开发附加值更高的功能性乳品、特色乳品、干酪、乳蛋白等产品，发展乳制品产业，在推动包装工业、现代物流（冷链运输）、工业旅游、民生就业、脱贫富民等产业和领域的协调发展，起到积极促进作用。

3. 葡萄酒产业

贺兰山东麓是业界公认的世界上最适合种植酿酒葡萄和生产高端葡萄酒的黄金地带之一。我区葡萄产业经过30多年特别是近几年的大发展，已进入品质好向品牌响转变阶段。2002年被确定为国家地理标志产品保护区，总面积20万公顷，涉及12个市、县（区）。2017年完成标准化基地建设2.1万亩，改造提升老葡萄园3.3万亩，全区葡萄种植面积达57万亩；生产葡萄酒1.2亿瓶；酒庄接待游客40万人次，带动生态移民就业12万人以上，综合产值超过200亿元。一是整合资源打响酒庄品牌。将41家小酒庄的1.8万亩葡萄园，整合成产能超过500万瓶的“金樽”葡萄酒品牌，并统一种植标准、统一灌装、统一检测、统一监管、统一分级、统一定价，通过“一品一区”战略，提升市场竞争力。宁夏国际葡萄酒交易博览中心通过银行融资2亿元，与北京酒易酩庄公司合作，组建玉鸽酒庄，当年生产300万瓶葡萄酒；经积极整合，酒庄已由199家减少到130家。二是完善市场营销体系。与万达酒店等合作，建成北京、上海、南京、郑州等8家贺兰山东麓葡萄酒展销体验中心，并在京东开设产区葡萄酒销售专拓，拓宽销售渠道。多家酒庄葡萄酒出口新加坡、美国、英国、法国、澳大利亚、德国等20多个国家。三是产区影响力进一步提升。成功举办了第六届贺兰山东麓国际葡萄酒博览会、第三届贺兰山东麓葡萄春耕展藤活动，联合举办了第六届国际葡萄酒设备技术展，组织参加了2017年法国波尔多葡萄酒与烈酒展、美国纽约专题推介会、波黑第20届国际经贸展，组团参加了第40届世界葡萄与葡萄酒大会。四是创新发展取得新进展。借助国内外有关高等院校、科研机构、专业团队和智库的力量，成立了贺兰山东麓北京、上海、深圳3个研发中心，作为吸引人才的载体，推动创建葡萄产业国家生态文明试验区、国家文化产业园区、国家科技示范区。制定了《贺兰山东麓金山小产区葡萄园建园及酒庄酒生产管理规范》等标准，完成了《葡萄及葡萄酒中花色苷的测定高效液相色谱法》等5项标准的审定工作；建立了博士工作站，柔性引进了4名博士，指导开展工作。

【f. 行业管理】

1 开展对标工作

组织40家食品企业召开2017年食品工业对标启动会，并组织企业到对标工作先进企业开展现场观摩交流。

制定《2017年全区食品工业对标实施方案》，对列入对标工作的15家乳制品企业进行走访和摸底，制定对标诊断书，在对标中找差距，不断提升企业管理水平。

2. 推进行业培训

结合全区食品安全宣传周活动，组织行业内46家规上食品工业企业的80名质量管理负责人及相关人员参加食品工业企业诚信管理体系贯标培训班。

3. 重点产业调研

重点对全区乳制品行业现状进行分析，提出发展目标和思路、重点任务以及下一步措施及建议，为加快推进全区工业结构调整和发展方式转变提供有利依据。

4. 推进“三品”战略实施

紧紧围绕“增品种、提品质、创品牌”主线，加快宁夏消费品工业转型升级，促进产业结构调整，鼓励研发新品种，提高产品品质，创造自主品牌。2017年将消费品工业确定重点实施“三品”战略重点产业全部列为《自治区工业企业贷款风险补偿资金企业和项目》支持范围，做大做强我区优势特色产品。支持贺兰山东麓葡萄酒、中宁枸杞、宁夏牛奶等优势特色产业发展，打造宁夏“红”“白”“紫”三张特色名片。2017年新型工业化资金支持企业100多家，支持资金7146万元。为进一步做好《自治区人民政府办公厅关于印发消费品工业“三品”专项行动实施方案的通知》（宁政办发[2016]205号）落实工作，请各相关单位结合职责分工，总结2017年相关工作的进展情况，确保此项工作落实到位。

王　巍

3.26 新疆维吾尔自治区

【a. 概况】

2017 年，受生产原料不足，市场销售不畅或产品价格持续下跌，资金困难和环保治理等多种因素影响，全区食品行业主要经济指标分别出现了不同程度的下滑。全区 635 家规模以上轻工食品企业实现工业产值 870.8 亿元，同比下降 7.2%；实现工业增加值 191.2 亿元，同比下降 11.2%；实现利润 76.9 亿元，同比下降 15.9%；实现主营业务收入 849.9 亿元，同比下降 3.5%。小麦粉、精制食用植物油、饲料、饮料酒、软饮料等主要产品产量均出现较大幅度下降。

【b. 大事记】

1. 根据《国务院办公厅关于加快推进农业供给侧结构性改革大力发展粮食产业经济的意见》（国办发〔2017〕78 号）的要求，提出了新疆食品行业贯彻实施意见。

2. 根据自治区出台的《关于加快现代马产业发展的指导意见》，起草完成轻工行业贯彻落实《关于加快现代马产业发展的指导意见》的实施意见。

3. 开展制糖行业企业重点用能产品能效对标达标工作。委托自治区节能技术服务中心开展 2017 年新疆甜菜糖企业能效对标活动。2017/2018 制糖生产期，平均制糖单位产品能耗同比下降 14.23%；平均制糖单位产品水耗同比下降 36.36%，达到清洁生产标准一级指标要求；平均制糖单位产品电耗同比下降 19.12%，达到清洁生产标准二级指标要求。

4. 开展“三品”促转型。以葡萄酒产业为突破口，推动“三品”工程建设的试点示范。组织全区葡萄酒企业开展酒庄酒认证，全国首批授权的 16 家企业中新疆 4 家企业获此殊荣。

【c. 产品产量】

新疆食品行业主要产品产量

产品名称	计量单位	2016年产量	2017年产量	较2016年±(%)
大米	万吨	46.55	36.03	-22.59
小麦粉	万吨	314.00	261.87	-16.60
精制食用植物油	万吨	181.63	176.21	-2.99
饲料	万吨	516.67	466.55	-9.70
机制糖	万吨	43.93	53.12	20.94
糖果	吨	8919	12023.52	34.81
罐头	万吨	83.11	88.17	6.08
#番茄酱	万吨	79.45	85.06	7.06
乳制品	万吨	54.96	61.81	12.46
味精	万吨	16.39	14.47	-11.68
酱油	万吨	1.45	1.45	0.00
方便面	万吨	4.52	4.52	0.00
饮料酒	万千升	68.93	62.19	-9.78
#白酒	万千升	9.61	7.47	-22.23
葡萄酒	万千升	12.35	8.51	-31.13
啤酒	万千升	46.39	45.58	-1.73
发酵酒精	万千升	8.84	3.47	-60.82
软饮料	万吨	242.53	221.11	-8.83
#碳酸饮料		12.29	11.20	-8.84
果汁和蔬菜汁饮料		67.45	70.35	4.30
包装饮用水	万吨	363.23	341.24	-6.05
冷饮品	万吨	4.34	3.83	-11.72
卷烟	亿支	187.00	175.5	-6.15

【d. 主营收入】

新疆食品行业主营业务收入10强企业

企业名称	主营业务收入排序
红云红河烟草（集团）有限责任公司新疆卷烟厂	1
新疆梅花氨基酸有限责任公司	2
新疆伊力特实业股份有限公司	3
益海（昌吉）粮油工业有限公司	4
新疆阜丰生物科技有限公司	5

企业名称	主营业务收入排序
新疆天润乳业股份有限公司	6
新疆天润生物科技股份有限公司	7
新疆昌吉娃哈哈乳业有限公司	8
新疆统一企业食品有限公司	9
新疆鑫立植物蛋白科技有限公司	10

【e 名牌产品】

2017年新疆食品行业名牌产品

序号	企业名称	注册商标名称	申报产品名称
1	新疆伊力特实业股份有限公司	伊力特	白酒
2	新疆第一窖古城酒业有限公司	古城	白酒
3	新疆绿原糖业有限公司	静月	食用酒精
4	新疆博圣酒业酿造有限责任公司	博谷圣醇	食用酒精
5	新疆七一酱园酿造有限公司	七一酱园	酿造酱油 酿造食醋
6	新疆笑厨食品有限公司	笑厨	酱油、醋
7	新疆和硕丁丁食品有限责任公司	丁丁	香辣酱
8	新疆中亚食品研发中心（有限公司）	新康	鲜辣酱
9	新疆笑厨食品有限公司	笑厨	辣椒酱
10	新疆真椒傲农业发展有限公司	真椒傲	辣椒丝
11	新疆中德农业发展有限公司	天山雪莲	辣椒酱
12	美克国际家居用品股份有限公司	美克•美家	美克•美家
13	新疆蓝山屯河型材有限公司	屯河	塑料门窗型材
14	新疆天业股份有限公司佳美包装分公司	天业	塑料编织袋
15	新疆哎呦喂食品有限公司	黄金田园	葡萄干
16	新疆绿草原肉禽食品有限公司	绿疆	绿疆雪糕
17	新疆锦德食品有限责任公司	锦德	雪糕、冰棍
18	博艾丰生物制品股份有限公司	博艾丰	卤虫卵

贾文豪

3.27 辽宁省

2017年，在省委、省政府的坚强领导下，辽宁省食品工业以习近平新时代中国特色社会主义思想为指引，深入学习贯彻党的十九大精神，紧扣人民美好生活对食品消费的需求与行业发展不充分不平衡的矛盾变化，坚持以供给侧结构性改革为主线，以全面推进“三品”战略为重点，破解发展难题，应对风险挑战，全省食品工业呈现逐步触底企稳、稳中向好趋势，新的较好发展势头有所显现。

【a. 概况】

2017年，辽宁食品工业整体运行相对平稳，呈现逐步筑底企稳态势，主营业务收入同比虽下降，但降幅明显收窄，降速拐头向上。主要运行特点：一是企业综合成本居高不下，例如：全省食品工业平均每百元主营业务成本为87.8元，同比高1.1元，比全国行业平均高7.2元；二是效益水平仍保持低位徘徊，全省食品工业主营业务利润率仅为2.18%，主营业务收入排名前10位的小类行业中仅有4个行业超过行业均值；三是市场竞争加剧，规模以上食品工业企业亏损面仍较大，达到25.8%，主营业务收入排名前10位的小类行业有3个行业整体亏损；四是企业分化加剧，龙头企业的数量虽有所减少，但市场影响力和牵动作用不断加强，数量占绝对比重的小、散企业，生存空间萎缩、经营拮据；五是做实数据，统计部门进一步出清未达标企业。2017年，全省食品工业规模以上企业户数同比下降23.5%；六是受主要发达经济体复苏势头延续，国际市场需求持续回暖推动，2017年全省食品出口回升势头较快，全年出口额同比实现正增长，对拉动全省食品工业平稳运行起到重要支撑作用。

【b. 主要指标完成情况】

截至2017年，全省获许可的食品生产企业共6580户，同比增幅约为2.5%；统计数据显示，规模以上食品工业企业1062户，同比减少328户，亏损企业274户；规模以上食品工业企业完成主营业务收入1888.5亿元，同比下降7.3%；盈亏相抵后实现利润总额41.2亿元，同比下降41.8%；上缴税金总额69.6亿元，同比下降10.7%。

出口形势明显好转。受益于发达经济体市场温和复苏，需求明显好转，出口形势稳中向好。全年食品工业完成出口交货值212.2亿，同比增长1.0%，其中，水产品冷冻加工出口¥135亿元，下降1.6%，降幅明显收窄。

表1 全省食品工业分行业主要指标

（单位：户、亿元）

行业名称	规模以上企业	主营业务收入	同比增长(%)	利润总额	同比增长(%)	上缴税金总额	同比增长(%)
食品工业总计：	1062	1888.5	-7.3	41.2	-41.8	69.6	-10.7
农副食品加工业	812	1494.8	-6.2	28.4	-28.4	2.9	-75.8
食品制造业	156	177.0	-16.7	3.3	-79.6	7.2	10.8
酒、饮料和精制茶制造业	90	146.2	-9.8	11.2	-28.2	16.0	-4.8
烟草制品业	4	70.5	1.9	-1.7	-142.9	43.2	2.1

截至2017年，跟踪的12种主要产品有4种产品产量实现增长，产量下降的品种降幅均有不同程度的收窄，仅有1种产品的产量降幅超过20%。

表2 主要产品产量情况

（单位：万吨、万千升）

产品名称	辽宁产量	同比增长(%)	全国产量	全国同比增长（%）	占全国比重(%)	全国排名
精制食用植物油	158.17	-14.6	6071.82	2.00	2.6	15

续表

产品名称	辽宁产量	同比增长（%）	全国产量	全国同比增长（%）	占全国比重（%）	全国排名
鲜、冷藏肉	179.07	-9.9	3254.88	5.06	5.5	--
冷冻水产品	65.56	10.6	863.11	6.70	7.5	5
方便面	15.31	9.6	1103.20	3.31	1.3	14
乳制品	75.21	-14.2	2935.04	4.17	2.5	13
其中：液体乳	72.25	-16	2691.66	4.53	2.6	12
罐头	16.33	-35.9	1239.56	3.75	1.3	18
白酒	2.69	35.5	1198.06	6.86	0.2	25
啤酒	219.53	-4.2	4401.49	-0.66	4.9	6
碳酸饮料	63.78	24.6	1744.41	6.07	3.6	8
包装饮用水类	89.26	-1	9535.73	3.20	0.9	22
果汁和蔬菜汁饮料	13.98	-18.5	2228.50	4.06	0.6	26

【c. 行业运行分析】

从细分行业看，在食品工业全部56个小类中，辽宁规模以上食品企业覆盖了51个行业（黄酒、鱼油提取及制品等5个行业无规上企业）。2017年，主营业务收入同比实现增长的行业有20个，其中，增幅超20%的有8个，降幅超过20%的有19个；初级或粗加工的农副食品业仍是我省食品工业权重最大的行业，从主营收入排名前10位的行业看，有8个是农副食品加工业，其中，排名前5位的均为农副食品加工业，合计主营收入1168亿元，占全行业61.8%；行业整体盈利能力较低，且分化严重，全行业平均主营业务利润率为2.2%，不到全国行业平均的三分之一，啤酒制造的主营业务利润率最高达到11.7%，出口最大的水产品冷冻加工业的主营业务利润率只为4.9%，而主营收入最高的饲料加工业的主营业务利润率仅为0.46%。

表3 56个小类行业前10强主要指标

（单位：户、亿元）

序号	行业类别	企业数	主营收入	同比（%）	利润总额	同比（%）
1	饲料加工	193	367.3	-0.7	1.7	-74.2
2	食用植物油加工	28	266.9	-3.3	7.1	14.5
3	禽类屠宰	68	238.1	-2.0	4.4	2.3
4	水产品冷冻加工	146	180.5	-18.0	8.8	-31.8

续表

序号	行业类别	企业数	主营收入	同比（%）	利润总额	同比（%）
5	谷物磨制	148	115.2	-25.2	2.5	-37.5
6	啤酒制造	19	79.6	0.5	9.3	-30.1
7	牲畜屠宰	30	78.8	2.3	-0.6	-146.2
8	烟草制品业	4	70.5	1.9	-1.7	-142.9
9	肉制品及副产品加工	44	60.7	-19.1	2	-20.0
10	制糖业	5	48.2	178.6	-0.4	-121.1

从与全省工业对比情况看，2017年，辽宁推进供给侧结构性改革成效明显，能源、原材料等行业扭亏为盈，但与消费密切关联的食品工业仍存在产品结构不合理、有效供给不足等问题，发展形势依然严峻，主要指标占全省工业比重有所下降，其中，利润指标的占比仅为4.12%，远低于其他指标占比情况；运行质量也低于全省工业平均水平，如：全省规模以上食品工业户均实现利润388.8万元，为全省工业平均水平的27.8%，主营业务收入利润率为全省工业平均水平的48.9%。

表4 2017年食品工业与全省工业对比情况

（单位：户、亿元）

	食品工业	农产品加工业	食品工业占农产品加工业比重	全省工业	食品工业占全省工业比重
规模以上企业	1062	1691	62.80%	7160	14.83%
主营业务收入	1888.5	2380.7	79.33%	22480.2	8.40%
利税总额	110.9	146.2	75.85%	2380.0	4.66%
利润总额	41.3	63.4	65.14%	1001.4	4.12%
增加值	353.2	558.8	63.21%	5604.4	6.30%

从各市情况看，全省14个市的食品工业发展不平衡的现象依然明显。规模以上食品工业企业主营业务收入超百亿的有5个市，实现利税总额超过10亿元的有3个市。沈阳、大连两市544户规模以上食品工业企业实现的主营业务收入为1043.1亿元、利润总额为28.2亿元，分别占全省的51.2%、45.2%、40.6%。户均主营业务收入超过全省平均的有4个市，其中：营口市最高，户均4.72亿元，比全省户均高2.94亿元。户均利润总额超过全省平均的有5个市，其中：阜新

最高，达到 0.07 亿元，比全省户均高 0.03 亿元。主营业务收入利润率超过全省平均的有 7 个市，其中，本溪市最高，达到 4.57%。

表 5　全省各市规模以上食品企业经济指标

（单位：户、亿元）

市别	规模以上企业数	占比	主营业务收入	占比	利税总额	利润总额
沈阳	263	24.76%	558.0	29.55%	34.9	8.6
大连	281	26.46%	485.1	25.69%	24.7	19.6
鞍山	73	6.87%	86.6	4.59%	3.7	2.5
抚顺	17	1.60%	18.3	0.97%	0.0	-1.0
本溪	12	1.13%	9.9	0.52%	1.2	0.5
丹东	92	8.66%	123.1	6.52%	0.7	-0.3
锦州	70	6.59%	65.0	3.44%	1.4	0.3
营口	39	3.67%	184.0	9.74%	32.2	2.6
阜新	36	3.39%	70.3	3.72%	3.7	2.5
辽阳	11	1.04%	5.7	0.30%	0.3	0.0
盘锦	57	5.37%	63.1	3.34%	2.9	2.4
铁岭	47	4.43%	146.2	7.74%	2.7	1.9
朝阳	39	3.67%	46.8	2.48%	2.0	1.1
葫芦岛	25	2.35%	26.5	1.40%	0.6	0.6
合计	1062	100%	1888.5	100%	110.9	41.2

从企业规模看，由于受制于食品行业竞争加剧及统计缩表影响，规模以上食品工业企业数量同比下降 23.5%，大型骨干食品企业的数量也有所减少，但大型企业的集中度、适应力和带动作用进一步凸显。2017 年，全省规模以上食品工业企业主营业务收入超过 10 亿元的企业 31 户，占全省规模以上食品企业的 2.9%，同比减少 7 户，其中：10 ~ 30 亿元的企业减少 6 户，共完成主营业务收入合计 767.1 亿元，占全省规模以上食品工业企业完成主营业务收入的 40.6%，同比增加 6.9 个百分点；户均主营业务收入 24.7 亿元，同比增加 3.0 亿元。

表 6　辽宁重点食品企业分布

（单位：户、亿元）

主营业务收入规模	企业数	主营业务收入（小计）
100亿以上	1	140.0
50-100亿	0	—
30-50亿	5	218.9
10-30亿	25	408.2
合计	31	767.1

从全国及东三省看，截至 2017 年末，辽宁食品工业在全国排名（按主营业务收入计）位居第 19 位，同比下降 1 位，主营业务收入同比下降 7.3%，全国垫底。从东北情况看，整体实力进一步下滑，东北三省规模以上企业数和主营业务收入的全国占比同比分别下降 2.8 个百分点和 2.4 个百分点。辽宁食品工业在东三省的比重明显下降。

表7　东北三省食品工业

（单位：户、亿元）

省份	规模以上企业			主营业务收入				全国排名	
	2017年	地区占比	全国占比	2017年	同比	地区占比	全国占比	2016年	2017年
辽宁	1062	29.14%	2.47%	1888.5	-7.30%	25.25%	1.66%	18	19
吉林	1633	44.80%	3.80%	4683	4.80%	62.60%	4.10%	8	9
黑龙江	950	26.06%	2.21%	909	–	12.15%	0.80%	12	23
东三省	3645	100.00%	8.48%	7480.5	–	100.00%	6.56%	–	–

注：全国排名按主营业务收入计

【d. 大事记】

5 月 26 日，辽宁省食品安全委员会行业发展专业委员会以及国家、地方相关媒体共同在大连举办了首届（2017）辽宁·大连食品产业发展论坛。

6 月 23–25 日，华夏酒报、省白酒工业协会在凌海市共同主办了中国辽酱白酒发展研讨会暨辽宁白酒自动化生产工艺技术培训论坛。

7 月 7 日，在省工信委的倡导下，由辽宁禾丰牧业股份有限公司发起，沈阳农业大学等 32 家单位参加的辽宁省绿色肉鸡食品产业联盟成立及产业链对接会议在沈阳召开。

7 月 27 日，辽宁省食品药品监督管理局印发《关于进一步推进重点食品企业落实食品安全主体责任的实施意见》（辽食药监生发〔201785 号）。

8 月 14 日，辽宁省政府办公厅印发《关于推进品牌提升的意见》(辽政办发〔2017〕85 号)。

8 月 17–18 日，省工信委、省包装办公室、省食品工业办公室在朝阳联合举办了全省多层共挤高阻隔膜产品标准比对暨包装产业对接会。

9月5日，省工信委主办的辽宁省食品和包装行业“一带一路”企业对接会在沈阳召开。

9月11日，辽宁省人民政府办公厅印发《关于加快发展冷链物流保障食品安全促进消费升级的实施意见》（辽政办发〔2017〕100号）。

10月29-31日，省白酒工业协会在朝阳举办了首届辽宁“工匠酒、白酒工匠”评选活动。

11月17日，由省工信委主办，省食品工业办公室和沈阳农业大学食品学院共同承办的“辽宁省特色消费类产品（农产品、水产品、食品发展工程科技成果对接会”在沈阳农业大学食品学院举办。

11月26日，由辽宁省白酒工业协会主办，大连金石滩酒业集团承办，主题为“不忘初心、匠心好酒”的“辽宁工匠酒特等奖授奖新闻发布会暨中国白酒工匠精神高峰论坛”在大连召开。

【e. 重大项目建设情况】

重大项目平稳推进。沈阳市积极推动和调度辽宁珠穆朗玛食品有限责任公司年产24万吨食品及饮料项目等6个重点项目，进展良好。鞍山市开复工项目11个，投资总额9.78亿元，其中，投资额超亿元的有2个，鞍山市元首食品有限公司投资2.79亿元的2.5万吨/年鸡蛋深加工项目，辽宁星源食品有限公司投资1.4亿元的年屠宰100万头生猪及肉制品深加工项目。本溪市重点推进3个项目建设，其中辽宁琦润生物科技有限公司天然儿童饮用水生产线建设项目投资额达到2.5亿元。锦州市加大食品项目推动力度，2017年推动农产品加工项目71个，项目总投资57.3亿元，其中辽宁禾丰九股河集团年屠宰4000万只肉鸡及6万吨深加工产品一期项目已建成投产。阜新市重点推进食品项目5个，其中彰武博发食品公司30万头生猪屠宰分割及投资6000万元建设的火腿肠加工项目熟食车间已建成投产。盘锦市重点在建食品工业投资项目4项，总投资额40.9亿元，已完成投资额6.1亿元，其中汇福油脂精炼及饲料蛋白综合深加工、物流项目，设计规模为年产油脂60万吨及饲料蛋白深加工产品，总投资18.5亿元，截至年底已具备投产条件。

【f. 品牌建设】

品牌建设稳步发展，品牌影响力和品牌质量水平明显提高。2017年，辽宁省政府根据《辽宁省省长质量奖管理办法》认定省长质量奖10项，其中：本溪龙山泉啤酒荣获省长质量奖银奖。辽宁省名牌战略推进委员会认定2017年（2016年度）辽宁名牌产品377项，其中：食品类产品73项，占19.4%。辽宁重点名牌产品22项，其中，辽宁三沟酒业排名总分第1。

2017年6月，中国轻工业联合会发布了中国轻工业百强名单，辽宁禾丰牧业和辽宁辉山乳业入榜，综合排名分别为第44位和第85位。

2017年11月，为弘扬新时期“工匠精神”，辽宁省政府决定授予95名同志首批“辽宁工匠”荣誉称号，其中：食品工业有4名同志获此殊荣。

2017年，中国食品工业协会举办了全国食品工业科技进步与质量工作会议，辽宁2户企业分获全国食品工业科技进步二等奖和三等奖；评选了127户全国食品工业优秀龙头企业，辽宁有11户企业入选，占8.7%。

【g. 食品安全】

食品质量安全保持稳定。截至2017年底，省食品药品监督管理局累计公布了全年9446批次（省级抽检）食品抽检结果，其中：合格产品9248批次，不合格产品198批次，合格率为97.90%；共涉及食用油和油脂及其制品、肉制品、乳制品、饮料、酒类、蔬菜制品、水果制品等20余类食品。不合格指标主要涉及5大类，分别是：超范围超限量使用食品添加剂、食品中质量指标不符合标准、食品中微生物污染、食品中其他污染物污染、食品中重金属等元素污染，其中：超范围超限量使用食品添加剂不合格占比最高，为49.78%。

【h. 科技创新与对接】

创新驱动发展的动力有所增强。辽宁禾丰牧业与东北农业大学合作研发的“功能性饲料关键技术研究与开发”项目，荣获了国家科学技术进步二等奖。2017年3月，省科技奖励委员会公布了2017年度科学技术奖，共计198项，涉及食品领域的奖项为4项，其中3项科学技术进步二等奖、1项自然科学三等奖。2017年，省工信委等三部门认定62户企业的技术开发机构为省级企业技术中心，其中涉及食品企业共计5户。

产学研用对接稳步推进。11月17日，省食品工业办公室与沈阳农业大学食品学院共同承办了由省工信委主办的"辽宁省特色消费类产品（农产品、水产品、食品）发展工程科技成果对接会"。省内行业组织、6所高校（设置食品类专业）、各市工信系统行业管理部门、行业媒体以及50余家省内重点食品企业共百余人出席对接会。会上，6所高校发布了210余项科技成果，2户企业做会议交流，2名专家作专题讲座，10余家企业和3所高校达成了合作意向，部分有用工意向的企业还举办了招聘专场会，与毕业生交流互动。

【i. 重点行业】

1. 啤酒行业

2017年，辽宁省啤酒行业总体格局有所收窄，受宏观经济、消费环境和天气因素影响，啤酒产销量延续下行态势。全省规模以上啤酒企业总产量为219.5万千升，同比下降5.6%，降幅比全国啤酒行业平均4.94个百分点高，产量占全国总产量的5.0%，同比下降0.2个百分点，全国排名第5位，同比持平。

根据行业统计数据，从产量上看，2017年，全省重点啤酒企业18户，合计产量217.9万千升，同比下降4.3%，啤酒产量超过10万千升的有6家，同比增加1户，占统计企业的三分之一，合计产量152.3万千升，占统计企业产量的69.92%。产量最高的单体企业产量为78.7万千升；产量最高的品牌为华润雪花，在全省共有10户企业，总产量160.7万千升，占全省总产量73.75%；地方品牌有2户，合计产量20.0万千升，占统计产量9.17%。从地区情况看，沈阳、大连、鞍山的产量位居前3位，分别为82.0万千升、24.6万千升、18.1万千升，分别占统计总产量的37.6%、11.3%、8.3%，三市合计产量占统计产量57.2%。从效益水平看，全省18户重点啤酒企业全年实现产品销售收入60.6亿元，同比下降0.3%；实现利税总额为22.7亿元，同比增长2.64%；实现利润总额为11.0亿元，同比增长3.8%，其中：千升酒利润平均达到556.0元，达到100元以上（含100元）的企业共有10家；全年人均实现利税26.9万元，达到30000元/人、年以上的企业有13家。从物耗指标看，2017年，全省18户重点骨干企业五项消耗指标啤酒取水、啤酒耗标煤比去年同期降低，其他三项同比均升高。其中：啤酒总损达到3.00%以下（含3.00%）的企业共有8家，同比减少2家；啤酒耗粮达到145公斤/千升以下（含145公斤）的企业共有5家，同比减少2家；啤酒耗标煤达到55公斤/千升以下（含55公斤）的企业共有13家；啤酒耗电达到60度/千升以下（含60度）的企业共有10家；啤酒耗水达到4.00立方米/千升（含4.00立方米）以下的企业共有12家，同比减少3家。

表8 2017年辽宁重点啤酒企业五项消耗指标表

指标分类	最高	最低	平均	同比	按总产量共多消耗
总损失率%	8.15	2.02	3.00	-0.08	——
耗粮（千克/千升）	159.31	138.94	149.11	1.14	2464吨
耗煤（千克/千升）	82.40	20.17	32.60	-0.54	-1167吨
耗电（度/千升）	97.56	43.74	54.32	3.47	749.9万度
耗水（立方米/千升）	5.49	2.39	2.95	-0.01	——

2. 白酒行业

2017年，受政策、市场及自身等因素影响，全省白酒工业运行依然萎靡不振、举步维艰。但全行业在有关方面的支持和帮助下，深化创新驱动、更新营销理念，优化资源配置，引进外围资本重组整合，使行业逐步走出低谷，呈现出企稳回暖的发展态势。

2017年，全省规模以上白酒企业26户，完成产量2.69万千升，实现主营业务收入6.7亿元，盈亏相抵后实现利润总额0.2亿元。

【j. 小资料】

1.2017 年辽宁省科技奖（食品工业部分）

序号	奖种	获奖项目	完成单位
1	科学技术进步二等奖	基于生态系统的北方海域全产业链现代海洋牧场生产模式构建与示范	大连海洋大学，獐子岛集团股份有限公司，锦州市海洋与渔业科学研究所，北京科技大学
2	科学技术进步二等奖	食品农畜产品安全关键技术集成与快速检测装备的研发应用	辽宁出入境检验检疫局检验检疫技术中心，中国检验检疫科学研究院，中国合格评定国家认可中心
3	科学技术进步二等奖	食用菌高新技术在产业化中的应用与推广	朝阳鑫源农副产品开发有限公司
4	自然科学三等奖	益生菌在食品和人体肠道中的作用研究	沈阳农业大学

2. 2017 年省级企业技术中心（食品工业部分）

序号	企业名称	企业技术中心名称
1	大连盖世健康食品股份有限公司	大连盖世健康食品股份有限公司技术中心
2	辽宁望儿山酒业有限公司	辽宁望儿山酒业有限公司技术中心
3	辽宁桃李园实业有限公司	辽宁桃李园实业有限公司技术中心
4	辽宁田园实业有限公司	辽宁田园实业有限公司技术中心
5	辽宁鑫枫牧业股份有限公司	辽宁鑫枫牧业股份有限公司技术中心

3. 首批“辽宁工匠”名单（食品工业部分）

序号	姓名	单　位	工作岗位
1	李玉恒	沈阳天江老龙口酿造有限公司	老龙口白酒传统酿造技艺传承人
2	于晓江	红塔辽宁烟草有限责任公司营口卷烟厂	烟机设备修理工
3	王志海	辽宁三沟酒业有限责任公司	品酒师
4	吴志红	朝阳凌塔酿造科技开发有限公司	白酒酿造工

郭建国、许智超、杨晓蕾
鲁凌志、张国通、陈博旭

3.28 吉林省

2017年是食品行业转型升级开局之年，农副食品加工业、食品制造业、酒饮料及精制茶业和烟草产业稳中有升，淀粉、酒精、赖氨酸、牛肉、矿泉水等主要产品价格保持稳定，有机酸、聚乳酸等转型升级项目稳步推进，总体上看，食品行业呈现增长稳定、价格平稳、质量提升、结构改善的运行态势。

【a. 概况】

2017年，全省规模以上食品工业企业1633户，同比增加141户，实现工业增加值增速同比增长7.4%，比全省1.9个高百分点；累计实现产值4683.6亿元，同比增长4.8%，占全省规模以上工业总产值的19.4%。

【b. 主要特点】

1. 运行质量不断提高

2017年，全省规模以上食品工业企业实现工业增加值增速同比7.4%，比全省高1.9个百分点，连续11个月比全省水平高。其中，农副食品加工业同比增长9%、食品制造业同比增长10.8%、酒饮料和精制茶制造业同比增长4.4%、烟草制品业同比下降1.7%。

2. 行业效益稳步提升

2017年，全省规模以上食品工业企业实现主营业务收入4166.9亿元，同比增长6.6%。主营业务收入利润率3.55%，同比增加0.08个百分点；实现利润总额148.1亿元，同比增长9.4%；累计实现税金总额136.8亿元，同比增长5.6%，3项指标分别比全省高0.6、12.8、6.7个百分点。每百元主营业务收入中的成本为86.81元，同比减少0.05元；每百元主营业务收入中的费用7.52元，同比减少0.08元。

3. 市场销售稳步扩大

2017年，全省规模以上食品工业企业产成品库存同比下降3.4%；产品产销率97.6%，同比增加0.6个百分点，其中，农副食品加工业增加0.61个百分点、食品制造业增加2.05个百分点、酒饮料和精制茶制造业增加0.98个百分点、烟草制品业增加5.08个百分点；重点监测的24种产品14种增长，焙烤松脆食品、冻肉、液体乳、乳粉等9种增长10%以上；实现出口交货值116.7亿元，同比增长6.8%，全省高5.4个百分点。

4. 工业投资处于低位

2017年，累计完成工业投资1037.3亿元，同比下降14%，其中农副食品加工业下降12.7%、食品制造业下降14.8%、酒饮料精制茶制造业下降16%、烟草制品业下降61.4%。投资额占全省总投资的17%，位于全省第2位。

吉林金翼蛋品有限公司打蛋生产线

四平君乐宝乳业有限公司爱克林包装生产线

张迎新

3.29 黑龙江省

【a. 概况】

1. 在深度开发“原字号”方面

按照省委专题工作会议部署和委领导要求，食品和农产品加工处、运行处、消费品处、医药处，开展了“粮头食尾”“农头工尾”涉制造业行业划分、重点纳税分析和产能统计分析等工作，汇总并向省委、省政府呈报了有关报告，为全省深入推进“两头两尾”工作提供了较为可靠的基础性参考。全省推进了“两头两尾”工程建设总体方案的起草工作，编制了乳制品、肉类、酒类和副产品综合利用产业 4 个子行业实施方案。

2. 在培育壮大“新字号”方面

按照省政府关于挖掘中观层面经济新增长点的要求工作部署，编制形成了“新一代营养配方食品产业三年专项行动计划”（送审稿），提出了实施“四项”重点任务、挖掘培育“四大”重点产业和构建“五项”支撑体系，简称“四四五”工程，进一步明确了全省相关产业的发展方向、路径和推进及保障措施。先后 2 次向各市（地）及省内专家征询意见及建议。

3. 在改造升级“老字号”方面

按照工作部署，配合对全省食品工业“老字号”企业进行了梳理，重点了解企业经营历史沿革、现状和存在的问题。

围绕增加有效供给，大力推进“三品提升”行动。

4 在“增品种”方面

通过制定和实施《食品工业“十三五”发展规划》，进一步明确了全省“食尾”“工尾”产业链的产品创新方向和加工技术创新方向。在历次“三品提升”培训及交流活动中，侧重对飞鹤、九三等先进企业“增品种”典型经验进行示范推广，并通过工信部相关平台、省内外媒体等加强宣传推介。今年，全省食品工业“增品种”的突出典型是飞鹤乳业，企业“星飞帆”高端婴幼儿配方乳粉销量猛增 200%，带产品整体销量同比提高 30% 及以上，全年预计实现销售收入 70 亿元、利税 20 亿元，同比分别增长 45% 和 22%。

5. 在“提品质”方面

按照省食安委统一部署和任务分工，配合参与了 2017 年食品安全宣传周活动，以及国务院食安委对我省 2017 年食品安全考核工作。其中，组织开展的规上食品企业诚信管理体系国家标准培训工作，达到了考评标准；协调开展的企业诚信管理体系评价工作，达到了加分要求。继续推进国家食品企业质量安全检测技术示范中心（黑龙江）的设点工作，鸡西市分中心已于近日挂牌运营。

6. 在“创品牌”方面

按照全省绿色食品营销工作部署，联合对外合作处，积极推荐、组织全省肉类、乳制品、酒类“老字号”品牌企业，于 5 月中旬、6 月初分别参加了上海国际食品博览会、广州绿色食品博览会，开展了系列专项展览活动以及专项品鉴活动。今年，我省乳制品工业和酒类制造业“创品牌”取得较好实效：飞鹤乳业荣登全球婴幼儿奶粉市场亚洲第一品牌，并连续 2 年入选“CCTV 国家品牌计划”；龙门福地酒业有限公司生产的“龙香型”白酒在中国千商大会·博鳌酒业峰会上荣获比利时布鲁塞尔国际烈性酒大赛银奖；黑龙江禄源酒业有限公司“芬河帝堡冰葡萄酒”获得 2017 年品醇客 (Decanter) 世界葡萄酒大赛金奖。

围绕激发市场主体活力，密切跟踪重点项目建设，

加大培训工作力度

以产业链关键节点和提高有效供给能力为侧重点，我处对省第十二次党代会重点关注的领域和省委经济工作会议、省两会重点提及的产业项目进行了梳理，侧重与农业、粮食、畜牧等省直部门保持密切沟通，及时了解项目建设进展情况。年初以来，跟踪了76个食品与农产品加工“省双百工程”项目，预计有33个项目可在年底前竣工投产，达产后可新增产值180亿元左右。其中，对12个玉米深加工项目进行了重点跟踪，预计全部达产后，可新增玉米加工产能1400万吨。在推进婴幼儿配方乳粉企业兼并重组方面，具体指导北安宜品乳业对富裕明星进行了全资收购，成为在国家实施《婴幼儿配方乳粉产品配方注册管理办法》背景下推动产业链资源深度整合的典范。按照工信部消费品工业“三品提升”2017年行动计划部署和全年工作要求，结合落实“实施龙江企业家发展计划”和全省促进电子商务发展及电商平台建设工作座谈会精神，在大米、肉类、白酒、大豆和啤酒领域，集中开展了“三品战略”系列宣贯和培训工作，历次参训的企业人员已近1200人次。重点开展了食品工业企业诚信管理体系国家标准的贯标培训工作，参训企业人员近200人次，覆盖了全省近14%的规模以上食品企业。2017年，全省有12户食品企业通过了诚信管理体系评价，均为婴幼儿配方乳粉生产企业，占省内同行业企业的60%。

围绕增产增效和企业需求，加强经济运行监测监控和专题服务

按照委构建工业“大运行、大服务”工作机制和工业经济监测分析系统向市（地）部署的统一安排，我处密切跟踪178户规上重点食品企业的经济运行情况，基本达到了按月汇总分析、及时挖掘亮点和实时反馈有关问题及建议等工作要求。按照委《深入基层开展帮扶企业专项服务活动工作方案》要求和帮扶困难亏损企业工作部署，组成工作组，先后2次赴哈尔滨、齐齐哈尔、绥化、大庆开展调查服务工作，实地调研和帮扶了包括北大仓集团、喜丰收调味品、富裕老窖、大庆老窖、大众肉联、哈尔滨啤酒、华润雪花啤酒等老字号企业在内的60余户重点企业及1个在建县级食品工业园区，汇总上报了有关困难和问题，并对部分困难帮扶解决进展情况进行密切跟踪。按照省政府常务会议要求，配合运行处对今年前三季度全省玉米加工业、蔬菜加工业发展情况进行了重点核实。按照全省玉米燃料乙醇项目布局地点排序招标工作部署，对省内玉米酒精年生产能力10万吨及以上生产企业项目审批手续进行了进一步梳理核实。

7. 在促进产业链上下游协作对接方面

10月，在垦区九三管理局组织召开了“黑龙江省促进白酒产业融合发展现场会”，进一步促进了我省酒用高粱与省内外白酒企业的产销衔接。今年垦区九三管理局酒用高粱种植面积达到12万亩，比去年增长了1倍多，全部为订单种植，其中90%销售到四川、安徽等酒业制造大省。

8. 在借鉴吸收省外先进发展经验方面

组织省内11户重点白酒企业赴黔、川考察学习，有关报告得到了省领导的高度重视和肯定批示；配合省政府研究室，赴山东、河南考察学习发展食品工业的成功经验，联合向省政府呈报了有关考察报告。此外，根据国办约稿要求，组织召开座谈会，研究并提出了向国家争取对我省白酒、食用酒精实施差异化产业政策支持的建议；按照陆昊省长批示要求，积极为五大连池铭善豆制品公司联络合作伙伴和协调融资，目前已有实质性进展；应绥化市工信委请求，邀请省酒协专家参加，共同赴兰西县长城酒业调研，并对其开展包括生产工艺、产品创新、经营模式等方面的诊断咨询服务，得到了企业的好评。

（1）围绕中心工作和责任分工，加强沟通协调，密切协作配合

2017年，重点工作共有11项，均为“协办”和“参与”任务，主要涉及推进农业现代化、发展现代畜牧业、发展绿色食品产业和推进农垦、森工改革。对此，我处不回避、不推诿，结合自身职能，主动并认真细致地做好配合推进，积极提供有关进展情况和信息素

材，有力支持了牵头处室和相关省直部门的工作。积极配合落实省政府督办任务3次；认真研究、及时反馈兄弟处室和其它省直部门征询意见和建议40余次；主动沟通，及时答复“两会”提案和建议6件次，代表、委员均十分满意。此外，按照省政府工作部署，配合推进了“健康龙江行动”、参与了国家对我省大健康产业调研和筹备2017中国国际乳业合作大会暨第十五届中国国际奶业展览会等重点工作。

（2）围绕强化自身建设，抓好党建工作

按照委党组统一要求和工作部署，我处支部把加强思想建设放在首位，按月制定学习计划，坚持集中教育与经常性学习实践相结合，着力提高思想教育质量。认真落实“三会一课”，及时传达和学习最新精神和文件，积极开展批评与自我批评活动。重点开展了以解决“四风”问题为主要内容的整改活动。支部与每位党员签订了《党风廉政建设目标管理责任书》，着力引导和监督全体党员牢记党规党纪，养成纪律自觉，支部全年未发生党员违纪违法问题。

【b. 存在问题和不足】

面对新形势和新要求，全局意识不强，主动性还需进一步提升，有时做事情、干工作只从自身职能和责任分工角度出发，对省委、省政府全局性决策和全委统一工作部署理解领会不透不足，想问题不够全面深刻，不会融会贯通。

1. 缺乏创新精神，沟通协调能力有待加强

有时急于交差，导致工作完成质量不高。处理问题有时心中想得多，行动中实践得少。有惯性思维，总是从坏处、难处着想，缺乏敢于打破常规、大胆开拓的勇气和魄力。与委内各处室和其它省直部门日常沟通联络不密切，交流不够，信息分享不充分、不对称。

2. 工作作风不够扎实，有待改进

习惯于现学现用，不系统、不透彻，对学一行、精一行的恒心和毅力不够。平时多满足于完成领导交给的任务，不善于思考，动脑筋，部分存在能拖就拖和应付了事的心态，执行能力较弱。缺乏对具体问题的深层次调查研究，解决办法不多，常常心有余而力不足。

车有春

中国食品名城—广东潮州

无穷盐焗鸡

笑咪咪棒棒糖

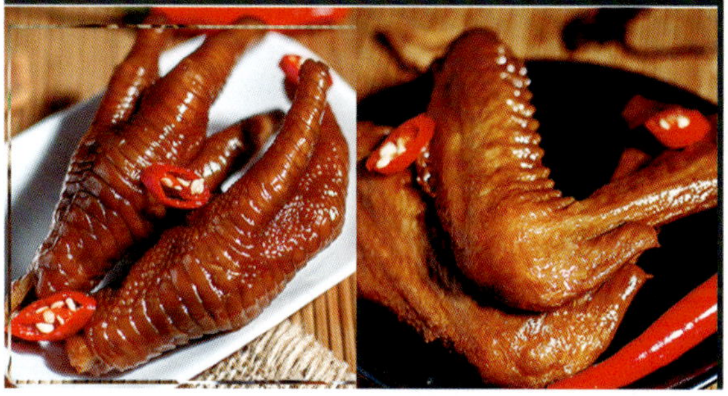

潮州凤凰茶

佳宝西梅

潮州牛肉丸

潮州凤凰茶

真美牛肉脯

扬帆腐乳饼

全国食品工业强县
河南·南乐

一、南乐县总体概况

区位独特，历史悠久。南乐县地处河南省东北部，豫、鲁、冀三省交会处，辖12个乡镇，共321个村民委员会，人口60万，总面积624平方公里，城区面积32平方公里，耕地面积64万亩。南乐区位独特，交通便捷。两条高速（大广高速、南林高速）、两条国道（国道106、国道341）、三条省道（省道213、省道209、省道215）在县内交汇，正在建设的郑济高铁穿境而过并在南乐设立高铁站，具有四通八达、方便快捷的交通网络，具有覆盖三省、经营四方的独特区位优势。南乐县于西汉初年建制，五代后唐时期改称南乐沿用至今，是造字圣人仓颉故里、唐代天文学家僧一行家乡。过去南乐境内有"七龙庙、八虎街、十二牌坊、八大槐"等名胜古迹。现存仓颉陵遗址、文庙等，2009年被命名为"中国仓颉文化之乡"。

木伦河食品

道德金食品

王老吉

资源丰富，环境优美。南乐县是全国粮食生产先进县、河南省优质商品粮生产基地，全县小麦58万亩，玉米57万亩，粮食总产量稳定在46万吨以上。南乐是全国秸秆养畜十佳示范县、全国生猪调出大县、河南省畜牧强县，生猪年出栏49万头，肉鸡年出栏1亿只，畜牧专业合作组织发展到64家，各类畜禽规模养殖场发展到1613家，畜牧业产值占农业总产值的比重达到46%。南乐是全国经济林建设先进县，经济林8万亩，建成5万亩苹果、万亩晚秋黄梨、万亩红杏、10万亩无公害蔬菜等生产基地，年产水果16万吨，蔬菜70万吨。南乐县牢固树立绿色发展理念，在全省率先实施城乡环卫一体化，被评为全省美丽乡村建设示范县。南乐天蓝、地绿、水清、景美，林木覆盖率已达到30.6%，城区绿化率达到39.5%，是省级园林城、卫生城、文明城。南乐曾荣获全国食品工业强县、全国义务教育基本均衡县、全国无邪教创建示范县、全国畜禽粪污综合利用整县推进县等50多项省级以上荣誉称号。

二、南乐县食品产业发展概况

南乐县产业集聚区规划面积12.8平方公里，建成区面积6.8平方公里，多层标准厂房、企业创业园、金融中心、信息科技中心、技能培训中心、企业服务中心及公租房等功能性配套设施健全,被评为全省一星产业集聚区，连续两年获得河南省"十快"产业集聚区，不断为企业发展打造更好的平台环境，初步呈现了以龙头企业带动、中小微及相关企业集聚，创新引领发展的良好态势。目前，区内共有企业103家，其中，食品产业规模以上企业达到48家，同比增长15.9%，占规模以上工业增加值的比重达到49.3%，食品产业支撑能力日益增强。

近年来，南乐县充分利用丰富的农产品优势，不断推动产品提质、企业提效、产业提升、结构提优，加大食品企业与全国知名品牌、行业龙头的合作，强化标准引领、质量取胜、品牌带动，提升食品产业层次和品牌知名度，推动食品产业高质量发展。

（一）配套体系齐全，集聚效应凸显。围绕冷饮制品产业，不断引进全国知名企业落户南乐集聚发展，主要以冰淇淋和饮品等生产企业为主。以全国冰淇淋行业排名第三的木伦河集团为龙头企业的冷饮加工产业，建成了冷冻食品产业园，相继引进了12家原料供应、配套生产和冷链物流企业，完善了冷冻食品配套体系，建设集开发、生产、印刷包装一体化完整的冷冻食品加工产业链，打造木伦河集团冷饮制品行业巨头，成为豫北地区最大的冷饮制品生产基地，着力构建全国冷饮制品加工航母。实施品牌发展战略，通过多品牌战略优化提升木伦河集团的产品结构，在全国布局了8大生产基地、10家工厂。未来，木伦河集团建设的冰淇淋小镇以冰淇淋生产为核心，着力培育新兴产业，拓展产业链条，加快集聚高端要素，加快构建产业生态，将打造一个富于科技人文特色的中国木伦河冰淇淋产业生态小镇。集建设凉茶生产线、研发中心、凉茶博物馆于一身的华信陈氏饮品（王老吉罐装凉茶）三位一体创新产业基地已建成投产，融汇凉茶基础性研究和技术创新、凉茶生产销售、传承推介凉茶文化，"王老吉"品牌在南乐落地生根，提升了食品产业的影响力和知名度。

（二）落户项目强劲，产业链条健全。围绕肉食深加工产业，培育品牌、强链延链，着力打造肉类食品工业升级版，推进产业融合发展。坚持持续培育全产业链力度不减，引进上市公司、行业龙头企业、全国饲料肉类行业10强企业湖南唐人神集团集种猪养殖、育肥、饲料加工、屠宰、熟食加工等一体化生猪全产业链项目，扩容生猪产业链条，形成了"畜禽基地养殖－屠宰－分割－精深加工－熟食加工"产业链，着力打造规模大、加工精、品牌强的肉制品加工生产基地。成功引进了新三板上市企业河南广安集团农牧产品产业化项目，从生猪繁育、饲料、屠宰、熟食加工、冷链配送全产业链项目落户南乐，拓宽了肉类食品的加工领域，增强发展后劲。同时，吸引了一批肉鸡加工企业，引进了上市企业禾丰牧业投资的年出栏300万只白羽鸡项目，拥有从繁殖、养殖、屠宰、分割再到熟食加工的肉鸡加工全产业链；引进农业产业化国家重点龙头企业北京首农集团建设一亿只"小优鸡"产业富民项目，从孵化、养殖、分割到熟食加工，不断壮大肉食加工企业规模，全链生产促进企业健康发展。

（三）本地特色鲜明，加工工艺精深。围绕特色休闲食品加工产业，不断优化原料深加工、精加工方法,提升产品品牌影响力。以农副产品加工为特色的道德金农产品企业成立之初就注重对产品的研发投入，严把质量关，研发出一系列特色豆制品系列，并不断拉长豆制品产业链，丰富产品种类，创新新产品。引进浙江乡妹子食品有限公司投资的肉鸡熟食加工项目，主要生产鸡爪、鸡翅、鸡腿等多种熟食休闲食品，繁荣食品加工产品市场。

（四）产业基础扎实，市场潜力巨大。围绕传统优势产业——白酒产业，外引内联、提质增效，打造龙头企业和品牌，传承南乐白酒文化，构建原酒基地，切实增强白酒产业的整体素质和核心竞争力。以《濮阳市白酒业转型升级行动计划（2018—2020年）》为指导，强抓"豫酒振兴"行动机遇，立足现有白酒产业基础，引进中国白酒著名创新品牌、大型国企、河南省白酒业龙头企业仰韶酒业对南乐现有傅潭酒业、九鼎酒业、新境界酒业、字圣酒业等十几家具有白酒生产许可证的企业进行集中整合，致力于白酒酿造技术的精工提炼和现代生物工程技术的发展运用，主要生产兼香型、浓香型产品，将一丝不苟、精益求精融入工艺、融入产品，推出南乐"大单品"，规划建设500亩白酒工业园，打造"高粱、小麦－基酒－中高端白酒"产业链；规划建设南乐特色酒文化小镇——醇香小镇，聘请专业公司高标准设计，保留酿酒作坊、厂房，建设酒文化博物馆、酒廊、酒肆，集中展示南乐独具风味酒产品，通过"旅游＋"助力白酒业转型升级，壮大白酒产业发展。

三、南乐县发展环境

近年来，南乐县始终把食品产业摆在决定发展的重要位置，完善各种举措，持续为企业投资兴业提供高质量发展环境。**优惠的招商政策。**依据《濮阳市支持开放招商转型发展的若干措施（试行）》的政策，在税收、土地、金融、人才引进等方面给予企业大力支持。出台《南乐县关于支持工业企业发展的暂行办法》，支持企业发展壮大；出台《南乐县招商引资项目引荐者奖励暂行办法》，对项目引荐者予以奖励，充分调动社会各界参与招商引资的积极性。**优质的营商环境。**在全省成立第一家县级行政审批局，简化各种手续办理程序，切实减轻各类市场主体负担，做到只跑一次、马上就办，为项目落户南乐提供十足的便利。**优效的安商服务。**成立了由县级领导任组长的13个重点产业推进组，精准服务。成立南乐县服务企业发展领导小组，从招商信息对接到签约落地，从入驻企业手续办理到基础设施建设，从企业运营环境保障到跟踪服务，一一实现无缝对接，建立长效服务机制，切实提高服务的针对性和实效性。

民以食为天，食品产业持续焕发出生机勃勃的活力，南乐人民将秉承着对新时代美好生活孜孜不倦的追求，与全国各地的朋友共享"舌尖上的美味"。生机蓬勃的南乐和务实重干的南乐人，继续以更加开放的姿态和更加包容的情怀，诚邀各界有志之士会聚这方投资热土，共圆人生事业出彩梦！

南乐仰韶白酒

禾丰肉鸡
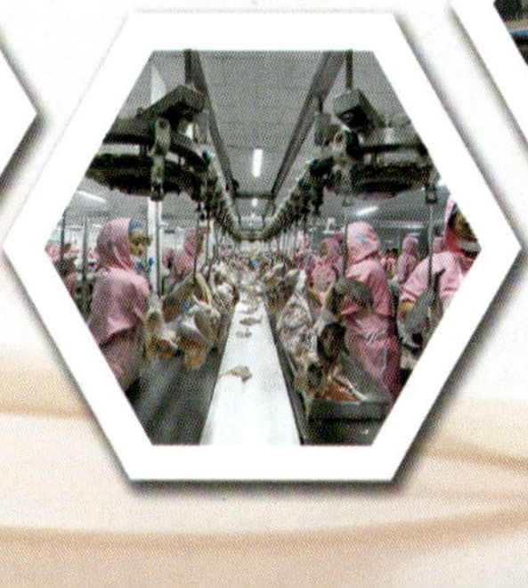

良元纯净水

西部红杏

电商特色食品馆

中国食品名镇——茶山镇

茶山镇综合服务中心

茶山镇人民政府

茶山镇生产力促进中心

一、茶山镇概况

茶山镇位于东莞市中北部，座落于东江支流寒溪河畔，面积 45.4 平方公里，下辖 16 个自然村和 2 个社区，常住人口约 15.75 万人，其中本地户籍人口 4.57 万人。2015 年，茶山镇被纳入东莞市中心组团，成为市中心的一部分，境内有东莞火车站、轨道交通 2 号线，形成惠莞深三地“半小时生活圈”，区位优势日益凸显。改革开放以来，茶山紧抓发展机遇，扎实推进工业化和城市化，迅速跻身全国综合实力千强镇，社会经济快速发展。今天的茶山，人气聚集旺盛，商贸蓬勃发展，是投资兴业和创造财富的热土。

食品名镇

二、茶山镇食品产业发展概况

（一）产业规模化

食品产业是茶山镇特色产业，我镇先后被评为“中国食品名镇”、“广东省技术创新专业镇（食品类）”。近年来，我镇食品行业实现快速增长，产业规模快速扩大。全镇现有食品及相关配套企业 200 多家，食品行业产品涉及糖果、饼干、点心、调味品等 15 个大类 2000 多个品种，食品行业从业人员 3 万多人。

（二）知名品牌汇聚

我镇食品企业共获得国内名牌名标称号 15 个，其中中国驰名商标 1 个，广东省著名商标 3 个，绿色食品 11 个。既有世界知名的雀巢美极、嘉顿等国际品牌企业，也有土生土长的华美、新盟等国内知名企业。

（三）产业配套完善

经过多年培育，我镇初步形成了以制造、销售及其他产业配套为一体的食品产业集群。以华美、新盟、雀巢美极、嘉顿等为主的食品龙头制造企业，以茶叶交易市场、茶园购物商场等为主的食品流通企业，以华源、富荣、汉和，等为代表的食品包装企业，以茶山国际生态食品城和泽景果品物流城为主体的食品专业交易市场，形成了以食品制造业为主，食品包装、食品物流等为副，食品行业公共服务体系完善，具有强大整体竞争力的食品产业经济格局。

三、扶持食品产业发展的工作措施（服务）

（一）拓宽企业销售市场

积极组织镇内食品企业参加规模大、专业性强、层次高的展览会，帮助企业开拓市场。2017 年我镇组织多家食品企业参展了全国春季糖酒会、中国国际焙烤展览会、中国国际食品和饮料展等食品行业专业展会，帮助参展企业达成销售协议金额达 11553 万元，镇财政对全镇食品企业参展补贴达 78 万元。

（二）完善生产力促进中心建设

我镇投资 5700 多万元建设茶山生产力促进中心，建筑面积超 $10000m^2$，引入东莞市冠诚知识产权代理服务有限公司、东莞市冠诚检测技术服务有限公司、东莞市鼎缘仪器设备发展有限公司、东莞市茶山发明家科技创新有限公司等服务机构进驻促进中心，不断完善促进中心各服务平台建设，推动食品检测平台、食品研发与培训平台、企业综合服务平台的运营，为全镇及周边食品提供食品检测、食品研发、项目申报、知识产权政策、专利申请、商标注册、管理咨询等综合性服务，推动食品产业转型升级。

茶山工业园

（三）强化服务水平

贯彻落实国家、省、市各级扶持奖励政策，推动食品企业积极实施科技创新、技改技创、“机器换人”，协助食品企业申报省市扶持资金。2015 年以来，我镇协助东莞市华美食品有限公司、东莞市健美滋饮料食品有限公司等食品企业申报“技术改造专题”、“机器换人”、“工业化、信息化‘两化融合’”、“清洁生产审核”、“电机能效提升”等 20 个扶持项目，累计获得国家、省、市财政资助 681.3 万元。同时，我镇积极实施“科技茶山”工程，食品企业获得上级配套奖励扶持资金 201 万元。

（四）增强招商引资力度

我镇积极开展招商引资工作，通过抱团外出参展、以商引商等方式借力宣传、推荐茶山投资环境，吸引全国各地客商前来茶山，招商效果显著。目前新盟食品公司增资扩产 3 亿元项目，投资 2.5 亿元百利食品项目，投资 1.5 亿港元的永富食品项目，总投资 6 亿元泽景果品物流城，总投资 4.5 亿元茶山（国际）生态食品城相继建成、投产；汉和、康美臣、夏令饮、食滋源、奕客、秀峰香、乐盟等大批中小型食品企业亦在茶山落地生根。我镇通过引进、促成食品项目落户，引导、鼓励企业增资扩产，进一步完善食品产业链，增强食品产业发展后劲。

（五）优化产业环境

我镇以打造“中国食品名镇”和“广东省食品专业镇”为契机，不断优化食品产业发展环境。制定了《茶山镇扶持食品企业发展若干意见》，为食品企业在用地、用电、用水、税收等方面提供优惠；协调工商、税务、劳动、社保、城建等部门，建立镇食品行业办事绿色通道，为食品行业提供便利，同时，要求各村、各部门多服务、少干预，多帮忙、少添乱，多设路标、少设障碍，为食品产业集群提供一个公平、公正、宽松、高效的环境；对省或国际知名的食品行业前来投资且投资额在 1000 万以上的，都将予以政策奖励。

新盟

雀巢

嘉顿

华美

凤凰山经济开发区：筑巢引得凤凰栖

凤凰山经济开发区

安徽淮北凤凰山经济开发区创建于2009年5月，是经安徽省人民政府批准设立的首家食品经济开发区。经过近年来的开发建设，已形成绿色食品、生物科技和信息技术三大主导产业。先后被授予"国家农业科技园区"、"国家农村产业融合发展示范园"、"国家农业产业化示范基地"、"全国农产品加工示范基地"、"安徽省农业产业化示范区"、"安徽省谷物食品专业商标品牌基地"、"安徽省新型工业化产业示范基地"等称号。

凤凰山经济开发区秉承"创新引领，绿色崛起"的思路，坚持"一二三产业"融合式、集群式发展，绿色食品、生物科技与信息技术产业集聚效应明显，食品配套、现代物流业和文化旅游产业纷纷落户，累计入驻企业215家，2017年完成规模以上工业总产值189亿元。

招商创新助腾飞，招商引资成果丰硕

淮北凤凰山食品会展中心揭牌仪式

开发区坚持把招商引资作为产业发展的外源和动力，广泛搜集信息，突出"招大引强"，坚持产业招商、委托招商、老乡招商、以商招商、以情招商等招商模式，聘任知名企业家为招商顾问，重点对接长三角、珠三角、环渤海等区域。大力开展"走出去，请进来"，共外出招商拜访企业90家、接待企业来区考察43批次，先后拜访温州苍南企业家协会、上海企业家协会等协会，组织参加泰安农展会、合肥农交会等展会4次，在上海成功举办凤凰山经济开发区投资环境说明会。通过各种形式共获得有效招商信息 20余个，成功签约苏太太食品、盛美诺生物科技、瑞安汽摩配、源创客科技小镇等28个项目，10个项目于年底集中开工。

全力盘活僵尸企业，通过收购、重组、合作、出租等方式，共盘活好食客、日丰、金康、乾昇等闲置厂房8.5万平米，针对不符合产业定位、无产值、无税收以及仅作为仓库等非生产型厂房，采取综合措施，推进"腾笼换鸟"，释放园区存量空间，取得"零土地"招商的新突破。

同时，开发区加大食品配套类企业的招商力度，延长园区企业的产业链。围绕现有的主导产业，金富士、思朗等烘焙类企业，肉制品、饮料等传统类企业，完美、汉芳等生物科技类企业，全面梳理上下游企业包装、制罐、机械等配套，有针对性的开展产业链招商，重点引进包装、食品添加剂类企业，延伸开发区食品产业链。充分利用思朗保健饼干、完美酵素等科技含量高的产品的带动效应，引进一批具有健康养生功能的高科技、实力强、利润高的企业。

优化投资发展环境，筑巢引凤来

围绕打造"花园式园区"，开发区着手塑新貌，对园内道路和绿化进行改造提升，栖凤路北延工程已完成招标并开始建设。加大园区环境整治力度，对北大门门户形象和绿化景观进行立体设计。打造"永不落幕的食博会"，在园内成功改建凤凰山食品会展中心并成功举办2017年食品博览会，为企业展览展示、合作交流、共赢发展搭建了新的平台。

凤凰山绿色食品旅游文化博览园项目二期已开工建设，联合食品博览园、思朗食品公司、曦强乳业公司等企业打造精品工业旅游路线，2017年共接待游客1.5万人次，形成园区特有工业文化旅游品牌。

围绕"全力推进项目落地"，解决了S101省道合相路、凤冠路西延等几个项目的遗留问题并完成凤竹路、同昌、中易物流西侧地块等项目土地征收工作。目前淮海西路控制性详细规划已编制完成，完美生物科技基础正在施工中，汉芳生物科技生产基地已开始试生产，中农批淮北大市场8栋主体建成，15栋主体正在建设中，源创客科技小镇等项目即将入驻，任庄综合服务一期建成。

提升服务质量水平，留得凤凰栖

"一对一"服务创造"凤凰山速度"。针对新签约入驻的项目，一个项目一个微信群，一名班子成员牵头推进，主

相山区项目集中开工现场观摩会

安徽省科学家企业家协会淮北办事处揭牌仪式

河南九福来生物科技项目签约落户凤凰山开发区

动对接市区相关部门，协调项目推进中的难题，每日下午 5 点集中调度一次，更新当日项目进度情况，确保各个环节不断档。一个项目一个服务小组，全年签约项目 28 个，全部成立项目服务小组，各部门负责人均为服务小组成员，倒排项目工期表，明确责任清单、目标清单、时限清单、完成清单。，针对完美科技、阜邦生物科技等重点项目，从规划评审到投产，职能部门负责人与企业负责人随时随地沟通，问题不过夜，推进不梗阻。完善责任清单、权力清单和涉企收费清单，为企业提供快捷高效服务；规划设计、土地报批、出入境检验检疫、海关、金融等业务实行专人代办；积极推行“互联网 + 政务”，优化流程再造，营造更加便利的营商环境，以服务赢得客商信任、以服务促进项目建设、以服务促进招商引资。

“多对一”服务打造“暖心工程”。 制定开发区精准帮联企业行动工作方案，建立班子成员、部门负责人、具体工作人员三级包保制度，实施精准帮联，全体人员集中发力、各项工作任务齐头并进。定期走访企业，排查存在的问题。积极对接市职教委员会，组织职业教育院校进园区，及时了解企业人才需求情况，有针对性地帮助企业引进专业人才。开展安全生产督查，逐一排查隐患，提出合理的整改意见、措施，协助企业整改，确保按照相关要求规范化生产。开展环境监察，积极做好中央和省环保督查反馈的问题整改，加大落实整改力度，促进重点项目健康发展。出台《凤凰山经济开发区规划建设管理办法》（试行），细化企业内部建设“10 不准”，规范乱改造、乱搭建、乱开挖等现象，纠正了乐万家违规开设滴滴驾校、鲜满多私自开挖污水井等行为。压实物业保洁公司、绿化公司的责任，实施道路保洁和绿化管养动态考核，提升服务水平。

产业结构优化升级，凤凰展翅飞

2017 年，开发区主导产业作出战略性调整， 编制新的发展规划，由粮油深加工、肉制品深加工和饮料生产调整为绿色食品、生物科技和信息技术，着力提升园区发展层次和经济效益。在做大做强食品主业的同时，谋划建设保健食品产业园、生物科技产业园、电子信息技术产业园、合作共建产业园等，逐步实现“一区多园”发展格局。合肥食品学院检测中心、深圳宏鑫瑞特、果力智能、泰州溪龙包装、深圳江山来电子科技等非食品企业相继落户，园区竞争力和综合实力进一步提升。

安徽曦强乳业集团有限公司

科技创新是园区发展的不竭动力。继中国农业大学在凤凰山建设淮北实验站暨黄淮海食品工业研发中心，开发区先后与江南大学、合肥工业大学等高校建立产学研合作，引进科技特派员 35 名，合作建设上海农科院科研实验基地、皖北肉制品检验中心，建立健全食品质量安全追溯体系，为企业经营发展、新产品研发、生产工艺提升提供了坚强保障。园区拥有高新技术企业 15 家，省级认定企业技术中心 9 家，国家专利 261 件，555 产业创新团队 9 个，中国驰名商标总数达到 6 个，省著名商标 25 个，安徽省名牌产品 6 个，“凤凰山制造”品牌效应全面提升。

安徽曦强乳业集团有限公司

随着开发区规模不断扩展，区内企业不断增多，“产业功能完善、城市功能欠缺”的短板日益凸显，开发区亟需加快产城融合步伐，以满足企业职工及周边居民的生产、生活需求。按照市、区相关部署，建设 40 平方公里的凤凰新区，开发区高标准编制新区规划，合理布局产业设施、居住设施、配套设施，形成以制造业为基础、服务经济为主体的新兴产业体系，围绕打造山水生态新城目标，深入开展森林城市创建工作。全力引进房地产、商贸金融、文化旅游、养老保健等项目，高标准建设产城融合示范区。根据已编制完成初稿的开发区产城融合方案，未来，园区还将科学推进产业园区、商务区、住宅区、休闲娱乐区、生态保护区等板块布局，加快发展金融财务、市场开发、科技研发等生产性服务业和酒店、商超、餐饮、文教、卫生等生活性服务业，迅速在西部构建一座崭新的绿金产业新城。

思朗食品（淮北）有限公司

面向未来，我们将坚持以五大发展新理念为引领，全面落实绿金淮北 · 品质相山发展战略，以建设西部绿金产业新城为目标，坚持招商带动、创新驱动，高品位建设，精细化管理，努力把凤凰山经济开发区建设成为宜业宜居宜游的科技之城、创新之城、生态之城。

汤阴县食品工业年鉴（2018）

一、汤阴县总体概况

汤阴县位于河南省北部，因居汤水之南而得名，面积646平方公里，辖9镇1乡，298个行政村，人口50万。区位优越，交通便利。汤阴地处晋冀鲁豫四省交界，境内国家级、省级交通干线“五纵两横”交互；以150公里为半径，可辐射4省11市、7000万人。晋海铁路建成通车，安阳机场启动建设，万吨级中枢站、陆地港和保税区加快推进，初步形成“公铁空海”四港联运立体交通网络体系。历史悠久，人杰地灵。汤阴是中华群经之源《周易》发祥地、民族英雄岳飞故里、神医扁鹊悬壶济世之地，孕育了岳飞“乃文乃武、精忠报国”精神、周文王“艰难困苦、玉汝于成”故事、扁鹊“悬壶济世、达己及人”，素有“三圣文化之乡”的美誉，文化民风淳厚朴实，被著名历史学家史式称为“讲道义、守诚信、重然诺、轻生死”的忠义之乡。智慧文化都、生态幸福城。汤阴县大力弘扬“忠诚、实干、担当、奉献”的“汤阴精神”，唱响“五风”主旋律，坚持“开放招商、项目带动、创新驱动”战略，突出“培训、培育、提升”路径，聚力转型发展“五项举措”，着力打造中国主食工业化生产基地，强力推进食品医药产业转型升级，逐步成为一座功能完善、特色鲜明、生态宜居、文明有序的“智慧文化都、生态幸福城”城乡融合发展新都市区。

二、汤阴县食品工业发展情况

近年来，汤阴县立足实际、着眼民生，大力发展以农产品为原料的食品工业，实现了由传统农业县向食品工业强县的跨越。先后荣获“国家新型工业化示范基地”“国家食品安全示范县”“国家农产品加工业示范基地”“中国食用菌行业标准化生产示范县”“河南省食品安全示范县”等称号。汤阴县连续六届十二年被评为“全国食品工业强县”，并被中国食品工业协会命名为全国首个“中国食品工业名县”，“京津食品产业园”成功落户汤阴。目前，我县食品产业发展呈现出集聚程度高、产品种类全、产业链条优、食品监管严、带动效应强五大特色。

（一）集聚程度高。全县食品工业企业达159家，其中规模以上食品企业达50余家。益海嘉里、濠吉六粮方便面、川辣妹、博大面业、永达清真食品、众品食业、今麦郎面粉、今麦郎饮品、嘉士利饼干、丹尼斯克甜味剂等一大批国内外知名食品企业入驻食品产业集聚区。拥有益海嘉里“香满园”面粉、“永达”肉鸡、阳光油脂“奥利福”食用油等八大中国名牌。

（二）产品种类全。汤阴县食品产业主要包括小麦及面制品加工、油脂类加工、畜禽肉制品加工及啤酒饮品、调味料和食品添加剂、休闲食品、高档保健品等多个领域，含590多个系列产品。其中，众品食业荣获“中国肉类食品产业最具价值品牌”，“嘉士利”饼干、“甲家”面粉、“永达”肉鸡、“众品”冷鲜肉等产品被评为“中国名牌”，“火龙岗”小杂粮等被评为省级优质农产品。

（三）产业链条优。汤阴县紧密结合食品产业发展需求，深入研究产业的上下游产品，绘制产业链图谱，同时注重企业对上下游产业的带动作用，培育发展了小麦、玉米、大豆、肉鸡、生猪、肉奶牛、食用菌、蔬菜等9条食品产业链条。培育桥接，找准着力点进行“建链”，围绕现有产业链条的缺失环节进行“补链”，对现有9条优势产业链，从科技、金融、信息化方面提升以及品牌引领入手进行“强链”。深入挖掘现有企业潜能，推进骨干企业与省企、央企联姻，通过“战略重组”、“强强联合”，打造具有特色和优势的产业集群。

（四）综合配套完善。高标准实施产业集聚区基础配套设施建设。加快推进投资12亿元的安阳机场、轻轨及口岸综合保税区等公铁空海“四港联动、多式联运”战略支撑项目建设；投资1.3亿元启动食品检验检测中心主体建设；建成联接“西气东输”主干线的65公里供气管网。投资48.3亿元建成101公里交通路网、14.5公里铁路专用线、65公里污水管网、50万平方标准化厂房、日处理8.5万吨污水处理厂和4座220千伏变电站。3.7万平米创业大厦、1.8万平米创新大厦、8万平米人才公寓、

4.5万平米文体中心全部投用。严格落实四级分包项目建设和企业发展兜底服务机制，成立企业服务中心，实现审批“一站通”；统筹运作建投、文投、弘达等金融平台，为32家企业提供资金服务5.9亿元。

近年以来，汤阴县始终把招商引资作为“一举应多变，一招求多效”的战略举措，紧紧围绕健康食品、生物医药、高端制造等主导产业，更加注重选商引资，更加注重项目质量，更加注重项目落地，更加注重真抓实干，招商引资工作保持了好的趋势、好的态势和好的气势，推动全县经济社会实现了又好又快发展。

三、汤阴县食品安全监管情况

（一）“领跑”体制改革。为强化政府监管责任，汤阴在全省率先启动了食药监体制改革，成立“公安、农安、食安”三安联动指挥中心，联席、联勤、联动，行刑衔接，打造汤阴“食安卫士”。按照统一服装、统一标识、统一制度、统一装备“四统一”抓好基层食品药品监管所规范所建设，乡镇农业、畜牧站与食药监所合署办公，构建从农田到餐桌全过程监管体系。获批河南省区域性食品检验检测中心,统一规划、统一检测、统一发布，逐步形成权威、高效的检验检测体系和信息发布平台。

（二）“创新”智慧溯源。进一步完善食品全程追溯信息平台，开通食品生产经营者、监管部门和消费者“三大信息终端”。建设绿色农产品、放心菜市场、透明生产、流通销售、放心餐饮“五大模块”,实现透明追溯、红黑榜、执法办案、应急指挥、公众服务等“十大功能”，构建形成了政府主导、部门履职尽责、企业守法诚信、公众全程监督的“智慧食药监”透明共治体系，保障了从农田到餐桌全链条的透明公开和智慧追溯。利用“福码”追溯体系，打造“智慧食品”。创建“食安易源”微商城，利用“互联网＋”技术，“打包”本地企业产品及文化，向全国推广“汤阴放心食品”。

（三）“完善”诚信保险。汤阴发扬“岳飞故里、忠义之乡”传统，打造“放心食品，诚信汤阴”品牌。建立信用档案，将全县食品企业纳入征信体系，对守信单位进行金融培育。广泛推行守信承诺，强化企业主体责任意识。施行“红黑榜”制度，奖励“红榜”，惩处“黑榜”。连续四年推行食品安全责任保险，逐步完善保险制度。如因汤阴食品发生安全问题，消费者可通过保险体系立即得到赔偿，最大限度、最快速度保障消费者权益。

（四）“倡行”科普宣传。食品安全，人人有责。汤阴不断加大食品安全科普宣传力度。建成我国首个规模性安全食品体验馆，打造政府、企业、媒体和公众共享共建的互动体验平台。建立食品药品宣传教育中心，对食品生产加工从业人员、社会公众、中小学生开展食品安全法律和食品安全知识普及宣传教育活动。拍摄食品安全微电影《苏雅的春天》，引领食品安全正能量。受邀参加第十六届全国食品安全年会并布展推介，“汤阴经验”多次在国家级食品安全论坛上得到推介。开展轰轰烈烈的食品安全宣传周暨假冒伪劣食品集中销毁仪式，营造社会共治氛围。

（五）“优化”生态保障。安全的食品来自安全的生产要素。制定长远规划，对水、土壤、空气等生产要素逐步进行改良。鼓励企业引进纯水制作、废水净化工艺。扩建、新建3个污水处理厂，确保县域内地表水符合国家标准。同时，投资1.5亿元实施安全饮水工程，让在汤居民都能喝上安全放心水。大力推广配方施肥、测土施肥技术等无公害种植技术，减量农药化肥使用量，降低全县土壤污染和农药残留。建设3条30米宽的环县域、环县城、环集聚区防护林，加快汤河湿地公园建设，安装自动监控设备，综合治理大气污染，确保县域内空气质量达标。

汤阴县重点食品工业企业商标汇总

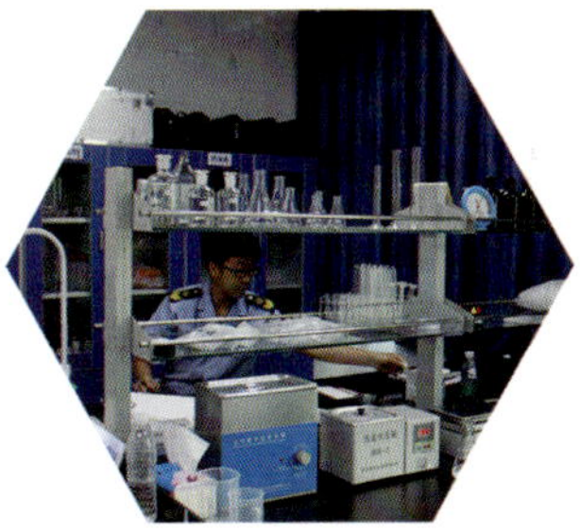

汤阴县乡镇食药监所快检室

2018年3月14日汤阴县食品安全突发事件应急演练（省级示范项目）召开

金龙鱼食用油

2018年11月汤阴县在第16届中国食品安全年会布展推介汤阴名优产品

汤阴智慧食药监信息平台

2018年6月2日，汤阴县食品安全总结表彰暨创建国家食品安全城市推进会召开

污水处理厂

2018年11月汤阴县在第16届中国食品安全年会上做经验推介

中国食品安全体验馆暨食品安全微电影展示馆

漳州市食品产业发展情况

食品产业是目前我市第一支柱产业、品牌产业和优势产业，产业规模位居全省第一，跻身全国食品工业大市前列。特别在 2011 年我市获评“中国食品名城”以来，企业转型升级步伐不断加快，产业规模迅速壮大，整体形象得到极大提升，对推动工业高质量发展起到了举足轻重的支撑作用。

一、基本情况

至 2017 年底，全市食品规模工业企业 620 家，占全市规模工业企业 27.3%；规模工业产值达到 1735.1 亿元，拉动全市规模工业增长 5 个百分点，对全市规模工业经济贡献率达 28.4%，占全市规模工业产值的 29.4%，占全省食品工业的 28.5%。尤其是农产品加工程度显著提升，食品工业产值与农业总产值的比例从 2010 年的 1.09 提升到 2.18，接近发达国家 2-3 的水平。主要有六个特点：

一是行业门类全。主要包括农副食品加工业、食品制造业、酒、饮料和精制茶制造业三大行业，涵盖 16 个大类、40 多个小类，拥有以水产品加工、果蔬食用菌加工、休闲食品制造、粮油饲料加工、罐头制造、肉制品加工、饮料、精制茶等为主要内容的食品产业体系。部分行业、产品居全国、全省首位，如罐头产业集群链条完整，享有中国罐头之都”美誉，2017 年产量 167.5 万吨，占全国总量的 13.5%，出口量连续 35 年全国第一；环东山湾区域水产品加工业是我国最大水产品加工出口集群，年出口货值超 26 亿美元，约占全国七分之一；龙海市 2017 年获评“中国休闲食品名城”，休闲食品工业规模约占全市四成，涌现了泡吧、卡尔顿、好运来、童城、新乐福、正鸿富等一大批新兴代表企业，其中以糕点、饼干为主的焙烤食品制造业规模位居国内前列。

二是骨干企业多。全市 3000 多家食品企业中，规模以上企业 620 家；年产值亿元以上企业 368 家（10 亿元以上 19 家，30 亿元以上 1 家），占食品工业规模企业数 59.4%。一大批食品企业逐步壮大、质量效益快速增长，截至 2017 年，全市食品工业省、市级工业龙头企业达 17 家（如大闽食品、绿宝食品、傲农生物、天福茶业、海新食品等），省市级高成长企业达 38 家（如康之味食品、顶津食品、紫山集团、新华东食品、同发食品、绿新食品等）。

三是产业聚集度高。各县区依托当地资源优势，培育了一批具有典型区域特色的食品产业基地，形成产业集群，吸引带动了包装印刷、纸制品、专用机械、空罐、物流、原料基地等配套完整的食品上下游相关产业链的发展，推动整个食品产业可持续发展。如沿海水产品加工产业集群，主要集中在环东山湾区域及漳浦、龙海等沿海地区；果蔬食用菌加工产业集群，主要集中在龙海、台投区、南靖、龙文等沿九龙江流域以及漳浦等地；休闲食品制造产业集群，主要集中在龙海、龙文、芗城、南靖等地；以华安铁观音、白芽奇兰、南靖红茶、八仙茶等为代表的茶叶加工产业集群，主要集中在华安、平和、南靖、诏安等区域；粮油饲料加工产业集群，依托港口及高速公路、铁路运输优势，主要集中在漳州开发区、龙海、龙文、芗城等。

四是企业品牌响。结合国内外重点展会，开展“漳州味”系列展销活动，帮扶企业开拓市场，有力提升漳州“中国食品名城”品牌影响力。截至 2017 年，全市食品企业拥有天福、紫山、泡吧、海魁、含羞草、信华、大闽、Q3、盈丰、白玉兰等中国驰名商标 25 件；中国罐头十大品牌评选中，我市紫山集团、同发食品、海魁水产占据榜单三席；紫山集团、同发食品、绿宝食品、港昌工贸成功入选 2016 年“中国罐头出口十强企业”；绿新食品、紫山集团通过“国家食品工业企业诚信管理体系（CMS）”评价，被授予“食品工业企业诚信体系建设示范企业”称号。

五是漳台合作好。通过台商投资区、台湾农民创业园、海峡两岸水产品加工集聚基地等对台合作平台，引进台湾优质农产品及种植技术、先进食品生产设备、精深加工技术和管理理念，有效促进漳台食品产业深度合作，提升漳州食品产业发展层次和水平。目前，全市拥有天福茶叶、信华食品、泰山食品等一批知名台资食品企业约 500 家。

六是社会贡献大。用工就业方面，全市食品工业年可安排用工（包括季节性用工）约 13 万个，约占全市规模企业用工的三分之一。税收贡献方面，2017 年食品工业规模企业利税总额 223.5 亿元，占全市、全省比重的 28.8%、39.2%；其中，税金总额 75.5 亿元，增长 2.6%，占全市、全省比重的 30.2%、49.7%。出口创汇方面，漳州有“世界厨房”美誉，食品出口量一直位居全国设区市首位，产品销往美国、欧盟、日本、东盟、非洲等近 200 个国家和地区。特别在全球经济不景气的环境下，借助“一带一路”东风，构建开放型经济新体制，全面复制自贸试验区海关、检验检疫政策，食品出口逆势回升。2017 年，全市食品出口交货值 438.3 亿元，累计现价增长 8.2%，占全市各行业出口交货值的 46.2%，占全省食品工业出口交货值的 49%；其中，水产品出口交货值 249.5 亿元，约占全省水产品加工出口交货值的 48.6%，位居全国地级市前列。

二、发展重点

以龙头企业为带动，不断延伸食品产业链，大力发展食品精深加工，扩大罐头、速冻（脱水）果蔬、冻干、水产加工品、食用油、食用菌、果蔬饮料等生产，鼓励食品龙头企业建立果、蔬、茶、菌等无公害原料基地，强化原料保障。以绿色食品、方便食品、功能食品、保健食品、休闲食品为重点，加强漳台食品产业深度对接，做大做强漳州速冻保鲜蔬菜、果蔬罐头、肉制品、水产加工、茶叶精加工等产业，把漳州打造成全国重要的优质绿色食品供应基地。

①绿色果蔬加工。重点加快果蔬精深加工和新产品品种更新换代步伐，发展营养保健类果蔬原汁饮料、特色罐头、调理食品、速冻（冻干）食品等适宜国内外市场需求的新型产品。

②水产品加工。重点开发水产罐头、鱼浆制品、藻类食品、海洋休闲食品新品种，推进海洋产品资源综合开发，积极开发海洋保健食品、海洋功能食品和海洋药物，扩大对海水、淡水鱼类、海藻类和水产废弃物的精深加工和综合利用。

③休闲食品制造。突出休闲、旅游、营养、健康需求，结合我市绿色农业资源，大力开发新型烘培食品、蜜饯、糖果、膨化食品、方便食品、功能食品等，促进休闲食品的规模化生产；鼓励传统食品继承和发扬传统特色，引进先进工艺、技术设备和管理制度，扩大生产规模，推进传统食品加工现代化。

④肉制品加工。鼓励发展精细分割冷却肉、包装肉；积极开发中西式低温肉制品、速冻中式菜肴；开发特色家畜、家禽产品；优化肉类食品结构，加强肉、蛋制品的精深加工，促进资源的综合利用。

⑤茶叶加工。重点培育龙头企业，强化资源整合、兼并重组，由分散向集中发展，形成较完整的产业链。注重自主品牌提升和产品质量管理，改进升级名优或特色茶品的生产工艺，提高茶叶深加工产品的占比；注重产品系列开发，推动铁观音、奇兰茶、红茶、八仙茶制作向品质化、品牌化、多样化方向发展。

三、发展展望

食品工业是工业经济发展的“压舱石”，也是今后我市工业高质量发展的主阵地。下一步，我市将以供给侧结构性改革为主线，全力破解当前食品产业大而不强、品牌不响等问题，充分集聚各种要素，再造漳州食品工业新优势，擦亮“中国食品名城”金招牌，把漳州打造成为世界著名的健康食品生产基地。力争到 2020 年，全市食品规模工业产值超 2000 亿元，跻身全国地级市前列。

促进了农村经济发展和农民增收。塞外香公司采用公司 + 基地 + 农户 + 商标的带动发展模式，与 6 个乡镇 1.7 万余户农户签订了 10 万亩优质水稻和小麦订单，带动农户增收 370 多万元；“马兴西瓜”商标品牌，增加了农产品附加值，瓜农收入翻了一番。玉静果品合作社注册的“塞硒士”商标，按照“党支部 + 合作社 + 协会 + 基地 + 农户 + 市场”模式，组织 640 多户农户种植富硒苹果 6000 多亩，2016 年生产优质苹果 4200 万吨，果农收入翻了两番。瑞丰葡萄酒业有限公司采用公司 + 基地 + 农户 + 商标的带动发展模式，以市场保护价与 2000 户葡萄种植农户的 14000 亩葡萄签订了收购合同，使农户每亩地年增收 2000 元，带动农户增收 2800 多万元，给广大农民带来了实实在在的经济效益。

中国食品工业强市——江苏兴化

一、农业禀赋孕育健康食品产业

兴化位于江苏省中部、长江北岸，长三角经济圈的北翼，是江苏里下河地区有名的鱼米之乡，全国县域经济基本竞争力百强县，2018 年名列第 60 位。兴化是全国著名的农业大市，盛产粮棉油和各类果蔬，连续 10 多年被表彰为全国粮食生产先进县（市），淡水产品产量连续 26 年列全省县级第一，是中国生态河蟹养殖第一县、中国脱水果蔬加工第一县、国家农业产业化示范基地、国家级生态示范区、国家级出口食品农产品质量安全示范区。

兴化环境优美，景色宜人，四季有花，赏心悦目。春季千垛菜花沁人心脾，夏季万亩荷塘心旷神怡，秋季遍地菊花染尽金黄，冬季皑皑芦花轻柔暖心。全球独一无二的垛田地貌，李中水上森林都是兴化人民智慧和汗水的结晶，集自然与文化为一体，诗情画意，美不胜收。

兴化经济开发区是于 1993 年经省政府批准成立的省级经济开发区，2006 年经省政府同意，在区内设立了江苏省兴化农副产品加工区，2011 年被农业部认定为全国第一批国家农业产业化示范基地，2015 年被省环保厅认定为省级生态工业园区，被省文明委表彰为江苏省文明开发区，2016 年，我市食品加工产业被省经信委认定为江苏省特色产业集群，2017 年，我区与中国食品工业协会建立战略性合作，获得“中国食品工业强市”国字号招牌，并与其合作共建“中国健康食品产业创新基地”，目前我区正在全力创建“中国健康食品产业名城”。

2018 年区划调整以后，全区下辖 45 个行政村，行政区域面积 158.5 平方公里，人口 9.82 万人，园区已开发建成面积 40 平方公里，引进以健康食品生产、农副产品加工、机械装备制造为主的各类企业 1000 多家。2016 年，我区在全省参加考评的 110 家省级以上开发区中综合排名为第 74 名（其中有国家级 27 家），在全省 83 家参加考评的省级开发区中综合排名为第 47 名。

二、围绕主导产业打造一流规划

按照市委市政府关于做大做强开发区的决策部署，我区以打造千亿级健康食品产业集群、创建以健康食品为特色的国家级经济开发区为目标，以打造中国调味品之乡和中国健康食品产业名城为抓手，抢抓改革创新、区划调整、立体交通和生态经济四大发展机遇，大力实施“百亿引资、百亿投入”双百亿工程，着力打造非凡园区、食品之都、希望新城，努力把开发区建设成以健康食品产业为特色，产城景相融合，宜业宜商宜居宜游的公园式的国家级经济开发区。

健康食品产业是我区目前和今后重点打造的特色主导产业，目前已吸引了顶康食品、安井食品、伽力森主食、兰特黎斯乳业、五得利集团等 40 多家知名食品企业先后入驻我区，已基本形成了以顶康食品为代表的脱水蔬菜产业链，以安井食品为代表的火锅料产业链，以五得利面粉为代表的米面制品产业链，以华东可可为代表的巧克力制品产业链，以盛洲粮油为代表的食用油产业链，以法国兰特黎斯为代表的乳制品产业链，以伽力森主食为代表的黄油、冷冻方便食品产业链，以华统食品为代表的肉制品产业链，以特味浓食品为代表的高端调味品产业链为代表的 9 大健康食品产业链。

调味品产业是我市的传统产业，近年来得到迅速发展，目前已成为我市特色优势产业。为整合资源，推进调味品产业转型升级和集聚发展，2017 年市委市政府决定在开发区规划建设中国·兴化调味品集聚区，区内已引进调味品企业 40 多家。调味品集聚区总体规划面积 3 平方公里，总投资 100 亿元，根据“总体规划、科学设计、分期开发、稳步发展”的原则，首期投资 30 亿元，开发 1 平方公里，规划建设 16 万平米的标准厂房，20 万平米的批发市场、仓储冷链物流，以及占地 140 多亩的集商贸会展、餐饮美食等功能于一体的综合配套区。为打造“中华好味道·兴化调味料”中国调味品之乡品牌，我区将大力推进调味品集聚区建设，计划到“十三五”期末，实现“三个一”的目标，吸引企业 100 家以上，形成销售 100 亿元以上，利税 10 亿元以上。

我区去年委托国际一流的规划设计院——新加坡邦城规划公司高起点编制开发区总体规划和控制性详细规划，提出了“千垛食谷、水润新区”的规划建设理念，对我区产业发展的规划进行了全面科学的调整，确定了以健康食品为主导的“1+N”产业发展定位，并制定了开发区城市建设三年行动计划。同时，还与中国农业大学签订战略合作协议，建立中国农业大学江苏兴化健康食品产业研究院，由两名院士和一名国家千人计划领衔 40 人团队入驻我区，助推健康食品产业做大做强。

五得利
WUDELI

五得利始建于1989年，创业伊始便将客户得利、农户得利、员工得利、国家得利和企业得利作为经营理念和公司宗旨。

三、水陆空构建立体交通网络

兴化经济开发区位于兴化城区西南方向，拥有阜兴泰高速兴化南出口，100 分钟交通圈内有无锡、镇江、扬州、盐城、南通等江苏沿江、沿海主要城市，180 分钟交通圈内有南京、上海、杭州等长三角中心城市。

宁靖盐、兴泰、京沪、启扬等多条高速公路将兴化经济开发区融入全国高速路网。从开发区至宁启铁路泰州站仅有三十分钟车程，“十三五”规划建设的盐泰锡常宜城际铁路穿城而过。

兴化开发区水系发达，南接长江，西连京杭大运河，国家级航道澛汀河穿区而过，2000 吨货轮可直航。即将规划建设的港口物流园区，将会为开发区企业的发展提供更加便捷、高效的服务。

四、多功能配套满足不同需求

区内目前建成八大功能分区，即健康食品产业区、高新技术培育区、机械装备制造加工区、中小企业及标准厂房区、港口物流区、电子商务产业区、综合配套区、生活配套区八大功能分区。正在高标准规划建设的中国·兴化调味品集聚区、恒兴科技园、新城控股吾悦广场、华脉科技多媒体产业园，将为我区做大经济总量、提升发展质量提供有力支撑。

为了充分保障客商在园区内拥有完善的配套体系，我们在建成的规划区范围内全面实现了九通一平，道路六纵十横，供电、供热、供气、治污、排水等各类管网设施配套齐全，食品质量检验检测中心已于去年全面投入运营，科技创业中心、职业教育中心、职工生活中心等各类服务设施全面配套，综合配套区、仓储物流区和高档生活区同步开发建设。

五、店小二理念优化营商环境

兴化开发区环境宽松，服务无缝对接，全区上下，甘当投资者的“店小二”，始终秉承墙内事帮办、墙外事包办的服务理念。全力支持客商投资发展。按照“亲商、安商、养商、富商”的原则，对投资规模大、关联度强、发展前景好的项目，按照投资规模、产出效益、税收贡献的大小，我们将在基础设施配套、技术改造投入、产品提档升级方面给予相应的优惠政策，对重特大项目实行“一事一议”；在项目投资审批阶段提供一站式服务，项目建设阶段提供全过程服务，生产经营阶段提供经常性服务，让客商在开发区放心投资、安心发展，舒心生活。

来自沂蒙山的绿色食品基地

山东省沂水县

一、基本县情

沂水区位图

沂水县位于鲁中南地区、沂蒙山腹地，总面积2434.8平方公里，在全省县级行政区划面积中列第二位，现辖18个乡镇（街道）、1个经济开发区，359个农村社区、1040个行政村，人口115万。**沂水历史悠久**，秦代即在此置县，隋开皇16年（公元596年）定名为沂水县。沂水有光荣的革命传统，是中共山东分局诞生地、《大众日报》创刊地、"红嫂"故里、沂蒙精神发祥地之一。2014年沂水县被民政部确认为中国地名文化遗产"千年古县"。**交通条件优越**，东红、沂博、兖石、泰薛、沂邳、韩莱6条省道与县乡公路联网，东临青岛港、日照港、岚山港三大口岸，胶新铁路、瓦日铁路经过沂水并设立县级站，青莱高速公路在县内设有两个出入口，长深高速公路在县内设三个出入口。**自然资源丰富**，现已探明矿产资源43种，优势资源主要有铁矿、石英砂岩、水泥用石灰岩、页岩、白云岩、玄武岩、长石、瓷石等。沂水县素有"百库千塘"之称，全县可利用水资源8.16亿立方米，建有大中小型水库151座，其中全省第三大水库跋山水库容量达5亿立方米。

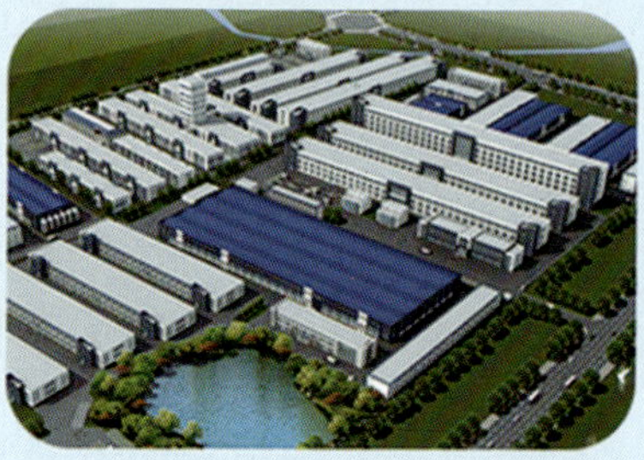

沂水县高端食品产业园区

二、食品产业发展情况

近年来，沂水县围绕"品种多样化、生产规模化、经营国际化、加工自动化、产品品牌化"的发展要求，积极引导食品产业从中低档产品向高档食品、焙烤食品、淀粉糖转变，加快由传统向先进、由低端向高端发展，食品产业已成为全县经济发展的支柱产业，2017年完成产值210亿元。

沂水城区图

品牌悠久。食品产业作为沂水县的传统产业，起源于上世纪80年代，经过三十余年的发展，沂水县已成为闻名全国的食品城。沂水县先后被评为"中国食品城"、"全国食品工业强县"、"中国优质饼干加工示范基地"、"全国食品安全示范县"、"国家火炬计划功能性生物糖特色生产基地"、"山东省新型工业化示范基地（焙烤食品和淀粉糖）"、"省级产业集群（沂水县食品产业集群）"。

实力雄厚。全县获证食品企业已发展到300余家，其中规模以上工业企业达到87户，固定资产达到60余亿元，从业人员5万余人。年加工各类食品400余万吨，主要有玉米淀粉及淀粉糖、饼干、糖果、方便食品、休闲食品等，畅销全国各地并远销30多个国家和地区。

定位高端。青援、鼎福、正航等5个商标被认定为"中国驰名商标"，青援食品公司的小麦粉、饼干、方便面和辣酱、鲁洲食品集团的食用植物油、沂蒙山酒业公司的浓香型白酒等9种产品被评为"山东名牌产品"，鼎福、青援、康柏、雪婷、沂蒙山、大仓等13个商标被认定为"山东省著名商标"。青援食品公司、鲁洲食品集团等企业先后被评为"全国食品工业优秀龙头食品企业"。

行业领先。目前全县食品行业拥有国家级企业技术中心2个，省级3个，市级5个；省级重点实验室2个；省级工程技术研究中心1个，市级2个；省级工程研究中心1个；博士后科研工作站2个；院士工作站1个。鲁洲食品集团参与和主持制定了食用葡萄糖、低聚异麦芽糖、果葡糖浆、麦芽糖、麦芽糊精、葡萄糖浆等国家行业标准，隆科特酶制剂公司先后参与制定了7项酶制剂国家标准、4项行业标准和一项酶制剂企业生产规范。

中国食品工业强区
——武汉东西湖区

2005 年，为做大做强食品工业，武汉临空港经济技术开发区 · 武汉市东西湖区按照“复合集约用地、建设有形的核心园区”的发展思路、“布局集中、产业集聚、用地集约”原则和工业生态学原理，开始在位于东西湖中西部的走马岭地区规划建设发展食品工业的核心园区——武汉食品工业加工区。园区东临京珠高速公路，西依汉渝铁路及长江第一支流汉江，北到武汉市外环和兰杭高速公路，与武汉保税物流区相邻，距离东南部的铁路货运编组站——朱家台站仅 2 公里，区位和交通优势十分显著。

2016 年 4 月 19 日全国人大常委会委员长张德江调研园区企业周黑鸭

园区集中建设了污水处理厂、天然气管线、道路及雨污管网等园区公共基础设施，在大力开展对外招商引资的同时，逐步推进区内分散的食品企业通过增资扩产向园区集中。目前，在园区首期开发建设的 10 平方公里范围内，基础设施完善，已落户了可口可乐、百事食品、双汇食品、周黑鸭和良品铺子等 60 多家国内外知名食品及其配套企业（其中世界 500 强企业 5 家），可口可乐、百事食品、华润雪花啤酒、周黑鸭、良品铺子和达能饮料等 30 多家企业已建成投产，桃李面包、华莱士、华新达怡宝水、香雪制药等一批项目正在建设或作前期工程准备。2017 年，园区工业总产值达到 130 多亿元，实现税收 10 亿元。园区已经形成了涵盖肉制品、休闲食品、饮料、果蔬深加工以及配套印刷包装等项目的全国知名品牌聚集程度最高的食品加工产业集群。

近年来，东西湖区食品工业总产值接连突破 400 亿、500 亿、600 亿大关，连续四次被中国食品工业协会评为“全国食品工业强区”，2014 年园区被工信部授予“国家新型工业化（食品）产业示范基地。园区 2016 年被武汉市工商行政管理局授予“武汉市商标品牌集群示范园区”称号，2017 年被工信部确定为“休闲食品产业集群区域品牌建设试点单位”。

“十三五”期间，园区将充分利用建设国家级经济技术开发区以及智慧园区建设的契机，按照“产城融合、宜居宜业”的发展思路，在继续做大做强传统食品产业的同时，积极向现代健康食品产业转型升级，力争到“十三五”期末食品工业及其配套产业的总产值达到 1000 亿元。

2009 年 10 月 16 日可口可乐开业庆典

2012 年 7 月 10 日百事食品武汉生产基地开业

2015 年 1 月 18 日雪花啤酒搬迁新建项目签约

2016 年 11 月 11 日周黑鸭香港上市

中国食品工业强区——哈尔滨双城

双城是哈尔滨市最年轻的行政区，位于黑龙江省西南部，地处松嫩平原腹地，松花江南岸，幅员面积3112平方公里，辖10个街道、17个乡镇、246个行政村、1个省级经济开发区、1个省级生态农业开发区，总人口83万。清嘉庆19年（公元1814年）建城设治，因境内有金代达禾、布达二古城而得名，1988年撤县设市，2014年撤市设区。先后被评为全国牛奶生产第一县、粮食生产先进县、食品工业百强县、食品工业十大发展特色县、国家新型工业化食品示范基地、全国十大魅力城区、全国区域最具竞争活力县（市）、全国首批‘百县百品’农产品上行十佳县、全省放心食品产业城、全省首批电子商务产业示范基地，跻身国家现代农业示范区、国家农业产业化示范县、第三批全国发展改革试点城镇和全国蔬菜产业重点县行列。2017年被中国食品工业协会评为全国食品工业强区。新一届区委、区政府组建后，高瞻远瞩、精准定位，在全省率先提出大力实施“现代农业兴区、食品产业强区”发展战略和打造全国“食品工业之都、现代文明新区”的总目标。

双城雀巢公司

哈尔滨市双城区电子商务大厦

一、食品产业发展优势明显

一是四通八达的交通网络为这里带来纵横南北的物流通道。双城是黑龙江省“南大门”，京哈、拉滨铁路、哈大高铁及同三高速、102国道、202国道等多条干线公路穿境而过，距太平国际机场26公里，松花江流经双城并设有船站，形成了发达便捷的水、陆、空立体交通体系。二是珍贵稀有的优质土壤为这里带来丰富多样的农牧资源。双城位于世界三大黑土带之一的松嫩平原，地势平坦，土质肥沃，绿色种植覆盖面达到80%以上，农牧资源极为丰富。耕地面积352万亩，粮食年产量40亿斤以上，绿色、有机、无公害作物220万亩，绿色果蔬年产量30万吨。三是绿色生态的食品原料为这里带来独树一帜的产业优势。全区拥有雀巢、娃哈哈、完达山、旺旺、汇源果汁等食品加工企业1500户，其中国际国内500强企业20户，国内外知名品牌55个、中国驰名商标16个、“中华老字号”2个，老村长、花园白酒、龙江家园、盛龙酒精、喜丰收烤醋等本土粮食加工企业竞相发展，形成了乳、酒、肉、蛋、饮品、调味品、休闲食品、绿色果蔬等八大食品产业集群。四是功能完善的服务平台为这里带来创新发展的营商环境。双城经济技术开发区是1992年经省政府批准的省级经济开发区，总规划面积87.5平方公里，建成区13.1平方公里，累计投资超过13亿元，入驻企业160户；水、电、路、通信以及“三供两治”等基础设施完备，基本形成以食品加工为主导，装备制造、现代物流、电子商务为呼应的“1+3”产业发展新格局。

二、八大产业链商机无限

一是在乳制品加工方面，随着近百个千头以上养殖小区，以及现代牧业、雀巢牧场等万头大型牧场的满负荷饲养，年产鲜奶产将达到100万吨以上，丰富的优质奶源，是乳制品加工企业的理想选择。二是在白酒酿造方面，全区年产优质玉米200万吨左右，年产白酒20万吨、消耗玉米50万吨，尚有100多万吨的加工缺口，是大型酒精和酿酒企业的理想合作之地。三是在肉制品加工方面，全区年饲养生猪150万头、肉牛50万头、肉鸭鹅800万只，肉制品年产能30万吨，是肉类加工企业投资的首选。四是在调味品生产方面，全区酱菜、烤醋、味精等年产达6万吨，各类调味品企业的发展空间十分广阔。五是在禽蛋生产加工方面，全区蛋禽年饲养量3000万只，每天销往国内大城市的鲜蛋就达1000吨，禽蛋精深加工企业十分缺少，市场空间巨大。六是在休闲食品加工方面，全区方便面、瓜子等各类炒货年产5万吨，而近几年，国内外休闲食品需求极为旺盛，双城加工原料优质充足，投资休闲食品是最佳的选择。七是在饮品生产方面，全区果汁、饮料、纯净水等年产能100万吨，双城的优质泉水和果蔬资源丰富，是饮品企业投资的优势领域。八是在绿色果蔬加工方面，随着全省“北菜南运”规划的实施，双城蔬菜年种植面积将达到50万亩以上，年产绿色蔬菜在100万吨左右，蔬菜深加工潜力巨大。

习总书记讲过，“绿水青山就是金山银山”。作为哈尔滨市最年轻的行政区，双城正在以习总书记两次对黑龙江的重要讲话精神为引领，全面推动“粮头食尾、农头工尾”战略，向着打造全国食品工业之都、现代文明新区的目标阔步前进！

黑龙江省老村长酒业有限公司

道滘镇简介

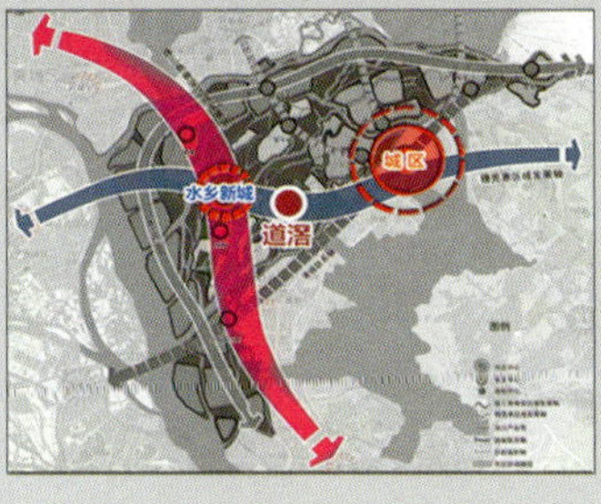

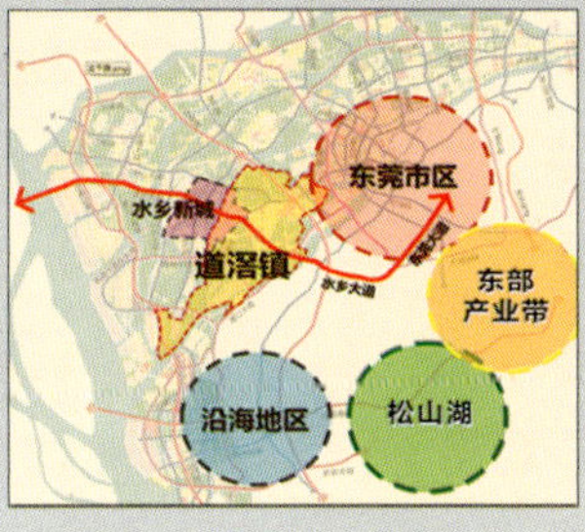

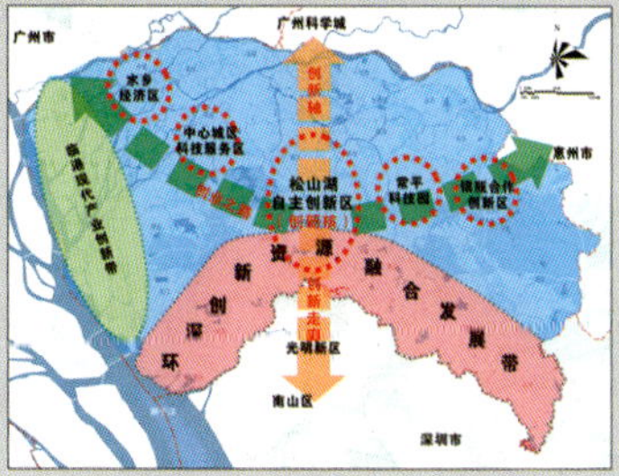

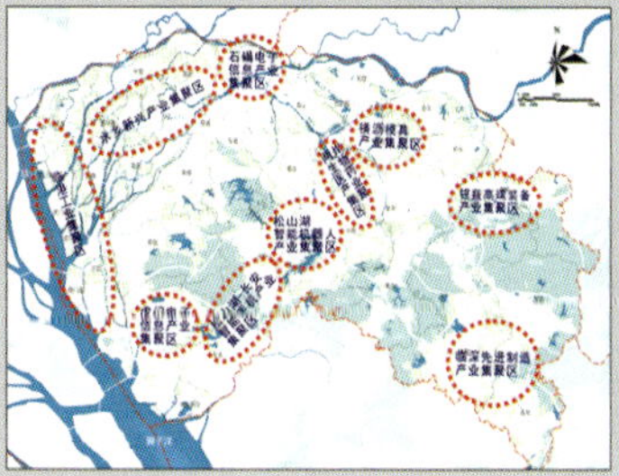

道滘镇地处东莞市西部、东江南支流下游河网地带。全镇总面积54.3平方公里，下辖13个村、1个社区，常住人口14.16万人，拥有“中国游泳之乡”、“中国曲艺之乡”、“中国民间文化艺术之乡”、“中国特色食品名镇”、“国家卫生镇”、“省园林城镇”、“省生态乡镇”、“省教育强镇”、“省森林小镇”、“省文明村镇”等荣誉称号。

区位优势明显。道滘位于粤港澳大湾区和广深科技创新走廊，毗邻市区和四轨道交汇点东莞西站，是市区与水乡新城的重要节点。广深高速、广深沿江高速、东莞大道延长线、疏港大道等南北向主要通道，港口大道、粤晖路、万道路、沿江路等东西向主要通道以及莞惠城轨、市轨道交通R1线贯穿辖区，并设有莞惠城轨道滘站、市轨道交通R1线道滘站和道滘东站三个轨道站，形成了“两轨道三站点四纵四横”的便捷交通网络。尤其是东莞大道延长线直接拉近道滘与市区的空间距离，地理区位优势进一步突显。

搜于特总部

盛元中天健康产业小镇总部项目落户道滘

综合实力增强。道滘坚定不移地推进产业转型升级，相继淘汰和转移了一大批落后产能，尤其是2015年清退了12家“两高一低”造纸企业，建立了以纺织服装、电子信息、电气机电设备等为支柱的工业体系，培育和壮大了以搜于特为代表的生产性服务业，以银禧、国立、雄林为代表的新材料产业以及以东鹏、思朗为代表的食品产业，并成功引进搜于特时尚产业供应链基地、盛元中天、黄家圣幸等一批优质项目。截至目前，累计培育上市企业3家、“新三板”挂牌企业11家、高新技术企业78家，成功推动华科城•创新岛产业孵化园获认定为2017年度国家级科技企业孵化器培育单位。

城市品质提升。道滘大力实施城市品质三年提升计划，梳理形成财政投资约10亿元、涵盖100个项目的项目库。积极创建全市水污染治理示范镇，全力打好蓝天保卫战，扎实推进“散乱污”企业专项整治，2018年全面完成洗（堆）砂场和建材厂清理，力争完成工业锅炉“煤改气”及小锅炉淘汰。加强城市精细化管理，通过环境整治和生态修复，实现生态示范村和市容环境优美村全覆盖，并建成一批名村、特色村和美丽幸福村居。

文旅融合发展。道滘是一座拥有近700年历史文化底蕴的水乡古镇，旅游文化资源丰富，建有全国最大的私家园林——粤晖园以及蔡白湿地公园、大罗沙特色村等旅游景点，拥有七夕贡案、麒麟引凤、放河莲花、木鱼歌等多项省市非物质文化遗产以及巍焕楼、虹桥、抗清义士万人大坟、“六一一”亭等文物古迹。道滘裹蒸粽、道滘粥、道滘肉丸等美食风味独特，每年一届的中国（道滘）美食文化节年均接待国内外游客达60万人次，有效实现食品、旅游、文化的深度融合。

创新发展 丰富食品名城内涵

第十六届中国（漯河）食品博览会

世界最大的肉类加工企业

漯河，因独特的食品工业魅力闻名全国。食品产业是漯河市的主导产业、特色支柱产业。作为全国首家中国食品名城，漯河立足丰富的农产品资源，依托农业办工业、办好工业促农业、大力发展食品工业的做法，被誉为“平原农区又好又快发展的有益探索”。

漯河是首家中国食品名城。食品产业作为主导产业特色明显，培育出世界最大的猪肉加工企业双汇集团、中国辣味休闲食品第一品牌平平食品等一批知名食品企业。目前，已形成了肉制品、面制品、乳制品、休闲食品、果蔬加工等食品产业链。

以“食”为媒广聚名企。漯河市食品工业协会持续关注招商引资、企业自主创新、加强与知名院校对接、食品工业企业诚信体系建设等，加强食品行业自律、加快食品企业发展、促进食品产业升级。自2003年起，漯河连续成功举办了十六届中国（漯河）食品博览会。以“食”为媒，食品名城广聚名企，天下美食集中展现，扩大中国食品名城的影响力，加速食品产业优势资源向漯河集聚，不断为全市食品工业发展注入新的活力。

注重科技创新发展。目前，全市食品行业中市级以上高新技术企业达130家。三剑客农业在2018中国奶业大会上被评为乳品加工企业科技创新大奖，研发新品5度净酸奶填补了国内低温钻石包酸奶的空白，并荣获布鲁塞尔国际美味大奖；“电商网红”卫龙辣条远销美国、英国、法国等欧美国家，跻身天猫休闲食品销售前十名；河南倍佳润滑科技股份有限公司研发建成的国内第一条食品级润滑油（脂）全自动生产线，填补了业内空白，产品获得美国国家卫生基金会（NSF）的H1和ISO21469双认证，打破了西方国家的市场垄断和技术壁垒。漯河恒瑞淀粉科技公司对于高直链玉米淀粉的开发和应用处于国内领先水平；漯河源隆生物科技公司在秸秆中提取的低聚木糖深受美国、东南亚多个国家的消费者青睐。

关注质量安全有保障。漯河市连续5年被省委、省政府授予“食品安全先进城市”和“食品安全优秀城市”。食品产业质量安全水平不断提升，双汇集团、太古可口可乐被评为“2018年河南省质量标杆”。2017年，龙头企业双汇集团先后荣获最具投资价值上市公司、中国食品企业七星质量奖、最佳主板上市公司、中国十佳餐饮食材供应商、安全管理十强企业奖等殊荣，万隆董事长获评最具影响力上市公司领袖、最具企业家精神人物。

“电商网红”卫龙辣条远销美国、英国、法国等欧美国家，天猫休闲食品销售前十名，是休闲食品中的高端品牌。

三剑客5°净酸奶含5株活菌、口感纯净，荣获布鲁塞尔顶级美味奖章 (Superior Taste Award)，成为2018年度国际顶级美味大赛中唯一获此殊荣的低温钻石包酸奶。

高旗“枸益气果蔬汁”采用果蔬菜冷破壁低温发酵技术的产品，口感清新，健康宜人。公司《胡萝卜汁低温发酵工艺》荣获国家发明专利。

中大恒源是国内著名绿色天然色素供应商，是中国天然色素应用的标杆型企业。该产品高透、高生物利用度应用及解决方案技术全球领先。

漯河恒瑞生物科技有限公司倾力研发的国内资源新型原材料——高直链玉米淀粉，填补国内空白，改变依赖进口的局面，打破高直链淀粉的生产和加工技术壁垒。

源隆生物科技公司生产的新资源食品——“双歧润康”低聚木糖，提取自玉米秸秆，源于自然，强力增殖人体内益生菌，深受美国、东南亚多个国家的消费者青睐。

“辣条”行业的发展之路

辣条,论情怀,它是80后、90后记忆中最为经典的零食;论名气,它已经走出学校小卖部,打入高校食堂内部,雄赳赳气昂昂地步入了国际舞台,风光无限;论地位,它俨然成为微博段子手中的座上宾,微信表情包里的常客,打开手机,满屏尽是辣条君，最重要的是，它统一的国家标准即将公布实施。

“辣条”，作为休闲食品的后起之秀，年销售额达500多亿元，现经过将近二十年的发展，不但形成一个新的休闲食品门类，也成为中国食品工业发展的一部分。

消费升级驱动行业不断提升

中国消费市场整体增长前景广阔，同时结构性变化也成为各消费产业发展的重要特征，其中，消费升级伴随着中国经济水平的增长和人们消费观念的变化，成为驱动行业变革的核心因素之一。对于辣条产业来说，消费升级同样带来了消费者产品诉求的多元化、品质及服务需求的提升以及消费渠道的变迁。

1）工业化水平明显提升。辣条行业目前全部（在河南）建设洁净车间（在全国属于首创），基本形成包装成品半自动化或者全自动化。部分优秀企业甚至采用电脑程控。2）产品向健康化发展。目前产品中的添加剂种类越来越少。甜味剂减少到3种；防腐剂减少到1种；色素全部改用天然色素。食品安全有效提升。3）产品品质附加值不断提升。产品价格从“五毛产品”向2元-15元发展，平均价格在三元以上，产品不断向高质化、品牌化延伸。4）消费群体有所变化。随着消费模式逐渐从生存型向享受型转变，消费者对休闲食品的需求也从过去纯粹追求口感逐步向多元化方向发展，消费者开始更加关注个性化需求的表达，辣条的受众也逐渐从儿童和青少年向更广阔的群体发展，市场不断细分。5）行业市场规模不断扩大。辣条企业主要分布在河南和湖南，行业虽然起步较晚但发展快速。2016年辣条行业的年生产总值从2009年的不足百亿元增至330亿元，市场销售额从170多亿元增至510亿元。8年间，行业的生产总值增长230%，销售额增长200%。预计，2020年中国辣条市场规模有望突破千亿元。

产品营养健康化是未来发展方向

营养健康是食业未来发展的方向，这在“健康中国”的大背景下已成为业内共识。辣条行业产品通常为大家所诟病的高油、高糖、高盐问题，企业正在着手做，并且也取得了一定的成果，这符合了健康需求。“要让辣条行业长青，仅靠抓住消费者的味蕾是远远不够的，关键是要契合未来食业营养健康这一大趋势。”

辣条已站上“风口”，待国家标准出台，将进入爆发期，加上多渠道拓展，品牌化发展，未来辣条企业发展值得期待！

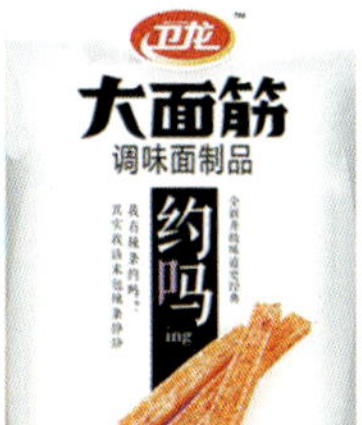

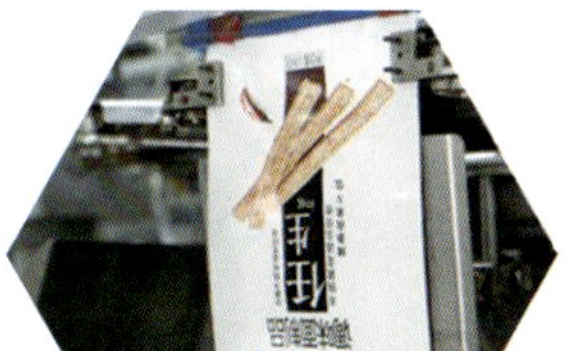

地址：郑州市二七区大学路与航海路交叉口二七万达广场12B 2446—2448
电话：0371—68752899　传真：0371—68752899　邮编：450015
商会QQ群：66720147　商会党支部QQ群：125582271
E-mail：zzpjsh@126.com
Http：//www.zzpjsh.com

郑州市平江商会

威宁县马铃薯产业发展概况

威宁县位于贵州省西部，总面积6298平方公里，辖39个乡（镇、街道）、625个村(居委会)，居住着汉、彝、回、苗、布依等19个民族，总人口151.3万人，全县平均海拔2200米，是贵州省面积最大、海拔最高、户籍人口最多的县。

威宁低纬度、高海拔、强日照、大温差的区域气候与马铃薯原产地秘鲁安第斯山区极为相似，是最适宜栽种马铃薯的地区之一。光照充足，雨量充沛，昼夜温差大，土壤疏松、病虫害少，“因有地理之利，又得天然之功”，造就了“威宁洋芋”独具特色的品质优势。全县无工业污染，适宜发展马铃薯无公害、绿色、有机种植。

威宁县马铃薯种植历史悠久，至今已有400多年的历史。威宁马铃薯具有薯块大、产量高、质优、退化慢、淀粉及干物质含量高、还原糖低及各种微量元素含量较高的独特品质。常年种植面积165万亩，产量300万吨，以全国马铃薯种植大县。2017年农民马铃薯产业中人均纯收入1890元，占24%。马铃薯产业已成为全县农民脱贫增收的支柱产业。

从20世纪70年代起，在上级部门的指导下，威宁县选育出了自己的当家品种—“威芋”系列，并建成了脱毒组培室及原原种、原种扩繁基地。近年来又引进毕节泰丰科技实业有限公司、广西格霖农业科技发展有限公司入驻威宁县开展马铃薯种薯扩繁，初步构建了自己的良繁体系，加快了脱毒种薯的推广应用，提高了马铃薯的产量及品质。

近年来，先后引进了威力淀粉厂、贵州玖圣淀粉加工有限公司开展马铃薯淀粉加工；2014年实施省农委马铃薯主食化加工项目，开展了马铃薯馒头、面包、面条等产品加工；2016年引进中农发集团，实施马铃薯一二三产业融合的精准扶贫项目，建立百万吨加工基地。

经过多年的发展，威宁马铃薯品种从过去的麻洋芋、粉果洋芋、乌洋芋等发展到现在的高淀粉型、低淀粉型、鲜食型、加工型、并用型等的早、中、晚熟180个品种，尤其是威芋3号、威芋5号、青薯9号、会一2号、费乌瑞它、丽薯6号、宣薯2号等种薯种植面积大、产量高，覆盖率达90%。全县马铃薯种薯基地初具规模。全县组织了30家企业在草海、双龙、迤那、小海、雪山等30个乡镇建立马铃薯种薯基地50万亩，其中原种基地2万亩，一级良种基地10万亩，二级良种基地38万亩，可提供脱毒种薯100万吨，其中原种4万吨、一级良种20万吨，二级良种76万吨。

市场营销体系逐步完善。建立马铃薯协会、马铃薯专业合作社52家，常年外销马铃薯商品120万吨以上，种薯20万吨以上。另外，利用电商平台及央企招商局集团各种销售平台等方式，进一步拓宽了销售渠道。在原有三个马铃薯交易市场的基地上，威宁县2017年投资2.72亿元修建马铃薯综合交易市场，集马铃薯博物馆、展览馆、马铃薯企业交易中心、省级交易中心、散户交易区、仓储物流中心于一体，以威宁县为中心，辐射云、贵、川三省等南方市场乃至全国，打造全国最大的马铃薯交易市场和期货市场。

2009年，“威宁洋芋”　获得国家工商局　地理标志证明商标。注册了“南方薯宝”、“威雪”、“威宝”等商标。“威宁洋芋”、　“南方薯宝”已成为贵州省著名商标。2008年中食协马铃薯专业委员会授予威宁县“中国南方马铃薯之乡”的称号。　2017年1月19日，威宁县被农业部认定为第一批10个国家马铃薯　“区域性良种繁育基地”之一。2015年委托浙江大学农业品牌研究中心编制“威宁洋芋”区域公用品牌规划，着手打造“高山生态马铃薯”品牌。2017年11月，中国食品工业协会授予威宁县“中国薯城”称号。目前，威宁县按照“农旅结合”的思路，发展农事参与型休闲旅游。通过举办马铃薯文化节、马铃薯摄影展、马铃薯园区建设等，着力打造威宁马铃薯文化、美食、休闲旅游一体发展。

计划到2020年，威宁县马铃薯种植面积发展到200万亩，实现平均单产2000公斤以上，总产量突破400万吨；建成2-3个马铃薯脱毒中心，原原种年生产能力达4亿粒以上。发展种薯100万亩，其中原种基地4万亩，一级良种基地16万亩，二级良种基地80万亩。每年提供优质种薯180万吨以上，基本满足中国南方脱毒种薯供应需求，建成南方最大的脱毒种薯生产基地；引进马铃薯主粮化加工龙头企业10家以上，带动地方就业2万人以上，确保50%以上的商品薯通过加工进入市场，丰富群众餐桌。通过一二三产融合发展，全县马铃薯产值突破100亿元，马铃薯收入在农民人均可支配收入中占35%以上。

第四部分

统计篇

数据来源于国家统计局中国经济景气监测中心
中国食品工业协会

一、2017年各省、自治区、直辖市食品工业情况排名表

（单位：家、亿元、%）

名次	规模企业数	主营业务收入	增长率（%）
1山东省	5551	16342	5.19
2河南省	3700	12446.15	7.8
3湖北省	2600	8450	7
4江苏省	2345	7662.56	9.74
5四川省	2427	7256.9	12.6
6广东省	2057	6765.35	1.9
7福建省	2408	5856.6(不含烟草)	11.6
8湖南省	2427	5390.6	12.6
9吉林省	1633	4683	4.8
10安徽省	2757	4172.8	4.8
11河北省	1405	4386.93	8.8
12黑龙江省	950	908.98	0.007
13广西	800	3245.63	6.84
14江西省	899	2858.32	5.09
15内蒙古	840	3047.9	5.92
16天津市	318	532.84	—0.8
17浙江省	1380	2435.98	0.85
18陕西省	1041	2536.8	9.53
19辽宁省	1162	1888.5	—7.3
20上海市	380	2169.92	1.9
21贵州省	1030	1989.5	20
22重庆市	760	1730.4	12
23云南省	960	1229.14	18
24北京市	312	1154.26(不含烟草)	5.59
25新疆	601	896.3	11.9
26山西省	303	666.4	—1.5
27甘肃省	479	648.28	0.88
28宁夏	232	307.9	—2.3
29海南省	88	218.54	8.4
30青海省	106	200.39（总产值）	7.7
31西藏	42	28	15.43
合计			

二、 2017年食品工业按行业经济指标

（一）2017年食品工业经济效益指标

（单位：家、亿元、%）

行业名称	主营业务收入	同比增长	利润总额	同比增长	企业单位数
食品工业总计	114102.77	6.30	7987.62	6.49	42962
农副食品加工业	64449.44	5.75	3147.04	4.46	26473
食品制造业	23118.13	8.35	1851.07	6.73	9235
酒、饮料和精制茶制造业	17637.01	7.75	2017.46	17.53	7122
烟草制品业	8898.19	2.40	972.05	-6.31	132

（二）2017年食品工业盈利能力变化情况

（单位：%）

行业名称	2017年		2016年	
	主营收入利润率	成本费用利润率	主营收入利润率	成本费用利润率
全部工业平均水平	6.46	6.96	5.97	6.99
食品工业总计	7.00	7.93	6.92	8.54
农副食品加工业	4.88	5.15	4.96	5.55
食品制造业	8.01	8.69	8.47	10.57
酒、饮料和精制茶制造业	11.44	13.30	9.91	13.13
烟草制品业	10.92	30.75	11.94	41.79

（三）2017年食品工业固定资产投资情况

（单位：亿元、%）

	完成投资	同比增长	占比
食品工业总计	21847.96	1.2	100.0
农副食品加工业	11985.99	3.6	53.8
食品制造业	5842.82	1.7	26.6
酒、饮料和精制茶制造业	3833.91	-5.9	18.7
烟草制品业	185.24	-11.5	1.0

（四）2017年食品工业增加值增长

（单位：亿元、%）

行业名称	累计增长	累计（现价）比重
规模以上工业增加值	6.6	100
食品工业总计	6.8	11.2

续表（四）

行业名称	累计增长	累计（现价）比重
农副食品加工业	6.8	4.4
食品制造业	9.1	2.1
酒、饮料和精制茶制造业	9.1	2
烟草制品业	3.5	2.7

（五）2017年食品工业主要产品产量

（单位：万吨、万千升、亿支、%）

产品名称	全年产量	同比增长（%）
小麦粉	13801.44	1.77
大米	12583.92	4.25
精制食用植物油	6071.82	2.00
成品糖	1463.73	3.28
鲜、冷藏肉	3254.88	5.06
冷冻水产品	863.11	6.70
糖果	331.37	0.74
速冻米面食品	568.16	5.90
方便面	1103.20	3.31
乳制品	2935.04	4.17
其中:液体乳	2691.66	4.53
乳粉	120.72	1.04
罐头	1239.56	3.75
酱油	856.68	-3.72
冷冻饮品	378.33	7.24
食品添加剂	851.39	2.12
发酵酒精	1027.29	19.63
白酒(折65度,商品量)	1198.06	6.86
啤酒	4401.49	-0.66
葡萄酒	100.11	-5.25
软饮料	18051.23	4.59
其中:碳酸饮料类(汽水)	1744.41	6.07
包装饮用水类	9535.73	3.20
果汁和蔬菜汁饮料类	2228.50	4.06
精制茶	246.03	4.31
卷烟	23450.74	-1.57

（六）食品企业亏损、应收款、存货、产成品、流动资产等情况对比表

	企业单位数	本年本月止累计亏损企业单位数	去年同月止累计亏损企业单位数	本年本月止累计亏损企业亏损总额	去年同月止累计亏损企业亏损总额	（本年本月止累计）应收帐款净额	（去年同月止累计）应收帐款净额	（本年本月止累计）存货	（去年同月止累计）存货	（本年本月止累计）产成品	（去年同月止累计）产成品	（本年本月止累计）流动资产合计
全国总计	385369	45454	44043	6843.84	8357.82	134777.99	124172.03	112551.78	102923.68	41886.12	38615.63	534323.28
食品工业总计	42962	4020	3615	334.33	325.17	6232.90	6280.14	14274.68	13367.56	4111.47	3923.39	42768.64
农副食品加工业	26473	2447	2211	164.43	156.05	2844.62	2759.22	5249.40	4784.52	2177.41	2073.52	17854.00
食品制造业	9235	892	765	84.32	74.22	1807.08	1681.17	1635.83	1528.70	716.12	695.27	8011.16
酒、饮料和精制茶制造业	7122	666	622	78.99	91.53	1008.25	995.82	2619.01	2480.03	912.46	870.80	9411.54
烟草制品业	132	15	17	6.60	3.36	572.95	843.93	4770.44	4574.30	305.48	283.81	7491.93
谷物磨制	6729	356	349	12.61	11.94	394.16	373.99	991.71	893.13	306.90	276.26	2623.21
饲料加工	4296	561	574	25.78	24.42	419.10	383.72	676.72	593.94	183.61	165.01	2671.06
食用植物油加工	1980	228	171	27.48	28.27	362.29	378.78	1195.60	1020.77	497.96	457.01	3559.77
非食用植物油加工	145	10	11	0.65	0.48	10.35	10.83	15.30	15.93	8.84	8.86	46.24
制糖业	291	82	99	15.95	18.35	97.72	117.90	155.03	139.77	97.16	85.97	939.61
牲畜屠宰	1404	207	191	10.77	7.51	221.53	194.12	236.13	230.28	152.61	151.75	1310.18
禽类屠宰	778	90	65	12.01	7.98	104.74	101.07	213.91	209.01	89.81	86.97	771.05
肉制品及副产品加工	1971	171	148	9.26	7.38	236.57	217.64	281.16	270.73	132.69	134.06	1253.24
水产品冷冻加工	1460	194	127	8.65	5.55	313.77	314.84	463.81	434.89	248.37	235.76	1274.18
鱼糜制品及水产品干腌制加工	417	38	29	0.93	0.89	43.02	44.34	57.60	52.91	28.71	26.94	175.00
水产饲料制造	211	30	26	1.03	1.15	28.13	26.47	35.08	32.85	14.04	15.00	173.19
鱼油提取及制品制造	17	0	1	0.00	0.01	1.94	1.80	2.63	2.96	0.98	1.14	7.75
其他水产品加工	128	4	6	0.22	0.24	13.26	15.60	21.99	22.71	11.14	12.20	68.77
蔬菜加工	2375	149	125	3.75	2.92	198.90	195.38	259.25	245.22	121.68	122.77	835.45
水果和坚果加工	1326	108	90	4.96	4.05	117.53	114.00	189.09	185.51	73.41	77.93	628.43
淀粉及淀粉制品制造	884	80	81	22.86	26.61	118.63	112.17	229.01	205.26	101.02	96.86	772.34
豆制品制造	672	34	31	1.53	1.59	36.77	35.36	54.13	56.66	23.81	23.71	192.71
蛋品加工	216	5	5	0.26	0.13	16.91	15.62	16.67	16.15	9.73	9.55	73.52
其他未列明农副食品加工	1173	100	82	5.73	6.57	109.31	105.58	154.60	155.85	74.94	85.76	478.29
糕点、面包制造	902	85	70	5.88	6.06	92.59	81.72	65.79	60.77	21.89	20.63	475.88
饼干及其他焙烤食品制造	759	59	55	4.98	2.36	92.83	90.26	93.16	87.77	34.38	34.70	403.06
糖果、巧克力制造	441	34	33	1.85	7.15	100.45	110.75	87.13	82.41	39.40	36.96	437.17
蜜饯制作	379	20	11	0.70	1.61	43.62	40.94	47.50	43.50	19.33	19.00	173.04
米、面制品制造	693	34	32	1.10	1.16	42.10	41.57	66.11	66.15	29.82	31.72	237.67
速冻食品制造	534	41	30	2.31	1.41	110.41	86.73	89.35	88.84	36.60	39.41	377.11

续表（六）

	企业单位数	本年本月止累计亏损企业单位数	去年同月止累计亏损企业单位数	本年本月止累计亏损企业亏损总额	去年同月止累计亏损企业亏损总额	（本年本月止累计）应收帐款净额	（去年同月止累计）应收帐款净额	（本年本月止累计）存货	（去年同月止累计）存货	（本年本月止累计）产成品	（去年同月止累计）产成品	（本年本月止累计）流动资产合计
方便面及其他方便食品制造	436	36	27	1.89	2.59	85.78	95.47	66.61	61.64	21.83	22.15	496.22
乳制品制造	611	110	100	32.63	18.03	380.21	332.18	196.44	190.77	87.85	85.99	1542.44
肉、禽类罐头制造	110	4	4	0.05	0.04	12.22	10.98	18.04	16.57	7.94	7.33	60.98
水产品罐头制造	48	10	8	0.50	0.49	4.82	4.66	10.54	11.54	6.02	6.92	34.59
蔬菜、水果罐头制造	664	94	75	5.70	5.26	66.65	66.58	142.93	135.36	95.36	92.96	364.30
其他罐头食品制造	70	6	10	0.36	0.49	10.59	7.98	6.87	7.96	2.62	3.27	30.58
味精制造	77	7	7	1.27	1.40	50.88	48.49	33.45	35.10	12.35	11.40	184.32
酱油、食醋及类似制品制造	426	25	29	1.41	1.56	47.33	38.61	90.66	89.10	27.54	25.73	355.85
其他调味品、发酵制品制造	768	53	55	2.68	3.94	112.78	97.67	137.98	128.41	56.88	54.18	571.61
营养食品制造	315	26	26	1.23	1.09	40.88	44.09	45.68	43.42	20.91	20.99	245.11
保健食品制造	401	59	39	5.09	3.98	202.97	171.18	93.89	81.54	49.52	43.14	690.86
冷冻饮品及食用冰制造	185	22	19	0.61	0.71	21.37	16.24	26.22	23.06	10.14	9.46	103.45
盐加工	71	19	16	2.24	2.26	18.50	19.19	16.11	13.08	9.83	7.72	65.34
食品及饲料添加剂制造	944	120	99	10.38	12.06	215.18	223.97	224.20	198.85	102.76	98.22	847.39
其他未列明食品制造	401	28	20	1.48	0.57	54.91	51.89	77.16	62.86	23.15	23.39	314.21
酒精制造	131	25	29	9.38	15.70	48.58	45.34	78.88	83.00	26.70	23.32	306.87
白酒制造	1593	128	122	7.86	10.38	209.61	225.19	1398.16	1310.50	437.47	417.43	4510.90
啤酒制造	447	132	144	25.29	21.79	101.50	94.07	249.27	254.84	44.11	46.03	877.66
黄酒制造	121	3	5	0.04	0.21	11.84	12.06	68.65	68.62	39.59	40.03	125.33
葡萄酒制造	244	31	31	1.03	2.15	29.04	32.67	117.52	110.91	29.17	30.60	240.72
其他酒制造	245	17	12	1.15	1.15	14.56	13.51	59.61	55.49	19.82	19.97	332.75
碳酸饮料制造	180	18	26	2.52	4.45	46.65	42.54	46.14	46.14	26.99	26.57	257.35
瓶（罐）装饮用水制造	737	78	61	5.17	4.49	69.22	71.15	50.71	44.91	19.68	18.81	397.75
果菜汁及果菜汁饮料制造	546	78	57	6.86	5.16	74.98	71.29	116.97	118.86	68.13	72.04	513.19
含乳饮料和植物蛋白饮料制造	297	20	18	3.94	2.60	76.20	74.25	67.22	61.22	19.38	17.19	409.51
固体饮料制造	129	17	16	0.82	1.82	46.29	42.69	49.93	45.37	14.46	12.31	220.77
茶饮料及其他饮料制造	272	40	49	12.93	20.65	125.97	124.55	61.68	56.37	31.16	23.87	530.67
精制茶加工	2180	79	52	2.01	0.97	153.81	146.52	254.28	223.80	135.80	122.63	688.07
烟叶复烤	43	5	4	0.91	0.50	20.96	20.07	45.73	51.39	41.10	47.70	289.02
卷烟制造	51	5	4	4.81	2.42	513.70	785.66	4692.76	4491.86	246.28	220.71	7066.84
其他烟草制品制造	38	5	9	0.88	0.44	38.28	38.20	31.95	31.05	18.10	15.40	136.08

续表（六）

	（去年同月止累计）流动资产合计	（本年本月止累计）资产总计	（去年同月止累计）资产总计	（本年本月止累计）负债合计	（去年同月止累计）负债合计	（本年本月止累计）主营业务收入	（去年同月止累计）主营业务收入	（本年本月止累计）主营业务成本	（去年同月止累计）主营业务成本	（本年本月止累计）销售费用	（去年同月止累计）销售费用	（本年本月止累计）管理费用	（去年同月止累计）管理费用
全国总计	487387.57	1122881.54	1050111.61	622963.43	589273.02	1164623.81	1048476.92	988959.18	892965.02	31801.16	29077.54	45771.39	42281.12
食品工业总计	39960.80	77874.78	73949.03	34203.60	32768.61	114102.77	107340.34	91988.57	86293.05	4491.18	4297.68	3544.40	3406.73
农副食品加工业	16899.90	34052.04	32487.22	17190.69	16344.92	64449.44	60945.00	57755.34	54538.85	1435.09	1338.88	1454.68	1382.39
食品制造业	7389.30	16017.84	15163.74	7157.24	6741.35	23118.13	21336.83	18681.02	17130.35	1614.49	1559.30	858.17	802.74
酒、饮料和精制茶制造业	8530.11	17248.25	16110.21	7338.18	7067.52	17637.01	16368.50	12997.86	12143.09	1281.59	1247.21	761.25	735.67
烟草制品业	7141.49	10556.65	10187.86	2517.50	2614.82	8898.19	8690.01	2554.35	2480.76	160.01	152.29	470.28	485.93
谷物磨制	2468.55	5346.70	5114.16	2269.49	2130.38	12685.70	12208.34	11431.60	10996.67	262.49	246.89	259.07	243.78
饲料加工	2335.36	5317.51	4664.79	2618.78	2280.27	11244.17	10485.02	10082.29	9408.01	279.78	266.86	272.33	250.84
食用植物油加工	3343.27	5310.47	5132.14	3262.85	3060.90	9630.05	8979.41	8982.30	8262.97	159.62	151.42	133.71	134.23
非食用植物油加工	48.96	94.37	113.02	44.01	50.00	201.26	203.56	181.04	183.01	3.99	3.86	5.67	4.86
制糖业	1080.90	1465.17	1622.31	1084.89	1248.35	1120.06	1003.18	920.27	842.00	20.03	17.53	39.96	38.73
牲畜屠宰	1198.50	2515.73	2401.60	1247.46	1182.85	5192.68	4894.63	4677.80	4401.67	101.65	97.05	104.94	101.58
禽类屠宰	738.66	1700.59	1623.53	894.41	842.90	3163.19	3050.43	2889.45	2777.78	55.52	50.76	60.95	59.62
肉制品及副产品加工	1147.86	2517.18	2390.98	1082.58	1017.25	4720.01	4493.76	4144.47	3953.22	139.14	127.75	122.95	114.29
水产品冷冻加工	1218.88	2281.75	2175.18	1147.77	1080.65	3770.11	3540.92	3380.04	3178.12	54.90	52.30	76.28	76.05
鱼糜制品及水产品干腌制加工	176.86	328.60	331.94	151.76	144.93	760.98	749.74	666.79	656.11	18.75	19.43	21.56	20.90
水产饲料制造	154.53	308.84	282.30	143.48	128.81	555.91	549.99	493.05	493.25	12.01	9.97	15.64	13.36
鱼油提取及制品制造	7.44	18.15	16.62	6.21	6.60	41.28	32.80	37.60	30.06	0.57	0.46	0.76	0.69
其他水产品加工	79.45	132.66	162.60	54.83	72.77	222.94	228.27	194.52	198.68	4.84	5.00	6.43	6.38
蔬菜加工	803.69	1844.18	1761.86	705.17	675.02	3655.59	3515.63	3182.25	3046.39	95.47	92.77	100.13	99.12
水果和坚果加工	606.90	1240.14	1174.15	564.34	530.97	1928.62	1821.40	1659.84	1568.00	57.47	53.29	57.89	55.93
淀粉及淀粉制品制造	765.23	2042.95	1989.03	1231.55	1228.80	2674.69	2477.96	2344.99	2203.13	80.10	59.55	80.32	73.13
豆制品制造	198.21	437.41	430.40	168.48	173.77	948.77	851.21	809.81	726.95	36.61	32.03	35.62	31.83
蛋品加工	62.77	172.09	145.10	57.75	52.88	334.81	299.59	290.48	257.47	9.92	9.56	9.35	8.62
其他未列明农副食品加工	463.87	977.56	955.50	454.86	436.82	1598.65	1559.15	1386.74	1355.35	42.23	42.38	51.14	48.48
糕点、面包制造	409.01	945.17	860.79	349.58	320.08	1316.23	1195.33	1038.67	932.37	91.83	86.75	54.70	51.76
饼干及其他焙烤食品制造	386.61	927.49	879.38	342.78	340.93	1919.55	1822.90	1599.95	1495.82	120.84	125.68	61.60	58.59
糖果、巧克力制造	415.41	877.25	868.03	355.37	364.06	1394.46	1312.76	1067.59	990.71	127.52	133.88	65.80	61.22

续表（六）

	(去年同月止累计)流动资产合计	(本年本月止累计)资产总计	(去年同月止累计)资产总计	(本年本月止累计)负债合计	(去年同月止累计)负债合计	(本年本月止累计)主营业务收入	(去年同月止累计)主营业务收入	(本年本月止累计)主营业务成本	(去年同月止累计)主营业务成本	(本年本月止累计)销售费用	(去年同月止累计)销售费用	(本年本月止累计)管理费用	(去年同月止累计)管理费用
蜜饯制作	155.06	391.01	350.81	131.69	115.73	694.99	611.31	585.89	517.42	22.37	21.06	21.18	20.22
米、面制品制造	214.29	541.48	501.12	190.70	182.16	1246.27	1081.52	1091.41	944.30	36.88	31.94	33.48	28.80
速冻食品制造	343.34	725.29	660.09	334.27	302.70	1040.12	963.30	894.21	825.50	42.63	40.64	34.23	32.10
方便面及其他方便食品制造	481.66	1100.07	1087.92	484.28	445.66	1634.84	1508.84	1355.91	1236.59	126.30	128.67	49.70	47.62
乳制品制造	1390.62	2972.46	2785.04	1540.04	1394.44	3590.41	3362.83	2845.00	2631.27	412.37	392.23	111.04	108.06
肉、禽类罐头制造	55.45	165.68	147.09	63.14	56.93	341.54	309.32	300.59	271.33	7.86	6.91	8.72	7.86
水产品罐头制造	33.08	57.73	52.88	28.64	28.04	129.76	126.48	109.19	104.32	5.72	5.95	5.98	6.46
蔬菜、水果罐头制造	347.58	668.22	656.49	346.10	342.89	1133.40	1087.85	992.44	951.91	35.49	35.65	30.71	29.00
其他罐头食品制造	27.04	66.58	61.48	28.81	28.43	149.19	139.40	124.13	115.67	6.70	5.86	6.09	5.54
味精制造	172.38	445.83	424.64	203.51	191.92	443.56	423.85	349.75	343.83	22.44	19.76	21.78	18.14
酱油、食醋及类似制品制造	347.79	743.98	748.19	283.65	300.69	1018.97	967.62	753.28	724.42	64.82	60.17	49.55	48.25
其他调味品、发酵制品制造	515.20	1236.50	1138.28	553.71	525.02	1634.89	1452.36	1354.19	1193.52	66.64	59.34	58.57	56.26
营养食品制造	240.54	493.36	497.31	177.68	183.20	937.97	846.66	765.34	686.32	46.65	42.02	25.01	22.93
保健食品制造	623.13	1001.22	922.69	486.45	429.99	857.15	819.40	465.45	445.07	196.36	194.21	54.62	51.53
冷冻饮品及食用冰制造	76.63	237.94	202.75	115.37	102.95	471.71	411.83	372.43	323.57	42.06	38.79	20.58	19.09
盐加工	61.19	167.22	160.66	95.27	92.74	136.34	120.60	107.37	92.19	12.01	10.08	7.78	7.54
食品及饲料添加剂制造	812.96	1711.92	1655.06	803.35	770.82	2119.47	1951.92	1765.82	1630.60	79.73	74.50	92.69	86.21
其他未列明食品制造	280.35	541.43	503.05	242.86	221.96	907.31	820.77	742.42	673.61	47.28	45.21	44.37	35.57
酒精制造	308.16	681.07	692.93	455.18	469.58	801.16	696.79	701.98	620.14	15.88	13.18	24.54	23.33
白酒制造	3901.24	6896.60	6091.69	2511.35	2312.07	5654.42	4942.00	3541.06	3234.35	409.95	368.01	273.81	259.84
啤酒制造	868.82	2217.15	2210.12	1026.08	1049.93	1766.45	1726.71	1322.50	1270.16	125.10	124.44	95.01	100.25
黄酒制造	124.26	232.93	232.91	77.96	77.50	195.85	189.91	151.78	148.20	10.82	10.36	8.95	8.64
葡萄酒制造	229.49	501.67	481.55	181.69	191.51	421.37	463.02	316.73	349.38	31.91	32.55	15.04	15.83
其他酒制造	303.44	506.66	444.94	248.38	215.34	400.34	347.18	303.62	259.02	21.38	18.63	17.79	16.03
碳酸饮料制造	226.44	544.18	500.65	295.19	281.03	766.53	760.46	547.18	547.87	146.66	140.35	29.17	31.42
瓶（罐）装饮用水制造	362.09	981.05	948.83	499.95	476.43	1307.71	1247.02	987.58	923.69	150.48	144.63	53.21	50.79
果菜汁及果菜汁饮料制造	483.64	1178.43	1135.44	504.08	485.89	1082.99	1053.90	897.41	860.23	59.92	57.18	36.07	37.40

续表（六）

	(去年同月止累计)流动资产合计	(本年本月止累计)资产总计	(去年同月止累计)资产总计	(本年本月止累计)负债合计	(去年同月止累计)负债合计	(本年本月止累计)主营业务收入	(去年同月止累计)主营业务收入	(本年本月止累计)主营业务成本	(去年同月止累计)主营业务成本	(本年本月止累计)销售费用	(去年同月止累计)销售费用	(本年本月止累计)管理费用	(去年同月止累计)管理费用
含乳饮料和植物蛋白饮料制造	418.05	798.23	811.34	335.38	376.05	1164.66	1109.51	931.56	861.64	73.20	71.74	40.26	38.84
固体饮料制造	200.73	370.20	353.23	133.64	124.75	644.50	588.84	519.74	475.45	37.93	38.47	24.14	19.20
茶饮料及其他饮料制造	476.28	1011.27	988.49	544.72	538.29	1158.17	1177.28	919.12	907.11	99.71	138.73	35.97	41.41
精制茶加工	627.49	1328.80	1218.08	524.58	469.17	2272.88	2065.88	1857.59	1685.83	98.67	88.94	107.30	92.71
烟叶复烤	246.79	428.77	374.72	58.50	37.45	199.95	210.24	136.97	145.46	8.22	7.54	16.85	16.40
卷烟制造	6792.17	9922.53	9642.98	2378.56	2511.90	8564.57	8353.13	2327.47	2249.67	148.83	141.83	440.09	456.43
其他烟草制品制造	102.53	205.34	170.16	80.44	65.47	133.67	126.64	89.91	85.62	2.95	2.92	13.34	13.10

（七）2017年工业企业主要经济指标

指标代码	指标名称	企业单位数	亏损企业数		流动资产合计		资产总计		负债合计		其中：主营业务收入		利润总额		税金总额	
		1-本月（个）	1-本月（个）	上年同期（个）	1-本月（千元）	上年同期（千元）	1-本月（千元）	上年同期（千元）	1-本月（千元）	上年同期（千元）	1-本月（千元）	上年同期（千元）	1-本月（千元）	上年同期（千元）	1-本月（千元）	上年同期（千元）
1310	谷物磨制	688	85	86	37986088.0	32844357.0	59386795.0	54639544.0	37321437.0	34162759.0	90897897.0	91537419.0	2337778.0	2690395.0	98939.0	391927.0
1320	饲料加工	85	21	15	4613203.0	3276789.0	8084510.0	6466391.0	2864450.0	2897465.0	12689348.0	13938850.0	593176.0	621510.0	39260.0	69901.0
1331	食用植物油加工	69	19	16	25210140.0	23900291.0	32858610.0	31527608.0	27059526.0	24679506.0	48730231.0	53295094.0	733863.0	172719.0	96877.0	133592.0
1332	非食用植物油加工	1	1	0	14728.0	14296.0	42892.0	42460.0	13147.0	13147.0	2321.0	28340.0	-884.0	1879.0	0.0	269.0
1340	制糖业	5	3	1	901744.0	526252.0	1474804.0	676033.0	1287430.0	659766.0	923239.0	1403663.0	-40609.0	95541.0	14866.0	52286.0
1351	牲畜屠宰	42	13	10	7024304.0	5802981.0	12686255.0	11445826.0	6633766.0	5270258.0	19971859.0	20652633.0	1297710.0	1504989.0	176412.0	249519.0
1352	禽类屠宰	27	8	6	2004529.0	1995011.0	3436102.0	3426869.0	2127693.0	1965827.0	4146812.0	5844009.0	64927.0	134292.0	14738.0	73812.0
1353	肉制品及副产品加工	31	7	3	5288722.0	3038702.0	8333547.0	6121642.0	5411760.0	3515073.0	11501914.0	12993635.0	825222.0	931896.0	342009.0	298648.0
1361	水产品冷冻加工	1	0	0	1128.0	52446.0	2298.0	54545.0	1458.0	1625.0	5592.0	54174.0	43.0	6435.0	0.0	0.0
1362	鱼糜制品及水产品干腌制加工	1	0	0	2010.0	1000.0	10150.0	9000.0	350.0	350.0	11200.0	20650.0	335.0	562.0	0.0	0.0
1363	水产饲料制造	0	0	0	0.0	0.0	0.0	0.0	0.0	0.0	0.0	0.0	0.0	0.0	0.0	0.0
1364	鱼油提取及制品制造	0	0	0	0.0	0.0	0.0	0.0	0.0	0.0	0.0	0.0	0.0	0.0	0.0	0.0
1369	其他水产品加工	0	0	0	0.0	0.0	0.0	0.0	0.0	0.0	0.0	0.0	0.0	0.0	0.0	0.0
1371	蔬菜加工	44	9	5	2081869.0	2118999.0	4674455.0	4911651.0	2414947.0	2502657.0	4867014.0	6143814.0	253181.0	373390.0	117096.0	140673.0
1372	水果和坚果加工	30	4	4	888841.0	1203950.0	1761440.0	2407004.0	613894.0	860577.0	4480928.0	6825526.0	240208.0	309630.0	64524.0	163406.0
1391	淀粉及淀粉制品制造	29	6	8	8757560.0	8365621.0	19074561.0	18487323.0	12872953.0	12978273.0	11697773.0	12108085.0	414107.0	359998.0	97380.0	205110.0
1392	豆制品制造	25	4	3	1083870.0	1153005.0	2316878.0	2416849.0	1165314.0	1243374.0	3035910.0	3399219.0	62754.0	104926.0	137119.0	62209.0
1393	蛋品加工	2	0	0	63613.0	80323.0	360470.0	304249.0	177321.0	186057.0	1016818.0	282555.0	4941.0	15408.0	17.0	22.0
1399	其他未列明农副食品加工	31	5	6	806561.0	737147.0	1715955.0	1774033.0	913688.0	747820.0	1329556.0	2945320.0	37383.0	124514.0	25726.0	67646.0
1411	糕点、面包制造	4	0	0	173632.0	149474.0	562886.0	540226.0	135547.0	124813.0	689814.0	552070.0	71576.0	49808.0	51270.0	50557.0

续表（七）

指标代码	指标名称	企业单位数	亏损企业数		流动资产合计		资产总计		负债合计		其中：主营业务收入		利润总额		税金总额	
		1-本月（个）	1-本月（个）	上年同期（个）	1-本月（千元）	上年同期（千元）	1-本月（千元）	上年同期（千元）	1-本月（千元）	上年同期（千元）	1-本月（千元）	上年同期（千元）	1-本月（千元）	上年同期（千元）	1-本月（千元）	上年同期（千元）
1419	饼干及其他焙烤食品制造	5	1	0	263524.0	303719.0	406157.0	430869.0	175061.0	134357.0	448544.0	470176.0	28503.0	46687.0	31919.0	35639.0
1421	糖果、巧克力制造	0	0	0	0.0	0.0	0.0	0.0	0.0	0.0	0.0	0.0	0.0	0.0	0.0	0.0
1422	蜜饯制作	1	0	0	234088.0	134834.0	360845.0	275204.0	81233.0	13063.0	274026.0	255043.0	29094.0	59214.0	3916.0	2757.0
1431	米、面制品制造	3	0	0	61736.0	67994.0	252180.0	221012.0	92587.0	68528.0	499168.0	542430.0	22173.0	24464.0	1368.0	1195.0
1432	速冻食品制造	18	0	2	354144.0	385753.0	574275.0	609126.0	249251.0	289217.0	943679.0	971263.0	32960.0	33149.0	8865.0	8056.0
1439	方便面及其他方便食品制造	9	1	1	666916.0	781356.0	1443746.0	1573264.0	841418.0	952610.0	2099228.0	2310689.0	188516.0	174833.0	105498.0	111675.0
1440	乳制品制造	49	12	13	18124616.0	13945366.0	29409020.0	24544923.0	14592383.0	10988164.0	35515625.0	35837911.0	2528260.0	2770351.0	1248288.0	1174734.0
1451	肉、禽类罐头制造	1	0	0	16478.0	14965.0	33502.0	23794.0	8370.0	9485.0	2551.0	87858.0	561.0	1458.0	0.0	0.0
1452	水产品罐头制造	0	0	0	0.0	0.0	0.0	0.0	0.0	0.0	0.0	0.0	0.0	0.0	0.0	0.0
1453	蔬菜、水果罐头制造	2	0	0	28791.0	31791.0	41817.0	45171.0	2655.0	5534.0	19300.0	57092.0	2300.0	5326.0	537.0	538.0
1459	其他罐头食品制造	2	0	0	228588.0	143138.0	509321.0	456266.0	399663.0	322770.0	329941.0	347131.0	28710.0	43170.0	15920.0	12732.0
1461	味精制造	2	0	1	351087.0	160446.0	1015176.0	628840.0	884205.0	320648.0	1378600.0	549909.0	169231.0	47273.0	7732.0	6423.0
1462	酱油、食醋及类似制品制造	15	2	0	389338.0	423982.0	1093484.0	1192983.0	412011.0	391894.0	1004069.0	1089782.0	73901.0	98354.0	24480.0	23957.0
1469	其他调味品、发酵制品制造	8	2	3	350672.0	358470.0	773176.0	797595.0	551022.0	561342.0	435837.0	798150.0	16477.0	8353.0	10019.0	12133.0
1491	营养食品制造	5	1	0	42353.0	66778.0	147614.0	143311.0	22379.0	54878.0	458543.0	518193.0	139306.0	27127.0	87539.0	8795.0
1492	保健食品制造	5	0	0	122557.0	153169.0	295960.0	360324.0	90637.0	136030.0	207570.0	457214.0	20172.0	41002.0	14140.0	20201.0
1493	冷冻饮品及食用冰制造	8	1	1	118814.0	229661.0	347988.0	351048.0	169951.0	220485.0	1167708.0	915706.0	102953.0	50311.0	4349.0	2215.0
1494	盐加工	0	0	0	0.0	0.0	0.0	0.0	0.0	0.0	0.0	0.0	0.0	0.0	0.0	0.0
1495	食品及饲料添加剂制造	13	3	2	1569296.0	1575147.0	2920689.0	3301048.0	1199215.0	1157219.0	2826495.0	3226178.0	228334.0	233560.0	24521.0	35847.0

续表（七）

指标代码	指标名称	企业单位数	亏损企业数		流动资产合计		资产总计		负债合计		其中：主营业务收入		利润总额		税金总额	
		1-本月（个）	1-本月（个）	上年同期（个）	1-本月（千元）	上年同期（千元）	1-本月（千元）	上年同期（千元）	1-本月（千元）	上年同期（千元）	1-本月（千元）	上年同期（千元）	1-本月（千元）	上年同期（千元）	1-本月（千元）	上年同期（千元）
1499	其他未列明食品制造	6	0	0	288587.0	273959.0	597054.0	557883.0	79282.0	84468.0	1158470.0	1257050.0	41106.0	51998.0	14598.0	15928.0
1511	酒精制造	14	1	2	3788980.0	3632289.0	6398694.0	6437136.0	3127145.0	3451269.0	6485753.0	6298351.0	878768.0	356244.0	126417.0	97962.0
1512	白酒制造	68	5	5	2279248.0	1791658.0	4052044.0	4151581.0	1697935.0	1926524.0	3963780.0	6381008.0	256490.0	310572.0	596749.0	503377.0
1513	啤酒制造	17	9	7	2401967.0	3101579.0	7440788.0	8188545.0	4606260.0	5184582.0	4436154.0	4876158.0	121382.0	472300.0	541231.0	708349.0
1514	黄酒制造	0	0	0	0.0	0.0	0.0	0.0	0.0	0.0	0.0	0.0	0.0	0.0	0.0	0.0
1515	葡萄酒制造	2	0	0	990.0	12688.0	5863.0	41390.0	5312.0	11025.0	18642.0	326849.0	155.0	19646.0	26.0	11007.0
1519	其他酒制造	11	0	0	534248.0	506052.0	1062612.0	1046743.0	510752.0	584768.0	830561.0	927675.0	46257.0	53850.0	7688.0	12094.0
1523	果菜汁及果菜汁饮料制造	21	3	4	1222154.0	1182153.0	2346377.0	2970093.0	877429.0	1125742.0	2511610.0	2118582.0	78332.0	110891.0	42007.0	54627.0
1524	含乳饮料和植物蛋白饮料制造	4	1	0	120354.0	69339.0	184807.0	134708.0	102114.0	54497.0	212816.0	161596.0	22310.0	32656.0	8926.0	7890.0
1525	固体饮料制造	1	1	0	15812.0	0.0	19874.0	0.0	24049.0	0.0	34130.0	0.0	-279.0	0.0	525.0	0.0
1529	茶饮料及其他饮料制造	2	0	0	30055.0	27343.0	174918.0	189712.0	122438.0	133457.0	127602.0	154176.0	5955.0	2913.0	1046.0	60.0
1530	精制茶加工	0	0	0	0.0	0.0	0.0	0.0	0.0	0.0	0.0	0.0	0.0	0.0	0.0	0.0
1610	烟叶复烤	2	0	0	0.0	111748.0	0.0	335634.0	0.0	8609.0	0.0	1270683.0	0.0	167560.0	0.0	70498.0
1620	卷烟制造	2	0	0	5782802.0	4596646.0	9378615.0	8422519.0	2281380.0	1371886.0	8696026.0	8114586.0	94043.0	277623.0	4892246.0	4243555.0
1690	其他烟草制品制造	0	0	0	0.0	0.0	0.0	0.0	0.0	0.0	0.0	0.0	0.0	0.0	0.0	0.0

（八）2017年年食品工业出口交货值

单位：亿元

行业名称	全年出口交货值	同比增长（%）
总计	123229.8	10.7
食品工业总计	4454.2	6.6
农副食品加工业	3001.8	6.9
食品制造业	1179	7
酒、饮料和精制茶制造业	233.9	2.9
烟草制品业	39.4	-3.7

（九）按工业行业分工业生产者出厂价格指数

（上年＝100）

行　　业	2014	2015	2016	2017
总指数	98.1	94.8	98.6	106.3
农副食品加工业	99.1	98.7	100.2	100.6
食品制造业	102.0	99.9	99.8	101.2
酒、饮料和精制茶制造业	100.5	99.7	99.1	100.3
烟草制品业	100.3	100.4	100.1	100.0

（十）2017年按国际贸易标准分类分进出口商品金额

商品分类	出口		进口	
	亿元人民币	亿美元	亿元人民币	亿美元
总额	153311.19	22633.71	124789.81	18437.93
初级产品	7975.59	1177.33	39274.10	5796.38
食品及活动物	4240.34	626.26	3678.27	543.14
活动物	38.06	5.62	24.56	3.64
肉及肉制品	188.58	27.85	641.22	94.66
乳品及蛋品	19.07	2.82	331.74	48.92
鱼、甲壳及软体类动物及其制品	1382.06	204.08	561.03	82.94
谷物及其制品	111.61	16.49	509.37	75.15
蔬菜及水果	1650.47	243.90	652.37	96.22

续表（十）

商品分类	出口		进口	
	亿元 人民币	亿美元	亿元 人民币	亿美元
糖、糖制品及蜂蜜	155.38	22.93	103.14	15.18
咖啡、茶、可可、调味料及其制品	245.45	36.22	90.33	13.37
饲料(不包括未碾磨谷物)	180.51	26.63	266.83	39.32
杂项食品	269.15	39.73	497.68	73.74
饮料及烟类	234.81	34.68	475.58	70.28
饮料	145.03	21.41	355.30	52.66
烟草及其制品	89.78	13.27	120.28	17.63

（十一） 2017年按行业分规模以上工业企业主要指标

（单位：亿元）

行业	企业单位数	资产总计	流动资产合计	应收账款	存货	生产成品	负债合计	主营业务收入	主营业务成本	销售费用	管理费用	财务费用	利润总额	平均用工人数（万人）
农副食品加工业	24661	32310.57	16836.12	2724.95	5051.12	2123.06	16361.58	59894.39	53306.44	1347.34	1448.63	461.80	3101.24	371.32
食品制造业	8862	15510.33	7649.60	1608.14	1616.28	712.05	6982.99	22140.85	17690.61	1621.48	862.20	142.37	1840.69	197.74
酒、饮料和精制茶制造业	6714	17053.27	9380.51	993.88	2557.02	876.80	7263.72	17096.20	12465.30	1260.30	772.80	103.24	2006.92	148.18
烟草制品业	122	10520.73	7484.51	571.10	4744.00	305.59	2496.21	8890.91	2549.02	159.31	468.54	-23.95	971.45	18.83

（十二） 2017按商品类章分进出口商品金额

	出口		进口	
	亿 元 人民币	亿美元	亿元 人民币	亿美元
总 额	153311.19	22633.71	124789.81	18437.93
活动物；动物产品	1194.06	176.28	1598.33	236.05
活动物	38.06	5.62	24.56	3.64
肉及食用杂碎	62.10	9.16	642.64	94.87
鱼、甲壳动物、软体动物及	897.71	132.53	545.89	80.71
其他水生无脊椎动物				
乳品；蛋品；天然蜂蜜；其他	39.85	5.88	343.73	50.70
食用动物产品				
其他动物产品	156.34	23.09	41.51	6.14
食品；饮料、酒及醋；烟草、	2030.08	299.76	1482.72	219.22
烟草及烟草代用品的制品				
肉、鱼、甲壳动物、软体动物	610.87	90.24	16.19	2.39
及其他水生无脊椎动物的制品				
糖及糖食	119.19	17.59	95.70	14.08
可可及可可制品	25.39	3.76	44.45	6.60
谷物、粮食粉、淀粉或乳的	111.75	16.50	383.57	56.86
制品；糕饼点心				
蔬菜、水果、坚果或植物其他部分	521.12	76.94	73.84	10.93
的制品				
杂项食品	220.88	32.60	161.25	23.88
饮料、酒及醋	150.86	22.27	356.83	52.88
食品工业的残渣及废料；配制的	180.25	26.59	230.58	33.98
动物饲料				
烟草及烟草代用品的制品	89.78	13.27	120.28	17.63

（十三） 城镇居民人均主要食品消费量

（单位：千克）

指　标	2013	2014	2015	2016	2017
粮食(原粮)	121.3	117.2	112.6	111.9	109.7
谷物	110.6	106.5	101.6	100.5	98.6
薯类	1.9	2.0	2.1	2.3	2.3
豆类	8.8	8.6	8.9	9.1	8.8
食用油	10.9	11.0	11.1	11.0	10.7
#食用植物油	10.5	10.6	10.7	10.6	10.3
蔬菜及食用菌	103.8	104.0	104.4	107.5	106.7
#鲜菜	100.1	100.1	100.2	103.2	102.5
肉类	28.5	28.4	28.9	29.0	29.2
#猪肉	20.4	20.8	20.7	20.4	20.6
牛肉	2.2	2.2	2.4	2.5	2.6
羊肉	1.1	1.2	1.5	1.8	1.6
禽类	8.1	9.1	9.4	10.2	9.7
水产品	14.0	14.4	14.7	14.8	14.8
蛋类	9.4	9.8	10.5	10.7	10.9
奶类	17.1	18.1	17.1	16.5	16.5
干鲜瓜果类	51.1	52.9	55.1	58.1	59.9
#鲜瓜果	47.6	48.1	49.9	52.6	54.3
坚果类	3.4	3.7	4.0	4.2	4.3
食糖	1.3	1.3	1.3	1.3	1.3

（十四） 2017年出口主要货物数量和金额

品　名	数　量	金　额	
		万元人民币	万美元
活猪　(万头)	157	305192	45015
活家禽　(万只)	230	1539	223
牛肉　(吨)	922	5392	790
猪肉　(吨)	51289	175630	25857
冻鸡　(吨)	128674	163524	24135

续表（十四）

水海产品　　（万吨）	421	13820292	2040740
鲜蛋　　（百万个）	1369	77164	11384
谷物及谷物粉　　（万吨）	156	511832	75656
#稻谷和大米　　（万吨）	120	404083	59685
玉米　　（吨）	85921	15083	2224
蔬菜　　（万吨）	925	8910125	1315237
#鲜或冷藏蔬菜　　（万吨）	621	3598240	530850
橘、橙　　（吨）	561681	562260	83597
苹果　　（吨）	1334636	985473	145637
松子仁　　（吨）	16153	165192	24325
大豆　　（万吨）	11	61856	9116
花生及花生仁　　（万吨）	15	152776	22479
食用植物油　　（吨）	200055	155246	22970
食糖　　（吨）	157933	61205	9059
天然蜂蜜　　（吨）	129274	183314	27071
茶叶　　（吨）	355258	1090172	160996
辣椒干　　（吨）	61716	82272	12148
猪肉罐头　　（吨）	43095	89576	13210
蘑菇罐头　　（吨）	226418	260688	38471
啤酒　　（万升）	36095	154144	22760
肠衣　　（吨）	105955	910921	134741
烤烟　　（吨）	146865	348965	51415
纸烟　　（万条）	12468	388179	57578

（十五）畜产品产量

年　份	肉　类					奶　类		禽　蛋	蜂　蜜
地　区	（万吨）	猪牛羊肉	猪　肉	牛　肉	羊　肉	（万吨）	牛　奶	（万吨）	（万吨）
1996	4584.0	3694.7	3158.0	355.7	181.0	735.8	629.4	1965.2	18.3
2000	6013.9	4743.2	3966.0	513.1	264.1	919.1	827.4	2182.0	24.6
2005	6938.9	5473.5	4555.3	568.1	350.1	2864.8	2753.4	2438.1	29.3
2006	7099.9	5608.4	4650.3	590.3	367.7	3051.6	2944.6	2424.0	33.4

续表（十五）

年 份	肉 类					奶 类		禽 蛋	蜂 蜜
2007	6916.4	5319.8	4307.9	626.2	385.7	3055.2	2947.1	2546.7	38.0
2008	7370.9	5692.9	4682.0	617.7	393.2	3236.2	3010.6	2699.6	38.5
2009	7706.7	5958.5	4932.8	626.2	399.4	3153.9	2995.1	2751.9	39.7
2010	7993.6	6173.5	5138.4	629.1	406.0	3211.3	3038.9	2776.9	38.2
2011	8023.0	6140.3	5131.6	610.7	398.0	3262.8	3109.9	2830.4	41.2
2012	8471.1	6462.8	5443.5	614.7	404.5	3306.7	3174.9	2885.4	43.8
2013	8632.8	6641.6	5618.6	613.1	409.9	3118.9	3000.8	2905.5	43.7
2014	8817.9	6864.2	5820.8	615.7	427.6	3276.5	3159.9	2930.3	46.3
2015	8749.5	6702.2	5645.4	616.9	439.9	3295.5	3179.8	3046.1	47.3
2016	8628.3	6502.6	5425.5	616.9	460.3	3173.9	3064.0	3160.5	55.5
2017	8654.4	6557.5	5451.8	634.6	471.1	3148.6	3038.6	3096.3	54.3
北 京	26.4	21.7	19.2	1.5	1.1	37.4	37.4	15.7	0.2
天 津	36.1	27.4	22.6	3.4	1.4	52.1	52.1	19.0	0.0
河 北	474.2	377.2	291.5	55.6	30.1	388.3	381.0	383.7	1.4
山 西	93.3	77.1	62.7	5.9	8.6	78.1	77.4	101.9	0.6
内蒙古	265.2	237.1	73.5	59.5	104.1	559.6	552.9	53.2	0.5
辽 宁	385.4	253.0	220.9	25.1	7.0	120.7	119.7	270.4	0.3
吉 林	256.1	179.0	136.1	38.0	4.9	34.4	34.0	121.0	1.1
黑龙江	260.3	216.1	159.3	43.9	12.9	468.4	465.2	113.8	1.9
上 海	17.6	15.1	14.6	0.1	0.3	36.4	36.4	3.4	0.1
江 苏	342.3	225.2	214.3	2.9	8.0	49.0	49.0	183.4	0.3
浙 江	114.7	87.0	83.3	1.3	2.4	14.3	14.3	35.9	16.4
安 徽	415.2	267.3	242.7	8.1	16.5	29.8	29.8	154.7	1.8
福 建	264.9	132.0	128.4	1.7	1.9	13.5	13.1	46.5	1.5
江 西	326.1	263.5	249.5	12.0	2.0	9.5	9.5	45.7	1.5
山 东	866.0	539.4	427.4	75.9	36.0	231.3	223.5	444.8	0.5
河 南	655.8	528.0	466.9	35.0	26.1	212.9	202.9	401.2	7.1
湖 北	435.3	364.7	339.3	15.8	9.7	12.8	12.8	168.2	2.8
湖 南	543.3	481.5	449.6	17.0	14.9	6.1	6.1	103.2	1.0

续表（十五）

年 份	肉 类					奶 类		禽 蛋	蜂 蜜
广 东	444.1	284.0	278.0	4.1	2.0	13.9	13.9	38.5	2.3
广 西	420.2	270.0	255.0	11.7	3.3	8.1	8.1	24.2	1.5
海 南	78.7	47.4	44.4	1.8	1.1	0.5	0.5	4.8	0.1
重 庆	180.6	144.1	130.0	7.3	6.8	5.1	5.1	40.3	2.3
四 川	653.8	532.8	472.2	33.3	27.2	63.8	63.7	144.5	5.8
贵 州	206.5	184.0	160.1	19.1	4.8	4.4	4.4	18.7	0.4
云 南	419.2	374.1	320.2	35.8	18.1	64.5	56.8	30.3	1.1
西 藏	32.1	30.0	1.1	22.5	6.4	42.0	37.1	0.5	
陕 西	113.4	104.0	85.8	8.3	9.8	156.9	107.3	60.1	0.6
甘 肃	99.1	93.6	49.9	21.0	22.8	41.0	40.4	13.8	0.2
青 海	35.3	34.2	8.7	12.9	12.7	33.2	32.4	2.5	0.2
宁 夏	33.5	29.7	8.9	10.9	9.9	160.1	160.1	15.3	0.1
新 疆	159.9	137.1	35.8	43.0	58.2	200.3	191.9	37.4	0.9

（十六）工业产品产量

产品名称	2016	2017
原盐 （万吨）	6620.10	6654.17
精制食用植物油 （万吨）	6907.54	6071.82
成品糖 （万吨）	1443.30	1472.04
罐头 （万吨）	1394.86	1314.31
啤酒 （万千升）	4506.44	4401.49
卷烟 （亿支）	23825.76	23448.25

（十七） 2017年进口主要货物数量和金额

品 名	数 量	金 额	
		万元	万美元
谷物及谷物粉 （万吨）	2559	4399415	648524
#小麦 （万吨）	442	734894	108252
稻谷和大米 （万吨）	403	1260927	186000
大豆 （万吨）	9553	26876073	3963765
食用植物油 （万吨）	577	3067184	453056
食糖 （万吨）	229	734371	107848

（十八）水产品量

（单位：万吨）

年 份	水产品	海水产品	海水产品							淡水产品	淡水产品					
地 区	总产量		天然生产	人工养殖	鱼 类	虾蟹类	贝 类	藻 类	其 他		天然生产	人工养殖	鱼 类	虾蟹类	贝 类	其 他
1978	465.4	359.5	314.5	45.0	256.1	50.6	26.8	26.0		105.9	29.6	76.2	99.7	3.8	2.4	
1980	449.7	325.7	281.3	44.4	234.1	42.1	23.4	26.2		124.0	33.9	90.2	116.3	5.2	2.5	
1985	705.2	419.7	348.5	71.2	274.5	70.6	47.3	27.3		285.4	47.6	237.8	276.5	5.5	3.4	
1990	1237.0	713.3	550.9	162.4	423.1	107.0	147.3	27.5	8.2	523.7	78.3	445.4	504.9	9.5	7.6	1.8
1995	2517.2	1439.1	1026.8	412.3	758.1	184.8	392.3	74.9	29.0	1078.1	137.3	940.8	1018.6	27.3	20.5	11.6
2000	3706.2	2203.9	1275.9	928.0	896.7	257.9	901.7	106.1	41.5	1502.3	193.4	1308.9	1358.4	76.3	40.0	27.7
2005	4419.9	2465.9	1255.1	1210.8	913.9	281.3	1008.1	133.9	128.6	1954.0	221.0	1733.0	1737.2	140.3	46.3	30.2
2006	4583.6	2509.6	1245.4	1264.2	892.1	299.4	1046.7	137.6	133.8	2074.0	220.4	1853.6	1822.5	167.8	50.9	32.8
2007	4747.5	2550.9	1243.6	1307.3	891.3	298.9	1068.2	138.8	153.7	2196.6	225.6	1971.0	1908.5	202.1	50.5	35.5
2008	4895.6	2598.3	1258.0	1340.3	864.3	288.8	1072.5	142.3	122.1	2297.3	224.8	2072.5	1998.5	210.1	50.1	38.7
2009	5116.4	2681.6	1276.3	1405.2	880.8	303.6	1120.0	148.4	131.0	2434.8	218.4	2216.5	2109.9	228.8	52.0	44.2
2010	5373.0	2797.5	1315.2	1482.3	906.3	310.4	1170.4	156.6	142.1	2575.5	228.9	2346.5	2225.6	248.1	53.8	47.9
2011	5603.2	2908.0	1356.7	1551.3	1075.2	321.8	1212.8	162.9	135.3	2695.2	223.2	2471.9	2343.7	248.8	53.9	48.8
2012	5481.8	2869.3	1294.1	1575.2	937.0	345.7	1264.8	179.0	142.8	2612.5	204.0	2408.5	2235.9	268.7	54.0	54.0
2013	5721.7	2969.8	1305.2	1664.7	950.3	362.6	1327.6	188.5	140.9	2751.9	204.2	2547.7	2366.5	277.0	52.8	55.5
2014	5975.8	3110.2	1377.8	1732.4	1016.4	382.9	1371.7	202.9	136.2	2865.7	202.5	2663.2	2470.7	288.7	51.4	54.8
2015	6182.9	3204.2	1407.6	1796.6	1049.9	386.3	1414.0	211.5	142.5	2978.7	199.3	2779.3	2571.9	300.2	51.6	54.9
2016	6379.5	3301.3	1386.0	1915.3	1063.1	396.1	1476.9	219.3	145.8	3078.2	200.3	2877.9	2653.8	316.1	52.5	55.8
2017	6445.3	3321.7	1321.0	2000.7	1115.8	370.7	1481.4	224.8	129.0	3123.6	218.3	2905.3	2702.6	320.8	46.7	53.6
北 京	4.5	0.9	0.9		0.9					3.6	0.3	3.3	3.6	0.0		0.0
天 津	32.3	4.9	3.9	0.9	3.8	0.8	0.2		0.1	27.5	0.6	26.9	24.2	3.2	0.0	0.1
河 北	116.5	81.1	28.2	52.9	19.7	7.7	49.5		4.3	35.3	4.9	30.4	31.4	3.3	0.3	0.4
山 西	5.3									5.3	0.2	5.1	5.3	0.0		0.0
内蒙古	15.6									15.6	2.8	12.8	15.3	0.1		0.2
辽 宁	479.4	391.9	83.7	308.1	68.3	14.7	253.6	33.0	22.3	87.6	4.6	83.0	79.6	6.9	0.0	1.0
吉 林	22.0									22.0	1.9	20.1	21.7	0.3	0.0	
黑龙江	58.7									58.7	5.2	53.6	58.0	0.7	0.0	0.0
上 海	26.9	14.5	14.5		13.5	1.0	0.0		0.0	12.4	0.1	12.3	9.9	2.5		0.1
江 苏	507.6	148.7	55.7	93.1	40.3	27.0	72.2	4.3	4.9	358.9	30.8	328.1	260.1	85.0	10.3	3.4
浙 江	594.5	472.4	356.1	116.3	262.6	90.3	94.9	7.5	17.1	122.1	11.4	110.7	91.7	13.8	3.4	13.2
安 徽	218.0									218.0	27.9	190.1	169.4	35.2	8.9	4.5
福 建	744.6	662.5	217.1	445.3	206.9	51.1	285.7	103.3	15.3	82.1	6.9	75.2	68.3	7.4	4.7	1.7
江 西	250.6									250.6	22.6	228.0	220.5	16.2	6.8	7.1

续表（十八）

年　份	水产品	海水产品	海水产品							淡水产品	淡水产品					
地　区	总产量		天然生产	人工养殖	鱼　类	虾蟹类	贝　类	藻　类	其　他		天然生产	人工养殖	鱼　类	虾蟹类	贝　类	其　他
山　东	868.0	737.2	218.1	519.1	176.8	35.1	428.0	66.0	31.2	130.8	8.4	122.5	121.5	8.1	0.5	0.7
河　南	94.7									94.7	11.1	83.5	91.2	2.7	0.2	0.6
湖　北	465.4									465.4	29.3	436.1	369.5	86.9	2.2	6.7
湖　南	241.5									241.5	9.5	232.0	217.6	16.7	2.7	4.5
广　东	833.5	451.8	148.9	302.9	161.0	77.7	191.5	8.2	13.4	381.7	12.0	369.7	345.3	27.5	4.7	4.2
广　西	320.8	191.9	62.0	129.9	40.9	43.4	98.7		8.9	128.9	10.5	118.4	124.1	1.0	1.2	2.5
海　南	180.8	144.9	112.7	32.2	102.1	21.8	7.2	2.4	11.5	35.9	1.3	34.6	35.0	0.2	0.2	0.5
重　庆	51.5									51.5	1.9	49.6	50.6	0.5	0.0	0.3
四　川	150.7									150.7	5.4	145.4	148.3	1.2	0.4	0.8
贵　州	25.5									25.5	1.2	24.3	25.2	0.2	0.0	0.1
云　南	63.1									63.1	5.6	57.5	62.3	0.4	0.2	0.3
西　藏	0.0									0.0	0.0	0.0	0.0			0.0
陕　西	16.3									16.3	0.7	15.6	15.6	0.0	0.0	0.6
甘　肃	1.5									1.5		1.5	1.5	0.0		0.0
青　海	1.6									1.6		1.6	1.6	0.0		
宁　夏	18.1									18.1	0.0	18.0	17.9	0.1		0.0
新　疆	16.6									16.6	1.3	15.3	16.2	0.3	0.0	0.0
中农发	19.2	19.2	19.2		19.2											
集　团																

注：1.2012–2016 年水产品、海水产品、天然生产、人工养殖、鱼类等数据根据农业普查结果进行了修订，其他项未做修订。

2.2013 年起中国水产总公司改名为中农发集团 (China National Agricultural Development Group Co.LTD，简称 CNADG)。

（十九）主要农产品产量

（单位：万吨）

年份/地区	粮食	粮食						棉花	油料	油料			甘蔗	甜菜	烟叶	#烤烟	茶叶	水果	水果				
		谷物	谷物：稻谷	谷物：小麦	谷物：玉米	豆类	薯类			花生	油菜籽	#芝麻							苹果	柑桔	梨	葡萄	香蕉
1978	30476.5		13693.0	5384.0	5594.5		3174.0	216.7	521.8	237.7	186.8	32.2	2111.6	270.2	124.2	105.2	26.8	657.0	227.5	38.3	151.7	10.4	8.5
1980	32055.5		13990.5	5520.5	6260.0		2872.5	270.7	769.1	360.0	238.4	25.9	2280.7	630.5	84.5	71.7	30.4	679.3	236.3	71.3	146.6	11.0	6.1
1985	37910.8		16856.9	8580.5	6382.6		2603.6	414.7	1578.4	666.4	560.7	69.1	5154.9	891.9	242.5	207.5	43.2	1163.9	361.4	180.8	213.7	36.1	63.1
1990	44624.3		18933.1	9822.9	9681.9		2743.3	450.8	1613.2	636.8	695.8	46.9	5762.0	1452.5	262.7	225.9	54.0	1874.4	431.9	485.5	235.3	85.9	145.6
1995	46661.8	41611.6	18522.6	10220.7	11198.6	1787.5	3262.6	476.8	2250.3	1023.5	977.7	58.3	6541.7	1398.4	231.4	207.2	58.9	4214.6	1400.8	822.5	494.2	174.2	312.5
2000	46217.5	40522.4	18790.8	9963.6	10600.0	2010.0	3685.2	441.7	2954.8	1443.7	1138.1	81.1	6828.0	807.3	255.2	223.8	68.3	6225.1	2043.1	878.3	841.2	328.2	494.1
2005	48402.2	42776.0	18058.8	9744.5	13936.5	2157.7	3468.5	571.4	3077.1	1434.2	1305.2	62.5	8663.8	788.1	268.3	243.5	93.5	16120.1	2401.1	1591.9	1132.4	579.4	651.8
2006	49804.2	45099.2	18171.8	10846.6	15160.3	2003.7	2701.3	753.3	2640.3	1288.7	1096.6	66.2	9709.2	750.8	245.6	225.5	102.8	17102.0	2605.9	1789.8	1198.6	627.1	690.1
2007	50413.9	45963.0	18638.1	10952.5	15512.3	1709.1	2741.8	759.7	2787.0	1381.5	1138.2	52.0	11179.4	902.9	242.2	224.9	101.0	16800.1	2734.7	1837.7	1222.8	644.0	764.0
2008	53434.3	48569.4	19261.2	11293.2	17212.0	2021.9	2843.0	723.2	3036.8	1463.5	1240.3	51.5	12152.1	853.9	275.9	258.2	125.5	18108.8	2899.5	2297.0	1296.4	698.2	748.4
2009	53940.9	49243.3	19619.7	11583.4	17325.9	1904.6	2792.9	623.6	3139.4	1460.4	1353.6	53.5	11200.4	546.5	296.2	275.0	135.1	19093.7	3047.5	2471.7	1343.6	764.9	829.6
2010	55911.3	51196.7	19722.6	11614.1	19075.2	1871.8	2842.7	577.0	3156.8	1513.6	1278.8	46.2	10598.2	705.1	283.2	261.2	146.2	20095.4	3164.9	2581.7	1409.5	813.5	884.1
2011	58849.3	54061.7	20288.3	11862.5	21131.6	1863.3	2924.3	651.9	3212.5	1530.2	1313.7	45.8	10867.4	795.8	299.8	278.6	160.8	21018.6	3367.3	2864.1	1448.6	857.7	946.1
2012	61222.6	56659.0	20653.2	12254.0	22955.9	1680.6	2883.0	660.8	3285.6	1579.2	1340.1	46.6	11574.6	877.2	324.6	302.3	176.1	22091.5	3581.4	3089.4	1550.4	1000.6	1036.0
2013	63048.2	58650.4	20628.6	12371.0	24845.3	1542.4	2855.4	628.2	3287.4	1608.2	1352.3	43.8	11926.4	628.7	322.0	304.0	188.7	22748.1	3629.8	3196.4	1544.4	1088.5	1103.0
2014	63964.8	59601.5	20960.9	12832.1	24976.4	1564.5	2798.8	629.9	3371.9	1590.1	1391.4	43.7	11578.8	509.9	284.7	269.7	204.9	23302.6	3735.4	3362.2	1581.9	1173.1	1062.2
2015	66060.3	61818.4	21214.2	13263.9	26499.2	1512.5	2729.3	590.7	3390.5	1596.1	1385.9	45.0	10706.4	508.8	267.7	249.5	227.7	24524.6	3889.9	3617.5	1652.7	1316.4	1062.7
2016	66043.5	61666.5	21109.4	13327.1	26361.3	1650.7	2726.3	534.3	3400.0	1636.1	1312.8	35.2	10321.5	854.5	257.4	244.5	231.3	24405.2	4039.3	3591.5	1596.3	1262.9	1094.0
2017	66160.7	61520.5	21267.6	13433.4	25907.1	1841.6	2798.6	565.3	3475.2	1709.2	1327.4	36.6	10440.4	938.4	239.1	227.9	246.0	25241.9	4139.0	3816.8	1641.0	1308.3	1117.0
北京	41.1	39.9	0.1	6.2	33.2	0.6	0.6		0.5	0.4								74.4	7.1		9.1	2.7	
天津	212.3	209.9	26.3	62.4	119.3	0.8	1.5	2.5	1.3	0.5								58.2	5.6		6.4	11.4	
河北	3829.2	3674.5	50.4	1504.1	2035.5	20.8	133.9	24.0	129.4	103.4	4.2	0.2		62.5	0.2	0.2		1365.3	228.1		342.4	111.6	
山西	1355.1	1280.1	0.5	232.4	977.9	28.3	46.7	0.4	15.0	1.3	1.8	0.1		0.6	0.5	0.5		844.0	444.9		86.7	30.5	
内蒙古	3254.5	2930.8	85.2	189.1	2497.4	186.2	137.5		240.7	5.9	35.6	0.2		344.3	0.6	0.5		322.9	15.5		7.9	7.5	
辽宁	2330.7	2261.3	422.0	1.3	1789.4	21.0	48.4		81.5	80.0	0.1	0.1		10.7	2.6	2.5		770.3	240.9		116.2	70.5	
吉林	4154.0	4044.0	684.4	0.1	3250.8	67.1	42.9		128.5	109.3				2.6	1.8	0.8		89.5	4.6		3.9	6.3	
黑龙江	7410.3	6609.7	2819.3	38.1	3703.1	719.6	81.0		14.3	5.0	0.1			37.4	4.7	4.6		236.9	14.4		3.7	7.3	
上海	99.8	99.3	85.6	10.2	2.1	0.3	0.2		0.8	0.3	0.5		0.2					46.4		9.4	3.2	6.4	
江苏	3610.8	3536.2	1892.6	1295.5	318.1	58.8	15.8	2.6	85.4	34.8	49.8	0.8	4.8				1.4	942.5	58.0	3.2	78.0	64.9	
浙江	580.1	513.4	444.9	41.9	23.0	27.4	39.3	0.6	26.9	5.1	20.2		37.5		0.1		17.8	751.3		186.8	38.9	80.8	
安徽	4019.7	3907.7	1647.5	1644.5	610.7	97.1	14.8	8.6	154.7	68.8	83.2	0.7	6.2	5.0	2.1	2.1	10.8	606.3	20.0	0.8	124.2	42.5	
福建	487.2	406.3	393.2	0.1	11.4	9.9	70.9		19.6	18.7	0.8		26.4		11.6	11.6	39.5	644.7		315.4	16.7	19.6	38.7
江西	2221.7	2145.9	2126.1	3.1	15.4	28.3	47.5	10.5	120.6	46.8	70.4	3.3	67.3		5.6	5.4	6.1	670.1		404.3	16.8	8.0	

续表（十九）

年份/地区	粮食	粮食						棉花	油料	油料			甘蔗	甜菜	烟叶	#烤烟	茶叶	水果	水果				
		谷物	谷物			豆类	薯类			花生	油菜籽	#芝麻							苹果	柑桔	梨	葡萄	香蕉
			稻谷	小麦	玉米																		
山东	5374.3	5259.2	90.1	2495.1	2662.2	33.6	81.5	20.7	318.3	313.5	2.1	0.1			5.7	5.7	2.0	2804.3	939.5		103.7	109.9	
河南	6524.2	6382.9	485.2	3705.2	2170.1	53.4	88.0	4.4	586.9	529.8	42.1	14.1	16.2		26.7	26.4	6.4	2602.4	434.5	4.9	121.8	70.3	
湖北	2846.1	2716.0	1927.2	426.9	356.7	38.5	91.6	18.4	307.7	78.4	213.2	10.5	27.0		6.8	6.2	30.3	948.4	1.2	465.9	37.5	24.2	
湖南	3073.6	2955.2	2740.4	9.6	199.2	32.0	86.5	11.0	226.1	27.6	195.7	1.4	33.2		20.8	20.5	19.7	956.4		500.9	16.6	17.6	
广东	1208.6	1102.0	1046.3	0.1	54.6	11.1	95.4		101.3	98.4	2.1	0.5	1343.5		4.3	3.7	9.3	1538.7		410.3	10.4		395.2
广西	1370.5	1298.0	1019.8	0.5	271.6	24.7	47.8	0.1	64.9	60.8	2.2	1.7	7132.3		2.5	2.1	7.2	1900.4		682.1	35.9	55.0	371.6
海南	138.1	123.2	123.2			1.7	13.1		9.0	8.9		0.1	133.1				0.1	405.5		6.6			127.2
重庆	1079.9	756.4	487.0	9.8	252.6	40.2	283.3		62.4	13.4	47.4	1.0	8.8		6.9	5.9	3.9	403.4	0.4	250.6	26.8	10.2	1.2
四川	3488.9	2831.8	1473.7	251.6	1068.0	119.2	537.9	0.4	357.9	66.0	288.0	0.2	34.7	0.2	18.0	16.6	27.8	1007.9	65.2	415.7	91.7	37.9	4.6
贵州	1242.4	950.6	448.8	41.2	441.2	25.6	266.3	0.1	115.5	11.3	88.0	0.1	50.3		26.8	24.5	17.6	280.1	7.1	25.4	28.0	20.3	1.7
云南	1843.4	1568.1	529.2	73.7	912.9	118.3	157.0		56.3	6.2	47.5		1516.1		86.2	83.9	39.3	783.9	59.7	88.8	63.6	126.5	176.8
西藏	106.5	102.0	0.5	21.9	3.0	4.0	0.5		5.9		5.9							0.2					
陕西	1194.2	1074.3	80.6	406.4	551.1	28.6	91.3	1.2	59.8	12.5	38.2	1.5	2.7		3.9	3.8	6.7	1922.1	1092.5	45.7	105.2	78.6	
甘肃	1105.9	889.3	2.9	269.7	576.7	25.2	191.4	3.2	77.4	0.2	43.8			26.7	0.5	0.4	0.1	630.9	311.1	0.1	21.0	24.9	
青海	102.5	64.9		42.3	12.2	2.8	34.8		30.3		29.0							3.6	0.4				
宁夏	370.1	333.1	68.8	37.8	214.9	1.7	35.2		6.9	0.1	0.4				0.1	0.1		210.6	44.0		1.7	13.7	
新疆	1484.7	1454.3	65.5	612.6	772.6	14.6	15.8	456.6	69.7	1.9	15.0			448.3				1420.2	144.2		123.1	249.3	

注：2003年起水果产量包括瓜果类产量。

三、2017年食品工业分地区经济指标

（一）分地区城镇居民家庭人均主要食品消费量

（单位：千克）

地区	粮食		食用油	食用植物油	蔬菜及食用菌	肉类	猪肉	牛肉	羊肉	禽类	水产品	蛋类	奶类	干鲜瓜果类	食糖
	(原粮)	谷物													
全国	109.7	98.6	10.7	10.3	106.7	29.2	20.6	2.6	1.6	9.7	14.8	10.9	16.5	59.9	1.3
北京	72.4	64.0	8.2	8.2	92.4	23.1	12.4	3.1	2.8	5.7	9.0	12.1	24.0	65.8	1.0
天津	112.9	102.6	10.5	10.4	120.0	27.5	16.2	3.5	3.3	6.0	17.8	18.6	18.4	86.1	1.4
河北	114.8	104.0	9.1	9.1	100.4	23.0	13.7	2.4	1.9	5.1	7.9	15.1	20.8	70.6	1.0
山西	114.3	100.8	8.3	8.3	88.7	16.8	10.5	1.3	1.7	2.9	3.4	11.5	19.9	64.0	0.9
内蒙古	140.8	127.6	9.6	9.4	99.8	35.3	15.5	5.3	9.6	5.9	6.2	10.4	28.4	69.4	1.6
辽宁	119.9	105.2	11.7	11.6	122.7	29.9	18.5	3.6	1.9	6.1	18.3	15.3	20.1	78.7	1.4
吉林	127.8	116.1	12.6	12.5	104.5	23.0	14.9	3.3	1.1	5.0	9.4	11.9	14.0	62.8	1.3
黑龙江	132.6	118.5	13.9	13.8	104.9	25.5	15.9	2.6	1.9	5.7	10.2	12.7	14.6	71.1	1.9
上海	94.8	83.7	8.6	8.5	101.4	27.7	18.9	3.1	0.9	12.7	25.5	10.7	21.8	57.7	1.3
江苏	103.9	92.0	12.2	12.1	113.8	28.4	20.5	2.3	0.9	11.3	20.3	11.3	18.1	51.6	1.1
浙江	118.2	105.6	11.8	11.5	97.4	27.3	21.2	2.3	0.7	11.5	26.4	8.8	13.4	56.3	1.4
安徽	107.0	94.9	9.8	9.4	103.5	26.1	19.7	2.6	1.1	10.3	12.4	12.0	14.1	53.4	0.9
福建	99.7	90.7	8.9	8.3	88.8	32.3	25.5	2.4	0.9	10.7	28.8	9.2	13.2	46.9	1.6
江西	112.4	102.1	14.4	14.2	115.9	31.9	23.9	3.1	0.6	10.2	17.0	8.2	15.7	51.2	1.2
山东	111.2	101.4	8.6	8.6	102.8	24.5	14.5	1.9	1.5	6.5	15.8	17.9	21.9	80.5	0.9
河南	119.7	107.9	9.3	9.2	99.2	20.5	12.9	1.8	1.8	6.5	5.4	15.9	18.3	68.1	1.2
湖北	92.1	80.0	11.0	10.8	119.5	28.9	21.0	2.4	0.8	6.5	18.5	7.9	9.5	49.8	0.8
湖南	103.5	94.6	13.2	11.2	106.7	35.0	27.9	3.0	0.9	10.5	15.0	8.1	8.9	62.1	1.4
广东	93.8	85.9	9.0	8.7	100.8	36.6	28.2	2.5	0.9	19.3	24.5	7.6	9.7	45.5	1.3
广西	97.7	89.1	8.8	8.1	99.1	36.6	29.3	3.2	1.2	20.1	14.3	6.4	9.6	51.6	1.6
海南	89.9	84.0	9.7	9.0	108.4	33.8	27.6	2.7	1.0	22.9	29.4	5.5	6.6	40.5	1.2
重庆	116.3	101.9	15.6	14.4	136.3	42.5	34.0	2.1	1.0	14.1	12.7	9.8	22.6	50.2	2.4
四川	130.7	117.3	13.2	12.4	139.3	43.8	35.8	2.7	0.7	11.9	9.5	8.9	16.9	51.2	1.8
贵州	100.8	89.1	10.7	9.4	91.2	33.7	28.2	2.1	0.3	7.4	4.2	5.6	11.1	46.5	1.2
云南	105.7	93.9	9.5	7.9	106.5	31.0	23.6	3.0	0.6	8.1	5.8	5.2	10.4	45.1	1.6
西藏	185.3	178.3	23.7	19.2	74.9	50.0	14.1	21.5	14.0	5.1	3.0	8.5	21.2	32.7	1.1
陕西	122.4	107.1	10.9	10.7	107.4	17.4	11.8	1.1	1.5	3.8	4.0	10.3	21.5	70.3	1.0
甘肃	119.6	108.1	10.6	10.5	104.3	20.9	12.1	2.6	3.0	5.2	4.2	9.3	24.5	78.0	1.9
青海	95.4	88.5	9.3	9.2	79.6	25.4	11.6	5.4	6.4	4.2	3.3	6.7	24.8	42.5	1.1
宁夏	95.9	89.2	7.6	7.6	96.6	17.1	6.6	3.9	5.1	6.1	3.8	6.8	18.7	77.9	1.4
新疆	132.5	126.2	14.0	14.0	117.1	24.3	6.5	5.5	10.0	7.7	6.1	9.0	30.4	71.8	1.5

（二）分地区城镇居民人均消费支出

（单位：元）

地区	消费支出	食品烟酒	衣　着	居　住	生活用品及服务	交通通信	教育文化娱乐	医疗保健	其他用品及服务
全　国	24445.0	7001.0	1757.9	5564.0	1525.0	3321.5	2846.6	1777.4	651.5
北　京	40346.3	8003.3	2428.7	13347.4	2633.0	5395.5	4325.2	3088.0	1125.1
天　津	30283.6	9456.2	2118.9	6469.9	1773.8	3924.2	2979.0	2599.5	962.2
河　北	20600.3	5067.1	1688.8	5047.6	1485.1	2923.3	2172.7	1737.3	478.4
山　西	18404.0	4244.2	1774.4	3866.6	1093.8	2658.2	2559.4	1741.4	465.9
内蒙古	23637.8	6468.8	2576.7	4108.0	1670.2	3511.3	2636.7	1907.3	758.8
辽　宁	25379.4	6988.3	2167.9	4510.6	1536.8	3770.7	3164.3	2380.1	860.6
吉　林	20051.2	5168.7	1954.1	3800.0	1114.9	2785.2	2445.4	2164.0	619.0
黑龙江	19269.8	5247.0	1920.8	3644.1	1030.8	2563.9	2289.5	1966.7	606.9
上　海	42304.3	10456.5	1827.0	14749.0	1927.9	4253.5	5087.2	2734.7	1268.5
江　苏	27726.3	7616.2	1838.5	6773.5	1708.6	3971.6	3450.5	1573.7	793.6
浙　江	31924.2	8906.1	1925.7	8413.5	1617.4	4955.8	3521.1	1871.8	713.0
安　徽	20740.2	6665.3	1544.1	4234.6	1215.0	2914.3	2372.2	1274.5	520.1
福　建	25980.5	8551.6	1438.0	6829.1	1478.1	3353.0	2483.5	1235.1	612.1
江　西	19244.5	5994.0	1531.2	4588.8	1196.2	2156.9	2235.4	1044.3	497.7
山　东	23072.1	6179.6	2033.6	4894.8	1736.5	3284.4	2622.5	1780.6	540.2
河　南	19422.3	5187.8	1779.3	4226.6	1572.1	2269.6	2226.9	1611.5	548.5
湖　北	21275.6	6542.5	1544.8	4669.4	1287.2	2131.7	2420.9	2165.5	513.6
湖　南	23162.6	6585.0	1682.4	4353.2	1492.6	2904.6	3972.9	1693.0	478.9
广　东	30197.9	9711.7	1587.1	7127.8	1782.8	4285.5	3284.3	1503.6	915.1
广　西	18348.6	6098.5	908.1	3884.6	1093.3	2607.3	2151.5	1254.2	351.0
海　南	20371.9	7575.3	895.7	3855.9	1102.8	2811.5	2236.1	1505.1	389.5
重　庆	22759.2	7305.3	1950.9	3960.4	1592.1	2992.0	2528.5	1882.5	547.5
四　川	21990.6	7329.3	1723.3	3906.2	1403.8	3198.3	2221.9	1595.6	612.1
贵　州	20347.8	6242.6	1570.0	3819.8	1359.2	2889.0	2731.3	1244.0	491.9
云　南	19559.7	5665.1	1144.2	3904.8	1162.7	3113.6	2363.1	1786.6	419.5
西　藏	21087.5	9253.6	1973.3	4183.6	1161.8	2312.5	1044.0	639.7	519.0
陕　西	20388.2	5798.6	1627.0	3796.5	1486.6	2394.7	2617.9	2140.8	526.1
甘　肃	20659.4	6032.6	1905.8	3828.3	1358.0	2952.6	2341.9	1741.2	499.1
青　海	21473.0	6060.8	1901.1	3836.8	1398.8	3241.3	2528.3	1948.6	557.2
宁　夏	20219.5	4952.2	1768.1	3680.3	1257.1	3470.9	2629.7	1936.6	524.5
新　疆	22796.9	6359.6	2025.3	3954.7	1590.0	3545.2	2629.5	2065.6	627.1

(三)分地区工业产品产量

年 份	原 盐	成品糖	啤 酒	卷 烟
地 区	(万吨)	(万吨)	(万千升)	(亿支)
1978	1953.00	227.00	40.00	1182.00
1980	1728.00	257.00	69.00	1520.00
1985	1479.00	451.00	310.00	2370.00
1990	2023.00	582.00	692.00	3298.00
1995	2977.72	558.64	1568.82	3485.02
2000	3128.00	700.00	2231.32	3397.00
2005	4661.06	912.37	3126.05	19389.08
2006	5663.13	949.07	3543.58	20218.13
2007	6166.97	1271.38	3954.07	21438.84
2008	6664.43	1432.61	4156.91	22199.20
2009	6662.79	1338.35	4162.18	22901.50
2010	7037.76	1117.59	4490.16	23752.60
2011	6742.16	1187.43	4834.50	24474.00
2012	6911.78	1409.47	4778.58	25160.90
2013	7367.60	1592.76	4982.79	25603.86
2014	7049.71	1642.67	4936.29	26098.49
2015	6665.54	1474.11	4715.60	25890.70
2016	6620.10	1443.30	4506.44	23825.76
2017	6654.17	1472.04	4401.49	23448.25
北 京			129.99	166.38
天 津	182.28		34.28	213.06
河 北	286.17	36.64	174.89	751.50
山 西			33.67	150.00
内蒙古	125.34	36.87	70.44	314.50
辽 宁	152.47	61.13	219.53	269.12
吉 林			109.59	530.06
黑龙江		6.21	185.17	364.25
上 海			56.43	896.65
江 苏	892.89	0.71	179.42	1042.12
浙 江	8.67	0.58	254.41	957.02
安 徽	152.55		96.05	1026.83
福 建	31.45		162.42	832.02
江 西	197.17		130.30	658.27

续表（三）

年　份	原　盐	成品糖	啤　酒	卷　烟
山　东	1728.89	0.36	608.82	1274.39
河　南	333.58	0.01	400.34	1516.97
湖　北	434.52		165.52	1265.88
湖　南	308.05	3.66	73.13	1678.04
广　东	6.10	84.03	412.26	1323.63
广　西	3.84	936.20	158.88	721.28
海　南		12.14	3.82	117.50
重　庆	178.46	0.71	78.95	421.50
四　川	582.81	2.13	240.66	734.10
贵　州		6.30	92.35	1076.05
云　南	148.49	225.59	98.01	3589.36
西　藏			17.96	
陕　西	136.54	0.66	91.73	819.77
甘　肃	19.16	4.98	50.42	482.50
青　海	201.42		3.02	
宁　夏	83.94		23.44	80.00

注：1. 成品糖 1997 年及以前名称为糖，产量包括土糖，1998–2004 年名称为机制糖。

2. 啤酒 2003 年及以前计量单位为万吨。

3. 卷烟 2003 年及以前计量单位为万箱。

4. 初级形态的塑料 2004 年及以前名称为塑料树脂及共聚物，简称塑料。

5. 钢材 2015 年、2016 年产量根据有关专项调查进行了调整。

（四）分地区居民家庭人均主要食品消费量

（单位：千克）

地区	粮食（原粮）	谷物	食用油	食用植物油	蔬菜及食用菌	肉类	猪肉	牛肉	羊肉	禽类	水产品	蛋类	奶类	干鲜瓜果类	食糖
全国	130.1	119.6	10.4	9.8	99.2	26.7	20.1	1.9	1.3	8.9	11.5	10.0	12.1	50.1	1.3
北京	75.7	67.1	8.3	8.3	91.9	22.9	12.7	2.9	2.8	5.5	8.6	12.1	22.5	63.9	1.1
天津	120.1	109.6	10.9	10.8	116.3	26.5	15.8	3.0	3.2	5.6	16.9	18.3	17.2	85.3	1.4
河北	124.8	115.2	9.3	9.2	87.4	19.4	12.3	1.4	1.4	4.1	5.7	14.0	14.4	60.8	1.1
山西	135.7	120.6	8.1	8.0	77.4	13.9	9.4	0.8	1.3	2.3	2.4	10.9	15.0	51.2	1.0
内蒙古	152.3	139.9	8.3	8.1	87.5	33.8	17.0	4.3	8.9	5.3	4.9	9.1	22.7	56.2	1.5
辽宁	128.6	114.3	11.6	11.4	113.8	27.3	18.5	2.6	1.5	5.2	14.5	13.6	15.0	65.1	1.3
吉林	142.2	130.5	12.2	12.1	109.4	21.4	15.7	2.2	0.8	5.0	7.3	10.9	9.7	50.9	1.3
黑龙江	141.2	127.6	14.4	14.3	92.5	22.8	15.4	1.9	1.4	5.7	8.2	11.1	10.4	60.2	1.8
上海	98.1	87.0	8.7	8.6	99.8	28.1	19.5	2.9	0.9	12.8	25.1	10.7	20.8	56.3	1.3
江苏	114.8	103.1	12.2	12.0	108.2	26.6	19.5	1.9	0.8	10.3	18.1	10.7	15.6	46.2	1.1
浙江	134.1	120.7	12.1	11.7	96.5	27.2	21.9	2.0	0.6	10.6	23.7	8.5	12.0	50.7	1.5
安徽	137.3	125.6	10.0	9.4	99.8	23.6	18.4	1.9	0.9	10.2	10.8	11.6	11.0	48.2	1.0
福建	122.0	113.0	9.1	8.1	89.5	31.8	25.9	1.9	0.8	11.8	25.8	8.7	10.8	41.2	1.8
江西	140.4	131.6	13.2	12.7	110.0	26.4	20.6	2.1	0.4	8.4	12.6	7.0	11.1	39.4	1.1
山东	122.8	113.3	8.1	8.0	93.6	20.9	13.0	1.2	1.1	5.9	11.6	17.2	17.3	69.8	1.0
河南	124.5	115.0	8.3	8.2	84.4	16.2	10.9	1.2	1.1	5.3	3.8	14.3	11.5	57.6	1.2
湖北	112.2	101.3	12.4	12.0	116.6	26.5	20.7	1.7	0.6	5.4	15.1	7.6	6.9	40.3	0.9
湖南	146.6	138.1	12.4	9.7	104.9	31.8	27.1	1.9	0.7	10.7	11.8	8.0	5.7	53.0	1.4
广东	116.8	108.9	9.2	8.8	100.8	36.5	29.1	2.0	0.7	20.6	22.8	7.3	7.7	40.1	1.5
广西	133.9	126.9	8.4	6.9	87.5	32.1	27.6	1.8	0.8	19.6	10.6	5.6	5.6	40.2	1.3
海南	96.0	91.5	8.8	7.4	93.0	29.3	24.9	1.8	0.8	20.4	25.6	4.5	4.2	29.3	1.0
重庆	152.6	137.8	14.8	12.9	142.8	39.9	33.9	1.4	0.8	11.6	10.5	9.8	17.2	42.7	2.7
四川	160.2	147.3	12.7	11.6	132.5	41.1	36.2	1.5	0.5	10.9	7.6	8.9	12.3	40.7	2.0
贵州	121.1	109.9	8.2	6.8	85.1	30.5	27.6	1.2	0.3	5.0	2.4	4.2	5.4	32.3	1.0
云南	126.8	116.9	7.7	6.0	90.4	30.9	26.9	1.7	0.5	7.6	3.7	4.5	5.3	29.4	1.4
西藏	284.5	277.4	20.9	14.5	32.1	29.8	7.6	13.9	7.9	1.4	0.7	3.7	22.5	10.1	1.1
陕西	132.4	119.9	10.9	10.7	86.1	14.1	10.2	0.7	1.2	2.7	2.5	8.0	14.6	51.4	1.0
甘肃	151.0	138.9	8.5	8.4	75.0	17.2	11.4	1.4	2.4	4.4	2.2	7.3	13.9	54.9	1.9
青海	116.8	108.2	9.4	9.2	61.8	25.1	11.4	5.3	7.1	3.5	2.0	4.8	17.9	30.0	1.3
宁夏	111.2	104.4	7.7	7.6	87.2	15.7	6.3	3.6	4.7	6.0	2.6	5.5	13.4	71.2	1.3
新疆	159.1	155.6	14.2	14.1	98.2	21.6	3.9	4.6	11.7	6.0	3.3	6.5	21.0	59.7	1.2

（五）年分地区居民人均消费支出

（单位：元）

地区	消费支出	食品烟酒	衣着	居住	生活用品及服务	交通通信	教育文化娱乐	医疗保健	其他用品及服务
全国	18322.1	5373.6	1237.6	4106.9	1120.7	2498.9	2086.2	1451.2	447.0
北京	37425.3	7548.9	2238.3	12295.0	2492.4	5034.0	3916.7	2899.7	1000.4
天津	27841.4	8647.0	1944.8	5922.4	1655.5	3744.5	2691.5	2390.0	845.6
河北	15437.0	3912.8	1173.5	3679.4	1066.2	2290.3	1578.3	1396.3	340.1
山西	13664.4	3324.8	1206.0	2933.5	761.0	1884.0	1879.3	1359.7	316.1
内蒙古	18945.5	5205.3	1866.2	3324.0	1199.9	2914.9	2227.8	1653.8	553.8
辽宁	20463.4	5605.4	1671.6	3732.5	1191.7	3088.4	2534.5	1999.9	639.3
吉林	15631.9	4144.1	1379.0	2912.3	795.8	2218.0	1928.5	1818.3	435.9
黑龙江	15577.5	4209.0	1437.7	2833.0	776.4	2185.5	1898.0	1791.3	446.6
上海	39791.9	10005.9	1733.4	13708.7	1824.9	4057.7	4685.9	2602.1	1173.3
江苏	23468.6	6524.8	1505.9	5586.2	1443.5	3496.4	2747.6	1510.9	653.3
浙江	27079.1	7750.8	1585.9	6992.9	1345.8	4306.5	2844.9	1696.1	556.1
安徽	15751.7	5143.4	1037.5	3397.6	890.8	2102.3	1700.5	1135.9	343.8
福建	21249.3	7212.7	1119.1	5533.0	1179.0	2642.8	1966.4	1105.3	491.0
江西	14459.0	4626.1	1005.8	3552.2	859.9	1600.7	1606.8	877.8	329.7
山东	17280.7	4715.1	1374.6	3565.8	1260.5	2568.3	1948.4	1484.3	363.6
河南	13729.6	3687.0	1184.5	2988.3	1056.4	1698.6	1559.8	1219.8	335.2
湖北	16937.6	5098.4	1131.7	3699.0	1025.9	1795.7	1930.4	1838.3	418.2
湖南	17160.4	5003.6	1086.1	3428.9	1054.0	2042.6	2805.1	1424.0	316.1
广东	24819.6	8317.0	1230.3	5790.9	1447.4	3380.0	2620.4	1319.5	714.1
广西	13423.7	4409.9	564.7	2909.3	762.8	1878.5	1585.8	1075.6	237.1
海南	15402.7	5935.9	631.1	2925.6	769.0	1995.0	1756.8	1101.2	288.1
重庆	17898.1	5943.5	1394.8	3140.9	1245.5	2310.3	1993.0	1471.9	398.1
四川	16179.9	5632.2	1152.7	2946.8	1062.9	2200.0	1468.2	1320.2	396.8
贵州	12969.6	3954.0	863.4	2670.3	802.4	1781.6	1783.3	851.2	263.5
云南	12658.1	3838.4	651.3	2471.1	742.0	2033.4	1573.7	1125.3	223.0
西藏	10320.1	4788.6	1047.6	1763.2	617.2	1176.9	441.6	271.5	213.5
陕西	14899.7	4124.0	1084.0	2978.6	1036.2	1760.7	1857.6	1704.8	353.7
甘肃	13120.1	3886.9	1071.3	2475.1	836.8	1796.5	1537.1	1233.4	282.8
青海	15503.1	4453.0	1265.9	2754.5	929.0	2409.6	1686.6	1598.7	405.8
宁夏	15350.3	3796.4	1268.9	2861.5	932.4	2616.8	1955.6	1553.6	365.1
新疆	15087.3	4338.5	1305.5	2698.5	943.2	2382.6	1599.3	1466.3	353.4

（六）分地区居民消费价格分类指数

（上年=100）

地区	总指数	食品烟酒	食品烟酒																			
			食品	食品																茶及饮料	烟酒	在外餐饮
				粮食	薯类	豆类	食用油	菜	鲜菜	畜肉类	禽肉类	水产品	蛋类	奶类	干鲜	糖果		调味品	其他			
															瓜果类	鲜瓜果	糕点类		食品类			
全国	101.6	99.6	98.6	101.5	96.2	100.7	99.8	92.7	91.9	95.0	99.5	104.4	96.0	100.1	102.7	103.8	102.1	102.6	100.2	101.2	100.8	102.2
北京	101.9	100.5	99.4	100.9	96.0	103.4	100.8	91.1	90.0	98.4	101.8	104.4	95.8	98.9	102.6	103.9	103.4	103.9	98.6	100.4	100.5	102.8
天津	102.1	100.3	99.9	103.2	92.1	100.7	101.8	92.5	91.7	99.3	99.0	102.9	96.5	99.5	102.6	102.6	101.8	103.3	101.6	100.6	101.0	101.2
河北	101.7	99.3	98.7	101.7	96.0	99.9	99.9	91.7	90.7	95.7	99.3	105.2	95.6	98.8	103.0	104.9	102.0	103.1	100.3	101.1	99.9	101.2
山西	101.1	98.9	98.0	101.8	94.8	99.9	101.0	91.1	90.2	95.0	97.6	102.1	94.3	100.1	102.2	103.4	101.2	101.2	99.0	100.6	100.1	101.3
内蒙古	101.7	99.8	99.3	101.3	98.8	100.9	100.9	93.8	93.1	96.1	99.4	105.9	95.2	100.6	104.5	105.5	102.1	100.7	100.5	101.2	100.2	101.5
辽宁	101.4	99.4	98.7	101.0	94.0	101.3	100.2	90.9	90.0	94.3	97.0	104.8	95.4	100.3	105.1	106.7	101.9	102.7	100.3	101.6	100.3	101.3
吉林	101.6	98.9	97.9	101.0	94.2	100.8	99.4	92.4	91.6	93.3	96.0	104.0	91.8	101.6	102.1	103.2	102.4	102.0	98.0	102.2	100.7	101.4
黑龙江	101.3	98.6	97.3	101.1	92.6	100.2	101.6	91.1	90.1	92.0	97.5	102.3	92.5	99.8	100.8	101.7	100.4	103.8	101.1	100.2	99.9	102.8
上海	101.7	101.2	100.7	101.7	92.6	100.1	101.5	94.9	94.1	99.3	102.1	103.5	98.5	99.7	104.1	104.1	103.3	105.2	100.7	101.0	102.3	102.4
江苏	101.7	100.4	99.2	101.5	97.7	100.7	100.4	94.0	93.0	96.3	98.9	103.0	95.4	102.3	103.4	104.6	102.3	107.0	99.3	101.9	101.4	103.2
浙江	102.1	100.3	99.1	101.3	98.6	101.3	99.7	90.7	89.4	96.1	100.5	105.7	97.0	100.7	101.3	102.4	102.1	102.4	100.2	102.2	100.8	103.3
安徽	101.2	98.9	97.4	101.2	95.1	100.2	98.3	89.9	89.0	92.2	99.8	105.1	92.8	100.5	101.6	102.3	102.4	104.1	100.9	104.2	101.1	102.4
福建	101.2	99.0	97.9	100.8	90.4	100.8	99.6	85.7	84.4	95.8	100.3	104.9	96.8	100.4	101.6	102.1	101.4	101.4	101.6	102.1	100.4	101.6
江西	102.0	99.3	98.5	100.7	100.0	102.3	101.2	92.6	91.6	93.3	100.8	107.7	97.6	99.9	103.6	104.8	103.1	102.4	101.2	100.2	99.6	101.5
山东	101.5	99.6	98.3	102.8	94.7	100.8	101.1	91.8	91.0	93.4	99.2	103.2	96.1	99.7	104.3	106.5	102.0	103.1	99.8	100.5	100.9	103.2
河南	101.4	98.4	96.8	102.0	96.3	100.2	100.9	91.1	90.0	92.2	96.3	105.2	93.3	99.2	100.8	102.0	102.6	101.7	99.9	100.9	101.3	102.1
湖北	101.5	99.4	98.3	101.9	95.1	99.1	100.8	92.3	91.5	93.9	99.1	105.9	97.6	100.8	100.8	101.4	103.3	103.2	100.1	100.4	100.6	102.4
湖南	101.4	99.3	98.7	101.6	97.8	99.7	98.3	94.3	93.6	94.2	100.1	106.1	98.4	101.0	102.5	103.4	101.6	101.2	101.0	100.4	101.0	100.4
广东	101.5	100.0	98.9	101.4	96.8	100.6	100.2	92.4	91.6	97.0	99.6	104.3	97.8	99.6	101.3	101.6	102.0	102.0	100.2	100.7	101.1	102.4
广西	101.6	99.7	98.5	101.2	98.0	100.7	97.9	96.6	96.2	93.4	97.5	104.2	97.0	101.6	104.3	105.4	101.6	102.7	99.4	101.4	100.4	103.0
海南	102.8	100.1	99.3	101.8	95.8	102.6	98.5	94.5	94.1	97.2	101.3	101.8	95.9	99.1	104.1	104.9	103.1	104.4	98.4	100.2	99.9	103.1
重庆	101.0	98.2	97.0	100.6	94.1	97.8	98.7	93.0	92.3	92.1	101.3	103.0	98.3	98.2	99.9	99.5	101.2	101.4	101.4	102.2	101.0	100.2
四川	101.4	98.6	97.2	101.0	97.9	102.5	97.1	94.1	93.5	92.2	99.3	104.0	97.8	99.8	102.8	104.0	101.7	101.4	100.1	101.7	101.5	101.4
贵州	100.9	100.0	99.2	101.1	101.0	100.0	96.1	97.9	97.7	95.6	99.6	101.7	97.4	99.5	108.5	111.4	100.8	102.5	100.6	100.4	99.9	102.5
云南	100.9	100.4	99.8	101.6	99.1	101.3	97.5	102.9	103.2	95.4	100.8	103.3	98.8	100.4	103.3	104.8	102.8	101.0	101.0	100.5	100.0	102.3
西藏	101.6	102.0	101.1	102.3	94.8	102.2	102.3	98.4	98.2	100.5	101.9	102.6	100.2	102.0	103.4	103.2	102.9	102.0	101.9	102.9	100.5	106.1
陕西	101.6	99.4	98.2	101.6	96.7	100.1	101.8	91.4	90.6	93.2	98.5	106.1	94.8	100.8	104.8	106.5	103.1	101.3	101.5	100.9	100.2	101.8
甘肃	101.4	100.1	99.4	101.3	100.4	100.0	100.7	95.9	95.5	97.0	98.9	102.2	97.0	100.7	104.1	105.5	101.2	100.9	100.0	101.5	100.5	101.7
青海	101.5	99.9	99.5	102.0	99.9	102.8	100.3	93.5	93.0	99.7	100.6	103.8	96.8	99.3	100.8	102.7	100.3	104.3	102.6	100.6	100.6	100.5
宁夏	101.6	99.5	99.0	100.6	94.2	100.2	99.4	89.8	89.4	100.4	98.5	103.6	101.6	100.4	102.8	104.4	101.4	104.2	99.8	100.5	100.1	100.6
新疆	102.2	102.1	100.8	100.7	93.9	102.2	99.5	96.0	95.2	103.4	100.1	103.4	100.0	99.4	102.2	103.7	101.3	101.4	100.0	100.8	101.4	106.6

（七）分地区农村居民家庭人均主要食品消费量

（单位：千克）

地区	粮食		食用油	食用植物油	蔬菜及食用菌	肉类	猪肉	牛肉	羊肉	禽类	水产品	蛋类	奶类	干鲜瓜果类	食糖
	(原粮)	谷物													
全国	154.6	144.8	10.1	9.2	90.2	23.6	19.5	0.9	1.0	7.9	7.4	8.9	6.9	38.4	1.4
北京	96.7	86.9	9.0	9.0	88.7	22.2	14.4	1.7	3.0	4.0	5.6	11.8	12.9	51.7	1.2
天津	153.9	142.9	12.8	12.7	99.0	22.0	14.4	0.9	2.3	4.1	12.6	16.7	12.0	81.8	1.7
河北	134.3	125.8	9.5	9.3	75.1	15.9	10.9	0.5	0.9	3.2	3.7	13.0	8.3	51.5	1.2
山西	159.4	142.5	7.8	7.7	64.9	10.6	8.2	0.2	0.9	1.7	1.2	10.2	9.6	37.1	1.2
内蒙古	168.8	157.5	6.5	6.1	69.8	31.6	19.2	2.8	8.0	4.4	3.0	7.2	14.6	37.3	1.3
辽宁	145.6	132.0	11.3	10.9	96.4	22.3	18.4	0.7	0.6	3.4	7.0	10.3	4.9	38.5	1.1
吉林	159.6	148.0	11.7	11.6	115.4	19.5	16.7	0.9	0.4	5.0	4.7	9.8	4.3	36.4	1.1
黑龙江	152.9	140.0	15.1	15.1	75.6	19.1	14.9	0.8	0.7	5.9	5.5	8.9	4.8	45.2	1.7
上海	126.0	115.6	10.1	9.9	86.4	31.1	24.1	1.7	1.0	13.4	22.3	10.0	12.0	44.0	1.5
江苏	134.9	123.5	12.1	12.0	97.8	23.1	17.7	1.1	0.7	8.5	14.2	9.6	11.1	36.2	1.1
浙江	163.8	148.7	12.8	12.2	94.8	27.2	23.1	1.3	0.5	9.0	18.6	8.1	9.4	40.2	1.8
安徽	165.5	154.1	10.2	9.4	96.3	21.3	17.2	1.2	0.7	10.1	9.3	11.2	8.1	43.3	1.2
福建	156.2	147.1	9.5	7.7	90.6	30.9	26.6	1.1	0.6	13.6	21.3	8.0	7.1	32.6	2.1
江西	167.3	159.9	12.0	11.4	104.3	21.1	17.4	1.1	0.2	6.7	8.4	5.8	6.6	28.0	0.9
山东	136.6	127.6	7.5	7.4	82.7	16.4	11.3	0.3	0.7	5.1	6.5	16.3	11.7	56.9	1.0
河南	128.3	120.7	7.5	7.5	72.6	12.7	9.2	0.7	0.6	4.2	2.5	13.0	6.1	49.2	1.2
湖北	136.9	127.4	14.1	13.5	113.0	23.5	20.3	0.9	0.4	4.0	11.1	7.3	3.7	28.7	0.9
湖南	187.0	178.9	11.6	8.3	103.2	28.8	26.3	1.0	0.5	10.9	8.9	7.9	2.8	44.4	1.3
广东	166.6	158.5	9.8	9.1	100.7	36.3	31.0	1.1	0.4	23.5	19.2	6.8	3.3	28.6	2.1
广西	163.3	157.5	8.0	5.9	78.1	28.4	26.3	0.6	0.4	19.2	7.7	4.9	2.4	31.1	1.1
海南	103.1	100.2	7.8	5.5	75.1	24.0	21.8	0.9	0.4	17.5	21.2	3.4	1.3	16.3	0.8
重庆	204.4	189.1	13.8	10.8	152.2	36.1	33.6	0.4	0.5	7.9	7.3	9.9	9.5	31.8	3.2
四川	184.5	172.1	12.4	10.9	126.8	38.9	36.5	0.6	0.4	10.1	6.1	8.9	8.5	32.0	2.1
贵州	134.0	123.1	6.6	5.1	81.3	28.4	27.1	0.5	0.3	3.4	1.2	3.2	1.8	23.2	0.9
云南	141.0	132.3	6.6	4.7	79.7	30.8	29.0	0.9	0.4	7.2	2.4	3.9	1.9	18.9	1.3
西藏	318.0	310.7	20.0	13.0	17.7	23.0	5.4	11.3	5.8	0.1	0.0	2.0	22.9	2.5	1.0
陕西	142.6	133.0	11.0	10.8	64.4	10.8	8.6	0.2	0.8	1.7	1.0	5.7	7.6	32.0	0.9
甘肃	172.2	159.7	7.1	7.0	55.2	14.7	11.0	0.6	2.0	3.8	0.9	5.9	6.6	39.3	1.9
青海	136.9	126.7	9.5	9.1	45.1	24.9	11.2	5.2	7.8	2.8	0.8	2.9	11.4	18.2	1.5
宁夏	128.1	121.2	7.7	7.7	76.9	14.1	6.0	3.3	4.2	5.9	1.3	4.1	7.5	63.9	1.2
新疆	181.1	179.8	14.3	14.2	82.6	19.3	1.8	3.8	13.1	4.5	1.0	4.5	13.2	49.7	1.0

（八）分地区农村居民人均消费支出

（单位：元）

地区	消费								
	支出	食品烟酒	衣着	居住	生活用品及服务	交通通信	教育文化娱乐	医疗保健	其他用品及服务
全国	10954.5	3415.4	611.6	2353.5	634.0	1509.1	1171.3	1058.7	200.9
北京	18810.5	4653.2	1024.6	5587.8	1596.1	2729.9	1313.7	1699.3	205.8
天津	16385.9	4851.5	1128.2	3354.4	1100.5	2902.0	1343.2	1407.2	298.9
河北	10535.9	2817.2	684.4	2380.8	668.5	1689.4	1014.1	1072.6	208.9
山西	8424.0	2308.3	577.5	1901.9	393.0	1028.0	1127.2	937.5	150.6
内蒙古	12184.4	3384.7	842.3	2194.3	522.1	2055.6	1638.6	1288.4	258.4
辽宁	10787.3	2883.4	694.7	2200.9	512.6	1745.5	1295.0	1251.4	203.8
吉林	10279.4	2903.2	682.5	1837.3	409.3	1531.0	1302.5	1399.6	214.1
黑龙江	10523.9	2788.3	776.6	1722.7	428.1	1667.7	1362.1	1551.2	227.2
上海	18089.8	6114.1	925.3	4722.9	935.2	2365.9	1219.8	1456.4	350.2
江苏	15611.5	4510.7	892.0	3395.2	954.3	2619.5	1450.5	1395.0	394.4
浙江	18093.4	5608.2	955.8	4358.4	842.1	3102.5	1590.9	1370.2	265.3
安徽	11106.1	3726.0	565.6	2618.2	589.0	1346.0	1075.0	1006.8	179.5
福建	14003.4	5162.2	630.8	3547.9	721.0	1555.0	1174.6	906.5	305.4
江西	9870.4	3314.4	502.0	2558.2	537.4	1067.4	1004.1	718.2	168.6
山东	10342.1	2960.4	585.2	1973.5	690.2	1710.4	1140.9	1129.3	152.1
河南	9211.5	2495.9	712.4	2005.5	647.2	1245.4	1030.3	909.0	166.0
湖北	11632.5	3332.4	626.4	2512.3	706.2	1384.7	1330.7	1438.3	301.6
湖南	11533.6	3521.2	527.2	2562.5	642.8	1234.5	1710.2	1171.8	163.4
广东	13199.6	5303.9	459.5	2902.4	722.8	1423.6	1186.0	921.7	279.7
广西	9436.6	3042.8	286.7	2119.8	495.2	1288.5	1127.9	931.0	144.8
海南	9599.4	4021.3	321.9	1839.2	379.3	1041.5	1197.0	629.5	169.7
重庆	10936.1	3993.1	598.2	1967.3	749.0	1334.1	1226.2	883.9	184.2
四川	11396.7	4235.2	682.9	2157.1	782.3	1378.2	847.7	1093.6	219.6
贵州	8299.0	2505.2	416.1	1942.6	449.9	1080.6	1183.3	602.5	118.9
云南	8027.3	2612.8	320.6	1509.1	459.6	1308.6	1044.0	681.5	91.1
西藏	6691.5	3283.9	735.7	947.5	433.6	794.2	238.6	147.5	110.6
陕西	9305.6	2417.3	530.6	2144.9	577.1	1114.4	1082.8	1260.4	178.0
甘肃	8029.7	2438.2	507.9	1561.5	484.9	1016.0	993.7	890.6	136.8
青海	9902.7	2944.7	670.0	1739.1	488.3	1629.3	897.1	1270.4	263.8
宁夏	9982.1	2522.2	718.6	1958.7	574.4	1675.2	1212.4	1131.2	189.3
新疆	8712.6	2667.3	710.3	1659.8	408.5	1421.4	747.5	970.7	127.1

（九）分地区商品零售价格分类指数

（上年=100）

地区	总指数	食品	食品							饮料烟酒
			粮食	菜	畜肉	禽肉	水产品	蛋	干鲜瓜果	
全国	101.1	99.4	101.5	92.6	95.1	99.5	104.6	96.3	102.7	100.9
北京	99.2	100.5	100.9	91.1	98.4	101.8	104.4	95.8	102.6	100.5
天津	100.8	100.3	103.2	92.4	99.3	99.0	102.8	96.5	102.6	100.9
河北	101.4	99.0	101.6	91.8	95.8	99.3	105.5	95.1	102.2	100.0
山西	101.3	98.8	101.7	91.3	95.5	97.7	102.2	94.4	102.4	100.2
内蒙古	101.2	99.7	101.3	94.1	96.9	98.4	106.6	95.1	104.7	100.2
辽宁	100.7	99.1	101.1	90.6	94.1	97.2	104.9	95.7	105.3	100.6
吉林	101.4	98.6	100.8	92.5	94.4	95.6	103.4	92.4	101.8	101.6
黑龙江	99.9	98.2	101.1	90.9	92.8	97.2	102.5	92.5	99.9	99.3
上海	100.9	101.1	101.7	94.9	99.3	102.1	103.5	98.5	104.1	102.0
江苏	101.9	100.0	101.4	93.6	96.5	98.7	102.8	95.7	103.0	101.6
浙江	101.4	100.1	101.2	90.8	96.1	100.3	105.9	97.1	101.3	101.1
安徽	101.7	98.5	101.4	89.5	92.2	100.1	104.7	93.0	101.8	101.9
福建	100.6	98.4	100.9	85.6	95.4	100.4	105.0	98.2	101.6	100.9
江西	101.0	99.7	100.9	92.6	94.5	101.7	108.5	97.3	104.4	99.6
山东	100.8	99.2	103.2	92.2	93.3	99.3	103.5	96.4	104.1	100.6
河南	101.3	98.3	102.1	91.5	92.8	96.4	105.6	93.7	100.6	101.6
湖北	100.3	98.9	101.6	92.7	93.9	99.6	105.9	98.5	101.3	100.8
湖南	101.3	98.9	101.1	93.2	94.8	99.3	106.7	97.9	103.0	101.2
广东	101.6	100.0	101.3	93.1	97.5	100.2	104.6	97.9	101.8	100.9
广西	101.2	99.4	101.3	96.7	94.2	97.3	105.0	97.0	104.2	100.8
海南	102.0	100.3	101.7	94.6	97.7	102.0	101.9	96.1	103.5	100.2
重庆	100.8	97.9	100.6	93.0	92.1	101.3	103.0	98.3	99.9	101.3
四川	100.5	98.3	100.5	94.3	93.3	99.5	103.6	98.3	103.8	101.4
贵州	100.9	99.8	100.7	97.7	95.2	100.6	102.6	97.5	107.3	100.0
云南	101.3	100.0	101.4	101.8	95.4	100.7	104.5	98.4	102.1	100.0
西藏	101.4	101.9	102.4	97.7	99.4	101.9	104.1	100.3	102.1	101.2
陕西	101.3	99.3	101.3	91.7	92.9	100.5	107.0	94.9	106.4	100.5
甘肃	101.4	99.8	101.2	95.7	97.1	98.0	101.9	96.3	104.3	100.9
青海	101.2	100.0	101.9	94.8	99.3	100.6	104.0	96.6	100.8	100.9
宁夏	101.8	99.6	100.6	92.1	100.3	98.7	104.0	99.6	102.6	100.0
新疆	100.9	101.5	101.6	96.8	104.8	100.4	103.8	99.0	100.8	101.8

四、2017年居民消费价格分类指数

(上年=100)

项目名称	全国	城市	农村
居民消费价格总指数	101.6	101.7	101.3
食品烟酒	99.6	99.8	98.9
食品	98.6	98.8	98.0
粮食	101.5	101.4	101.6
薯类	96.2	95.7	97.3
豆类	100.7	100.7	100.5
食用油	99.8	100.2	99.1
菜	92.7	92.6	93.1
鲜菜	91.9	91.7	92.3
畜肉类	95.0	95.7	93.5
禽肉类	99.5	99.8	98.6
水产品	104.4	104.6	103.6
蛋类	96.0	96.3	95.2
奶类	100.1	100.2	100.1
干鲜瓜果类	102.7	102.7	102.8
鲜瓜果	103.8	103.8	104.0
糖果糕点类	102.1	102.2	102.0
调味品	102.6	103.0	101.6
其他食品类	100.2	100.1	100.5
茶及饮料	101.2	101.2	101.2
烟酒	100.8	100.9	100.5
在外餐饮	102.2	102.2	102.1

五、农产品生产者价格指数

(上年=100)

指　　标	2013	2014	2015	2016	2017
农产品生产者价格指数	103.2	99.8	101.7	103.4	96.5
种植业产品	104.3	101.8	99.2	97.0	99.5
谷物	103.1	102.7	98.7	92.2	100.5
小麦	106.7	105.1	99.2	94.1	104.4
稻谷	102.2	102.2	101.6	98.8	100.7
玉米	100.2	101.7	96.5	86.8	97.1
大豆	105.7	101.8	99.0	97.6	97.7
油料	102.4	99.9	100.8	101.1	100.5
棉花	103.9	87.1	87.5	118.4	100.8
糖料	98.9	99.7	98.8	106.5	106.3
蔬菜	106.9	98.5	104.6	107.0	95.6
水果	106.2	106.4	99.7	92.5	104.8
林业产品	99.1	99.4	97.9	96.1	104.9
畜牧业产品	102.4	97.1	104.2	110.4	90.8
猪（毛重）	99.3	92.2	108.9	119.4	86.0
牛（毛重）	113.1	104.4	99.1	98.7	98.8
羊（毛重）	109.1	100.8	89.4	93.6	107.1
家禽（毛重）	103.2	104.4	101.3	99.6	96.7
蛋类	105.8	105.7	96.9	94.3	92.8
奶类	111.0	107.9	92.2	96.2	100.0
渔业产品	104.3	103.1	102.5	103.4	104.9
海水养殖产品	100.7	101.9	101.0	104.1	107.9
海水捕捞产品	107.7	103.1	106.0	106.2	103.1
淡水养殖产品	104.7	103.8	102.1	102.0	102.4

注：根据统计报表制度规定，农产品生产者价格调查中的淡水捕捞产品不再作为代表品，故从2015年起不再出淡水捕捞产品价格指数。

六、农村居民人均主要食品消费量

（单位：千克）

指　标	2013	2014	2015	2016	2017
粮食(原粮)	178.5	167.6	159.5	157.2	154.6
谷物	169.8	159.1	150.2	147.1	144.8
薯类	2.7	2.4	2.7	2.9	2.8
豆类	6.0	6.2	6.6	7.3	7.1
食用油	10.3	9.8	10.1	10.2	10.1
#食用植物油	9.3	9.0	9.2	9.3	9.2
蔬菜及食用菌	90.6	88.9	90.3	91.5	90.2
鲜菜	89.2	87.5	88.7	89.7	88.5
肉类	22.4	22.5	23.1	22.7	23.6
猪肉	19.1	19.2	19.5	18.7	19.5
牛肉	0.8	0.8	0.8	0.9	0.9
羊肉	0.7	0.7	0.9	1.1	1.0
禽类	6.2	6.7	7.1	7.9	7.9
水产品	6.6	6.8	7.2	7.5	7.4
蛋类	7.0	7.2	8.3	8.5	8.9
奶类	5.7	6.4	6.3	6.6	6.9
干鲜瓜果类	29.5	30.3	32.3	36.8	38.4
鲜瓜果	27.1	28.0	29.7	33.8	35.1
坚果类	2.5	1.9	2.1	2.4	2.6
食糖	1.2	1.3	1.3	1.4	1.4

七、全国居民人均主要食品消费量

（单位：千克）

指　标	2013	2014	2015	2016	2017
粮食(原粮)	148.7	141.0	134.5	132.8	130.1
谷物	138.9	131.4	124.3	122.0	119.6
薯类	2.3	2.2	2.4	2.6	2.5
豆类	7.5	7.5	7.8	8.3	8.0
食用油	10.6	10.4	10.6	10.6	10.4
食用植物油	9.9	9.8	10.0	10.0	9.8
蔬菜及食用菌	97.5	96.9	97.8	100.1	99.2
鲜菜	94.9	94.1	94.9	96.9	96.1
肉类	25.6	25.6	26.2	26.1	26.7

续表七

指　标	2013	2014	2015	2016	2017
猪肉	19.8	20.0	20.1	19.6	20.1
牛肉	1.5	1.5	1.6	1.8	1.9
羊肉	0.9	1.0	1.2	1.5	1.3
禽类	7.2	8.0	8.4	9.1	8.9
水产品	10.4	10.8	11.2	11.4	11.5
蛋类	8.2	8.6	9.5	9.7	10.0
奶类	11.7	12.6	12.1	12.0	12.1
干鲜瓜果类	40.7	42.2	44.5	48.3	50.1
鲜瓜果	37.8	38.6	40.5	43.9	45.6
坚果类	3.0	2.9	3.1	3.4	3.5
食糖	1.2	1.3	1.3	1.3	1.3

八、2017年商品零售价格分类指数

（上年=100）

项目名称	全国	城市	农村
商品零售价格指数	101.1	101.1	101.3
食品	99.4	99.5	98.7
粮食	101.5	101.4	101.9
食用油	100.1	100.4	99.3
菜	92.6	92.6	93.0
畜肉类	95.1	95.4	93.4
禽肉类	99.5	99.6	98.9
水产品	104.6	104.7	103.9
蛋类	96.3	96.5	95.3
奶类	100.3	100.3	100.0
干鲜瓜果类	102.7	102.7	102.7
糖果糕点类	102.1	102.1	102.2
调味品	102.7	102.8	101.8
其他食品类	100.3	100.2	101.1
在外餐饮	102.2	102.2	102.4
饮料、烟酒	100.9	101.0	100.7
茶及饮料	101.2	101.1	101.4
酒类	102.3	102.4	101.7
服装、鞋帽	101.1	101.1	101.1
服装	101.2	101.2	101.4

续表八

项目名称	全国	城市	农村
鞋帽袜	100.9	100.9	100.6
纺织品	100.4	100.4	100.5
服装材料	101.9	102.0	101.5
床上用品	100.0	100.0	100.2
家用电器及音像器材	99.8	99.7	100.2
文化办公用品	99.6	99.6	100.2
日用品	100.5	100.4	100.9
日用百货	100.8	100.7	101.2
体育娱乐用品	100.6	100.6	100.8
交通、通信用品	98.5	98.5	98.7
家具	102.0	101.9	102.3
化妆品	101.2	101.3	101.1
金银饰品	101.9	101.9	101.8
中西药品及医疗保健用品	105.4	105.2	106.8
医疗卫生器具	100.7	100.7	101.1
西药	105.7	105.4	107.6
书报杂志及电子出版物	101.7	101.6	102.0
燃料	108.4	108.4	108.9
建筑材料及五金电料	102.1	101.9	103.2
建筑装璜材料	102.3	102.1	103.4
五金水暖	101.5	101.3	102.5

第五部分

附 录

5.1 国民经济行业分类与代码（G13/T4754—2017）食品行业

代码				类别名称	说明
门类	大类4个	中类21个	小类64个		
	13			农副产品加工类	指直接以农、林、牧、渔业产品为原料进行的谷物磨制、饲料加工、植物油和制糖加工、屠宰及肉类加工、水产品加工、以及蔬菜、水果和坚果等食品的加工
		131		谷物磨制	也称粮食加工，指将稻谷、小麦、玉米、谷子、高粱等谷物去壳、踝磨，加工为成品粮的生产活动
			1311	稻谷加工	指将稻谷去壳、踝磨成大米的生产活动
			1312	小麦加工	指将小麦踝磨成小麦粉的生产活动
			1313	玉米加工	指将玉米踝碎或踝磨成玉米渣或玉米粉的生产活动，不含以玉米为原料的饲料加工、淀粉及淀粉制品制造、酒精制造等
			1314	杂粮加工	指将谷物、高粱、绿豆、红小豆等小宗谷物、豆类作物进行清理去壳、踝磨，加工为成品粮的生产活动
			1319	其他谷物磨制	
				饲料加工	
		132	1321	宠物饲料加工	指专门为合法饲养的猫、狗、鱼、鸟等小动物提供食品的加工
			1329	其他饲养加工	指适用于农场、农户饲养牲畜、家禽、水产品的饲料生产加工和用低值水产品及水产品加工废弃物（如鱼骨、内脏、虾壳）等为主要原料的饲料加工
		133	1331	植物油加工	指用各种食用植物油料生产油脂，以及精制食用油的加工
				食用植物油加工	
			1332	非食用植物油加工	指用各种非食用植物油料生产油脂的活动
		134	1340	制糖业	指以甘蔗、甜菜等为原料制作成品糖，以及以原糖或砂糖为原料精炼加工各种精制糖的生产活动

代码				类别名称	说明
门类	人类4个	中类21个	小类64个		
		135		屠宰及肉类加工	
			1351	牲畜屠宰	指对各种牲畜进行宰杀，以及鲜肉冷冻等保鲜活动，但不包括商业冷藏活动
			1352	禽类屠宰	指对各种禽类进行宰杀，以及鲜肉冷冻等保鲜活动，但不包括商业冷藏活动
			1353	肉制品及副产品加工	指主要以各种畜、禽肉及畜、禽副产品为原料加工成熟肉制品
		136		水产品加工	
			1361	水产品冷冻加工	指为了保鲜，将海水、淡水养殖或捕捞的鱼类、虾类、甲壳类、贝类、藻类等水生动物或植物进行的冷冻加工，但不包括商业冷藏活动
			1362	鱼糜制品及水产品干腌制加工	指鱼糜制品制造，以及水产品的干制、腌制等加工活动
			1363	鱼油提取及制品制造	指从鱼或鱼肝中提取油脂，并生产制造的活动
			1369	其他水产品加工	指对水生动植物进行的其他加工
		137		蔬菜、菌类、水果和坚果加工	指用脱水、干制、冷藏、冷冻、腌制等方法，对蔬菜、菌类、水果、坚果的加工
			1371	蔬菜加工	
			1372	食用菌加工	
			1373	水果和坚果加工	
		139		其他农副食品加工	
			1391	淀粉及淀粉制品制造	指用玉米、薯类、豆类及其他植物原料制作淀粉和淀粉制品的生产，还包括以淀粉为原料，经酶法或酸法转换得到的糖品生产活动
			1392	豆制品制造	指以大豆、小豆、绿豆、蚕豆等豆类为主要原料，经加工制成食品的活动

代码				类别名称	说明
门类	大类4个	中类21个	小类64个		
			1393	蛋类加工	
			1399	其他未列明农副食品加工	
	14			食品制造业	
		141		焙烤食品制造	
			1411	糕点、面包制造	指用米粉、小麦粉、豆粉为主要原料，配以辅料，经成型、油炸、烤制而成的各种食品生产活动
			1419	饼干及其他焙烤食品制造	指以小麦粉（或糯米粉）、糖和油脂为主要原料，配以奶制品、蛋制品等辅料，经成型、焙烤制成的各种饼干，以及用薯类、谷类、豆类等制作的各种易于保存、食用方便的焙烤食品生产活动
		142		糖果、巧克力及蜜饯制造	
			1421	糖果、巧克力制造	糖果制造指以砂糖、葡萄糖浆或饴糖为主要原料，加入油脂、乳品、胶体、果仁、香料、食用色素等辅料制成甜味块状食品的生产活动；巧克力制造指以浆状、粉状或块状可可、可可脂、可可酱、砂糖、乳品等为主要原料加工制成巧克力及巧克力制品的生产活动
			1422	蜜饯制作	指以水果、坚果、果皮及植物的其他部分制作糖果蜜饯的活动
		143		方便食品制造	
			1431	米、面制品制造	指以米、小麦粉、杂粮等为主要原料，经加工制成各种未经蒸煮类米面制品的生产活动

代码				类别名称	说明
门类	大类4个	中类21个	小类64个		
			1432	速冻食品制造	指以米、小麦粉、杂粮等为主要原料，以肉类、蔬菜等为辅料，经加工制成各类熏制或未熏制的主食食品后，立即采用速冻工艺制成的，并可以在冻结条件下运输储存及销售的各类主食食品的生产活动
			1433	方便面制造	指以米、杂粮等为主要原料加工制成的，可以直接食用或只需简单蒸煮即可作为主食的各种方便主食食品的生产活动，以及其他未列明的方便食品制造
			1439	其他方便食品制造	指以生鲜牛（羊）乳及其制品为主要原料，经加工制成的液体乳及固体乳（乳粉、炼乳、乳脂肪、干酪等）制品的生产活动，不包括含乳饮料和植物蛋白饮料生产活动
		144		乳制品制造	
			1441	液体乳制造	指将符合要求的原料经处理、分选、修整、熏调（或不经熏调）、装罐、密封、杀菌、冷却（或无菌包装）等罐头生产工艺制成的，达到商业无菌要求，并可以在常温下储存的罐头食品的制造
			1442	乳粉制造	
			1449	其他乳制品制造	
				罐头食品制造	
		145	1451	肉、禽类罐头制造	指婴幼儿辅助食品类罐头，米面食品类罐头（如八宝粥罐头等）及上述未列明的罐头食品制造
			1452	水产品罐头制造	
			1453	蔬菜、水果罐头制造	
			1459	其他罐头食品制造	
		146		调味品、发酵制品制造	

代码				类别名称	说明
门类	大类4个	中类21个	小类64个		
			1461	味精制造	指以淀粉或糖蜜为原料，经微生物发酵，提取、精制等工序制成的，谷氨酸钠含量在80%及以上的鲜味剂的生产活动
			1462	酱油、食醋及类似制品制造	指以大豆和（或）脱脂大豆，小麦和（或）麸皮为原料，经微生物发酵制成的各种酱油和酱类制品，以及以单独或混合使用各种含有淀粉、糖的物料或酒精，经微生物发酵酿制的酸性调味品的生产活动
			1469	其他调味品、发酵制品制造	
		149		其他食品制造	
			1491	营养食品制造	指以新食品原料和其他富含营养成分的传统食材为原料，经各种常规食品制造技术生产的特殊医学用途配方食品、婴幼儿配方食品和其他适用于特定人群的主辅食品的生产活动
			1492	保健食品制造	指标明具有特定保健功能的食品，适用于特定人群食用，具有调节机体功能，不以治疗为目的，对人体不产生急性、亚急性或慢性危害，以补充维生素、矿物质为目的的营养素补充等保健食品制造
			1493	冷冻饮品及食品冰制造	指以砂糖、乳制品、豆制品、蛋制品、油脂、果料和食用添加剂等经混合配制、加热杀菌、均质、老化、冻结（凝冻）而成的冷食饮品的制造，以及使用冰的制造
			1494	盐加工	指以原盐为原料，经过化卤、蒸发、洗涤、粉碎、干燥、脱水、筛分等工序，或在其中添加碘酸钾及调味品等加工制成盐产品的生产活动
			1495	食品及饲料添加剂制造	指增加或改造食品特色的化学品，以及补充动物饲料的营养成分和促进生长、防治疾病的制造的生产活动

代码				类别名称	说明
门类	大类4个	中类21个	小类64个		
			1499	其他未列名食品制造	
				酒、饮料和精制茶制造业	
	15				
				酒的制造	
		151	1511	酒精制造	指酒精、白酒、啤酒及其专用麦芽、黄酒、葡萄酒、果酒、配制酒以及其他酒的生产
			1512	白酒制造	指用玉米、小麦、薯类等淀粉质原料或用糖蜜等含糖质原料，经蒸煮、糖化、发酵及蒸馏等工艺制成的酒精产品的生产活动
			1513	啤酒制造	指以高粱等粮谷为主要原料，以大曲、小曲或麸曲及酒母等为糖化发酵剂，经蒸煮、糖化、发酵、蒸馏、陈酿、勾兑而制成的蒸馏酒产品的生产活动
			1514	黄酒制造	指以麦芽（包括特种麦芽）、水为主要原料，加啤酒花，经酵母发酵酿制而成，含二氧化碳、起泡、低酒精度的发酵酒产品（包括无醇啤酒，也称脱醇啤酒）的生产活动，以及啤酒专用原料麦芽的生产活动
			1515	葡萄酒制造	指以稻米、黍米、黑米、小麦、玉米等为主要原料，加曲、酵母等糖化发酵剂发酵酿制而成的发酵酒产品的生产活动
			1519	其他酒制造	指以新鲜葡萄或葡萄汁为原料，经全部或部分发酵酿制而成，含有一定酒精度的发酵酒产品的生产活动
		152	1521	饮料制造	指除葡萄酒以外的果酒、配制酒以及上述未列明的其他酒产品的生产活动
				碳酸饮料制造	指在一定条件下充入二氧化碳的饮用品制造，其成品中二氧化碳气的含量（20℃时的体积倍数）不低于2.0倍

代码				类别名称	说明
门类	大类4个	中类21个	小类64个		
			1522	瓶（罐）装饮用水制造	指以地下矿泉水和符合生活饮用水卫生标准的水为水源加工制成的，密封于塑料瓶（罐）、玻璃瓶或其他容器中，不含任何添加剂，可直接饮用的水的生产活动
			1523	果菜汁及果菜汁饮料制造	指以新鲜或冷藏水果和蔬菜为原料，经加工制得的果菜汁液制品生产活动，以及在果汁或浓缩果汁、蔬菜汁中加入水、糖液、酸味剂等，经调制而成的可直接饮用的饮品（果汁含量不低于10%）的生产活动
			1524	含乳饮料和植物蛋白饮料制造	指以鲜乳或乳制品为原料（经发酵或未经发酵），加入水、糖液等调制而成的可直接饮用的含乳饮品的生产活动，以及以蛋白质含量较高的植物的果实、种子或核果类、坚果类的果仁等为原料，在其加工制得的浆液中加入水、糖液等调制而成的可直接饮用的植物蛋白饮品的生产活动
			1525	固体饮料制造	指以糖、食品添加剂、果汁或植物油提物等为原料，加工制成粉末状、颗粒状或块状制品【其成品水分（质量分数）不高于5%】的生产活动
			1529	茶饮料及其他饮料制造	指茶饮料、特殊用途饮料以及其他未列明的饮料制造
			1530	精制茶加工	指对毛茶或半成品原料茶进行筛分、轧切、风选、干燥、勾堆、拼配等精制加工茶叶的生产活动
			1610	烟草制品业	指在原烟（初烤）基础上进行第二次烟叶水分调整的活动
			1620	烟叶复烤	指各种卷烟生产，但不包括生产烟用滤嘴棒的纤维丝束原料的制造
			1690	卷烟制造	
		153		其他烟草制品制造	
	16	161			
		162			
		169			

5.2 中国油脂工业（补登）

众所周知，中国不仅是一个油料油脂生产大国、加工大国和消费大国，也是一个油料油脂的贸易大国，在全球油料油脂的生产、加工、消费和贸易中有着举足轻重的地位和影响。

【a. 概况】

根据国家粮油信息中心提供的数据：2015 年，我国油菜籽、花生、大豆、棉籽、葵花籽、芝麻、亚麻籽、油茶籽等八大油料的总产量为 5724.4 万吨；预测 2016 年八大油料的总产量为 5884.7 万吨，其中，油菜籽产量为 1400 万吨、花生果产量为 1770 万吨、大豆产量为 1310 万吨、棉籽产量为 961.7 万吨、葵花籽产量为 265 万吨、芝麻产量为 64 万吨、亚麻籽产量为 39 万吨、油茶籽产量为 240 万吨（见表 1）。

从 2016 年的油料产量中，可以看到有以下两点值得我们关注和高兴：一是，随着农业生产供给侧结构性改革的推进，调整了部分农产品的种植面积，从而有效促进了我国传统大豆产业的发展，2016 年，我国大豆产量预计达 1310 万吨，同比增长 11.2%。同时，有望 2017 年我国大豆产量继续增长；二是，随着国家对木本油料产业发展的重视，以油茶为代表的木本油料产量逐年快速增长。2016 年，预计油茶籽的产量达 240 万吨，同比增长 11%，与 2010 年油茶籽产量 109.2 万吨相比，增长 120%，六年间，平均每年增长 20%。另外，据林业部提供的资料表明，我国核桃产业的发展振奋人心。2015 年，全国核桃种植面积达 9000 万亩、产量达 330 万吨，与 2011 年的种植面积约 6882 万亩、产量为 165.6 万吨相比，4 年间，面积增长 31%，产量增长 99.4%。

表1 我国油料产量(单位：千吨)

年份	油籽总产量	其中：棉籽	大豆	油料	其中：菜籽	花生果	葵花籽	芝麻	亚麻籽	油茶籽
1993	40,076	6,730	15,307	18,039	6,936	8,421	1,282	563	496	488
1994	43,710	7,814	16,000	19,896	7,492	9,682	1,367	548	511	631
1995	44,585	8,582	13,500	22,503	9,777	10,235	1,269	583	364	623
1996	42,891	7,565	13,220	22,106	9,201	10,138	1,323	575	553	697
1997	44,587	8,285	14,728	21,574	9,578	9,648	1,176	566	393	857
1998	46,393	8,102	15,152	23,139	8,301	11,886	1,465	656	523	723
1999	47,155	6,892	14,251	26,012	10,132	12,639	1,765	743	404	793
2000	52,910	7,951	15,411	29,548	11,381	14,437	1,954	811	344	823
2001	53,638	9,582	15,407	28,649	11,331	14,416	1,478	804	243	825
2002	53,788	8,309	16,507	28,972	10,552	14,818	1,946	895	409	855
2003	52,251	8,747	15,394	28,110	11,420	13,420	1,743	593	450	780
2004	59,445	11,382	17,404	30,659	13,182	14,342	1,552	704	426	875
2005	57,407	10,286	16,350	30,771	13,052	14,342	1,928	625	362	875
2006	55,044	13,559	15,082	26,403	10,966	12,738	1,440	662	374	920
2007	52,135	13,723	12,725	25,687	10,573	13,027	1,187	557	268	939
2008	58,559	13,486	15,545	29,528	12,102	14,286	1,792	586	350	990

年份	油籽总产量	其中：棉籽	大豆	油料	其中：菜籽	花生果	葵花籽	芝麻	亚麻籽	油茶籽
2009	58, 003	11, 479	14, 981	31, 543	13, 657	14, 708	1, 956	622	318	1169
2010	58, 114	10, 730	15, 083	32, 301	13, 082	15, 644	2, 298	587	324	1092
2011	59, 413	11, 860	14, 485	33, 068	13, 426	16, 046	2, 313	606	359	1480
2012	59, 723	12, 305	13, 050	34, 368	14, 007	16, 692	2, 323	639	391	1728
2013	58, 459	11, 338	11, 951	35, 170	14, 458	16, 972	2, 423	624	399	1777
2014	60, 029	11, 090	12, 154	36, 785	14, 772	16, 482	2, 492	629	387	2023
2015	57, 244	10, 089	11, 785	35, 370	14, 931	16, 440	2, 520	640	380	2163
2016预测	58, 847	9, 617	13, 100	36, 130	14, 000	17, 700	2, 650	640	390	2400

注：资料来源国家粮油信息中心。

表2 2016年国产油料榨油量预测（单位：千吨）

品种	产量估计	压榨量	出油量	出油率
菜籽	14, 000	12, 500	4, 250	34. 00%
花生	17, 700	8, 000	2, 560	32. 00%
棉籽	9, 617	8, 000	1, 040	13. 00%
大豆	13, 100	3, 000	420	14. 00%
葵花籽	2, 650	1, 000	250	25. 00%
油茶籽	2, 400	2, 300	575	25. 00%
芝麻	640	300	120	40. 00%
亚麻籽	390	300	90	30. 00%
玉米油			900	
米糠油			800	
其他			50	
合计			11, 055	

注：①资料来源国家粮油信息中心。

②在预测榨油量中，玉米油的量低了一些，米糠油的量高了一些。

在利用国产油料榨油方面，据国家粮油信息中心预测，2016 年我国利用国产油料（扣除大豆、花生、芝麻和葵花籽等 4 种油料部分直接食用外）的榨油量为 1105.5 万吨（见表 2）。

【b. 进出口】

近些年，我国的油料生产发展较为稳定，油料的总产量稳居世界第一，但其发展速度跟不上油料油脂消费的快速增长。为满足我国食用油市场供应和饲养业发展的需要，我国进口油料油脂的数量一直居高不下。据海关统计，2016 年，我国进口各类油料合计为 8952.9 万吨，比 2015 年进口的 8757.1 万吨，增加了 195.8 万吨。其中，进口大豆为 8391.3 万吨、油菜籽 356.6 万吨、芝麻 93.2 万吨；进口各类植物油总量为 688.4 万吨，比 2015 年进口的 839.1 万吨，减少了 150.7 万吨。其中，进口大豆油 56 万吨、菜籽油 70 万吨、棕榈油 447.8 万吨、葵花籽油 95.7 万吨、花生油 10.7 万吨，橄榄油 4.5 万吨（见表 3）。值得我们关注的是进口芝麻已超过国产芝麻的产量；进口葵花油已超过国产葵花籽油的产量，在进口植物油中，数量仅次于棕榈油，位居第二。另外，其他一些小品种的油料油脂进口开始呈现一定数量，如亚麻籽及亚麻籽油、红花籽、椰子油、蓖麻油等等，体现了多油并举。

表3 我国油脂油料进口量（单位：千吨）

年份	油籽进口量	其中：大豆	菜籽	其他油籽	植物油进口量	其中：豆油	棕榈油	菜籽油	其他植物油
1996		1,108	0		2,640	1,295	1,012	316	17
1997		2,792	55		2,750	1,193	1,146	351	60
1998		3,196	1,386		2,060	829	930	285	17
1999		4,315	2,595		2,080	804	1,194	69	13
2000		10,416	2,969		1,872	308	1,391	75	99
2001		13,937	1,724		1,674	70	1,517	49	38
2002	11,945	11,315	618	12	3,212	870	2,221	78	43
2003	20,976	20,741	167	68	5,418	1,884	3,325	152	57
2004	20,756	20,229	424	103	6,764	2,517	3,857	353	38
2005	27,042	26,590	296	156	6,213	1,694	4,330	178	11
2006	29,280	28,270	738	272	6,715	1,543	5,082	44	46
2007	31,858	30,821	833	204	8,397	2,823	5,095	375	104
2008	39,005	37,436	1,303	266	8,163	2,586	5,282	270	25
2009	46,331	42,552	3,286	493	9,502	2,391	6,441	468	202
2010	57,046	54,797	1,600	649	8,262	1,341	5,696	985	240
2011	54,818	52,640	1,262	916	7,798	1,143	5,912	551	192
2012	62,280	58,384	2,930	966	9,600	1,826	6,341	1,176	257
2013	67,835	63,375	3,662	798	9,221	1,158	5,979	1,527	557
2014	77,518	71,399	5,081	1,038	7,873	1,038	5,324	810	603
2015	87,571	81,694	4,471	1,406	8,391	818	5,909	815	849
2016	89,529	83,913	3,566	2,050	6,884	560	4,478	700	1,146

注：资料来源国家粮油信息中心。

表4 我国进口的其他油料油脂量（单位：万吨）

年份	进口油料油脂名称								
	芝麻	亚麻籽	红花籽	葵花籽油	花生油	橄榄油	亚麻籽油	椰子油	蓖麻油
2012	39.6	14.79	—	—	—	4.6	3.76	20.78	22.76
2013	44.1	18.06	0.94	43.9	6.1	4	1.83	13.07	23.19
2014	56.9	28.34	1.71	45.5	9.4	3.6	1.72	13.93	17.3
2015	80.6	36.03	2.83	65.1	12.8	3.9	2.87	14.46	22.7
2016	93.2	47.47	3.09	95.7	10.7	4.5	3.4	13.3	25.7

注：数据来自国家粮油信息中心并加以整理。

【c. 市场产销情况分析】

从国家粮油信息中心提供的“我国食用油市场综合平衡分析表”中得知：2015/2016 年度，我国食用油的食用消费量为 3075 万吨，工业及其他消费为 338 万吨，出口量为 13.5 万吨，合计年度需求总量（即消费量）为 3426.5 万吨。

根据 2015/2016 年度我国食用油的需求总量为 3426.5 万吨，按 2016 年末公布的我国大陆人口总数为 13.8271 亿人计算，2016 年我国人均年食用油消费量为 24.8 千克。

5.3 食用植物油加工（补登）

【a. 概况】

2016 年，我国日处理 50 吨油料以上的入统植物油加工企业 1296 个，其中，国有及国有控股企业 101 个，占 7.8%；内资非国有企业 1119 个，占 86.3%；港澳台及外商企业 76 个，占 5.9%。见图 1 所示。

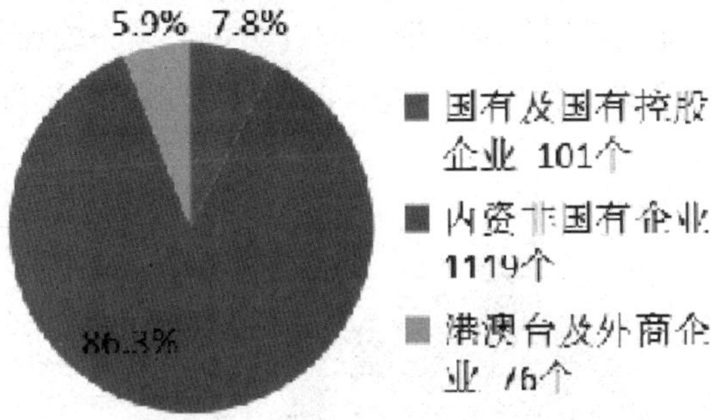

图 1 2016 年食用植物油加工企业数量按不同经济类型划分比例图

2016 年，我国油料处理总能力为 15475.6 万吨。其中，年大豆处理能力为 10297.8 万吨，占 66.5%；年油菜籽处理能力 3754.3 万吨，占 24.3%；年花生果处理能力 426.6 万吨，占 2.8%；年葵花籽处理能力 140.8 万吨，占 0.9%；年其他油料处理能力 856.1 万吨，占 5.5%。见图 2 所示。

1. 油料处理总能力及不同油料处理能力情况

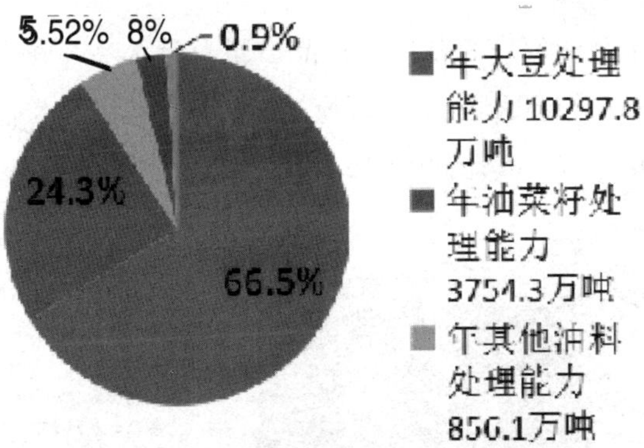

图 2 2016 年油料处理总能力及不同油料处理能力比例图

2. 油脂精炼总能力及不同油脂精炼能力情况

2016 年，我国油脂精炼总能力为 4898 万吨，其中，大豆油脂精炼能力 2333.1 万吨，占 47.6%；菜籽油精炼能力 1809.5 万吨，占 36.9%；棕榈油精炼能力 511.1 万吨，占 10.4%；其他油料精炼能力 244.3 万吨，占 5.1%。

见图3所示。

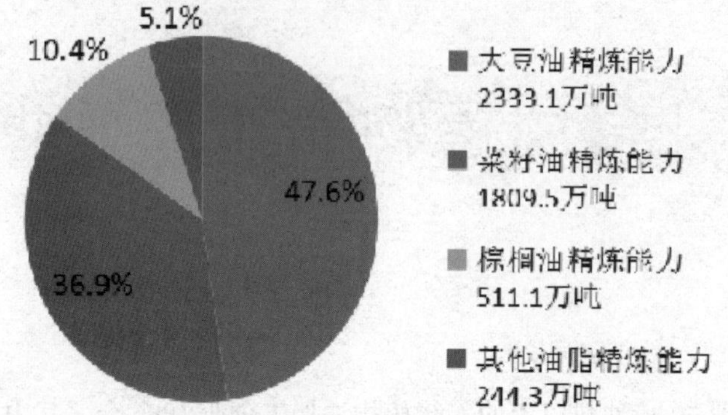

图3 2016年油脂精炼总能力及不同油脂精炼能力比例图

3. 油料处理总量及不同油料处理量情况

2016年，我国入统油脂加工企业油料处理总量为8317万吨，其中处理大豆6855.8万吨，占82.4%；处理油菜籽984.9万吨，占11.8%；处理花生果187.1万吨，占2.3%；处理芝麻134.1万吨，占1.7%；处理其他油料155.1万吨，占1.8%。见图4所示。

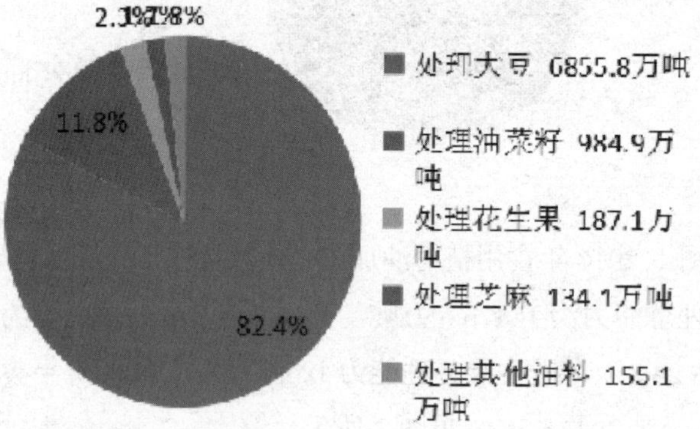

图4 2016年处理油料总量及不同油料处理量比例图

4. 食用油加工企业产品产量情况

2016年，我国入统油脂加工企业生产的食用油产品产量总计为2639.8万吨，其中大豆油1627万吨，占61.6%；菜籽油397.1万吨，占15.0%；棕榈油163.3万吨，占6.2%；花生油85.1万吨，占3.2%；芝麻油59万吨，占2.2%；葵花籽油33.7万吨，占1.3%；其他食用油274.6万吨，占10.5%，见图5所示。

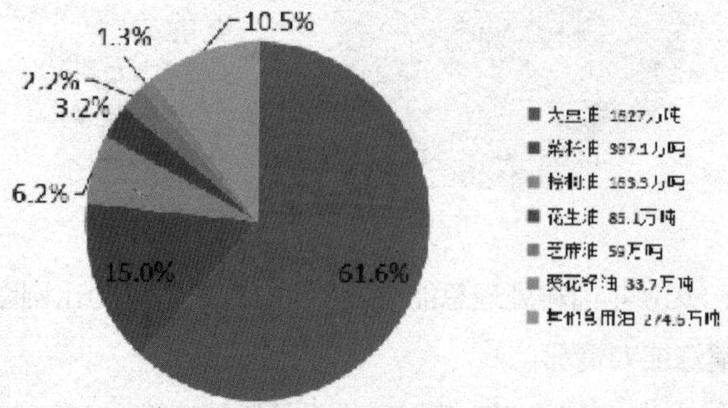

图5 2016年食用油加工企业生产的食用油产品产量比例图

5. 食用油加工企业精炼油产品产量情况

2016 年，我国入统食用油加企业生产的精炼油总产量为 3231.2 万吨，其中，大豆油 1723.1 万吨，占 53.3%；菜籽油 569.6 万吨，占 17.6%；花生油 111.2 万吨，占 3.4%；玉米油 106.9 万吨，占 3.3%；葵花籽油 72.4 万吨，占 2.3%；米糠油 24.4 万吨，占 0.8%；其他油脂 623.6 万吨，占 19.3%。见图 6 所示。

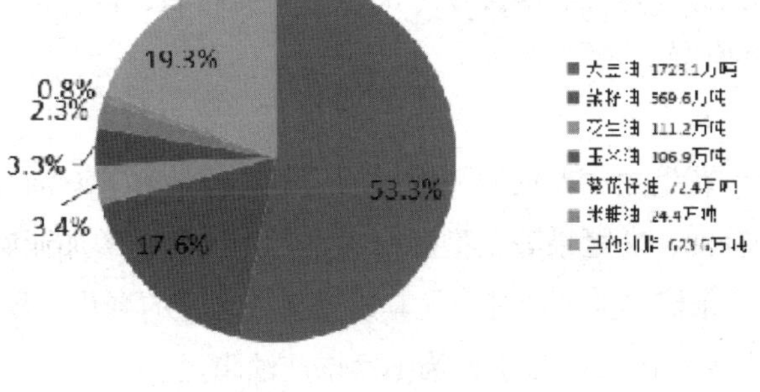

图 6 2016 年食用油加工企业精炼油产品产量比例图

6. 主要经济技术指标情况

2016 年，我国 1296 个入统食用植物油加工企业完成工业总产值 5769.1 亿元，产品销售收入 5759.1 亿元，利税总额 162 亿元，利润总额 135.3 亿元，销售收入利润率为 2.3%。研究开发投入资金 11.5 亿元，为产品销售收入的 0.2%。总体运行情况良好，但在经济效益方面，与 2015 年的利税总额 197.2 亿元、利润总额 124.9 亿元；与 2014 年的利税总额 971.6 亿元，利润总额 635.1 亿元相比有所下降，需要引起我们的重视。

【b. 食用植物油加工业的发展趋势】

为适应市场的需要，今后，我国食用植物油加工业将根据中国国民经济发展第十三个五年计划（2016 ~ 2020）和国家粮食局制订的《粮油加工业“十三五”发展规划》等文件精神要求，在“十三五”期间乃至今后更长一段时间内的发展趋势是：

1. 食用油的市场需求仍将保持一定的增长速度

随着我国人民生活水平的进一步提高、城镇化进程的加快和人口的增长，我国对食用油需求将继续保持增长态势。但鉴于我国食用油的年人均消费量已达到 24.8 公斤，已经超过世界人均食用油的消费水平，所以其增长速度不会像前些年那样快了。

2. 利用好两个市场满足我国食用油市场需求的方针不会改变

近些年，国家及相关部门发布了一系列振兴我国油料生产的规划和措施，推动了我国油脂油料生产的发展。促使我国油菜籽、大豆、花生、棉籽、葵花籽、亚麻籽和油茶籽等八种油料的总产量接近 6000 万吨，稳居世界油料产量之首。但其增长速度远跟不上消费增长的需要，自给率不足 40%。为此，必须更好地利用国内国外两个市场，才能满足食用油市场的需求，这一趋向在相当长的时间内是不会改变的。

3. 确保产品质量，倡导“安全营养健康消费”和“适度加工”等理念

我国政府对食品安全高度重视，食用植物油与人们生活、健康息息相关。为此，必须始终把“安全”与“质量”放在第一位。食用植物油加工企业都必须严格按照国家卫生和质量标准组织生产；严格把好从原料到生产加工、储存、产品销售等全过程的质量关，以确保食用植物油产品的绝对安全。在此基础上，把“优质、营养、健康、方便”作为发展方向，大力倡导“适度加工”，提高纯度、严格控制精度，提高出品率。要科学制修订好油料

油脂的质量标准，引领油脂行业健康发展，纠正“油色过淡”等过度加工现象。要广泛进行科普宣传，引领科学消费、合理消费、健康消费。

4. 深入推进油脂行业供给侧结构性改革，增加优质、功能性油品供给

根据我国“十三五”粮油加工业发展规划，食用植物油加工企业要以满足不同人群日益增长和不断升级的安全优质营养健康粮油产品的消费需要，要增加满足不同人群需要的优质化、多样化、个性化、定制化粮油产品的供给。增加起酥、煎炸等专用油脂和营养功能性新产品供给；提高名、特、优、新产品的供给比例；增加绿色有机、优质营养等中高端产品的供给。

5. 坚持多油并举

要增加和改善我国国产菜籽油、花生油、大豆油、棉籽油、葵花籽油、芝麻油等食用油的供应；大力发展油茶籽油、核桃油、橄榄油、牡丹籽油、文冠果等新型健康木本食用油脂；增加亚麻籽油、红花籽油、紫苏籽油等特色小品种油脂供应；积极开发米糠、玉米油等，尤其是要搞好米糠的利用，规划到2020年，将我国的米糠榨油利用率由2015年的15%左右提高到50%以上，为国家增产油脂。

6. 要进一步优化调整产业结构

根据优胜劣汰的原则，继续培育壮大龙头企业和大型骨干企业，支持他们做强做大，做优做精，引导和推动企业强强联合、跨地区跨行业跨所有制兼并重组，积极采用先进技术与装备，成为产品质量高、能耗物耗低、新产品开发能力强、经济效益好的国家级、省级大型骨干龙头企业；鼓励有地方特色、资源优势的中小企业积极提升技术装备水平和创新经营方式，主动扩展发展空间，形成大、中、小型企业合理分工、协调发展的格局；对工艺落后、设备陈旧、卫生质量安全和环保不达标、能耗物耗高的落后产能，要依法依规加快淘汰；支持粮油加工产业园区或集群建设，促进优势互补。

7. 要重视安全文明、清洁环保和节能减排

油脂加工企业将继续强调必须加强安全产生、清洁生产和文明生产，做到绿色生产、节能减排、保护环境。要把安全文明生产、绿色生产、保护环境和节能减排等作为油脂加工业发展的永恒主题。到2020年，要确保完成单位工业增加值二氧化碳排放比2015年下降18%、能耗下降15%、主要污染物排放总量减少10%以上。

8. 要重视关键技术装备的创新研发

要以专业化、大型化、成套化、智能化、绿色环保、安全卫生、节能减排为导向，发展高效节能降耗的食用植物油加工装备；积极研发适用于不同木本油料加工的成套设备；提高关键设备的可靠性、使用寿命和智能化水平；要逐步实施定制机器人应用，智能化工厂，将制油装备提高到更高水平。

9. 实施“走出去”战略

支持有条件的企业，加强与“一带一路”沿线国家在农业投资、贸易、科技、产能、制油装备等领域的合作。通过“走出去”，在造福当地百姓的同时，不断提高“走出去企业”的国际竞争能力。

王瑞元

5.4 历届强县名单

57市88县58区，共203个单位（截至2017年底）

北京市：（3区）顺义区、怀柔区、大兴区、

天津市：（4区）蓟州区、静海区、武清区、宝坻区

河北省：（4市8县3区）三河市、河间市、遵化市、新乐市、沧县、昌黎县、隆尧县、大厂回族自治县、滦县、大名县、宁晋县、邱县、唐山市丰润区、衡水工业新区、衡水市冀州区

上海市：（1区）奉贤区

江苏省：（5市1县4区）东台市、常熟市、兴化市、张家港市、邳州市、阜宁县、南京市溧水区、南通市通州区、淮安市淮阴区、盐城市大丰区

浙江省：（2区）杭州市余杭区、宁波市鄞州区、

福建省：（3市6县1区）龙海市、福清市、晋江市、连江县、惠安县、安溪县、东山县、光泽县、霞浦县、厦门市同安区

山东省：（14市11县6区）招远市、蓬莱市、龙口市、荣成市、诸城市、莱阳市、莱西市、栖霞市、青州市、安丘市、即墨市、胶州市、禹城市、平度市、沂水县、曹县、夏津县、莒南县、阳谷县、邹平县、平邑县、济阳县、昌乐县、泗水县、金乡县、临沂市兰山区、青岛市城阳区、烟台经济开发区、烟台市牟平区、烟台市芝罘区、烟台市莱山区

广东省：（1市2区）开平市、潮州市潮安区、佛山市三水区

山西省：（2市2县1区）汾阳市、永济市、阳高县、清徐县、大同市南郊区、

安徽省：（1区）淮北市相山区

江西省：（1市13县1区）樟树市、泰和县、宜丰县、信丰县、南昌县、新干县、南丰县、吉水县、南城县、安福县、吉安县、上高县、万载县、永丰县、上饶市广丰区

河南省：（7市18县3区）项城市、新郑市、孟州市、长葛市、邓州市、永城市、辉县市、汤阴县、临颍县、淇县、郸城县、潢川县、固始县、武陟县、遂平县、社旗县、南乐县、沈丘县、兰考县、浚县、清丰县、延津县、滑县、西峡县、虞城县、漯河市郾城区、漯河市源汇区、周口经济开发区

湖北省：（1市3区）枣阳市、宜昌市夷陵区（宜昌县）、武汉市东西湖区、武汉市黄陂区

湖南省：（2市1县1区）宁乡市、武冈市、平江县、长沙市望城区

内蒙古自治区：（1区）赤峰市元宝山区

四川省：（5市12县8区）邛崃市、什邡市、崇州市、阆中市、隆昌市、大邑县、

中江县、射洪县、平昌县、金堂县、苍溪县、岳池县、盐亭县、梓潼县、高县、井研县、安岳县、成都市郫都区、

成都市温江区、宜宾市翠屏区、绵阳市涪城区、巴中市巴州区、眉山市东坡区、宜宾市南溪区、达州市达川区

贵州省：（1市3区）

仁怀市、贵阳市南明区、贵阳市白云区、遵义市汇川区

陕西省：（1市12县2区）

兴平市、三原县、泾阳县、蒲城县、岐山县、大荔县、扶风县、清涧县、武功县、礼泉县、洋县、勉县、汉阴县、宝鸡市陈仓区、咸阳市秦都区

甘肃省：（1市）武威市

宁夏回族自治区：（1区）吴忠市利通区

重庆市：（4区）

合川区、江津区、永川区、万州区

辽宁省：（3市1区）

海城市、普兰店市、阜新市、沈阳市浑南区（东陵区）

吉林省：（2市2县）

公主岭市、德惠市、农安县、梨树县

黑龙江省：（4市2县2区）密山市、五常市、肇东市、海林市、依安县、庆安县、哈尔滨市双城区、哈尔滨市呼兰区

5.5 日本罐头供给及市场动向概况

原作者：上田 广志 林嘉澍 译自《缶诘时报》2018 年第 5 期

日本罐头产量最高的年份是 1980 年的 118.5 万吨（出口 34.6 万吨，进口 20.6 万吨），国内罐头供应总量为 104.5 万吨。2016 年产量为 31.5 万吨，进口 65.5 万吨，国内罐头供应总量为 96.3 万吨。

1804 年法国的尼古拉·阿佩尔发明了罐头至今已经 214 年。就在阿佩尔发明了罐藏原理的 67 年之后的 1871 年（明治 4 年），当时担任长崎广运馆（外国语讲习所）所长的松田雅典向教授法语的法国人雷昂·里请教了罐头的做法并试制出油渍沙丁鱼罐头，成为日本罐头历史的鼻祖。

6 年后的 1877 年（明治 10 年），北海道开拓使创建了石狩罐头所生产鲑鱼罐头，成为日本首家罐头工厂。由于正式生产鲑鱼罐头的日子是 10 月 10 日，为了纪念这一日期，1987 年（昭和 62 年）将 10 月 10 日正式定为“罐头日”。

1905 年（明治 38 年），当时的“大日本罐头产业联合会”设立罐头普及协会，并与 1927 年（昭和 2 年）3 月 15 日将上述两个机构改组为日本罐头协会，也就是说现在的公益社团法人日本罐瓶软包装杀菌食品协会已经拥有 90 年的历史。就在 2017 年，该协会举办了创立 90 周年的庆典活动。

今年 3 月 11 日，东日本大震灾的第 7 个年头，罐头食品开始修正“非常食品”“储备食品”的认识，逐步构建“安全·安心”且“可信赖”的“个人食品”“即食食品”“营养食品”的公众认识基础。

尽管生产销售了种类繁多的罐头，但不知道罐头食用方法的年轻人在增加，罐头包装向蒸煮袋（包括透明袋）转移以及对进口罐头的依赖程度逐年上升，日本国产罐头总量呈现逐年减少的趋势。

据日本罐头协会（现名称：日本罐瓶软包装杀菌食品协会）的调查，日本的食材罐头（圆罐和大罐）、玻璃瓶装罐头的产量最高的年份是 1980 年（昭和 55 年），产量 118.5 万吨，产值 4730 亿日元。其中，约三分之一的 34.6 万吨（1149 亿日元、FOB）用于出口，而进口 20.6 万吨（495 亿日元、CIF）。“国内产量－出口量＋进口量”单纯计算表观消费量为 104.5 万吨（4076 亿日元）。

表一 罐头总供应量（国内生产及进出口） 单位 数量：万吨 金额：亿日元

		(A) 国内生产		(B) 出口		(C) 进口		(D) 表观消费量 (A) − (B) + (C)		出口罐头占表观消费量的百分比 (C) / (D) (%)	
		数量	金额	数量	金额	数量	金额	数量	金额	数量	金额
全体	80 年	118.5	4730	34.6	1149	20.6	495	104.5	4076	19.7	12.1
	85 年	97.0	4608	18.4	621	23.7	610	102.3	4597	23.2	13.3
	90 年	80.8	4411	4.9	145	40.1	848	116.0	5114	34.6	16.6
	95 年	64.7	3927	1.2	42	77.5	1079	141.0	4964	55.0	21.7
	00 年	53.6	3354	0.7	29	75.1	1013	128.1	4339	58.7	23.4
	05 年	40.2	2676	0.6	27	83.8	1397	123.5	4045	67.9	34.5
	10 年	35.3	2488	0.5	30	66.8	1185	101.5	3643	65.7	32.5
	15 年	32.8	2297	0.6	53	65.3	1775	97.5	4019	67.0	44.2
	16 年	31.5	2231	0.7	57	65.5	1609	96.3	3783	68.0	42.5
	16/80 年 (%)	26.6	47.2	1.9	4.9	318.1	325.0	92.2	92.8		

		(A) 国内生产		(B) 出口		(C) 进口		(D) 表观消费量 (A) − (B) + (C)		出口罐头占表观消费量的百分比 (C) / (D) (%)	
		数量	金额	数量	金额	数量	金额	数量	金额	数量	金额
水产	80 年	46.5	2128	30.8	1050	0.2	50	15.9	1127	1.5	4.4
	85 年	33.9	1894	16.5	568	0.3	77	17.7	1404	1.9	5.5
	90 年	21.0	1562	4.4	132	1.1	149	17.7	1579	6.4	9.4
	95 年	17.1	1468	1.1	37	2.7	164	18.7	1595	14.2	10.3
	00 年	16.3	1446	0.6	21	2.6	130	18.3	1555	14.0	8.4
	05 年	12.7	1241	0.3	17	3.8	195	16.2	1419	23.5	13.7
	10 年	11.4	1235	0.4	22	4.0	198	15.0	1411	26.7	14.0
	15 年	10.9	1151	0.4	28	5.3	411	15.8	1534	33.4	26.8
	16 年	11.0	1140	0.5	35	5.6	406	16.2	1512	34.7	26.9
	16/80 年（%）	23.7	53.6	1.5	3.3	2271.6	821.1	101.4	134.1		
水果	80 年	36.0	934	3.7	92	6.0	130	38.4	972	15.7	13.4
	85 年	26.4	888	1.8	50	5.8	136	30.3	973	19.2	13.9
	90 年	21.2	793	0.4	9	13.9	213	34.7	997	40.1	21.4
	95 年	12.6	529	0.0	3	33.7	348	46.3	874	72.8	39.8
	00 年	9.1	393	0.0	4	34.3	367	43.4	756	79.1	48.6
	05 年	5.9	259	0.1	6	36.0	422	41.8	675	86.1	62.5
	10 年	5.9	246	0.1	4	24.9	319	30.7	561	81.0	56.9
	15 年	5.3	214	0.1	20	24.2	536	29.4	730	82.2	73.4
	16 年	5.1	209	0.1	16	24.4	477	29.3	669	83.2	71.2
	16/80 年（%）	14.1	22.4	3.7	17.9	403.9	365.9	76.4	68.9		
蔬菜	80 年	20.7	832	0.1	5	12.7	239	33.3	1066	38.2	22.4
	85 年	18.8	802	0.0	3	16.0	326	34.8	1125	46.1	29.0
	90 年	16.8	682	0.0	2	23.3	402	40.1	1082	58.1	37.2
	95 年	12.2	509	0.0	1	36.9	439	49.0	947	75.2	46.4
	00 年	10.0	408	0.0	3	33.6	375	43.5	781	77.1	48.1
	05 年	7.8	304	0.1	3	33.9	418	41.6	719	81.5	58.2
	10 年	6.5	261	0.0	2	29.6	382	36.1	641	82.0	59.6
	15 年	5.8	232	0.0	3	29.6	534	35.3	762	83.7	70.0
	16 年	5.1	211	0.0	3	29.1	460	34.2	668	85.3	68.9
	16/80 年（%）	24.4	25.4		56.6	228.9	192.3	102.5	62.7		
肉类及调理食品	80 年	10.8	683	0.0	1	0.9	53	11.7	736	7.7	7.3
	85 年	13.3	788	0.0	0	0.9	49	14.2	837	6.6	5.9
	90 年	16.9	1091	0.0	1	1.1	54	18.0	1144	6.0	4.7
	95 年	17.9	1161	0.0	1	3.3	100	21.2	1260	15.4	7.9
	00 年	13.8	860	0.0	0	3.8	110	17.6	970	21.6	11.4
	05 年	10.0	616	0.0	0	8.3	312	18.3	928	45.4	33.6
	10 年	7.9	501	0.0	0	6.6	248	14.5	749	45.2	33.1
	15 年	7.2	460	0.0	0	4.8	250	12.0	710	40.0	35.2
	16 年	6.8	435	0.0	0	5.0	228	11.8	663	42.2	34.4
	16/80 年（%）	63.1	63.7			553.9	426.7	100.9	90.1		
果酱	80 年	4.4	153	0.0	0	0.7	23	5.1	176	13.5	13.0
	85 年	4.7	237	0.0	0	0.6	22	5.3	259	11.3	8.4
	90 年	4.9	281	0.0	1	0.7	30	5.6	310	12.9	9.7
	95 年	4.8	260	0.0	0	1.0	28	5.8	288	17.3	9.7
	00 年	4.3	247	0.0	1	0.9	31	5.2	277	17.9	11.1
	05 年	3.8	254	0.0	2	1.8	49	5.6	301	32.0	16.3
	10 年	3.5	245	0.0	1	1.7	38	5.2	281	32.4	13.3
	15 年	3.5	240	0.0	2	1.5	45	5.0	283	29.4	15.9
	16 年	3.5	235	0.0	2	1.4	38	4.9	271	29.1	14.1
	16/80 年（%）	78.5	153.6			205.2	166.4	95.0	153.9		

1980 年的日本罐头加工企业 610 家，拥有 745 间制造工厂。到了 2016 年，罐头加工企业为 278 家，工厂数量为 335 间。

在 1980 年之前，内需之外的日本罐头出口对日本罐头的产量增长也起到推动作用。当时主要出口产品为鲭鱼（茄汁、水浸）、沙丁鱼（茄汁）、金枪鱼　鲣鱼（油浸、水浸），此外还有桔子罐头。此后，随着农业从业人数的减少使得原料产量下降、原料价格上扬最终导致国际市场竞争力下滑，并伴随着日元升值引发进口增加，日本罐头产业开始逐渐转化产业结构。

特别要提到的是，1985 年 9 月 22 日的日、美、西德、英、法5个发达国家（G5）的央行总裁会议在纽约的广场饭店举行，同意协调介入美元汇率（广场协议）之后，日元持续升值，出口大幅减少，而进口逐年增加。

从1985年的罐头市场供应量看，当年国内罐头产量97万吨（只有1980年的81.8%），其中出口18.4万吨（为1980年的53.2%），进口23.7万吨（为1980年的115%），市场总供应量为102.3万吨（1980年的97.9%）。从金额上看，国产罐头产值4608亿日元（为1980年的97.4%），出口621亿日元（1980年的54.0%），进口610亿日元（1980年的123.2%），总供应金额为4597亿日元（1980年的112.8%）。

此后，水产的捕获量和农产品的收获量均有所减少，日本的罐头供应对进口的依赖度急速提升。1995年4月，日元兑美元的汇率一时间上升到79.75日元兑1美元，从1985年到1995年这被称之为“汇率十年”期间，汇率催动者日本罐头产业结构的变化。

1995年后半年开始，日元升值的势头逐渐平静化，但一年平均升值了9个百分点，1美元兑换94.06日元（1994年为102.23日元、1996年为108.79日元）。

注：2011年3月11日东日本大震灾之后的17日，日元升值至1美元兑76.25日元，后经G7介入得以纠正；同年的10月31日，日元刷新了战后的最高值，1美元兑75.54日元。

1995年日本的罐头进口量以77.5万吨（进口额1079亿日元）的进口规模超过了64.7万吨（3927亿日元）的国内罐头生产总量的近20%。而进口量激增的时间正是1美元兑80多日元这个汇率区间的上半年。

在进口激增的同时，出口激减，只有以援助物质为主要出口形式的1.2万吨（42亿日元）规模。事实上，日本罐头已经被迫退出国际市场。恰恰是在1995年，日本的罐头总供应量高达141.0万吨（4964亿美元），成为历史上供应量最高的年份。进口罐头在总供应量中占比55.0%（金额占比21.7%）。

从此之后，日本罐头市场进入“国产减少而进口增加”的阶段。2000年（平成12年）日本国内罐头产量为53.6万吨（3354亿日元），进口量75.1万吨（1013亿元），扣除极其微量的出口量，市场总供给量为128.1万吨（4339亿日元），进口罐头数量占比58.7%，金额占比23.4%。

到了2005年（平成17年），日本国内罐头产量为40.2万吨（2676亿日元），进口量增加到83.8万吨（1397亿日元），超过之前进口罐头数量最多的2004年（平成16年）的81.1万吨（1287亿日元），创下历史最高罐头进口量的记录。市场总供应量为123.5万吨（4045亿日元），其中进口罐头数量占比高达三分之二的67.9%，金额占比为三分之一的34.5%。2010年（平成22年），日本国内罐头产量为35.3万吨（2488亿日元），进口量66.8万吨（1185亿日元），总供应量为101.5万吨（3643亿日元）。日本市场总供应量保持在100万吨以上，进口数量占比65.7%，金额占比32.5%。

2011年，日本国内罐头产量33.6万吨（2377亿日元），进口71.5万吨（1297亿日元），总供应量104.6万吨（3645亿日元）。这个供应总量和1980年基本相等，但其中进口罐头的占比已经高达68.3%，金额占比35.6%。

2011年3月11日发生的东日本大震灾导致各领域的供应链断裂，对生产和流通影响巨大。罐头产业通用遭受巨大的影响，加工工厂及原料工厂受灾、物流中断，生产停滞。与此同时，震灾发生后生鲜食品供应不足，对食品的制成品的需求激增，一部分加工食品被迫进行发货日期调整，虽然说需求旺盛，但因大震灾的影响而导致产量下降十分明显。

大震灾之后，罐头的简单便捷性、安全性和保存性等特点再次获得认知，作为储备食品的需求也因此高涨。同时，由于家庭饮食的回归，罐头作为烹饪原料或成菜的便利性得到公众的高度重视之外，节电性能获得进一步认识，光波调理的利用频度也随之增加。

（备注：从受灾三个县向县外人口流失一直在进行之中，根据总务省调查数据，2011年的人口数量减去2018年2月的人口数量作为人口减少数量，岩手县减少了7万6002人，宫城县减少了2万7646人，福

岛减少了14万9480人。而在农业产值上，只有福岛县还没能恢复到震灾前的水平）

2012年，日本国内罐头产量为34.3万吨（2439亿日元），进口罐头72.0万吨（1398亿日元），总供应量为105.6万吨（3797亿日元），比前一年均有增加。国产罐头产量和进口量双双增长，进口罐头占比在数量上为68.2%，金额占比为36.8%。

2013年，日本国内罐头产量为32.7万吨（2329亿日元），进口罐头67.8万吨（1548亿日元），总供应量为99.9万吨（3840亿日元），数量上是减少了，但因为日元贬值，金额上呈现增加的结果。

2014年，日本国内罐头产量为33.2万吨（2359亿日元），进口罐头66.5万吨（1632亿日元），总供应量为99.1万吨（3949亿日元）。

2015年，日本国内罐头产量为32.8万吨（2297亿日元），进口罐头65.35万吨（1775亿日元），总供应量为97.5万吨（4019亿日元）。

根据2016年的统计结果，日本国内罐头产量为31万4745吨（一般食品罐头的圆罐为22万718吨，箱数3097万箱；大罐3万1969吨，176万罐；玻璃瓶装罐头6万2058吨，1215万箱），产值金额2231亿日元，出口6754吨（57亿日元），进口65万5362吨（1609亿日元），总供应量为96万3353吨（3783亿日元）。

与1980年相比，日本国内罐头产量在数量上仅有80年的26.6%（金额仅为80年的47.2%），出口量仅为80年的1.9%（金额仅为4.9%），进口量为80年的318.1%（金额为325.0%），总供应量为92.2%（金额92.8%）。

2016年日本的进口罐头各类别在数量上的占比分别为：水产罐头8.5%、水果罐头37.3%、蔬菜类罐头44.4%、肉类罐头7.6%、果酱类2.2%。可见，水果类和蔬菜类罐头的进口量比重很大。

水果和蔬菜类罐头的进口量占总供应量的8成以上，2016年水果类罐头占83.2%，蔬菜类罐头占85.3%。从进口额上看，水果类罐头占71.2%，蔬菜类罐头占68.9%。

从罐头进口来源的国别上看，中国是日本最大的罐头供应国，数量为25.7万吨（同比增长-0.1%），金额为633亿日元（同比增长-8.3%）。数量上占日本进口总量的39.1%，金额占比39.4%，虽然同比微减，但仍然是日本最大的罐头供应国。

第二名开始日本从各国进口量(进口额)依次如下:泰国11.5万吨（323亿日元）；意大利9.9万吨（102亿日元）；美国6.6万吨（162亿日元）；菲律宾1.8万吨（48亿日元）；印度尼西亚1.7万吨（81亿日元）；南非1.1万吨（20亿日元）。

日本进口罐头品种按进口量排序，水果罐头类的顺序为:柑橘罐头（6.2万吨，80亿日元）、桃罐头（4.4万吨，68亿日元）、菠萝罐头（3.2万吨，47亿日元）、热带水果罐头（1.2万吨、22亿日元）、什锦水果罐头（1.2万吨，22亿日元）、以及梨罐头、樱桃罐头、栗子罐头、杏罐头等。蔬菜罐头类的顺序为：整番茄罐头（10.7万吨、115亿日元）、竹笋罐头（6.8万吨，94亿日元）、甜玉米罐头（5.6万吨，94亿日元）、番茄酱及番茄浆（2.6万吨、31亿日元）、蘑菇罐头（0.7万吨，14亿日元）、玉米笋罐头（0.3万吨，6亿日元）、芦笋罐头（0.1万吨，4亿日元）。从2009年开始，整番茄罐头主要以意大利产为主，进口量超过了从中国进口的竹笋罐头。

日本进口罐头中，有相当一部分作为再次加工用原料被利用，并非全部进入终端流通渠道，因此，进口增加部分并不能看作为日本国内产品的替代品。

以1994～1995年日元升值作为转折点，日本国内知名罐头品牌拥有者积极到中国、东南亚、南非甚至欧盟开发进口渠道，而与此同时，终端流通的超市着力自主品牌的推广，竞争的结果是不仅仅在超市，生协（生活协同组织简称）、百元店、便利店都在推动100日元左右的进口罐头产品，进口罐头在日本市场扎下了根，卖场的低价竞争进一步加剧。

2008年，随着原油价格高腾和生态保护限制的需要，加工成本上扬，不仅仅是罐头产品，所有的商品价格都出现涨价风潮。但涨价只是一时性的，2008年下半年开始，日本经济景气不振导致个人消费缩水等原因使日本出现通货紧缩，超市等的低价销售策略成为一种常态。

当然，以中国为首的主要罐头生产国因原料价格上调以及雇工成本提高，和2012年的日元贬值趋势相呼应，从2013年开始，罐头产品的销售价格也有升高。

日本国内罐头加工企业数逐年减少：1980年610家，85年585家，90年564家，95年422家，2000年352家，2005年314家，06年307家，07年305家，08年298家（358个工厂），2010年284家（347个工厂），2011年278家（340个工厂）12年277家（338个工厂），13年279家（342个工厂），14年276家（336个工厂），15年280家（338个工厂），16年278家（335个工厂）。与1980年相比，日本罐头企业数减至原来的一半，罐头企业的关停并转留下了深刻的印象。

日本的罐头加工企业多数进入软包装杀菌食品生产领域。或许因为这一原因，2014年4月，日本罐头协会更名为“日本罐瓶软包装杀菌食品协会”。根据该协会的统计，企业数及产量变迁如下——

80年=6.4万吨（410亿日元）30家企业
85年=9.1万吨（596亿日元）66家企业
90年=14.6万吨（974亿日元）104家企业
95年=20.5万吨（1413亿日元）118家企业
00年=26.5万吨（1972亿日元）120家企业
05年=30.4万吨（2037亿日元）131家企业
06年=30.3万吨（2021亿日元）125家企业
07年=30.9万吨（2057亿日元）125家企业
08年=32.0万吨（2087亿日元）129家企业（141个工厂）
09年=32.5万吨（2091亿日元）131家企业（144个工厂）
10年=32.7万吨（2104亿日元）130家企业（143个工厂）
11年=33.4万吨（2158亿日元）131家企业（143个工厂）
12年=35.5万吨（2329亿日元）134家企业（152个工厂）
13年=36.1万吨（2371亿日元）136家企业（159个工厂）
14年=36.8万吨（2428亿日元）135家企业（158个工厂）
15年=36.3万吨（2382亿日元）136家企业（160个工厂）
16年=36.4万吨（2381亿日元）135家企业（158个工厂）

软包装杀菌食品加工企业的企业数不足传统罐头加工企业数的一半，但产量和产值却逐年上升并超出传统的罐头产品。2016年软包装杀菌食品的产量仅仅略低于至今产量最高的2014年，生产金额达到了2381亿日元，产量是1980年的5.7倍，金额是1980年的5.8倍。以咖喱为主体的各种新产品开发和推广活动持续进行，软包装杀菌食品的简便性受到称赞，市场快速扩张。

最近几年，500g、1kg、2kg、3kg等大包装软包装杀菌食品占比达到了三分之一，很显然，可以推断，这些大包装产品广泛用于餐饮服务领域。

2016年软包装杀菌食品的品种按产量排序如下：咖喱15.3万吨（2320万箱）、酱汁4.5万吨（442万箱）、料理用调味沙司4.3万吨（706万箱）、意大利面酱3.2万吨（434万箱）、肉菜混合煮1.6万吨（288万箱）、汤类1.6万吨（245万箱）、拌饭素1.4万吨（219万箱）、米饭类1.4万吨（198万箱）。

涮锅底料类产品也有不少日本罐瓶软包装杀菌食品协会会员之外的制造商，而且产品的品种丰富直接推动着市场的扩大。该类商品特有的便利性、即食性以及消费者对家庭饮食的重视，为今后的继续增长奠定了基础。

（注：原文中关于日元汇率的部分介绍有所删减）

5.6 小资料

中国罐头行业1978年150家，总产值14.85亿元，出口额2.05亿美元；2017年892家，销售收入1753.87亿元，利税总额100.27亿元，出口额46.6亿美元，其中顶峰的1995年1775家，总产值145.92亿元，出口额7.73美元。

武冈市特色办概况

湖南省人民政府省长徐达哲视察我市特色产品

2007 年自我办成立以来，我市先后被命名为“中国卤菜之都”、“湖南省十大湘菜产业县（市）”、“湖南湘菜原材料示范供应基地”、湖南省非物质文化遗产保护先进单位。武冈是全国食品工业强县（市、区）、全国豆制品 50 强县（市）之一，武冈铜鹅入选了湖南省十大农业区域公用品牌，为湖南省湘菜原材料示范基地。近年来，我办紧紧围绕“深化改革、创新发展”这一主题，积极探索创新特色产业发展之路，取得了较好的成绩。

一、当前产业发展现状

至今年年底，全市拥有卤菜、豆制品加工企业 21 家，其中年产值过亿元的 5 家，5000 万元 -1 亿元的 5 家，1000 万元 -5000 万元的 6 家。豆制品原胚加工小作坊 65 家（有湖南省小作坊加工许可证），前店后厂的卤菜加工小作坊 326 家。日销大豆量 300 吨，日销牛肉、猪肉等肉类产品 100 吨。武冈铜鹅养殖方面：拥有国家级原种保护场 1 个，省级扩繁场 1 家，高标准的市级种鹅养殖场 3 家，50 羽以上的小型种鹅养殖场 30 家。全市全年出笼商品鹅 98 万羽。

二、市场营销情况

随着武冈卤菜产业发展的不断壮大，武冈卤菜产品已遍布全国各大城市，现有北京、上海、广州、长沙、湘潭、武汉等 21 个省市各大超市、商场均有武冈卤菜产品。现全国范围内已有武冈卤菜 380 个代理商，1100 个经销商，网点有 2100 个。现有专业营销网站 3 个，即中国卤菜交易网、特色武冈网、武冈卤菜网，年度交易额均在 1800 万元以上。

组织参与了武冈第三届美食节，历时 1 个月，武冈卤菜被评为十大特产第一名（含陈氏金福元等七大系列），武冈铜鹅、武冈葛根等也入选十大特产。

“武冈市 2017 国庆、中秋农副产品交易会”。26 家企业参与交易，5 天时间交易额达到 105 万元。

三、抓对外宣传，产业知名度和整体形象得以提高

今年以来我办“乘‘机’起航”，狠抓产业宣传，具体做了以下几个方面的工作，一是在邵阳武冈机场，投放了武冈卤菜永久性广告牌；二是在市工商银行、市邮政局、市湘运公司对面的三块 LED 广告宣传窗口投入了武冈卤菜常年宣传广告；三是充分利用“大湘菜报”这个宣传平台，全方位地宣传武冈卤菜、武冈铜鹅等特色产业发展动态。基本上每期都有宣传专版。在此基础上，我办先后接待了 CCTV7、湖南卫视、潇湘晨报、湖南日报、邵阳日报等 10 多家媒体做了专题报道；四是为《邵阳文库》组稿 40 万字的《武冈卤菜》、《武冈铜鹅》专辑；五是组织企业积极参与“武冈市第三届美食节”，整个行业有 7 家企业和 2 家小作坊获得了“武冈市十大特产”殊荣，为整个美食节活动做出了较大贡献；六是积极组织企业参加对外展示展销等宣传活动，今年以来，我办组织有关企业参加了湘菜年度庆典、武汉中国第二届大豆节、湘菜报周年庆典、中国长沙农博会等；七是在长沙开设了武冈卤菜形象店 3 家。

河北邱县

邱县概况

邱县位于河北省南部，冀、鲁、豫三省交界。邱县自然环境适宜，属暖温带大陆性季风气候，四季分明，是典型的华北平原县。邱县以创新、协调、绿色、开放、共享为发展理念，大力实施“改革引领、产业支撑、商贸带动、生态优先”发展战路，全县上下勠力同心，经济社会呈现科学快速发展的良好态势。先后获全国食品工业强县、全国优质基地县、全国绿化先进县、中国民间文化艺术之乡、中国社科院循环经济科研基地、国家园林具城、全国最佳环保示范县城、河北省纺织服装名县等荣誉，成为南地区的宜居绿城、创业新城。

区位交通

邱县地处中原经济区和环海经济圈交汇区域，位于“井”字型交通干线中心。大广高速、106国道、311省道纵横穿越县境；西近京广高铁、京珠高速，东有京九铁路，北依青银高速、邯黄铁路，南邻邯济铁路、青兰高速；距天津港370公里、黄骅港320公里、青岛港520公里；到济南机场190公里、石家庄机场163公里、郑州机场320公里、邯郸机场80公里。

园区照片

资源优势

邱县所在的邯郸市是全国重要的钢铁、煤炭生产基地，有钢城、煤都、翼南棉海、北方粮仓之称，可为企业发展提供充足的能源供应。邱县地处华北平原，农业资源丰富，是全国优质棉产区，常年植棉面积40余万亩，年产将近14万吨，是全国棉花生产百强县。邱县为“吨粮县”，小麦、玉米、豆类、花生等农作物种植面积30万亩以上，产量稳定，发展食品产业的原料丰富。中国“面业之冠”——五得利面粉集团距离邱具50公里，全国最大的禽蛋市场距离邱县30公里，上市公司晨光生物科技集团距离邱县20公里，可为企业提供充足的天然色素、天然香辛料等植物提取物。邱县拥有万亩文冠果种植基地，千亩文冠科技园，并投资建设了文冠果茶、油生产线，打造高端养生产品，并注州了“文冠寸金”、“文冠丹诚”系列“地理标志证明商标”。以现代农业示范园区为平台，致力打造

北京食品产业园

集味轩办公楼外景一角

南京市溧水区

溧水是百里秦淮的源头、南京新副城之一，2013 年撤县设区，区域面积 1067 平方公里，常住人口约 50 万人，户籍人口 44.38 万人，下辖 5 个街道、3 个镇，1 个省级开发区、 1 个国家农业科技园区、1 个国家影视文化创意产业园，先后荣获国家园林城市、国家卫生城市、国家生态区、全国科技工作先进县、全国食品工业强县、全国休闲农业和乡村旅游示范县、长三角最具投资价值县、华东地区重要交通枢纽县等称号。2017 年，全区实现地区生产总值 700.03 亿元，同比增长 8.9%；公共财政预算收入 56.66 亿元，同比增长 10.5%。

溧水区食品产业集群优势明显，现有南京喜之郎食品有限公司、南京小洋人生物科技发展有限公司、南京果果食品有限公司等食品工业企业 124 家 ，2017 年食品工业实现总产值 398.22 亿元，同比增长 16.7%，占全区工业总产值比重达 30.6%。溧水区 2005~2006 年度、2007~2008 年度、2010-2011 年度、2012-2013 年度、2014-2015 年度、2016-2017 年度连续六次被中国食品工业协会评为全国食品工业强县（区）。

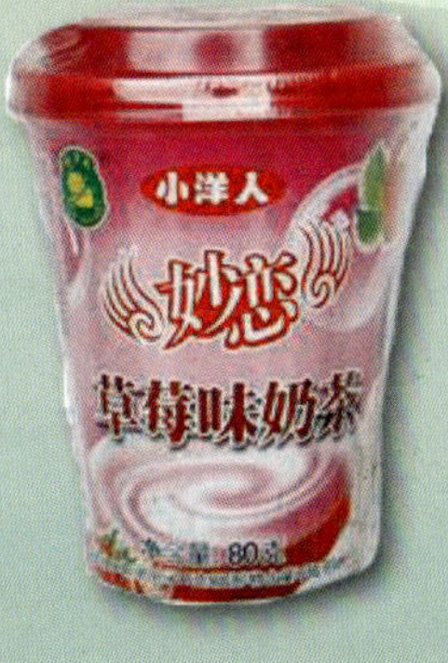

中国休闲食品之都—临颍

临颍

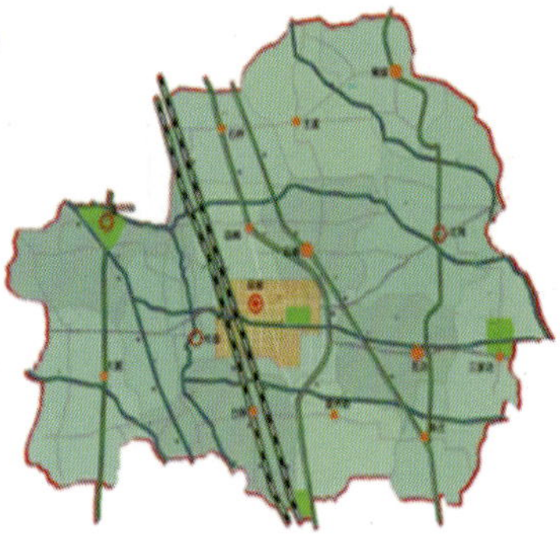

临颍县隶属中国食品名城漯河市，全县辖11镇4乡，367个行政村，人口76万，面积821平方公里，耕地面积88万亩，属典型的平原农业县。近年来，临颍县依托农副产品和农产品深加工的资源优势，把休闲食品产业作为全县的主导性产业致力培育、精心打造，县域经济实现持续快速发展，先后荣获全国食品工业强县、全国食品安全示范县、全国科技进步先进县、河南省对外开放先进县等荣誉称号，并被中国食品工业协会命名为“中国休闲食品产业基地”。休闲食品产业在临颍规模化、特色化、集群化发展，已成为临颍县最具支撑作用的产业

首批国家级农业产业化示范基地	全国食品工业强县
中国休闲食品产业基地	全国食品安全示范县
国家火炬休闲食品特色产业基地	全国科技进步先进县
全国粮食生产先进县	全国依法治理百强县
全国生猪调出大县	全国农业标准化示范县

发展现状

近年来，临颍县始终坚持做大做强做优休闲食品主导产业不动摇，强化创新驱动，着力提升功能食品、绿色健康食品、高附加值食品比重，加快传统休闲食品产业向高端化转型升级，倾力打造更具竞争力的中国休闲食品产业基地。

通过多年来的精心培育，临颍县食品产业形成了一定的规模竞争优势和区域特色。

- 全县食品产业实现主营业务收入330亿元，占全县规模企业比重达到66.4%
- 实现税收4.8亿元，占全部工业税收的73.8%
- 培育出南街村、亲亲、盼盼、联泰、养元、嘉美等税收千万元以上食品企业11家，其中养元公司纳税超过3亿元

休闲食品产业发展层次和质量效益显著提升，为县域经济快速发展提供了核心支撑，主要呈现以下几个特点：

一、产业集聚 横向成群
二、产业配套 纵向成链
三、名企荟萃 名牌聚集
四、龙头带动 集群发展
五、注重创新 以研促产
六、监管有力 品质可靠
七、快速增长 势头强劲

产业集聚 横向发展

全县休闲食品集聚特色明显，拥有各类规模以上休闲食品企业100多家，其中60%集中在产业集聚区，从业人员5万多人，年加工小麦130万吨、加工玉米100万吨。

产品包括烘焙、膨化、糖果、果冻果脯、功能饮料等8大类2000多个品种，其中薯片、虾条、法式小面包、果冻、巧克力棒等拳头产品日产量全国最大，国内市场占有率30%以上

名企荟萃 名牌聚集

临颍县先后培育引进知名休闲食品企业50多家，主要有：

- 世界500强——美国嘉吉
- 国内最大的蛋白饮料生产企业——河北养元智汇饮品
- 最大的法式面包生产企业——福建盼盼
- 最大的糖果生产企业——福建雅客
- 果冻行业前三强——福建亲亲
- 肉制品加工龙头企业——南京雨润
- 天然色素行业标准制定企业——河南中大生物
- 凉茶饮料领导者——加多宝
- 罐装行业领军企业——奥瑞金公司和中国食品包装公司
- 全国最大工业化营养膳食企业——伍氏美食公司
- 亚洲最大生物秸秆提取低聚木糖企业——河南路得生物科技

拥有中国驰名商标16个（南街村、上好佳、加多宝、盼盼、亲亲、雅客、养元、中大、雨润、喜盈盈、万事兴等），省级著名商标32个（巧巧、巧玲珑、香当当、功夫道、琅琅脆、漯宝、颍旺、恒源、鱼得水等）

JDB 加多宝集团 盼盼 雅客 yake 养元 上好佳 O.R.G. 奥瑞金包装 亲亲 南街村

yurun 雨润 Cargill 美国嘉吉 巧巧 琅琅脆 巧玲珑 喜盈盈 香当当 中大生物